RAIMUND SCHULZ

FELDHERREN, KRIEGER UND STRATEGEN

KRIEG IN DER ANTIKE VON ACHILL BIS ATTILA

KLETT-COTTA

Klett-Cotta
www.klett-cotta.de

Printed in Germany
Schutzumschlag: Rothfos & Gabler, Hamburg
Unter Verwendung eines Fotos von akg-images/Peter Connolly
Gesetzt von Kösel, Krugzell
Gedruckt und gebunden von Kösel, Krugzell

ISBN 978-3-608-94768-7

Bibliografische Information der Deutschen Nationalbibliothek
Die Deutsche Nationalbibliothek verzeichnet diese Publikation in der
Deutschen Nationalbibliografie; detaillierte bibliografische Daten
sind im Internet über <http://dnb.d-nb.de> abrufbar.

INHALT

Einleitung 7

1. Wie alles begann – Kleine und große Kriege bei Homer 19

2. Frühe Kriege Spartas und militärische Ordnungen der Polis 32

3. Krieg einer Supermacht – Angriff der Perser 56

4. »Herr über das Meer zu sein ist etwas Großes« – Athens Seekrieg und die Demokratie 90

5. Die große Bewegung – Der Peloponnesische Krieg und seine Folgen 116

6. Alexanders Krieg gegen Persien und die Armeen der hellenistischen Könige 147

7. Lehrjahre einer Kriegerrepublik – Roms Kampf mit Pyrrhos und Karthago 178

8. Vom Lehrling zum Meister – Kriege mit Hannibal und den hellenistischen Königen 204

9. Spezialisierung des Kriegshandwerks seit dem 2. Jahrhundert v. Chr. 227

10. Militärpotentaten der späten Republik und der Kampf um die Macht im Reich 251

11. Herren der Welt – Die frühe Kaiserzeit und ihre Armee 278

12. »Wir wollen Soldaten sein!« – Militarisierung des Reiches im 3. und 4. Jahrhundert n. Chr 322

13. Probleme der spätantiken Armee – Adrianopel und die Folgen 358

14. Der Weg zu den Katalaunischen Feldern und der Untergang des Westreichs 391

15. »Glaube nicht, dass niemand Gott gefallen könne, der Kriegsdienst leistet!« – Krieg und Christentum 419

Epilog 445

Dank 465

Anhang

Zeittafel 467

Anmerkungen 475

Literatur 563

Bildnachweis 609

Personenregister 611

Ortsregister 621

EINLEITUNG

Krieg war ein Fundamentalphänomen der Antike. Wenige liebten ihn, doch jeder akzeptierte ihn wie Stürme, Krankheiten und Missernten. Selbst den Christen war klar, dass er nicht aus der Welt zu verbannen war. Mochte es auch Zeiten geben, in denen man den Krieg weit entfernt wähnte, so begleitete er den Menschen doch täglich auf die eine oder andere Weise. Kein Marktplatz, der nicht von Statuen berühmter Feldherren gesäumt war, kein Tempel, den nicht Beutestücke und Rüstungen zierten, kein Mitbürger, der nicht über seine militärischen Heldentaten schwadronierte, auch kein Herrscher, der nicht seinen Untertanen versicherte, er verdanke seine Stellung der persönlichen Bewährung im Krieg. Dazu kamen die Vorträge der Geschichtsschreiber, die den Krieg als Geburtsstunde ihrer Zunft und als Kern der Geschichte, ja als das wichtigste Thema der Menschheit erachteten.[1] Allgegenwärtig war der Krieg auch außerhalb der Städte. Jeder Bauer musste sein Land gegen Räuber und Überfälle verteidigen und als Krieger seiner Heimat wehrfähig sein, um zu überleben und anerkannt zu werden.

Auch wenn die Menschen der Antike den Krieg sicherlich nicht als einen unveränderlichen Naturzustand ansahen – sie bewegten sich täglich in Räumen, die vom Krieg erfüllt und durch die Erinnerung an den Krieg oder die Erwartung eines Krieges gestaltet waren. Das Verhältnis zum Krieg ähnelte der ambivalenten Einschätzung der Seefahrt – beides Bereiche menschlichen Lebens, die mit den höchsten Risiken behaftet und nie vollständig zu kontrollieren waren.[2] Jeder kannte die Gefahren und das Grauen des Krieges. Da er aber nicht aus der Welt zu schaffen war, machte man aus der Not eine Tugend und versprach allen, die ihm dienten, höchste Anerkennung und ewigen Ruhm.

Und das mit gutem Grund: Jede Gemeinschaft musste wehrhaft

sein, um zu überleben. Es gab einerseits keine Polizei und überregionalen Sicherheitssysteme, andererseits brachte der Krieg viele Menschen in Lohn und Brot. Spätestens seit dem 4. Jahrhundert v. Chr. hielten nicht nur die Soldaten, sondern auch zahllose Techniker, Ingenieure, Versorgungshelfer und Trossknechte den Krieg in Gang. Nicht nur die Karthager, auch die Pharaonen führten ihre Feldzüge vorwiegend mit Söldnertruppen. Fast alle vorderasiatischen Reiche ergänzten ihre heimischen Verbände mit angeworbenen Berufskriegern.[3] Heute gehört das Söldnerwesen zum exotischen Randphänomen westlicher Gesellschaften. In der Antike war es eine geachtete Profession, die ganze Landstriche ernährte und schnelle Aufstiegsmöglichkeiten versprach. Auch der wehrhafte Bürger war ein einigendes Element mit hoher Identifikationskraft. Jede politische Ordnung der Antike – von der attischen Demokratie über die römische Republik bis zu den Imperien der hellenistischen Könige und der römischen Kaiser – lebte vom militärischen Erfolg und bezog ihre Lebensenergien aus Krieg und Eroberung. Der Krieg richtete innenpolitische Gegensätze auf ein gemeinsames Ziel aus und hielt das Zusammenspiel der politischen Institutionen in Gang. Da Krieg für das Selbstverständnis und den Bestand antiker Gemeinwesen so entscheidend war, wurde er auch zum Wegbereiter fundamentaler machtpolitischer und innenpolitischer Wandlungen. »Die Gegenwart des Krieges und die nachhaltige Wirkung bewaffneter Konflikte in der gesamten Geschichte der alten Welt sind unübersehbar.«[4]

Bis heute begegnen jedoch deutschsprachige Althistoriker – im Gegensatz zu ihren Kollegen der Mediävistik und der Neueren Geschichte – dem Thema mit einer gewissen Distanz, vor allem was die realmilitärische Dimension des Krieges betrifft.[5] Die Forschung der letzten Jahrzehnte hat sich intensiv mit den kulturhistorischen Zusammenhängen, mit Erinnerungsformen, der künstlerischen Verarbeitung und den religiösen Grundlagen des Krieges beschäftigt; zahlreiche Spezialstudien erklären Waffen und Kriegshandwerk sowie den sozialen Hintergrund des Soldatenlebens.

Einzelne militärische Großereignisse wie die Perserkriege, der Peloponnesische Krieg oder der Alexanderzug wurden monographisch behandelt. Bis heute fehlt jedoch eine integrierende, epochenübergreifende Verknüpfung von militärischer Pragmatik, also der Analyse der Schlachten, Kampftaktik und Waffentechnik, mit der innen- und außenpolitischen Makroentwicklung (obwohl es neben dem Klassiker von Hans Delbrück inzwischen einige wertvolle Vorarbeiten gibt).[6] In Handbüchern oder Überblickswerken zur Antike wird man ausführlich über die politischen Rahmenbedingungen, Gründe und Folgen großer Kriege belehrt, aber für die militärischen Entscheidungen selbst genügen in der Regel wenige Angaben wie: »Dann siegte X bei Y über Z.« Kriege werden in der Regel nur so weit erfasst, wie sie für die Erzählstruktur politischer Entwicklungen erforderlich erscheinen.[7] Überlegungen zu den Entstehungsgründen von Kriegen, ihrem Ausgang und den Folgen gibt es reichlich.[8] Was dazwischen geschah, die konkrete militärische Auseinandersetzung, wird ausgespart oder isoliert behandelt.[9] Eine solche Reduktion ist aber angesichts der Bedeutung militärischer Entscheidungen für die allgemeine politische, wirtschaftliche und kulturelle Entwicklung schwer zu rechtfertigen. Sie widerspricht vor allem den Interessen und der Wahrnehmung der antiken Zeitgenossen; für sie war das Verständnis von Geschichte ohne genaue Kenntnis des Verlaufs militärischer Konflikte undenkbar; immerhin handeln vier Fünftel des überlieferten Quellenmaterials vom Krieg.[10]

Was für moderne Überblickswerke gilt, trifft auch auf die wenigen Arbeiten zu, die sich einzelnen Kriegen oder dem Krieg in der Antike als epochenübergreifendes Phänomen widmen. Oft verhindern Umfangsbeschränkungen, vermeintliche Quellenprobleme oder die Sorge, gegen einen fachinternen *comment* zu verstoßen, die militärische Pragmatik in die Gesamtschau des Krieges mit einzubeziehen. So meint der an sich überaus kenntnisreiche Verfasser einer neueren Monographie über die Perserkriege, »der Verlauf der Kampfhandlungen (sei) heute ohne Faszination« und ohnehin nicht zu rekonstruieren.[11] Der jüngste deutschsprachige Überblick zur Militärgeschichte der Antike bietet eine souveräne Darstellung militärischer Ereigniszusammenhänge in ihrem politischen Kontext, wesentliche Epochen wie die Punischen Kriege werden jedoch ausgespart oder wie die Spätantike nur »im Sinne eines Ausblicks knapp skizziert«.[12]

Groß ist offenbar die Sorge, den militärischen Ereignissen ein ungebührliches Eigengewicht einzuräumen. Deshalb versuchen neuere Publikationen zunächst den kulturellen (künstlerisch-literarischen) Konstruktionen und den Feindbildern einer Gesellschaft nachzuspüren und daraus die militärische Realgeschichte abzuleiten. So zeigt Thomas Ganschow eindrucksvoll[13], wie stark der Krieg Kunst, Literatur und Mentalitäten beeinflusste. Diese Ausdrucksformen waren von Deutungsmustern geprägt, die politisch aufgeladen eine große Wirkung entfalten konnten. Nun war allerdings der Ausgang militärischer Konflikte viel zu ungewiss und von Zufällen abhängig, als dass man sich von literarischen Konstruktionen während des Kampfes leiten ließ. Das Gleiche gilt für religiöse Überzeugungen, Traditionen und Rituale, die bei der Vorbereitung und Legitimation des Krieges wichtig waren. Spätestens wenn die Soldaten in der Schlacht selbst ihr Leben im wahrsten Sinne des Wortes »aufs Spiel setzten« – so die amerikanischen Untersuchungen zum »face of battle« –, spielten diese Aspekte eine untergeordnete Rolle. Dann dominierten (wie in den meisten Armeen der Welt) pragmatische Erfahrungen, das Gefühl der Gruppensolidarität, die Führungsqualität des Feldherrn und der Offiziere sowie Training und Belohnungsaussichten das reale Kriegerleben.[14]

Um die Erkenntnislücke zwischen pragmatischer Einstellung zum Kampf und ihrer literarisch-intellektuellen Verarbeitung (oder Konstruktion) zu schließen, suchen manche Autoren wieder stärker die sozialgeschichtliche Dimension des Krieges mit den anderen genannten Ebenen zu verknüpfen. Zwei gehaltvolle Sammelbände[15] berücksichtigen zusätzlich die naturalen Bedingungen der Kriegführung und legen Gründe der Angleichung und Spezialisierung von Waffentechniken offen. Aber auch hier fehlt eine Synthese, die es dem Leser erlaubt, die militärischen Entwicklungen in ihrem sozialen und politischen Kontext über den gesamten Zeitraum der Antike nachzuvollziehen. Bezeichnenderweise gibt es bis heute kein Werk, das den See- und den Landkrieg gleichermaßen im Zusammenhang der politischen Geschichte behandelt, offenbar weil ein solches Unterfangen zu weit in den Bereich der spezialisierten Militärhistorie hineinreicht.[16]

Die angloamerikanische Forschung ist von einem ganz anderen, erfrischend unvoreingenommenen Pragmatismus geprägt, der sich nicht lange mit umständlichen Salvationsformeln aufhält. Der im deutschen Sprachraum gern verwendete – aber wegen seiner Aspektvielfalt diffuse – Sammelbegriff »Militärgeschichte« hat sich kaum durchgesetzt. Man spricht stattdessen von »History of War« oder »Warfare« und drückt damit aus, dass man die militärpragmatische Seite des Krieges mit der politikgeschichtlichen Dimension konsequent zu verknüpfen sucht. Welche Erkenntnisperspektiven sich daraus ergeben können, hat Harry Sidebottom gezeigt.[17] Er entlarvte die Vorstellung, wonach die griechisch-römische Kriegführung stets die Schlachtentscheidung gesucht und in dieser Hinsicht das abendländische Kriegsethos geprägt hätte, als einen Mythos, der nur bedingt der Realität entspricht.[18] Die systematische Analyse verzichtet allerdings auf eine chronologische realgeschichtliche Basis und setzt eine Kenntnis des historischen Kontextes voraus. Demgegenüber unterlegen die chronologisch aufgebauten Bände der *Cambridge History of Greek and Roman Warfare*[19] jeder Epoche ein einheitliches Untersuchungsraster, ausgehend vom außenpolitischen Kontext, über die Entwicklung der Waffengattungen und des Schlachtverlaufs bis hin zur gesellschaftlichen und politischen Einbettung des Krieges und seiner Finanzierung.

Meine Darstellung baut auf den genannten Werken auf. Insbesondere fühle ich mich der angloamerikanischen Forschung verpflichtet, die in Deutschland meist nur von Spezialisten rezipiert wird. Allerdings nehmen auch englischsprachige Gelehrte die Arbeiten ihrer kontinentaleuropäischen Kollegen immer seltener zur Kenntnis. Es ist deshalb wohl an der Zeit, die verstreuten und nebeneinander herlaufenden Forschungen unter einer historisch sinnvollen und methodisch tragfähigen Perspektive zu verknüpfen. Mir geht es in erster Linie darum, die pragmatische Militärhistorie der Antike aus ihrer Isolation zu befreien und in die allgemeine Geschichte der politischen, wirtschaftlichen und sozialen Entwicklung zu reintegrieren. Eine »Totalgeschichte« des Krieges strebe ich dabei ebenso wenig an wie eine institutionengeschichtlich orientierte Darstellung militärischer Ordnungen und Ausrüstungen oder eine detaillierte Erfassung sämtlicher Waffen- und Truppengattungen – dazu gibt es hervorragende Handbücher (die allerdings sehr häufig auf eine durchgehende historische Kontextualisierung verzichten).[20] Ferner kann ich nicht sämtliche kriegerische Konfrontationen im Detail behandeln (wie es neuerdings amerikanische Arbeiten versuchen).[21] Ich konzentriere mich auf solche Szenarien, die Knotenpunkte längerer Entwicklungen waren und repräsentativ für größere zeitliche und geographische Räume sind. Der Bereich der Erinnerungs- und Mentalitätsgeschichte des Krieges wird berücksichtigt, soweit er für das Verständnis der politischen und militärischen Entwicklungszusammenhänge unabdingbar ist.

Eine Untersuchung, die den gesamten Zeitraum der Antike umfasst, braucht tragfähige Modelle und Analyseprinzipien: Eine der elementarsten Beobachtungen, die jeder Betrachter antiker (wie neuzeitlicher) Kriegszenarien macht, sind die mannigfaltigen *Formen der Kriegführung und Kriegstechniken*. Überblickswerke zum Krieg im Mittelalter oder in der Neuzeit beginnen deshalb häufig mit einer Typologie der Kriege; man könnte sie leicht auf die Antike übertragen: Wir begegnen dem Kleinkrieg, Überfällen und Plünderungen genauso wie dem Aufmarsch großer Heere, die Schlachterfolge suchen, Städte belagern und ausgedehnte Eroberungszüge unternehmen. Auch auf dem Meer wurde die große Seeschlacht von Überfällen und Kaperfahrten begleitet, die Küstenorte und Handelsschiffe bedrohten. Privat- und Söldnerkriege kleiner Kampfgruppen gehörten genauso zum Alltag wie der offiziell erklärte Krieg zwischen »staatlichen« Gemeinwesen.

So variabel die Formen des Krieges und der Kriegstechniken erscheinen – sie waren nicht nur von Traditionen und wiederholter Einübung, sondern insbesondere von den *naturalen Großräumen* abhängig, in denen sie eingesetzt wurden. Wenn ein enger Zusammenhang besteht zwischen einer bestimmten Form des Krieges und dem Raum, in dem er entwickelt wurde und das Kampfgeschehen dominierte, spricht man von »Militärzonen«.[22] In der Antike lassen sich vier Militärzonen unterscheiden: zunächst die mediterrane Welt bis zu den großen Flussläufen im Norden und Westen (Rhein, Donau) sowie der ariden und semiariden Zone zwischen dem Atlantik und der arabischen Halbinsel im Süden.[23] Althistoriker tun sich zwar neuerdings schwer damit, diesen geographischen Großraum als einen zusammenhängenden historischen Ereignisraum zu erfassen; unbestritten ist jedoch, dass Krieg in den urbanisierten Mittelmeerländern in auffallend ähnlichen Formen ablief: Kern aller Armeen war die schwere Infanterie, flankiert von der Reiterei und unterstützt von Leichtbewaffneten und Spezialverbänden. Parallel entwickelte sich das mehrreihige Ruderschiff (mit Rammsporn) zur Standardwaffe des Seekrieges.

Die vorderasiatischen Königreiche maßen dagegen zunächst dem Streitwagen, dann in Reaktion auf die asiatischen Reitervölker der Kavallerie und den Bogenschützen weitaus größere Bedeutung zu. Einige schufen stehende Armeen mit komplexen Waffengattungen (Kavallerie, geschlossen kämpfende Infanteristen, Wagenkämpfer, Pioniere und Ingenieure).[24] Der Krieg zur See spielte demgegenüber eine geringere Rolle und wurde auf küstennahe Verbündete und Untertanen (wie die Phöniker) abgewälzt. In den west- und nordeuropäischen Binnenräumen – der dritten Militärzone der Antike – bevorzugten gefolgschaftlich organisierte

Kriegergruppen den Kampf zu Fuß und verzichteten auf technisch anspruchsvolle und teure Waffengattungen. Sie ähnelten in dieser Hinsicht der frühen mediterranen Kriegführung. Operationen zur See erreichten dagegen dort nie das technische und organisatorische Niveau der Mittelmeeranrainer.

Als vierter große Naturraum schlossen sich nördlich der Donau und des Schwarzen Meeres die asiatischen Steppengebiete und im Süden die afrikanischen Halbwüsten an, traditionell Heimat nomadischer Kriegerkulturen. Ihre Gemeinschaftsbildung beruhte auf personalen Bindungen und schloss eine Verwurzelung im Boden unterworfener Völker weitgehend aus. Auch wenn Nomaden ohne den friedlichen Kontakt zu sesshaften Ackerbauern nicht auskommen – das Leben in der Steppe, das Ringen um Weideplätze und Vieh, auch der Zwang, die Nahrungsmittelressourcen durch Beutezüge zu erweitern, erforderten ständige Kampfbereitschaft. Im Gegensatz zu den Bewohnern der nord- und westeuropäischen Binnenräume waren sie fast ausschließlich Reiterkrieger.[25] Der Kampf zu Fuß galt als unehrenhaft und wurde unterworfenen Völkern überlassen.[26]

Der Zusammenhang zwischen Naturraum und Waffentechnik war historisch folgenreich. Die mediterrane Kriegstechnik stieß an ihre Grenzen, je weiter sie sich von ihren Ursprungsgebieten entfernte; sie musste sich verändern oder die Kriegsformen der Gegner übernehmen. Umgekehrt gelang es den Territorialreichen des Vorderen Orients nie, ihre in heimischen Räumen bewährten Kriegstechniken erfolgreich (und dauerhaft) in den mediterranen Kernländern anzuwenden. Daran ist nicht zuletzt der persische Vorstoß nach Griechenland gescheitert. Später sind die Mächte des mesopotamisch-iranischen Raums (Parther und Sasaniden) selten über Kleinasien oder Ägypten nach Westen vorgestoßen. Wenn Steppenvölker wie die Hunnen (und später die Mongolen) erobernd und nicht nur plündernd in die mediterranen Gebiete vordrangen, waren sie gezwungen, sich den Gegebenheiten der Angriffsobjekte anzupassen, indem sie die Infanterie gegenüber der Reiterei aufwerteten und sich Belagerungstechniken aneigneten.[27] Umgekehrt durchlebten Bewohner Mitteleuropas beim Übertritt in asiatische Steppengebiete einen Prozess der »Verreiterung«, weil sie sich nur so in den unbekannten Weiten behaupten konnten.[28]

Diese Prozesse der Anpassung und Umgestaltung militärischer Techniken und Organisationsformen im Zuge räumlicher Kontakte und transregionaler Mobilität gehören zu den faszinierendsten Kapiteln antiker Kriegsgeschichte.[29] Sie sind ohne die Ausbildung entsprechender *politischer Organisationsformen*, das dritte Bezugsfeld des Krieges, nicht zu erklären. Schon in der Antike haben einige wenige Denker wie Aristoteles – in der Regel nur auf die griechischen Verhältnisse bezogen – das wechselseitige Verhältnis von Kriegstechnik und politischer Organisation zu bestimmen gesucht.[30] Hier muss man allerdings zahlreiche unterschiedliche Faktoren berücksichtigen: individuelle und kollektive Motivation und Motivierung der Krieger, Aufbau politischer und militärischer Institutionen und die Rolle von Führungspositionen (Monarchen oder bestellte Beamte als Feldherren).[31] Moderne Analysen bewegen sich deshalb bisher meist auf phänomenologischer Ebene und beschränken sich auf bestimmte politische Systeme. In der griechischen Poliswelt und in den meisten anderen mediterranen Stadtstaaten wurde politische Teilhabe mit der Pflicht und dem Recht zum Kriegsdienst gleichgesetzt. Die Kämpfenden stimmten selbst über Krieg und Frieden ab.[32] Wahrscheinlich war dieses – universalhistorisch gesehen – ungewöhnliche Prinzip nur in den kleinräumigen Verhältnissen der mediterranen Stadtstaaten und den dörflichen Gemeinschaften der europäischen Binnenräume zu verwirklichen. In beiden Militärzonen bildeten Kampfgruppen von 100–1000 Kriegern die Basis verschiedener Kriegsformen. Der militärische Erfolg solcher Kleingruppen beruht erfahrungsgemäß auf der Zustimmung und der Mitsprache aller Beteiligten. Wenn die politische Teilhabe innerhalb einer Gemeinschaft breit gelagert ist, dann sucht diese Gemeinschaft die elitäre Waffengattung der (aristokratischen) Reiterei zurückzudrängen oder dem taktischen Schwergewicht der Infanterie unterzuordnen.

Viel mehr Gestaltungsmöglichkeiten hatten monarchische Systeme. Sie konnten Ressourcen besser bündeln und diese frei von innenpolitischen Kontrollen und Entscheidungsprozeduren ihren machtpolitischen Zielen unterordnen. Durchweg tendierten deshalb stabile Monarchien dazu, komplexere militärische Apparate und Berufsheere mit differenzierten Rekrutierungssystemen und Waffengattungen (Söldner, stehende Kernheere, Eliteeinheiten königlicher Garden usw.) aufzubauen als die mediterranen Stadtrepubliken.[33] Wieder anderen Bedingungen waren die germanischen und keltischen Gemeinwesen der binneneuropäischen Randzonen unterworfen. Neben dem Geschlechterverband bildete die Gefolgschaft das Fundament ihrer Gemeinschaft. Die politischen Organisationsformen waren genauso instabil wie die militärischen.[34] Je nach der Initiative der Gefolgschaftsführer und der Zustimmung der Krieger agierten die Verbände allerdings sehr flexibel. Kelten und Germanen gehörten neben den Griechen zu den erfolgreichsten Söldnern im Mittelmeerraum und in Vorderasien. Erst wenn die lockeren Strukturen durch fremde Vorbilder beeinflusst wurden oder durch einen Wechsel der Lebensbedingungen gezwungen waren, sich neuen Verhältnissen anzupassen, entstanden stabilere Organisationen, deren Existenz nicht mehr nur vom militärischen Erfolg des Gefolgschaftsführers abhing. Diese Entwicklung erlebten germanische Großverbände in der Spätantike.

Mit den bisherigen Überlegungen habe ich ein letztes Bedingungsfeld des Krieges schon mit berücksichtigt: die Abhängigkeit des Krieges von *materiellen und finanziellen Ressourcen und der Logistik.*[35] Krieg war in der Antike (wie überhaupt in der Geschichte) ein teures Geschäft, vor allem wenn er über große Entfernungen und mit komplexen Waffensystemen geführt wurde. Selten konnte eine solche Kriegführung allein durch Plünderungen und Requisitionen finanziert werden; sie setzte eine bestimmte wirtschaftliche und finanzielle Organisationshöhe voraus. Krieg ist der Vater der Steuern, sagte der Kirchenvater Gregor von Nazianz.[36] Die finanziellen Kapazitäten eines Gemeinwesens bemaßen sich daran, inwieweit es gelang, Bürger und Untertanen an der Bezahlung und Versorgung der Truppen zu beteiligen. Diese Fähigkeit hing wiederum von den geographischen und klimatischen Bedingungen und der politischen Verfassung ab. Wenn sich die Städte der kleinräumigen Welt Griechenlands im Gegensatz zu den vorderasiatischen Reichen keine Belagerungsmaschinen und hochgerüstete Reiterarmeen leisten konnten (und wollten), lag das auch an ihren beschränkten finanziellen Mitteln und wirtschaftlichen Ressourcen. Dagegen unterhielten das Perserreich und seine Nachfolgestaaten kostenintensive Waffengattungen, weil sie über die reichsten Gebiete der Antike und (längere Zeit) über gefüllte Staatsschätze verfügen konnten. Der Aufstieg der römischen Militärmacht erklärt sich auch daraus, dass sie sukzessive die Ressourcen der unterworfenen Völker abschöpfte und dass nach jedem erfolgreichen Krieg ungeheure Beutesummen und Kriegskontributionen in die Staatskassen flossen, bis die späte Republik und das Kaiserreich das gesamte Mittelmeergebiet beherrschten und damit über ein vorher nicht gekanntes Reservoir an naturalen und finanziellen Mitteln verfügten.

Die vier kategorialen Bezugsgrößen des Krieges bedingen einander und sind durch komplizierte Rückkopplungseffekte miteinander verknüpft. Aus ihrem Zusammenspiel lassen sich zwar nur selten allgemeingültige Regeln ableiten, weil die einzelnen Bereiche sehr heterogen sind. Zu Recht hat man jüngst der Vorstellung, es hätte einen technischen Determinismus in der Antike gegeben, der die Überlegenheit des einen Waffensystems über das andere garantierte, eine Absage erteilt.[37] Genauso verfehlt ist die Vorstellung, allein überlegene materielle Ressourcen würden militärische Erfolge sichern. Dazu war der Krieg viel zu abhängig von Zufällen, menschlichem Fehlverhalten, unerwarteten Entscheidungen und politischen Einflüssen. Dennoch erlauben die Bezugsgrößen eine

Orientierung in der Flut der militärischen Ereignisse, ohne dass man andere wichtige Bereiche – wie etwa die religiösen Grundlagen des Krieges[38] oder die Verarbeitung von Kriegserfahrungen[39] – außer Acht lassen müsste. Bei all dem gilt stets: »Die Antike lebte in überwiegend stationären, zwar konfliktreichen, aber auch den Krieg einhegenden Ordnungen.«[40] Die militärischen Gestaltungsmöglichkeiten waren abhängig von naturalen, politischen und wirtschaftlichen Rahmenbedingungen, die sich nicht oder nur sehr langsam änderten und der Kriegführung Grenzen setzten. Diese Grenzen auszuloten und damit die historische Wirkkraft des Krieges in der Antike zu bestimmen – auch dies ist ein Ziel des Buches.

1.
WIE ALLES BEGANN – KLEINE UND GROSSE KRIEGE BEI HOMER

Homer und die Vergangenheit

Die Griechen waren streitbare Menschen, doch eine Erkenntnis einte alle: Der Krieg – nicht der behagliche Frieden – gebar den Helden und bestimmte den Wert des Mannes. Es waren die großen Kriege, an denen die Erinnerung hing und die Gegenwart gemessen wurde. Vater aller Kriege – auch daran zweifelten wenige – war der zehnjährige Kampf, den die Helden der Achaier unter ihrem Feldherrn Agamemnon einst vor Troia führten. Genauso alt wie der Krieg war sein Motiv: Rückführung einer geraubten Frau und Rache für die Schmach, die der Troianerprinz Paris dem gehörnten Ehemann angetan hatte. Dass man die Rache nicht nur mit dem Tod der Feinde auf dem Schlachtfeld, sondern auch mit reicher Beute aufzuwiegen hoffte, verstand sich von selbst.

Im 8. oder frühen 7. Jahrhundert kam ein Dichter namens Homer oder eine Gruppe von Dichtern in Kleinasien auf die Idee, die Geschichte um den Troianischen Krieg auf eine Zeitspanne von zehn Tagen im 10. Jahr der Belagerung zu verdichten und sie mit einem fundamentalen politischen Thema zu verknüpfen, dem Spannungsverhältnis zwischen individueller Ehre und kollektiver Verantwortung: Achilles, der stärkste achaische Kämpfer, und Agamemnon, der Oberbefehlshaber, stritten um ein Mädchen, das Achilles als Kriegsbeute für sich beanspruchte. Nicht nur der Streit an sich, sondern die Folgen, der Tod vieler Kämpfer in der Schlacht, führten zu der Frage, ob ein Mann sich überhaupt den Befehlen eines anderen beugen muss, wenn ihm die Ehre dies verbietet, aber eine größere Sache auf dem Spiel steht. Das Durchspielen solcher Konflikte muss für Homer und seine Zuhörer hochaktuelle Brisanz besessen haben in einer Zeit, als die Ehre des Einzelnen das Maß aller Dinge war und sich durch militärische Leistungen manifestierte. Schon zu Beginn der griechischen Geschichte war es der Krieg, der tiefe Einsichten in die menschliche Natur und die Folgen für die Gemeinschaft erlaubte.

Wie viel Realität steckt aber hinter der Rahmenhandlung? Was ist das überhaupt für eine Wirklichkeit und welche Erkenntnisse können wir daraus für die Zeit des Dichters ziehen? Dass er Erinnerungen an reale Eroberungsfahrten aus spätmykenischer Zeit bewahrte, ist sehr unwahrscheinlich. Der Zeitabstand ist zu groß und durch zu tiefe Brüche gekennzeichnet, als dass man eine kontinuierliche Tradierung voraussetzen könnte. Eher mag man sich vorstellen, dass Homer Erfahrungen von Beutezügen seiner Zeit in eine heroische Vergangenheit projizierte und diese Erfahrungen episch überdimensional ausgestaltete.[1] Tatsächlich waren die Griechen der homerischen Zeit weder technisch noch logistisch zur Einnahme einer gut befestigten Stadt in der Lage. Die *epische* Eroberung musste deshalb mit dem Trick des hölzernen Pferdes gelingen, der Zeitraum der Belagerung auf zehn Jahre gedehnt und die Zahl der Kämpfer viel höher als die realen Rekrutierungsmöglichkeiten angesetzt werden.

Dennoch schuf Homer keine Phantasiewelt. Der geographische Rahmen war genauso in der Wirklichkeit verortet wie die Trümmer des zerstörten Troia, und dass eine reiche Hafenstadt Raubfahrer anzog, war den Griechen zu allen Zeiten verständlich, auch dass sich aus solchen Überfällen größere Konflikte ergeben konnten. Homer und seine Zuhörer hatten wohl auch eine Ahnung davon, dass im Osten das Reich der Assyrer durchaus in der Lage war, große Heere aufzustellen und befestigte Städte zu erobern. Was für den politischen und militärischen Rahmen gilt, trifft auch auf die Art der Kampfhandlungen zu: Die Ilias bietet ein mehrschichtiges Amalgam von Erfahrungen aus der zeitgenössischen griechischen Welt, vagen Vorstellungen nahöstlicher Verhältnisse wie auch von epischer Ausmalung, von Übertreibungen und altertümlichen Details, die dem Geschehen eine archaische Patina und den Glanz einer heroischen Vergangenheit verleihen sollten. Dies alles gilt es zu entwirren, wenn man eine Vorstellung über die Grundstruktur des Krieges im 8. und 7. Jahrhundert gewinnen will.

Die Ilias: *Protophalanx* und Kämpfe der Hetairien

Die Helden der Ilias zogen mit Kampfverbänden von rund 50 Mann in den Krieg. Sie setzten sich aus Gefährten *(hetairoi)* und Gefolgsleuten *(therapontes)* zusammen. Um einen inneren Kern engster Freunde und Verwandte gruppierte sich ein weiterer Kreis ergebener Kampfgefährten. Der bekannteste dieser Verbände waren die Myrmidonen des Achilles.[2] Sie repräsentieren eine reale Erfahrung der homerischen Zeit. Alle archäologischen und etwas späteren literarischen Zeugnisse deuten darauf hin, dass in der frühen Archaik tatsächlich eine Führungsschicht »adliger« Grundbesitzer *(basileis)* ihre Gefährten zu unterschiedlichen Gelegenheiten zum Kampf versammelte.[3] Kaum der Realität der griechischen Welt entspricht dagegen die große *Zahl* von Helden, die Agamemnon, der König von Mykene, mit den jeweiligen *Hetairoi*-Verbänden gegen Troia führte; ferner die *Größe* des Heeres, das auf der Ebene vor Troia von den nebeneinander postierten Kampfverbänden und dem Rest der einfachen Kämpfer *(laoi)* gebildet wurde. Solche großen, in Formation geordneten Heere konnten nur die Territorialreiche des Vorderen Orients aufbieten, vor allem die Ägypter und die Assyrer[4], und es mag sein, dass der Dichter von dort Anregungen bezog und zur epischen Übertreibung viel einfacherer Verhältnisse einsetzte.

Abgesehen von diesen Überzeichnungen beschreibt Homer die

Kampfesweise der Einzelgruppen in sich konsistent und funktional stimmig: Die Gruppen der *Hetairoi* sind mobil, sie greifen »wie eine dicht gefügte Mauer« und »Helm and Helm« in die Schlacht ein, lösen sich vor dem Kampfkontakt auf, können sich in Krisensituation aber wieder geordnet zurückziehen und zur Verteidigung (allerdings selten) eine dichte Formation bilden.[5] In der Ilias tragen sie einen geschlossenen Bronzehelm, metallene Brustpanzer, teilweise Beinschienen, den runden Schild *(aspis)* mit Doppelgriff, dazu Lanze und Schwert als Wurf- und Stichwaffen. Berücksichtigt man auch hier die epische Überzeichnung und Archaisierung in Hinblick auf Größe, Schwere und Material – Bronze war wertvoller als Eisen, wurde aber in homerischer Zeit nicht mehr verwendet, man kannte sie aus den Heroengräbern –, so entsprechen diese Waffen mit Ausnahme des Wurfspeers der archäologisch seit 725 v. Chr. nachgewiesenen Rüstung *(panoplos)* eines Soldatentyps, den die Quellen als Hopliten bezeichnen.[6] Die bei Homer beschriebenen Waffen passen ferner gut zu einer Kampfformation, bei der die einzelnen Krieger der Hetairien eng zusammenrücken, um sich in Bedrängnis gegnerischer Angriffe besser erwehren zu können. Viele Forscher sehen deshalb in dieser Formation eine noch sehr fluide Frühform des Kämpfens in Schlachtreihen, die später als »Phalanx« berühmt wurde; allerdings rückten bei Homer die Kämpfer nur zur *Verteidigung* in einer besonderen Krisensituation zusammen, während die klassische Phalanx des 5. Jahrhunderts v. Chr. auf die Wucht des *Angriffs* setzt. Dementsprechend haben die homerischen Hoplitenreihen noch eine sehr geringe Tiefe und die Kämpfer setzen die Lanze als Wurfwaffe ein.[7] Die Krieger der Troianer und Achaier rücken zwar geschlossen »wie eine Felswand« oder »dunkle Sturmwolken« auf das Schlachtfeld, lösen aber die Formation auf, wenn es zum Kampf kommt. Immerhin agieren die Helden und ihre *hetairoi* keineswegs isoliert vor der Masse der einfachen, leicht bewaffneten Kämpfer *(laoi)*. Nach Homer schleudern diese ihre Wurfgeschosse über die Köpfe der *prómachoi* (»Vorkämpfer«) hinweg und führen mitunter sogar die Entscheidung herbei.[8]

Einzelkämpfe und Streitwagen

Wie flexibel und fluide die Formationen zur Zeit Homers noch waren, zeigt sich auch daran, dass in der Ilias die Schwerbewaffneten als *prómachoi* immer wieder vorpreschen, um mit ihren *hetairoi* oder in Einzelgefechten *(Aristien)* ihre Tapferkeit zu beweisen. Danach ziehen sie sich in den Schutz ihrer Kampfgruppe zurück oder verlassen zur Regeneration und zur Versorgung von Wunden das Kampfgeschehen, um sich dann wieder gekräftigt in die schier unendliche Abfolge von Gruppen- und Einzelkampf einzureihen.

Wie man diese Vorstöße deuten soll, bleibt umstritten; manche sehen darin eine altertümliche Kampfesweise, die der Realität der homerischen Zeit nicht mehr entspricht, andere eine epische Übertreibung, die das Interesse der Zuhörer an heroischen Einzelschicksalen bedienen soll, und wieder andere bemühen sich um eine widerspruchsfreie Kombination von Einzel- und Gruppenkämpfen.[9] Zweifellos sind Dauer und Bedeutung der Einzelkämpfe episch übertrieben.[10] Ein Duell von Vorkämpfern, bei dem beide die Zeit finden, ihre Ahnenreihen aufzusagen, bevor sie zum tödlichen Schlag ausholen, ist die gattungsbedingte Übersteigerung einer kriegerischen Grundsituation, die allerdings nur deshalb so dominant erscheint, weil Homer – wie ein moderner Filmregisseur – von der Panoramaperspektive auf das ganze Heer zur »Nahaufnahme« eines szenisch dichten Einzelkampfes übergeht und wieder zurück.[11] Beide Perspektiven gehören zusammen und bilden verschiedene Phasen und Formen eines einzigen Kampfgeschehens ab. Ähnlich wie sich die Formationen im direkten Kampfkontakt auflösen können, sich geschlossen zurückziehen oder einander aus der Ferne mit Wurfgeschossen bekämpfen, lassen sie auch einzelnen vorpreschenden Kämpfern und Gruppen genügend Aktionsmöglichkeiten, bieten ihnen aber auch Schutz, wenn diese zurückgedrängt werden.

Eine Gegenprobe, die diese Deutung indirekt unterstützt, bieten die »Streitwagen« in der Ilias. Leichte zweirädrige Wagen kannten Homer und seine Zuhörer wahrscheinlich nur von den Wagenrennen, die anlässlich der Totenfeiern bedeutender Männer stattfanden;[12] von ihrer militärischen Funktion wusste man allerdings nichts: Im archaischen Griechenland war der funktionale Einsatz von Streitwagen in der Schlacht allein aus Kostengründen und wegen des ungünstigen Geländes unbekannt. Auch aus dem Osten konnte Homer keine Anregungen erfahren. Die assyrischen Armeen im 8. Jahrhunderts hatten ihre mit Bogenschützen besetzten Streitwagenabteilungen weitgehend durch Reiter ersetzt.[13] Vielleicht aus dem Osten bekannt war die Bedeutung des Streitwagens als Statussymbol der Reichen und Mächtigen.[14] In dieser Funktion integriert Homer ihn auch in die Ilias. Nur die Helden werden wie mit einem Taxi auf dem Streitwagen zum Kampfgelände gefahren und nach Ende der Gefechte wieder abgeholt; im Krisenfall bieten diese ferner (selten) Gelegenheit zur raschen Flucht. Aber im Kampf selbst haben sie keinerlei Funktion und passen auch nicht in das Wechselspiel von Formations- und Gruppen- oder Einzelkämpfen der Fußsoldaten. Wahrscheinlich gehören sie wie die Bronze als (wertvolleres) Material der Waffen oder der aus Eberzahn gefertigte Helm zu den Elementen einer Archaisierung und Idealisierung, die »bei den Zuhörern das Bild einer ruhmvollen Vergangenheit« hervorrufen sollte, »in der vieles schöner und größer, heroischer und glanzvoller war«.[15]

Belagerung und Verteidigung von Städten

Das eigentliche Kriegsziel der Achaier, die Eroberung Troias, ist dagegen schwerer zu deuten. Im 7. Jahrhundert gab es wohl nur in Kleinasien ummauerte Städte[16]; der Mauerbau größerer Poleis im griechischen Mutterland (darunter Athen) setzte wahrscheinlich etwa 100 Jahre später ein[17] (auch die Odyssee kennt ummauerte Siedlungen nur außerhalb des griechischen Festlandes). Wenn es sie doch früher gab, waren sie nie Objekte regelrechter Belagerungen und aufwändiger Eroberungen; denn dazu fehlten den Griechen der homerischen Zeit die entsprechende Technik und Ressourcen, obwohl die kleinasiatischen Griechen sicherlich Kenntnis vorderasiatischer Belagerungstechniken hatten.[18] Ihre Kampfesweise unterschied sich – abgesehen von der geringeren Zahl der Soldaten – von den östlichen Reichen wesentlich durch den weitgehenden Verzicht auf große Reiterabteilungen (sie sind erst im 6. Jahrhundert v. Chr. in Thrakien und Thessalien nachgewiesen) und auf Belagerungsmaschinen.[19] Beide Waffengattungen waren teuer und trainingsintensiv. Sie setzten ein hohes Niveau logistischer Organisation voraus, das die griechische Welt nicht besaß. Wenn eine Siedlung angegriffen wurde, versuchten die Bewohner – wie auf dem Schild des Achilles angedeutet – den Gegner weit vor den Stadtmauern zu überfallen, weil man Äcker und Herden schützen wollte. Kämpfe zwischen Angreifern und Verteidigern spielten sich in den Epen *vor* der Stadt, aber nie *an* der Mauer selbst ab. Auch der Kampf zwischen Troianern und Achaiern entwickelt sich faktisch zu einer Auseinandersetzung um eine fruchtbare Ebene *am Rand* der Polis Troia.[20] Die Eroberung gelingt nur in Form eines »irregulären« Tricks: des Troianischen Pferdes. Bei der Gestaltung dieser Konstruktion hat der Dichter wohl vage Kenntnisse assyrischer Belagerungsmaschinen (auf Rädern) griechischen Verhältnissen anzupassen versucht.[21]

Trotz dieser epischen Verzerrungen konnten sich Homer und seine Hörer in die Lage von Angreifern und Angegriffenen gut hineinversetzen. Alle Einwohner von Troia wissen um das Los, das ihnen beschieden ist, wenn ihre Stadt fällt.[22] Der Königssohn Hektor gehorcht einer doppelten Pflicht: Auch er ist vom Verlangen nach kriegerischem Ruhm beseelt und möchte dieses Verlangen auf dem Schlachtgelände ausleben; doch gleichzeitig muss er seine Stadt beschützen: »Du dachtest daran«, ruft er dem sterbenden Patroklos zu, »meine Stadt zu zerstören, Troias Frauen den Tag der Freiheit zu rauben, sie wegzuführen auf den Schiffen in deine liebe Heimat. Du Tor! Für sie sprengen Hektors schnelle

Übersichtskarte:
Griechenland und Ägäis

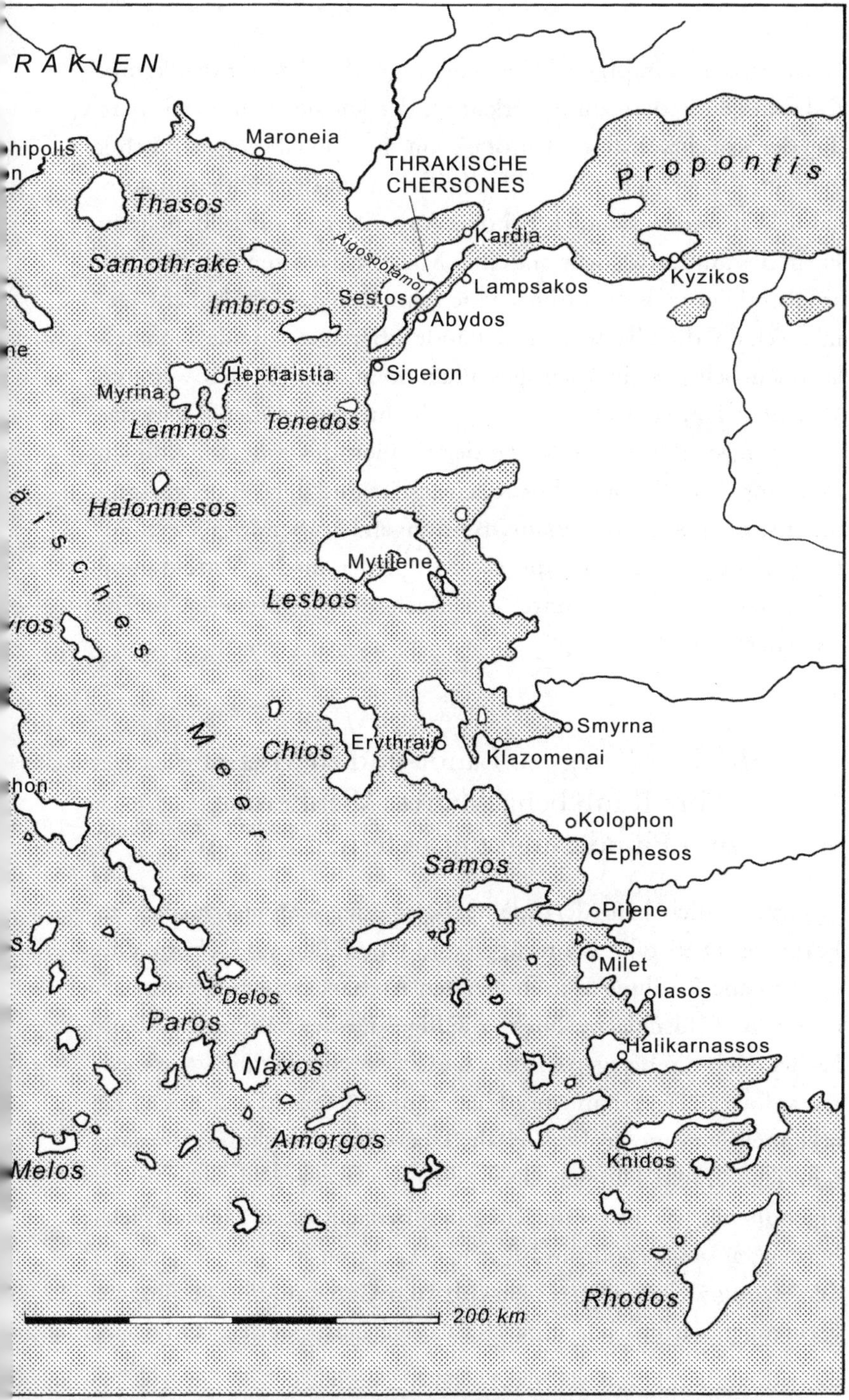
Maroneia
THRAKISCHE
CHERSONES
Propontis
Thasos
Kardia
Aigospotamoi
Samothrake
Lampsakos
Kyzikos
Sestos
Imbros
Abydos
Hephaistia
Sigeion
Myrina
Lemnos
Tenedos
Halonnesos
Mytilene
Lesbos
Meer
Smyrna
Chios
Erythrai
Klazomenai
Kolophon
Ephesos
Samos
Priene
Milet
Delos
Iasos
Paros
Naxos
Halikarnassos
Amorgos
Melos
Knidos
Rhodos
200 km

Rosse in den Kampf, ich selbst aber rage hervor unter den kampfesfreudigen Troern im Speerkampf, der ich sie schütze vor dem Tag der Knechtschaft.«[23] Hektor ist von einer polisbezogenen Ethik geprägt, die weit über die Einzelmaßnahmen der Helden hinausgeht. Wir finden sie auch bei den Angreifern: Dort bilden sie in Form des am Ende sogar mit einer Mauer bewehrten Schiffslagers am Rand der troischen Ebene eine zehnjährige, stadtähnliche Gemeinschaft, die alle *hetairoi*-Verbände überlagert. Beide Konstellationen belegen ein wichtiges Phänomen, das für den weiteren Verlauf der griechischen Kriegsgeschichte bestimmend war: das Spannungsverhältnis zwischen der Freiheit des *einzelnen* Adligen im Kampf um Ruhm und Beute einerseits und der Verantwortung für eine nicht allein auf *hetairoi*-Bindungen beruhende größere Gemeinschaft andererseits, die *alle* Mitglieder in der Verteidigung (Troianer) oder im Kampf um Rache für erlittenes Unrecht (Achaier) vereint.

»Kleiner Krieg« zu Lande und zu Wasser – Vom Raub benachbarter Viehherden zum Plünderungszug an fernen Küsten

Wahrscheinlich kam der »kleine Krieg« der *hetairoi*-Verbände in Form von Diebstahl, Beutezügen und Überfällen auf Gehöfte und küstennahe Siedlungen in der frühen Archaik viel häufiger vor als die offene Feldschlacht. Nicht zufällig zeigt der Schild des Achilles, wie sich die Belagerten zum *heimlichen* Überfall mit Wurfspeeren auf die Belagerer an einer Flusstränke rüsten.[24] Doch auch hier erkennen wir eine große Vielfalt, Überschneidungen und variantenreiche Entwicklungen. Der greise Nestor erzählt, wie er als jugendlicher »Neuling« im Krieg den benachbarten Eleiern Viehherden raubte[25]; Raub und Rache eskalierten in einer Auseinandersetzung zwischen den benachbarten Gemeinden. Die jüngere Heldengeneration hat ihre Raubzüge ausgeweitet, Odysseus schließlich weit über das Meer ausgedehnt. Wenn man erneut die epischen Übertreibungen und Ausschmückungen außer Acht lässt, spiegeln die Fahrten des Odysseus oder des Menelaos (nach Ägypten) - soweit sie sich in historisch und geographisch fassbaren Räumen bewegten - zeitgenössische Realitäten: Spätestens seit dem 8. Jahrhundert bemannten reiche *basileis* eigene Schiffe mit ihren Kriegerbanden, um die Küsten der Levante, Zyperns oder Kleinasiens zu plündern. Assyrische Quellen beschreiben sie als räuberische Barbaren, die vom Meer kommend die Siedlungen überfallen.[26] Eine erfolgreiche Abwehr gelang nicht immer. Die bedrohten Mächte konnten ihre Gebiete dauerhaft nur dann effektiv schützen, wenn sie zumindest die Anführer solcher Plünderungszüge bei günstiger Gelegenheit selbst in Dienst stellten und deren Unternehmungs- und Kampfeslust gegen eigene Feinde lenkten. So schildert Odysseus in seiner fiktiven Lebensgeschichte einen Mann aus Kreta, der es nach der Rückkehr vom Troianischen Krieg nur für kurze Zeit bei Frau und Familie aushält und bald wieder mit seinen *hetairoi* aufbricht, um die Küste Ägyptens zu plündern. Das Unternehmen endet wegen der Sorglosigkeit der Gefährten und ihrer Feigheit - »nicht einer hatte den Mut zum Nahkampf«[27] - in einem Desaster. Nur der Anführer kann sich retten, indem er durch Umfassen der Knie des Herrschers um Gnade bittet und in dessen Dienste tritt. Er macht seine Sache gut und kehrt nach sieben Jahren als reicher Mann zurück.[28]

Die Karriere des homerischen Kreters steht für viele andere, die in den Gebieten des Ostens und im Westen (Sizilien) des Mittelmeerraums als Kaperer und Söldner ihr Glück fanden.[29] Sie waren erfahrener als einheimische Verbände, vor allem aber ungebunden und flexibel. Dies machte sie zu begehrten Söldnern: Ihre Kampfesweise unterlag einer Ethik, die sich partiell von der Schlachtenethik der Ilias unterschied: Hier zählten weniger der todesbereite Nahkampf zur Verteidigung der Heimat oder zur Eroberung ganzer Städte als vielmehr listenreiches Anschleichen, Überfälle mit Pfeil und Bogen und schnelle Flucht zur Rettung des Lebens und der Beute.[30] Dementsprechend kümmerten sich diese Leute auch wenig um das Urteil ihrer um Haus und Hof besorgten Mitbürger. Archilochos, ein dichtender Prototyp des wandernden Söldners und Anführer einer etwa 100 Mann starken Kampftruppe aus dem 7. Jahrhundert v. Chr.[31], brachte es auf den Punkt: »Wer denn wird nach seinem Tode von den Bürgern hochgeehrt/und gerühmt? Wir streben lieber bei den Lebenden nach Gunst,/Weil wir leben; doch den Toten wird das Schlimmste angetan.«[32] Das eigene Leben zählte offenbar mehr als das Andenken an einen heroischen Tod. Denn – so Archilochos in einem anderen Gedichtfragment – »wer um der Leute Gerede sich kümmert,/Dem begegnet gewiss weniges, das ihn erfreut«.[33]

Dementsprechend konnte man sich auch im Kampf ein Verhalten leisten, das für einen Helden wie Hektor oder Achilles vor den Mauern Troias und unter den Augen der Bewohner undenkbar war: Archilochos erzählt voller Stolz, er habe auf der Flucht zur Rettung des eigenen Lebens einfach seinen Schild weggeworfen.[34] Ebenso hatte das Umfassen der Knie *(Hiketie)*, mit dem der kretische Plünderer in Odysseus' Bericht gegenüber dem ägyptischen Herrscher sein Leben rettet, vor Troia niemals Erfolg.[35]

Ilias und Odyssee repräsentieren also zwei Formen des Krieges, der die Antike bis zu ihrem Ende prägte: auf der einen Seite der unerklärte, nach pragmatischen Gesichtspunkten geführte Kleinkrieg, wie ihn Odysseus und Archilochos bevorzugten, und auf der anderen Seite der offiziell erklärte Krieg einer größeren, meist städtischen Gemeinschaft.[36] Mochte auch deren Ethik verschieden sein – beide Formen haben Männer hervorgebracht, die sich dem Krieg auf die ein oder andere Weise verschrieben und ihn als ihr Lebenselement entdeckten. Beute, materieller Gewinn und die berauschende Aussicht, sich durch den Krieg viel schneller als durch mühsame Feldarbeit zu bereichern sowie Macht und Ansehen zu gewinnen, standen dabei immer im Vordergrund des Interesses. »Aus Elfenbein ist der Griff deines Schwerts und in Gold gefasst«, so beschreibt Alkaios die Waffen seines Bruders, der aus dem

Söldnerdienst für den babylonischen König Nebukadnezar zurückgekehrt war.[37] Dass er in den Kämpfen – wie der jüdische David – einen riesigen Gegner tötete, folgt erst an zweiter Stelle. Der edle Wettstreit, das »agonale Prinzip«, das angeblich die Mentalität der Griechen (wie auch der Germanen) so wesentlich bestimmte und deren Bereitschaft zum Krieg förderte, spielte (wenn überhaupt) eine sekundäre Rolle in dem Sinne, dass bei Raub- und Plünderungszügen jeder mit den Kameraden um die größte Beute wetteiferte.[38] Er war aber nie Selbstzweck und wurde erst im Nachhinein von den Stadtgemeinden den kriegerischen Handlungen hinzugeschrieben, um ihrer eigenen Kriegsform Glanz zu verleihen und sich von den Abenteurern, Piraten und Söldnern abzugrenzen sowie deren Aktivitäten einzuhegen. Vollkommen gelungen ist das nie. Der auf Beute und schnellen Gewinn gerichtete Kleinkrieg zu Wasser und zu Lande war ständiger Begleiter des großen Krieges, ein dauernder Unruheherd, weil es genügend Konflikte gab und viele Männer darin eine Chance sahen, frei von den Bindungen und Beschränkungen der städtischen Gemeinschaft erfolgreich zu sein.

2.
FRÜHE KRIEGE SPARTAS UND MILITÄRISCHE ORDNUNGEN DER POLIS

Messenische Kriege und Einführung der Phalanx

Die Unternehmungen der homerischen Hetairien zielten auf Beute, Sklaven und Geschenke sowie Lohn für Solddienst in einer Welt, die man nach Erreichen des Ziels und erfülltem Auftrag in der Regel wieder verließ. Entsprechend waren Bewaffnung und Kampfesweise auf Mobilität und Schnelligkeit ausgerichtet. Die Lage änderte sich überall dort, wo die wachsende Bevölkerung neues Land brauchte, also in den Kolonien, aber auch in den fruchtbaren Ebenen und Küsten des griechischen Mutterlandes. Hier ging es nicht mehr allein um leichte Beute und schnellen Ruhm, sondern um das Land, das man sich oder der Heimatgemeinde sichern wollte.[1]

Die Anführer standen allerdings vor dem Dilemma, die Zahl der Mitkämpfer zu erhöhen und ihre Kampfesweise dem neuen Ziel anpassen zu müssen, ohne ihre Führungsstellung und den Anspruch auf die besten Landstücke einzubüßen. Vielfach führte dies zu recht seltsamen Kompromissen: Angeblich vereinbarten die Kämpfer, die zu Beginn des 7. Jahrhunderts um die Lelantische Ebene auf Euböa stritten, auf Fernwaffen (Bogen, Schleuder, Wurfspeer) zu verzichten und den Krieg nur mit Schwert und Stoßlanze auszutragen.[2] Während bis dahin Pfeil und Bogen bei Überfällen und Kleinkämpfen eingesetzt wurden, bildeten jetzt Schwert und Lanze die Waffen für den Nahkampf der Hopliten; sie schlossen ärmere Schichten aus. Deshalb wurden im Lelantischen Krieg zur Verstärkung adlige Kämpfer aus anderen Gemeinden angeworben oder sie nahmen auf eigene Initiative teil.[3]

Leider wissen wir nicht, ob sich diese Kampfesweise bei den lelantischen Kämpfern verstetigte und wie dieser Vorgang politisch begleitet wurde. Bessere Einsichten erlauben die Verhältnisse auf der Peloponnes. Hier hatten im 10. Jahrhundert dorische Familienverbände aus dem Norden in der fruchtbaren Ebene des Eurotas vier Dörfer gegründet und die einheimische Bevölkerung auf den Status von schollengebundenen Unfreien (Heloten) herabgedrückt. Die beiden mächtigsten Familien etablierten ihre Oberhäupter, die sich bei der Einwanderung als Anführer bewährt hatten, als Erbkönige. Sie führten neben anderen reichen Adligen die größten Hetairien und besaßen eine schwere Rüstung, die ihren herausgehobenen Status dokumentierte.[4]

Irgendwann im 8. Jahrhundert dehnten einige spartanische Verbände – wahrscheinlich die der Könige – ihre Streifzüge auf der Suche nach Beute und Bewährung westlich über den Taygetos in das messenische Siedlungsgebiet aus.[5] Dabei geriet die fruchtbare Pamisosebene in ihr Blickfeld. Es ist zwar strittig, ob die Inbesitznahme der Ebene von Anfang an Ziel der Gesamtgemeinde war[6] oder ob sie sich erst in Folge der Raubzüge spartanischer Hetairien und messenischer Racheaktionen ergab.[7] In jedem Fall entwickelte sich ein Krieg (Erster Messenischer Krieg), der ähnlich lange dauerte wie der Krieg um die Lelantische Ebene. Schon dies deutet darauf hin, dass es im Laufe der Konflikte nicht mehr nur um Vergeltung und Beute, sondern auch um Ackerland ging.[8] Als die Spartaner als Sieger aus dem Krieg hervorgingen, teilten sie die Pamisosebene unter sich auf. Doch anstatt das Land selbst zu bewirtschaften, verpflichteten sie die zu Heloten unterworfenen Messenier dazu, ihnen jedes Jahr die Hälfte der Ernte abzuliefern.[9]

Wie im Lelantischen Krieg hatten einzelne Adlige und Söldner von auswärts (Samos, Kreta) an den Kämpfen auf Seiten Spartas teilgenommen.[10] Dies spricht dafür, dass sich zwar die Zahl der Kämpfer, nicht aber deren Kampfesweise grundlegend geändert hatte. Wahrscheinlich experimentierte man mit den »homerischen« Formen des Kampfes, so wie auch die Festlegung, wonach die Be-

Frühes Griechenland

Kap Artemision
Skyros
Halai
Orchomenos
Euripos
EUBOIA
Ägäisches
Meer
Kopais-See
Anthedon
Chalkis
Aulis
Lefkandi
Eretria
BOIOTIEN
Theben
Delion
Oropos
Askra
Thespiai
Tanagra
Leuktra
Oinophyta
Plataiai
Rhamnous
Kithairon
Parnes
Dekeleia
Eleutherai
Marathon
Kephissia
Pentelikon
Karystos
Eleusis
MEGARIS
Nisaia
Pallene
Athen
Megara
Piräus
Hymettos
Andros
Salamis
Phaleron
Brauron
Saronischer Golf
Psyttaleia
ATTIKA
Aigina
Laurion
Tenos
GOLIS
Epidauros
Kap Sunion
Keos
Kalaureia
Syros
Troizen
Hermione
Rheneia
Kykladen
Seriphos
Paros
Siphnos
Myrtoisches
Meer
Melos
Kap Malea
Kythera
100 km

siegten die Hälfte der Feldfrucht jährlich abzuliefern hatten, eine alte (»homerische«) Regel des Freikaufs von Belagerten und der Versklavung miteinander verband.[11] Zu einer strukturellen Veränderung des Kriegswesens bedurfte es neben den gewandelten Kriegszielen und Kampfbedingungen eines Impulses von außen. Er ergab sich, als die Spartaner ihren Einfluss nach Norden auszuweiten suchten und im Kampf um die fruchtbare Thyreatis-Ebene (am Argolischen Golf) gegen Argos schwere Niederlagen erlitten. Wahrscheinlich lag der Schlüssel zum Erfolg der Argiver darin, dass ihre Schwerbewaffneten im direkten Gefecht eine geschlossene Formation wahrten, während die gemischten Verbände Spartas sich ähnlich wie die homerischen Kämpfer auflösten, wenn die Gegner aufeinandertrafen.[12] Als die Messenier, durch die spartanischen Rückschläge ermutigt (oder gar von Argos unterstützt), den Aufstand wagten, dürften nicht wenige Spartaner ihre Könige gedrängt haben, die argivische Formation im Kampf gegen die Aufständischen zu übernehmen.[13]

Einfach war dies nicht, wie den Gedichten des Lyrikers Tyrtaios zu entnehmen ist. Er war selbst an den Kämpfen beteiligt und musste die Schwerbewaffneten *(panoploi)* immer wieder ermahnen, gegen den Feind eine dichte Formation zu halten.[14] Nach wie vor konnten Hopliten aus der Reihe ausbrechen und – wie die homerischen Helden – zu Einzelkämpfen übergehen. Allerdings warfen sie nicht mehr den Speer, sondern benutzten wie die lelantischen Krieger Schwert und Speer als Stoß- oder Stichwaffe.[15] Leichtbewaffnete *(gymnētes)* – wohl jüngere Jahrgänge ohne Landbesitz – kämpften zwischen den Hopliten als Speer- und Steinwerfer, aber nicht mit Pfeil und Bogen.[16] Wie man aus der zeitgenössischen Chigi-Vase schließen muss, fehlte der Phalanx außerdem die Tiefe der späteren Zeit.[17]

Trotz der Anpassungsschwierigkeiten wird die neue Formation den Ausschlag zum Sieg der Spartaner gegeben und sie von einem Alptraum, dem Angriff von Außen (Argos) und Innen (Heloten), befreit haben. Nach dem Krieg nahmen die Spartaner das gesamte messenische Siedlungsgebiet in Besitz und verfügten danach über das größte Territorium, das je eine griechische Polis besaß. Das Neuland versorgte die Hopliten mit weiteren Ackerflächen und erlaubte anderen Spartanern, sich eine Hoplitenrüstung anzuschaffen. Dies war eine wichtige Voraussetzung, dass sich die Phalanxtaktik etablieren und die schwere Bewaffnung auch auf zweite und dritte Reihen ausgedehnt werden konnte.

Rückwirkungen des Krieges auf die Verfassung

Der militärische Erfolg hatte freilich seinen Preis. Die Phalanx engte die Handlungsspielräume der adligen Hetairien, insbesondere der Könige, erheblich ein. Denn sie konnen sich fortan nicht mehr in dem Maße wie früher individuellen Ruhm durch unkontrollierte Beutezüge erwerben. Verschärft wurde das Konfliktpotential durch Streit um die eroberten Ackerflächen. Um diese Spannungen abzubauen und die politischen Kräfte im Sinne einer harmonischen Kooperation neu zu regeln, rang man sich nach Ende des Kriegen zu einer Neubestimmung der in ihrer Grundstruktur aus homerischer Zeit bekannten politischen Institutionen durch.[18] Grundlage dieser Neuordnung war die »Große Rhetra«, eine Urkunde, die als Orakel an den legendären Staatsgründer Lykurg gestaltet war.[19] Sie unterwarf den Rat der Alten *(Gerusia)*, die Archageten *(Könige/basileis)* und den Damos, die Versammlung der Wehrfähigen, festeren Regeln. Während der Rat und die Volksversammlung eine Aufwertung ihrer Befugnisse erfuhren, wurde den Königen nirgendwo eine eigenständige Rolle zugestanden: Sie handelten immer zusammen mit dem Ältestenrat, wurden aber ausdrücklich nur an zweiter Stelle (nach dem Rat) genannt und hatten auch nicht mehr das Recht, die Mitgliederzahl des Rates selbst zu bestimmen.[20] Diese wurde nun von der *Rhetra* auf 28 Mitglieder und die beiden Könige festgelegt.

Tyrtaios nennt in einem berühmten Gedichtfragment (3a), das

einen Teil der *Rhetra* interpretiert, die Könige zwar an erster Stelle und hebt sie als »götterbegnadet« heraus; aber der darauf folgende Appell, beim Beraten die Ersten zu sein und das Wohl der Stadt im Auge zu haben, schränkt diese Position gleich wieder ein, indem er sie an die Gemeinschaft bindet.[21] Der appellative Charakter würde weiter verstärkt, wenn man die folgende Aufforderung, »nichts Schiefes zu raten«, ebenfalls auf die Könige (und Geronten) bezöge. Tut man dies nicht, wären es die »Männer des Volkes«, die »Geziemendes reden und alles Gerechte tun sowie nichts Schiefes der Stadt raten sollen«. Stefan Link hat vorgeschlagen, in den Männern des Volkes nicht das Volk insgesamt – sie können sich ja schlecht selbst Schiefes raten –, sondern die sogenannten Ephoren oder ihre Vorläufer zu sehen, die unter anderem die Könige als Anführer der mächtigsten Hetairien darauf verpflichten sollten, die gemeinschaftlichen Regeln einzuhalten. Im Gegenzug wurde den Königen ihre Führungsstellung als »götterbegnadet« zuerkannt.[22]

Welche Auffassung man nun auch teilt, ob also den Königen und Geronten durch die Ephoren ein Gegengewicht erwachsen ist oder sie selbst aufgefordert werden, »Geziemendes zu reden und alles Gerechte zu tun sowie nichts Schiefes der Stadt zu raten« – auch aus dem Fragment des Tyrtaios gewinnt man den Eindruck, dass die Handlungen der Könige stärker als zuvor in das Gefüge der Institutionen (insbesondere in die *Gerusia*) eingebunden und auf das Gemeinwohl verpflichtet werden sollen. Ihre Aktionsmöglichkeiten werden erheblich eingeschränkt.[23] Dieses Bemühen kann nur auf schlechte Erfahrungen zurückgehen, die einschneidend genug waren, um solche Veränderungen zu bewirken. Es muss in der unmittelbaren Vergangenheit oft vorgekommen sein, dass die Könige eben nicht regelmäßig mit den Geronten dem Volk gut geraten hatten, sondern eigenmächtig entschieden, so wenn es um die Verteilung des eroberten Landes ging.[24] Genauso gut können solche Alleingänge aber auch *während* des Krieges erfolgt sein.

Ein weiteres Tyrtaiosfragment (9 Diehl) macht klar, worum es sich handelte: Zunächst übt Tyrtaios harsche Kritik an klassischen Kategorien aristokratischer *areté* wie Reichtum, Schönheit, sportive Tüchtigkeit, Überredungskunst und Streben nach Ruhm, die im Krieg künftig keine Rolle mehr spielen sollen.[25] Dann folgt die Begründung: »Kein tüchtiger Mann ist im Krieg,/wer nicht aushält beim Anblick des blutigen Gemetzels,/und zu wüten begehrt, indem er sich in der Nähe aufstellt –/wahrhafte Leistung und höchster Lohn im Kreise der Menschen,/herrlichste Ehre und Schmuck jeglichem jüngeren Mann!/Gemeinschaftsdienst bedeutet's für die Stadt und für das Volk im Ganzen,/wenn mit gespreiztem Schritt der Mann unter den ersten steht,/der (...), standhaft im Vorkampfe hält,/jeden Gedanken auch nur verwirft an schmähliches Fliehn,/tapfer und ausdauernd sein Leben im Schlachtenlärm wagt/und noch dem Nebenmann beisteht und Mut dem Schwankenden zuspricht;/dieser Streiter beweist treffliche Leistung im Krieg.«

Jetzt zählen allein der Kampf in der ersten Reihe der Phalanx und die mit ihm verbundenen Werte, nämlich standhaftes Ausharren, Mut im Angesicht des Todes sowie solidarisches Aufmuntern des Nebenmannes. Dagegen wendet sich Tyrtaios eindeutig gegen das blinde Drauflosstürmen, den Kampf in kleineren Gruppen, der das »Ausweichen«, also die situative Flucht erleichterte, wie sie Archilochos besungen hatte (Frag. 6, s.o. S. 30), und schließlich auch die Beutezüge, wie sie die Hetairien der Könige und Adlige bis zu den Niederlagen gegen Argos geführt hatten. In einem anderen Gedicht erklärt Tyrtaios, warum die neue Kampfesweise vorzuziehen sei: »Die Wackeren, die sich gedrängt in geschlossenen Reihen/wehren und im Gefecht tapfer den Nahkampf bestehn,/fallen in minderer Zahl und retten das hintere Fußvolk,/aber den Fliehenden sind Tugend und Ehre dahin.«[26] Dass der Kampf in der Phalanx die Verluste minimierte, wusste schon Homer, wenn er Aias seine Mannen zu engen Reihen sich formieren lässt: »(...) viel weniger kamen um, denn sie gedachten immer,/einander den Mord, den jähen, in der Menge abzuwehren.«[27] Der »Kreter« Odysseus hatte die Katastrophe seiner Hetairie in Ägypten (s. o. S. 29) damit begründet, dass nicht einer von ihnen »den Mut zum Nahkampf« hatte, sondern die Flucht ergriff.[28] Wahrscheinlich mussten auch die Könige und ihre Hetairien in den Kämpfen gegen die Argiver mehrfach fliehen und dabei den schweren Schild *(aspis)* wegwerfen, was dem Gegner den ungeschützten Rücken bot und zu schrecklichen Verlusten führte.[29] Deshalb immer wieder die Aufforderung des Tyrtaios, sich nicht zur Flucht zu wenden – was den homerischen Helden noch möglich war!

Offensichtlich veranlassten die hohen Verluste der alten Kampfmethode gegen die argivische Phalanx die Verfasser der *Rhetra* dazu, die Handlungsspielräume der Könige auch in militärischer Hinsicht einzuschränken.[30] Diese mussten jetzt ihre Unternehmungen intensiver als zuvor in der Gerusie beraten und vom Volk oder von den Ephoren bestätigen lassen.[31] Dass demgegenüber das Ausharren in der Phalanx die wilden Angriffe der Hetairien abprallen ließ und viel weniger Menschenleben kostete – diese Vorteile mussten in Sparta, das sich einer wachsenden Übermacht an inneren (Heloten) und äußeren Feinden gegenübersah, nachhaltigen Eindruck hinterlassen und zur Übernahme der Phalanx geführt haben. Von wem, wenn nicht von den in die Phalanx eingegliederten Hopliten, ging demnach das Kontrollbedürfnis gegenüber den Königen aus? Sie hatten ja selbst unter der selbstherrlichen Führung der Könige zahlreiche Opfer bringen müssen. Die Hopliten gewannen in der Volksversammlung an Gewicht.[32] Deshalb liegt es nahe, dass sie gemeinsam mit anderen Unzufriedenen nach dem Sieg über die Messenier und der Adaption der Phalanx auf die Veränderung des institutionellen Gefüges hinwirkten. Die Integration der Hetairien in die Phalanx entsprach dem Selbstbewusstsein der Hopliten und ihrem Kontrollbedürfnis gegenüber den Königen. Beides führte zu einer Institutionalisierung des politischen Lebens und der militärischen Ordnung insgesamt.

Neue Heeresordnung und Syssitien

Dass der Krieg wesentlicher Antriebsfaktor für die in der *Rhetra* beschriebenen Veränderungen war, deutet auch der Passus über die Einrichtung von Phylen und Oben an. Phylen und Oben waren Personenverbände, in die alle Spartaner eingebunden waren. Sie ähneln den Phylen und Demen in Athen, die seit Kleisthenes (508/07 v. Chr.) die Grundlage für die Rekrutierung des Bürgerheeres bildeten und den Einfluss adliger Bindungen schwächen sollten. Vermutlich verfolgte die Weisung der *Rhetra* eine ähnliche Absicht.[33] Denn über ihre persönlichen Verbindungen hatten die Adligen Raubzüge und Überfälle organisiert, die zum Messenischen Krieg führten und Niederlagen gegen die Argiver einbrachten. Um dies in Zukunft zu unterbinden, bildeten die Phylen nicht mehr nur eine *politische* Untergliederung der Gemeinde, sondern auch Grundlage für die Rekrutierung und Organisierung der neuen Phalanxarmee. Nach Tyrtaios kämpften die Spartaner schon im Zweiten Messenischen Krieg geordnet nach den Phylen (der Dymanen, Hylleer, Pamphyler).[34] Offenbar handelt es sich um etwa gleich große Unterabteilungen der Armee, die mit den späteren *Lochoi* identisch sind.[35] Die Phylen schufen einen engen Zusammenhang zwischen politischer und militärischer Gliederung zu Lasten der unkontrollierbaren Hetairien.

Parallel mit der Neugliederung der Armee integrierte man die adligen Trinkgemeinschaften *(Symposien)*, die einen wichtigen Integrationsfaktor der Hetairien bildeten, in regelmäßige Feiern *aller* Wehrgenossen.[36] Nach dem Zweiten Messenischen Krieg kamen Gemeinschaftsmähler *(Syssitien)* kleiner Gruppen von etwa 15 Spartiaten auf, die ein bestimmtes Monatsquantum an Naturalien beisteuerten. Da sie sich nicht mehr in den Privathäusern einzelner Adliger versammelten, sondern regelmäßig in aller Öffentlichkeit – entlang der Straße von Sparta nach Amyklai – zusammenkamen, wurden die Symposien der Hetairien durch eine Institution verdrängt, die der allgemeinen Kontrolle unterlag. Außerdem waren die Syssitien eine Basis der Heeresorganisation, die alle Hopliten unabhängig von ihrer Zugehörigkeit zu adligen Zirkeln – in den Wehrverband integrierte.[37]

Fasst man alle Einzelheiten zusammen, so ergibt sich ein enger Zusammenhang zwischen der Einführung der – in ihrer Entwicklung noch nicht abgeschlossenen – Phalanx und ihrer politischen Einbindung in die Polis der Spartaner. Damit wurden keineswegs alle Probleme gelöst. In der Folgezeit verstärkten sich wohl die Besitzunterschiede vor allem zwischen den Hopliten und den Leichtbewaffneten.[38] In jedem Fall aber wurde die Rekrutierungsbasis verbreitert, die Effektivität der Mobilisierung erhöht und die Schlagkraft der Armee gestärkt. Nur mit ihr konnte Sparta im 6. Jahrhundert eine expansive Außenpolitik entfalten, die zwar nicht frei von Rückschlägen war, aber zu Siegen über die alten Konkurrenten Argos (im Jahre 546) und die Arkader führte. Mit der Zeit wurden die meisten Poleis der Peloponnes durch Verträge oder individuellen Eid zur Militärhilfe verpflichtet – auch für den Fall eines Aufstandes der Heloten. Davon abgesehen beließ die als »Peloponnesischer Bund« bezeichnete Allianz insbesondere den mächtigen Verbündeten wie Theben und Korinth beträchtliche Handlungsspielräume und Einflussmöglichkeiten.[39] Es waren demnach nicht in erster Linie Verträge und außenpolitisches Geschick, sondern der Erfolg und der Ruf einer außergewöhnlich disziplinierten Armee, die Sparta zur stärksten Militärmacht Griechenlands aufsteigen ließen.[40]

Der vielgestaltige Krieg der griechischen Poleis

Wir wissen nichts darüber, inwieweit die Einführung der spartanischen Phalanx Vorbild für andere Poleis war. Am besten unterrichtet sind wir über Athen. Dort setzte Kleisthenes rund 100 Jahre später eine vergleichbare Reform der Phylen durch, um den Einfluss adliger Hetairien zurückzudrängen und mehr Kämpfer für die

Bürgerarmee zu gewinnen. Erst jetzt verfügte Athen über ein echtes, von der Polis kontrolliertes Bürgerheer.[41] Das neu formierte Hoplitenaufgebot schlug im Jahr 506 die Angriffe der Böoter und Chalkidier zurück, und man darf vermuten, dass die Phalanx sich auf ähnliche Weise verstetigte wie die spartanische nach dem Sieg im Zweiten Messenischen Krieg.[42]

Dennoch wäre es verfehlt, von Athen und Sparta auf alle anderen Poleis zu schließen und zu meinen, die Phalanxtaktik sei im 7. oder 6. Jahrhundert in sämtlichen Gemeinden Griechenlands eingeführt worden. Bis weit in die klassische Zeit hinein dominierte in wenig urbanisierten Landschaften wie Arkadien, Thessalien oder Thrakien sowie teilweise auch in Böotien nach wie vor der Gefolgschaftskrieg des Adels mit Reitern und Leichtbewaffneten, während in nur 100 Kilometern Entfernung alle wehrfähigen Männer für ihre Heimatstadt kämpften.[43] Dementsprechend waren auch die Waffengattungen und die Bewaffnung griechischer Krieger heterogen. In den nördlichen Regionen sowie in Kleinasien gab es gut trainierte Reiterverbände und Leichtbewaffnete, auf den Inseln wie Kreta Schleuderer und Bogenschützen und in stärker urbanisierten Gegenden setzte sich zunehmend die Hoplitenphalanx durch.[44]

Genauso irrig ist aber auch die oft vertretene Meinung, die Schwerbewaffneten hätten in den von Poleis geprägten Gebieten überall das Bild des Krieges geprägt und die Poleis hätten mit der Hoplitenphalanx bewusst eine duellartige Regelkonformität militärischen Kräftemessens eingeführt. Sicherlich kam es vor, dass benachbarte Poleis sich im Kampf um ihre Äcker und die Vorherrschaft in einem Gebiet eine Phalanxschlacht lieferten, die mit festen Formen eingeleitet und beendet wurde. Die Verlustzahlen waren in solchen Fällen meist so gering, dass sie das Überleben der Gemeinden selten gefährdeten.[45] Aber die Folgerung, die Poleis hätten exklusiv mit der Phalanx eine Form der Kriegsentscheidung entwickelt, die ihrem Drang nach einem agonalen Kräftemessen unter möglichst geringen Opfern nachgeben sollte, geht an der

Realität vorbei (s. o. S. 31).[46] Natürlich mussten die Poleis viel vorsichtiger und achtsamer mit ihrem Wehrpotential umgehen als die östlichen Monarchien und später Rom – weil es so begrenzt war. Dennoch war die Phalanx nicht das Produkt von Ressourcenkalkulationen, sondern militärischer Notwendigkeiten in einem situativen Zusammenhang, und sie kam auch nur in bestimmten Konstellationen zum Einsatz. Allzu leicht lässt man sich vom Pathos antiker Historiker blenden, wenn sie die Schlacht zum Höhepunkt des Krieges stilisieren. Damit kamen sie dem Geschmack ihres Publikums entgegen und hier konnten sie ihre schriftstellerische und rhetorische Kunst am besten beweisen. In der Realität prägten aber nicht »ruhmreiche« Schlachten, sondern vielmehr Raub, Überfälle und Zerstörung von Ressourcen das Gesicht des Krieges bis weit in die klassische Zeit hinein.

Auch der Hoplit war ein mobiler Allrounder, dessen Helm, Rüstung und Schild beträchtlich variierten und nie schwerer als 30 kg waren[47] (er war also ähnlich gerüstet wie der römische Legionär). Deshalb kam er auch nicht nur in der Schlacht zum Einsatz, sondern auch zum Beispiel bei Belagerungen oder Raubzügen.[48] Das agonale Prinzip, das angeblich den Krieg der Griechen untereinander bestimmte und zu einem formalisierten, duellartigen Kräftemessen führte, hatte tatsächlich – wenn überhaupt – nur geringe Bedeutung; es war allenfalls ein Ideal, wahrscheinlich sogar ein moderner Mythos.[49] Denn selbst in der Schlacht waren Täuschungsmanöver und taktische Tricks anerkannter Teil des Kampfkonzepts.[50] Ferner unterschieden sich die Hopliten keineswegs so deutlich von den leichter bewaffneten Soldaten, dass sie als »elitäre« Waffengattung eindeutig zu identifizieren waren. Gegenteilige Vorstellungen sind anachronistische Übertragungen moderner Kriegsszenarien und dem Bemühen um visuell deutlich gegliederte Schlachtrekonstruktionen geschuldet. Aber auch schon die Poleis waren bemüht, ihre Kriegführung gegen die ungeregelten Überfälle der Hetairien abzugrenzen und diese als rechtlose Außenseiter zu diskreditieren.

Ohne die Kampferfahrung und Organisationskunst der Adligen kam man jedoch gar nicht aus. Wahrscheinlich hatten die Adligen wesentlichen Anteil an der Erweiterung der schweren Bewaffnung und der Adaption der Phalanx, denn sie waren als politische Führer der Gemeinde in hohem Maße vom militärischen Gesamterfolg der Polis abhängig. Anstatt also die Kampftechnik der Hetairien komplett auszugrenzen, hat man sie in die Kampfordnung der Bürgerhopliten integriert, wobei viele Elemente altadliger Kriegführung wie Täuschung, Listen und Überraschungsangriffe in neuem Gewand unter dem Stichwort *Strategemata* nach wie vor das Gesicht des Krieges prägten.

Kriegsethik der Polis und die Kraft der Indoktrination

Um diese Integrationsprozesse zu stabilisieren, entwickelte sich eine Kriegs- und Kampfethik, die alte homerische Ideale der gesamten Polis zugänglich machte. Wenn der Krieg schon nicht aus der Welt zu schaffen und das Leben ohnehin kurz und mühevoll war, dann sollte der Kampf wenigstens dem Beweis individueller Tüchtigkeit dienen. Die Kriterien der Tüchtigkeit *(areté)* wurden nun auf die gesamte männliche Bürgergemeinde übertragen: *Alle* Kämpfer bewiesen ihre Tüchtigkeit nicht nur darin, dass sie sich als tapfere Männer bewährten, sondern ihr Leben für die Polis einsetzten. Aristokratische Ideale vereinigten sich mit einem kollektiven Verantwortungsgefühl, das allerdings immer wieder neu geweckt und an die nächste Generation weitergegeben werden musste.

Das Überleben der kleinen Siedlungsgemeinschaften war in so hohem Maß von der Kampfbereitschaft der Bürger abhängig, dass sie ihre Jugend konditionierten und auf den Tod in der Phalanx vorbereiteten. Öffentliche Instanzen tolerierten und förderten kontrollierte Gewalt gegenüber Kindern und Jugendlichen. Kinder wurden intensiven Angsterfahrungen ausgesetzt, um ihnen Gehorsam einzuimpfen und sie »weniger unbesonnen und unbezähmbar zu machen«.[51] Hierzu gehörte das Erschrecken durch maskierte Figuren, vergleichbar den mit Helm maskierten Hopliten.[52] In der Überzeugung, Todesmut und Kampfeseifer seien erlernbar, galt eine Erziehung als vorbildlich, die den Kindern Furcht vor der Feigheit und Gewöhnung an die Tapferkeit beibrachte. Sie wecke bei ihnen – so Euripides – das Ehrgefühl, als Krieger den Heldentod zu suchen.[53] Eine wichtige Funktion hatte in diesem Zusammenhang die regelmäßige Teilnahme an den Opferzeremonien der Polis. Sie sollten nicht nur die Gunst der Götter erflehen, sondern auch die Jugendlichen einüben in die Erfahrung von Blutvergießen und Tod, und zwar in einen Tod, der blitzschnell durch einen Stich oder Stoß eintrat. Nicht ohne Grund hatte der beim Tod des Opfertieres ausgestoßene Entlastungsschrei auffällige Parallelen zum Kampfgeschrei der Hopliten in der Schlacht.[54]

Dazu kamen Kampfübungen mit Speer und Schild, auch das Training im *Gymnasion*. Es verschaffte die notwendige körperliche Leistungsfähigkeit und rückte das Töten im Krieg durch vorbereitende Übung näher an die friedliche Sphäre der Polis heran. Auch wenn der Übergang vom »zivilen« Raum des Hauses *(oikos)* in den Krieg durch Rituale markiert war, darf man annehmen, dass der Rekrut bei der Anwendung von militärischer Gewalt niedrige Hemmschwellen zu überwinden hatte. Abgesehen davon, dass seine Einstellung zu Schmerz, Wunden und Blut wohl anders war als heute, besaß er ein hohes Maß an psychischer und physischer »Belastbarkeit«. Und er stützte sich bei allem auf die Zustimmung der Polisgemeinschaft; unter ihren Augen hatte er diese Belastbarkeit täglich zu demonstrieren. Nur so gelang der Polis etwas, das sie in keinem anderen Bereich des Lebens durchzusetzen wagte: die Unterwerfung freier Männer unter einen disziplinierten Handlungsablauf, der mit dem Tod enden konnte.

All dies bedeutet nicht, dass der Bürgerhoplit vor der Schlacht wie ein seelenloser Roboter gegen Angstzustände gefeit war. Zahlreiche Quellenhinweise lassen auf intensive Angstzustände schließen, die Bürgermilizen wie professionelle Soldaten unmittelbar vor ihrem Kampfeinsatz erfassten; man denke nur an die spartanischen »Zitterer« *(tresantes)*[55] oder daran, dass Athener Feldherren regelmäßig vor der Schlacht die Ängste der Soldaten durch beschwörende Reden zu dämpfen suchten[56]; sogar Alexander bat vor der Schlacht die Götter, die Angst *(phobos)* von seinen hoch geübten Soldaten zu nehmen und in die Herzen der Perser zu übertragen.[57] Intensive Ängste vor der Schlacht waren eine Begleiterscheinung des Krieges, die durch keinerlei kulturelle Sozialisation zu eliminieren war. Aber die Polisgemeinschaft erwartete wie selbstverständlich, dass der Bürger seine Angst ohne viel Aufhebens beherrschte und damit seine Tapferkeit unter Beweis stellte.[58] Beides versprach höchste soziale Anerkennung und im Todesfalle ewigen Ruhm.[59]

Ein wichtiges Element dieses Deutungsmusters bildete die Vorstellung vom »schönen Tod« *(kalós thánatos)*. Ein schöner Tod war in erster Linie der Tod eines jungen Kämpfers, der im Kampf für die Heimat zwar blutig, aber schnell eintrat. Schon die Helden der Ilias sterben in der Regel nach einem auffallend kurzen Kampf durch einen einzigen Speerwurf oder Schwertstoß; danach – so die metaphorische Formel – »umhüllte Nacht ihm die Augen«.[60] Der Todesstoß und seine Folgen werden zwar plastisch und – aus heutiger Perspektive – fast unerträglich drastisch beschrieben, aber was heißt schon drastisch in einer Gesellschaft, für die Tod, Schmerz und Blut eine ganz andere, unmittelbarere Vertrautheit besaßen als heute? Entscheidend ist hier, dass diese Tötungsszenen in der Regel schnell und ohne größeres Leiden des Unterlegenen abliefen, so wie auch das Opfertier vor versammelter Bürgerschaft durch einen schnellen Schnitt oder Stoß getötet wird. Von langen, quälenden Schmerzen oder schlimmen Verwundungen ist jedenfalls bei Homer selten die Rede,[61] – sie stammen fast durchweg von Pfeilschüssen und begegnen auf Seiten der Troianer.[62] Tyrtaios lässt in einem Gedicht einen alten Kämpen seine blutende Scham in den Händen haltend im Staub des Schlachtfeldes sein Leben aushauchen, um die Schande des Versagens der Kampfgruppe so drastisch wie möglich aufzuzeigen.[63] An jugendlichen »Vorkämpfern« wurden solche Schilderungen weder literarisch noch bildlich exemplifiziert.[64] Darstellungen klaffender Wunden, zerfetzter Körper oder abgeschlagener Körperteile, wie sie in der medialen Kriegsdarstellung anderer Kulturen vorkommen, gibt es jedenfalls in der griechischen Bildkunst nicht.[65] Auf einer bestimmten Wahrnehmungsebene erwartete die Rekruten demnach kein hässlicher, durch viele Wunden hinausgezögerter, sondern ein schneller und »reiner« Tod, so wie auch der Tod des Opfertieres durch einen einzigen Stich erfolgte. Die »Schönheit« des Sterbens ging damit in den *ewigen* Zustand eines »schönen« Todes über, der von den Lebenden auch visuell erfahren wurde: Die Statuen junger Gefallener sind makellos rein. Nirgends lassen die Grabstelen Verwundungen erkennen. Immer ist es ein jugendlicher Körper, der in Sekundenschnelle den Übergang vom Leben zum Tod gemeistert hat – so wie ja auch das Opfertier blitzschnell sein Leben aushauchte.[66]

Natürlich wussten die jungen Rekruten, dass der reale Krieg eine hässlichere Fratze besaß, schrecklich und furchterregend sein konnte, wie Homer und die Dichter nach ihm betonen; und den Soldaten war auch klar, dass es sich bei den Todesszenen Homers, den Grabepigrammen und den bildlichen Darstellungen heroischer Kämpfer um Stereotype handelte, die ein Ideal vermittelten. Stereotype organisieren jedoch die Wahrnehmung und verengen den Blick auf die Wirklichkeit. Die heroisierende Interpretation des Krieges war dabei auch eine Form sinnversichernder Kontingenz- und Risikobewältigung: In einer Gesellschaft, in der allein der Sieg zählte, musste die stets drohende Niederlage dadurch kompensiert werden, dass der Unterlegene bis zum Schluss kämpfend in einen »schönen« Tod ging. Deshalb kehren unterliegene oder gefallene Griechen auf den Vasenbildern ihrem Gegner nie den Rücken zu und deshalb galt es – anders als bei den Römern – bei den Griechen als große Schande, sich in auswegloser Situation auf dem Schlachtfeld selbst den Tod zu geben. In der Chance, den Launen des Kriegsglücks und der Hässlichkeit des Krieges den Glanz eines mutigen Kampfes und eines »schönen« Todes entgegenzusetzen, lag eine Herausforderung, deren Reiz die Polisgemeinschaft durch die Aussicht auf ewigen Ruhm und höchste soziale Anerkennung stetig zu steigern wusste.

Sicherlich dämpften die Solidarität der Schlachtreihe und das Gefühl, die Last der Todesgefahr auf die Schultern der Nebenleute verteilen zu können, den Schrecken des Todes. Entscheidend aber war der Druck der Gemeinschaft, die Kampf und Tod zu einer solidarischen Pflichterfüllung erhob. Sich dieser Pflicht zu entziehen hätte eine soziale Ächtung nach sich gezogen, die als belastender empfunden wurde als der Blick in die Lanzenspitzen der gegnerischen Schlachtreihe. Platon hat dies einmal auf die Formel gebracht, dass nur derjenige seine Furcht vor den Feinden im Krieg überwinden wird, der sich vor der üblen Nachrede seiner Freunde fürchtet, Furchtlosigkeit demnach auf Furcht beruhe.[67] Aristoteles ergänzte, die Bürgerheere bestünden alle Kriegsgefahren nicht nur wegen des Ruhms, sondern auch wegen der drohenden Schande.[68]

Welche Bedeutung die Polisgemeinschaft der Kampffähigkeit und -bereitschaft ihrer Jugend beimaß, ist auch an einem weiteren, welthistorisch einmaligen Phänomen zu erkennen: der geradezu obsessiven Darstellung von nackten jungen Männern in der bildenden Kunst. Sind es im 8. und frühen 7. Jahrhundert noch kleine Bronzestatuetten Lanzen schwingender Krieger mit breit gedehnter Brust, kräftigen Schultern und starken Schenkeln, so entwickelt sich im 6. Jahrhundert der überlebensgroße *Kouros* zum »konzeptionellen Leitbild« der Bürgergesellschaft.[69] Die Figur dürfte auf ägyptische Anregungen zurückgehen, ihre Ausgestaltung verrät griechisches Selbstverständnis. Dargestellt ist ein junger Mann mit kräftigem Körper, starken Schenkeln, breit gewölbter Brust und muskulösen, »aktionsbereiten« Armen. Sein lächelnder Mund und das reich verzierte Haar strahlen das Selbstbewusstsein einer Elite aus, die sich ihres Werts für die Polis sicher ist. Die *Kouroi* wurden als Weihegeschenke dargebracht oder auf den Gräbern jung Verstorbener aufgestellt, die häufig als Vorkämpfer (also in der ersten Reihe der Phalanx) für die Polis gefallen waren.[70]

Alle Darstellungen nackter Männer bewegen sich im Kontext von Krieg oder Kampf; schon mykenische Vasenbilder zeigen Soldaten (oder Söldner) unbekleidet vor dem König.[71] Natürlich haben griechische Soldaten in der historischen Realität nicht nackt gekämpft. Aber die Polisgemeinschaft legte viel Wert darauf, ihre männliche Jugend in der Pracht eines unverhüllten Körpers zu präsentieren. Kraft und Stärke der Jugend waren eben für eine Gesellschaft, die mit den Reichtümern des Orients nicht konkurrieren konnte, sich aber stets gegen Angriffe wappnen musste, eins der wenigen Pfunde, mit denen sie wuchern konnte. Die Menschen selbst machten den Wert der Gemeinschaft aus, nicht üppige Ländereien, goldene Tempel oder gewaltige Heerscharen. Eine starke Jugend förderte ihr Identitätsbewusstsein und steigerte ihr Ansehen in der Welt - ein wichtiger Faktor, wenn man bedenkt, wie viele Griechen als Söldner in der Fremde dienten.

Dass man sein kostbarstes Gut - den Körper der männlichen Jugend - hüllenlos präsentierte und darauf eine ganze Ideologie aufbaute, erscheint noch verständlicher, wenn man bedenkt, dass aristokratische Werte mit solchen bildlichen Darstellungen in die Ideale der Polis eingebunden wurden. Körperliche Schönheit korrespondierte mit Tapferkeit und Mut und gehörte deshalb zu den herausragenden Eigenschaften der *basileis*. Insofern waren die *Kouroi* auch adlige »Symbole der Unsterblichkeit im Sinne des unvergänglichen Nachruhms«.[72] Diese Symbole der adligen Familien wurden in die Leitbilder der bürgerlichen Gemeinschaft integriert. Deshalb maßen die Poleis auch dem körperlichen Training und dem sportlichen Wettkampf eine so große Bedeutung zu. Sie ergab sich aus der Kombination »alter« aristokratischer Ideale mit dem »neuen« Zwang, eine stets kampfbereite Generation zur Verfügung zu haben.

So war es nur konsequent, wenn die adlige Jugend unter den Augen der Älteren im Gymnasion, auf den Sportplätzen und in Olympia unbekleidet trainierte und kämpfte. »Die Bevölkerung konnte die nackten jungen Männer im Zentrum des öffentlichen Lebens bewundern.«[73] Nur so konnte man prüfen, ob sie dem Leitbild der bürgerlichen Gesellschaft und der Forderung nach höchster Verteidigungsfähigkeit trotz geringer Bürgerzahlen entsprachen. Der Körper des Athleten war vom Körper eines Kriegers kaum noch zu trennen.[74]

In dieser Atmosphäre entwickelten sich auch homoerotische Verbindungen und sie waren – soweit sie sich auf das Verhältnis zwischen einem Älteren und dem Jüngeren beschränkten – gesellschaftlich akzeptiert. Auch dieses Phänomen reiht sich ein in den Gesamtkomplex adliger Lebensweise und bürgerlichem Selbstbehauptungswillen: Einerseits gingen solche Verbindungen wohl auf frühe aristokratische Vorstellungen zurück, andererseits waren sie für die Gemeinschaft die beste Gewähr, dass der junge Mann als heranwachsender Krieger durch einen erfahrenen Bürger nicht nur in die körperliche Welt der Erwachsenen, sondern auch in das militärische Ethos der Polis eingeführt wurde. In Sparta war die »Knabenliebe« bei der militärischen Erziehung ausdrücklich erwünscht, weil man glaubte, dass die Beziehung zwischen Knaben und Erwachsenen die Kampfbereitschaft festigte. Vermutlich wurde dies in anderen Poleis ähnlich gesehen. Auch die »Knabenliebe« gehörte zum Instrumentarium einer Gemeinschaft, die Elemente adligen Selbstverständnisses weiterentwickelte, um ihr militärisches Ethos von einer Generation auf die andere weiterzugeben.

»Seekrieg« in der Archaik

Alle Bemühungen der Poleis, ihre Jugendlichen für den Kampf zu konditionieren und die Hetairien in das Bürgeraufgebot zu integrieren, erschwerten zwar adlige Alleingänge, verhinderten sie aber nicht. Die Aristokraten suchten neue Möglichkeiten zur Bewährung und zur Bereicherung auf dem Meer, das die Poleis kaum in der gleichen Weise überwachen konnten wie den Landkrieg. Expeditionen zu fernen Küsten mit dem Ziel, Kolonien zu gründen, dienten auch dazu, adlige Energien nach außen zu lenken und die Polis von inneren Konflikten zu entlasten. Wohl nicht zufällig häuften sich genau in der Phase, als Sparta durch die Erfolge der Hopliten gegen die Messenier und Argos die Hegemonie auf der Peloponnes errang, Nachrichten über ausgreifende maritime Aktivitäten. Angeblich baute man in dieser Zeit sogar eine eigene Kriegsflotte und übte zwischen 517 und 515 eine Thalassokratie aus, war also seebeherrschend.[75] Bei genauerer Betrachtung entpuppen sich die Unternehmungen dieser »Flotte« jedoch als Freischärleraktionen einzelner Adliger mit ihren *hetairoi*, die selten den Rang offizieller Kriegszüge annahmen.[76] So brach im Jahr 514 Dorieus, der Sohn des Königs Anaxandridas, weil er keine Chancen sah, sich gegen die Thronansprüche seines Halbbruders Kleomenes durchzusetzen, mit seinen *hetairoi* auf, um eine Kolonie in Libyen zu gründen. Als die Kolonie durch die Karthager und einheimische Stämme vernichtet wurde, versuchte er sein Glück als Söldner in Unteritalien und Sizilien, bis er im Kampf gegen die Phöniker den Tod fand.[77] Unterstützung seitens der Regierung Spartas bekam er nie. Nach der Konsolidierung ihrer Hegemonie auf der Peloponnes hatten die spartanischen Politiker kein Interesse daran, sich auf überseeische Abenteuer fern ihrer Machtbasis einzulassen. So diente die Seefahrt häufig als Ausweg für Aristokraten, die nicht bereit waren, sich in die Ordnung der Hoplitenpolis einzufügen. Man überließ ihnen ein Betätigungsfeld, das die Machtinteressen Spartas nicht unmittelbar berührte.

Auch die Art der Schiffe und Mannschaften, mit denen Dorieus und andere Adlige aufbrachen, entsprach eher dem Muster privater Unternehmungen. Die eingesetzten Pentekonteren wurden von 50 Ruderern und einem Segel angetrieben. Sämtliche Ruderer waren bewaffnet.[78] Sie plünderten wie Odysseus küstennahe Siedlungen oder unternahmen Raubzüge von See her zum Sklavenerwerb, wie der dichtende Söldner Archilochos.[79] Wenn es zum Gefecht mit einem gegnerischen Schiff kam, rangen die Mannschaften von Bord zu Bord im Enterkampf. Solche oder andere Kämpfe nahe den Schiffen entsprachen adligen Werten und dem Kriegsideal der homerischen Helden: Ein gewisser Aniadas war um 600 auf Kerkyra gefallen, vielleicht in der ersten Seeschlacht, die laut Thukydides zwischen Korinthern und Kerkyräern geschlagen wurde.[80] »Den fällte der Gierblicker Ares« – so lautete das ihm gewidmete Grabepigramm –,/»als bei der Flotte verbissen er kämpfte an Aratthos' Fluten/und sich aufs höchste bewährte im Seufzer erregenden Schlachtlärm.«[81]

Entwickeltere Formen des Seekrieges, bei dem die Gegner zunächst die Schiffe durch einen gezielten Rammstoß außer Gefecht setzten, sind erst in der späteren Archaik und weit entfernt vom griechischen Mutterland nachzuweisen. Einen Rammsporn besaßen die Schiffe der Samier und Phokaier, die weite Entfernungen zurücklegten und als Kaperer (des Königs von Tartessos oder des ägyptischen Königs) sich mächtiger Kontrahenten (Karthager oder Phöniker) erwehren mussten. Der erste Kampfeinsatz des Rammsporns begegnet im Jahr 535 bei der Seeschlacht vor Alalia (Aleria) auf Korsika zwischen den verbündeten Einheiten der Karthager und Etrusker auf der einen und den Phokaiern auf der anderen Seite.[82]

Aus den wenigen Hinweisen der Quellen ist zu schließen, dass zumindest diejenigen Poleis, deren Adlige eigene Schiffe besaßen und die über gute Ankerplätze und Häfen verfügten, ganz ähnlich wie bei den Hetairien zu Lande sich bemühten, die maritime Kompetenz ihrer Adligen für sich nutzbar zu machen. So waren in

Athen mehrere Eigentümer von Fünfzigruderern in 48 administrative Einheiten *(Naukrariai)* eingeteilt unter einem Leiter, der dafür sorgte, dass die Kapitäne eines ihrer Schiffe bereitstellten, wenn die Gemeinde eine Flotte brauchte.[83] Ähnliche Regelungen, die zum Teil sogar den Adligen verboten, ihre Schiffe an Freunde »auszuleihen«, gab es in Milet, Eretria und Samos. Das konnte freilich nicht verhindern, dass unter bestimmten Umständen Aristokraten wie Polykrates in Samos oder Periander in Korinth die Alleinherrschaft (Tyrannis) über ihre Stadt errangen und als Tyrann weitgehend ohne Kontrollen der Gemeinde eine stattliche Kriegsflotte aufbauen konnten.[84] Nur die Tyrannen waren in der Lage, Ressourcen und Materialien zu bündeln, die maritime Infrastruktur zu verbessern und den Kriegsschiffbau auch in technischer Hinsicht voranzutreiben.[85] So wurden unter der Herrschaft des Periander die ersten künstlichen Hafenanlagen (in Lechaion) errichtet. Und nicht zufällig war es laut Thukydides ein Korinther namens Ameinokles, der den Samiern den neuen Schiffstyp des Dreiruderers baute.[86] Vielleicht entsprang es auch der Initiative der Tyrannen, für größere Expeditionen und zum Aufbau einer begrenzten Seeherrschaft (Thalassokratie) eine durch Sonderabgaben finanzierte Besoldung der Ruderer einzuführen, wie es ein Gesetz aus Eretria um 525 vorsah.[87] Ob man hieraus jedoch auf »staatliche« Kriegsflotten in spätarchaischer Zeit schließen kann, ist zweifelhaft.[88] Die Bürger mögen wie im Falle Eretrias zur Finanzierung bestimmter Großoperationen mit herangezogen worden sein, doch davon unbeeinflusst blieb die Vorstellung, dass Kriegsschiffe Privatbesitz aristokratischer Kapitäne oder der Tyrannen waren; sie waren deshalb auch für deren Bau und Unterhalt weitgehend selbst verantwortlich. Auch in späterer Zeit muss man immer mit einer Mischung aus privat finanzierten, in Privatbesitz befindlichen Kriegsschiffen und staatlichen Einheiten rechnen.[89] In jedem Fall fehlte in der Archaik auf dem Meer (noch) der äußere Druck, der die Poleis zu einer »Verstaatlichung« der Schiffe in dem Sinne hätte veranlassen können, dass sie vollständig in Gemeindebesitz übergingen.[90] Dies änderte sich erst, als im letzten Drittel des 6. Jahrhunderts eine Großmacht ans Mittelmeer drängte, die sämtliche außenpolitischen Koordinaten der griechischen Welt über den Haufen warf.

3.
KRIEG EINER SUPERMACHT – ANGRIFF DER PERSER

Grundlagen persischer Erfolge und die Rolle des Königs

Um 550 v. Chr. eroberte Kyros (II.) aus der südwestiranischen Landschaft Parsa (griech. Persis) die medische Residenz Ekbatana und begründete das Perserreich.[1] Kaum an der Macht, brach Kyros zu einem beispiellosen Eroberungszug auf, der aus der Rückschau wie eine einzige Erfolgsserie erscheint. In Wirklichkeit mussten die Perser vor allem an den Randzonen des wachsenden Herrschaftsgebiets manche Rückschläge verkraften.[2] Aber sie lernten aus den Niederlagen und bewiesen stets den längeren Atem. Als der Lyderkönig Kroisos vom Machtwechsel in Medien profitieren und sein Reich ostwärts über den Grenzfluss Halys vorschieben wollte, kam es in Kappadokien (vielleicht nahe Boghazkoy [Hattusa]) zu einer Schlacht, die wahrscheinlich unentschieden ausging.[3] Danach soll Kyros die Pferde der lydischen Kavallerie durch Kamelreiter in Panik versetzt haben. Diese Episode verdeutlicht ein wichtiges Erfolgselement der persischen Expansion: die Fähigkeit, sich neuen Gegnern und Herausforderungen anzupassen. Im Jahr 546 (oder 542/541) schloss Kyros den Lyderkönig in dessen Residenz Sardeis ein und stürmte die Stadt nach zweiwöchiger Belagerung.[4]

Die Eroberung des Lyderreiches veränderte die machtpolitische Konstellation des Vorderen Orients grundlegend.[5] Das relative Gleichgewicht zwischen den Großmächten der Meder, Lyder und Babylonier gehörte der Vergangenheit an. Den nächsten Angriff richtete Kyros auf das Neubabylonische Reich. Dabei kam ihm zu Gute, dass große Teile der heimischen Bevölkerung mit dem Regiment ihres Königs unzufrieden waren. Die Residenz öffnete nach ersten Erfolgen der persischen Waffen (bei Opis) und der Einnahme des nahen Sippar ihre Tore.[6] Mit den babylonischen Zentralgebieten gewannen die Perser auch die Territorien von Palästina. In nicht einmal zehn Jahren hatte Kyros' Armee sämtliche vorderasiatischen Reiche (bis auf Ägypten) erobert.

Die Gründe für diesen beispiellosen Erfolg sind nicht leicht zu finden. Kyros befand sich jedenfalls in einer guten Ausgangssituation. Er konnte seine Angriffe nacheinander auf die Reiche der Lyder und der Babylonier richten, ohne dass die weiter östlich gelegenen persisch-medischen Zentrallande selbst bedroht waren. Ferner fällt auf, dass Kyros und sein Nachfolger zunächst die wohlhabendsten Reiche des Orients attackierten, bevor sie sich an die weniger ertragreichen Territorien heranwagten. Nach der Einnahme Ekbatanas hatte Kyros sich den medischen Staatschatz angeeignet. Er verfügte über ein gewaltiges Startkapital, das sukzessive durch die Reichtümer des Lyderreiches, Babylons, Baktriens und schließlich Ägyptens vermehrt wurde.[7]

Der stete Geldzufluss war eine wichtige Voraussetzung für den Unterhalt der zum Teil sehr kostspieligen Armee und für die Übernahme der besten militärischen Traditionen des Ostens. Am Anfang stand die Verschmelzung der persischen Verbände mit den drei klassischen Waffengattungen der medischen Berufsarmee: der nach assyrischem Vorbild ausgebildeten Infanterie, den durch skythische Reiter ergänzten Reitertruppen *(asabari)* sowie den Spezialverbänden von Bogenschützen, Speerwerfern und Belagerungsmaschinen.[8] Die Reiterei stieg rasch zum Prunkstück der persischen Armee auf, auch wenn sie in der griechischen Bildkunst (im Gegensatz zur Literatur) und in der persischen Dokumentation nur eine untergeordnete Rolle spielte.[9] Den Kern der Fußtruppen stellte die Eliteeinheit der mit Lanze und Kurzschwert gerüsteten »Zehntausend Unsterblichen«. Sie stand regelmäßig im Zentrum der Schlacht. Der Name leitete sich von der Gewohnheit ab, dass ihre Verluste stets durch nachrückenden Ersatz ausgeglichen wurden; dadurch hielt der Gesamtverband immer eine Nominalstärke von 10 000 Mann.[10] Ergänzt wurde die Elitetruppe durch Bogenschützen und Schleuderer meist unterworfener Reichsvölker. Sie unterstützten einen für die damalige Zeit hochmodernen, aus Türmen und Katapulten bestehenden Belagerungstrain, der es den Persern immer wieder ermöglichte, überraschend schnell in das Zentralgebiet des Gegners vorzustoßen und dessen Residenz zu erobern (Sardeis) oder zur Übergabe (Babylon) zu zwingen.[11]

Die persische Schlachtentaktik sah vor, dass zunächst die Bogenschützen aus vorderster Front ihre Pfeile gleichzeitig abgaben und die Schleuderer Wellen von Steinen oder Bleigeschossen über die gegnerische Kampflinie niedergehen ließen. In einer zweiten Phase wurde die feindliche Linie von der Flankenkavallerie so weit geschwächt, bis die schweren Fußtruppen den demoralisierten Gegner endgültig niederwarfen.[12] Der phasierte Einsatz wohlgeordneter Waffengattungen erklärt auch, warum die Perser in den von städtischen und dörflichen Siedlungen geprägten Gebieten des Vorderen Orients so erfolgreich waren.[13] Selbst wenn die Armee keinen vollständigen Sieg errang, zerstörte der Belagerungstrain die urbane Basis des Gegners. Die eigenen Verlustzahlen blieben überschaubar, weil die Fußtruppen erst zum Einsatz kamen, wenn Schleuderer, Bogenschützen und Reiter die Vorarbeit geleistet hatten. Misslang diese Vorarbeit, war ein Rückzug leichter, als wenn – wie im Fall der griechischen Phalanx – die Armee nur aus einem einzigen taktischen Körper bestand.[14] Sogar unentschiedene Schlachten führten zum strategischen Erfolg, während griechische Heere mitunter durch schwer errungene Siege so geschwächt waren, dass sie den Krieg abbrechen mussten. Anders sah es aus im Kampf gegen nomadische Gegner wie die Skythen und Massageten, die sich weder einer offenen Feldschlacht stellten noch städteähnliche Ansiedlungen besaßen. Kyros konnte zwar große Teile Ostirans erobern und die nördliche Grenze schützen, aber ein entscheidender Schlachterfolg gegen die aus dem Kaukasus nach Süden vordringenden Reiterkrieger blieb ihm versagt.[15] Bei diesen Kämpfen soll er gefallen sein.

Kyros war und blieb für die Griechen nicht nur der Begründer, sondern auch der ideale Repräsentant der persischen Monarchie. In der Praxis setzte sich jedoch seine herausragende Rolle als vorwärtsstürmender Anführer der Armee nicht durch. Wie alle Monarchen der Antike, legitimierte sich der persische König über militärische Qualitäten. Er war der herausragende Vertreter einer Kriegerelite und bewies seine Tüchtigkeit im Auftrag des Gottes Ahura-Mazdha. Um das Land zu verteidigen und zu mehren, musste er Stärke, Geschick im Gebrauch von Bogen und Speer, Intelligenz und die Fähigkeit besitzen, seine Truppen zum Sieg zu führen. Diesem, vielleicht an assyrischen Vorbildern orientierten Prinzip stand die Sorge um den König als Garant der kosmischen Ordnung gegenüber.[16] Deshalb zog der König – im Gegensatz zu den Adligen – nur in der Anfangszeit der persischen Expansion und bei späteren direkten Angriffen auf seine Herrschaft (im 4. Jahrhundert) selbst an der Spitze seiner Truppen aufs Schlachtfeld. Wenn es dazu kam, dann wurde (ähnlich wie im Falle des spätrömischen Kaisers, s. u. S. 391 f.) alles vermieden, was ihn einer direkten Konfrontation mit dem Feind aussetzen konnte, weil der Tod des Herrschers aus persischer Perspektive die gesamte Ordnung des Reiches gefährdete. Wenn spätere persische Könige wie Xerxes das Schlachtgeschehen (bei Salamis) aus sicherer Entfernung betrachteten oder von ihrer Leibwache aus dem Gefecht weggeführt wurden, hatte dies nichts mit Feigheit zu tun (wie uns die Griechen glauben machen wollten), sondern mit der politischen Raison eines Reiches, das mehr war als ein reiner Raub- und Erobererstaat.[17]

Griff nach der Weltmacht zu Wasser und zu Lande

Der Nachfolger des Kyros war von solchen politischen Erwägungen noch relativ frei. Gestützt auf die militärische Schlagkraft des Reiches setzte Kambyses, der Sohn des Kyros, die Expansionspolitik unbeirrt fort und eroberte mit Ägypten das letzte unabhängige Großreich Vorderasiens. Nach einem Sieg über die ägyptische Armee (und ihre griechischen Söldnertruppen) bei Pelusion nahm Kambyses Memphis ein und übernahm die Position eines Pharao der 27. Dynastie.

Im Rahmen des Ägyptenfeldzuges stellten phönikische, zypriotische und (später) kleinasiatische Küstenstädte Kriegsschiffe zum Aufbau einer persischen Flotte.[18] Zum ersten Mal in der Geschichte der Antike verfügte demnach *ein* Reich sowohl über eine große Flotte als auch über ein Landheer, die beide quantitativ und in vieler Hinsicht auch qualitativ jedem Konkurrenten überlegen waren. Nach dem Tod des Kambyses auf dem Rückmarsch in die persischen Zentrallande erweiterte Dareios I. die strategischen Einsatzmöglichkeiten der Flotte, indem er wichtige Verbindungen, Küstenzonen und Inseln sicherte. An der Landenge von Suez wurde ein Kanal vom Roten Meer zum Nil vollendet, der nicht nur dem Seehandel zugute kam, sondern es den Persern auch erlaubte, ihre Flotte aus dem östlichen Mittelmeer in den Indischen Ozean zu führen (und umgekehrt). Gleichzeitig entstanden am Mündungsgebiet von Euphrat und Tigris neue Werften. 513/12 stieß Dareios (im Rahmen seines Skythenfeldzuges) bis an die Donaumündung vor und errichtete in Thrakien einen ersten Brückenkopf auf europäischem Boden. Makedonien geriet in tributäre Abhängigkeit und mit Athen wurde ein Vertrag geschlossen.[19]

Maritime Rückendeckung fand Dareios diesmal vor allem in den Hafenstädten Kleinasiens. Die mit Geld und Land beschenkten Tyrannen hatten die persische Expansion mit Kriegsschiffen zu unterstützen und die Versorgung des an der Küste marschierenden Landheeres zu sichern. Milet war das Zentrum der Rüstungen. Von hier aus segelte im Jahr 500 eine Expeditionsflotte von angeblich 200 Schiffen zur Eroberung von Naxos. Die Insel lag auf halber Strecke zwischen der kleinasiatischen Küste und dem griechischen Festland. Das Unternehmen scheiterte am hartnäckigen Widerstand der Naxier und an den Streitigkeiten zwischen dem milesischen Tyrannen Aristagoras und dem persischen Befehlshaber. Aristagoras suchte nach einem persönlichen Erfolg und war schon vorher nicht sonderlich sorgsam mit den persischen Rüstungsgeldern umgegangen. Nun befürchtete er, Dareios würde ihn seiner Herrschaftsstellung in Milet entheben. So sah er keinen anderen Ausweg, als die Tyrannis niederzulegen und seine Mitbürger zur Rebellion gegen die Weltmacht aufzufordern.

Über die Ursachen des »Ionischen Aufstandes« ist viel gerätselt worden.[20] Wirtschaftliche Gründe dürften eine untergeordnete Rolle gespielt haben. Die persische Herrschaft brachte Stabilität in einen politisch fragilen Raum. Die für den Schiffsbau forcierte Ausbeutung der thrakischen Silberminen, die Flottenrüstung und der Bedarf der Satrapen an Bauarbeitern und Rohstoffen ließen Handel und Handwerk aufblühen. Der Preis hierfür waren allerdings größere Kontrollen der griechischen Eliten: Besonders die von den Persern unterstützten oder eingesetzten städtischen »Tyrannen« wurden durch die machtpolitische Sicherung des kleinasiatischen Ägäisraums und durch phönikische Konkurrenz in ihrem Aktionsspielraum eingeengt. Während sie früher in typisch aristokratischer Manier Handelsschiffe überfielen, Küsten brandschatzten und mit den Gewinnen ihren politischen Status sicherten, mussten sie nun alle maritimen Aktivitäten in den Dienst der Perser stellen und ihre Stellung allein von deren Gutdünken abhängig machen.[21]

Es überrascht deshalb nicht, dass sich der Rebellion alle Städte anschlossen, deren Regierungen sich von der Auflage zu befreien suchten, den Persern Schiffe und Ruderer zu stellen. Dagegen hielt sich das von den Rüstungen nicht betroffene griechische Mutterland bedeckt. Nur Athen sandte 20 Kriegsschiffe (wahrscheinlich

Pentekonteren), Eretria folgte mit fünf Schiffen. Beide fühlten sich seit dem Naxos-Feldzug bedroht und versprachen sich von der Plünderung persischer Stellungen schnelle Beute. Ihr Vorteil war zunächst, dass der Militärapparat der Perser nicht auf Verteidigung, sondern auf eine offensive Kriegführung ausgerichtet war. Ungehindert marschierten die Verbündeten gegen Sardeis, setzten die Stadt in Brand und belagerten die Burg des Satrapen. Ein Gegenangriff der Belagerten und die Nachricht vom Anrücken eines persischen Entsatzheeres schlugen die Belagerer jedoch in die Flucht. Bei Ephesos erlitten sie eine schwere Niederlage gegen die mit massiven Reiterverbänden anrückenden Perser. Die Athener waren schon vorher nach Hause gesegelt; von einem Kampf gegen eine gut gerüstete Landarmee war eben nie die Rede gewesen.

Inzwischen hatten sich immerhin die Griechen der karischen Küste und Zyperns erhoben, die wohl ebenfalls Schiffe und Mannschaften für die Angriffsflotten des Dareios stellen mussten. Ihre Vorstöße richteten sich zunächst gegen die phönikischen Küstenprovinzen. Dadurch drohte das östliche Mittelmeer der persischen Kontrolle zu entgleiten. Dareios reagierte auf breiter Front. Große Truppenverbände rollten die Positionen der Aufständischen zu Lande systematisch auf. Gleichzeitig drängte die phönikische Flotte die Griechen zurück. Bei der Insel Lade nahe Milet kam es im Jahr 494 zur Entscheidungsschlacht. Beide Seiten boten insgesamt an die 350 Kriegsschiffe auf. Fatal wirkte sich jetzt die mangelnde Vorbereitung der Griechen aus: Sie waren nicht auf einen langen Seekrieg, sondern auf Überfälle eingestellt. Viele Schiffe zogen sich nach anfänglichen Gefechten zurück, die von den Persern bestochenen Samier wechselten sogar die Front, und am Ende verloren die Rebellen die Schlacht. Die Sieger eroberten Milet, verkauften Frauen und Kinder in die Sklaverei und siedelten die männlichen Überlebenden um in ein Gebiet am Persischen Golf.[22]

Das Rätsel von Marathon

Im Jahr 494 nahm Dareios die Eroberungspläne gen Westen wieder auf. Unerwartet zerschellte jedoch die Flotte seines Feldherrn Mardonios am Berg Athos. Bereits 490 stach ein neuer Verband in See. Der persische Feldherr Datis unterwarf Naxos und die Kykladen, zerstörte Eretria und landete auf Anraten des ehemaligen Athener Tyrannen Hippias in der Bucht von Marathon. Die Athener mussten mit dem Schlimmsten rechnen: der Zerstörung ihrer Polis. In dieser dramatischen Lage gewann mit dem Aristokraten Miltiades ein Mann an Einfluss, der am Skythenfeldzug des Dareios teilgenommen hatte und intime Kenntnisse des persischen Militärs besaß.[23] Die Athener erwarteten offenbar einen persischen Angriff über die traditionell mit Athen verfeindete und als Brückenkopf bestens geeignete Stadt Aigina.[24] Als dann aber die Landung bei Marathon gemeldet wurde, überzeugte Miltiades seine Mitbürger davon, es gar nicht erst zur Belagerung kommen zu lassen, sondern den Persern schon bei Marathon mit der gesamten Hoplitenarmee entgegenzutreten.[25] Wenige Tage nach der Landung der Perser trafen 8000 Schwerbewaffnete in der Ebene ein. Vergeblich wartete man auf die versprochene Unterstützung Spartas. Nur 800 Hopliten aus Plataiai schlossen sich an. Nach drei Tagen rückten die Athener vor und warfen die Truppen der Perser zurück.

Warum die Athener das erste Treffen einer Hoplitenarmee mit den Truppen des Großkönigs auf griechischem Boden für sich entschieden, ist bis heute unklar.[26] Aus der begrenzten Transporttonnage der Schiffe kann man zunächst schließen, dass die persischen Verbände keinesfalls zahlenmäßig überlegen waren, wie die Griechen später behaupteten.[27] Grundsätzlich bedarf aber ein erfolgreicher Landungsversuch einer mehr als doppelten quantitativen Überlegenheit; bei gleicher Stärke liegt der Vorteil auf Seiten der Verteidiger. Allerdings hatten die Griechen bisher alle Auseinandersetzungen mit persischen Armeen verloren.[28] Doch handelte es sich dabei um Gefechte, die von kleineren Expeditions- oder Söldnertruppen oder den Aufgeboten kleinasiatischer Tyrannen in Kleinasien und Ägypten ausgetragen wurden. Jetzt stellte sich das Aufgebot der größten Polis, dessen Heer und Rekrutierungssystem seit Kleisthenes erheblich an Effektivität gewonnen hatten (s. o. S. 41).[29]

Ähnlich wie Sparta nach den Niederlage gegen Argos die Hopliten zu einer engeren Schlachtreihe zusammenzog, so dürfte auch diesmal ein wesentlicher Aspekt der athenischen Reaktion darin bestanden haben, die Hopliten unter Ausschluss von Leichtbewaffneten und Bogenschützen noch dichter zu formieren, um sie gegenüber den Pfeilschüssen der ersten persischen Angriffswelle besser zu wappnen.[30] Der Gefahr einer persischen Überflügelung (s. o. S. 58) suchte Miltiades dadurch entgegenzuwirken, dass er seine Schlachtreihe in einer genauso langen Front aufstellte wie die der Perser, wobei die Phalanx im Zentrum weniger tief gestaffelt

Griechenland zur Zeit der Perserkriege

war als an den Flügeln.[31] Offenbar wollte er gegenüber dem gegnerischen Zentrum defensiver vorgehen und kalkulierte sogar einen Durchbruch ein, um mit den stärkeren Flügeln seinerseits den durchgebrochenen Gegner einzukreisen[32] – eine Taktik, die später häufig gegen einen als überlegen eingeschätzten Gegner angewandt wurde. Tatsächlich durchbrachen im Zentrum die persischen Elitetruppen die Phalanx. Auf den Flügeln siegten die Athener und Plataier (u. a. gegen die Ionier),[33] wandten sich dann – ohne den Gegner zu verfolgen – gegen die in der Mitte Durchgebrochenen und besiegten sie von der Flanke (oder von deren Rücken) aus.[34] Erst danach trieben sie die Perser zum Strand.

So weit ist die Taktik des Schlachtgeschehens relativ klar, aber der Beginn und die Umstände haben eine nicht endende Diskussion ausgelöst. Nach Herodot sollen die Athener zum ersten Mal die acht Stadien (1200 Meter) lange Entfernung zur persischen Front im Laufschritt durchmessen haben.[35] Die ältere Forschung hat diesen Vorgang aufgrund der physischen Belastung meist als unrealistisch verworfen.[36] Heute neigen viele Gelehrte zur gegenteiligen Auffassung, zumal man vermuten kann, dass die Athener erst auf den letzten 200–150 Metern, die sie in die Reichweite der persischen Bogenschützen brachte, ihr Anmarschtempo erhöhten.[37] Außerdem hatte man seit den 520er Jahren als Reaktion auf die überlegenen persischen Reiter das Gewicht der Rüstung (Helm, Brustpanzer) der Hopliten in Griechenland erheblich reduziert (während man im Westen die Rüstung der Reiter verbesserte). Dies befähigte sie auch zu solch schnellen Vorstößen.[38]

Schwerer ist zu erklären, warum die Athener und Plataier überhaupt ihre Defensivposition aufgaben und nach dreitägigem Abwarten so plötzlich die Schlacht suchten. Die Frage verbindet sich mit einer weiteren Auffälligkeit: Die persische Reiterei fehlte in der Schlacht, obwohl sie geradezu prädestiniert war, die Hopliten von der Flanke aus anzugreifen.[39] Immerhin führten die Perser nach Herodot Seetransporter für Pferde mit und hatten gezielt die für den Reitereinsatz so geeignete Ebene von Marathon zur Landung gewählt.[40] Die Vermutung, die persische Reiterei hätte viel geringere militärische Bedeutung gehabt als gemeinhin angenommen, erscheint deshalb wenig plausibel.[41] Schlüssiger ist die These, dass die Reiterei entweder gerade auf die Schiffe geladen wurde oder schon auf dem Seeweg nach Athen war, um beim Angriff auf die Stadt eingesetzt zu werden.[42] Wenn die zunächst an Land gebrachten Pferde nach drei Tagen wieder eingeschifft wurden, würde dies erklären, warum die Athener so lange mit dem Angriff warteten. Erst als sie sahen, dass die der Phalanx so gefährliche Reiterei an Bord gebracht wurde, konnten sie mit viel besserer Aussicht auf Erfolg in die Offensive gehen. Außerdem musste man verhindern, dass die noch an Land stehende Infanterie ebenfalls zum Angriff auf die von Verteidigern entblößte Stadt eingesetzt wurde - deshalb der ungewöhnliche Laufschritt, mit dem die Griechen sich den Persern näherten, und deshalb auch die geringe Zahl von nur sieben erbeuteten Schiffen.[43] Vielleicht war die Verstärkung der Flügel auch eine Sicherheitsmaßnahme, um einer Rückkehr der persischen Reiterei besser begegnen zu können.[44] Doch dazu ist es nicht gekommen: Die Athener siegten bei Marathon gegen die persischen Fußtruppen, sie haben aber ihr strategisches Ziel - den Gegner zu Land zu binden und einen Angriff auf die Stadt zu verhindern - nur teilweise erreicht.[45]

Zu klären bleiben die strategischen und taktischen Pläne der persischen Seite. Warum setzten sie ihre Reiterei nicht früher ein, wenn doch die topographischen Umstände so günstig waren, und warum warteten auch sie so lange ab? Eine Lösung könnte sich auf die Überlieferung stützen, die auf den Historiker Ephoros zurückgeht. Danach gab es schon *vor* dem von Herodot berichteten Angriff der Griechen einen Kampf.[46] Demnach hätten die Perser nach dem Anlanden zügig die nahe dem heutigen Ort Varna auf einer Höhensiedlung postierte Defensivstellung der Plataier und Athener angegriffen, um - wie es Hippias geraten hatte - den Durchbruch über Pallene nach Athen zu erzwingen.[47] Dieser Angriff wurde mit der gesamten Invasionsarmee einschließlich der Reiter geführt, konnte aber von den Athenern unter dem Oberbefehl des Kallimachos abgewehrt werden. Wahrscheinlich beruhte der Abwehrerfolg der Athener darauf, dass sie ihre Hopliten enger zusammenschlossen als zuvor, so dass Marathon auch als Geburtsstunde der *klassischen* Hoplitenphalanx gelten kann, die Thukydides 50 Jahre später ausführlich beschreibt (s. u. S. 123).[48] Erst *danach* folgten die Perser ihrem Alternativplan und wählten den Seeweg um Kap Sunion nach Athen; dementsprechend zogen sie ihre Truppen an den Strand zurück. Vielleicht hatte Datis bereits die Reiterei nach Phaleron gebracht.[49] Erst jetzt setzte der von Herodot geschilderte Gegenangriff unter Miltiades ein. Dessen Anhänger blendeten nach dem gescheiterten Feldzug gegen Paros ein Jahr später das erste Kampfgeschehen aus, bei dem Kallimachos gefallen war, und reduzierten das Geschehen ganz auf den Gegenangriff.[50]

Vieles ordnet sich so in ein schlüssiges Gesamtbild. Wenn die Perser bei dem zweiten Gefecht Verluste unter den Fußsoldaten von etwa 6000 Mann hinnehmen mussten, dann wird auch verständlich, warum der nachmalige Angriff auf Athen von See aus abgebrochen wurde. Vermutlich schätzten die persischen Kommandeure die Zahl ihrer zur Verfügung stehenden Infanteristen als zu gering ein. Hinzu kam, dass Athen wahrscheinlich schon in dieser Zeit eine achtunggebietene Kriegsflotte besaß, die das mit Persien verbündete Aigina bekämpfte und Datis damit einen wichtigen Verbündeten im Saronischen Golf entzog.[51] Nach Herodot sollen ferner die persischen Schiffe auf offener See in der Höhe von Phaleron geankert haben, was nur verständlich ist, wenn man ein Anlanden für zu gefährlich hält.[52] Wahrscheinlich sichteten sie die in Eilmärschen zurückgekehrten Truppen der Athener und sahen die Stadt entgegen den Versprechungen des Hippias gut befestigt.[53] Folgerichtig zog sich erst jetzt die Invasionsflotte nach Kleinasien zurück.

Leonidas an den Thermopylen

Für die Perser war Marathon militärisch unbedeutend, aber lehrreich[54]: Die Eroberung Attikas erforderte offensichtlich den Einsatz der Reichsarmee sowie eine kombinierte Invasion zu Wasser und zu Lande von Norden, wie es zuvor Kambyses in Ägypten getan hatte. Dareios starb, bevor er seinen Plan verwirklichen konnte, doch sein Sohn Xerxes verfolgte die Ziele mit unverminderter Kraft.[55] Der große Feldzug nach Griechenland wurde drei Jahre lang logistisch so gut vorbereitet, dass die Perser während der gesamten Zeit bis zur letzten Landschlacht keine ernsthaften Versorgungsprobleme hatten.[56] Während Erkundungsfahrten von der Seeseite aus Informationen über die Gewässer und die Topographie der griechischen Küsten sammelten, wurden planmäßig Versorgungsdepots in Thrakien und Makedonien angelegt, Kommunikations- und Aufmarschlinien koordiniert sowie neben den Kriegsschiffen eine Vielzahl spezialisierter Marinetransporter gebaut – eine organisatorische Meisterleistung, zu der damals nur das Perserreich imstande war.

Den Griechen blieben die persischen Anstrengungen nicht verborgen. Das Landheer, das mit Xerxes schließlich im Frühjahr 480 den Hellespont überquerte, umfasste wohl mit Kombattanten zwischen 80 000 und 100 000 Mann, die Flotte etwa 600 Kriegsschiffe, dazu vielleicht noch einmal die gleiche Zahl von Versorgern und Transportern.[57] Angesichts dieses gewaltigen Aufgebots zogen viele Griechen ein sicheres Dasein unter persischer Oberhoheit dem sinnlos erscheinenden Kampf vor.[58] Den Athenern stand dagegen das Schicksal Milets vor Augen. Eine Unterwerfung hätte den Erfolg bei Marathon zunichte gemacht und die Aufgabe der kleisthenischen Isonomie bedeutet. Auch die Spartaner hatten viel zu verlieren: die Hegemonie auf der Peloponnes und ihr Leben als Herren über die Heloten. Beide Poleis warfen ihre militärischen Stärken in die Waagschale und hofften, dadurch viele noch unentschlossene griechische Gemeinden zum Abwehrkampf zu bewegen. Am Ende waren es nicht mehr als 31. Von einem Krieg »der Griechen« kann also nicht die Rede sein.

Bis heute ist nicht ganz klar, wie überhaupt der Kriegsplan der Verbündeten aussah. Aber zwei Aspekte liegen auf der Hand: Zum einen schöpfte man aus der Erfahrung, die Athen bei der Abwehr der ersten persischen Invasion gewonnen hatte, zum andern musste man den Persern so früh wie möglich an geeigneten Stellen entgegentreten, um die Zahl der griechischen Mächte, die zur Kooperation mit den Persern gezwungen wurden, nicht zu groß werden zu lassen. Da man anders als bei Marathon mit zwei parallel operierenden Land- und Seestreitkräften konfrontiert war, mussten die Abwehrstellungen geschickt koordiniert und zu Wasser und zu Lande an Orten gewählt werden, wo der zahlenmäßig weit überlegene Gegner mit größtmöglicher Aussicht auf Erfolg aufgehalten werden konnte.

Zunächst bezogen die griechischen Streitkräfte mit rund 10 000 Mann Stellung im Tempetal südlich des Olymp, eine der drei Einfallspforten nach Griechenland; dann gab man den Pass jedoch wieder auf und zog sich auf eine zweite Verteidigungslinie am Thermopylenpass zurück, der an seiner engsten Stelle nur 15 Meter breit war. Die griechische Flotte von 270 Einheiten erwartete an der Nordspitze Euböas an der Einfahrt in der Meerenge des Euripos die feindliche Armada. Tatsächlich brachen nach Aussage Herodots an beiden Stellen erbitterte Kämpfe aus. Die Abwehrschlacht an den Thermopylen ging nach drei Tagen mit dem Tod der gesamten spartanischen Expeditionsarmee und weiteren 700 Hopliten verloren. Gerade dieser dramatische Verlauf hat das Geschehen zum Mythos und zur berühmtesten Schlacht der Antike erhoben.[59] Ihre Hintergründe sind jedoch bis heute umstritten. Es gibt kein militärisches Ereignis der Antike, das die europäische Rezeptionsgeschichte so tief geprägt und gleichermaßen von der Forschung so unterschiedliche Deutungen erfahren hat wie die Schlacht an den Thermpoylen, bis hin zum jüngsten Versuch, die gesamte Überlieferung in Hinblick auf Ort und Verlauf als Chimäre zu entlarven.[60]

Zwei Fragen umreißen die Schwierigkeiten der Interpretation. Erstens: Wenn die griechische Koalition gewillt war, am Thermopylenpass die persische Landarmee aufzuhalten – warum sandte Sparta dann nur 300 Spartiaten und nicht das gesamte Hoplitenaufgebot von mindestens 2000 Mann[61] und warum nahmen die bei Marathon so erfolgreichen athenischen Hopliten nicht an dem Abwehrkampf teil? Zweitens und daraus folgend: Welcher Zusammenhang bestand zwischen der Thermopylenschlacht und den Kämpfen am Artemision, die sämtliche Seestreitkräfte versammelten?

Die naheliegende und von vielen Forschern geäußerte Antwort lautet, dass die Abwehrstellung an den Thermopylen nur eine sekundäre Bedeutung hatte oder – um mit Hans Delbrück zu formulieren – »nur eine Neben- und Hilfslinie für den eigentlichen strategischen Plan, das ist, in dem offenen Wasser nördlich von Euböa eine Seeschlacht zu liefern«.[62] Diese Deutung würde das geringe Truppenaufgebot erklären, setzt aber voraus, dass die Griechen von vornherein keine Chance sahen, die persische Landarmee entscheidend zurückzuschlagen, dagegen umso fester vom Erfolg der Flotte überzeugt waren und hier sogar in die Offensive gehen wollten.[63] Beides widerspricht aber diametral den Erfahrungen der Griechen – die Perser hatten schon in der Seeschlacht bei Lade einen überwältigenden Sieg errungen, zu Lande bei Marathon eine Niederlage erlitten. Sicherlich war die Reichsarme des Xerxes nicht mit der Invasionstruppe von Marathon zu vergleichen, auf der anderen Seite hätte man ihnen nun nicht nur die Athener, sondern auch die Spartaner und ihre Verbündeten entgegenstellen können.

Es muss also einen anderen Grund für den paradox anmutenden Plan gegeben haben, die Thermopylen mit einer reduzierten Zahl an Kämpfern zu verteidigen, stattdessen die Seestreitkräfte vollzählig dem Gegner entgegenzuwerfen. Das geschah wohl deshalb, weil die Spartaner zwar so schnell wie möglich den Persern entgegenziehen wollten, um durch ihr Erscheinen viele Unentschlossene bei der Stange zu halten, aber nicht willens waren, die

Peloponnes von sämtlichen Truppen zu entblößen und sie einem so weit vom Eurotas entfernt operierenden König anzuvertrauen.[64] Dies wäre völlig beispiellos gewesen (und kam auch später nie vor), und so wird man vermuten, dass man auch jetzt dazu nicht bereit war, zumal mit Argos ein altbekannter Kontrahent seine propersische Gesinnung gezeigt hatte.[65]

Zweitens dürfen wir vermuten, dass innerhalb des Kriegsrats der Verbündeten keine Einigkeit über die einzuschlagende Strategie erzielt wurde. Insbesondere waren die spezifischen, aus der jeweiligen geopolitischen Lage zu erklärenden Sicherheitsinteressen der Spartaner und Athener schwer miteinander in Deckung zu bringen. Während die Mehrheit der Spartaner damit leben konnte, die Perser in Mittelgriechenland mit gebremster Kraft aufzuhalten, und auch – aus inneren Sicherheitsinteressen – darauf zielte, die entscheidende Abwehrstellung erst am Isthmos aufzubauen[66], waren die Athener durch eine Invasion von Böotien aus direkt betroffen. Sie hätten unter diesem Aspekt eigentlich ihre gesamte Hoplitenarmee zu Lande massieren und mit der spartanischen Truppe des Leonidas zu den Thermopylen senden müssen. Der entscheidende Unterschied zu Marathon war aber, dass man in einem solchen Fall die von Verteidigern entblößte Stadt Athen wohl nicht mehr rechtzeitig vor dem Eintreffen einer siegreichen persischen Flotte hätte erreichen können. Obwohl also die taktischen Erfahrungen von Marathon für einen Landkampf sprachen, entschloss man sich aufgrund der veränderten Gesamtlage, zunächst die Kräfte auf die Flotte zu konzentrieren.

Sicherlich hat auch der Entschluss der Spartaner, selbst nur 300 Hopliten an die Thermopylen zu beordern, die Athener in ihrer Haltung bestärkt. Vielleicht argumentierte man auch, dass zwar eine gegnerische Invasionsflotte ohne Landheer operieren könne, nicht aber ein großes Landheer ohne die Rückendeckung und logistische Unterstützung der Flotte. Die gegnerische Flotte wäre auch unter diesen Erwägungen das lohnendere Angriffsobjekt gewesen; wenn sie zurückgedrängt werden konnte, hätte dies den

Perserkönig eher veranlasst, die Invasion abzubrechen, als ein Scheitern des Heeres an den Thermopylen. Außerdem konnten Kriegsschiffe im Fall einer drohenden Niederlage schneller den Rückzug antreten als die Schwerbewaffneten im fernen nördlichen Böotien.

All diese Überlegungen werden eine Rolle gespielt haben. Aber der entscheidende Grund, warum die athenischen Kräfte aufs Meer verlagert wurden: Dem Athener Themistokles war es in den Jahren vor der Xerxes-Invasion gelungen, ein ursprünglich gegen das perserfreundliche Aigina gerichtetes Flottenprogramm von 100 neuen Trieren durchzusetzen.[67] Diese Flotte sprengte die archaischen Verhältnisse der adligen Zuständigkeiten. Es kam Themistokles zugute, dass Miltiades durch ein gescheitertes Kommandounternehmen gegen die Insel Paros sich und die alte Form der adligen Seekriegsführung in Misskredit gebracht hatte.[68] Damit war der Weg frei, den Bau und den Einsatz der Flotte der Zuständigkeit der Gesamtgemeinde unterzuordnen. Zur Finanzierung verwendete man neben den Spenden der Reichen »öffentliche« Überschüsse aus der Verpachtung der Silberminen von Laureion. Die Schiffe waren nun offiziell Besitz der Polis (auch wenn einzelne Schiffe zusätzlich durch Adlige beigesteuert werden konnten): Athen verfügte über die mit Abstand stärkste Flotte der griechischen Welt. Wenn man sie nun gegen die Perser *nicht* einsetzte, wäre dies der Volksversammlung schwer zu erklären gewesen.

Athen befand sich also in einem Dilemma, das am Ende zur Entscheidung für den Einsatz der Flotte führte. Die rund 150 Athener Schiffe mussten mit einem nicht geringen Teil athenischer Hopliten bemannt werden; auch deshalb war eine Abkommandierung an die Thermopylen schwierig. Inwieweit Leonidas in der hektischen Entscheidungssituation vor dem Abmarsch dies einkalkuliert hat, bleibt unklar. Immerhin zog er mit rund 6000 Hopliten – neben dem Elitekorps von 300 Spartiaten 4000 aus der Peloponnes, 1000 Periöken, 700 böotische Thespier, 400 Thebaner und die Soldaten der opuntischen Lokrer – an die Thermopylen.[69]

Seine Armee entsprach damit auffallend der Größe des athenischen Aufgebots bei Marathon. Schon aus diesem Grund konnte Leonidas sich keinen Rückzieher mehr leisten. Angeblich rechnete er (wie seinerzeit die Athener bei Marathon) nach Ablauf des Karneenfestes mit weiteren spartanischen Verbänden und nach Ende der Olympischen Spiele mit zusätzlichen Bundestruppen.[70] Ob dieser Hinweis Herodots authentisch ist, darf bezweifelt werden – wenn religiöse Gründe einen Auszug grundsätzlich verzögerten, dann hätte man eigentlich auch nicht den (reduzierten) Spartiatenverband des Leonidas zu den Thermopylen entsenden dürfen.[71] Jedenfalls kamen die Verstärkungen nie an. Im Fall der Bundesgenossen wird weniger die Furcht vor der Größe des gegnerischen Heeres eine Rolle gespielt haben[72] als vielmehr die zögerliche Haltung der spartanischen Behörden. Es entsprach der grundsätzlichen, auch später immer wieder (s. u. S. 125) zu Tage tretenden Vorsicht, einem so weit außerhalb der Peloponnes agierenden König nicht allzu viele Truppen anzuvertrauen.

So bereitete sich Leonidas auf einen Abwehrkampf vor, den die spartanischen Feldherren und Hopliten eigentlich nicht gewohnt waren. Vielleicht erklären dies und der Mangel an Soldaten, dass er die Gebirgspfade und den Berg Anopeia nicht hinreichend gegen die zu erwartenden Umgehungsversuche der Perser absicherte.[73] Aber auch der Kampf gegen die nach fünf Tagen frontal angreifenden Perser in Form von vorgetäuschtem Rückzug, überraschenden Vorstößen und anschließendem Handgemenge entsprach nicht der Taktik der Hopliten, die Sparta schon zu dieser Zeit berühmt gemacht hatte[74], kurzum: Die Spartaner hatten eine Aufgabe übernommen, für die sie wenig Erfahrung besaßen.

Immerhin hielten sie zwei Tage stand, bis die Wende kam. In der Dämmerung des zweiten Kampftages umging eine Abteilung der »Unsterblichen« die Abwehrstellung (angeblich mit Hilfe eines griechischen Überläufers), vertrieb die zur Bewachung am Anopeia-Pass postierten Phoker und bereitete den Angriff auf den Rücken der im Thermopylenpass postierten Truppen des Leonidas vor.[75] Damit war die Schlacht, die ja eigentlich bis dahin gar keine Schlacht war, praktisch entschieden. Die Griechen hätten noch genügend Zeit zum geordneten Rückzug gehabt, und tatsächlich zog auch ein Großteil der verbündeten Truppen ab (oder wurde offiziell von Leonidas entlassen). Die kleine Schar der 300 Spartaner sowie das Kontingent der Thespiaier und Thebaner blieben zurück und setzten den Kampf fort, der schließlich nach einem weiteren Tag mit ihrem Tod endete.[76]

Auch diese Entscheidung des Leonidas hat bis heute eine nicht endende Diskussion ausgelöst.[77] Einige sehen in Leonidas schlichtweg einen unfähigen Feldherrn, andere glauben, er versuchte durch sein Standhalten den Rückzug der übrigen griechischen Truppen zu decken. Wieder andere meinen, er habe die Perser lange binden wollen, um der bei Artemision kämpfenden Flotte die Rückfahrt in sichere Gewässer zu ermöglichen.[78] Herodot sagt, Leonidas habe den eigenen Rückzug für unehrenhaft befunden und sich dafür entschieden, höchsten Ruhm zu ernten und Spartas Blüte nicht welken zu lassen. Nun führte zwar in der Tat das Ausscheren oder die Flucht des Einzelnen aus der Phalanx zur Verfemung *(Atimie)* als »Zitterer«; aber ein taktischer Rückzug der Armee, wie ihn Leonidas hätte anordnen können, widersprach dem militärischen Ethos Spartas keineswegs.[79] Entscheidend ist ein anderer Aspekt: Militärische Operationen und Entscheidungen wurden (nicht nur) in der Antike nicht in der kühlen Atmosphäre isolierter Befehlszentralen getroffen, sondern in einem hochkompetitiven, von Vorbildern und Vergleichen geprägten Rahmen. Der naheliegende Vergleich, dem sich Leonidas bei seiner Entscheidung zum Ausharren stellen musste, war der erfolgreiche Abwehrkampf der Athener bei Marathon. Wenn Herodot sagt, sein Rückzug hätte die Blüte Spartas vernichtet, meint er damit nicht, dass Sparta mit dem Rückzug militärisch dem Untergang geweiht gewesen wäre (gerade umgekehrt hätte Leonidas so den Spartanern 300 wertvolle Kämpfer gerettet). Leonidas glaubte vielmehr, das Ansehen Spartas werde im Vergleich zum aufstrebenden Athen gegenüber den übermächtigen Verbündeten so stark beschädigt, dass die Autorität des Staates als Hegemon auf der Peloponnes zusammenbrechen musste. Wenn man bedenkt, wie locker Spartas Beziehungen zu den Poleis des Peloponnesischen Bundes geknüpft waren (s. o. S. 42) und welchen Machtaufstieg Athen nach der Abwehr der Böoter und Spartaner unter Kleisthenes und nach dem Flottenbau unter Themistokles in relativ kurzer Zeit erlebt hatte, war Leonidas' Einschätzung wohl realistisch, auch wenn sie zu einer strategischen Fehlentscheidung führte.

Die spartanischen Behörden (Ephoren) haben gerade diese Einschätzung des Leonidas insofern bestätigt, als sie sein Ausharren mit dem berühmten Epigramm des Simonides erklärten: »Fremder, melde den Lakedaimoniern, dass wir hier/liegen, den Worten jener gehorchend.«[80] Schon die Antike hat die unklare Wendung »den Worten« *(rhemasi)* mit der Variante »den Gesetzen *(nomimois)*« ersetzen wollen; die spätere Interpretation bevorzugte in Anklang an Schillers Übersetzung von 1795 »Befehle«.[81] Offenbar verstand man es so, wie es die Spartaner gerne sahen: dass das Ruhmstreben des Königs auf harmonische Weise mit der Pflichterfüllung gegenüber der Polis übereinstimmte. Das Zurückhalten von Verstärkungen, Streitereien im Vorfeld und das Misstrauen, das dem König offenbar vor dem Abmarsch entgegenschlug, unterdrückte man – ein nicht untypischer Vorgang der Kriegsgeschichte. Entscheidend für die spartanischen Behörden war: Sie hatten dem hochmütigen Anspruch der Athener, bei Marathon (ohne die Spartaner) ganz Hellas vor der persischen Invasion gerettet zu haben, endlich eine mindestens gleichrangige Ruhmestat an die Seite gestellt.

Salamis und der Seekrieg der späten Archaik

Für den Kriegsplan der Alliierten bedeuteten der Untergang der Leonidas-Kämpfer und der Verlust der Thermopylen das, was einige Skeptiker (darunter die spartanischen Behörden) schon immer vorausgesagt hatten: Mittelgriechenland war verloren. Auf die Nachricht von der Niederlage zogen sich auch die griechischen Schiffe nach kurzem Gefecht in den Saronischen Golf zurück. Die Zahl der kampfbereiten Poleis sank noch einmal beträchtlich.[82] Ohne größere Gegenwehr rückte die persische Landarmee durch Mittelgriechenland bis vor die Tore Athens. Themistokles griff nun auf einen Plan zurück, der sehr wahrscheinlich schon vor dem Auslaufen der Schiffe zum Artemision, auf jeden Fall aber vor dem Ausgang der Thermopylenschlacht geschmiedet war[83] und im Einklang mit dem Verzicht auf eine Entsendung der athenischen Hopliten, aber auch mit dem recht vorsichtigen Taktieren der griechischen Schiffe am Artemision steht: Er verzichtete auf die Verteidigung der Stadt gegen einen übermächtigen und für seine Belagerungskunst (s. o. S. 58) gerühmten Angreifer und setzte alles auf die Flotte, die dem Gegner so lange Widerstand leisten sollte, bis er entmutigt abzog. So wurden die Frauen und Kinder auf nahe Inseln evakuiert, die Männer besetzten die Ruderbänke und bezogen mit den verbündeten Einheiten in der Meerenge von Salamis Stellung.

Als Xerxes im Morgengrauen des 24. September 480 von einer nahen Anhöhe auf die Bucht von Salamis blickte, erwartete er einen schnellen Sieg, auch weil das Ansehen des Themistokles nach der Einnahme Athens erheblichen Schaden bei den Verbündeten genommen hatte. Niemanden konnte er noch von den Erfolgschancen einer Seeschlacht überzeugen. Die persische Flotte war trotz erheblicher Verluste, vor allem durch Stürme, immer noch der griechischen an Zahl überlegen, wenn auch bei weitem nicht so deutlich, wie es die griechische Überlieferung glauben machen will.

Dennoch endete die Seeschlacht mit großen Verlusten für die

Perser. Wie es dazu kam und was genau in den Tagen des späten September geschah, ist bis heute ähnlich unklar wie im Fall von Marathon. Die (griechischen) Quellen erheben gar nicht den Anspruch auf eine umfassende *militärische* Analyse des Geschehens. Aischylos passt das Geschehen ausschnittweise den dramatischen Vorgaben der Tragödie an. Herodot wollte den Nachweis erbringen, dass die Athener mit der Entscheidung, den Persern zur See entgegenzutreten, Hellas gerettet haben. Deshalb hat er manche Phasen des Kampfgeschehens weggelassen oder verkürzt wiedergegeben und die Zahlen der persischen Streitkräfte heillos übertrieben.[84] Zusätzliche Informationen bietet immerhin eine bei Diodor bewahrte Überlieferung, die zusammen mit der Themistokles-Biographie Plutarchs zur Vervollständigung des Bildes herangezogen werden kann. Um zu verstehen, was geschah, gilt es den historischen Kontext genau zu rekonstruieren und sich die Entwicklung des Seekriegs zu vergegenwärtigen.

Am Ende des 7. Jahrhunderts hatten vermutlich phönikische Ingenieure zur Erhöhung des Transportvolumens zusätzliche Decks in ihre Ruderschiffe einbauen lassen.[85] Damit bestand die Möglichkeit, über der ersten Rudererreihe eine zweite und wahrscheinlich im 6. Jahrhundert sogar eine dritte Reihe zu platzieren. Das von drei Riemenreihen geruderte Schiff nannte man *Triere* (»Dreiruderer«). Sie stellte im Jahr 480 das Gros der bei Salamis kämpfenden Flotten.[86] Die Trieren veränderten die taktischen Möglichkeiten des Seekriegs. Die älteren Kriegsschiffe dienten meist nur als Plattform für den Nahkampf, aber jetzt wurde das Schiff selbst wegen seiner durch die zusätzlichen Ruderreihen erhöhten Geschwindigkeit zur tödlichen Waffe. Um das gegnerische Schiff vor dem Aufeinandertreffen der Mannschaften manövrierunfähig zu machen oder zu versenken, nutzten schon manche Zweiruderer einen spitz oder dreizackähnlich nach vorn zulaufenden Sporn am Bug. Dieser Rammsporn *(émbolon)* gehörte dann zur Standardausrüstung der Dreiruderer und war ihr gefährlichstes Kampfinstrument.

Der Erfolg seines Einsatzes hing allerdings in hohem Maß von den Fähigkeiten der Ruderer und Kapitäne ab. In der Regel standen sich Schlachtflotten, nachdem sie in Kiellinie zum Schlachtort gefahren waren, in einer Front parallel postierter Schiffe gegenüber; der Bug war auf die gegnerische Formation gerichtet (Dwarslinie, engl.: line abreast).[87] Die meisten Kapitäne nutzten die erhöhte Schlagkraft des Dreiruderers, um dem Frontalangriff größere Wucht zu verleihen und durch einen gezielten Rammstoß die gegnerischen Schiffe zum Kentern zu bringen. Erfahrenere Admirale mit gut geübten Mannschaften entwickelten dagegen taktisch anspruchsvollere Manöver. Das berühmteste war der *diékplous* (»Durchbruch«): Man fuhr zwischen die Schiffe der gegnerischen Schlachtformation und versuchte deren Ruderwerk zu zerstören oder in die Flanke zu stoßen. *Períplous* nannte man dagegen eine schnelle Wende im Rücken des gegnerischen Schiffes mit dem Ziel, die sich ebenfalls wendenden feindlichen Einheiten durch Rammstöße in die ungeschützte Flanke zu attackieren.[88] Während die traditionelle Form des Frontalangriffs meist auf einen Enterkampf hinauslief, versuchte der taktisch geschultere Angreifer den Gegner manövrierunfähig und die Besatzung zusätzlich durch Pfeilschüsse unschädlich zu machen oder gefangenzunehmen.

Vor der Schlacht von Salamis beherrschten allerdings nicht die Griechen diese Manöver, sondern die in persischem Auftrag kämpfenden Phöniker aus Tyros und Sidon, außerdem die Ägypter, die viel früher als die Griechen den Dreiruderer eingeführt und im Gefecht erprobt hatten.[89] Natürlich hatten auch einige griechische Poleis Zeit gefunden, sich auf den »modernen« Seekampf einzustellen. Aber sie lagen fast durchweg an der Küste Kleinasiens und unterstanden ebenfalls dem persischen Oberkommando oder waren in das westliche Mittelmeer geflüchtet, wo einige griechische Tyrannen schon früh Trieren besaßen. Aus dem Westen hatten die mutterländischen Griechen jedoch keine Hilfe zu erwarten, weil sich die griechischen Kolonien zur selben Zeit der Angriffe der Karthager und Etrusker erwehren mussten.

Die wenigen griechischen Städte, die sich in den späten Septembertagen des Jahres 480 in der Bucht von Salamis rüsteten, waren also auf sich allein gestellt und hatten noch nicht den Anschluss an den »modernen« Seekrieg gefunden. Man darf sich durch die Entwicklung der Athener Seemacht *nach* den Perserkriegen nicht täuschen lassen. Sicherlich besaßen die Athener bereits vor den Perserkriegen einige Dreiruderer, die jedoch sehr wahrscheinlich noch Privatbesitz ihrer adligen Eigentümer (z. B. des Miltiades) waren.[90] Im Jahr 480 zogen die Athener zum ersten Mal mit einer großen Trierenflotte von rund 200 Einheiten in den Kampf, die im Auftrag der Polis kaum drei Jahre zuvor gebaut und eigentlich für den Kampf gegen Aigina vorgesehen waren. Um die Aiginaten zu besiegen, reichte die überlegene *Zahl* der athenischen Schiffe aus; ihrem Angriff konnte keine griechische Stadt widerstehen, wie Themistokles es offen aussprach.[91] Auf *technische* Qualität und taktische Manövrierkunst legten die Athener dagegen geringeren Wert: Als sie wenige Wochen vor Salamis bei Artemision erstmals den persischen *diékplous* kennenlernen sollten, waren ihre Schiffe zu großen Teilen mit Bürgern der Stadt Plataiai bemannt, die – wie Herodot sagt[92] – der Schifffahrt völlig unkundig waren! Sogar die Korinther, die schon früher eine größere Zahl von Trieren besaßen, pflegten nach wie vor die »primitive« Form des einmaligen Rammstoßes und konnten sich auch später nicht mehr das kunstvolle Manövrieren aneignen.

Auf Seiten der Griechen zählten demnach nicht Training und Taktik, sondern Mut und Muskeln. Ihre Schiffe waren zudem schwerer als die persischen.[93] Offensichtlich fehlte den Athenern nicht nur die Trainingszeit, sondern auch das Schiffsmaterial, um ausgefeilte taktische Manöver einzuüben. Deshalb brauchten sie ein Schlachtfeld, das ihnen Flankenschutz gegen den *períplous* des Gegners und die Chance bot, taktische Initiativen der feindlichen Linien im Keim zu ersticken. Die Meerenge zwischen Attika und der Insel Salamis bot beides: Mehr als 350 Trieren konnten in der sich von Nordwest nach Osten ziehenden Bucht von Paloukia und

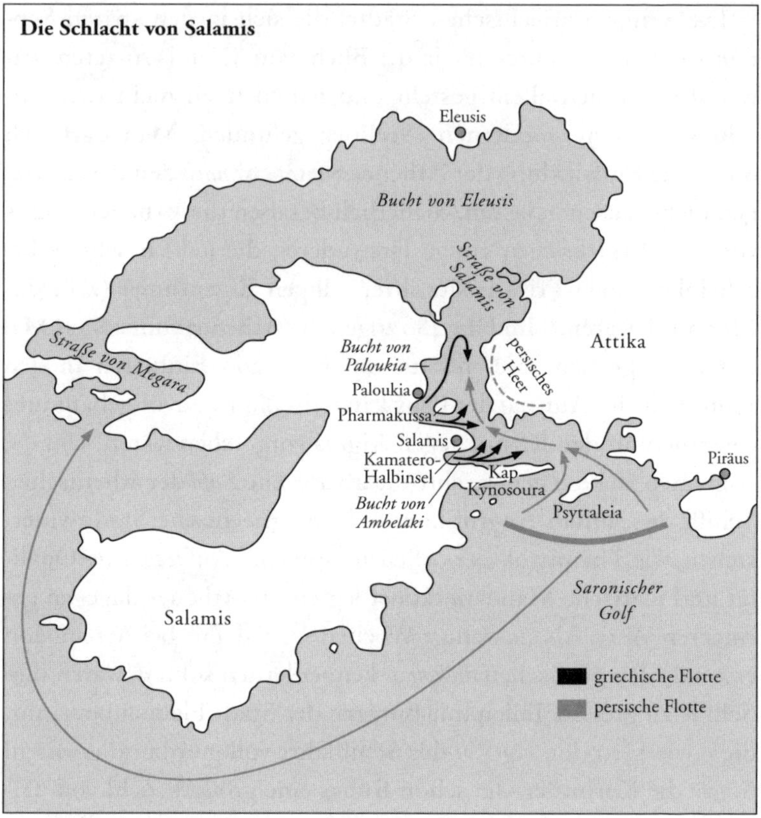

Die Schlacht von Salamis

der Bucht von Ambelaki, dem Hafen der Stadt Salamis, ankern. Der Hafen war durch die Kamatero-Halbinsel gegen Nordwinde und durch die Halbinsel des Kap Kynosura gegen unruhige Gewässer außerhalb der Straße geschützt. Beide Halbinseln verhinderten feindliche Umfassungsmanöver.

Doch wie sollte man die Perser dazu bringen, ihre Schiffe in dieses für sie ungünstige Kampfterrain zu verlegen? Den Griechen kam dabei ein Umstand zu Hilfe, den eigentlich jeder Admiral der Welt mehr fürchtet als den überlegenen Feind: Im griechischen Lager herrschte Uneinigkeit über die einzuschlagende Strategie.

Die meisten Kommandeure wollten sich aus den Gewässern um Salamis zurückziehen und eine neue Verteidigungslinie am Isthmos von Korinth aufbauen. Das war für die Athener inakzeptabel. Ein Rückzug hätte sie jeder Möglichkeit beraubt, ihre evakuierten Mitbürger zu retten und ihre Stadt zurückzugewinnen. Um die Entscheidungsschlacht in der Bucht von Salamis so schnell wie möglich herbeizuführen, soll deshalb Themistokles den Persern durch einen Überläufer die Fluchtpläne der griechischen Kapitäne zugespielt haben; wahrscheinlich hat er damit den bereits gefassten Angriffsplan der Perser beschleunigt. Denn auch aus ihrer Sicht war es nach der Eroberung Athens ohnehin wahrscheinlicher, dass die griechische Flotte sich zurückziehen als sich auf ein Gefecht einlassen würde. Die Chance schien groß, vor Ende der Schifffahrtssaison die bisher so günstig verlaufende Invasion mit einem durchschlagenden Erfolg gegen einen flüchtenden Gegner abzuschließen. So setzten sich die Verbände der Perser bei Sonnenuntergang des 23. September in Bewegung. Die Darstellung Herodots legt nahe, dass die *gesamte* Flotte in die Straße von Salamis mit dem Ziel eingelaufen sei, die griechischen Schiffe vollständig im Raum zwischen der Psyttaleia-Insel und der Paloukia-Bucht einzuschließen; zu diesem Zweck wurde zeitgleich die Psyttaleia-Insel besetzt. Herodot konzentrierte seinen Blick jedoch auf das folgende Kampfgeschehen und ließ sich verleiten, die im Sund von Salamis erzielten Erfolge als Erfolge gegen die *gesamte* Flotte der Perser zu stilisieren.

Tatsächlich wird eine solche Sicht den Zielen der Perser wie auch den damaligen geographischen Verhältnissen nicht gerecht: Die Gewässer von Salamis waren wegen des niedrigeren Wasserstandes noch begrenzter als heute und boten gar nicht ausreichend Platz für die gesamte Flotte von rund 700 persischen Trieren. Aus Sicht der Perser war es klüger, die griechische Flotte durch eine weiträumige Umfassung von allen Fluchtmöglichkeiten abzuschneiden. Tatsächlich erteilte Xerxes, so schildert es Aischylos[94], einem Flottenverband den Befehl, »rings um die Aiasinsel (Salamis) herum Stellung zu beziehen«. Dies passt zu Diodors Hinweis[95], wonach das persische Oberkommando das ägyptische Geschwader abkommandierte, um südlich die Insel Salamis zu umsegeln und den Griechen an der Straße von Megara den Fluchtweg nach Korinth zu versperren; ein zweites sollte die Invasion der südöstlichen Küsten von Salamis einleiten und den östlichen Sundausgang sichern.[96]

Diese Entwicklung spielte Themistokles in die Karten: Spätestens jetzt konnte er den fluchtbereiten Befehlshabern der anderen griechischen Einheiten verkünden, dass ein Rückzug an den Isthmos nicht mehr möglich, dagegen die Chance auf einen ungeahnten Erfolg mit Händen zu greifen war. Denn zum einen hatte sich unverhofft die gegnerische Armada geteilt; die Griechen mussten nur noch mit ungefähr der Hälfte der gesamten persischen Flotte in der Bucht von Salamis rechnen. Wahrscheinlich war sie nur wenig größer als die Zahl der griechischen Trieren, die in der Bucht vor Anker lagen. Und die Griechen hatten einen weiteren Vorteil auf ihrer Seite: Sie waren am Morgen des 24. September ausgeruht, während die persischen Ruderer »die ganze Nacht hindurch« gerudert hatten.[97] Und schließlich kannten die Griechen die Wind- und Strömungsverhältnisse bei Salamis besser als ihre Gegner.

Um diese Bedingungen zu nutzen, musste man alles daransetzen, die in den Sund fahrenden persischen Verbände isoliert zu schlagen und ein Eingreifen der um Salamis postierten oder herumgesegelten Geschwader zu verhindern. Zu diesem Zweck ließ der spartanische Befehlshaber auf Rat des Themistokles die Einheiten der Korinther hinter oder östlich der Insel Pharmakussa Stellung beziehen. Da sich in der Antike westlich eine zweite Insel erhob, lagen sie in der Nacht und im morgendlichen Dunst außer Sichtweite der Perser und konnten so nicht nur ein Eingreifen der persischen Umfassungsgeschwader verhindern, sondern als taktische Reserve sogar in die Flanke der von Osten in den Sund einlaufenden Schiffe stoßen.

Bei Tagesanbruch standen die persischen Angriffsverbände in

dreifach gestaffelter Kiellinie[98] in der Bucht ungefähr auf der Höhe des Hafens von Salamis in der Annahme, die Griechen auf der Flucht etwas westlich der Ambelaki-Bucht zu sichten. Der Anblick einer südlich in Dwarslinie postierten Schlachtflotte muss wie ein Schock gewirkt haben – der aber nicht lange anhielt: Die phönikischen und kleinasiatischen Kapitäne ließen ihre Schiffe um 45 Grad wenden, um sich in Angriffsposition zu bringen. Das Manöver dürfte jedoch von der Seebrise *(aura)*, die sich in den Morgenstunden regelmäßig von Süden erhob, erschwert worden sein; ihr ging üblicherweise ein starker Nordwind voraus.[99]

Angeblich wartete Themistokles die ersten Windböen ab, bevor er das Angriffssignal gab. Schwierige Wind- und Strömungsverhältnisse egalisieren erfahrungsgemäß technisch-taktische Vorteile, und so war es auch jetzt. Die persischen Einheiten fanden weder Zeit noch Raum, um dem Direktangriff des Gegners auszuweichen. Kurz nach der ersten Angriffswelle stießen zudem die zwischen den Pharmakussa-Inseln in Reserve gehaltenen korinthischen Trieren in die rechte Flanke der um 45 Grad gewendeten phönikischen Schiffe; einige drohten die persische Linie sogar in deren Rücken anzugreifen.[100] Gleichzeitig versperrten die in den Sund von Salamis nachrückenden persischen Einheiten ein Ausweichen der im Gefecht befindlichen Schiffe nach Osten.

Die Schlacht nahm einen Verlauf, der aus Sicht der Perser nicht vorgesehen war: Anstatt einen flüchtenden Gegner von zwei Seiten einzuschließen und durch »Dazwischenfahren« kampfunfähig zu machen, wurden ihre eigenen Schiffe beinahe umzingelt und in einen Kampf nach »altem Brauch« Schiff gegen Schiff verwickelt.[101] Hierbei waren die Griechen mindestens ebenbürtig, wenn nicht sogar überlegen. Es gelang zwar auch den phönikischen und kleinasiatischen Kapitänen, Schiffe zu rammen, doch die weitaus größere Zahl phönikischer Einheiten konnte auf die Rammstöße der Gegner nur ungenügend reagieren[102], geriet ins Kentern oder verstrickte sich in Einzelkämpfe, die ihnen hohe Verluste einbrachten.

Nach mehreren Stunden gelangten die Kapitäne der dezimierten persischen Flotte zur richtigen Erkenntnis, dass die Schlacht nicht mehr zu gewinnen und es klüger war, sich aus der Bucht zurückzuziehen, um nicht den Totalverlust beider Geschwader hinzunehmen. Dieser Rückzug war allerdings nur östlich durch die von der Psyttaleia-Insel gebildeten Engen möglich und wurde zum Teil durch die noch nicht vollständig eingelaufenen Einheiten blockiert. Gleichzeitig hatte man die griechischen Schiffe im Nacken. Dennoch gelang es den Persern, wohl mindestens die Hälfte der im Kampf verwickelten Geschwader aus der Falle zurückzuziehen und nach Phaleron zurückzusegeln.

Am Ende des Tages hatte die persische Flotte größere Verluste an Schiffen und an Mannschaften erlitten als die Griechen. Es war aber kein Desaster und schon gar keine Niederlage der *gesamten* Flotte.[103] Zwei persische Geschwader von mindestens 200 Einheiten hatten gar nicht an den Kämpfen teilgenommen; auch von den angegriffenen Kontingenten wurden nicht alle vernichtet. Bezeichnenderweise rechneten die Griechen beständig mit der Wiederaufnahme der Kämpfe und einem zweiten Angriff der persischen Flotte.[104]

Plataiai

Dass er nicht kam, war das eigentliche Geheimnis des griechischen Erfolges. Salamis war ein strategischer Sieg mit psychologischer Wirkung: Ein Jahr später rückte Mardonios erneut in Athen ein und zerstörte die Stadt, aber er ging nicht mehr das Risiko einer Seeschlacht ein.[105] Damit hatten die Athener die Gewissheit, dass eine vollständige Eroberung ihrer Heimat nicht mehr möglich war. Mardonios drängte zur Entscheidungsschlacht zu Lande. Nach gescheiterten Bündnisangeboten gegenüber Athen zog er nach Böotien, weil er hier seine griechischen Bundesgenossen wusste und dieses Gebiet anders als Attika geeignete Ebenen für den Reiterkampf besaß.[106] Nach enervierenden Streitigkeiten um die richtige Strategie verlegte König Pausanias seine Spartaner und die verbündeten Truppen der Athener vom Isthmos in das Grenzgebiet zu Böotien bei dem Städtchen Plataiai, das den Weg nach Attika deckte. Die Griechen konnten rund 20000 Hopliten und eine in etwa gleich große Zahl Leichtbewaffneter aufstellen.[107]

Erneut ist in den Quellen keine Rede von griechischen Reitern, während die Perser traditionell vor allem auf ihre überlegene Kavallerie vertrauten. Damit ergab sich eine ähnliche Ausgangssituation wie bei Marathon[108]: Pausanias bezog wie seinerzeit die Athener eine Defensivposition an den für Reiterangriffe ungünstigen Ausläufern des Kithairon.[109] Auch wenn eine kompakte Phalanx von der persischen Reiterei frontal nicht durchbrochen werden konnte[110] – dies gelang erst den spätantiken Panzerreitern (s. u. S. 354) –, so drohte doch immer die Umzingelung. Deshalb mussten die Griechen alles daransetzen, die persische Infanterie unter Ausschaltung der Reiterei zur Schlacht zu stellen; die Perser wollten die griechische Armee zu einem Kampf auf ebenem Gelände gegen ihre Reiterei veranlassen. Lange versuchten beide Seiten – durch den Fluss Asopos getrennt –, den Gegner zur Annahme der Konstellation zu veranlassen, die ihnen jeweils vorteilhaft erschien. Ein erster Angriff der Kavallerie auf die Flanke der megarischen und athenischen Hopliten brachte den Griechen erhebliche Verluste, aber auch der persische Oberkommandierende Masistios fiel.[111] Danach gingen die Perser dazu über, ihre Reiter überfallartig auf die griechischen Stellungen zu schicken, um die Verteidiger zum Kampf auf der Ebene zu veranlassen[112]; nach mehreren Tagen gelang es den Persern, eine rückwärtige Quelle zu verstopfen und die Versorgung zu behindern.[113] Pausanias wagte sich daraufhin an den letzten Hügel am Rand der Ebene heran und animierte die Perser durch Stellungswechsel zum Angriff. Nach einem letzten nächtlichen Positionswechsel konnte er die Perser überzeugen, dass die Griechen fliehen würden – eine ähnliche Fehleinschätzung wie bei Salamis[114], zu der die Perser aber auch durch andere Umstände gedrängt wurden. Ihre Nahrungsvorräte reichten wegen des Ausfalls vieler Schiffe wohl nur noch für wenige Tage.[115] Ferner erwartete Xerxes in Sardeis eine baldige Entscheidung, um die freiwerdenden Truppen gegen die nach Kleinasien vorstoßende griechische Flotte einzusetzen.[116] Die Zeit arbeitete gegen die Perser, und so musste Mardonios die Griechen auf hügeligem Gelände angreifen, als sie scheinbar fluchtartig ihre Stellung in Richtung Plataiai verlassen hatten.

Bei dem Gegenstoß der Hopliten erlitt Mardonios eine vergleichbare Niederlage wie seinerzeit die Perser bei Marathon. Offensichtlich gelang es ihm nicht, die Reiterei mit den Fußtruppen als kompakte Einheiten koordiniert angreifen zu lassen.[117] Allein hatte aber die Kavallerie keine Chance gegen eine gut geführte Hoplitenarmee.[118] Angeblich setzte sich sogar ein Großteil der Reiter unter Artabazos, der sich gegen eine offene Feldschlacht ausgesprochen hatte, kurz nach Beginn der Kämpfe in Richtung Hellespont ab.[119] Die persischen Eliteeinheiten zu Fuß, deren bevorzugte Kampfesweise im schildgeschützten Pfeilschuss und Bogenwurf bestand, konnten wegen ihrer mangelnden Rüstung dem Druck der Hopliten nicht standhalten.[120] Als Mardonios im Kampf fiel, war die Schlacht entschieden und der persische Invasionsversuch endgültig auch zu Lande abgeschlagen. Fast gleichzeitig stieß die griechische Flotte unter dem Kommando des Spartanerkönigs Leotychidas bis an die kleinasiatische Küste vor. Bei Mykale (an der Mündung des Mäander) konnten die gelandeten Truppen das gut befestigte Schiffslager der Perser erstürmen und fast alle Schiffe in Brand setzen.[121] Im Folgejahr wurden die letzten persischen Schiffsverbände aus der Ägäis vertrieben.

Abwehr der karthagischen Invasion in Sizilien

Spätestens jetzt hatte der Krieg gegen die Perser aus Sicht der Griechen welthistorische Dimensionen angenommen und strahlte weit über den Ägäisraum hinaus. Die Vorgänge im griechischen Mutterland verliefen schon allein deshalb nicht isoliert von denen im übrigen Mittelmeerraum, weil die von den Persern vor Beginn der Invasion unterworfenen phönikischen Hafenstädte regelmäßige Kontakte zu ihren Kolonien im Westen pflegten. Die bedeutendste war Karthago (im Gebiet des heutigen Tunis). Ursprünglich auf das Küstengebiet beschränkt, gelang es der Stadt, sich neben Syrakus zum zentralen Warenumschlagplatz des westlichen Mittelmeeres aufzuschwingen und die phönikischen Faktoreien unter ihren Schutz zu stellen. In den frühen 540er Jahren, als die Perser an die Ägäis drängten, besetzten die Karthager die Balearen und Malta; ferner waren sie in Westsizilien und (zunächst wenig erfolgreich) auf Sardinien aktiv.[122] Nur sieben Jahre nach der Eroberung der lydischen Hauptstadt Sardeis (546) durch Kyros besiegte eine karthagisch-etruskische Flotte die Phokaier nahe ihrer Apoikie Alalia. Danach wurde Korsika dem etruskischen und Sardinien dem karthagischen Einflussbereich zugeschlagen.

Phönikische Händler und perserfreundliche Tyrannen hielten den persischen Königshof über diese Vorgänge auf dem Laufenden.[123] Immerhin konnte der König formalrechtlich Karthago als seinen Untertanen betrachten. Jedes Jahr schickten die Karthager eine Gesandtschaft an die Hauptgottheit von Tyros im persischen Reich. Umgekehrt war Karthago über das Vordringen der Perser im Ägäisraum sehr genau unterrichtet.[124] Deshalb haben sie wahrscheinlich auch versucht, ihre Pläne mit denen der Perser zu koordinieren, also erst dann anzugreifen, wenn die Perser mit ihrer Invasion des griechischen Mutterlandes begannen.[125]

So landeten im gleichen Jahr, als die Flotte des Xerxes Kurs auf Athen nahm, die Karthager unter Hamilkar mit einer Armee von wahrscheinlich 30 000 Kämpfern – mindestens die Hälfte afrikanische, etruskische, korsische und sardische Söldner – auf 200 Schlachtschiffen und 3000 Transportern in Panormos an der Westküste Siziliens.[126] Syrakus hatte sich unter Gelon inzwischen zur stärksten Macht auf Sizilien entwickelt. Ein Angriff auf den Machtbereich dieses Gegners lag damit auf der Linie der karthagischen Außenpolitik.[127]

Nach der Landung der Karthager und dem Vormarsch in Richtung Himera schien zunächst alles nach Plan zu verlaufen; das Aufgebot der Himeraier wurde ebenso zurückgeworfen wie ein Entsatzkommando des Tyrannen Theron von Akragas. Doch mit dem Erscheinen der aus Bürgersoldaten und Söldnern (insgesamt rund 15 000 Fußsoldaten und 3600 Reitern) bestehenden syrakusanischen Truppen Gelons wendete sich das Blatt. Hamilkar hatte bei der Landung seine gesamte Reiterei verloren. Dies war in einem Land wie Sizilien, das mit seinen reichen Städten, den aristokratischen Grundbesitzern und den großen, fruchtbaren Ebenen hervorragende Bedingungen für die Pferdezucht bot[128], ein schwerwiegender taktischer Nachteil. Etwa 100 Jahre später scheiterte die große Expeditionsarmee der Athener an dem gleichen Mangel. Wegen des Ausfalls der Kavallerie konnte Hamilkar schon seine anfänglichen Erfolge nicht in einen endgültigen Sieg ummünzen.[129] Jetzt musste er mitansehen, wie die Reiter Gelons die zum Fouragieren ausgerückten karthagischen Verbände zurückschlugen oder gefangennahmen und Attacken auf das Schiffslager ritten. Bei einem dieser Angriffe wurde Hamilkar getötet.[130] Dies alles dürfte die Moral der karthagischen Truppen in der Schlacht selbst erheblich belastet haben. Hier konnten sich die schwerbewaffneten Söldner und Bürgersoldaten in einer der größten Hoplitenschlachten (mit ungewöhnlicher Reihentiefe) auf dem Boden Siziliens durchsetzen, nachdem ein überraschender Angriff eines Hoplitenverbandes aus Himera unter Theron auf die linke Flanke des Gegners die Karthager endgültig demoralisiert hatte.[131]

Sechs Jahre später (474) errang Hieron, Gelons ältester Bruder und Nachfolger in Syrakus, einen weiteren spektakulären Erfolg zur See über die Etrusker bei Kyme (Mittelitalien).[132] Hieron besiegelte damit den etruskischen Machtverfall in Italien und verschaffte einer Stadt namens Rom den nötigen Rückhalt, um ihre Verfassung gegen alle Revanchegelüste der Etrusker zu verteidigen. Syrakus hatte in einem Zeitraum von nur sechs Jahren den karthagisch-etruskischen Machtaufstieg beendet und war (wie Athen im Osten) selbst zur mächtigsten Stadt des griechischen Westens aufgestiegen. Und wie Athen das östliche Mittelmeer für die Zukunft zu seinem Aktionsfeld erklärte, so zeigte Hieron mit der Gründung der Apoikie Aitna (bei Katane) im Jahr 454, dass er seinerseits die *Magna Graecia* einschließlich des Tyrrhenischen Meeres zum Objekt seines Machtstrebens erheben wollte.[133]

4.
»HERR DES MEERES ZU SEIN IST ETWAS GROSSES« – ATHENS SEEKRIEG UND DIE DEMOKRATIE

Verarbeitung und Deutung der Perserkriege

Im Jahr 476 versammelte sich die griechische Welt zum ersten Mal nach der Abwehr der Perser und dem Sieg über die Karthager in Olympia. Voller Spannung wartete man auf Themistokles und Hieron, der sich wie Theron von Akragas mit Wagen und Viergespann angemeldet hatte.[1] Unter den Gästen fand sich auch der thebanische Dichter Pindar. Er avancierte in der Folgezeit neben Simonides zum großen Verkünder der griechischen Siege. In seiner ersten Olympischen Ode preist er Hieron als »rossekampffrohen König«, dem über ganz Sizilien ein oberrichterliches Zepter zugesprochen wurde.[2] Sechs Jahre später feierte er die Siege der Syrakusaner als Befreiung von »Hellas' schwerer Knechtschaft«. »Von Salamis« – so hieß es weiter – »her will/ich den Athenern zu Dank erbeten den/Lohn, in Sparta sodann will ich künden die Feldschlacht/an des Kithairon Fuß,/da die Meder mit krummen Bogen sich mühten,/erst an Himeras bewässertem Bord/Den Dainomeniden erfüllend/den Sang, der vergilt ihren Taten in der Feinde Erschütterung.«[3] Pindar reihte auf diese Weise die Siege Hierons und Gelons in den Gesamtkomplex der Perserkriege ein. Wie die Athener das Mutterland gegen die Perser schützten, so errangen Gelon und Hieron ihre Siege gegen Karthager und Etrusker für die Freiheit der Griechen Siziliens.[4] Diese Interpretation entsprach der Realität im Westen allenfalls ansatzweise. Die syrakusanischen Tyrannen kämpften in erster Linie für sich selbst und die Glorifizierung ihrer militärischen Erfolge diente vor allem ihrer Legitimation. Immerhin lässt der Erfolg dieser Deutung vermuten, dass viele Griechen mit ihr einverstanden waren. Offensichtlich verfestigte sich in den Jahren nach den Siegen das Gefühl, in letzter Sekunde und unter Einsatz des eigenen Lebens die Freiheit und Unversehrtheit ihrer Poleis gerettet zu haben. »Freiheit« wurde zum großen politischen Integrationsbegriff der Nachkriegszeit. Nicht ohne Grund weihte der spartanische Oberbefehlshaber Pausanias nach dem Sieg von 479 auf der Agorá von Plataiai dem Zeus Eleutherios (Zeus der Freiheit) einen großen Altar.[5] »Dieser Männer Tugend« – so heißt es auf einer Grabstele auf der Athener Agorá – »erschuf unsterblichen Ruhm für alle Zeiten./Denn sie bewahrten, ob zu Lande oder auf schnell segelnden Schiffen, das ganze griechische Volk vor eines Tages drohender Sklaverei.«[6] Die Kategorie Freiheit (von Knechtschaft) war so attraktiv, dass sich fast alle Griechen auf sie beriefen – auch diejenigen, die gar nicht mitgekämpft hatten. Jeder wollte sich sonnen im Ruhm, die Heimat gegen den Aggressor verteidigt zu haben. Jetzt entdeckte man an sich selbst Eigenschaften, die vorher kaum zum Nachdenken angeregt hatten. »Freiheit« meinte nicht mehr nur die Unversehrtheit der Heimatpolis gegenüber äußerer Bedrohung, sondern auch ein Ideal des Zusammenlebens, eine herausragende Eigenschaft, die auch in Zukunft geschützt werden sollte.

Für die Griechen beruhte die »Entdeckung der Freiheit« auf konkreter Erfahrung. Der Verlauf des Ionischen Aufstandes hatte gezeigt, dass sich die Perser nicht scheuten, ganze Städte (wie Milet) und ihre Tempel dem Erdboden gleich zu machen. Dieses Vorgehen widersprach der im griechischen Mutterland geübten Kriegspraxis vollkommen. Dass eine Polis zerstört und alle Einwohner versklavt wurden, kannte man nur aus den westlichen Kolonialgebieten (Sybaris durch Kroton, 511) und aus Kleinasien (Pellene durch Kleisthenes von Sikyon, 600–570). Vermutlich war deshalb in den griechisch besiedelten Randgebieten das Bewusstsein vom Wert außenpolitischer Freiheit viel früher präsent.[7] Erst als die Perser auch den mutterländischen Poleis mit Zerstörung und Versklavung drohten und ihrer Drohung mit der Vernichtung von Naxos und Eretria Nachdruck verliehen, wurde den Bürgern bewusst, welchen Wert die »staatliche Freiheit« nach außen besaß.[8]

Welchen Eindruck die Bedrohung hinterließ, lässt sich auch am Beispiel der griechischen Tragödie ermessen. Die Blüte dieser für Athen wohl typischsten Kunstform fällt in die Zeit nach den Perserkriegen. Formales Charakteristikum war die Zweiteilung von (anfangs wenigen) Schauspielern, die auf einer Bühne agierten, und dem Chor auf einem kreisförmigen Platz *(Orchestra)* davor. Während der Chor tanzte und in Vers- und Strophenformen sang, sprachen die Schauspieler Dialoge nach bestimmten Rhythmen. Als Stoffe wählten die Dichter meist Themen aus dem Mythos und Epos, deren Handlungsablauf und Charaktere neu akzentuiert wurden. Im Zentrum stand die Frage, wie sich der Mensch in schweren Konflikten und Entscheidungssituationen verhält und welche Folgen sein Verhalten nach sich zieht.

Auffällig ist, dass nur während des Perserkrieges und kurz danach zeitgenössische Ereignisse dargestellt werden: Thema war der große Krieg. Im Jahr 492 brachte Phrynichos seine Tragödie *Der Fall von Milet* auf die Bühne und wurde zu einer Geldstrafe verurteilt, weil er seine Mitbürger in ungebührlicher Weise an das große Unglück erinnert habe.[9] 16 Jahre später schilderte er deshalb in den *Phoinissen* die Schlacht von Salamis aus der Sicht der Perser. Weitere zwei Jahre später (472) nahm Aischlylos, der bei Salamis und Marathon mitgekämpft hatte, das Thema in den *Persern* erneut auf. Ort der Handlung ist die persische Residenzstadt Susa. Hier warten 12 greise Ratgeber des Königs und die Königsmutter Atossa auf Nachrichten vom Kriegsschauplatz. Unmissverständlich wird die Absicht des Xerxes ausgesprochen, Griechenland zu unterwerfen; mehrfach verwendet Aischylos den Ausdruck »Joch der Knechtschaft«, das die Perser den Griechen auferlegen wollen. Was auf dem Spiel steht, fasst der Schlachtruf der Griechen prägnant zusammen: »Söhne der Hellenen, auf, befreit das Vaterland, befreit auch die Kinder, Frauen und der Heimatgötter Sitz, der Ahnen Gräber. Jetzt um alles geht der Kampf.«[10]

Die Zuschauer im Dionysostheater hatten die rauchgeschwärzten Trümmer der Akropolis vor Augen. Man kann ermessen, wie aufwühlend die Szenerie der Bühne auf die Athener gewirkt haben muss. Sie wurden sich erneut der Gefahr bewusst, in der sie geschwebt hatten. Dies führte unweigerlich zur Frage, wie man den eigentlich schon verlorenen Kampf doch noch gewinnen konnte. Für viele Griechen war der Sieg der kleinen Koalition abwehrbereiter Poleis gegen die persische Supermacht ein ebensolches Wunder, wie er noch manchen Griechenfreunden der Moderne erscheint. Historiker verweisen gern auf strategische Fehler der Perser, unzureichende Kenntnis der geographischen Besonderheiten Griechenlands, auf logistische Probleme und ineffektive Kommandostrukturen; der gesamte Perserkrieg rückt so in die Nähe historischer Kriegsszenarien, bei denen sich ein überlegener Aggressor in den Netzen eines Guerillakrieges verfängt und am Ende die Kosten einer weiteren Eroberung nüchtern gegen die Sicherung der Ausgangsposition abwägt.

Den Griechen waren solche Überlegungen nicht unbekannt – auch Aischylos deutet sie an; in der Stunde des Erfolges zählten sie jedoch wenig. Für die Griechen kam es darauf an, die Abwehrkriege in einen globalen Erklärungszusammenhang zu integrieren, der die individuelle Erfahrung der Bedrohung aufnahm und den Krieg in die alte Suche nach einer harmonischen Weltordnung einordnete. Aischylos entsprach beiden Bedürfnissen. Die erste Erklärung ergab sich aus der Erfahrung, im Kampf gegen die Perser eine Form von Freiheit verteidigt zu haben, deren Wert man vorher nicht zu schätzen wusste. Wenn man um einen solchen Wert gerungen hatte, dann musste der Kampf Kräfte freigesetzt haben, die den Persern überlegen waren: Der Sieg der Griechen – so die Folgerung – war nur möglich, weil sie im Gegensatz zu den Persern beseelt waren vom Freiheitsdrang des Polisbürgers, der niemanden über sich duldete als das Gesetz und die von ihm gewählten Amtsträger.

Diese Disposition des Polisbürgers war eine Voraussetzung, aber kein Garant des Erfolges. Die Götter – so die allgemeine Auffassung – hatten die Griechen unterstützt, sei es durch günstige Winde bei Artemision und Salamis oder indem sie Mut einflößten oder unsichtbar mitkämpften. In einem später in Athen aufgestellten Gemälde steht Athene den Griechen bei Marathon gegen die Perser bei. Warum aber halfen die Götter den Athenern und versagten ihre Unterstützung den kleinasiatischen Griechen? Aischylos wusste auch darauf eine Antwort. Zunächst hatten die Perser mit der Zerstörung der Tempel in Griechenland den Zorn der Götter heraufbeschworen. Schlimmer war, dass Xerxes mit der Überquerung des Hellespont in blinder Eroberungssucht und voll Übermut *(Hybris)* die von den Göttern gesetzten Grenzen zwischen Asien und Europa missachtete.[11] Für diesen Frevel war er von den Athenern bestraft worden. »Nicht wir haben das gewollt«, soll Themistokles gesagt haben, »sondern Götter und Heroen, die nicht zugeben wollten, dass Asien und Europa einen einzigen Herrscher haben, dazu noch einen so gottlosen Frevler, der Heiligtümer behandelt wie Menschenbesitz.«[12]

Aischylos und Herodot stehen mit ihrer These von der göttlich sanktionierten Grenzziehung zwischen Orient (Perser) und Okzident (Griechen) am Beginn einer Weltinterpretation, welche die europäische Geistesgeschichte tief prägen sollte. Schon die Dichter des 6. Jahrhunderts hatten das Vordringen des Kyros an die Ägäis als *Hybris* bezeichnet, eine Eigenschaft, welche die Ordnung der Dinge mutwillig durchbricht und Chaos schafft. Die Suche nach Mitteln zur Wiederherstellung der Ordnung wurde nach den Perserkriegen erstmals auf die Erklärung eines globalen militärischen Ereignisses angewandt. Aischylos konnte zwar nicht den Anspruch auf Weltherrschaft erheben – dies sollte erst 150 Jahre später Alexander wagen. Immerhin versicherte er, die Götter hätten den Griechen Europa und den Persern Asien zugewiesen. Dieser Prestigegewinn wurde auch im griechischen Westen aufgegriffen: Aischylos brachte auf Einladung Hierons zwei Jahre nach der Uraufführung die *Perser* in Syrakus auf die Bühne.[13] Phrynichos starb in Sizilien und dürfte auch hier seine Werke aufgeführt haben. Die Tragödie bot eine universale Interpretation, die auch im Westen verstanden wurde.

In den Folgejahren wurde ihre Botschaft durch eine überall einsetzende Bautätigkeit sichtbar dokumentiert. In Athen, Sparta und anderen Städten schossen Prachtbauten, Grabmonumente und Ehrenhallen zum Gedenken an die Kämpfer gegen die Perser und zum Dank an die Götter aus dem Boden. In Athen errichtete man neue Heiligtümer für Pan, der den Athenern vor Marathon seine Hilfe versprochen haben soll, auch für den Nordwind Boreas, dessen Gewalt die persische Flotte am Artemision zerschellen ließ. Überall füllten sich die Tempel mit persischen Rüstungen, Waffen und den Resten erbeuteter Kriegsschiffe. Auch im Westen hatte Gelon den Karthagern auferlegt, zwei Heiligtümer (in Syrakus und Karthago) zu errichten. In Himera selbst baute man anlässlich der Siegesfeiern einen gewaltigen Tempel, und ebenso setzte in Akragas eine monumentale Bautätigkeit ein.[14] Erneut versuchten also die Herrscher von Syrakus, sich in die Erinnerungskultur des Mutterlandes zu integrieren und diese sogar zu übertreffen. Kulminationspunkte des Wettstreits waren die großen panhellenischen Heiligtümer. In Delphi bewahrte man die Taue der Hellespont-Brücken auf, über die Xerxes nach Europa eingefallen war. Auf der Schlangensäule, einer griechischen Weihegabe, konnte man die Namen derjenigen Poleis lesen, die sich zur Abwehr der Perser durchgerungen hatten. Auf der Spitze der Säule stand ein goldener Dreifuß, der aus dem Zehnten der Beute von Plataiai erstellt wurde.[15] Auch Gelon stiftete nach dem Sieg bei Himera eine Nike und einen kostbaren Dreifuß mit folgender Weiheinschrift: »Gelon, Sohn des Deinomenes, der Syrakusier, weihte (dieses) dem Apollon. Den Dreifuß und die Nike schuf Bion, Sohn des Diodoros, der Milesier.«[16]

Alle diese Erinnerungsstücke, Weihegaben und Siegesdokumente schufen mit den Tempelbauten Raumbilder, welche die militärischen Erfolge in einen großen mythischen Rahmen griechischer Selbstbehauptung (z. B. gegen die Amazonen) integrierten und die Perserkriege im kollektive Gedächtnis verankerten. Ob aber auf diese Weise mit der Zeit so etwas wie eine griechische Identität geschaffen wurde, ist zweifelhaft. Denn alle Gemeinsamkeiten scheinen erst vor dem Hintergrund eines Angriffs von außen in das Bewusstsein der Griechen gerückt zu sein.[17] Sicherlich kamen diese Gemeinsamkeiten in vergleichbaren religiösen Vorstellungen, in den Epen und kultischen Bräuchen zum Ausdruck, aber im Ernstfall berief man sich lieber auf das Recht jeder Polis zum eigenständigen Handeln. Als die Athener von Sparta Jahrzehnte nach den Perserkriegen verdächtigt wurden, auf die Seite des Großkönigs zu wechseln, antworteten diese: »Vieles und Großes verbietet uns das, selbst wenn wir es tun wollten; erstens und hauptsächlich die niedergebrannten und zerstörten Götterbilder und Tempel, für die wir blutigste Rache üben müssen (…), ferner die Bluts- und Speisegemeinschaft mit den anderen Hellenen, die Gemeinsamkeit der Heiligtümer, der Opferfeste und Lebensweise.«[18] Der Anspruch auf Rache der Einzelpolis rangierte vor dem Gemeinschaftsgefühl aller Griechen.

Seebund und Seekrieg: Grundlagen der Demokratie

Wie konsequent die Athener ihre Erfolge gegen die Perser zu nutzen gedachten, zeigten sie schon im Winter 478/77, als der Oberbefehl des Hellenenbundes von Pausanias auf Aristeides, den Feldherrn der Athener, überging. Aristeides lud die kleinasiatischen Griechen, die sich von einer Flottenpräsenz Schutz vor persischen Revanchegelüsten erhofften, zu einem neuen Kampfbund (Symmachie) ein. Offizielles Ziel des Bundes war es, den Krieg fortzuführen und Rache für die Zerstörungen durch Xerxes zu nehmen.[19] Anders als alle Symmachien zuvor verpflichteten sich die seefahrenden Bündner, Geld *(phoroi)*, Soldaten oder Schiffe beizusteuern. Die Schiffe sammelten sich im Piräus, die Gelder flossen in eine Bundeskasse, die bis 454 auf Delos deponiert war, aber schon bald der Aufsicht der Athener unterstand. Ihre Strategen befehligten die Schiffe und sie bestimmten die Einsatzziele der Flotte[20] - deshalb auch die moderne Bezeichnung »Delisch-Attischer Seebund«.[21]

Admiral der Bundesflotte von rund 200 Schiffen wurde Kimon, der Sohn des Miltiades. Viele seiner Operationen wie die Eroberung von Eion (an der thrakischen Küste) und die Vernichtung des persischen Schiffslagers mitsamt der Flotte an der Mündung des Eurymedon (in Pamphylien) entsprachen den Zielen des Bundes.[22] Die Einnahme von Skyros östlich von Euböa 475 sowie die Wiedereingliederung von Karystos, Naxos und Thasos in den Seebund[23] konnten dagegen als einseitige Machtpolitik Athens interpretiert werden. Dennoch dürften sich die meisten Bündner in der Anfangszeit damit abgefunden haben; schließlich nahmen ihnen die Athener den gefahrvollen Kampf gegen Persien ab und sorgten durch die Zurückdrängung der Piraterie für einen gefahrlosen Schiffsverkehr.

Dass auch die Beziehungen zu den Spartanern stabil blieben, war ein Verdienst Kimons. Ein erfolgreicher Seekrieg gegen Persien setzte - so seine Überzeugung - ein gutes Einvernehmen mit Sparta voraus. Seine Erfolge gaben ihm recht und verschafften ihm nicht nur die Zustimmung des Volkes, sondern auch der adligen Familien, die in der Ausweitung der maritimen Operationen die Chance sahen, Ruhm zu ernten und sich zu bereichern. Ihr Einfluss wuchs, da der Dauereinsatz der Flotte schnelle Entscheidungen forderte, die häufig im Areopag ohne die zeitaufwendige Mitwirkung des Volkes getroffen wurden.[24] Seit der Mitte der 460er Jahre änderten sich jedoch die Rahmenbedingungen der kimonischen Außenpolitik. Die persische Gefahr schien nach der Ausschaltung der persischen Flotte am Eurymedon gebannt und die von Kimon propagierte Partnerschaft mit Sparta hatte erste Risse erhalten, als ein spartanisches Hilfsangebot für das rebellierende Bundesmitglied Thasos bekannt wurde. Selbst die Theten sahen nicht mehr ein, warum nur die Herren im Areopag über ihre Einsätze zur See bestimmen sollten. Eine junge Politikergeneration nahm die Kritik auf. Ihre Wortführer waren Ephialtes und Perikles, ein Großneffe des Kleisthenes aus der Familie der Alkmeoniden. Beide befürworteten wie Kimon eine Ausweitung des Seebundes, aber wenn nötig auch gegen den Willen und auf Kosten Spartas.

Lange Zeit konnte Kimon Kritik unterdrücken. Die Wende brachte ein unvorhersehbares Ereignis: Im Jahre 464 rief das von einem Erdbeben und einem Aufstand der messenischen Heloten erschütterte Sparta neben anderen Poleis auch die Athener zur Hilfe. Als Kimon jedoch zwei Jahre später (462) mit 4000 Hopliten in Lakonien ankam, schickten sie ihn wieder nach Hause, offenbar in der Sorge, er könne sich den Aufständischen anschließen. Ephialtes nutzte diese Brüskierung, um die spartafreundliche Politik Kimons und deren Basis im Areopag zu stürzen. Schon vorher hatte er mehrere Anträge vor die Volksversammlung gebracht, die sich gegen den Areopag richteten. Ein Scherbengericht zwang Kimon selbst in die Verbannung; Ephialtes fiel wenige Tage später einem Anschlag zum Opfer. Seine Maßnahmen waren jedoch schon durch Volksbeschluss bestätigt.[25] Sie entzogen dem Areopag wichtige Kontroll- und Aufsichtsrechte über die Exekutive und übertrugen sie der Volksversammlung und den neuen Gerichtshöfen *(Dikasterien)*. Die per Los bestellten Richter erhielten einen Sold, sodass nun auch die ärmsten Bürger über die Beamten zu Gericht saßen.

Ob man diese Maßnahmen als entscheidenden Durchbruch zur »radikalen Demokratie« zu interpretieren hat, mag man bezweifeln; eher wird man sie als Schlaglichter eines längeren Prozesses sehen[26], der durch außenpolitische und militärische Ereignisse stets neue Impulse erhielt und in eine bestimmte Richtung getrieben wurde. Fast immer war es eine Mischung äußerer und innerer Herausforderungen, deren Lösung zu einer stärkeren Beteiligung des Volkes am politischen Geschäft führte: So hatte Kleisthenes die Mithilfe des Demos gegen adlige Konkurrenten gesucht und auf die Bedrohungen durch Sparta, Böoter und Chalkidier reagiert, als er die Neuordnung der Phylen durchsetzte und damit die Rekrutierung des Hoplitenheeres auf eine effizientere Basis stellte sowie dessen Kampfkraft als Phalanx steigerte (s. o. S. 41).

Der zweite große Schub ging vom Angriff der Perser aus. Drei Jahre nach Marathon wurde der Bestellungsmodus der höchsten Beamten *(Archonten)* und der Schreiber der Beamten, die den Vorsitz bei den Gerichten hatten, geändert: Anstelle der Wahl führte man das Losverfahren aus einem vorher gewählten Kandidatenkreis ein. Da man an der Volkswahl der obersten Feldherren (Strategen) festhielt, bedeutete dies eine Aufwertung der Heereskommandos und eine Stärkung der Kompetenz der Volksversammlung im militärischen Bereich. Im gleichen Jahr (487) erhielt die Volksversammlung das Recht, mit dem Rat das Scherbengericht gegen einen der Tyrannis verdächtigen adligen Politiker durchzuführen.[27] Wie im archaischen Sparta (s. o. S. 37–42) gingen also Maßnahmen zur Schwächung aristokratischer Machtgelüste und institutionelle Verbesserungen der Militärorganisation angesichts äußerer Bedrohungen Hand in Hand und bedingten einander.

Nach dem gescheiterten Paros-Abenteuer des Miltiades und der Expedition gegen Sardeis zu Beginn des Ionischen Aufstandes setzte Themistokles den Aufbau einer neuen Trierenflotte durch, die in die Verfügungsgewalt der gesamten Bürgerschaft überging. Die in den alten Naukrarien organisierten Schiffsbesitzer hatten nun in Form der Trierarchie aus eigenen Mitteln für die Ausrüstung der Schiffe und die Einübung der Mannschaft zu sorgen, während der Bau selbst und die Besoldung der Ruderer zu großen Teilen jeweils durch eine feste Summe aus den Einnahmen der Silberminen von Laureion finanziert wurden.[28] Entsprechend dienten nicht mehr überwiegend Freunde und Diener der Adligen als Ruderer, sondern Athener Bürger ohne Landbesitz (Theten), außerdem Sklaven und für Sold angeworbene Ruderer von auswärts.[29]

Beispiele aus der neueren Geschichte zeigen, welch enormer Umbruch der Übergang von einer privat finanzierten zu einer staatlichen Flotte für das allgemeine Bewusstsein bedeutet.[30] Nach Plutarch hat Themistokles »den Einfluss des Volkes gegenüber den Aristokraten gestärkt und ihm ein stolzes Selbstgefühl eingepflanzt, da nun Matrosen, Rudermeister und Steuerleute die Macht in die Hände bekamen«.[31] Auch wenn der Flottenbau keine unmittelbaren verfassungsrechtlichen Veränderungen bewirkte, so veränderten doch die weiteren Erfolge des Offensivkrieges gegen die Perser *nach* Salamis und der Aufbau des Seebundes die innenpolitischen Gewichte entscheidend: Nie zuvor war es einer Polis gelungen, eine so große Zahl verbündeter Städte zur regelmäßigen Zahlung oder zur Bereitstellung von Kriegsschiffen zu verpflichten und die Führung (Hegemonie) über eine stehende Flotte von 200 Trieren zu übernehmen. Nirgendwo sonst hatten die Volksversammlung und der Rat so komplexe Aufgaben wie bei der Organisation von Flotte und Seebund zu beraten und zu entscheiden. In keiner anderen Stadt konnten aber auch die besitzlosen Bürger als Ruderer so beständig ihren militärischen Wert beweisen wie in Athen: Für eine Triere brauchte man 170 Ruderer und etwa zehn Mann zusätzliches Personal; jedes Jahr wurden 20 neue Trieren gebaut, und Perikles ließ jedes Jahr für acht Monate 60 Schiffe in der Ägäis kreuzen.[32] Die Ruderer wurden auf ihren Schiffen, was die Hopliten Spartas zu Land waren: professionelle Spezialisten im Bereich des Seekrieges. Und wie immer in der Antike hing auch dieser Professionalisierungsschub mit der räumlichen und zeitlichen Ausdehnung des Krieges zusammen: Erst die Dauereinsätze der stehenden Flotte und die Ausdehnung ihrer Operationsgebiete machten die Athener, wie es bei Thukydides heißt, zu einem Seevolk.[33] Dies wog umso schwerer, als der Seekrieg technisch äußerst anspruchsvoll und trainingsintensiv war. Beides – die dauerhaft bewiesene militärische Kunst der Ruderer und die wachsenden Befugnisse der Volksversammlung – stärkte das politische Gewicht sowie den Einfluss des Demos und seiner Gremien in einem bisher unbekannten Ausmaß.

Dennoch gingen die meisten innenpolitischen Veränderungen nach wie vor von adligen Politikern wie Ephialtes und Perikles aus, die in der Kooperation mit den Besitzlosen einen Vorteil im Kampf gegen ihre Konkurrenten erkannten. Sie nutzten eine bestimmte außenpolitische Konstellation, um die Theten zu gewinnen und die Gewichte der politischen Institutionen zu verändern, ohne ihren Führungsanspruch aufzugeben. Auf Widerstand der breiten Volksschichten trafen sie selten. Aus der Zeit von 478 bis 433 ist nur ein Fall (Kimon) eines vom Volksgericht verklagten Strategen bekannt, während umgekehrt viele Adlige als Strategen der Flotte Ruhm und Einfluss gewannen. Denn in dem Maß, wie die übrigen Ämter durch Los vergeben und in ihrem politischen Gewicht geschwächt wurden, gewann der durch Wahl zu besetzende Posten des Strategen an Bedeutung.

Krieg als Lebenselexier der Demokratie

Dies bedeutet nicht, dass die Adligen Athens nach Belieben schalten und walten konnten. Stets mussten sie ihre Pläne und Entscheidungen vor dem Volk präsentieren und rechtfertigen, und dies war im Vergleich zur »Kabinettspolitik« der spartanischen Adelsfamilien sehr viel. Außerdem waren sie verpflichtet, einen wesentlichen Teil der Ausgaben für die Flotte und das staatlich-kulturelle Leben in Form der Leiturgien zu finanzieren. Das bewahrte sie schon aus Eigeninteresse meist vor allzu riskanten außenpolitischen Abenteuern, denn immerhin stand nicht nur ihre Reputation, sondern auch ein Teil ihres Vermögens auf dem Spiel. Sie förderten die Machtausdehnung des Seebundes, weil er ihnen nicht nur militärischen Ruhm (als Admiral der Flotte) und die Anerkennung der Mitbürger, sondern auch handfeste materielle Vorteile verschaffte. Die Beiträge der Bündner und die indirekten Gewinne, die Athen in Form von Hafensteuern und Gebühren aus seiner ökonomischen Vormachtstellung in der Ägäis bezog, verdoppelten die öffentlichen Einnahmen im Vergleich zur Zeit vor der Gründung des Seebundes.[34] Diese Einnahmen kamen allen zugute und sicherten die innere Stabilität der Stadt: Sie ermöglichten den Unterhalt der kostspieligen demokratischen Institutionen und der kulturellen Errungenschaften, auf die man in Athen seit der Mitte des 5. Jahrhunderts nicht verzichten wollte. Und sie waren die entscheidende Voraussetzung dafür, dass sich die Athener mit einer stehenden Kriegsflotte von bis zu 300 Schlachtschiffen das mit Abstand teuerste Kriegsinstrument leisteten, das die griechische Welt bis dahin gesehen hatte. Die Flotte und der Wohlstand, den der Seebund nach Athen brachte, waren der Kitt, der die Adligen und das übrige Volk aneinanderband.

Aus diesem Grund besaß die Demokratie eine eminent aggressive außenpolitische Komponente. Man darf sich durch den Glanz der Kultur Athens, ihrer Dichter, Philosophen und Feste nicht täuschen lassen: Nicht das angeblich so hoch militarisierte Sparta schickte seine Soldaten Jahr für Jahr in die Ferne, um Beute und Siege heimzubringen, sondern die Athener rüsteten immer neue Flotten und Mannschaften aus, um ihren Aristokraten ruhmreiche Siege zu ermöglichen und ihre Verfassung zu finanzieren. Es gab kein Jahr, in dem die Athener nicht irgendwo Inseln eroberten, persische Heere und Flotten bekämpften oder rebellische Bundesgenossen mit Gewalt wieder zur Raison brachten. Die Demokratie wuchs mit dem militärischen Erfolg und der Krieg war ihr Lebenselexier. Auf dem Grabmal des Aischylos, der seine Mitbürger mit seinen *Persern* so verzückt hatte, las man die Verse: »Aischylos liegt hier begraben, Euphorions Sohn, der Athener/In der fruchtreichen Stadt Gela bezwang ihn der Tod./Aber von seiner Kraft zeugt Marathons Hain, der berühmte,/ Wo der Perser, der dichtlockige, sie hat erprobt.«[35] Nicht der Dichterfürst, sondern der Kriegsheld sollte im Gedächtnis der Mitbürger haften bleiben.

Jeder Athener Bürger – ob Thete oder reicher Adliger, ob Dichter oder Schankwirt – wusste, dass der Krieg den Wert des Mannes bestimmte. Die Demokratie hat dieses Bewusstsein gesteigert. Ein wichtiges Instrument zur Einschärfung kriegerischer Ideale waren die wahrscheinlich seit 462 eingeführten öffentlichen Reden, die man im Rahmen des Staatsbegräbnisses zu Ehren der Gefallenen am Ende jedes Kriegsjahres hielt *(Epitaphien)*.[36] Die Athener begruben ihre Gefallenen nicht auf dem Schlachtfeld, sondern verbrannten sie dort und brachten die Überreste dann zur öffentlichen Beisetzung nach Hause: ein absoluter Einzelfall in der griechischen Welt; er unterscheidet Athen auch vom »kriegerischen« Sparta.[37] Nach der Interpretation des Euripides stand dahinter auch das Bemühen, den Daheimgebliebenen den Anblick von Verwundungen und Verstümmelungen zu ersparen.[38] Was die jungen Rekruten stattdessen alljährlich auf dem großen Staatsbegräbnis sahen, waren die Urnen mit der Asche der Gefallenen, heroische Bilder von den großen Schlachten, bei denen allenfalls der Gegner verwundet wird, und sie lasen Grabepigramme, die festhielten, dass der Tote seine Jugend in vorderster Reihe für die Heimat geopfert hatte.[39] Auch die offiziellen Reden anlässlich der großen Totenfeiern, die sich an die Gefallenen der beiden Waffengattungen, der Landarmee und der Flotte, richteten,[40] erwähnen mit keinem Wort verwundete Kriegsteilnehmer oder Veteranen. Denn ihr Anblick hätte das Bild des »schönen« Todes gestört.[41] Stattdessen suchte Perikles in seiner von Thukydides gestalteten Rede im ersten Jahr des Peloponnesischen Krieges (s.u. S. 118ff.) die Solidarität der Gemeinschaft und den Kampfesmut der Männer zu festigen, indem er im ersten Teil die Einzigartigkeit Athens in kultureller und politischer Hinsicht herausstellt, um danach den schönen Tod für diese einzigartige Heimat umso leichter zu einer verpflichtenden Heldentat zu stilisieren[42]: »Diese Männer seien euer Vorbild! (…) Und scheut Euch nicht vor den Gefahren des Krieges (…). Für jemanden, der Stolz besitzt, ist die Erniedrigung durch Feigheit weit schmerzlicher als der im Gefühl der Kraft und gemeinsamer Zuversicht *schmerzlos eintretende* Tod!«[43] Das Versprechen eines schnellen und schönen Todes motiviert den Einzelnen und die Gemeinschaft für den erneuten Kriegseinsatz.

Was wir demnach so gern als hehres Selbstzeugnis der athenischen Demokratie lesen, dient vor allem dazu, eine im Krieg befindliche Gesellschaft zu stabilisieren und die Todesbereitschaft ihrer Söhne einzuschärfen. Trauerverarbeitung und Kriegsmotivation bedingten einander. Eine wichtige Aufgabe hatten hierbei die älteren Kriegsjahrgänge. Sehr wahrscheinlich waren es die älteren Hopliten, die in der Schlacht von den hinteren Reihen aus die Phalanx nach vorn drückten und die jugendlichen Vorkämpfer der ersten Reihe in den gegnerischen Lanzenwall schoben. Manche Ältere versuchten zwar (wie Sokrates), im Felde den Jungen Vorbild und Stütze zu sein, zeigten aber insgesamt – ähnlich wie die Überlebenden des Ersten Weltkriegs – wenig Interesse, die eingeschärften Klischees vom »schönen Tod« durch ein anderes Modell zu ersetzen. Es gab ja auch kein anderes, das sich im Rahmen der Polis bewährt hatte.

Wesentlicher als der Wille, das offizielle Kriegsethos in Frage zu stellen, war eine Reaktion, die in der modernen Kriegsgeschichte als »pay-back« bezeichnet wird, also der Drang, den Verlust des Kameraden durch die unmittelbare oder als Pflicht weitergegebene Tötung des Gegners auszugleichen. Die griechische Literatur beschreibt dieses Phänomen unter dem Stichwort Rache.[44] Ausdrücklich erklärt Perikles in seiner Rede auf die Gefallenen, dass das Verlangen, Rache an den Feinden zu nehmen, Gedanken an die Todesgefahr gar nicht erst aufkommen ließ. Kriegserlebnisse führten bei den jüngeren Soldaten allmählich zu einer Art Veteranensolidarität, die das Wagnis, das man selbst unter höchster Anspannung und mit dem Verlust der Kameraden aufgebracht hatte, als »Überlebenssoll« an die nächste Generation weitergab.

Nicht ohne Grund erklärte das Erziehungsideal der athenischen Marathonkämpfer Leidensfähigkeit zu einer der höchsten Tugenden. In ihren Kreisen scheint auch das Bild des aufrecht stehenden

Vorkämpfers kanonisiert worden zu sein, der Schulter an Schulter mit dem Kameraden bereit ist, sein Leben für die Polis zu opfern – eine ideologische Konstruktion vergleichbar dem Klischee des »Frontsoldaten« im Ersten Weltkrieg.[45] Hauptadressaten sind die Rekruten, die nicht nur die Urnen ihrer gefallenen Väter zur öffentlichen Totenfeier trugen, sondern auch alljährlich am Grab der Marathonkämpfer Kränze niederlegten und Totenopfer darbrachten. Hier forderte man sie auf, ihre Tüchtigkeit zu beweisen, indem sie es den Toten gleichtun oder sie übertreffen.[46] Die verpflichtende Teilnahme der Jugend an den Staatsbegräbnissen und die schnelle Abfolge von Kriegseinsatz, Ehrung und Totenfeier zwangen zur Wahrung der Tradition im Gehorsam gegenüber den Vätern. Lysias erklärte später den Mechanismus, der diesen Kreislauf in Gang hielt: »Die Alten hatten ihren Wert schon mehrfach bewiesen, die Jungen ahmten jene nach. Während die Älteren zu befehlen wussten, verstanden die Jungen, die Befehle auszuführen.«[47] Wer aus dieser Solidarität auszubrechen wagte, der erntete nicht nur tiefe Verachtung in seiner Truppe, sondern beschwor auch den Konflikt mit der gesamten Polisgemeinschaft.[48]

Es handelt sich um ein tief in den Köpfen der Athener eingeprägtes Zusammenspiel von Trauerbewältigung und Kriegsmotivation, die alle Teile der Gesellschaft miteinbezog, auch die Frauen: Allein die Frauen waren nach griechischer Auffassung in der Lage, den eingespielten Kreislauf von Gehorsam, Motivation und Bewährung zu durchbrechen. Anstatt nämlich dem Heer Mut einzuflößen – so die allgemeine Auffassung –, verbreiteten ihr Klagen und Zetern zum Beispiel bei Belagerungen das Schlimmste, was ein Heer befallen kann, nämlich Angst vor dem Krieg.[49] Die weibliche Unfähigkeit zur emotionalen Selbstkontrolle – so könnte man aus Sicht der Bürgerhopliten formulieren – gefährdete die »Vernunft« männlicher Kriegsbereitschaft: Nicht von ungefähr speist Perikles die Witwen der Gefallenen in seiner großen Rede mit dem Hinweis ab, sie sollten sich nun schleunigst wieder ihren häuslichen Pflichten zuwenden und wenig Aufhebens von ihrer

Trauer machen. Die Frauen der Demokratie mussten allein und unauffällig mit der Erwartung und der Erfahrung des Todes eines Verwandten umgehen. Ihnen blieb die rituelle Totenklage als eine exklusiv der weiblichen Sphäre zugeordnete Form der Todesbewältigung.[50] Aber diese Totenklage durfte die öffentliche Einschärfung der Kriegs- und Todesbereitschaft auf keinen Fall stören. Deshalb blieb die »private« Trauer der Frauen, die unmittelbar auf die Nachricht vom Tod folgte, von der »offiziell« inszenierten Trauer während des alljährlichen Staatsbegräbnisses zeitlich und räumlich strikt getrennt.[51] Man wartete die Feldzugssaison ab und präsentierte die Totenasche losgelöst vom natürlichen Zeitablauf der unmittelbaren Beisetzung, und damit verlor die individuelle Begräbniserfahrung gegenüber der kollektiven Veranstaltung erheblich an Gewicht. Die Trauerbekundung im Rahmen der Staatsfeier belohnte die Todesbereitschaft mit ewigem Ruhm, und die Klage der Frauen verarbeitete den Verlust des Lebens. Beides mündete in den verpflichtenden Ansporn, den Toten durch einen noch schöneren Tod die letzte Ehre zu erweisen.

Das eigentlich Neue an der Demokratie war, dass jeder nicht nur die Chance zur militärischen Bewährung erhielt; er war auch verpflichtet, sein Leben ohne Wenn und Aber für die Polis einzusetzen. In dieser Hinsicht war die Demokratie unerbittlich. Nicht ohne Grund endet das große Lob des Perikles auf seine Heimatstadt in der Rede auf die Gefallenen mit der stolzen Erwartung, dass jeder bereit ist, »tapfer zu kämpfen, zu sterben (...) und sich zu opfern«.[52] Wehe dem, der abseits steht; er ist – in der Sprache des Perikles – schlichtweg »unnütz«[53], das Schlimmste, was einem Griechen widerfahren konnte: ausgeschlossen von der Bürgergemeinschaft, ein Un-Mensch ohne Chance auf Ruhm und Anerkennung.

Die maritime Großmacht und ihre Herrschaftsinstrumente

Angesichts dieser radikalen Demokratisierung des militärischen Ethos wird auch verständlich, warum die Reformen des Ephialtes der maritimen Machtpolitik nichts von ihrer Aggressivität nahmen, ganz im Gegenteil. In keiner anderen Polis war die Verbindung von militanter Außenpolitik und innerer Motivation zum Krieg so intensiv ausgeprägt wie in Athen.[54] Seit den 460er Jahren verfolgte die Stadt neben ihrer Orientierung nach Osten auch eine neue Stoßrichtung nach Westen (innerhalb Griechenlands): Ephialtes hatte vor seinem Tod Verträge mit Argos und den Thessalern absegnen lassen. Kurze Zeit später schlossen die Athener ein Bündnis mit Megara und halfen der Stadt, ihre Häfen Pagai (am Korinthischen Golf) und Nisaia (am Saronischen Golf) durch lange Mauern mit der Polis zu verbinden. Korinth schien so – nimmt man das Bündnis mit Argos hinzu – von allen Seiten eingeschlossen. Im Jahr 459 gingen die Athener daran, auch ihre Häfen durch jeweils 7200 und 6300 Meter lange Mauern mit der Stadt zu verbinden und das Areal zu einer uneinnehmbaren Festung auszubauen. 457/6 wurde Aigina in den Seebund eingegliedert. Eine zweite Stoßrichtung zielte auf den Korinthischen Golf. 460/59 hatten die Heloten in Messene unter der Gewährung freien Abzugs kapituliert. Athen bot ihnen Wohnsitze in Naupaktos am Ausgang des Golfs an. Von hier aus überwachten seitdem athenische Kriegsschiffe die Einfahrt in den Korinthischen Golf und die Kornzufuhr nach Korinth. Zusätzlich waren Athener Schiffe in Megaras Hafen Pagai am östlichen Ende des Golfes stationiert.[55]

Gekrönt wurden die Bemühungen um die Kontrolle über alle griechischen Gewässer im Jahr 455 durch die Flottenfahrt des Tolmides um die Peloponnes nach Nordwestgriechenland.[56] Bei dieser Gelegenheit zerstörte er das spartanische Flottenarsenal in Gytheion, gewann die korinthische Kolonie Chalkis am Nordufer des Golfs und nahm vielleicht auch die vorgelagerten Inseln Kephallenia und Zakynthos in den Seebund auf.[57] Als die Athener im Jahr 457 eine Niederlage (bei Tanagra) gegen die spartanische Armee hinnehmen mussten, selbst aber durch einen Sieg über das böotische Heer (bei Oinophyta) ihre Hegemonie in Böotien festigten, kontrollierte die Stadt den gesamten maritimen Raum von der Ägäis, dem Saronischen Golf, dem Isthmos von Korinth bis zum Malischen Golf im Westen.[58] 460 dirigierte man sogar auf den Hilferuf des ägyptischen Königs hin eine große Flotte ins Nildelta, wohl auch um sich den Zugriff auf das ägyptische Getreide zu sichern. Ein persischer Gegenschlag führte allerdings 454 zum Verlust von über 100 Trieren und 10000 Mann Besatzung.[59] Erst 449 konnte Kimon, aus dem Exil zurückgekehrt, noch einmal eine große Flottenoperation mit 200 Schiffen nach Zypern lenken. Er selbst starb bei der Belagerung von Kition (an der Südküste), doch die athenische Streitmacht konnte auf der Rückfahrt bei Salamis (auf Zypern) die unter persischem Oberbefehl stehenden kyprischen, phönikischen und kilikischen Aufgebote zu Wasser und zu Lande schlagen.[60] Mit diesem Erfolg und dem Tod Kimons endet die Offensive gegen Persien. 448 einigte man sich (wohl in Form eines informellen Abkommens) darauf, dass Athen auf Expeditionen an die Küste des persischen Reiches verzichtete und die Perser sich von der Ägäis fernhielten und den Beitritt der kleinasiatischen Städte in den Seebund akzeptierten: Der Großkönig hatte Athen als Großmacht im östlichen Mittelmeer anerkannt.

Sparta konnte in der Zwischenzeit seine Position auf der Peloponnes stärken und das mittelgriechische Phokis der athenischen Suprematie entreißen. Im Jahr 447 besiegte ein Heer des oligarchischen Regiments in Böotien eine attische Armee bei Koroneia. 446/5 fielen Megara und Euböa vom Seebund ab; nur die megarischen Hafenstädte Pagai und Nisaia wurden gehalten. Im gleichen Jahr sandte Sparta ein Heer nach Attika. Die Peloponnesier standen wenige Stunden vor Athen, als es Perikles gelang, den spartanischen König zur Rückkehr zu bewegen und einen Frieden auf 30 Jahre zu schließen. Der Vertrag beließ den Athenern die Kontrolle über Naupaktos und Aigina, verlangte aber die Freigabe von Nisaia, Pagai, Troizen und Achaia auf der Peloponnes. Es war beiden Parteien verboten, abtrünnige Bündner der Gegenseite aufzunehmen oder zu unterstützen.[61]

Perikles, wohl wissend, dass man die eigenen Kräfte überdehnt hatte, konzentrierte sich nun darauf, die Hegemonie seiner Heimatstadt *innerhalb* des Bundes auszubauen. Noch vor Kriegsende zwang er die rebellierenden Städte Chalkis und Eretria auf Euböa zur Aufgabe. 454/3 wurde die Bundeskasse von Delos nach Athen verlegt und die Bundesversammlung aufgelöst. Seitdem entschied allein die Athener Volksversammlung *(ekklesia)* über alle Seebundsangelegenheiten, und Athen gewann damit unmittelbaren Zugriff auf die Beiträge der Bündnispartner *(phoroi)*. Deren sechzigster Teil wurde an die Kasse der Athena abgeführt. Die Bundesgenossen sandten ihre Beiträge regelmäßig im Frühjahr zur Zeit der Dionysien nach Athen. Die eingehenden Beiträge wurden auf der Bühne des Dionysostheaters dem Volk von Athen gezeigt.[62] Seit Ephialtes waren die Kontrollen noch einmal verstärkt worden, und man ging nun auch dazu über, die Liste mit den Namen der Bündner und der Höhe ihrer Beiträge auf Marmorstelen zu veröffentlichen und auf der Akropolis auszustellen. Seit 430/29 wurde für jede Liste eine einzelne Stele aufgerichtet.

Insgesamt belegen die Neueinschätzungen keine inflationäre Steigerung. Offensichtlich ging es den Athenern nicht um die Ausbeutung der Bündner, sondern sie wollten die Finanzorganisation des Bundes effizienter gestalten. Zu diesem Zweck überwachten wohl spätestens seit 443[63] athenische Beamte die Einziehung der *phoroi* in den Bundesstädten und sandten sie nach Athen, wo der Rat die Eingänge kontrollierte und die Volksversammlung das Ergebnis verkündete. Parallel mit der Effizienzsteigerung der Beitragsleistungen begannen die Athener ihre politischen Kontrollen zu verstärken. Besonders gegenüber ehemaligen Rebellen ersetzte ein Beschluss der Athener Volksversammlung den zweiseitigen Bündnisvertrag.[64] Diese Dekrete sicherten den eingegliederten

Bündnern formal die politische, rechtliche und fiskalische Autonomie, doch nur dann, wenn sie sich keine Rechtsverletzung zu Schulden kommen ließen, regelmäßig ihre *phoroi* entrichteten, den Athenern Heeresfolge leisteten und sich jeglicher Abfallsbestrebungen enthielten. Wenn der Verdacht des Zuwiderhandelns bestand, behielten sich die Athener das Recht vor, militärisch einzugreifen, während sie selbst zu keinerlei Hilfe verpflichtet waren. Nicht selten hat man zudem die oligarchische Verfassung rebellischer oder unzuverlässiger Städten in eine Demokratie umgewandelt, um die Macht der lokalen Athenerfreunde zu stärken. Außerdem zogen die Athener schwere Straftaten im Gebiet des Bundes an sich und ließen sie durch die Volksgerichte aburteilen. Damit bewahrte man Athenerfreunde vor einer ungerechten Hinrichtung und wirkte der laxen Behandlung von athenfeindlichen Gruppen entgegen. In ihrer Gesamtheit dokumentieren diese und andere Maßnahmen die Entwicklung des Bundes von einer Vereinigung gleichberechtigter Partner hin zu einer Herrschaft der Athener.

Einen herrschaftlichen Charakter hatte auch die seit der Mitte des 5. Jahrhunderts verstärkt einsetzende Kolonisationspolitik der Athener. In den etwa 20 Jahren seit dem Kalliasfrieden (449/8) zogen rund 10000 Bürger Attikas in neue überseeische Siedlungen (Kleruchien oder Kolonien). Hatten die Athener früher meist siedlungsfreies Land in Besitz genommen, so wählten sie jetzt vornehmlich Gebiete der Seebundsmitglieder im Ägäisraum, die als unzuverlässig galten oder abtrünnig geworden waren. Einen zweiten Schwerpunkt bildeten die nördliche Ägäis und die Region beiderseits des Hellespont. Perikles selbst führte 447 eine Kleruchie zur thrakischen Chersonnes. Zwei Jahre später zogen attische Siedler nach Brea an der thrakischen Küste, 437/6 wurde Amphipolis am Mündungsgebiet des Strymon gegründet, zwei Jahre später folgten Astakos an der Propontis und Sinope.

Fast alle überseeischen Ansiedlungen verfolgten machtpolitische Ziele: Eine erste Gruppe sollte unzuverlässige Bundesgenossen einschüchtern und kontrollieren. Die zweite sicherte die Kornzufuhr und den Zugriff auf andere Ressourcen, die für die Wahrung der Seeherrschaft unabdingbar waren. Amphipolis wachte über den einzigen Landweg von Makedonien zum Hellespont und den Zugang zu den Goldminen des Pangaiongebirges. Von Eion aus gelangte man zu den Holzvorkommen Makedoniens und der Chalkidike. Dagegen dienten die neuen Kolonien im Küstenbereich des Schwarzen Meeres, die Kleruchien an den Meerengen, den thrakischen Küsten und der Chersonnes der Absicherung des Herrschaftsraums in einem strategisch wichtigen Gebiet.[65]

Die militärische Absicherung nach außen verband sich mit der Kontrolle der Bündner. So wurden im Volksbeschluss für die Kolonie Brea die benachbarten Poleis Thrakiens verpflichtet, der Kolonie im Konfliktfall militärisch beizustehen. Aber auch die Bürger, die man in den Kolonien mit Neuland versorgt hatte, sollten kampfwillig und kampffähig sein: Die Theten erhielten als Kleruchen vom Staat eine Hoplitenrüstung gestellt und waren auch in der Fremde zum Heeresdienst (im Notfall auch auf der Flotte) verpflichtet. Athen schuf sich auf diese Weise Stützpunkte, um bei günstiger Gelegenheit über das Gebiet des Seebundes vorzustoßen und der Flotte Anlaufpunkte zu verschaffen, von denen aus sie Nachschub, frische Ruderer und Materialien aufnehmen und in der Ägäis operieren konnte. Damit übten die Athener zum erste Mal in der griechischen Geschichte eine echte Seeherrschaft (Thalassokratie) aus.[66]

Der neue Krieg auf dem Meer und das Vorbild der Perser

Die Kriegsflotte war die Grundlage der athenischen Herrschaft, mit wohl bis zu 400 Trieren bildete sie die mächtigste Kriegsmaschine der griechischen Welt.[67] Ihre Aufgabe war es Athens Macht zu erhalten und zu erweitern: In den Jahrzehnten nach der Gründung des Seebundes wurden die Athener zu Meistern der Seekriegstaktik, sie beherrschten mit den leistungsfähigsten Trieren der Zeit den kunstvollen *diékplous* (s. o. S. 78) und verfügten - anders als noch in den Anfangsjahren der Perserkriege - nun auch über die notwendigen Landbasen zur logistischen Versorgung. Nach der Wiedereingliederung rebellierender Bündner übernahmen die Athener die Kontrolle über deren Häfen und überwachten mit ihren Kleruchien die wichtigsten Anlaufpunkte und Seewege. Sie konnten so schneller als jede Landmacht an jedem Ort des Bundes aktiv werden und viel effektiver Städte blockieren oder erobern.

Die Flottenpolitik der Athener zielte nicht nur darauf ab, fremde Machtpotentiale zu unterdrücken, sondern auch das eigene Herrschaftssystem abzusichern, das weit über die übliche Machtbasis der griechischen Stadtstaaten hinausging. Mit dem Aufstieg des Piräus zum bedeutendsten Überseehafen wuchs die Bevölkerungszahl der Stadt und ihres Umlandes auf rund 350 000. Um sie zu versorgen, musste man selbst in besten Regenjahren zwei Drittel bis drei Viertel des Lebensmittelbedarfs importieren.[68] Die Getreideversorgung zu sichern und die Anbaugebiete (Ägypten, Sizilien, Nordpontos) zu kontrollieren wurde deshalb zur wichtigen Aufgabe maritimer Machtpolitik. Fünf Jahre nachdem Athen mit einer großen Flotte im Nildelta zu Gunsten des heimischen Regenten gegen die Perser interveniert hatte, übersandte der ägyptische Prätendent Psammetichos den Athenern als Dank 30 000 *medimnoi* Getreide, »weil in Attika damals das Getreide knapp war«.[69] Auch die Expedition des Perikles in den nördlichen Schwarzmeerraum diente wahrscheinlich unter anderem dazu, die Getreidezufuhr nach Athen zu sichern. *Hellespontophylakes* (»Wächter des Hellespont«) beobachteten den Schiffsverkehr aus den Getreide produzierenden Ländern der Schwarzmeerregion. Einigen Poleis und Regenten wurde vertraglich die Einfuhr von Getreide durch den Hellespont erlaubt, anderen verweigert. Rebellierende Bundesgenossen konnten von der Zufuhr wichtiger Importgüter abgeschnitten und die Handelsströme in den Piräus konzentriert werden.

Dieses Konzept des *mare clausum* gehörte zu den obersten Prinzipien athenischer Machtpolitik.[70] Die Ägäis sollte zu einem Binnenmeer der Athener werden, indem sie die wichtigsten Küsten und Häfen unter ihre Herrschaft brachten und die Transportwege für die Materialien zum Schiffbau bis in den Piräus überwachten. Gleichzeitig hat Athen alle Versuche, konkurrierende Seestreitkräfte aufzubauen, im Keim erstickt: Seit der Gründung des Seebundes wurde der Kreis der Bundesgenossen, die Schiffe stellten, nicht erweitert. »Die Rüstung Athens bedeutete eine Abrüstung (der meisten) seiner Verbündeten.«[71] Jedem neuen Mitglied wurde verboten, eine Flotte zu unterhalten, und wieder eingegliederte Poleis mussten ihre Schiffe abgeben. Als Perikles im Jahr 440 nach neunmonatiger Belagerung Samos einnahm, war eine der letzten konkurrenzfähigen Seemächte der Ägäis in die Knie gezwungen.

Trotz der Rückschläge in Ägypten und zu Lande gegen Sparta hatten die Athener in knapp 30 Jahren nicht nur den Krieg als selbstverständliche Grundlage ihrer bürgerlichen Ordnung akzeptiert[72], sondern auch die Gesetze des Krieges grundlegend geändert: Er konnte jetzt in neuen zeitlichen und räumlichen Dimensionen und unter neuen ökonomischen und finanziellen Voraussetzungen geführt werden. Erst jetzt wurde der großräumige Krieg zur See nach strategischen Vorgaben geplant und umgesetzt.[73] Waren die militärischen Auseinandersetzungen in Griechenland bis dahin überschaubar und eine Sache bürgerlicher Disziplin und männlichen Mutes gewesen, so erhob der Dauereinsatz der Seebundsflotte mit spezialisierten Schiffen den Krieg zu einer planbaren Großorganisation, die professionelle Ruderer, Marinespezialisten, Ingenieure und einen abrufbaren Kriegsfonds mit entsprechenden Organisationsstrukturen in bisher nicht gekanntem Umfang erforderte. Geld, Technik und Spezialistentum – das waren die Grundlagen einer neuen Form des Krieges auf dem Meer, die Athen in atemberaubendem Tempo an die Spitze der griechischen Welt katapultiert hatte.

Der Bruch mit der begrenzten griechischen Kriegstradition ist dabei so markant, dass man schon immer nach fremden Einflüssen und Vorbildern gesucht hat. Tatsächlich spricht vieles dafür, dass sich die Athener schon beim Aufbau des Seebundes, bei der Organisation des Abgabensystems und der Flotte an persischen Strukturen orientierten.[74] Die Perser verfügten als einzige Macht im östlichen Mittelmeerraum über eine stehende Flotte und hatten seit der Eroberung Ägyptens ein großräumiges Herrschaftssystem bis in die Ägäis vorgeschoben, das ganz ähnliche Kontrollinstrumente aufwies wie der spätere athenische Seebund. Wie die Perser ließen auch die Athener die Mauern rebellierender Poleis schleifen. Auch die Entsendung von Garnisonen und Beamten in die Städte des Seebundes entspricht persischem Usus. Nicht zuletzt erinnert die für griechische Verhältnisse beispiellose öffentliche Präsentation der *phoroi* auf der Theaterbühne zur Zeit der Dionysien an die berühmte Darbietung der Reichstribute vor dem Palast des Dareios in Persepolis. Sogar auf dem engeren Gebiet der maritimen Militärtechnik dürften die Athener persische Erfahrungen aufgenommen haben. Die erstaunlich schnell entwickelte Meisterschaft der Athener in der Kunst des *diékplous*, die bis zur Schlacht von Salamis nur die kleinasiatischen Griechen und die Phöniker beherrschten (s. o. S. 78), der Einsatz von Truppen- und Pferdetransporten sowie Versorgungsschiffen neben den Kampfeinheiten und schließlich die Fähigkeit, küstennahe Poleis (wie Samos) mit koordinierten See- und Landstreitkräften zu belagern und in die Knie zu zwingen, sind ohne persisch-phönikische Vorbilder schwer vorstellbar.[75] Dass militärische Entwicklungen, persische Herrschafts- und Organisationselemente sowie imperiale Präsentationsformen (die sich übrigens auch in der Übernahme persischer Mode spiegeln) adaptiert wurden, ist auch deshalb nicht verwunderlich, weil die Athener mit der Gründung des Seebundes auf die Erfahrung der kleinasiatischen Küstenpoleis zurückgreifen konnten und unter Kimon bis in das phönikische Zypern vorstießen. Sie übernahmen damit Gebiete, die zuvor wichtige Bestandteile der persischen Hegemonie im Ägäisraum waren und zu den innovativsten Zentren maritimer Militärtechnik gehörten. Zweifellos konnten die

Athener auch auf manche Entwicklungserfolge griechischer Tyrannen zurückgreifen (s. o. S. 54), aber diese Regime waren recht kurzlebig und ihr Einfluss ist deshalb weniger zu fassen als die persischen Vorbilder. Angesichts der bis dahin so begrenzten und langsamen Entwicklung militärischer Organisationsformen im griechischen Raum fällt es viel schwerer, sich vorzustellen, die Athener hätten die neuartige Form ihrer Seeherrschaft in so kurzer Zeit ohne fremde Vorbilder entwickelt, als das Plausiblere anzunehmen, sie hätten auf Erfahrungen einer Macht zurückgegriffen, die auch nach dem Abzug aus Griechenland als absolutes Vorbild imperialer Herrschaft galt. Die große Leistung der Athener bestand darin, diese Herrschaftselemente mit der gleichfalls revolutionären Verfassung der Demokratie verbunden und gegen jede Anfeindung behauptet zu haben.

5.
DIE GROSSE BEWEGUNG – DER PELOPONNESISCHE KRIEG UND SEINE FOLGEN

Der Weg in den Krieg

War die Militärorganisation des Perserreiches in mancher Hinsicht Vorbild für den Seebund der Athener, so veranlasste der maritime Machtaufstieg Athens wiederum manche Poleis, ihre Anstrengungen im Bereich des Seekriegs zu verstärken. Seit den 450er Jahren erlebte die griechische Welt eine Intensivierung des Kriegsschiffbaus wie nie zuvor. Viele Küstenstädte begannen, ermutigt durch den wirtschaftlichen Aufschwung nach den Perserkriegen[1], neue Flotten auf Kiel zu legen oder bestehende zu erweitern (vielleicht hat man nach Athener Vorbild auch eine regelmäßige Besoldung für die Ruderer eingeführt).[2] Sie wurden damit zu begehrten Partnern von Mächten ohne Seestreitkräfte. So wandten sich 435 zwei Bürgerkriegsparteien aus Epidamnos (Durazzo, heute Durrës) an Korinth und Kerkyra mit der Bitte, sie zu unterstützen. Kerkyras Flotte von 100 Trieren kontrollierte den Seeverkehr in die Adria. Die Korinther suchten Einfluss am Golf von Ambrakia zurückzugewinnen und auf der Basis ihrer Kolonien hegemoniale Macht unabhängig von den großen Bündnissystemen aufzubauen.[3] Nach einigen gescheiterten Vorstößen legten sie ein großes Flottenbauprogramm auf, organisierten Holzlieferungen und warben Ruderer und Schiffbaumeister auch aus dem Gebiet des attischen Seebundes an. Ein Jahr später liefen 150 Trieren vom Stapel, die größte Flotte nach der athenischen. Aus Sicht der Kerkyräer lag es nahe, die Athener um Hilfe gegen Korinth zu bitten. Sie wiesen darauf hin, dass die Rüstungen Korinths der Athener Flotte Mannschaften und Ressourcen entzogen. Zudem stellten sie in Aussicht, Angriffe der Flotte des spartafreundlichen Syrakus aufzuhalten und sizilische Bündner zu unterstützen. Diese Argumente bewogen die Athener nach zweitägigen Verhandlungen zum Abschluss eines Defensivbündnisses *(Epimachie)*, das sie im Falle eines Angriffes auf Kerkyra zur Hilfe verpflichtete.[4]

Ein zweites Ärgernis neben den Rüstungen Korinths bildete die Hafenstadt Megara. Sie hatte die Korinther mit Schiffen unterstützt und geholfen, über ihre Kolonien Matrosen anzuwerben. Die Athener Volksversammlung erließ daraufhin im Jahr 433 ein Dekret, das die Megarer von den Häfen und Märkten des Seebundes ausschloss (Megarisches Psephisma). Sie durften fortan ihre Kolonien in der Nordägäis nicht mehr zur Anwerbung von Ruderern und zur Einfuhr von Getreide und Holz heranziehen.[5]

Ein dritter Konflikt entwickelte sich in der Nordägäis, wo die für den Schiffbau wichtigsten Holz- und Mineralvorkommen lagen. Um an diese Ressourcen heranzukommen, setzte Korinth auf seine Kolonie Poteidaia, die gleichzeitig Mitglied des Seebundes war. Konsequent verlangten die Athener von den Poteidaiern, korinthische Beamte auszuweisen, die Mauern der Seeseite zu schleifen und Geiseln zu stellen. Die Poteidaier weigerten sich und wurden von den Athenern eingeschlossen. Daraufhin wandten sich die Korinther mit den Megarern und Aiginaten klagend an Sparta. Im Jahr 432 erklärte der Peloponnesische Bund Athen den Krieg.

Über die Ursachen dieses Krieges ist seit Thukydides endlos diskutiert worden. Ohne Zweifel fühlten sich die Athener durch die korinthische Seekriegspolitik provoziert. Die Sicherheit der Getreideimporte schien ebenso gefährdet wie die Überlegenheit der Flotte und die Einkünfte des Seebundes. Nicht geringer wog der Prestigeverlust, der mit einer Duldung der korinthischen Ambitionen verbunden gewesen wäre: Die Eroberung des Meeres hatte Athen groß gemacht und die Hegemonie der Stadt über den Seebund begründet. »Wenn ihr hierin nachgebt«, drohte Perikles seinen Mitbürgern, »wird man euch bald Größeres zumuten in dem Glauben, ihr werdet aus Furcht auch darin gehorchen. Durch feste Zurückweisung aber werdet ihr sie belehren, euch künftig mehr wie ihresgleichen zu behandeln.«[6] Aber auch Sparta konnte sich dem Drängen seiner Bündner Korinth und Megara nicht entziehen, wenn es den Status als stärkste Landmacht wahren wollte. Wie häufig führte eine Kombination aus der Sorge um Machtverfall, Prestigeverlust und materiellen Einbußen zu einem großen Krieg. Er dauerte über 30 Jahre und zog viele Mächte auch außerhalb Griechenlands in seinen Bann. Man hat ihn deshalb nicht zu Unrecht als einen antiken Weltkrieg bezeichnet.

Neue Dimensionen des Krieges

Der Verlauf des Krieges ist nach Thukydides ein Lehrbeispiel für den Konflikt zwischen Land- und Seemacht[7]: »Bestand doch damals der Hauptruhm der Lakedaimonier darin, Landbewohner und die Ersten im Landkrieg zu sein, und der Athener darin, Meerbewohner und die Tüchtigsten im Seekrieg zu sein.«[8] Thukydides folgt dem für die Griechen typischen Bemühen, die Welt in Gegensätzen zu verstehen. Derartige Modelle lassen sich freilich selten mit der Realität vollständig zur Deckung bringen. So ist es zwar richtig, dass die Macht der Spartaner auf ihren Hopliten beruhte, aber auch Sparta hat sich dem allgemeinen Trend zur Stärkung der Marine nach den Perserkriegen nicht gänzlich entzogen: immerhin verfügten sie über 100 Kriegsschiffe. Hinzu kam die Trierenflotte Korinths sowie die Schiffe anderer Bündner wie Megara oder Sikyon, so dass man eine Gesamtzahl von mindestens 170 einsatzbereiten Einheiten annehmen kann.[9] Schließlich konnte man im Notfall noch auf die syrakusanische Marine hoffen.

Tatsächlich haben die vorausschauenden Militärs unter den Spartanern auch schon sehr früh auf die kriegsentscheidende Bedeutung einer Flotte hingewiesen und gehofft, im Laufe der Kampfhandlungen den technischen Rückstand gegenüber den Athener Trieren und die geringere Erfahrungen im Seekrieg ausgleichen zu können.[10] Zwei gravierende Probleme belasteten allerdings die spartanischen Bemühungen: Die Holzbestände der Peloponnes galten für den Schiffbau als minderwertig. Deshalb mussten Sparta und seine Verbündeten ihr Schiffbauholz über weite Entfernungen aus Sizilien und Süditalien beziehen, während die qualitativ hochwertigen Bestände Thrakiens und Makedoniens weitgehend von Athen kontrolliert wurden.[11] Da die Athener und ihr Seebund ferner die Seeherrschaft im Saronischen Golf ausübten, blieb der Korinthische Golf das einzige Ausfalltor, durch das die notwendigen maritimen Ressourcen auf dem Seewege herangeschafft werden konnten und eine Vereinigung der korinthischen und spartanischen Seestreitkräfte möglich war. Deshalb verlegten die Athener schon sehr früh Verbände unter dem Strategen Phormion (s. u. S. 121) auch in diese Gewässer. Die maritime Kraft des Peloponnesischen Bundes kam so nur selten geballt zum Einsatz.

Zu den geostrategischen Nachteilen kamen die hohen Kosten der Seekriegsführung, die Sparta anders als Athen allein über einen längeren Zeitraum nicht tragen konnte. Ferner erreichten die Ruderer des Bundes bei weitem nicht den professionellen Ausbildungsstandard der Athener. Deshalb benutzten die Korinther und Spartaner wie seinerzeit die Athener bei Salamis gegenüber den phönikischen und kleinasiatischen Einheiten (s. o. S. 79 ff.) einen robusten Schiffstyp, der für den Nahkampf und den einmaligen Rammstoß, aber nicht für kunstvolle Manöver konzipiert war. Eine solche Taktik war aber nur dort erfolgreich, wo sich die überlegene Manövrierkunst der Athener nicht entfalten konnte. Dies beschränkte den Operationsspielraum der spartanischen Flotte noch einmal erheblich, solange nicht aus besonderen Umständen die überlegene Seeherrschaft der Athener ins Wanken geriet.

Die Schwäche des Gegners und die eigenen Stärken bestimmten die Kriegsstrategie der Athener: Sie verfolgten eine begrenzte Kriegsführung zu Lande, die jede offene Feldschlacht vermied, dagegen offensive Operationen zur See und an den Küsten der Peloponnes.[12] Das Festungsdreieck zwischen der Stadt und dem Piräus bot der Bevölkerung im Fall eines Angriffes der spartanischen Landarmee genügend Platz. Die Flotte sorgte für Nachschub und sollte den Gegner durch Angriffe von See auf die Küsten der Peloponnes zermürben und von Getreide- und Holzzufuhren (vor allem aus Sizilien) abschneiden sowie die Seeherrschaft über den Saronischen Golf und die Ausfahrt des Korinthischen sichern.[13]

Die Spartaner setzten dagegen angesichts der beschriebenen Schwierigkeiten maritimer Kriegsführung zunächst auf ihre siegesgewohnte Hoplitenarmee. Dies war sicherlich auch eine Folge der geringeren finanziellen Rücklagen, die ihnen im Gegensatz zu den Athenern zur Verfügung standen.[14] Die Landtruppen sollten durch regelmäßige Einfälle in Attika die Nahrungsgrundlagen der Athener zerstören und die gegnerische Bürgerarmee zum Kampf vor den Mauern verleiten.[15] Obwohl ihnen dies nicht gelang, hielten sie in der Folgezeit an den Landexpeditionen vor die Tore Athens wohl auch deshalb fest, um die athenische Flotte zu binden und sie von eigenen maritimen Expeditionen im Westen Griechenlands (Kerkyra) abzulenken.[16] Die Kriegsstrategie Spartas war also keineswegs so unflexibel und hausbacken, wie sie mitunter dargestellt wird.[17] Ungewöhnlich war schon allein die Dauer der spartanischen Besetzung des attischen Landes; sie umfasste bis zu 40 Tage und wiederholte sich sechsmal; nach 413 entwickelten die Spartaner mit dem *epiteichismos*, der dauerhaften Besetzung Attikas (vom Grenzort Dekeleia aus) ein neues Strategem, das nun nicht mehr nur die lokale Öl- und Getreideversorgung, sondern auch die gewerbliche Produktion sowie den Silberabbau in den Minen von Laureion lahmlegte.[18]

Nicht nur die Athener, auch die Spartaner verliehen damit dem Kampf um Ressourcen und Materialien eine Dimension, die der griechischen Kriegsführung bis dahin fremd war. Die Zerstörung von Feldern sowie das Plündern von Vieh und Gehöfte hatten seit Urzeiten das Gesicht des Krieges in Griechenland geprägt, doch bewegten sich diese Aktionen bis ins erste Drittel des 5. Jahrhunderts in einem überschaubaren räumlichen Rahmen; sie haben die griechische Landkriegsführung territorial erheblich eingeschränkt. Doch als die persische Invasion zu großräumigeren Planungen zwang und die wachsende Bevölkerung Athens immer abhängiger von überseeischen Getreideimporten wurde – vor Beginn des Peloponnesischen Krieges musste wahrscheinlich schon die Hälfte mit ausländischem Getreide versorgt werden (s. o. S. 112)[19] –, musste sich die Kriegführung den erweiterten Rahmenbedingungen anpassen. Die endgültige Wende brachten die raumgreifenden Operationen der athenischen Flotte und der Aufbau des Seebundes. Sie erschlossen der Kriegsführung völlig neue strategische Optionen, machten aber gleichzeitig – wie bereits die Vorgeschichte des Krieges verdeutlichte – die Beteiligten immer abhängiger von überseeischer Versorgung. Der Peloponnesische Krieg entwickelte sich so zu einem »weltweiten« Ringen um Routen und Ressourcen, bei dem es nur noch selten zu einer direkten militärischen Konfrontation zwischen den Armeen beider Seiten kam.

In einer solchen Konstellation hatten die Athener aufgrund ihrer Seeherrschaft zunächst Vorteile. So konnte bereits 429 der Stratege Phormion nach einem Sieg an der Einfahrt in den Golf von Korinth über eine zahlenmäßig überlegene peloponnesische Flotte die Kornzufuhr von Sizilien nach Korinth und auf die Peloponnes so weit unterbinden, dass die Getreidepreise im Gebiet der Peloponnes stiegen. Demgegenüber bewirkten die Einfälle der Spartaner in Attika wenig, weil athenische Reiter größere Verwüstungen verhindern konnten und die Flotte die Nahrungsversorgung sicherstellte.[20] Selbst als eine im Jahr 430 ausbrechende Seuche ein Drittel der Athener Bevölkerung dahinraffte, blieb die Stadt kriegsbereit.

Ein weiterer Nebeneffekt der strategischen Neuausrichtung des Krieges wurde von beiden Seiten zunächst unterschätzt: Er bestand in der Dauer und räumlichen Ausweitung des Krieges. Alle Kriegsteilnehmer hatten ihren Rekruten einen kurzen Einsatz und schnellen Sieg versprochen. »Es herrschte eine begeisterte Kriegsstimmung« – so Thukydides –; »außerdem war in der Peloponnes wie in Athen die junge Kriegsmannschaft sehr zahlreich; diese zog mit Freuden in den Krieg, weil sie ihn noch nicht erlebt hatte.«[21] Die Realität ließ die Freude bald verfliegen. Schon in den ersten Jahren griff das Kriegsgeschehen über das griechische Mutterland hinaus und konfrontierte die Poleis mit Kampfformen, an die ihre Bürgersoldaten nicht gewöhnt waren. Immer öfter wurde der geregelte Kampfrahmen der Hoplitenphalanx durch Leichtbewaffnete und Reiter aufgebrochen.[22] Die Schwerbewaffneten erlitten dabei hohe Verluste, die sich früher auf die ersten Reihen beschränkt hatten. Planmäßige Überfälle und langjährige Belagerungen prägten nun häufiger das Gesicht des Krieges. Hier wurden Gefangene getötet, eingeschlossene Hopliten gesteinigt und im Häuserkampf aus dem Hinterhalt überfallen.[23] Und wie immer in der Geschichte des Krieges nahm die Brutalität der Kampfhandlungen mit der unerwarteten Dauer der Auseinandersetzungen zu.[24] Insbesondere längere Belagerungen waren ungeheuer belastend, weil die Verteidiger nicht nur mit unerbittlichen Angreifern, sondern mit Verrätern in den eigenen Reihen rechnen mussten. Natürlich hatte es solche Situationen auch früher gegeben, doch nun bestimmten sie über einen längeren Zeitraum den Krieg in einem solchen Maß, dass sie die Erfahrung einer vergleichsweise kurzen Phalanxschlacht in den Hintergrund drängten: Die schnelle Entscheidung innerhalb eines berechenbaren Kampfrahmens wich einer langwierigen Konfrontation mit unkalkulierbaren Risiken bis hin zum Bürgerkrieg – eine Erfahrung, die den Verarbeitungsdruck einer vom Krieg gebeutelten Bürgerschaft in einer zuvor unbekannten Weise erhöhte und noch lange die Wahrnehmung militärischer Ereignisse auch nach Kriegsende prägte.[25]

Die einzige Landschlacht zweier großer Hoplitenarmeen im Jahr 418 bei Mantineia zwischen Athen, Argos, Mantineia und Elis auf der einen sowie Sparta auf der anderen Seite fand bezeichnenderweise in einer Zeit statt, als der Peloponnesische Krieg offiziell (durch den Frieden des Nikias, s. u. S. 125) sistiert war.[26] Sie gilt als Höhepunkt der Phalanxtaktik und ist wohl deshalb von Thukydides auch so ausführlich beschrieben, weil es sie nur noch selten gab.[27] Im Zuge der Perserkriege hatten Athen und Sparta die Reihen ihrer Hopliten wahrscheinlich noch enger geschlossen (s. o. S. 67). Spätestens seit dieser Zeit prallten auch bei Schlachten zwischen den Poleis geschlossene und bis zu 12 Schilde tief gestaffelte Phalangen aufeinander. In den nie länger als zwei Stunden dauernden Gefechten trugen allerdings wohl nur die ersten, schwer bewaffneten Reihen den Nahkampf aus, während die hinteren, leichter bewaffneten Kämpfer die *Promachoi* mit Hilfe ihrer Schilde nach vorn schoben.[28] Komplizierte taktische Manöver waren weder möglich noch erwünscht. Das Ziel war, die gegnerische Phalanx zu zersprengen. Die Attacke ging meistens vom rechten Flügel aus. Von hier aus suchte man die linke Flanke des Gegners zu überflügeln und den Rest der Armee aufzurollen.[29] Der Grund für die Rechtslastigkeit des Angriffs liegt in dem von Thukydides erstmals beschriebenen Rechtsdrall der Hoplitenheere. Er ergab sich daraus, dass der Phalangit seine ungedeckte rechte Seite so eng wie möglich hinter den Schild seines Nebenmannes zu bringen versuchte. Ferner wird deutlich, weshalb die Spartaner bei solchen Schlachten meist die Oberhand behielten. Während nämlich die Gegner »heftig und stürmisch«, also recht ungeordnet vorstießen, rückten die Spartaner wohlgeordnet nach dem Klang von Flötenspiel auf den Gegner zu[30]: Dies verschaffte ihnen – wie später den Römern (s. u. S. 236) – einen entscheidenden psychologischen und taktischen Vorteil. Der Anblick einer gemessenen Schrittes anrückenden Phalanx ließ die Gegner häufig noch vor dem Zusammenstoß die Flucht ergreifen. Außerdem ermöglichten es die bis zum Kampf bewahrte Ordnung und der einkalkulierte Sieg des rechten Flügels, auf Krisen schnell zu reagieren; so entschied bei Mantineia der spartanische König, der übrigens zum ersten Mal auch freigelassene Heloten als Hopliten einsetzte, die Schlacht durch den Erfolg des rechten Flügels gegen den größeren Teil des feindlichen Heeres, obwohl sein linker Flügel zurückgedrängt wurde und die Lücke nicht geschlossen werden konnte.[31]

Die Überlegenheit der Spartaner beruhte demnach weniger auf einer besonderen taktischen Ausbildung oder Flexibilität - auch sie konnten den Rechtsdrall der Phalanx nicht verhindern und mussten mit Lücken in den Reihen rechnen[32] -, sondern auf der Erfahrung, der Disziplin und dem Selbstbewusstsein ihrer Hopliten in der Schlacht sowie auf der Hoffnung, dass es überhaupt zu einer Schlacht kam und ein Sieg den Krieg entscheiden würde. Genau dies trat aber nicht ein, weil Perikles »den Krieg ohne Entscheidung, durch bloße Ermattung«[33] zu gewinnen suchte. So entwickelte sich der Peloponnesische Krieg zu einem großräumigen Ringen um maritime Nachschubwege und strategische Positionen in Küstennähe. Landkämpfe wurden gegen Invasoren von See her geführt, hier hatten die Athener wegen des Überraschungseffekts Vorteile.[34] 425 besetzte Demosthenes die Festung Pylos in der Bucht von Navarino in der Nähe des Berges Ithome. Nach dem Sieg über eine Flotte des Bundes konnte er mit Leichtbewaffneten (Peltasten) ein spartanisches Heer auf dem für Hopliten ungewohnten Gelände der Insel Sphakteria einschließen und ein Jahr später zur Kapitulation zwingen.[35]

Ausweitung der Operationen: Brasidas in der Nordägäis und die Sizilienexpedition der Athener

Erst jetzt konnten jüngere Mitglieder führender Familien in Sparta eine Modifizierung der engräumigen, auf Schlachtentscheidungen und Plünderungen abzielenden Kriegspolitik[36] durchsetzen. Sie übertrugen damit in mancher Hinsicht die maritime Strategie Athens auf das Land. Im Frühjahr 424 marschierte Brasidas mit einem Heer aus peloponnesischen Söldnern und 700 Heloten, denen vermutlich die Freiheit nach dem Kampfeinsatz versprochen war, quer durch Böotien und Thessalien nach Norden; während des Zuges wurde das Heer vielleicht noch durch leichtbewaffnete Söldner oder Bündner ergänzt. Dieser Feldzug war revolutionär und richtungsweisend. Er nahm eine Praxis raumgreifender Feldzüge außerhalb der Peloponnes im 4. Jahrhundert vorweg. Sie wurden nicht mehr überwiegend mit der Hoplitenarmee der Spartiaten, sondern mit gemischten Verbänden aus Söldnern, Leichtbewaffneten und freigelassenen Heloten, sogenannten Neodamoden, geführt (s. u. S. 131).[37]

Brasidas war außerordentlich erfolgreich. Er eroberte das für den Holzexport so wichtige Amphipolis und gewann die Kontrolle über die Minen des Pangaion in Thrakien.[38] Mit diesen Ressourcen begann er den Bau einer Flotte, um die nordägäische Seeherrschaft Athens ins Wanken zu bringen. In diesem Augenblick verweigerten die spartanischen Behörden jedoch ihre Unterstützung. Sie fürchteten wohl um die spartanischen Gefangenen in Athen und glaubten, der erfolgreiche Kommandeur könne sich so weit entfernt vom spartanischen Kosmos mit einer zu großen Teilen aus Söldnern zusammengesetzten Truppe und zumal zur See ihrer Kontrolle entziehen.[39] Brasidas fiel kurze Zeit später in einer Schlacht gegen den Athener Kleon, der ebenfalls starb. Damit war der Weg frei für einen Frieden (des Nikias, 421 v. Chr.), der allerdings nicht lange hielt.

Zu groß war auf beiden Seiten die Unzufriedenheit über das bisher Erreichte. Besonders die Athener hatten zwar ihren alten Besitzstand wahren können, aber nicht die uneingeschränkte Seeherrschaft zurückgewonnen und auch noch nicht die strategischen Möglichkeiten genutzt, die sich ihnen ganz zu Beginn durch das Bündnis mit Kerkyra im fernen Westen boten. Willkommener Anlass war die Bitte der sizilischen Stadt Segesta um Unterstützung gegen Leontinoi und Syrakus. In langwierigen Verhandlungen konnte Alkibiades die Volksversammlung dazu bewegen, 143 Trieren sowie zahlreiche Transportschiffe mit über 25 000 Ruderern und 6400 Soldaten nach Sizilien zu schicken. Es war die größte Flotte, die jemals eine griechische Polis über diese Entfernung ausgesandt hatte – der Höhepunkt der raumgreifenden Seestrategie Athens. Neben den üblichen Motiven solcher Großexpeditionen, die Aussicht auf Beute und militärische Erfolge, welche die Solidarität der Bündner zu Athen stärken sollten, konnte Alkibiades mit zwei machtpolitischen Argumenten überzeugen: Nur ein Präventivschlag werde die Syrakusaner so weit schwächen, dass sie als Verbündete der Spartaner ausfielen. Nach Thukydides und Plutarch plante Alkibiades aber nicht nur Sizilien, sondern auch Karthago, Italien und die Küstengebiete des Westens zu erobern, um mit dem geballten Militärpotential des Westens Sparta endgültig niederzuringen.[40] Auch diese völlig unrealistischen Pläne waren die Folge einer Seekriegspolitik, die keine räumlichen Grenzen kannte. Perikles hatte den Mitbürgern in seiner letzten Rede (430) zugerufen: »(...) ich aber will euch beweisen, dass ihr über einen der beiden Bereiche, die dem Menschen zur Benutzung offen liegen, nämlich Land und Meer, ohne jede Schranke gebietet, so weit ihr ihn heute für euch in Besitz habt und so sehr ihr ihn noch erweitern möget, und es gibt niemanden, der euch, wenn ihr mit der verfügbaren Flottenmacht in See geht, in den Weg treten könnte, weder der Großkönig noch ein anderes der jetzigen Völker.«[41]

Als die hoch gerüstete Flotte in See stach, überwog die Zuversicht. Doch von Beginn an lähmte der Streit der Kommandeure über die richtige Strategie die Schlagkraft der Flotte. Außerdem flüchtete mit Alkibiades der fähigste Kommandeur vor einer Anklage in Athen nach Sparta und eröffnete den Behörden Details und Ziele des Unternehmens. Noch schwerer wogen militärtechnische Versäumnisse: So schlug man zwar die syrakusanische Flotte in einem ersten Gefecht, aber die Stadt selbst war nicht einzunehmen, weil den Athenern gegen die hervorragende Reiterei der Belagerten eine eigene Kavallerie sowie Leichtbewaffnete und Belagerungsmaschinen fehlten.

Die endgültige Wende zu Gunsten der Syrakusaner brachte das

Eingreifen einer spartanischen Entsatzarmee unter Führung des Gylippos, einem Mann, der aus demselben Holz geschnitzt war wie Brasidas. Gylippos kannte sich in den sizilischen Verhältnissen bestens aus und hatte zahlreiche Söldner angeworben.[42] Er reorganisierte die Verteidigung der Syrakusaner und veranlasste sie, die Bauart korinthischer Kriegsschiffe zu übernehmen: Um den engen Raum im Hafen auszunutzen und die überlegene Manövrierkunst der Athener nicht zum Zuge kommen zu lassen, verkürzte man die Schiffsvorderteile, verstärkte die Stabilität der Einheiten durch Stützen innerhalb des Rumpfes und versah die Schiffe am Bug mit Sturmbalken.[43] Das bedeutete im Prinzip eine Umkehrung der Verhältnisse von Salamis, wo die Athener ihrerseits die marinetechnische Überlegenheit ihrer Gegner ausschalten konnten (s. o. S. 79 ff.). Die Syrakusaner gewannen mit der gleichen Taktik die Oberhand. Nachdem mehrere Durchbruchsversuche der Athener gescheitert waren, gaben ihre Strategen den Befehl, die letzten Einheiten zu verbrennen. Der Rest der Invasionsarmee kapitulierte nach einem verlustreichen Rückzugsversuch über Land.

Die Niederlage in Sizilien erschütterte weniger die Zuversicht der Athener auf ein günstiges Kriegsende; vielmehr überzeugte sie die Spartaner und Korinther davon, dass unter günstigen Umständen ein Sieg über die als unbezwingbar geltenden athenischen Schiffe möglich war. Die persischen Satrapen Kleinasiens waren über die Situation informiert und sahen in ihr eine große Chance, Athen zu schwächen und dadurch wieder in den Besitz der ionischen Küstengebiete zu kommen. Sie boten den Spartanern gegen die Preisgabe der kleinasiatischen Küste große Geldmengen zum Flottenbau an. Damit gewannen sie das, was ihnen bisher zum Aufbau einer leistungsfähigen Marine gefehlt hatte. Tatsächlich konnten die Spartaner in der Folgezeit mit der athenischen Flotte rein quantitativ mindestens gleichziehen. Und so entwickelte sich die letzte Phase des Peloponnesischen Krieges zu einem einzigen Kampf von Geschwadern und Flotten in den strategisch wichtigen Gewässern der nördlichen und östlichen Ägäis.

Initiator der spartanischen Flottenpolitik wurde Lysander, der wie Brasidas nicht aus den ersten Adelsfamilien stammte. Seine Freundschaft mit Kyros, dem Oberbefehlshaber der persischen Truppen in Kleinasien, sicherte einen steten Geldzufluss, und er war es auch, der wie Brasidas das Operationsgebiet der Flotte in die nordöstliche Ägäis verlegte, um Athen von der Getreideversorgung abzuschneiden. Trotz einiger Erfolge der Athener unter dem rehabilitierten Alkibiades ging sein Plan auf. Im Jahr 405 verlor die letzte athenische Flotte ein entscheidendes Gefecht bei Aigospotamoi. Ein Jahr später schlossen spartanische Schiffe und Landtruppen Athen ein. Nach einem halben Jahr kapitulierte die Stadt. Sparta setzte gegen den Protest Korinths, Thebens und anderer Poleis, welche die Zerstörung Athens forderten, durch, dass Athen seine verbliebenen Schiffe bis auf zwölf ausliefern, die Stadtmauern schleifen und alle Besitzungen außerhalb Attikas freigeben sowie Mitglied des Peloponnesischen Bundes werden müsse.[44]

In der Stadt wurde mit Rückendeckung des spartanischen Feldherrn Lysander ein oligarchisches Regiment (»Herrschaft der Dreißig«) installiert und mit einer Besatzung verstärkt. Trotzdem gelang es einer Gruppe von emigrierten Demokraten unter Führung des Thrasybulos den Piräus zu besetzen. Unterstützung erhielt sie von dem spartanischen König Pausanias, der das allzu selbstherrliche Gebaren des Lysander (ähnlich wie seinerzeit das des Brasidas) einzuschränken suchte. In den folgenden Straßenkämpfen brach die »Herrschaft der Dreißig« zusammen. Den Oligarchen wurde eine Amnestie gewährt, von der nur der engere Kreis ihrer Anhänger ausgeschlossen war. 403 feierten die Athener die Wiederherstellung der Demokratie. Sie hatte die militärische Niederlage überlebt, weil sie sich bereits zu tief in den Köpfen und in den Herzen der meisten Bürger als die ihnen angemessene Ordnung festgesetzt hatte.[45]

Eine wichtige Voraussetzung für die Stabilisierung der Demokratie war, dass sich auch die Wirtschaft vergleichsweise schnell erholte, der Piräus wieder aufblühte und Athen von einer Agrarkrise verschont blieb.[46] Und sofort lebte auch der kriegerische Kampfgeist der Demokratie wieder auf – von Kriegsmüdigkeit keine Spur[47]: Nicht einmal zehn Jahre nach der Kapitulation marschierte ein athenisches Hoplitenheer nach Theben, um die Stadt gegen Sparta zu unterstützen. Der Peloponnesische Krieg ging unter veränderten Vorzeichen weiter und zog sich noch einmal bis in die Mitte der 380er Jahre hin. Sparta wurde immer mehr isoliert und zeigte sich nicht in der Lage, das Machtvakuum zu füllen, das durch die Kapitulation Athens zunächst entstanden war. Auch ein Krieg gegen die Perser in Kleinasien zur Befreiung der kleinasiatischen Städte ging verloren und kostete den Spartanern die Flotte und die Seeherrschaft in der Ägäis. Stattdessen kontrollierten nun wieder persische Schlachtschiffe das östliche Mittelmeer.[48] Schon in den 390er Jahren kreuzten persische Geschwader in der Ägäis und installierten ein pro-persisches Regiment in Korinth. Auch Athen erhielt Subsidien, um ein Gegengewicht gegen Sparta zu bilden. Die griechische Welt schien rund hundert Jahre nach Salamis ein Spielball persischer Machtpolitik.

Im Jahr 386 beschied schließlich der persische König die kriegführenden Poleis nach Sardeis und verkündete ein Friedensdiktat, das den Persern die kleinasiatischen Städte zusicherte und die Gemeinden des griechischen Mutterlandes für autonom erklärte. Konkret bedeutete dies, dass sie nicht mehr Mitglied eines Bundes werden durften. Damit war allen überregionalen Machtbildungen im griechischen Raum der Boden entzogen. Auch wenn der Peloponnesische Bund weiterexistierte und Athen im Jahr 377 einen neuen, gegen Persien gerichteten Seebund organisierte – die große Zeit der Bündnissysteme ging zu Ende. Durch die langen Kriege geschwächt und ohne den Enthusiasmus von Salamis und Plataiai war weder Athen noch Sparta in der Lage, auch nur annähernd die dominierende Rolle des 5. Jahrhunderts einzunehmen. Gewinner waren die Randmächte: im Westen Karthago, im Norden Makedonien und im Osten das persische Reich.

Neue Waffengattungen und Aufgaben des Feldherrn

Der machtpolitische Wandel korrespondierte mit den militärtechnischen Veränderungen des Peloponnesischen Krieges. Hopliten bildeten zwar immer noch den Kern der Bürgerheere, doch spätestens seit den erfolgreichen Kämpfen der Athener auf Sphakteria (s.o. S. 124) kamen immer häufiger, meist aus Thrakien angeworbene Leichtbewaffnete zum Einsatz. Sie wurden wegen ihres kleinen Schildes *(pelte)* Peltasten genannt und kämpften ohne Körperpanzerung mit Wurfspeer und Dolch (seltener mit Stoßlanze und Schwert). Dieser hochmobile Soldatentyp konnte den Hopliten auf hügeligem und unzugänglichem Terrain schwere Verluste beibringen, weil er seine Angriffe aus dem Hinterhalt auf die Flanke der Phalanx vortrug und sich zurückzog, bevor die Schwerbewaffneten reagierten.[49]

Eine zweite Neuerung betraf die Reiterei. Traditionell hatten die klassischen Poleis wie Sparta, Athen oder Korinth dieser (aristokratischen) Waffengattung geringe Bedeutung beigemessen. Erst die Perserkriege veranlassten Athen dazu, sich trotz der ungünstigen naturalen Bedingungen Attikas eine Reitertruppe von rd. 300 Mann zu halten.[50] Sie spielte aber in den folgenden Kämpfen in Griechenland wohl nur eine untergeordnete Rolle und wurde im Peloponnesischen Krieg vornehmlich eingesetzt, um die spartanischen Invasionen in Attika zu behindern. Als dann aber die Poleis im weiteren Verlauf des Krieges ihre Feldzüge nach Westen (Sizilien) und Norden (Chalkidike) ausdehnten, trafen sie auf Gemeinden, die über hochtrainierte Reiterverbände verfügten und diese unter bestimmten Umständen sehr erfolgreich gegen die Flanken der Hoplitenarmeen einsetzten, wie etwa die Athener bei der Belagerung von Syrakus erfahren mussten.[51]

Die größten Erfolge versprachen schließlich kombinierte Verbände aus Reitern, Peltasten und Hopliten. Sie vereinten die Beweglichkeit der neuen, insgesamt leichter gerüsteten Waffengattungen mit der Stoßkraft der Phalanx und waren selbst vor Flankenangriffen geschützt. So konnte der Athener Alkibiades die Truppen des Satrapen Pharnabazos in Kleinasien mit athenischen Fußsoldaten und Reitern besiegen und bis in die Nacht hinein verfolgen. Es war nicht mehr allein die Wucht der Phalanx, sondern der kombinierte Einsatz verschiedener Waffengattungen, der über Erfolg und Niederlage entschied.[52]

Mit der räumlichen Ausdehnung des Krieges und der Veränderung der Kampftaktiken begann auch ein neuer Soldatentyp das Kampfgeschehen zu prägen. Um sich auf die Bedingungen des Krieges in den Randgebieten einzustellen, warben Athen und Sparta Peltasten und Reiter gegen Sold an, die fast durchweg aus den Einsatzgebieten selbst stammten und mit den dortigen Verhältnissen vertraut waren. Nach Kriegsende bildeten diese Söldner ein großes Potential beschäftigungsloser Soldaten, die für Geld überall und gegen jeden zu kämpfen bereit waren. Zu ihnen stieß eine wachsende Zahl von Vagabunden und Verbannten aus den Poleis selbst. Angeführt wurden sie von Offizieren der ehemaligen Kriegsgegner, die, dem Leben der Bürgergemeinde entwöhnt, den Kontakt zu möglichen Auftraggebern herstellten.

Das klassische Bild eines solchen Söldnerführers hinterließ der Athener Xenophon. Er trat im Jahr 402 in den Dienst des persischen Prinzen Kyros in Kleinasien.[53] Oberbefehlshaber der rund 13 000 griechischen Söldner des Kyros war der Spartaner Klearchos, ein Mann – so Xenophon –, »der dem Krieg leidenschaftlich ergeben ist; der, obgleich es ihm freisteht, ohne Schande und Nachteil im Frieden zu leben, den Krieg vorzieht; der, wenn es ihm schon möglich wäre, ein bequemes Leben zu führen, lieber sich für den Krieg anstrengen will; der, wenn er schon ungefährdet sein Vermögen behalten könnte, vorzieht, es im Krieg zu vermindern. (...) Dass er für den Krieg geschaffen war, zeigte sich darin, dass er die Gefahr liebte, Tag und Nacht den Feinden nachsetzte, und in gefährlichen Lagen besonnen war, wie alle, die dabei waren, überall bezeugen konnten.«[54]

Das ist das Psychogramm eines Berufskriegers, der im Krieg seine Erfüllung findet, sich im zivilen Leben dagegen unwohl fühlt, vielleicht sogar traumatische Stressphänomene erleidet[55], ein Mann wie der »Kreter« Odysseus, der immer wieder aufs Neue den Kampf sucht und das behagliche Leben in der Heimat verachtet (s. o. S. 29). Was er und seine Mannschaften zu leisten vermochten, zeigte der Kriegszug, den er unter den Fahnen des persischen Prinzen Kyros gegen dessen Bruder, den Großkönig Artaxerxes II., unternahm. In der Schlacht von Kunaxa blieben die griechischen Söldner unter Klearchos auf dem rechten Flügel siegreich, aber ihr Soldherr starb im direkten Kampf mit dem Großkönig.[56] Wenig später fielen die griechischen Offiziere einem Anschlag zum Opfer. Sofort bildeten die Söldner ein neues Offizierskorps – unter ihnen Xenophon – und schlugen sich vom Euphrat bis zum Schwarzen Meer durch. Nie zuvor war es einer griechischen Armee gelungen, ein Territorium dieser Größenordnung zu durchqueren. Fortan schien es möglich, großräumige Strategien, die man bisher nur im Bereich der Seekriegsführung kannte, auch zu Lande und sogar in den Weiten Vorderasiens zu planen.

Diese Möglichkeiten verbesserten sich zusätzlich, als um 402/1 Ingenieure in Syrakus Katapulte entwickelten, die von Belagerungstürmen aus ihre Geschosse mit weit größerer Wucht und Treffsicherheit schleuderten als einfache Bogenschützen. Einige Städte begannen zwar im Gegenzug den Festungsbau voranzutreiben, doch konzentrierten sich diese Anstrengungen vor allem auf die reichen Poleis des Westens wie Syrakus, die kleinasiatischen Städte und persischen Residenzen. In Griechenland hat wohl nur Athen weiträumig in den Ausbau der Wehranlagen investiert. Insgesamt erhöhte die Weiterentwicklung der Artillerie die Chancen auf die Eroberung und Erstürmung von Städten und Festungen beträchtlich, zumal sich nun auch die mobilen Peltasten unter den Angreifern befanden. Kriegszüge, die früher durch langwierige Belagerungen ins Stocken gerieten, konnten nun schneller und raumgreifender geführt werden. Der Landkrieg mit differenzierten

Waffengattungen durchbrach endgültig seine zeitlichen und räumlichen Grenzen, die ihm der Bürgerhoplit auferlegt hatte.

Damit stellte der Krieg auch neue Anforderungen an den Feldherrn. Es genügte nicht mehr, sich für ein oder zwei Monate dem Kriegshandwerk zu widmen und die Regeln der Phalanxschlacht zu beherrschen. Nun hatte der Feldherr die Versorgung, Bezahlung und Einquartierung der Truppe über einen längeren Zeitraum sicherzustellen. Um die Möglichkeiten des kombinierten Einsatzes verschiedener Waffengattungen auszuschöpfen, musste er ein neues Verständnis taktischer Gefechtsführung entwickeln, außerdem Übungen und Drill intensivieren. Schon der langjährige Krieg, den Sparta seit 395 gegen die miteinander verbündeten Korinther, Thebaner und Athener führen musste (»Korinthischer Krieg«), hat viele Feldherren hervorgebracht, die diesen Anforderungen entsprachen. Einer der erfolgreichsten war der Athener Iphikrates. Kaum zwanzigjährig formte er aus einer Peltasteneinheit eine Kampftruppe, die auf allen Kriegsschauplätzen erfolgreich war. Nach Kriegsende (386) verdingte er sich als Söldnerführer des thrakischen und des persischen Königs, diente aber auch als Stratege Athens.[57]

Der Ruhm des Iphikrates gründete sich auf militärische Erfolge zu Land. Der Krieg zur See verlor demgegenüber im Bereich des griechischen Mutterlandes an Bedeutung. Technische Innovationen, wie der Bau größerer, mit Katapulten besetzter Schiffe, kamen aus Syrakus. Ausgangspunkt war der Sieg der schweren Schiffe der Syrakusaner über Athens Trieren im Jahre 413. Rund 10 Jahre später ließ Dionysios als Oberbefehlshaber gegen Karthago die Reihen der Ruderer auf jeder Seite auf vier erweitern und die Schiffe mit den neuen Katapulten bestücken.[58] Nicht ohne Grund tauchen Vierruderer gleichzeitig nur in den phönikischen Hafenstädten auf. Denn der Bau der neuen Schiffe und die Besoldung der Ruderer, der zusätzliche Einsatz von Katapulten und der Ausbau der Fortifikationsanlagen, die Bezahlung von Söldnern und der Unterhalt der Reiterei verschlangen Unsummen, die sich nur der Perserkönig als Auftraggeber der Phöniker oder ein reicher Tyrann wie Dionysios leisten konnten.[59] Die Kassen der mutterländischen Poleis waren dagegen leer. Deshalb ignorierten die meisten kostspielige militärtechnische Innovationen und reduzierten folgerichtig auch ihre Flotten. Nur Athen stemmte sich eine Zeitlang gegen den Trend. Dies konnte jedoch nicht darüber hinwegtäuschen, dass der Aufschwung der Marine im griechischen Mutterland aufs Ganze gesehen vorbei war.

Anpassungsprobleme der alten Mächte

Die steigenden Kriegskosten waren aber nicht das einzige Problem, mit dem die Poleis zu kämpfen hatten. Eine Umstellung der Militärstruktur hätte auch eine einschneidende Veränderung des bürgerlichen Kriegsethos bedeutet. Der Bürger erwarb sich Ruhm und Ehre als Hoplit (oder als Ruderer), aber nicht als Bogenschütze, den die Treffsicherheit seiner Fernwaffen vor dem direkten Kontakt mit dem Feind bewahrte, oder als Leichtbewaffneter, der aus dem Hinterhalt kämpfte. Die geringsten Schwierigkeiten einer behutsamen Gewichtsverlagerung bereitete noch die Kavallerie, weil es seit der Archaik eine ungebrochene Tradition aristokratischer Reiterei gab. Selbst den Athenern – dies zeigen die Grabreliefs des 4. Jahrhunderts mit Reiterdarstellungen – war es daran gelegen, diese an sich elitäre Waffengattung in die demokratische Wertewelt zu integrieren und sie zum Bestandteil der regulären Bürgerarmee zu machen.[60] Nicht ohne Grund verfasste der Athener Xenophon zwei (»hippische«) Schriften *Über die Reitkunst* und *Über die Aufgaben des Reiterobersten*.

Das gegenteilige Extrem bildete die Artillerie. Als der Spartaner Archidamos eines der neuen Katapulte aus Syrakus sah, rief er klagend aus: »O Herakles, der kriegerische Wert *(areté)* des Mannes gilt nichts mehr.«[61] Katapulte mochten von einem Tyrannen wie Dionysios zur Verteidigung seiner Stadt verwendet werden, im

Felde waren sie für all diejenigen eine Bedrohung, die als freie Bürger gewohnt waren, innerhalb der Phalanx und im Nahkampf Mann gegen Mann ihren Mut zu beweisen und daraus ihre politische Vorrangstellung abzuleiten. Gerade sie wäre durch eine militärische Aufwertung der Leichtbewaffneten und Reiter gefährdet worden. Deshalb beharrte man auf dem Bürgerheer und auf der mit ihm verbundenen traditionellen Kriegführung. Nur in bestimmten Krisensituationen (zum Beispiel im Falle einer Belagerung) und wenn man es sich leisten konnte, setzten die Poleis zusätzlich Söldner ein.

Dass gerade ein Spartaner eine so tief verwurzelte Skepsis gegenüber den neuen Waffentechniken äußerte, ist kein Zufall: Sparta hatte in besonderem Maße mit den Veränderungen des Krieges zu ringen und sich schon immer gegenüber Neuerungen reserviert verhalten, während die Athener bereits beim Aufbau der Flotte nach dem Perserkrieg gezeigt hatten, wie aufgeschlossen sie gegenüber erfolgreichen fremden Kriegstechniken waren (s. o. S. 114). Die Spartiaten bezogen einen Großteil ihrer Legitimation aus dem Erfolg ihrer Hopliten und sahen darin auch eine Garantie ihrer Herrschaft über die Heloten. Der enge Zusammenhang zwischen militärischem Ethos, politischem System und der machtpolitischen Basis der Polis ließ Änderungsversuche als einen Angriff auf das Staatsganze erscheinen.

Das Verharren in den alten Formen musste jedoch in einer Zeit, als die Zahl der Spartiaten durch Geburtenschwund und Kriegsfolgen stetig zurückging *(oliganthropia)*, den Widerspruch zwischen der politischen Struktur und dem Herrschaftsanspruch über größere Territorien zusätzlich verschärfen. Um die Stärke des Heerbannes angesichts der schwindenden Zahl der Spartiaten aufrechtzuerhalten, hatte man schon während des Peloponnesischen Krieges vor allem für auswärtige Operationen wie unter Brasidas und Gylippos (s. o. S. 124 f., 127) Neodamoden (und später Periöken) rekrutiert, die aber von schlechterer militärischer Qualität waren und auch politisch als nicht besonders zuverlässig galten.[62]

Nach dem Ende des Krieges und der Ausweitung der spartanischen Hegemonie über die Ägäis wurde diese Kriegspolitik forciert. Besonders die Könige, die in Kleinasien gegen Persien kämpften, führten viele tausend Neodamoden ins Feld; auch die übrigen Operationen außerhalb der Peloponnes stützten sich zunehmend auf Periöken und Neodamoden.[63] Da aber die Ephoren nicht in der Lage waren, Kriegsgewinne und Tribute in einen geregelten Militäretat zu überführen, und die Entwicklung einer zeitgemäßen Geldwirtschaft in Lakonien blockierten, litten diese Unternehmungen unter chronischem Geldmangel. Es blieb so den am Bosporos oder in Kleinasien operierenden Kommandeuren gar nichts anderes übrig, als die Besoldung und Verpflegung ihrer Truppen durch ausgedehnte Plünderungszüge sicherzustellen, wobei sie selbst sich über die Maßen bereicherten.[64]

Diese Entwicklung bestätigte das alte Misstrauen vieler Spartiaten gegenüber den negativen Auswirkungen einer Herrschaftsausdehnung außerhalb der Peloponnes; sie musste aber auch all diejenigen Poleis enttäuschen, die sich von Sparta eine bessere Zukunft erhofft hatten. Ihr Missmut erhielt zusätzliche Nahrung, als der Krieg Spartas gegen Persien in Kleinasien sehr schnell offenbarte, dass die Spartaner ausgiebig plünderten und offene Gefechte gegen die Satrapen siegreich gestalten, aber keine militärische Entscheidung erzwingen konnten, weil ohne Leichtbewaffnete und Belagerungsmaschinen die Eroberung persischer Festungen unmöglich war. Als Sparta dann noch im Jahr 394 seine Flotte bei Knidos verlor, nahm man Abschied vom Traum einer ägäischen Hegemonie, beschränkte sich auf den Kaperkrieg und konzentrierte sich wieder auf die Herrschaft im griechischen Festland.[65]

Aber auch hier hatte sich die Situation gewandelt. Gegen Ende des 5. Jahrhunderts begann die große Zeit spartanischer Söldnerführer, die auf den Spuren des Brasidas und Gylippos meist mit Einwilligung der heimatlichen Behörden ihr militärisches Können befreundeten Mächten in Kleinasien und Sizilien (Dionysios I.) zur Verfügung stellten und mit peloponnesischen Berufssoldaten das nach dem Sieg über Athen erweiterte Herrschaftsgebiet zu halten versuchten.[66] Auch der Zug der Zehntausend (Anabasis) gehört in diesen Zusammenhang; nach der Ermordung des Klearchos (s. o. S. 131) waren auffallend viele spartanische Offiziere unter denen, die das Kommando über die griechischen Söldner übernahmen.[67] Die nach Kleinasien zurückgekehrten »Kyreer« dienten unter dem Spartaner Thibron zusammen mit anderen Söldnern, Bündnern und Neodamoden, dann unter Derkylidas und schließlich unter König Agesilaos gegen die persischen Satrapen, bevor sie für Sparta in Griechenland während des Korinthischen Krieges kämpften.[68]

Dass Sparta nicht nur Söldner in die Fremde ziehen, sondern in zunehmendem Maße auch für sich selbst kämpfen ließ, hängt wahrscheinlich auch mit einer Veränderung der Modalitäten des Peloponnesischen Bundes zusammen. Deren Mitglieder boten Anfang der 380er Jahre an, im Bündnisfall Geld anstelle von Soldaten zu liefern. Die Spartaner akzeptierten gern, weil sie mit dem Geld nicht nur (neben den Neodamoden und Periöken) zusätzliche Söldner einstellen und damit den Rückgang der Spartiatenzahlen ausgleichen, sondern ihre Außenpolitik auch unabhängiger von den Bündnern gestalten konnten.[69] Doch hatte diese Entwicklung auch den Nachteil, dass die Bündner ihrerseits im Krisenfall den Spartanern nicht mehr so loyal zur Seite standen. Ferner belastete die wachsende Verwendung von Söldnern trotz der Beiträge der Bündner die angespannten Finanzen so sehr, dass manche Könige wie etwa Agesilaos selbst in den Solddienst fremder Regenten traten, um mit den erhofften Belohnungen die heimische Kriegskasse zu füllen.

Solche aus finanziellen Zwängen geborene Unternehmungen erschwerten eine stringente Außen- und Kriegspolitik.[70] Ferner zeigten die auf den Kampf mit Hopliten eingestellten spartanischen Könige – anders als die athenischen Strategen – auffällige taktische Schwächen beim Einsatz der neuen Waffengattungen, insbesondere der Söldner-Peltasten.[71] Das alte Hoplitenethos und die Zentrierung auf den Kampf mit Schwerbewaffneten, seien es Neodamoden, Perioken oder Söldner, waren offensichtlich so stark im militärischen Denken der Spartaner verhaftet, dass eine konsequente Einstellung auf den allgemeinen Wandel der Kriegsführung nicht möglich war. Als im Jahr 390 die Peltasten des Iphikrates bei Korinth eine spartanische Hoplitenabteilung *(mora)* von immerhin 600 Mann aufrieben[72], deutete sich an, dass die Überlegenheit des spartanischen Heeres in dem Maße schwand, wie der Einsatz alternativer, mobilerer Waffengattungen an Bedeutung und die potentiellen Gegner an Professionalität gewannen.

Der Erfolg des Iphikrates zeigt, dass Athen flexibler war und andere Prioritäten setzte[73]: Schon während des Peloponnesischen Krieges war die Hoplitenarmee nicht mehr die schlachtentscheidende Waffengattung. Gegen Ende des 5. Jahrhunderts war das militärische Training bereits professioneller als in Sparta.[74] Um der Bedrohung überlegener Landtruppen zu begegnen, sicherte man das attische Bauernland durch ein neues Festungssystem.[75] Ferner nutzten Athener Strategen wie Iphikrates ihre Kontakte zu den thrakischen Königen in weitaus größerem Umfang zur Anwerbung von Peltasten. Sie entwickelten sich unter athenischem Oberkommando zu einer der schlagkräftigsten Kampfeinheiten der Zeit.

Schwierigkeiten bereitete dagegen die Reaktivierung einer starken Kriegsflotte, auf der das Selbstbewusstsein und die Versorgung der Stadt in besonderem Maße beruhten. Der im Jahre 378/77 gegründete »Zweite« Seebund verschaffte den Athenern zwar die politische Rückendeckung, um die Hegemonie in der Ägäis wiederzugewinnen, aber sie konnten anders als im 5. Jahrhundert nicht mehr mit regelmäßigen Beiträgen der Bündner rechnen. Wie die spartanischen Feldzüge zu Land, so litten die Operationen Athens zur See unter chronischem Geldmangel. Die Strategen und Trierarchen waren gezwungen, Darlehen aufzunehmen, ihre Trieren zu Kaperzügen (auch gegen bundesgenössische Schiffe) und privaten Handelsgeschäften zu missbrauchen oder sich nach Ende des offiziellen Kommandos (wie so manche spartanische Könige und Offiziere) als Söldnerführer bei den Persern zu verdingen. Die Schiffsmannschaften traten häufig nur unvollzählig ihren Dienst an und mussten regelmäßig durch Fremdruderer ergänzt werden, die jedoch oft während des Einsatzes desertierten oder von finanzkräftigeren Mächten (Persien) abgeworben wurden. Wie die spartanische Landarmee litt die athenische Flotte - wenn auch aus anderen Gründen - unter einem personellen Substanzverlust, der ihre Schlagkraft allmählich minderte.

Bis in die sechziger Jahre des 4. Jahrhunderts hatten diese Probleme noch keine gravierenden außenpolitischen Auswirkungen, weil viele Bündner trotz der athenischen Übergriffe von der Sicherung des Handels profitierten und es keinen ernsthaften Konkurrenten in der Ägäis gab. Erst zwischen 357 und 355 gelang es den abtrünnigen Bundesgenossen Chios, Rhodos und Byzanz, mit finanzieller Unterstützung des karischen Fürsten Maussolos eine Flotte von 100 Schiffen gegen Athen zu mobilisieren. Die Athener erhöhten daraufhin die Zahl ihrer Schiffe auf 120, trieben damit aber die Kosten für die Ausrüstung und den Rudersold in die Höhe. Die Eroberung von Chios scheiterte, weil den Athenern, wie seinerzeit den Spartanern in Kleinasien, Belagerungsmaschinen fehlten. Der Stratege Chares warb daraufhin Söldner an, musste aber zu deren Bezahlung und auf deren Druck in den Dienst des Satrapen Artabazos treten. Die Drohungen des Perserkönigs Artaxerxes und die leeren Kriegskassen zwangen die Athener schließlich, den Krieg abzubrechen und die rebellierenden Bundesgenossen zu entlassen. Die finanzielle Doppelbelastung einer Flotte und einer Söldnerarmee führte fast zum Staatsbankrott.[76]

Unter dem Druck der vermögenden Schichten, welche die Kriegskosten zu tragen hatten, änderte Athen seine Kriegspolitik: Eine ursprünglich für den Theaterbesuch der armen Bürger eingerichtete Sonderkasse (Theorikon-Kasse) sicherte dem Volk regelmäßige Gelder und zügelte die aus finanzieller Not geborene Kriegsbereitschaft. Die Flotte wurde zwar auf nominell 349 Trieren gebracht, tatsächlich stachen jedoch nie mehr als 30 in See. Um Transportkosten zu sparen, warb man in entfernten Einsatzgebieten Söldner an. Abhängig von der Loyalität fremder Söldnerführer und Fürsten, verlor auch Athen an außenpolitischer Reaktionsfähigkeit und militärischer Schlagkraft.

Aufstieg Thebens und die Schlacht bei Leuktra

Günstigere Bedingungen herrschten in Thessalien, in Böotien, auf der Chalkidike, in Arkadien und Phokis, also überall dort, wo aristokratische Eliten und stammesstaatliche Strukturen gegenüber einer auf politische Selbstbestimmung pochenden Polis-Bürgerschaft dominierten und wo gefolgschaftsähnliche Bindungen einen schnelleren Einsatz von Kriegergruppen unter adliger Führung ermöglichten.[77] Frei von den Zwängen des Hoplitenethos bildeten hier mit wenigen Ausnahmen Peltasten- und Reiterverbände einen anerkannten Bestandteil der einheimischen Truppen, die nun nur noch abgerufen, aber nicht neu in die heimische Militärstruktur integriert werden mussten. Fast alle Gemeinden der Randgebiete konnten zudem auf eine lange Tradition heimischer Söldner zurückblicken.

Bis weit in das 5. Jahrhundert hinein war es den Bündnissystemen Athens und Spartas gelungen, dieses militärische Potential zumindest teilweise für sich verfügbar zu machen und eigenständige Machtbildungen zu blockieren. In dem Maß, wie sich die alten Poleis den neuen Militärtechniken versperrten oder sie nur selektiv übernahmen, gewannen die Randstaaten auch neue Handlungsspielräume. Durchweg nutzten reiche Adlige die latenten Kraftreserven ihrer Heimat mit Hilfe ihrer Gefolgschaften und ihrem Vermögen. Die meisten mussten allerdings zunächst eine Organisationsform finden, mit der das militärische Potential gebündelt und vom Zugriff der alten Hegemonialmächte befreit werden konnte. Eine erfolgversprechende Lösung boten Staatenbünde *(koiná)* unter Führung der jeweils bevölkerungsreichsten Gemeinde. So rüstete in den 360er Jahren Olynth seine aus Peltasten, Reitern, Hopliten und thrakischen Söldnern bestehende Armee auf und errang im Rahmen des chalkidischen Bundes eine bedeutende Machtposition auf der Halbinsel. Epaminondas und Pelopidas nutzten dagegen den Bevölkerungsreichtum Thebens und die lange Tradition der Pferdezucht zum Aufbau einer Armee von 8000 Hopliten und Peltasten, 1500 Reitern und der 300 Mann starken Eliteeinheit der »Heiligen Schar«. Mit dieser Streitmacht gelang den Thebanern im Jahre 371 bei Leuktra ein vollständiger Sieg über den spartanischen Heerbann. Er gilt gemeinhin als Werk des genialen Feldherrn Epaminondas, der »die Regelbücher über Bord warf« (N. M. Kennell) und die Spartaner mit der revolutionären Taktik der »schiefen Schlachtordnung« überraschte.

Nun entsprach allerdings die angebliche Regelkonformität griechischer Schlachten selten der Realität (s. o. S. 43). Oft entpuppen sich »revolutionäre Neuerungen« und der Genius des Feldherrn als flexible Anpassungen länger angelegter Tendenzen in einem bestimmten gesellschaftlich-militärischen Zusammenhang, der in vielfacher Hinsicht repräsentativ für die allgemeine Entwicklung der Kriegskunst ist. Genauso verhielt es sich auch im Falle der Schlacht von Leuktra[78]: Die böotischen Bauernhopliten waren Milizionäre, die der Disziplin und taktischen Kunst der spartanischen Phalanx nichts als die Wucht eines ersten Frontalangriffs entgegenzusetzen hatten – eine Taktik, die auch später weniger geschulte Armeen gegen einen taktisch überlegenen Gegner anwandten (s. u. S. 210 f.). Um die Stoßkraft zu maximieren, hatten die nur für ein Jahr kommandierenden thebanischen Feldherren schon während des Peloponnesischen Krieges (424) bei Delion ihre Phalanx bis zu 25 Mann tief gestaffelt.[79] Der Nachteil einer solch tiefen Aufstellung bestand darin, dass sie von einem zahlenmäßig etwa gleich starken Gegner, der seine Phalanx wie üblich nur acht oder zehn Reihen tief staffelte und seine Linie weiter ausdehnen konnte, relativ leicht überflügelt werden konnte.

Die Aufwertung der Reiterei im Verlauf des Peloponnesischen Krieges bot nun die Chance, diesen Nachteil auszugleichen, indem die Reiter den Flankenschutz der tief gestaffelten Phalanx übernahmen sowie zusätzlich den Angriff der Hopliten unterstützten. Die Thebaner waren wie die Syrakusaner und Thessalier berühmt für ihre hervorragend trainierte Kavallerie. Voraussetzung für den Schlachterfolg war, dass man den Flankenangriff des Gegners möglichst im Keim erstickte und die Kampfkraft der Reiter früh mit der Wucht der Phalanx koordinierte. Zu diesem Zweck griff Epaminondas auf eine Taktik zurück, die nicht gänzlich neu war[80], nun aber in der Kooperation mit der Reiterei schlachtentscheidend wurde: Anstatt wie üblich die besten Truppen auf der rechten Flanke zu postieren und von hier aus die Offensive einzuleiten, stärkte er den linken Flügel. Dadurch rückte die Schlachtreihe nach links und wurde aus der Sicht des Gegners »schief«. Von der linken, vorgeschobenen Flanke stieß die Masse des thebanischen Hoplitenheeres (von 4000 Mann), angeführt von der keilförmig aufgestellten Elitetruppe der »Heiligen Schar«, direkt auf die Spartiaten unter ihrem König Kleombrotos und zerschlug ihre Reihe gleich beim ersten Ansturm. Vor dem Angriff hatte die böotische Reiterei die vor der Front postierte spartanische Kavallerie zerstreut. Dennoch versuchte der spartanische König der drohenden Überflügelung auf dem rechten Flügel durch Massierung seiner Truppen entgegenzuwirken. Dadurch entstand wie seinerzeit bei Mantineia (s. o. S. 123 f.) eine Lücke zu den bundesgenössischen Einheiten auf dem linken Flügel, die auch diesmal nicht geschlossen werden konnte.[81] Die Spartaner waren dem doppelten Angriff von Reiterei und gegnerischer Phalanx ausgesetzt – ein Triumph der verbundenen Waffen gegen eine Militärordnung, die allein auf die Erfahrung der Phalanx vertraute. 400 Spartiaten fielen – ein Schlag, von dem sich Sparta nicht mehr erholen sollte. Theben sicherte sich dagegen im Rahmen des böotischen Bundes ein Jahrzehnt lang die Hegemonie in Griechenland.

Makedoniens Weg zur Großmacht

Wieder eine andere Konstellation ergab sich in Gebieten wie Arkadien und Phokis, deren Wirtschafts- und Finanzkraft weit hinter den reichen Agrarstaaten Böotiens oder der Chalkidike zurückblieb. Hier konnte sich der Ehrgeiz reicher Adliger ungehemmter entfalten, weil ihnen weder aus der ländlichen Bevölkerung noch aus den wenigen Poleis nennenswerte Gegengewichte erwuchsen. So gewann der Phoker Philomelos in den 350er Jahren den Demos mit der Aussicht auf die Inbesitznahme Delphis für seine Pläne und setzte seine Wahl zum obersten Feldherrn *(strategós autokrátor)* des Bundes durch. In den folgenden Monaten investierte er große Teile seines Vermögens in die Anwerbung eines Söldnerheeres und ließ 1000 einheimische Peltasten nach dem Vorbild des Iphikrates ausbilden.[82] Danach verstärkte er zusammen mit seinem Bruder Onomarchos das Söldnerheer auf 20000 Reiter und Fußsoldaten. Ingenieure entwickelten wahrscheinlich auch die in Syrakus erfundenen Katapulte zu mobilen Steinwerfern weiter.[83] Phokis gebot damit über die stärkste Landarmee Griechenlands.

Eine dritte Variante des adligen Machtaufstiegs konzentrierte sich auf die wenigen Poleis der Randgebiete. Häufig waren es innere Konflikte oder äußere Bedrohungen, die den Ruf nach einem starken Mann mit militärischen Ordnungskräften (Söldnern) laut werden ließen. Nachhaltiger Erfolg war jedoch nur dem beschieden, der breite städtische Schichten an sich zu binden und seine Herrschaft über ein größeres Gebiet auszudehnen vermochte. Diese Konstellation war in Thessalien gegeben. Das Land war trotz seines Reichtums durch den Kampf konkurrierender Adelssippen geschwächt, die ihre lokale Macht vornehmlich auf Landbesitz und auf der großen Zahl abhängiger Kleinbauern *(Penesten)* gründeten. In den 380er Jahren bot der Adlige Jason in Pherai und Pagasai landflüchtigen Bauern und Handwerkern wie Polyeides, der später im Dienste Philipps das Torsionsgeschütz erfand, lukrative Beschäftigung beim Aufbau einer 6000 Mann starken, aus Reitern und Fußsoldaten bestehenden Söldnerarmee. Hochtrainiert und loyal sicherte sie ihrem Kommandeur bald die Macht über Thessalien und die Bergregionen, aus denen Jason seine Peltasten rekrutierte. Im Jahr 372 konnte Jason über weitere Fußsoldaten und Reiter des thessalischen Bundesheeres verfügen. Mit ihnen strebte er nach der Hegemonie in Griechenland und erwog sogar die Eroberung des Perserreiches.[84]

Dass es nicht dazu kam und sein Nachfolger sich wieder mit einer regionalen Machtposition begnügen musste, lag an den Umständen des Aufstiegs. Dieser war nur im Rahmen einer Ausnahmestellung möglich, die mit den Interessen der Standesgenossen kollidierte; potentiell erhöhte jeder militärische Erfolg den Widerstand adliger Konkurrenten: So weigerten sich thessalische Adlige, ihre Gefolgschaften an das Bundesheer unter einem Feldherrn abzutreten, der ihre Handlungsspielräume einengte. Deshalb hat Jason nie das gesamte Bundesheer Thessaliens einberufen. Der Widerstand der Aristokratie blockierte somit den hegemonialen Aufstieg ihrer Heimat, weil sie nicht bereit waren, militärische Macht in die Hände eines Konkurrenten zu legen. Als Jason im Jahr 370 auf dem Zenit seines Ruhms stand, wurde er von sieben Jünglingen der Adelsreiterei von Pherai ermordet.[85] Danach brach die Vorherrschaft Thessaliens über Mittelgriechenland, die so stark vom Aufstieg und Erfolg eines Mannes abhängig war, binnen weniger Jahre zusammen.

Das Beispiel Thessaliens offenbart eine der entscheidenden Schwächen der Randgebiete. Ihr Aufstieg hing zu sehr von der Initiative einzelner Adliger ab. Wenn diese ihren Rückhalt unter der Landbevölkerung verloren und ihr teures Heer nicht mehr durch dauernde Plünderungszüge und militärische Erfolge finanzieren konnten, dann brach ihre Macht schnell unter den wieder auflebenden adligen Konkurrenzkämpfen zusammen. Doch so kurzlebig die Herrschaftsbildungen in den Randgebieten auch waren, die militärischen Erfahrungen ihrer Strategen gingen nicht verloren: Sie wurden dort genutzt und weiterentwickelt, wo die Bereitschaft zur Übernahme militärischer Innovationen mit einer stabileren Herrschaftskonstellation korrespondierte, wo sich also die Funktionen des militärischen Reformers, des Feldherrn, Söldnerführers und des Eroberers auf legale Weise und mit Zustimmung des Adels miteinander verbanden. Dies war nur in einem Gebiet Griechenlands der Fall, nämlich in Makedonien. Philipp II., als Usurpator auf den makedonischen Thron gelangt, übernahm sein militärisches Rüstzeug von den Söldnerführern und Tyrannen. Ein entscheidendes Vorbild war Jason von Pherai, dessen Aufstieg sich in unmittelbarer Nachbarschaft Makedoniens abspielte. Philipp II. nutzte seine guten Verbindungen zu den Thessalern und engagierte den Ingenieur Polyeides zur Entwicklung mobiler Torsionsgeschütze.[86] Die Thessaler setzten ferner als Einzige neben den Makedonen ihre Reiterei offensiv in einer rautenförmigen Formation ein. Die keilförmige Angriffsformation der Reiterei Philipps bildete die Hälfte der Raute. Dies deutet darauf hin, dass er einen Großteil des thessalischen Reiteradels in die eigene Hetairenreiterei integrierte; wie Jason verfügte auch er über eine 600 Mann starke Reitergarde der *hetairoi*.[87] Schließlich wandte er auch die von Jason entwickelten Trainings- und Exerziermethoden auf die einheimischen Truppen an und schuf damit ein homogenes, stehendes und für griechische Verhältnisse sehr diszipliniertes Heer mit einem ausgeprägten Korpsgeist. Es blieb ganzjährig gefechtsbereit und war wegen seiner hohen Ausbildungsqualität jeder Bürgerarmee überlegen.[88]

Die Bewaffnung der regulären Fußtruppen mit kleinem Schild und leichtem Brustpanzer orientierte sich dagegen offensichtlich an den Peltasten des Iphikrates.[89] Philipp verbesserte deren Bewaffnung mit der Einführung der *Sarissa*, einer rund 6 Meter langen Lanze, und verknüpfte auf diese Weise die Mobilität der Peltasten mit der Stoßkraft der Hopliten. Wie die Feldherrn der Randgebiete ergänzte Philipp die Sarissenphalanx mit der nach Peltastenart bewaffneten Garde der *pezhetairoi*. Zusätzlich finanzierte er mit den Erträgen des Pangaiongebirges 3000 Söldner und ließ eine Flotte von Fünfzig- und Dreißigruderern bauen, die sich zum Kaperkrieg eigneten.[90] Nach ersten Erfolgen konnte er als Archon Thessaliens sowie im Besitz der Chalkidike und Teile Thrakiens den Kaperkrieg mit den Bewegungen der Landarmee koordinieren und bis zum Bosporos sowie Euböa ausweiten. Jedes Krisengebiet, das Athen erst nach langwierigen Rüstungen anlaufen musste, erreichte Philipp in kürzerer Zeit auf der inneren Linie.

Philipp nutzte somit die neuen Möglichkeiten des Krieges in einem Ausmaß, das weit über die Anpassungsbemühungen der Poleis und die kurzfristigen Anstrengungen der Randstaaten hinausging. Als König des Landes und Führer des makedonischen Heerbanns hatte er ganz andere Möglichkeiten als die Strategen der Bünde und der Poleis, um militärische Innovationen frei von Kontrollen öffentlicher Entscheidungsprozesse oder adliger Konkurrenz einzusetzen. Das ist das Geheimnis des Aufstiegs Makedoniens zum erfolgreichsten Erobererstaat der griechischen Geschichte. Der Krieg hatte einer Herrschaftsform den Weg gebahnt, die in den nächsten Jahrhunderten nicht nur das Schicksal Griechenlands und des östlichen Mittelmeerraumes bestimmen sollte.

6.

ALEXANDERS KRIEG GEGEN PERSIEN UND DIE ARMEEN DER HELLENISTISCHEN KÖNIGE

Alexanders Griff nach der Weltherrschaft

Im Sommer 338 besiegte Philipp II. das Aufgebot griechischer Poleis unter Führung Athens bei Chaironeia. Auch hier erwies sich der Makedonenkönig als kreativer Schüler früherer Feldherren: So suchte er nach dem Vorbild des Epaminondas mit einem massiven Vorstoß auf den besten Verband des Gegners, die auf dem rechten Flügel postierte Heilige Schar der Thebaner, die Schlacht zu entscheiden.[1] Dieser Angriff wurde jedoch wahrscheinlich nicht wie bei Leuktra mit tief gestaffelten Fußtruppen, sondern mit der makedonischen Reiterei unter dem Kommando des 16-jährigen Kronprinzen Alexander vorgetragen. Philipp musste sich in der Zwischenzeit der athenischen Hopliten auf dem rechten Flügel erwehren.[2] Der Kavallerieangriff Alexanders richtete sich zudem etwas weiter auf die Mitte der gegnerischen Phalanx, um nach geglücktem Durchstoß den Gegner im Rücken zu fassen und danach sich dem Zentrum des Gegners zuzuwenden und dessen übrige Kampfreihen aufzurollen.[3] Die kavalleriegeführte Flügelschlacht war seitdem die bevorzugte Taktik der Makedonen. Dabei konnte variabel entschieden werden, welcher Reiterflügel den entscheidenden Angriffsstoß führte (Alexander wählte später den rechten (s. u. S. 159 f.)).[4]

Nach der Schlacht versammelte Philipp die Vertreter der Griechen in Korinth und ließ sie einen »allgemeinen Frieden« schließen. Zusätzlich wurde ein unbefristetes Militärbündnis mit den griechischen Einzelstaaten (mit Ausnahme Spartas) vereinbart. Führer *(hegemon)* des Bundes wurde Philipp. Schon auf der ersten

Sitzung des Bundes (337) erhielt er den Auftrag, Krieg gegen die Perser zu führen und Rache für die Zerstörung der Heiligtümer Griechenlands zu nehmen. Als Bundesfeldherr *(strategós autokrátor)* konnte Philipp nun mit den Truppen des Bundes das länger vorbereitete Projekt eines Angriffskrieges gegen das Achaimenidenreich in die Tat umsetzen. Die Rüstungen liefen auf Hochtouren. 336 wurde eine Vorausabteilung unter Parmenion und Attalos über den Hellespont geschickt, um Brückenköpfe auf kleinasiatischem Boden zu sichern.

Doch dann wurde der Tatendrang Philipps jäh unterbrochen: Während der Hochzeit seiner Tochter Kleopatra mit Alexander, dem König von Epirus, fiel er dem Attentat eines Mitglieds der Leibwache zum Opfer. Unmittelbar nach seinem Tod erhob sein Sohn Alexander Anspruch auf den Thron. Gestützt von den Generälen Antipater und Parmenion wurde er von der Heeresversammlung ohne Zögern zum Nachfolger akklamiert. Danach sicherte der neue König seine Herrschaft durch Ermordung innermakedonischer Rivalen. Die Hoffnung Athens und Thebens, sie könnten den Thronwechsel in Makedonien zur Auflösung des Korinthischen Bundes nutzen, machte Alexander noch im gleichen Jahr zunichte. 335 wurde das aufständische Theben zerstört – ein Exempel, das Alexander viele Sympathien in Griechenland kostete, aber für die nächsten zehn Jahre auf alle Aufstandswilligen abschreckend wirkte.

So konnte sich der junge König, nachdem ihn der Korinthische Bund im Jahr 336 als Hegemon und Feldherr des Rachekrieges gegen Persien bestätigt hatte, endlich dem Angriff auf das Perserreich widmen. In Makedonien übernahm der bewährte Antipater die Aufgabe, Alexander den Rücken frei und die Griechen unter Kontrolle zu halten. Im Frühjahr 334 überquerte der Makedonenkönig an der Spitze einer Armee von 32 000 – 37 000 Mann Fußtruppen und rund 5000 Reitern auf 160 Trieren aus Athen und vielen Transportschiffen den Hellespont – die größte Streitmacht, die jemals von Griechenland Richtung Osten aufgebrochen war.[5] Von Beginn an sah sich Alexander als Teil eines göttlich sanktionierten und episch verklärten Weltgeschehens. In Ilion besuchte er das Grab des Achilles und brachte Priamos ein Opfer zur Versöhnung dar.[6] Troia war von den Achaiern vernichtet worden, so wie die Perser zu Beginn des 5. Jahrhunderts Milet dem Erdboden gleichgemacht und die Tempel auf der Akropolis zerstört hatten. Xerxes hatte vor dem Übergang nach Europa dem Helios geopfert, Alexander brachte während der Überfahrt nach Kleinasien Poseidon ein Opfer dar, um sich vor dem Zorn der Götter zu schützen, die einst Xerxes zum Verhängnis geworden waren.

Die strategische Ausgangslage war kompliziert. Auch wenn der Perserkönig seine Aufmerksamkeit wahrscheinlich noch anderen Krisenherden des Reiches zuwenden musste, war ihm die Vorbereitung des makedonischen Angriffs wohl bekannt. Eine wichtige Rolle bei den Abwehrmaßnahmen spielte der in persischen Diensten stehende Rhodier Memnon. Er hatte eine Zeit lang als Flüchtling in Pella zugebracht und war deshalb mit den makedonischen Verhältnissen bestens vertraut. Nach seiner Rückkehr in das Persische Reich übernahm er die Stellung seines verstorbenen Bruders Mentes als Dynast einiger Gebiete nahe dem Hellespont und konnte zusammen mit dem Athener Chares und 5000 griechischen Söldnern das Vorauskommando des Parmenion und Kalas fast vollständig zurückschlagen.

In der Folgezeit setzte er auf eine aktive Seekriegspolitik der überlegenen persischen Flotte.[7] Sie sollte Alexanders Armee in der Ägäis von den rückwärtigen Verbindungen abschneiden, in Griechenland die Opposition gegen Makedonien schüren und auf diese Weise eine zweite rückwärtige Front gegen das Invasionsheer aufbauen.[8] Zu Lande sprach er sich dagegen angeblich in einem Kriegsrat der versammelten Satrapen für eine Politik der verbrannten Erde aus. Memnon wusste offenbar recht genau um die Kampfkraft des makedonischen Heeres. Ihm war klar, dass Alexander schnelle Beute und Schlachtentscheidungen brauchte, um seine Kriegskasse zu füllen. Deshalb riet er dazu, einer Entscheidungsschlacht auszuweichen und stattdessen die Versorgung des Invasionsheeres systematisch zu behindern.[9]

Doch die Satrapen folgten ihm nicht. Auf eine direkte militärische Konfrontation zu verzichten, widersprach ihrem Kriegerethos und Verteidigungsauftrag; außerdem wären insbesondere dem phrygischen Satrapen wertvolle eigene Ländereien verlorengegangen, wenn sie die Durchzugsgebiete des Invasionsheeres zerstört hätten.[10] So boten sie denn Alexander im Mai oder Juni 334 am Fluss Granikos relativ nahe der Küste die offene Feldschlacht an. Alexander gewann die Schlacht und konnte dabei eine rund 5000 Mann starke griechische Söldnertruppe vernichten.[11] Memnon, der selbst am Kampf teilgenommen hatte, überlebte und versuchte nun planmäßig von See aus die griechischen Küstenstädte zu versorgen und gegen die zu erwartenden makedonischen Angriffe zu wappnen.

Dennoch gelang Alexander schon kurz nach der Schlacht am Granikos die Einnahme Milets. Obwohl ihm hier die athenischen

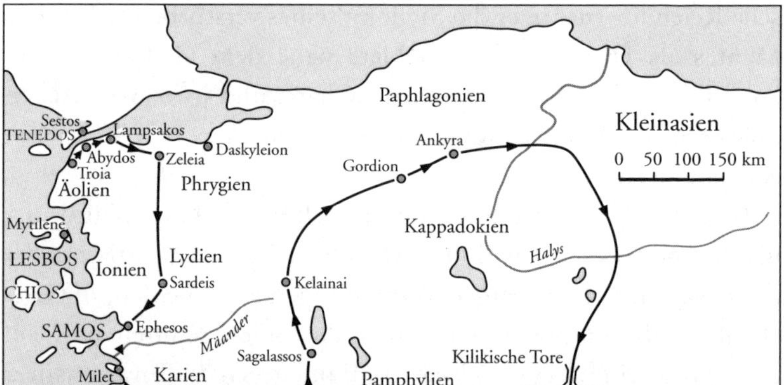

Alexander in Kleinasien

Schiffe wertvolle Dienste leisteten, entschloss er sich danach, einen Großteil der Flotte aufzulösen und stattdessen die persischen Seestreitkräfte zu schwächen, indem er ihnen systematisch ihre Landbasen nahm.[12] Wahrscheinlich erschien ihm der Unterhalt der Flotte mit seiner rund 30000 Mann starken Besatzung, die fast genauso teuer war wie das Landheer, zu kostspielig angesichts der ohnehin geringen Chancen, die erfahrenen phönikischen und zypriotischen Einheiten zu besiegen.[13] Vielleicht spielten aber auch politische Rücksichtnahmen auf die Athener eine Rolle, deren Loyalität durch den möglichen Verlust ihrer Schiffe gegen einen überlegenen Gegner nicht unnötig strapaziert werden sollte.

In jedem Fall war der Verzicht auf die Flotte nur möglich, weil Alexander mit dem mobilen Belagerungstrain über eine der technisch besten Waffengattungen der Zeit verfügte, die häufig auch ohne maritime Unterstützung erfolgreich eingesetzt werden konnte. Tatsächlich gelang in relativ kurzer Zeit nach der Eroberung von Milet die Einnahme der wichtigen Küstenstädte; nur in Halikarnassos zog sich die Belagerung über zwei Monate hin.[14] Die endgültige Entscheidung um die Vorherrschaft in Kleinasien brachte jedoch der überraschende Tod Memnons, als er Mytilene (auf Lesbos) belagerte. Die Perser zogen daraufhin ihre im ägäischen Raum operierenden Truppen zurück. Erst jetzt konnte sich Alexander im Besitz der strategisch wichtigsten Küstenzonen wähnen. Ohne sich um die Eroberung weiterer zentralanatolischer Gebiete zu kümmern, zog er in Eilmärschen durch die Kilikische Pforte nach Nordsyrien.[15]

Hier schlug er in Küstennähe bei Issos im Jahr 333 die erstmals aufgebotene persische Reichsarmee. In Damaskus konnte Parmenion sich außerdem einen Kriegsschatz von 2600 Talenten sichern.[16] Damit war die finanzielle Unterversorgung des Feldzugs mit einem Schlag behoben. Das weitere Vordringen war von einem längeren Atem geprägt, wie er für die Eroberung des Perserreiches nötig war. Alexander brauchte anders als in Kleinasien nicht mehr so viele Risiken einzugehen und konnte sich mehr Zeit gönnen.

Nun wurden Wüsten durchquert, Städte gegründet und (später) politische Heiraten arrangiert.[17] Erst jetzt wandelte sich der Plünderungszug durch Kleinasien zum globalen Unternehmen, das die Erfahrungen des Zugs der Zehntausend und die großräumigen Strategien des Peloponnesischen Krieges aufnahm und auf die Weiten des Ostens übertrug.

Der Perserkönig war jedoch noch keineswegs geschlagen. So holte Dareios nach der Niederlage von Issos zu bedeutenden Gegenoffensiven in der Ägäis aus.[18] Beim Vormarsch des Alexanderheeres an der levantinischen Küste öffneten nicht alle Seestädte freiwillig die Tore, obwohl die Phöniker als nicht besonders perserfreundlich galten. Die Belagerung von Tyros zog sich etwa ein Dreivierteljahr hin und sie erforderte (wie bei Halikarnassos) den Einsatz der gesamten Belagerungsmaschinerie, diesmal zu Wasser und zu Lande sowie gewaltiger Ingenieursleistungen. Danach unterwarfen sich auch die Regenten Zyperns. Erst jetzt hatte Alexander das gefährliche Potential der phönikischen Seestreitkräfte endgültig unter Kontrolle. Schon vorher hatte sich die persische Flotte aufgelöst. Erstmals in der Weltgeschichte stand der gesamte Raum vom Schwarzen Meer bis zur südlichen Levante unter dem Befehl eines einzigen Herrschers.[19]

Der Zug nach Ägypten sollte die Eroberung sämtlicher Küstenländer am östlichen Mittelmeer abschließen. Hier wurde Alexander von der Mehrheit der Elite als Befreier empfangen und wahrscheinlich in Memphis zum Pharao gekrönt. Die Gründung von Alexandria (im Nildelta) 331 verfolgte vielleicht auch das Ziel, eine neue Handelsmetropole an Stelle von Tyros zu etablieren. In jedem Fall bildete die friedliche »Befreiung« Ägyptens, des reichsten Landes im Mittelmeerraum, eine Zäsur des Eroberungszuges, der bis dahin vor allem wegen finanzieller Zwänge (s. o. S. 151) auf schnelle Entscheidungen und Beutegewinne ausgerichtet war. Fortan brauchte Alexander bei seiner Planung keine Rücksicht mehr auf materielle Engpässe zu nehmen. Er gehörte schon jetzt nicht nur zu den erfolgreichsten, sondern auch zu den reichsten

Feldherren seiner Zeit. Wohl gerüstet rückte er 331 nach Mesopotamien in Richtung auf die persischen Zentralgebiete vor. Im Oktober besiegte er die letzte Reichsarmee des Dareios in der Ebene von Gaugamela (Arbela) nahe dem Tigris. Dareios flüchtete mit seinen engsten Gefolgsleuten in den Osten des Reiches. Alexander wurde zum »König von Asien« ausgerufen.

Gründe für den militärischen Erfolg

Warum Alexander alle Schlachten gegen die Perser gewann, ist bis heute unklar.[20] Gern verweist man auf sein Feldherrngenie und auf die Schwäche Persiens, das den Zenit seiner Macht überschritten habe und zu energischem Widerstand nicht mehr in der Lage gewesen sei. All dies sind Pauschalerklärungen, die der Realität allenfalls partiell entsprechen. Der Zustand des persischen Reiches unmittelbar vor der makedonischen Invasion ist Gegenstand heftiger Kontroversen; sie erinnern in mancher Hinsicht an die Diskussion über den Untergang des Römischen Westreiches im 5. Jahrhundert n. Chr.: Während einige Forscher dem alten Diktum Johann Gustav Droysens folgten, wonach das Perserreich nur noch ein »morscher Koloss« und »alles (in ihm) in Auflösung und zum Untergang reif war«[21], sehen jüngere Forscher im Reich der Achaimeniden nach wie vor eine militärische Großmacht, auch wenn die persischen Armeen bei Weitem nicht so groß waren, wie die griechische Überlieferung uns glauben machen will.[22] Denn immerhin - so die Argumente - war es dem Perserkönig 336/5 gelungen, Ägypten zurückzuerobern, eine weitgehend unangefochtene Seeherrschaft zu errichten und die makedonischen Voraustruppen des Parmenion zum Rückzug zu zwingen (s. o. S. 149).[23] Außerdem sei das Bild des letzten Achaimenidenkönigs als eines zaudernden und feigen Regenten einseitig von dem Wissen um die spätere Niederlage verzerrt; tatsächlich galt er als erfahren und tapfer.[24]

Für eine ausgewogene Beurteilung gilt es zunächst die Gesamtlage des Reiches seit der Jahrhundertmitte zu berücksichtigen und mit der militärischen Schlagkraft Makedoniens zur Zeit Philipps und Alexanders zu vergleichen. Ägypten, die reichste Satrapie des Westens, hatte sich seit 405 vom Perserreich losgesagt und konnte seine Unabhängigkeit über 60 Jahre lang wahren. Im kleinasiatischen Raum erschütterten Usurpationsversuche (wie etwa des jüngeren Kyros) und Satrapenaufstände die persische Herrschaft, und auch die zypriotischen und levantinischen Phöniker rebellierten mehrfach.[25] All dies weist auffällige Parallelen zur Epoche des spätrömischen Reiches auf. Die Römer versicherten sich zur Wiedergewinnung ihrer Gebiete in Gallien und auf der Iberischen Halbinsel der Kampfkraft germanischer Söldner und Verbündeter (Föderaten) und suchten die gegnerische Stammeswelt durch Diplomatie und Geldeinsatz zu destabilisieren; ganz ähnlich zielte die persische Außenpolitik darauf, innergriechische Konflikte durch Subsidien an die jeweils Schwächeren zu schüren und sich die stärksten Waffen der Griechen zu sichern, indem sie bei der Rückeroberung der Aufstandsgebiete in großem Umfang auf griechische Söldner zurückgriffen.[26] Und ebenso wie im spätrömischen Reich viele Germanen in hohe Kommandopositionen aufstiegen, gab es zumal an der westlichen Peripherie des Perserreichs viele griechische Feldherren wie die Rhodier Mentor und Memnon sowie die Athener Chares oder Konon, die mit Land und der Gunst des Königs versorgt als Söldnerführer persischer Truppen und griechischer Verbände oder als Admirale phönikisch-persischer Flotten Krieg für die Perser führten; allerdings fanden sie nur selten Zugang zur höchsten königlichen Entscheidungsebene.[27]

Nun kann man den massiven Einsatz griechischer Söldner als »Hinweise auf die Vielfalt politischer Handlungsstrategien und die unerschöpflichen Ressourcen des Reiches« interpretieren.[28] Aber er zeigt auch, wie abhängig das Reich von fremdländischen Kampfverbänden war, deren Anführer sich nicht immer problemlos in die Kommandostruktur der westlichen Satrapien einordnen ließen.[29]

So fiel Memnon im Jahr 353 auf Zeit in Ungnade, und der athenische Condottiere Charidemos soll sogar wegen allzu freimütiger Kritik an den militärischen Maßnahmen des Dareios III. hingerichtet worden sein[30]; ganz offenbar war es nicht einfach, griechische Kriegermentalität mit persischen Traditionen zu verbinden und die heterogenen Armeen in einen einheitlichen und konsequent zu befolgenden Abwehrplan zu integrieren. Ein Großteil des makedonischen Erfolgs in Kleinasien beruhte ja darauf, dass die Satrapen sich nicht den Vorstellungen Memnons anschlossen und somit wesentliche Vorteile aus der Hand gaben, die ihnen die Weite des Landes und die Ressourcen des Reiches boten. Häufig blieben griechische Söldnertruppen Fremdkörper innerhalb größerer multiethnischer persischer Heere. Die Schlacht am Granikos zeigt sehr drastisch, wie unfähig die Perser waren, die unter ihren Fahnen kämpfenden 5000 griechischen Söldner gegenüber den weitaus homogeneren Truppen Alexanders überhaupt effektiv einzusetzen.[31] Auch in der Schlacht bei Kunaxa (401 v. Chr.) zwischen Kyros dem Jüngeren und dem persischen Großkönig blieb der Erfolg der griechischen Söldner auf dem rechten Flügel weitgehend isoliert vom übrigen Schlachtgeschehen, das durch den Tod des Kyros im Zentrum entschieden wurde.[32] Dies deutet darauf hin, dass die griechische Tradition, die besten Kämpfer auf dem rechten Flügel zu postieren, mit der üblichen Massierung der Elitekrieger im Zentrum (um den König), wie es die Perser bevorzugten, schwer zu vereinbaren war.

Bei der Einschätzung des Feldherrngenies Alexanders ist man versucht, seine Schlachten an den Szenarien moderner Kriege zu messen, in denen Kommandeure die Bewegungen ihrer Armeen dirigieren und die Kampfentwicklungen noch lange nach Schlachtbeginn beeinflussen können. Zweifellos hat es Alexander immer wieder hervorragend verstanden, seine Verbände flexibel auf den Gegner einzustellen und die eigene Schlachtordnung an den Schwächen und Stärken feindlicher Heere auszurichten. Aber sobald der Kampf begann, war er an der Spitze der makedonischen

Reiterei unmittelbar in das Schlachtgeschehen eingebunden. Das schränkte seine Rolle als »battle-manager« erheblich ein, ganz abgesehen von den Schwierigkeiten der Kommunikation über ein von Staub und Lärm erfülltes Schlachtfeld und der Kürze der Kampfhandlungen selbst. Wenn die Schlacht einmal im Gang war, konnte Alexander nur dort den Verlauf beeinflussen, wo er selbst mit seiner Hetairenreiterei kämpfte; im Übrigen entwickelte die Schlacht eine Eigendynamik, die durch die Aufstellung der Truppen und mit Befehlen an die Unterfeldherren in eine bestimmte Richtung gelenkt, aber nicht grundlegend geändert werden konnte. Taktische Reserven waren in den Alexanderschlachten unbekannt.[33]

Deshalb wird man die Gründe für die Schlachterfolge eher in grundsätzlichen militärischen Dispositionen suchen müssen als in genialen taktischen Einfällen oder im individuellen Geschick des Feldherrn. Nicht zum ersten Mal bewegten sich Invasoren aus Griechenland ostwärts, aber bislang hatten die Perser alle Aggressoren zurückgeschlagen oder in den Weiten Asiens ins Leere laufen lassen: In Kleinasien konnten sie dank ihrer Seeherrschaft und im Besitz starker Festungen die Gegner von der Getreideversorgung abschneiden. Deshalb scheiterten letztlich auch die Spartaner im Krieg gegen die persischen Satrapen zu Beginn des 4. Jahrhunderts. Außerdem war die persische Reiterei, wenn sie von Söldnerhopliten unterstützt wurde, den griechischen Schwerbewaffneten ohne Flankenreiterei bei günstigem Gelände in Kleinasien überlegen.[34] Je weiter sich Hoplitenarmeen vom Mittelmeer Richtung Osten bewegten, desto schwieriger wurde es für sie, die Perser überhaupt zum Kampf zu stellen, geschweige denn größere Räume zu beherrschen. Auch die 10 000 Söldner des jüngeren Kyros waren zwar im offenen Gefecht jedem Gegner überlegen und konnten sich trotz dauernder Reiterangriffe bis zum Schwarzen Meer durchschlagen. Doch an eine Eroberung mesopotamischer Gebiete dachte niemand, und so konnten die Perser darauf setzen, dass der Gegner, in schwieriges Gelände abgedrängt, durch die Weite des Raumes, Hunger und Witterung dezimiert wurde.

Die makedonische Armee, die Alexander nach Kleinasien führte, war jedoch etwas völlig Neues. Philipps Soldaten trugen ihre Ausrüstung, persönliche Habe sowie ein gewisses Versorgungsquantum selbst. Der Rest (inklusive der Sarissen) wurde von Dienern und Sklaven auf Wagen transportiert.[35] Zudem führte Alexander erstmals einen mobilen Belagerungstrain mit sich.[36] Dies verschaffte seiner Armee eine vorher nicht gekannte operative Flexibilität und Mobilität; sie konnte sich nach dem Übergang über den Hellespont 30 Tage lang selbst versorgen.[37]

Das einzige Problem war zunächst die Unterfinanzierung des Feldzugs. Alexander übernahm von seinem Vater rund 500 Talente Schulden, die er durch weitere 800 erhöhte, und besaß anfangs nur 70 Talente in der Kriegskasse. Sein Feldzug stand somit von Beginn an unter dem Diktat schneller Erfolge und Eroberungen. Erst als er nach Issos in den Besitz des persischen Kriegsschatzes und der kostbaren Gegenstände der königlichen Hofhaltung gelangte, war er unabhängig und besaß etwas, das frühere griechische Heere nicht kannten, nämlich eine logistisch und finanziell abgesicherte Versorgung.[38]

Dem Perserkönig blieb unter diesen Umständen nichts anderes übrig, als die Schlacht zu suchen. Traditionell versuchten persische Armeen den Gegner durch den parallelen Flankenangriff ihrer Reiter einzuschließen und die feindliche Infanterie seitlich und im Rücken zur Aufgabe zu zwingen. Anders als alle griechischen Armeen, mit denen die Perser bisher gekämpft hatten, verfügte jedoch Alexander selbst über die schlagkräftigste Reiterei dieser Epoche. Mit ihrer schweren Lanze *(xyston)* war sie der persischen Kavallerie in der Regel (mit der Ausnahme am Granikos) überlegen, und ihre der schiefen Schlachtordnung nachempfundene Attacke bildete für die Perser eine ungewohnte Kampfkonstellation.[39] Darüber hinaus besaß Alexander mit der Sarissenphalanx eine Schlachteninfanterie, die alle bisherigen Treffen mit klassischen Hoplitenphalangen für sich entschieden hatte.

Der Perserkönig hatte versucht, sich auf die griechische Hoplitenphalanx einzustellen, indem er selbst schwerbewaffnete Söldner (vornehmlich aus der Peloponnes) in Dienst nahm und eine eigene Hoplitenphalanx aufbaute, die sogenannte *Cardaces*[40]; vielleicht entwickelten die Perser gegen die Sarissen und gegen die lanzenbewehrte Kavallerie Alexanders eine schwere, mit langen Lanzen ausgerüstete Reiterei – eine Vorform der später so berühmten Panzerreiter *(cataphracti)*.[41] Bei Gaugamela versuchte Dareios mit Sichelwagen die Reiterei zu zersprengen und rüstete seine Soldaten mit längeren Spießen und Schwertern aus, um den Längenvorteil der Sarissen auszugleichen.[42] All dies sind Belege für die Bereitschaft der persischen Militärorganisation, sich auf neue Gegner und Kampfbedingungen einzustellen. Bewaffnung ist jedoch die eine, Ausbildung und Einübung einer Sarissenphalanx eine andere und viel schwierigere Sache, die Zeit und Kampfpraxis erforderte – über beides verfügte der Perserkönig nicht.[43]

Deshalb bestand die einzige Chance der Perser darin, mit überlegener Truppenzahl den Gegner zu überflügeln und die Sarissenphalanx an der Flanke und im Rücken zu treffen.[44] Gelingen konnte dies nur, wenn man den Kavallerie-Angriff Alexanders durch eine größere Zahl von Reitern zurückschlug[45] und den Sarissen standhielt, bis die eigene Flügelreiterei die Umfassung so weit vorangetrieben hatte, dass sie den Vorwärtsdrang der makedonischen Infanterie unterbrach. Genauso suchte Dareios die Schlacht bei Gaugamela für sich zu entscheiden, nachdem sich die persische Reiterei am Granikos durch eine ungünstige Aufstellung an der Uferböschung ihrer eigenen Offensivkraft beraubt und Alexander bei Issos einmal mehr die Wucht des rechten makedonischen Reiterflügels demonstriert hatte.[46] Da die persische Taktik die einzig mögliche war, konnte Alexander sie leicht voraussehen. Es war eine Konstellation, die sich in der antiken Kriegsgeschichte immer wieder ergab, wenn ein zahlenmäßig überlegener Gegner auf einen waffentechnisch überlegenen traf.

Ganz entscheidend in Alexanders Planungen war ferner die Rolle des persischen Königs im Krieg. Während der Makedonenkönig an der Spitze der Kavallerie den direkten Kampfkontakt suchte, stand der persische Herrscher nur symbolisch als erster Krieger hinter der Infanterie und griff nicht aktiv ins Schlachtgeschehen ein. Dies hatte nichts mit Feigheit, sondern mit Staatsraison zu tun (s. o. S. 59): Die Position des Perserkönigs legitimierte sich auch, aber eben nicht ausschließlich über militärische Tugenden; er repräsentierte vor allem die Ordnung und den Bestand des Reiches. Anders im Fall Makedoniens: Dort setzte sich nach dem Tod Philipps II. mit Alexander relativ schnell und ohne Schaden für das Land ein königlicher Nachfolger durch, aber der Tod des Perserkönigs erschütterte das Reich in seinen Grundfesten. Alexander wusste dies und hat deshalb (ähnlich wie Kyros der Jüngere bei Kunaxa)[47] alles daran gesetzt, durch einen schnellen Vorstoß auf den König im Zentrum den Kampf zu entscheiden. Sein Schlachtplan entsprang also nicht einer genialen Eingebung oder seinem draufgängerischen Naturell; er war die naheliegende Konsequenz einer bekannten politischen und militärischen Konstellation.[48]

Zunächst postierte Alexander hinter der ersten Reihe eine zweite Frontlinie; sie sollte die Sarissenträger vor einem Umfassungsangriff im Rücken schützen.[49] Um der Überflügelung durch die persische Reiterei des rechten Flügels abzuwenden, musste er auf seinem eigenen rechten Flügel so schnell wie möglich links auf das Zentrum der persischen Schlachtreihe mit dem König vorpreschen und hoffen, dass in der Zwischenzeit der linke Flügel der thessalischen Reiter unter Parmenion dem Andrang der überlegenen persischen Reiterei nicht völlig erlag und die Sarissenphalanx nicht von der Flanke aus angegriffen wurde. Es war ein hasardeurhaftes Spiel gegen einen zahlenmäßig überlegenen Gegner um Zeit und Raum, das über Sieg und Niederlage entschied.[50]

Alexander gewann dieses Spiel, weil der Perserkönig seine Position nicht hinreichend gegen die vorpreschende makedonische Reiterei schützte und Parmenions Opferbereitschaft auf dem linken Flügel diesen Angriff überhaupt erst ermöglichte. Der Verband des Parmenion zahlte den Blutzoll, wenn er dem Ansturm der persischen Kavallerie so lange standhielt, um Alexander Zeit für seinen Angriff auf das gegnerische Zentrum zu geben.[51] Die spätere Überlieferung hat allein den heldenhaften Vorstoß des Königs im Blick, den Abwehrkampf des Parmenion kontrastiv abgewertet: Der junge Alexander ist kühn und mutig, der alte Offizier zaudernd und inkompetent.[52] Tatsächlich war Parmenions Rolle eine unabdingbare Voraussetzung für den Schlachterfolg. Doch selten ist die Überlieferung ein Freund der Defensive. Alexander erkannte die passive Zentralposition des Perserkönigs als entscheidende Schwäche und richtete seine Armee darauf aus – aber das hätte wohl jeder geschulte Feldherr getan, wenn ihm die Waffengattungen der Makedonen und die Opferbereitschaft der Offiziere zu Gebote gestanden hätten.

Vorstoß nach Indien und Wandel der Armee

Ganz andere Anforderungen stellten die Operationen, die Alexander nach der Einnahme der persischen Residenzen seit dem Jahr 327 in den Osten des Reiches führten. Sie »sind« – so der große Alexanderforscher Ulrich Wilcken – »die schwersten gewesen, die er überhaupt zu bestehen gehabt hat«.[53] Der Makedonenkönig musste als erster einer langen Reihe von Feldherren die Erfahrung machen, dass sich mit der Entfernung von den Mittelmeerländern auch die Kriegsbedingungen und Kampfesweise der Einwohner erheblich wandelten. Große »rangierte« Feldschlachten waren nun selten, stattdessen traf er auf Gegner, die sich auf den Guerillakampf verlegten, unerwartet mit kleineren Abteilungen an verschiedenen Stellen auftauchten, sich zurückzogen, um überraschend den Gegner zu überfallen, und sich in unzugänglichen Bergfesten verschanzten.[54]

Alexander reagierte auf diese Bedingungen, indem er sein Expeditionsheer (von rund 30 000–50 000 Mann) grundlegend veränderte. Es bestand nun gegenüber der ursprünglichen Invasionsarmee zum großen Teil aus kleineren Einheiten einheimisch-asiatischer Kämpfer, berittener Bogenschützen *(Hippotoxoten)*, Speerschützen *(Hippokontisten)* und Leichtbewaffneter, die mit den mobilen und kavalleristisch ausgezeichnet geschulten Gegnern und Verhältnissen weitaus besser vertraut waren als die Makedonen. In Ekbatana wurden ferner die thessalische Reiterei und die Bundestruppen entlassen und durch thrakische und makedonische Reiter ersetzt.[55] Die schwer gerüstete makedonische Phalanx wie auch die Hetairenreiterei kamen fortan nicht mehr als geschlossene Formation zum Einsatz, sondern in kleineren Abteilungen.[56] Dieses Prinzip wird uns im Verlauf der Antike immer wieder begegnen: Je mehr sich die Armeen vom Mittelmeerraum entfernen, desto mobiler werden sie und trennen sich zunehmend von schwerer Infanterie, die eine typische Erscheinung mediterraner Kriegführung ist.

Drei Jahre dauerte der nervenaufreibende und mit größter Brutalität geführte Krieg, bis die Länder Ostirans erobert und durch Kolonien gesichert waren.[57] Doch anstatt sich mit dem Erreichten zufrieden zu geben, strebte Alexander weiter ostwärts und drang in Gefilde vor, die für die meisten Griechen ins Reich der Wunder und Märchen gehörten, nach Indien. Die ältere Forschung vertrat mehrheitlich die Ansicht, der Forscherdrang und der Wille, als »Welteroberer« das östliche Ende der Erde zu erreichen, seien die stärksten Motive gewesen. Jüngere Gelehrte verweisen dagegen auf den Unmut, der sich unter den älteren Offizieren gegenüber der Bevorzugung jüngerer Freunde und persischer Adliger und unter den Soldaten angesichts der mühsamen Kämpfe sowie der zunehmenden Integration gleichberechtigter asiatischer Heeresteile breitmachte. Alexander habe dieser Missstimmung mit dem Feldzug nach Indien entgegenwirken wollen. Nach dieser Deutung war der Makedonenkönig ein Getriebener, der die Probleme im Umgang mit der neustrukturierten Armee durch die Flucht in einen nie endenden Krieg zu überspielen suchte.[58]

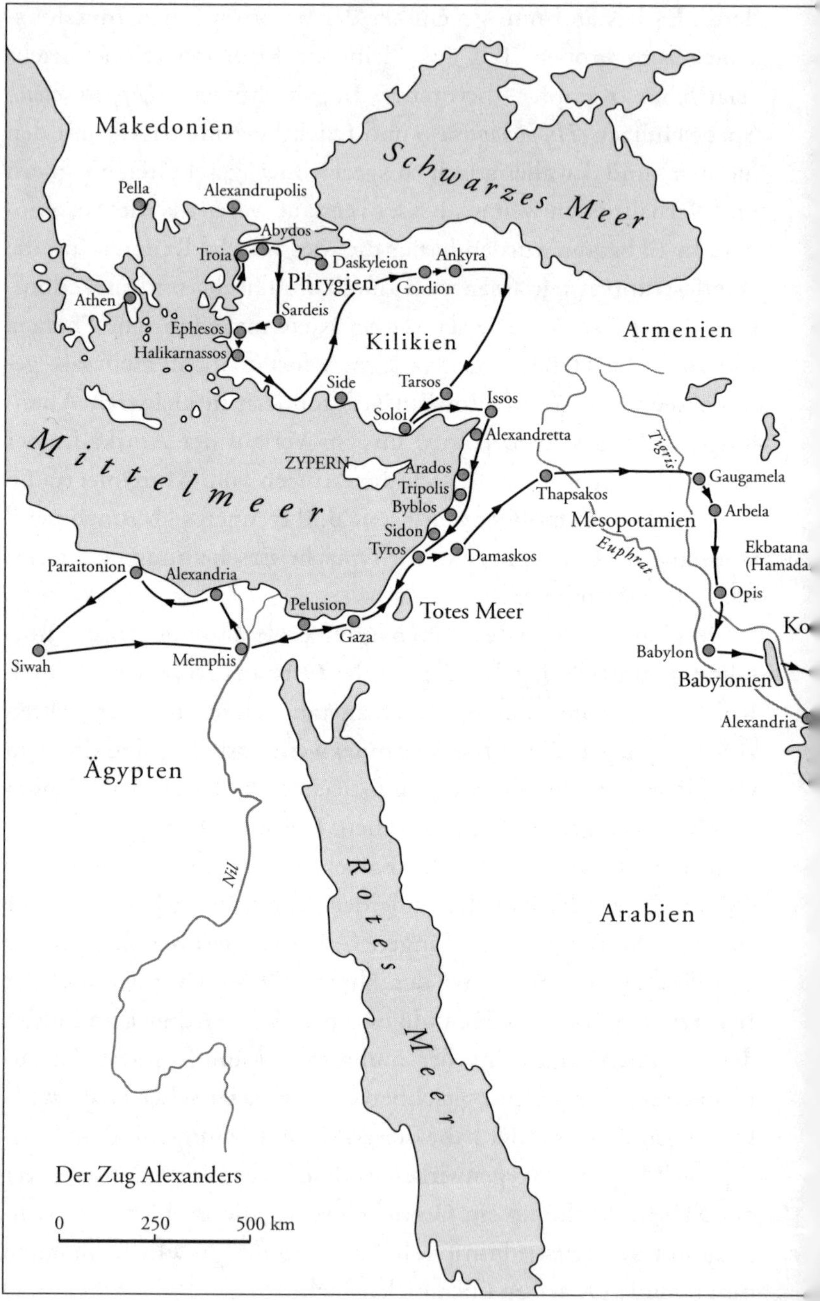

Makedonien
Schwarzes Meer
Pella
Alexandrupolis
Abydos
Troia
Daskyleion
Ankyra
Phrygien
Gordion
Athen
Sardeis
Ephesos
Halikarnassos
Kilikien
Armenien
Side
Tarsos
Issos
Soloi
Alexandretta
Mittelmeer
ZYPERN
Arados
Tripolis
Byblos
Sidon
Tyros
Thapsakos
Tigris
Gaugamela
Arbela
Mesopotamien
Euphrat
Damaskos
Ekbatana
(Hamada
Paraitonion
Alexandria
Pelusion
Totes Meer
Opis
Gaza
Ko
Siwah
Memphis
Babylon
Babylonien
Alexandria
Ägypten
Nil
Rotes Meer
Arabien
Der Zug Alexanders
0
250
500 km

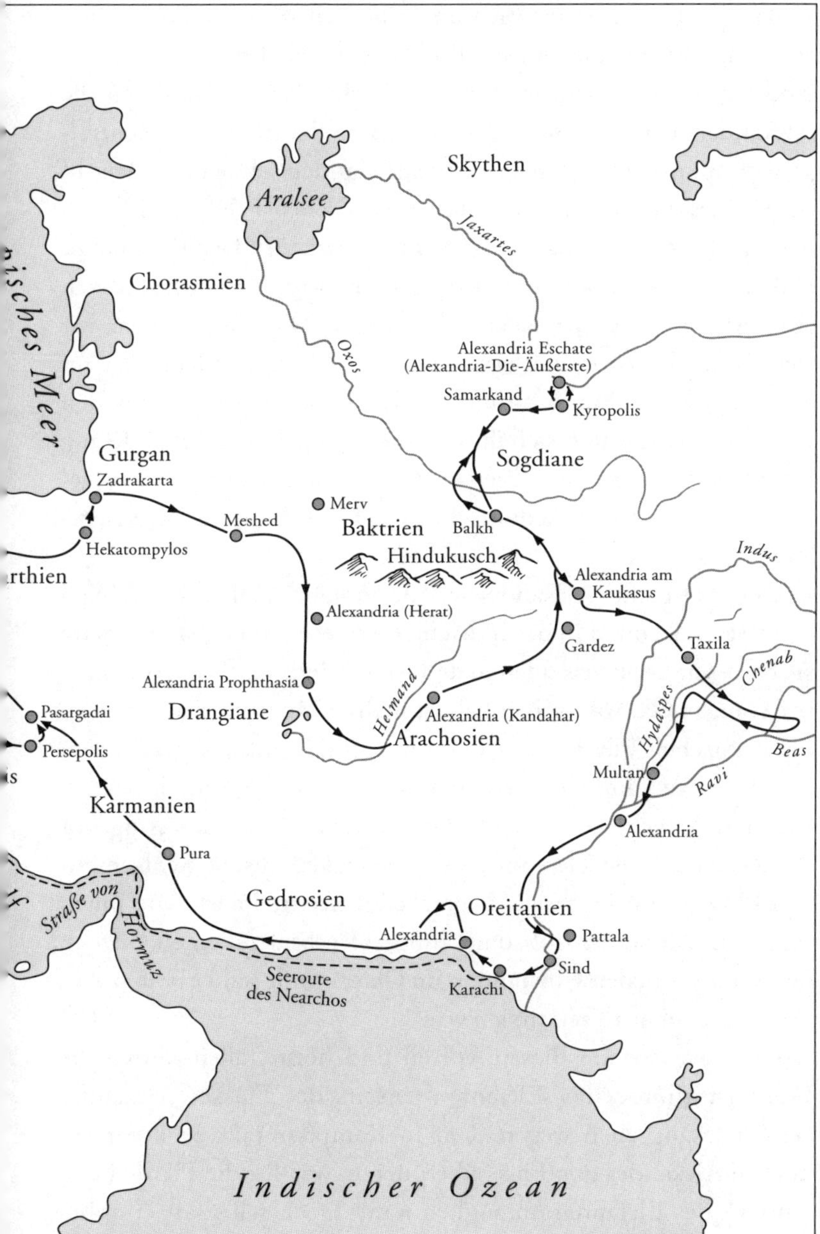

Skythen
Aralsee
Jaxartes
Chorasmien
Oxos
Alexandria Eschate
(Alexandria-Die-Äußerste)
Samarkand
Kyropolis
Sogdiane
Gurgan
Zadrakarta
Merv
Meshed
Baktrien
Balkh
Hekatompylos
Hindukusch
Indus
Alexandria am
Kaukasus
Alexandria (Herat)
Gardez
Taxila
Chenab
Alexandria Prophthasia
Helmand
Hydaspes
Pasargadai
Drangiane
Alexandria (Kandahar)
Persepolis
Arachosien
Beas
Multan
Ravi
Karmanien
Alexandria
Pura
Gedrosien
Oreitanien
Straße von
Hormuz
Alexandria
Pattala
Sind
Seeroute
des Nearchos
Karachi
Indischer Ozean

Aus persischer Sicht war nun Indien allerdings schon immer ein reales Expansionsobjekt. Ein Vorstoß in das reiche Kulturland lag durchaus auf der Linie persischer Reichspolitik, an die Alexander spätestens nach der Eroberung der iranischen Zentralgebiete anknüpfte. Indische Verbände standen schon beim Angriff des Xerxes auf Griechenland unter persischen Fahnen und nahmen auch an der Schlacht von Gaugamela teil.[59] Der Kontakt zu einheimischen Fürsten und Königen gehörte seit Jahrhunderten zum Alltag persischer Reichsdiplomatie. Allerdings wissen wir wenig über direkte militärische Konflikte. Als Alexander nach dem Aufbruch von Baktra mit rund 50000 Mann im Frühjahr 326 den Indus überschritt und sich ihm im südöstlichen Pandschab König Poros am Hydaspes entgegenstellte, traf zum ersten Mal ein gemischtes asiatisch-makedonisches Heer auf die indische Kriegskunst.[60]

Ungewohnt für Alexander war der hohe Anteil von angeblich 200 Kriegselefanten in der indischen Armee.[61] Auch Dareios hatte sie besessen, aber sie kamen in den Alexanderschlachten, vor allem bei Gaugamela, wahrscheinlich deshalb nicht zum Einsatz, weil die persischen Pferde nicht dafür ausgebildet waren, gemeinsam mit ihnen zu kämpfen.[62] Völlig anders waren die Verhältnisse in Indien. Hier gehörten Kriegselefanten seit Urzeiten zum Aufgebot der Regenten. Die Tiere waren für die makedonische Schlachtentaktik so gefährlich, weil die makedonischen Pferde vor ihnen scheuten. Alexander traf somit zum ersten Mal auf einen Gegner, der unter normalen Umständen im Gefecht mit seiner besten Angriffswaffe nicht zu zerstreuen war.[63]

Poros wusste um diesen Vorteil und hoffte, allein durch die Demonstration seiner Elefanten jenseits des Flusses Alexander zum Rückzug zu bewegen. Um in Kampfkontakt zu kommen, musste Alexander den Fluss überqueren, was für die Pferde beim Anblick der Elefanten unmöglich war.[64] Doch selbst als er unbemerkt flussaufwärts seine Armee übersetzen konnte und den Gegner mit 6000 Reitern auf deren schwächeren, mit Streitwagen und

Reitern gebildeten Flanken zurückschlug und auf den Rücken der gegnerischen Infanterie einschwenkte, gelang es den Reitern zunächst nicht, in die von Leichtbewaffneten geschützte Reihe der Elefanten einzudringen.[65] Erst als Bogenschützen, Speerwerfer und Sarissenträger die Mahouts von den Tieren holten, gerieten die Elefanten in Panik und wandten sich gegen die eigene Infanterie. Damit war für Alexanders Sarissen und Reiter der Weg frei ins Zentrum der gegnerischen Armee.[66]

Nachdem Poros unterworfen war, lagen die indischen Gebiete weiter östlich offen vor Alexander, aber sein Vorstoß kam zu spät im Jahr. Der Monsunregen setzte ein. Als das erschöpfte Expeditionsheer den Hyphasis (heute: Beas, östlich von Lahore) erreichte, verweigerte es den Weitermarsch. Nach drei Tagen gab Alexander nach. An den Hydaspes zurückgekehrt, ließ er die Armee auf angeblich 2000 Schiffen den Indus stromabwärts fahren. Ende Juni 325 erreichten sie Pattala (Haiderabad) im Indusdelta. An den Gezeiten erkannten sie, dass sie den Okeanos und damit das »Ende der Welt« erreicht hatten.

Der Rückweg sollte noch einmal die Leistungsfähigkeit des Welteroberers und seiner Armee demonstrieren. Die Flotte unter dem Kommando des Kreters Nearchos nahm mit einem kleinen Teil der Truppen den Seeweg entlang der Küste zum Persischen Golf. Der Großteil des Heeres sollte von Krateros auf einer bekannten Route durch Arachosien und die Drangiana nach Karmanien geführt werden; damit wollte Alexander makedonische Präsenz in diesen Gebieten demonstrieren und deren Satrapen veranlassen, Lebensmittel an die Küste zu transportieren.[67] Der König selbst wagte mit dem Rest der ausgemergelten Soldaten das schier Unmögliche: den Rückmarsch durch die Gedrosische Wüste (Makran), »eine der unwirtlichsten und undurchdringlichsten Einöden der Erde« (H.-J. Gehrke). Auch diesmal triumphierte Alexander, aber zu einem hohen Preis: Der gesamte Rückmarsch nach Mesopotamien kostete ihm angeblich drei Viertel seines Heeres, mehr als alle Schlachten zusammen.[68]

All dies scherte den Welteroberer wenig: Als er in Babylon angekommen war, strebte er weiter. Sogleich ließ er Holz für den Bau einer neuen Flotte schlagen, um die Eroberung Arabiens vorzubereiten. Kurz vor dem Aufbruch im Juni 323 starb Alexander, von Fieberanfällen geschüttelt, 33-jährig, ohne seinen Traum von der Welteroberung verwirklicht zu haben.[69]

Kriegsverständnis der hellenistischen Könige

Alexander soll seine Eroberungen »dem Stärksten« vermacht haben.[70] Seine Nachfolger mussten beweisen, dass sie Land erobert hatten, militärische Erfolge feiern und im Idealfalle als Herrscher über die Oikumene auftreten konnten.[71] Alexander starb ohne leiblichen Erben, der die Vorgaben erfüllen konnte. So fiel die Macht in die Hände der hohen Offiziere und Kampfgefährten. Ptolemaios übernahm Ägypten, das er seit 332 als Satrap regierte, und verwandelte das Land in rund zehn Jahren in eine persönliche Herrschaft mit dynastischer Thronfolge. Lysimachos herrschte in Thrakien, Eumenes in Kappadokien und Paphlagonien. Perdikkas wurde mit dem höchsten Reichsamt des »Chiliarchen« (ursprünglich »Kommandeur der 1000«) betraut. Babylonien und Nordsyrien standen unter der Kontrolle des Seleukos, dem 282 noch Nordanatolien zufiel. Die meisten konnten ihre Teilherrschaften in den nächsten Jahrzehnten zu fest umrissenen Machtblöcken ausbauen.

Komplizierter gestalteten sich die Verhältnisse in Makedonien und Griechenland. Hier konnte Kassandros nach dem Tod seines Vaters Antipatros (319) mit Unterstützung des Antigonos, Ptolemaios und Lysimachos seinen Einfluss stärken. Als ihn seine Verbündeten im Jahr 311 die Regentschaft jedoch nur bis zur Volljährigkeit des jungen Alexander IV. zusicherten, ließ er den letzten Spross der Argeaden zusammen mit dessen Mutter ermorden. Die abschließende Königserhebung erfolgte allerdings erst, nachdem Antigonos Monophthalmos und sein Sohn Demetrios im Jahr 306 nach dem Sieg bei Salamis (auf Zypern) über die Flotte des Ptolemaios den Königstitel angenommen hatten. 305 folgten die übrigen Könige Ptolemaios, Lysimachos, Kassandros und Seleukos und ließen sich ebenfalls zu Königen ausrufen.[72]

Alle Monarchien nach Alexander (außer Makedonien und Epirus) waren aus dem Krieg geboren. Den Königen fehlte eine dynastische Basis sowie eine Legitimation, die sich aus großen Eroberungen ableitete. Deshalb mussten sie sich durch militärische Großtaten ihrer Stellung als würdig erweisen, in der Schlacht in vorderster Position kämpfen und sich im Idealfall wie ein homerischer Held im Zweikampf mit dem gegnerischen Regenten messen.[73] Zur Begründung der Monarchie bedurfte es zwar nicht unbedingt eines überragenden Sieges – Ptolemaios und die übrigen Diadochen folgten dem Beispiel des Antigonos und Demetrios, um nicht hinter der neuen Herrscherwürde zurückzustehen.[74] Dennoch musste der militärische Erfolg immer aufs Neue gesucht und durch Eroberungen und die Verteidigung des Gewonnenen bestätigt werden.[75] Siege sicherten den Königen die Loyalität ihrer Freunde und Berater, Misserfolge waren Zeichen von Schwäche und Grund für Rebellionen und Abfall. Deshalb erscheint die Zeit der hellenistischen Könige bis zum 2. Jahrhundert als eine Periode endloser militärischer Konflikte.[76] Die Könige waren Krieger, Feldherren und Eroberer in einer Person, und sie wollten so siegreich sein wie Alexander.

Dies zwang sie, Niederlagen zu kaschieren und durch Erfolge an anderen Fronten wettzumachen. Große Militärparaden wurden häufig in Phasen außenpolitischer Schwäche veranstaltet.[77] Ferner nutzten die Könige ihren Startvorteil, den ihnen die persischen Staatsschätze und die Reichtümer des eroberten Landes verschafften, und investierten enorme Energien und materielle Ressourcen in den Ausbau der Armee sowie der Entwicklung militärischer Innovationen. Aus Sicht der Monarchen war das Interesse an militärischer Technik nur ein Aspekt der auch auf anderen Gebieten betriebenen Förderung des zivilisatorischen Fortschritts: Sie leg-

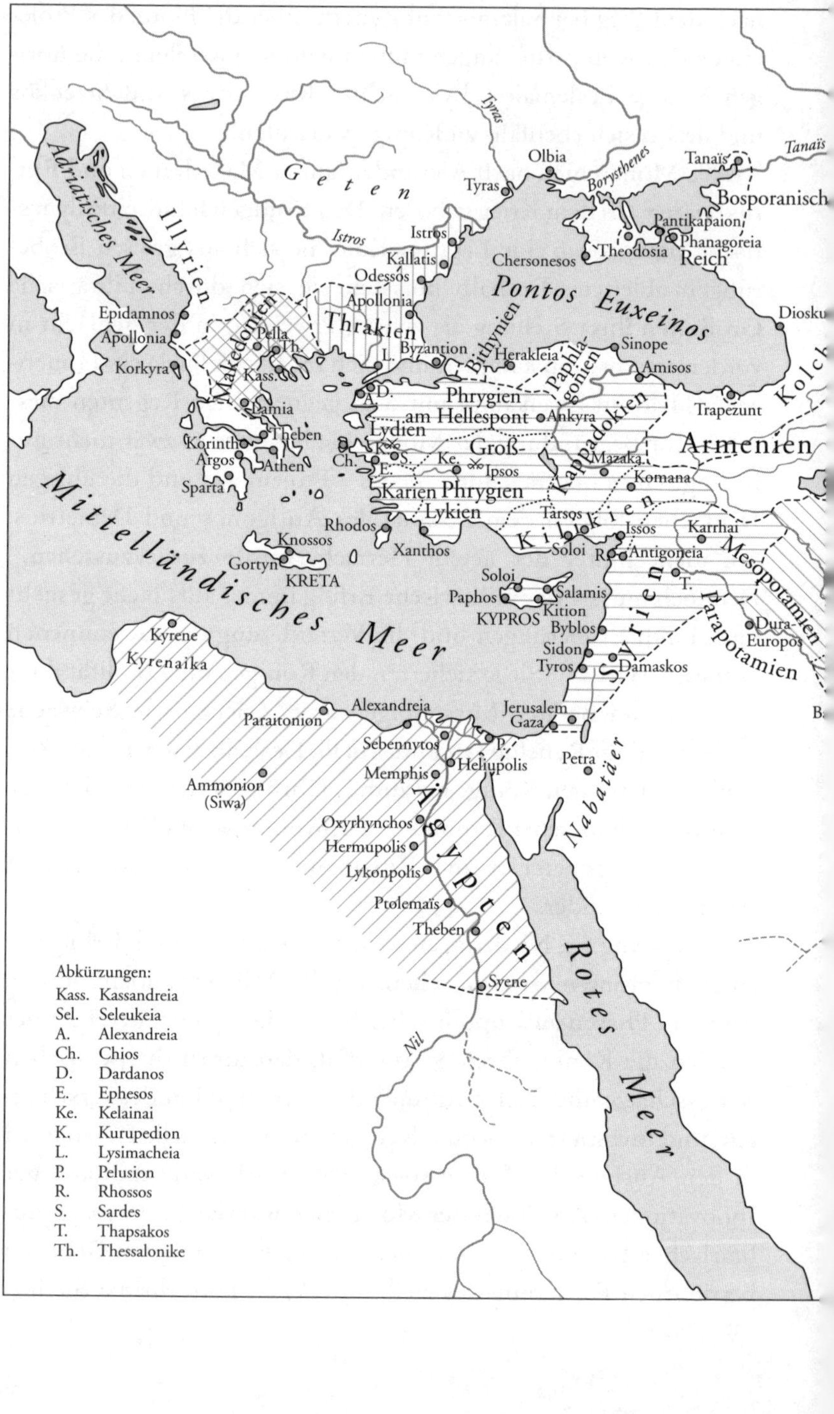
Adriatisches Meer
Illyrien
Geten
Istros
Tyras
Olbia
Borysthenes
Tanaïs
Tyras
Istros
Kallatis
Odessos
Apollonia
Chersonesos
Theodosia
Pantikapaion
Phanagoreia
Bosporanisch
Reich
Pontos Euxeinos
Dioskurias
Kolchis
Epidamnos
Apollonia
Korkyra
Makedonien
Pella
Th.
Kass.
Thrakien
L.
Byzantion
Bithynien
Herakleia
Paphlagonien
Sinope
Amisos
Trapezunt
D.
A.
Phrygien am Hellespont
Ankyra
Kappadokien
Armenien
Lamia
Theben
Korinth
Argos
Athen
Sparta
Lydien
K.
S.
Ch.
E.
Ke.
Groß-Phrygien
Ipsos
Mazaka
Komana
Karien
Lykien
Tarsos
Kilikien
Issos
Karrhai
Mesopotamien
Rhodos
Xanthos
Soloi
R.
Antigoneia
T.
Knossos
Gortyn
KRETA
Mittelländisches Meer
Soloi
Salamis
Paphos
Kition
KYPROS
Byblos
Syrien
Parapotamien
Dura-Europos
Sidon
Tyros
Damaskos
Kyrene
Kyrenaïka
Alexandreia
Paraitonion
Jerusalem
Gaza
Sebennytos
P.
Heliupolis
Petra
Nabatäer
Memphis
Ammonion (Siwa)
Ägypten
Oxyrhynchos
Hermupolis
Lykonpolis
Ptolemaïs
Theben
Syene
Nil
Rotes Meer
Abkürzungen:
Kass. Kassandreia
Sel. Seleukeia
A. Alexandreia
Ch. Chios
D. Dardanos
E. Ephesos
Ke. Kelainai
K. Kurupedion
L. Lysimacheia
P. Pelusion
R. Rhossos
S. Sardes
T. Thapsakos
Th. Thessalonike

Kaspisches Meer
Oxeiane See
Jaxartes
Massageten
Oxos
Marakanda
Alexandreia Eschate
Sogdiane
Daher
Alexandreia (Merv)
Baktrien
Baktra
Margiane
Astauene
Hyrkanien
Zadrakarta
Hekatompylos
Marder
Tapurer
Paropamisos
Alexandreia am Kaukasos
Indos
Reich
Parthien
Areia
Ochos
Margos
Medien
Rhagai
Kasp. Tore
Ekbatana
Alexandreia (Herat)
Drangiane
Erymandros
Alexandreia (Ghasnit)
Hydaspes
Paraitakene
Gabai
Gabiene
Prophthasia
Alexandreia (Kandahar)
Arachosien
des
Akesines
Susa
Susiane
Alexandreia
Persis
Persepolis
Karmana
Karmanien
Gedrosien
Sandrokottos
Pattala
Pura
Persischer Golf
Tylos-I.
Gerrha
Die Diadochenreiche um 303 v. Chr.
Reich des Kassandros
Reich des Lysimachos
Reich des Antigonos Monophthalmos
Reich des Seleukos I.
Reich des Ptolemaios I.
0 200 400 600 800 1000 km

ten Bibliotheken an oder präsentierten sich mit monumentaler Architektur.[78] Dabei verstärkte sich ein Trend, der sich nach dem Peloponnesischen Krieg angebahnt hatte: Krieg wurde zu einer wissenschaftlichen *téchne*, gelehrt von Experten und getrieben durch den Drang, immer Größeres zu leisten.[79] Man war überzeugt, dass individuelle militärische Qualität weniger das Ergebnis von Tüchtigkeit und Tapferkeit als vielmehr das Produkt eines anspruchsvollen, aber erlernbaren Handwerks war.[80] Der Feldherr musste die Kunst der Taktik, also die Koordination verschiedener Truppenverbände, genauso beherrschen wie die *strategemata*, Tricks und überraschende Wendungen.[81]

Neuerungen im Seekrieg

Am eindrucksvollsten zeigte sich diese Entwicklung im Bereich des Seekrieges und Artilleriewesens – nicht ohne Grund nahmen Antigonos und Demetrios nach einem Seesieg den Königstitel an.[82] Alexander hatte in Babylon für die geplante Offensive gegen Karthago ein gewaltiges Flottenprogramm aufgelegt, das angeblich 1000 neue Schlachtschiffe umfasste. Der Kriegsschiffbau nahm einen Trend auf, der in Syrakus und an der Levante zu Beginn des 4. Jahrhunderts eingeleitet wurde: Auf diesen Schiffen wurden die einzelnen Riemen durch mehrere nebeneinander postierte Ruderer bedient *(Polyremen)* (s. o. S. 133).[83] Auch wenn Alexanders Plan nicht umgesetzt wurde, gingen seine Nachfolger, die Diadochen, früh dazu über, ihre Seestreitkräfte auf schwere Vierruderer *(Tetreren)* und Fünfruderer *(Penteren)* umzustellen. Im Jahr 315 machte dieser Schiffstyp schon die Hälfte der Flotte des Antigonos Monophthalmos aus. Sieben Jahre zuvor hatte der makedonische Admiral Kleitos mit einem zum großen Teil aus Tetreren und Penteren bestehenden Geschwader die Athener bei Amorgos besiegt. Verzweifelt hatten die Athener versucht, einen Großteil ihres Haushalts ebenfalls in den Bau von Schlachtschiffen zu stecken, doch machten nach wie vor die Trieren den Hauptanteil ihrer Flotte aus. So beendete der Triumph bei Amorgos für fast 200 Jahre die Vorherrschaft des Dreiruderers auf dem Mittelmeer.[84]

Der taktische Vorteil der neuen Großkampfschiffe bestand in ihrer Robustheit und Monumentalität, an der die Manöver und Rammstöße der leichten, aber instabilen Trieren häufig abprallten.[85] Gleichzeitig bot der größere Schiffskörper mehr Platz für Marinesoldaten sowie für Katapulte, Ballisten (wie es Alexander so erfolgreich vor Tyros getan hatte) und Bolzenschleuder auf dem Vordeck.[86] Mit ihnen konnte man Angriffsversuche der Trieren unter günstigen Umständen im Keim ersticken. Hinzu kamen machtpolitische Überlegungen. Die Schlachtschiffe, ihre Bemannung und ihre technische Ausrüstung waren zwar ungleich teurer als bei Trieren, aber sie begünstigten Mächte wie die Antigoniden, die weder die Tradition noch die Zeit besaßen, sich die hohe Kunst taktischer Manöver zur See anzueignen, wie sie der Einsatz der Triere verlangte. Der Erfolg beruhte nun weniger auf individueller Ruderkunst als vielmehr auf der Muskelkraft einer größeren Zahl von Ruderern. Ferner entsprachen diese Schiffe den Erfordernissen der hellenistischen Seekriegsführung im östlichen Mittelmeer insofern, als Kämpfe um befestigte Küstenstädte – wie schon zur Zeit Alexanders (s. o. S. 151) – immer wichtiger wurden.

Im Marinewesen dieser Zeit verbanden sich also militärische Erfolgszwänge mit den Ambitionen der Monarchie, durch monumentale Technik Herrscherqualitäten zu demonstrieren. Ein herausragender Vertreter dieser Bestrebungen war Antigonos Monophthalmos. Er ließ 315/14 über 240 Schlachtschiffe bauen, darunter 210 Einheiten mit einem geschlossenen und mit Katapulten bestückten Kampfdeck über der obersten Ruderreihe sowie verstärkten Außenbordwänden. 97 Schiffe waren als Trieren konstruiert, 90 als Vierreiher, 10 als Fünfreiher, drei als Neunreiher und zehn als Zehnreiher.[87] Im Jahr 301 ließ Antigonos sogar Elfreiher und einen Dreizehnreiher auf Kiel legen.[88]

Seeschlachten zwischen solchen Schiffen begünstigten die alte

Form des dichtgedrängten Enterkrieges, wobei die Artillerie als neue Waffe hinzukam.[89] Anstatt den Gegner durch kunstvolle Manöver kampfunfähig zu machen und seitlich zu rammen, setzte man auf direkte Rammstöße von Bug zu Bug und auf den Kampf der Marinesoldaten; Wurfgeschosse und Katapulte sollten die gegnerische Mannschaft schwächen und den Enterkampf vorbereiten. Um die Treffsicherheit der Katapulte zu erhöhen und Belagerungen auch von See aus durchzuführen, wurden sie auf hölzernen Festungstürmen meist in der Mitte der Schiffe montiert.[90] Zwanzig Jahre nach den makedonischen Rüstungen sollte Rom im Kampf gegen Karthago auf diese Art des Seekriegs zurückgreifen (s. u. S. 197).

Nach wie vor gab es freilich einige Mächte, die aufgrund ihrer Tradition und Verfassung den Seekrieg nach Athener Muster pflegten, den *diékplous* beherrschten und die Taktik des Rammens bevorzugten.[91] Zu ihnen gehörten Karthago und die Inselrepublik Rhodos. Wie in Athen wurde die rhodische Kriegsflotte nicht von Söldnern, sondern von den Bürgern bemannt (auch wenn die meisten Schiffe wohl offiziell im Besitz der adligen Eliten verblieben).[92] Deshalb hatte die rhodische Marine bessere Möglichkeiten, verschiedene Manöver regelmäßig zu trainieren, während die hellenistischen Großmächte aus Mangel an Zeit und geübten Mannschaften die beschriebene Form des Enterkampfes bevorzugten.[93] Die rund 40 Einheiten waren nicht in erster Linie für große Seeschlachten oder Belagerungen von See aus konzipiert, sondern für schnelle Manöver (gegen Piraten), und sie konnten aufgrund ihrer unterschiedlichen Bauweise sehr flexibel für eine Vielzahl taktischer Aufgaben eingesetzt werden.[94]

Dass die Schiffe der Rhodier unter bestimmten Umständen auch gegen die neuen Schlachtschiffe der Monarchen erfolgreich sein konnten, zeigt die Belagerung der Inselrepublik durch Demetrios (Poliorketes) in den Jahren 305/304. Um die Stadt von der Seeseite zu erobern, zog er eine gewaltige Flotte von 200 Kriegsschiffen und 170 Transportern mit rund 40 000 Mann an Bord zusammen.[95] Auf den Schiffen waren die modernsten Belagerungsmaschinen montiert. Zu Land führte er im zweiten Jahr der Belagerung einen riesigen Belagerungsturm, die *helepolis*, gegen die Stadtmauern. Die schnellen Einheiten der Rhodier konnten jedoch nicht nur die Kommunikationslinien des Feindes unterbrechen, sondern auch die Belagerungsschiffe beschädigen und die Belagerungswerke mit eigenen Katapulten und Ballisten von der Mole und kleineren Frachtern aus zu Fall bringen; auf vergleichbare Weise gelang es später den in Lilybaion belagerten Karthagern, die Blockade der Römer zu behindern (s. u. S. 202). Als die Stadtmauern ausgebaut und ebenfalls mit Katapulten bestückt wurden, musste Demetrios schließlich die Belagerung abbrechen.[96]

Landkrieg

Die Belagerung von Rhodos zeigt, dass man mit kombinierten See- und Landoperationen wichtige Bastionen in Küstennähe zu nehmen versuchte, so wie es Alexander in Kleinasien und zuvor bei der Eroberung von Tyros vorexerziert hatte. Auch diese Koordination von Marine und Landarmee hatte es bereits während des Peloponnesischen Krieges gegeben (s. o. S. 114)[97]; nun wurde der mit hohem technischen und materiellen Aufwand betriebene Belagerungskrieg zu einem Kennzeichen der hellenistischen Zeit.[98] Die Intensivierung der Belagerungstechnik (Poliorketik) trieb – wie immer in der Kriegsgeschichte – parallel die Entwicklung von Katapulten und Verteidigungsanlagen weiter voran. Beides mündete in eine Art Rüstungswettlauf um immer aufwendigere Maschinen und Fortifikationen und verschlang enorme Summen, zumal die Könige auch für die Feldschlachten immer größere Armeen mobilisierten.[99] Die taktischen Neuerungen, die Alexander nach der Eroberung der persischen Residenzen auf dem Weg nach Indien einführte, wurden jedoch nicht übernommen. Auch die gegen die Perser so erfolgreiche taktische Kombination des offensiven rechten mit dem defensiven linken Reiterflügel wurde aufgegeben (und wahrscheinlich erst wieder von Hannibal eingeführt).

Der entscheidende Grund: Die hellenistischen Monarchen trugen ihre Schlachten (wie bei Ipsos, 301, und Raphia, 217) nicht mehr gegen die Perser, sondern (bis 200 v. Chr.) überwiegend gegeneinander aus. Nach der Regel, die für das gesamte Altertum gilt, nähern sich Waffengattungen gegnerischer Armeen nach einem gewissen Zeitraum an: Sarissen kämpften gegen Sarissen und Reitertruppen gegen Reitertruppen, ohne dass der Kavallerieeinsatz in einem taktischen Zusammenhang mit dem Infanteriegefecht stand.[100] Wie ihr Vorbild Alexander nahmen zwar die Könige meist an der Spitze der Reiterei inmitten ihrer »Gefährten« an der Schlacht teil[101], aber ihr rechter Reiterflügel attackierte häufig, ohne den Kontakt zu den übrigen Truppenteilen zu wahren.[102]

Vor diesem Hintergrund wird ein zweites, folgenreiches Phänomen verständlich. Spätestens im 2. Jahrhundert verlor die Reiterei vor allem der Makedonen quantitativ gegenüber der Sarissenphalanx an Bedeutung. Während Alexander rund 7000 Reiter und 12 000 Phalangiten in die Schlachten gegen die Perser führte, hatte sich das Verhältnis von Kavallerie zur Sarisseninfanterie im Heer des Makedonenkönigs Philipp V. im Jahr 197 bei Kynoskephalai auf 2000 zu 16 000 gewandelt (s. u. S. 219).[103] Diese Entwicklung hängt zum einen mit der griechischen Gebirgslandschaft zusammen, die für den Reiterkampf ungünstig war.[104] Die Seleukiden und Ptolemäer trugen ihre Schlachten dagegen überwiegend in Kleinasien oder an der Levante aus, und es wundert insofern nicht, dass im seleukidischen und später im pergamenischen Heer die Reiterei nach wie vor einen beachtlichen Anteil innerhalb der Gesamtarmee ausmachte.

Allerdings ist eine signifikante taktische und waffentechnische Weiterentwicklung der Reiterei (wie später unter den Parthern und Sasaniden) auch bei ihnen nicht zu erkennen.[105] Zum einen fehlte den Nachfolgern Alexanders ein Gegner wie die Perser, die selbst über eine herausragende Reiterei verfügten und nur mit einer überlegenen Kavallerie zu bezwingen waren. Sarissenphalangen waren ferner nur selten und unter bestimmten Bedingungen mit einer massierten Schlachtenkavallerie zu schlagen.[106] Deshalb konnte man es sich offensichtlich leisten, die Reiterei nicht weiterzuentwickeln, und setzte stattdessen auf den Ausbau der Phalangen.

Hinzu kamen spezifische ökologische und wirtschaftliche Rahmenbedingungen. Die Seleukiden verfügten über die größten Rekrutierungsressourcen und konnten sich auf die vorderasiatischen (medischen) Traditionen der Reitkunst sowie günstige naturale Verhältnisse stützen.[107] Außerdem haben sie in den riesigen Weiten ihres asiatischen Herrschaftsraumes bei weitem nicht so viele Energien in den Ausbau und die Entwicklung der teuren Artillerie investiert und konnten die Ressourcen deshalb gezielter für die Kavallerie verwenden.[108] Den Kern der seleukidischen Schlachtenreiterei bildeten die Garderegimenter des *agema* und der *hetairoi* zu je 1000 Mann sowie zusätzlich regulär 6000 schwer gepanzerte Kataphrakten. Während Militärkolonisten die Kataphrakten stellten, rekrutierte sich das *agema* wohl überwiegend aus iranisch-medischen Untertanen; die *hetairoi* stammten wahrscheinlich aus Syrien und Kleinasien.[109] Die Ptolemäer waren dagegen auf teure Pferdeimporte angewiesen und rekrutierten (bis zum Verlust der ägäischen Außenbesitzungen) Reiter vor allem aus dem griechischen Raum. Zusätzlich suchten sie die Defizite durch Pferdezucht auszugleichen.[110] Den makedonischen Herrschern fehlte dagegen das, was man für den Unterhalt einer schlagkräftigen Reiterei vor allen Dingen brauchte: materielle Mittel.[111] Anders als Alexander konnten sie ihre Kriegskasse nicht durch lukrative Feldzüge im Osten, sondern nur durch Plünderungszüge im kargen Griechenland füllen. Ferner mussten sie im Gegensatz zu den landorientierten Seleukiden hohe Geldsummen beim Kampf um die Vorherrschaft in der Ägäis (gegen die Ptolemäer) für teure Seestreitkräfte sowie Belagerungsmaschinen und Katapulte aufwenden.[112] Anstatt den Ausbau der Schlachtenreiterei voranzutreiben, verstärkte man die

Sarissenphalanx, nicht nur weil sie billiger war, sondern weil Rekruten schneller in die Phalanx zu integrieren waren als eine Reiterei, die viel Training erforderte.[113]

Bei den Seleukiden waren die Voraussetzungen für den Unterhalt der Reiterei zwar günstig, aber sie hatten umgekehrt Schwierigkeiten bei der Aufstellung ihrer Fußtruppen. Insbesondere schöpften sie aus Furcht vor Aufständen das heimische Rekrutierungspotential bestimmter Regionen (Syrien, Babylonien) nicht vollständig aus, sondern füllten die Reihen der Phalangen hauptsächlich mit ansässigen Griechen und Makedonen. Die über das Reich zerstreuten Militärsiedlungen stellten neben der Garde zu Fuß bis zu 20000 makedonische Sarissenkämpfer.[114] Ferner griff man – wenn auch wohl nicht in dem Umfang, wie man früher glaubte – auf Söldner zurück, die nach ihrem Dienst mit Land versorgt werden mussten.[115] Die Söldner kämpften wegen der hohen Kosten der Ausrüstung nicht als (schwerbewaffnete) Schlachtenreiter, sondern meist als leichtbewaffnete Fußsoldaten *(Peltasten)*, selten als leichtbewaffnete Reiter (»Tarentiner«).[116]

Die einzig wirkliche Neuerung der hellenistischen Zeit, die alle größeren Armeen des mediterranen Raumes zwischen 350 und 150 einführten, waren die Kriegselefanten.[117] Mit ihnen konnte man erfolgreich Sarissenphalangen und Defensivstellungen attackieren, wenn sie selbst gegen Leichtbewaffnete und Bogenschützen abgeschirmt wurden. Ihre größte Wirkung entfalteten sie aber gegen Reiterverbände. Sie waren die einzige Waffe, die der Schlachtenkavallerie nicht nur standhalten, sondern sie sogar zerstreuen konnte, weil Pferde den Geruch der Elefanten nicht ertrugen.[118] Bei Ipsos im Jahr 301 verhinderten 400 Elefanten im Heer des Seleukos, dass Demetrios seine Angriffsreiterei nach der erfolgreichen Attacke auf die gegnerische Kavallerie nicht mehr in die Schlacht zurückführen und gegen die Fußtruppen des Gegners einsetzen konnte.[119] Ebenso gelang es Antiochos in der berühmten »Elefantenschlacht« gegen die Kelten 275, mit Elefanten die kampferprobte, aber an den Kontakt mit den Tieren nicht gewöhnte keltische Reiterei aus dem Kampfgeschehen herauszuhalten und den Sieg der Fußtruppen zu sichern.[120]

Diese Beispiele zeigen, dass Elefanten am effektivsten aus einer Reserveposition heraus überraschend gegen die feindliche Reiterei geführt wurden. Dann war der psychologische Effekt der gewaltigen Tiere am größten.[121] Zu diesem Zweck wurden sie - eindrucksvoll geschmückt - wie eine Phalanx oder in Gruppen aufgestellt und von Leichtbewaffneten, Schleuderern und Bogenschützen gegen seitliche Angriffe geschützt.[122] Erst in einer späteren Phase - wohl unter Pyrrhos in Italien (s. u. S. 190) - trugen Kriegselefanten Speerwerfer und Bogenschützen in einem hölzernen Turm auf dem Rücken. Diese Methode wurde allerdings von den Karthagern mit ihren kleineren afrikanischen Elefanten nicht übernommen.[123] Auch wenn Kriegselefanten schwierig zu lenken und in Panik versetzt oder verwundet sich gegen die eigenen Truppen wenden konnten[124], blieben sie zwar nicht die entscheidende, wohl aber spektakulärste Waffe der hellenistischen Armeen, die sich bis nach Karthago und Rom verbreitete (s. u. S. 207).[125]

7.
LEHRJAHRE EINER KRIEGER-REPUBLIK – ROMS KAMPF MIT PYRRHOS UND KARTHAGO

Rom ein Sonderfall? – Militärische Charakteristika einer kriegerischen Gesellschaft

Im Jahre 281 sammelte Pyrrhos von Epirus eine Armee von 20 000 Schwerbewaffneten, 2000 Bogenschützen, 500 Leichtbewaffneten, 3000 Reitern und 20 Kriegselefanten zur Überfahrt an die süditalische Küste. Angetrieben von dem Ehrgeiz, sich in Italien ein Reich zu erobern, das ihm die Makedonen in Griechenland verwehrten, war er dem Hilferuf der Hafenstadt Tarent gefolgt, die sich nur mühsam der Expansion einer anderen Macht erwehrte: Als sich im Osten die Nachfolger Alexanders als Monarchen etablierten, hatte die römische Republik in langen Kämpfen die Vorherrschaft über fast die gesamte italische Halbinsel errungen. Ihre Eroberungspolitik lässt sich zwar durchaus mit den Ambitionen der hellenistischen Mächte vergleichen[1], aber in mehreren Aspekten unterschied sich die militärische Struktur Roms deutlich von den östlichen Reichen.

Während in der hellenistischen Welt Krieg als *téchne* professioneller Feldherren und Krieger verstanden wurde, führte die Republik ihre Kriege mit einem Milizheer und erblickte die Voraussetzung für militärische Erfolge nicht in der Kriegskunst, sondern in der *virtus militum*, der Kampfkraft, der Disziplin und der Opferbereitschaft der Bürgersoldaten.[2] Ein wesentlicher Grund für diesen Unterschied besteht darin, dass Rom über ein weitaus größeres Rekrutierungspotential verfügte als die griechischen Poleis. Der Stadt stand nicht nur die gesamte Bürgerschaft zur Verfügung, sondern sie konnte zusätzlich seit der Ausweitung des Bundesgenossensystems auf die eroberten Gebiete auch die Soldaten fast der gesamten italischen Halbinsel heranziehen; die Zahl der bundesgenössischen Hilfstruppen (Auxilien) überstieg bereits im 3. Jahrhundert v. Chr. die der römischen Kämpfer erheblich.[3] Zur Zeit des Pyrrhos lebten in Rom und auf dem römischen Staatsland *(ager Romanus)* über eine Million Menschen, was auf etwa 250 000 potentielle Soldaten schließen lässt, 50 Jahre später (264) umfasste allein der *ager Romanus* 26 805 km^2 mit rund 900 000 Menschen.[4] Tatsächlich konnte Rom im 3. und 2. Jahrhundert (bis 168) zwischen 80 000 und 100 000 Bürger unter Waffen halten.[5] Dazu kamen die Hilfstruppen aus den verbündeten Gemeinden. Nach der endgültigen politischen Integration der italischen Halbinsel vermochte die Republik nach Schätzungen des griechischen Historikers Polybios auf über 700 000 Fußsoldaten und rund 70 000 Reiter zurückgreifen.[6]

So problematisch diese Zahlen im Einzelnen auch sein mögen, eines zeigen sie überdeutlich: Rom hatte im Gegensatz zu den griechisch-hellenistischen Mächten bis weit ins 3. Jahrhundert hinein nie Schwierigkeiten, größere Menschenmassen unter Waffen zu bringen; das eigentliche Problem – das die griechischen Poleis von vornherein auf Kosten ihrer Wehrkraft ausgeräumt hatten – bestand darin, die kontinuierlich wachsende Zahl von Soldaten in die politischen und gesellschaftlichen Strukturen eines Stadtstaates zu integrieren (s. u. S. 245 f.).

In den hellenistischen Reichen war Krieg zu Lande und zu Wasser ein teures Unternehmen mit mehreren äußerst aufwendigen und teuren Waffengattungen, das den König zwang, immer neue Mittel zu erschließen (s. o. S. 173 f.).[7] Die Kriege Roms beschränkten sich dagegen bis in die 60er Jahre des 3. Jahrhunderts weitgehend auf die italische Halbinsel ohne größere Seestreitkräfte (was allein schon eine enorme finanzielle Entlastung bedeutete). Später konnte man sich auf hohe Kriegskontributionen und die Ressourcen Italiens stützen. Auf jeden Fall erlaubten das römische Milizsystem, die Rekrutierung sich selbst finanzierender Bundesgenossen und die (zumindest anfänglich) geringe Bedeutung teurer Waffengattungen (Belagerungsmaschinen) der Republik, durch reguläre Besteuerung *(vectigal)*, Sonderabgaben der Bodenbesitzer, Schenkungen der Reichen und Kriegsgewinne (Beute) den Krieg über Jahre zu führen.[8] Da Kriegführung als integraler Teil der gesamten Bürgerschaft und des politischen Lebens angesehen wurde, war auch die Finanzierung viel stärker in die politischen Strukturen eingebunden, während in den hellenistischen Reichen die Finanzen die Angelegenheit des Monarchen blieben.

Die relativ unproblematische Finanzierung des Krieges und die beispiellosen Rekrutierungsressourcen beeinflussten die Art der Kriegführung und ihre strategischen Dimensionen: Während ein hellenistischer König auch riskante Gelegenheiten zur Schlacht suchen, aber den Krieg nach ein oder zwei Niederlagen verloren geben musste, konnte Rom viele Niederlagen und hohe Verluste verkraften und deshalb viel länger Krieg auch aus einer defensiven Position heraus führen. Das römische Militär mochte vorübergehend scheitern, hatte aber immer den längeren Atem. Der Preis war hoch: Die römische Expansion hinterließ eine blutige Spur gefallener Soldaten – vor allem aus den eigenen Reihen: Die Republik musste rund 90 schwere Niederlagen hinnehmen, die an einem Tag mindestens 5000 Römern das Leben kosteten.[9] Jedes andere Gemeinwesen der Antike wäre an diesen Verlusten zerbrochen oder hätte zumindest seine expansive Dynamik verloren. Rom verkraftete sie alle, auch weil in militärischen Krisensituationen das Leben des Legionärs weniger zählte als das eines Bürgerhopliten in der griechischen Welt.

Die kompromisslose Bereitschaft, Ressourcen und Menschenleben für den militärischen Erfolg einzusetzen, erklärt sich aber nicht nur aus der Fähigkeit der Republik, immer neue Rekrutierungsquellen zu erschließen und sie in ihr Gemeinwesen zu integrieren (was den griechischen Poleis völlig abging); sie ist auch nicht *allein* Ergebnis einer ungewöhnlichen militärischen und außenpolitischen Bedrohungslage seit Beginn der Republik, die sich in den Köpfen der Generationen verfestigte und die Außen- und Kriegspolitik auch der Folgezeit prägte. Sie hat vor allem etwas zu tun mit dem politischen System und der Einstellung der Gesellschaft zum Krieg, die offenbar über Jahrhunderte konstant blieb: In den hellenistischen Monarchien konzentrierten sich kriegerischer Erfolg und militärische Leistung auf den König; in Rom hatte sich im Lauf der Kämpfe um die Vorherrschaft in Italien eine aristokratische Elite (Nobilität) von etwa 20–25 Familien herausgebildet, die durch ein hochmartialisches Ethos verbunden waren. Sie vergaben die Chance zur militärischen Bewährung und zum kriegerischen Ruhm reihum und beschränkten sie zeitlich. Krieg und Kriegführung waren deshalb gesellschaftlich breiter gelagert als in den hellenistischen Reichen und wurden von der Gesamtbevölkerung als wichtigstes Element der Leistung für den »Staat« vorbehaltlos akzeptiert.

Es gibt zwar Stimmen, die den Grad der Militarisierung und das ausgeprägte militärische Ethos der Elite zu relativieren und in den Gesamtkontext mediterraner Kriegerkulturen einzuordnen suchen; demnach sei es im Verlauf der späten Republik – als äußere Gefahren zurückgingen – sogar zu einer »Demilitarisierung« der Elite zugunsten alternativer »ziviler« Karriere- und Prestigechancen gekommen.[10] Daran ist so viel richtig, dass die Einstellung einer Gesellschaft zum Krieg graduellen Wandlungen unterliegt und innere Differenzierungen angesichts veränderter Bedrohungen und Herausforderungen erlebt. Entscheidend ist jedoch: Selbst als die Bereitschaft zur Kriegführung innerhalb der Elite teilweise nachließ oder sich auf neue, spezialisierte Gruppen und einzelne Akteure verlagerte, kam niemand in Rom auf die Idee, militärischen Leistungen und Siegen etwas von ihrer grundsätzlich überragenden Bedeutung für das Wohl des Staates und der Profilierung des Einzelnen abzusprechen. Auch der friedlichste Redner oder Rechtsanwalt ließ die Chance auf militärischen Ruhm nicht verstreichen, wenn sie ihm denn geboten wurde.[11]

Welche herausragende Bedeutung der militärische Erfolg für

die Elite und die Bürgerschaft insgesamt besaß, belegen zudem einige Verhaltensweisen, die in der griechischen Welt so nicht denkbar waren. Dazu gehören neben den Gladiatorenspielen und der spezifischen bildlichen Darstellung des Krieges (s. u. S. 319 f.) besonders der Triumph, ein Siegesritual, das weder die griechisch-hellenistische noch die keltisch-germanische Welt kannte. Zu Recht hat man darauf hingewiesen, dass die Republik auch andere Möglichkeiten bot, militärische Erfolge in gesellschaftliches Prestige umzusetzen (wie die Ausrufung zum »Imperator«), und sicherlich war die Verleihung des Triumphes immer in innenpolitische Machtkämpfe eingebunden; doch all dies ändert nichts an dem einzigartigen Phänomen. Nur der Triumphzug *(pompa triumphalis)* des siegreichen Feldherrn setzte einen Tag lang grundlegende Normen der aristokratischen Gesellschaft und Verfassung außer Kraft wie keine andere Institution: Nur bei dieser Gelegenheit durften Feldherr und Soldaten die geheiligte Stadtgrenze *(pomerium)* überschreiten. Der Triumphator war damit im Besitz der absoluten Macht, angetan mit einem an Iupiter erinnernden Purpurgewand, dem Lorbeerkranz und das Adlerszepter in der Hand. »Kein Mensch (wurde) zu Lebzeiten so sehr einem Gott angeglichen wie der Triumphator.«[12] Der Feldherr wuchs für einen Augeblick in die Rolle Iupiters hinein, und wenn der hinter ihm auf dem Wagen stehende Staatssklave die berühmten Worte murmelte: »Bedenke, dass du ein Mensch bist!«, so wird mancher Feldherr im Rausch des Augenblicks und dem Jubel der den Triumphzug säumenden Massen davon wenig gehört haben. Tatsächlich glich der Triumphzug, wenn er sich durch die *porta triumphalis* am Palatin vorbei und entlang der *Via Sacra* seinem Ziel, dem Iupitertempel auf dem Kapitol, näherte, einer Prozession mit der »Weihe eines Gottesdienstes«.[13] Das Opfer wurde dargebracht, nachdem der feindliche Feldherr im Staatsgefängnis getötet und damit der Krieg offiziell beendet war. Erst danach zog der Triumphator zum Tempel des Iupiter, opferte dem Gott und gab ihm den goldenen Kranz, den ihm der Staatssklave über dem Haupt gehalten hatte, zurück.

Der religiöse Ritus war jedoch nur ein Aspekt des Triumphes. Der andere bestand in der öffentlichen Zurschaustellung der Beutestücke, gefangener Krieger und großflächiger Gemälde von den wichtigsten Kriegsereignissen. Der Zuschauer bekam einen Eindruck davon, wie gegnerische Schlachtreihen dahinsanken, ganze Landstriche verwüstet und ummauerte Städte zerstört wurden und wie römische Soldaten die verzweifelten und um Gnade winselnden Bewohner hinmetzelten[14] – eine Orgie siegreicher Gewalt, auf die der Feldherr nicht weniger stolz war als die ihm zujubelnde Masse. Wenn ein auswärtiger Gast daran gezweifelt hätte, dass ein siegreicher Krieg die Erfüllung eines römischen Aristokratenlebens war und dass der Römer hierin nichts weniger als eine religiös legitimierte Tat erblickte – der Triumphzug belehrte ihn eines Besseren.[15]

Das Triumphritual deutet auf eine besondere religiöse Einbindung des Krieges hin, die der griechischen Welt unbekannt war und eher auf nahöstliche Parallelen verweist: Auch die hellenistischen Heerführer suchten zwar durch Opfer die Götter günstig zu stimmen, doch nach griechischer Auffassung waren gerade die Götter viel zu wankelmütig, als dass man sich im Krieg auf sie verlassen konnte. An die Stelle der göttlichen Legitimation traten die Tapferkeit des Monarchen und seine göttergleichen Tugenden. Sie mussten als Garant des Sieges herhalten, doch diese Garantie war natürlich brüchiger als die Überzeugung, dass der göttliche Wille den Sieg wollte: Die Römer glaubten, dass jeder Krieg – vorausgesetzt, er war von den Priestern als rechtmäßig und gerecht anerkannt[16] – mit einem Sieg enden werde, weil sie von den Göttern ohne Wenn und Aber unterstützt wurden. Da jeder Krieg durch entsprechende sakralrechtliche Formalien eingeleitet wurde, konnten sich die Römer trotz aller Niederlagen sicher sein, dass sie als Sieger hervorgehen würden.[17] Die besonderen materiellen und politischen Voraussetzungen trafen sich mit einer religiösen Konstruktion des Krieges, der Rückschläge nur als Etappen auf dem Weg zum sicheren Sieg verstehen konnte. All dies machte die Römer relativ unabhängig vom Erfolg oder Versagen einzelner Feldherrn; sie konnten ja jährlich ausgewechselt werden und waren eigentlich nur Vollstrecker des von den Göttern garantierten Sieges.

Mit dieser gesellschaftlichen und religiösen Einbettung der Kriegführung korrespondierte schließlich eine besondere taktische und organisatorische Struktur des Heeres.[18] Basis war die Legion; sie bestand aus 4200 Fußsoldaten und 300 Reitern. Wohl hatten die Römer seit der etruskischen Königsherrschaft die Phalanx der Schwerbewaffneten übernommen, nicht aber die Veränderungen der griechischen und besonders der hellenistischen Heere während der Kriege Alexanders und seiner Nachfolger. Einen Belagerungstrain oder Spezialtruppen (Schleuderer, Bogenschützen) besaßen sie jedenfalls bis zur Mitte des 3. Jahrhunderts genauso wenig wie eine der Sarissenphalanx vergleichbare Angriffsformation. Stattdessen entwickelten sie während der langen Kriege gegen die mittelitalischen Bergstämme der Samniten (326–290) eine besondere Form des flexiblen Zusammenspiels schwerbewaffneter Kampfformationen, die einmalig war in der mediterranen Welt: Man gliederte die Schlachtreihe in 10 taktische Abteilungen (Manipel = »eine Handvoll«) von je 120 Mann (= zwei Zenturien von 60 Mann); die Manipel waren die entscheidende taktische Einheit und wurden von eigenen Offizieren, den Zenturionen, kommandiert. Im Gefecht waren sie nebeneinander postiert und durch eine Lücke in Manipularbreite voneinander getrennt.[19] Eine Legion bestand aus drei Reihen von zehn nebeneinander aufgestellten Manipeln: Die erste Reihe hieß *hastati*, die zweite *principes* und die dritte, die nur jeweils aus halben Manipeln (60 Mann) bestand, *triarii* (von *tres* = drei, »die im dritten Glied Stehenden«).[20]

Das Besondere an dieser dreigliedrigen Aufstellung *(triplex acies)* war, dass die Manipel der jeweils hinteren Reihe nicht hinter die Manipel der vorderen Reihe, sondern seitlich versetzt jeweils hinter die von den vorderen Manipel gebildeten Lücken *(intervalla)* aufgestellt wurden. Diese in der Antike beispiellose Positionierung hieß *quincunx*. Wie sie im Gefecht funktionierte, ist nicht völlig klar, aber ihr Geheimnis bestand wohl in der seitlich versetzten Staffelung der Manipel. Wahrscheinlich zogen sich die Manipel der ersten Reihe *(hastati)* nach Anzeichen von Erschöpfung in einer der üblichen (und notwendigen) Gefechtspausen auf Kommando durch die Lücken zurück, die hinter ihnen offen gelassen wurden, während die *principes* durch die Lücken der *hastati* nach vorn stießen.[21] Sollten auch die *principes* das Gefecht noch nicht zu Gunsten der Römer entschieden haben, wechselte die Reservereihe der *triarii* an die vorderste Front und löste die *principes* ab.

Auch wenn der Wechsel der Reihen im Einzelnen umstritten ist[22], ihr Vorteil gegenüber der klassischen Hopliten- und Sarissenphalanx ist offensichtlich: Während die griechisch-hellenistischen Phalangen nur einen geringen Prozentsatz der Soldaten, nämlich die der ersten Reihen, in direkten Kampfkontakt mit dem Feind bringen konnten (der Rest schob die ersten Reihen nach vorn und erhöhte nur die Durchschlagskraft)[23], kamen bei den Römern phasiert mindestens zwei Drittel der Legionäre zum Kampf, in Krisensituationen mit den Veteranen der Triarier sogar 100 Prozent. Diese Rotation ermöglichte neben der Reservenbildung eine viel längere Kampfdauer mit frischen Kräften.[24] Ferner hat man auf den psychologischen Vorteil hingewiesen, der den ersten Reihen in dem Wissen zuteil wurde, dass sie nicht bis zum Äußersten kämpfen mussten, sondern nach einer gewissen Zeit von ihren Kameraden der hinteren Reihe abgelöst wurden.

Mit der *quincunx*-Formation ist ein weiterer Aspekt verbunden, der für das Verständnis des römischen Kriegswesens im Vergleich zu den griechisch-hellenistischen Formen von fundamentaler Bedeutung ist. Während in der griechischen und hellenistischen Phalanx die besten, angesehensten und erfahrensten Kämpfer (als *promachoi*) die ersten Reihen bilden[25], stehen in der römischen Formation umgekehrt die kampferprobten Legionäre als Triarier in der letzten Reihe. Während bei den Griechen die hinteren, weniger kampfstarken Reihen in der Regel gar nicht in einen direkten Kampfkontakt mit dem Gegner traten (sondern lediglich schoben und die vor ihnen aufgestellten Reihen am Fliehen hinderten)[26], griffen umgekehrt die mit Lanzen bewaffneten Triarier aus der letzten Reihe der Legion in dichter Formation nur dann ein, wenn die Legion in eine gefährliche Krise geriet.[27] Während also dem griechischen System offensichtlich das Bemühen zugrunde liegt, durch einen ersten offensiven Vorstoß der besten Kämpfer das Geschehen mit möglichst geringen Verlusten der Gesamtarmee zu entscheiden, beruht das römische System auf der Gewissheit, dass zunächst die Quantität, nicht die individuelle Qualität der Kämpfer den Gegner überwindet.

Die taktischen Systeme spiegeln nicht nur die unterschiedlichen Rekrutierungspotentiale, sondern auch die Auffassungen vom Wert des Soldaten in der Armee. Und sie stehen für taktische Grundauffassungen der Kriegs- und Schlachtführung: Die hellenistische Sarissenphalanx ist eine Offensivwaffe, die ihre größte Wirkung in dem massierten Durchstoß durch die gegnerische Linie entfaltet. Dagegen konnte der Wechsel der Reihen innerhalb der *triplex acies* retardierend auf einen einzigen offensiven Vorstoß wirken (auch wenn dieser natürlich nicht ausgeschlossen war); ein der Sarissenphalanx vergleichbarer Massendruck konnte in jedem Fall mit der lockeren Aufstellung der Manipel nicht erzielt werden.[28] Vielmehr eignete sie sich zumindest in der ersten Phase der Schlacht für die Defensive, für längere Kämpfe und zur Reservenbildung.[29] In der Folgezeit scheiterte Rom militärisch oft, wenn es überstürzt in die Offensive ging, dagegen kam es zu Erfolgen auf dem Schlachtfeld aus einer eher defensiven Grundposition.[30] Die eigentliche Qualität und wohl auch der Hauptzweck der *quincunx*-Formation bestanden jedenfalls nicht im frontalen Durchstoß, sondern darin, den Gegner in einen zermürbenden Nahkampf zu verwickeln. Deshalb wurden die Legionäre im Lauf der Samnitenkriege anstelle der langen *Stoß*lanze der Sarissenphalanx mit *Wurf*spießen *(pila)* ausgestattet, die sie vor dem Aufprall auf die gegnerische Reihe schleuderten.[31] Die Hauptwaffe bildeten das Kurzschwert *(gladius)* und der ovale Schild, die nur für den Nahkampf geeignet waren. Um sie einzusetzen, verfügte der Legionär über einen weitaus größeren Freiraum von etwa zwei Metern gegenüber den Sarissenträgern.

Wie grundlegend der Nahkampf das taktische (und vielfach auch das strategische) Denken der Römer und den Wert des Kriegers bestimmte, zeigt schließlich auch die Rolle der (meist unterschätzten) Bürgerreiterei. Sie rekrutierte sich bis zum Ende des 2. Jahrhunderts aus den Reihen der Reichen. Im Gefecht verzichtete sie bis in die späte Republik im markanten Gegensatz zur hellenistischen Kavallerie wann immer möglich auf mobile Manöver und suchte stattdessen (häufig gemeinsam mit den Legionären) den Nahkampf mit der gegnerischen Reiterei oder den Fußsoldaten. Zu diesem Zweck stiegen die römischen Reiter – für griechisch-hellenistische Beobachter überraschend und einmalig in der mediterranen Welt – nach dem Anritt gegen die feindliche Formation vom Pferd und kämpften zu Fuß.[32] Dies war nicht in erster Linie das Ergebnis mangelnder kavalleristischer Fähigkeiten, wie man lange glaubte – die römischen Reiter hätten sich leicht an der berühmten kampanischen Kavallerie orientieren können; es handelte sich vielmehr um eine bewusste Entscheidung im Rahmen einer Grundauffassung vom Krieg, die übrigens lange Zeit (bis zu den Kriegen gegen Hannibal) zu respektablen Ergebnissen führte (s. u. S. 209).[33]

Woher diese Grundauffassung stammt und warum die Römer im Gegensatz zu den hellenistischen Heeren so dezidiert auf den (längeren) Nahkampf mit dem Schwert setzten und sogar den Einsatz ihrer Reiterei daran ausrichteten, ist nicht einfach zu erklären. Man könnte die defensive Grundausrichtung (deshalb auch der Verzicht auf einen Belagerungstrain!) und die Vorliebe für den Nahkampf über einen längeren Zeitraum mit der besonders gefährdeten Ausgangssituation der Stadt Rom nach dem Ende der Königszeit erklären. Sicherlich spielten auch die militärischen und geographisch-topographischen Umstände der frühen Kriege eine Rolle, die räumliche Distanz zu den vorderasiatischen Reiterkulturen und die Beschränkung auf die italischen Verhältnisse. Hier kämpften die Samniten zu Fuß in hügeligem Gelände, das komplizierte Manöver der Reiterei nicht erlaubte; aber auch gegen die Kelten erwies sich – wie die Kämpfe des späten 3. Jahrhunderts v. Chr. zeigten – die beschriebene Art des kombinierten Infanterie-Kavallerieeinsatzes als wirksam.[34]

Zweifellos erblickten die Römer im Nahkampf die geeignete Form, männlichen Mut und Tapferkeit *(virtus)* zu beweisen.[35] In keinem anderen Gemeinwesen – am wenigsten in Griechenland – konnte man mit der öffentlichen Zurschaustellung von Kampfwunden, Narben und kriegsbedingten Behinderungen den eigenen Status erhöhen und seine Leistungsbereitschaft für den Staat demonstrieren.[36] Und nicht ohne Grund suchten römische Adlige nach Aussage der frühen römischen Historiker (Annalisten) sehr viel häufiger als griechisch-hellenistische Heerführer den Zweikampf (meist zu Pferde) zum Beispiel gegen keltische Häuptlinge.[37] Dieser Zweikampf sollte weniger die Schlacht schnell entscheiden und damit das Leben der Soldaten schonen; es ging vielmehr darum, *virtus* gegen den stärksten Gegner zu beweisen.

In jedem Fall hatten die Römer am Ende des 3. Jahrhunderts eine Kampfesweise gefunden, die ihrem Verständnis von Krieg entsprach, nämlich dem Willen, lange Kriege durchzustehen und auch hohe Verluste (die mit dem Nahkampf viel eher drohten als mit dem Einsatz der Sarissa) in Kauf zu nehmen.

Dabei erforderte die Gefechtsführung mit der Manipularlegion weniger taktische Koordinationskunst als der Einsatz der verschiedenen hellenistischen Waffengattungen. Die Kampfrotation, das Einrücken der Reservemanipel und der Nahkampf wurden meist von den Zenturionen eingeübt und organisiert[38]; deshalb konnte der jeweils nur für ein Jahr kommandierende und selten nach Feldherrnqualität, sondern nach Herkunft und sozialem Rang gewählte Konsul auf ein eingespieltes System zurückgreifen, ohne komplizierte taktische Arrangements treffen zu müssen.[39] Der Wert ihres Feldherrn bemaß sich nach Auffassung der Römer eben in erster Linie daran, dass er seine *virtus* zeigte, und nicht, dass er anspruchsvolle taktische Manöver beherrschte.[40] Die *triplex acies* fing auf der einen Seite mangelnde taktische Fähigkeiten des Feldherrn bis zu einem gewissen Grade auf und entsprach in dieser Hinsicht auch dem milizionären Charakter der Armee.[41] Dieses System war zwar *kurzfristig* wenig flexibel und erschwerte *situative* Anpassungen an den Gegner, aber *auf Dauer* bot gerade die Unabhängigkeit von hellenistischen Vorbildern und die Fähigkeit, längere Kriege unter hohen Verlusten zu führen, nicht nur die Chance, den strategischen Dimensionen des Krieges mehr Aufmerksamkeit zu widmen, sondern auch aus eigenen Fehlern und den Stärken des Gegners zu lernen.[42] Die *triplex acies* und die mit ihr verbundene Kampfethik waren eine stabile Basis, an die – wie wir sehen werden – relativ problemlos neue Waffentechniken und Waffengattungen angegliedert werden konnten, ohne dass man die Grundauffassung der Kriegführung aufgab. »Denn wie nur irgendjemand sonst« – so resümierte der griechische Historiker und Reiterführer Polybios in der Mitte des 2. Jahrhunderts[43] – »verstehen sie [die Römer] es, sich fremde Gewohnheiten anzueignen und zum Muster zu nehmen, was besser ist.«

Die erste Lektion: Krieg gegen Pyrrhos von Epirus

Es war für die Römer allerdings ein langer Lernprozess auch nach den Kämpfen gegen die inneritalischen Gegner. Der Vorstoß des Pyrrhos bot eine neue Erfahrung: Rom traf zum ersten Mal auf einen erfahrenen Feldherrn, der Krieg wie eine Wissenschaft betrieb, Fachbücher studierte und Schriften zu Taktik und Strategie verfasste. Hannibal soll ihn nach Erfahrung und Meisterschaft für den besten Heerführer gehalten haben.[44] Zudem führte Pyrrhos eine professionelle Armee mit, der Rom in dieser Form bisher nicht begegnet war.

Wie jeder hellenistische Söldnerführer suchte Pyrrhos die direkte militärische Entscheidung. Aber auch die Römer drängten zur Schlacht, bevor der Feldherr aus Epirus zu viele Hilfstruppen aus Süditalien sammelte. So traf im Sommer 280 auf einer durch den Fluss Siris (Sinni) geteilten Ebene nahe Herakleia in Lukanien zum ersten Mal eine hellenistische Armee auf ein zahlenmäßig überlegenes Milizheer Roms.[45] Pyrrhos wollte noch die Ankunft seiner Bundesgenossen abwarten und versuchte deshalb, die Römer am Überqueren des Flusses zu hindern. Der Konsul Laevinus ergriff jedoch die Initiative und befahl den Legionen und der Reiterei, auf beiden Flanken über den Fluss zu setzen. Die Reiter sollten offenbar die Wachen vertreiben und die noch ungeordnete Sarissenphalanx bedrängen, um dem Angriff der Legionen eine günstige Ausgangsposition zu verschaffen.[46] Laevinus unterschätzte allerdings die gegnerische Kavallerie. Mit ihr führte Pyrrhos den Gegenangriff auf die vorgesprengte römische Reiterei und gab der Sarissenphalanx Zeit zur Entfaltung. Unterstützt wurde sie auf den Flanken von den mit Türmen bewehrten Elefanten.[47] Vor dem Angriff der Sarissen mussten sich die Legionen und Reiterei unter großen Verlusten zurückziehen.

Pyrrhos glaubte nach dem Sieg an ein schnelles Ende des Krieges. Auch die Nachfolger Alexanders hatten zwar mitunter Kriege so lange geführt, bis die Niederlage des Feindes komplett und der gegnerische Dynast getötet war, aber Pyrrhos beurteilte Rom nach den Maßstäben griechischer Städte, die schnell zu Vereinbarungen bereit waren.[48] Dies war eine krasse Fehleinschätzung. Rom konnte mit rund 275 000 Mann Milizen und Bundesgenossen weitaus mehr Soldaten unter Waffen halten als jede griechische Stadt. Deshalb ließ man sich auch nicht beeindrucken, als Pyrrhos über Kampanien bis vor die Tore der Hauptstadt zog.[49] Da ihm Belagerungsmaschinen fehlten und es ihm nicht gelang, die Hafenstädte Kampaniens auf seine Seite zu bringen und die römischen Kolonien zu erobern, zog er unverrichteter Dinge ab.

Im folgenden Jahr verstärkte der König seine diplomatischen

Bemühungen, forderte nun aber nur noch die Unabhängigkeit seiner Verbündeten und die Rückgabe der von Rom eroberten Territorien. Der Senat lehnte auf Initiative des betagten Senators Appius Claudius ab. Appius hatte die Samnitenkriege erlebt und die nach ihm benannte transitalische Straße bauen lassen, die bis Capua und dann bis nach Brundisium führte. Sein Lebenswerk stand auf dem Spiel, und so erklärte er[50], ein Friede sei erst möglich, wenn Pyrrhos sich aus Italien zurückziehe. Wenn diese Forderung historisch ist, so formulierte sie zum ersten Mal den Anspruch Roms auf die alleinige Vorherrschaft über die Halbinsel, eine Art römische Monroe-Doktrin.

Dieser Anspruch widersprach wiederum dem Kampfauftrag der Tarentiner an Pyrrhos und dem Selbstverständnis des Königs. »Da hiernach die Verhältnisse eine zweite Schlacht erforderten, brach er mit seinem durch italische Alliierte vergrößerten Heer auf und kam bei der Stadt Ausculum (in Apulien) mit einem doppelkonsularischen Heer von annähernd 70 000 Mann ins Gefecht.«[51] Um den Einsatz der gegnerischen Reiterei und besonders der Elefanten zu verhindern, suchten die Römer das Aufeinandertreffen diesmal auf einem unebenen und mit Büschen besetzten Gelände. Die eigene Reiterei griff zusammen mit den Legionen die gegnerische Kavallerie in der gewohnten Manier (s. o. S. 187) an, indem sie kurz vor dem Zusammenstoß von den Pferden stieg und einen erfolgreichen Nahkampf begann.[52] Pyrrhos konnte jedoch die Schlacht nach dem ersten Kampftag auf ebenes Terrain verlagern und seine Phalanx durch Flankenreiterei unterstützt gegen die Legionäre und die Reiterei anrücken lassen.[53] Den Versuch der Römer, die vordrängenden Elefanten durch Kriegswagen mit verstärkten Wänden aus dem Gefecht zu halten[54], vereitelten Bogenschützen und Speerschleuderer. Wieder bewies Pyrrhos seine Fähigkeit, auf wechselnde Situationen durch den effektiven Einsatz der geeigneten Waffengattungen zu reagieren. Am Ende des Tages waren die Legionen unter schwersten Verlusten zurückgetrieben, aber auch der König soll einen beträchtlichen Teil seiner besten Truppen verloren und danach den Ausspruch getan haben: »Noch so ein Sieg, und wir sind geschlagen.«[55]

Die Skepsis war angebracht. Auch diesmal lehnten die Römer ein verbessertes Friedensangebot ab, mit gutem Grund: Noch während der Verhandlungen landete der karthagische Admiral Mago mit 120 Kriegsschiffen in der Tibermündung und bot den Römern (logistische) Hilfe an, wenn sie den Krieg gemeinsam gegen Pyrrhos fortsetzten.[56] Er wollte damit einem Frieden zwischen Rom und Pyrrhos zuvorkommen und diesen in Italien binden, um die karthagische Expansion in Sizilien nicht zu gefährden.[57] Doch anstatt Pyrrhos von einem Eingreifen in Sizilien abzuhalten, bewirkte der karthagisch-römische Vertrag das Gegenteil. Pyrrhos nahm die Kunde von der Vereinbarung sowie einen Hilferuf von Syrakus, Leontinoi und Akragas zum Anlass, in Sizilien den schnellen Sieg zu erringen, der ihm in Italien versagt schien.[58] Im Jahr 278 drängte er die Karthager bis auf die Festung Lilybaion (Marsala) zurück. Doch sein strenges Regiment in den »befreiten« Städten und die Forderung, eine Flotte zu bauen, machten ihn den Griechen überdrüssig, so dass er schon zwei Jahre später wieder in Italien erschien.[59]

Die Römer hatten derweil die Lukaner, Samniten und Bruttier in ihr Bündnissystem gezwungen, aber ihre eigene Bürgerschaft war durch eine Seuche geschwächt.[60] Allerdings hatte auch Pyrrhos auf der Überfahrt durch den Angriff eines karthagischen Geschwaders einen beträchtlichen Teil seiner Schiffe und Mannschaften verloren.[61] Er stand deshalb erneut unter Zeitdruck und musste eine Vereinigung der beiden konsularischen Heere in der Schlacht verhindern. So griff er zunächst das Heer des Manius Curius Dentatus bei Maleventum (in Unteritalien) an, in der Hoffnung, ein Sieg werde den anderen Armeeteil zur Aufgabe bewegen.[62] Hatten die Römer bei Herakleia noch die offene Ebene gesucht, bei Ausculum unebenes und mit Büschen besetztes Terrain gewählt, so zog sich Curius jetzt auf eine zerklüftete und bewaldete Bergspitze zurück, die einen Angriff mit Elefanten und der Sarissenphalanx unmöglich zu machen schien. Pyrrhos wagte nach einem nächtlichen Umgehungsmarsch einen Überraschungsangriff, wurde aber bei Tagesanbruch gesichtet. Der Konsul konnte von der höheren Position aus einen durch den Marsch ermüdeten Gegner bekämpfen.[63] Nur mit Mühe und unter hohen Verlusten stabilisierte Pyrrhos die zurückweichende Phalanx. Die Elefanten einzusetzen war diesmal unmöglich, zumal sich diese – durch gezielte Wurfgeschosse verunsichert – gegen die eigenen Männer wandten.[64] Trotzdem gelang es Pyrrhos noch einmal, vom rechten Flügel aus mit Hilfe einiger Elefanten einen massierten Angriff gegen die Legionäre vorzutragen. Auf diese Weise konnte er eine vollständige Niederlage verhindern und den Schlachtverlauf ausgeglichen gestalten.

Dennoch bedeutete die Schlacht von Malevent (die von den Römern ob ihres Erfolges in »Benevent« = »Guter Ausgang« unbenannt wurde) eine strategische Niederlage des Pyrrhos.[65] Während die Römer in der Lage schienen, jede noch so verlustreiche Schlacht wettzumachen, waren das Rekrutierungspotential und wohl auch die Kriegskasse des Pyrrhos erschöpft. Doch selbst wenn ihm neue Aushebungen gelungen wären, hätte er viel mehr Zeit gebraucht als die Römer, um die neuen Soldaten in das komplizierte taktische System einer hellenistischen Armee einzufügen. Solange ein Mann wie Pyrrhos einen Großteil seiner *eigenen* Truppen in die Schlacht führte, vermochte er deren taktische und waffentechnische Überlegenheit einzusetzen. Jeder Verlust musste jedoch durch Verbände aufgewogen werden, die auf dieses Zusammenspiel nicht vorbereitet waren. Im Fall des Pyrrhos bewahrheitet sich somit die alte Regel, dass Armeen ab einem bestimmten Komplexitätsgrad immer abhängiger von der Kunst des Feldherrn werden.

Die römische Armee war dagegen einfacher strukturiert, leichter zu ergänzen und auch von weniger begabten Feldherren zu kommandieren (s. o. S. 189). Ihre Erfolge hingen weniger ab von der Qualität des Feldherrn, seinem Schlachtplan und taktischen Initiativen als vielmehr vom Drill der Soldaten und der langfristigen Strategie.[66] Während die Könige häufig nach einer Niederlage den

Krieg aufgeben mussten (s. o. S. 190), konnten die Römer einen hohen Blutzoll unter den Rekruten verkraften und sie nutzten Niederlagen als Lernprozess, um Schritt für Schritt ihren technisch-taktischen Rückstand auszugleichen.[67] Deshalb und wahrscheinlich auch um den Zusammenhalt der Adelselite nicht zu gefährden, ging die Nobilität mit erfolglosen Generälen auch weitaus toleranter um als alle anderen Mächte.[68] Sie wussten, dass die Zeit für sie und gegen alle Gegner arbeitete, die in Italien einfielen.

Diese Lehre des Krieges sorgte in der hellenistischen Welt für Furore. Pyrrhos kehrte im Herbst des Jahres 275 mit dem Kern seiner Truppen nach Epirus zurück. In Athen griff der greise Historiker Timaios von Tauromenion noch einmal zur Feder, um seiner Geschichte der Magna Graecia ein Kapitel über die Vorgeschichte Roms und den Pyrrhoskrieg anzufügen. Selbst die Ptolemäer aus dem fernen Alexandria gratulierten den Römern und schlossen Freundschaft mit der Republik.[69]

Zweite Lektion: Krieg gegen Karthago um Sizilien

Nutznießer des Pyrrhoskrieges waren die Karthager. Sie verfügten schon im 4. Jahrhundert über Armeen, deren Umfang denen der großen hellenistischen Heere gleichkam, und sie besaßen ein ausgefeiltes Versorgungs- und Transportsystem, das ihnen erlaubte, diese Armeen mit ihren Kriegselefanten auch auf den tyrrhenischen Inseln einzusetzen.[70] Ihre Machtausdehnung in Sizilien reichte nach dem Pyrrhoskrieg bis zur Straße von Messana und wurde nur durch König Hieron von Syrakus und die Stadt Messana behindert. Vor Beginn des Krieges war Messana unter das Regiment kampanischer Söldner geraten. Das von ihren Raubzügen bedrohte Rhegion hatte im gleichen Jahr, als der Konflikt mit Tarent eskalierte, aus Rom eine Garnison aus 1200 kampanischen Söldnern erhalten. Diese bemächtigten sich jedoch bald der Stadt, störten mit ihren Plünderungsfahrten den tarentinischen Seehandel und den Nachschub des Pyrrhos.[71] Als Pyrrhos abgezogen war, hatten sie ihre Aufgabe erfüllt. Folgerichtig zwangen die Römer sie mit Hilfe Hierons zur Kapitulation.

Kurze Zeit später ging Hieron gegen die Söldner in Messana vor. Die Bedrängten riefen zunächst die Karthager und danach Rom um Hilfe. Die Konsuln veranlassten die Volksversammlung mit der Aussicht auf schnelle und reiche Beute, dem mamertinischen Hilfegesuch nachzukommen. Nach einer ersten Vorausabteilung vertrieb im Sommer 264 ein Heer unter Appius Claudius Caudex die Syrakusaner und zwang ein Jahr später die karthagische Abteilung zum Abzug. Karthago erklärte daraufhin den Römern den Krieg. Noch im gleichen Jahr eroberten die Konsuln weitere sizilische Städte und drängten Hieron auf die römische Seite.

Doch erst die Eroberung von Akragas veranlasste die Karthager, eine neue Flotte vier- und fünfreihiger Kriegsschiffe zu bauen. Damit war klar, dass der Kampf um Sizilien vor allem auf See ausgetragen und entschieden werden musste, was ganz im Sinne der Karthager war: Die Stadt war die erfahrenste Seemacht des westlichen Mittelmeeres mit einer langen Tradition nautischer Kunst und maritimer Kriegführung.[72] Aus einem Fragment des griechischen Historikers Sosylos[73] geht hervor, dass die Karthager – wahrscheinlich als einzige Seemacht der damaligen Zeit neben den Rhodiern – noch das schwierige Manöver des *diékplous* (s. o. S. 78) beherrschten. Deshalb setzten sie anders als die hellenistischen Könige nie größere Schlachtschiffe als den Fünfreiher ein und bevorzugten schnellere Einheiten.[74]

Die Römer befanden sich demgegenüber in einer vergleichbaren Situation wie die Makedonen. Sie besaßen eine gut organisierte Küstenflottille und hatten immerhin zu Beginn des Pyrrhoskrieges gewagt, mit mehreren Kriegsschiffen in den Hafen von Tarent einzufahren. Ferner verfügten sie mit dem Silawald in Süditalien über das beste Schiffbaumaterial der Halbinsel sowie mit den verbündeten kampanischen und süditalischen Griechen über erfahrene

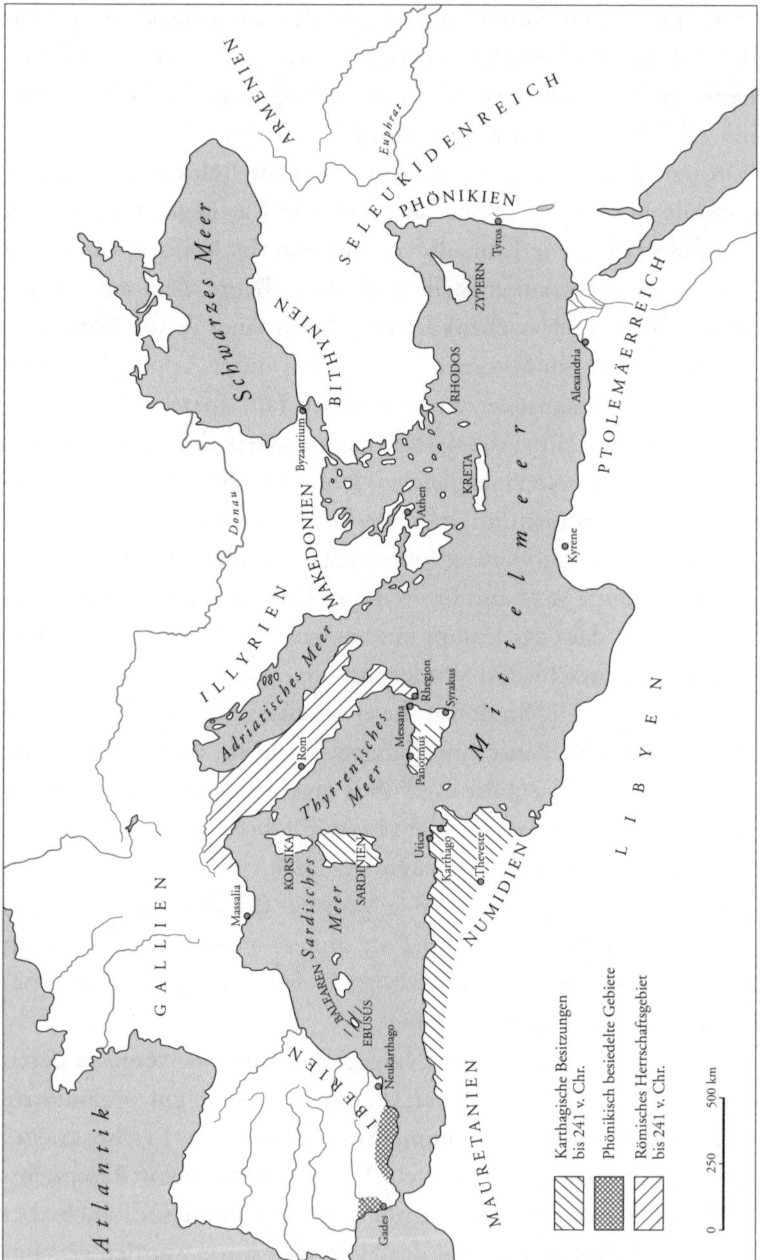
ARMENIEN
Euphrat
SELEUKIDENREICH
PHÖNIKIEN
Tyros
ZYPERN
Schwarzes Meer
BITHYNIEN
Byzantium
RHODOS
Alexandria
PTOLEMÄERREICH
KRETA
Athen
MAKEDONIEN
Donau
Kyrene
ILLYRIEN
Adriatisches Meer
Mittelmeer
Rhegion
Syrakus
Messana
Panormus
Rom
Thyrrenisches Meer
LIBYEN
Utica
Karthago
Theveste
NUMIDIEN
KORSIKA
SARDINIEN
Sardisches Meer
Massalia
GALLIEN
BALEAREN
EBUSUS
Neukarthago
IBERIEN
MAURETANIEN
Atlantik
Gades
Karthagische Besitzungen bis 241 v. Chr.
Phönikisch besiedelte Gebiete
Römisches Herrschaftsgebiet bis 241 v. Chr.
0
250
500 km

Seeleute, die allerdings nur Dreiruderer zu bewegen gewohnt waren.[75] Noch hatten sich nicht der Anlass und die Notwendigkeit ergeben, dieses Potential zum Bau und Einsatz größerer Kriegsflotten zu nutzen; dementsprechend hatten die Römer auch diese Seite des Krieges gegen Pyrrhos seinerzeit den Karthagern überlassen (s.o. S. 192). Wenn es die Römer nun aber im Jahr 264 mit Karthago selbst aufnahmen, mussten sie denselben Weg wie zuvor die hellenistischen Könige gehen: fehlende individuelle Ruderkunst und mangelnde taktische Erfahrung im Bereich des Manövrierens durch Quantität und durch Entertaktik auszugleichen. Tatsächlich versuchten die Römer von Beginn an, die Karthager durch die größere Zahl und Masse ihrer Kriegsschiffe regelrecht zu erdrücken. Das konnte aber nur gelingen, wenn sie der taktisch und nautisch überlegenen karthagischen Flotte die Küstenbasen nahmen[76], so wie es Alexander gegenüber den phönikischen Schiffen der persischen Marine erfolgreich tat (s.o. S. 151). Anders als Alexander konnten die Römer immerhin auf die Erfahrung der unteritalischen und bald der syrakusanischen Griechen zurückgreifen, und dadurch bot sich ihnen die Möglichkeit, bewährte Seemanns- und Manövrierkunst mit den Mitteln des »primitiven« Enterkampfes zu kombinieren. Denn wie zu Lande, so konnten die Römer auch zur See darauf vertrauen, dass die Zeit und die größeren Ressourcen an Menschen und Materialien ihnen diese Lernprozesse ermöglichten und am Ende auch zu einem Erfolg gegen Karthago verhalfen.

Der griechische Historiker Polybios vermittelt dagegen den Eindruck, die Römer seien völlig unvorbereitet in den Seekrieg gegangen und hätten nur dank ihrer »Kollektivmoral« die Schwierigkeiten des Seekriegs gemeistert – eine durchsichtige Verzerrung der tatsächlichen Verhältnisse, die der Expansion Roms nach den Regeln hellenistischer Geschichtsschreibung Dynamik verleihen sollte. In Wirklichkeit war das Meer seit dem 4. Jahrhundert wichtiger Bestandteil römischer Außenpolitik. Drei Jahre vor dem Krieg um Sizilien hatte man vier Flottenquästoren in Ostia, Cales,

Ariminum und einem unbekannt Ort eingesetzt; sie sollten die maritimen Kräfte der Bundesgenossen koordinieren und Neubauten leiten.[77] Naiv und unbedarft waren die Römer also keineswegs, als sie den Krieg gegen die Karthager auf sich nahmen.[78]

Um mit den Schiffen Karthagos gleichzuziehen, hätten sich ferner die Römer ein gestrandetes karthagisches Kriegsschiff zum Vorbild »ihrer ganzen Flotte« genommen.[79] Auch hier handelt es sich um eine Legende, mit der Polybios die Unerfahrenheit der Römer zur See unterstreichen wollte. Wie absurd sie ist, haben Forscher schon vor längerer Zeit aufgezeigt, aber das konnte nicht verhindern, dass die Geschichte bis heute immer wieder für bare Münze genommen wird.[80] Zweifellos wurden gegnerische Wracks ausgewertet, aber solche Zufallsfunde zur entscheidenden Grundlage eines ganzen Flottenprogramms zu machen widerspricht aller historischen Wahrscheinlichkeit und insbesondere den völlig unterschiedlichen Ausgangsbedingungen und Zielen, die Rom mit dem Bau der Flotte verfolgte. Viel näher lag es, sich an Syrakus zu wenden, das traditionell eher auf die Entertaktik (so etwa seinerzeit gegen Athen; s. o. S. 127) setzte und lange Erfahrung im Bau und Einsatz von Fünf- und Vierruderern vor allem gegen Karthago hatte; das letzte Gefecht mit einer karthagischen Flotte lag gerade einmal 15 Jahre zurück. Dass Syrakus den Römern die entscheidenden Ratschläge gab, könnte auch erklären, warum der römische Flottenbau erst drei Jahre nach Kriegsbeginn einsetzte. Denn erst 262 schlossen die Römer mit Hieron ein Bündnis, und erst seit dieser Zeit konnte man dessen Ingenieure für den Aufbau einer Flotte von 100 Fünfruderern und 20 Trieren heranziehen.[81]

Die syrakusanischen Baumeister geizten nicht mit den neuesten Erfindungen der hellenistischen Kriegstechnik. Zu ihnen zählte die Enterbrücke (*korax*; lateinisch: *corvus*, »Rabe«). Polybios, der als Einziger diese Enterbrücken beschreibt, meint, mit ihnen sei es den »römischen Landratten« gelungen, den Landkrieg auf die See zu übertragen und damit ihre maritime Unterlegenheit auszugleichen.[82] Cassius Dio spricht dagegen nur von »Enterhaken an langen Balken«, die man auf die feindlichen Schiffe warf, um diese heranzuziehen.[83] Das war eine typische und gängige Art hellenistischer Entertechnik, und vieles spricht dafür, dass genau diese auch von den Römern angewandt wurde.[84] Aber auch wenn man Polybios Glauben schenkt, können die »Raben« keine kriegsentscheidende Bedeutung gehabt haben.[85] Denn ihr Einsatz war nur bei ruhiger See möglich, weil die Schiffe durch das Gewicht der Brücken toplastig wurden. Bei einem üblichen Tiefgang antiker Kriegsschiffe von nicht mehr als 1–1,5 Meter führte der kleinste Fehler beim Schwenken zumal in unruhigem Gewässer zum Kentern.[86] Sich auf solche Unsicherheiten zu verlassen widerspricht allen Erfahrungen antiker Seekriegstaktik. Die Enterbrücke reiht sich also mit großer Wahrscheinlichkeit ein in den Mythos der grundsätzlich meeresfeindlichen Einstellung der Römer. Tatsächlich befolgten die Römer das, was auch andere Mächte angesichts eines nautisch versierteren Gegners taten: Sie versuchten dessen taktische Überlegenheit durch technische Anpassungen und durch den nautisch anspruchsloseren Weg des Enterns auszugleichen. Schon häufiger hat sich diese »robustere Form des Seekrieges« gegen etablierte Seemächte durchgesetzt.[87]

Im Jahr 260 konnte Gaius Duilius in einer ersten großen Seeschlacht bei Mylai (an der Nordküste Siziliens) dem laut Polybios zunächst ungeordneten Angriff der karthagischen Schiffe standhalten und in einer zweiten Phase 30 Schiffe (von 130) im Enter- oder Nahkampf erobern sowie 20 weitere versenken, nachdem es den Karthagern nicht gelungen war, durch einen *diékplous* (s. o. S. 195) die römischen Schiffe kampfunfähig zu machen und zu rammen.[88] Damit hatten die Römer die Kontrolle über das Meeresbecken zwischen den Liparischen Inseln und Sizilien gewonnen. Eine weitere Ausdehnung der Operationen hing von der Logistik ab. Die Römer mussten bis zu 30 000 Ruderer und dazu die Landtruppen mit Trinkwasser und Nahrung versorgen. Die Konsuln hatten jeweils zu Jahresbeginn zu entscheiden, ob sie ihre Schiffe ohne Proviant an Bord in der Nähe der Nahrungsmitteldepots an der Küste einsetzen oder Lebensmittel mitführen wollten, was die Flotte schwerfällig machte. Um das Dilemma zu lösen, begleiteten immer häufiger Getreidetransporter die Kriegsschiffe. Auf diese Weise bekamen die Römer Ressourcen frei für den Kampfeinsatz und konnten für Seegefechte durchweg eine zahlenmäßige Überlegenheit von rund 20 Einheiten halten und ihren Operationsspielraum sukzessive erweitern.

Im Frühjahr 256 standen 230 Penteren (Fünfruderer) mit 100 Transportschiffen unter Marcus Atilius Regulus zur Überfahrt nach Nordafrika bereit – die größte Flotte, die das westliche Mittelmeer bis dahin gesehen hatte. Auf dem Weg entlang der Südküste Siziliens, westlich des Vorgebirges Eknomos, kam es zu einer der denkwürdigsten und eigentümlichsten Seeschlachten der Antike zwischen jeweils 200 Schlachtschiffen auf beiden Seiten.[89] Die Römer hatten ihre Schiffe mit einer noch breiteren Plattform ausgestattet, die es erlaubte, die fast unglaubliche Zahl von 120 Marinesoldaten je Einheit zusätzlich zu den Ruderern aufzunehmen.[90] Darauf stellten sie ihre Schiffe laut Polybios in einer zum Gegner hingewandten Keilformation auf, wobei innerhalb der Formation vergleichbar der *triplex acies* des Landheeres drei Reihen hintereinander gestaffelt wurden. Der Zweck dieser Aufstellung bestand zweifellos darin, die eigenen Schiffe gegen den zu erwartenden *diékplous* der Karthager zu schützen und selbst bei jeder Gelegenheit offensiv ihre Gegner im Nahgefecht zu bedrängen. Die Karthager versuchten durch verschiedene Manöver die römische Formation auseinanderzuziehen, und dies gelang ihnen auch, doch wurden sie in den folgenden Einzelgefechten erneut in Nahkämpfe verwickelt, bei denen schließlich 30 karthagische Einheiten versenkt und 64 von den Römern gekapert wurden; die Römer verloren nur 24 Schiffe.[91]

Ohne weitere Gegenwehr gelang nach der Überfahrt die Eroberung der nordafrikanischen Hafenstadt Aspis. Noch vor dem Ende der Kampfsaison im Herbst entschieden die Konsuln, einen Großteil der Schiffe mit Beute und Gefangenen nach Rom zu schicken;

das war voreilig, denn der Angriff auf Karthago scheiterte. Wie seinerzeit Gylippos die Moral der Syrakusaner im Kampf gegen die Athener aufrichtete (s. o. S. 127), so stellte diesmal der spartanische Söldnerführer Xanthippos die karthagischen Truppen auf den Gegner ein. Wahrscheinlich hatte der Spartaner unter Pyrrhos sein Kriegshandwerk gelernt und die römische Kampfesweise studieren können. Mit Xanthippos gelangte die hohe Schule der hellenistischen Kriegskunst nach Karthago (die später von Hannibal auf ihren Höhepunkt geführt wurde).[92] Er postierte 100 Kriegselefanten vor den 16 Mann tief gestaffelten Phalangen der Infanterie und einer überlegenen Flankenreiterei. Sie umfassten das römische Expeditionsheer in der größten Schlacht des Krieges vor Karthago und besiegten es vollständig.[93] Von rund 15 000 Mann sollen nur 2000 überlebt haben. Eine Entsatzflotte nahm die Überlebenden auf, geriet aber auf der Rückfahrt in einen der gefürchteten Sommerstürme. Angeblich sanken 284 Schiffe.[94]

Trotz dieses Desasters ergibt sich eine erstaunliche Zwischenbilanz: Rom entschied während der ersten fünf Jahre sämtliche Seegefechte für sich und wagte eine Großexpedition nach Afrika, die vorher nur den Griechen unter Agathokles gelungen war. Dieser Erfolg war weniger überraschend, als er auf den ersten Blick erscheint. Die Karthager standen fast regelmäßig vor dem Problem, einer zahlenmäßig überlegenen Flotte Paroli bieten zu müssen. Zu diesem Zweck bemühten sie sich selbst, ihre Flotten auf bis zu 200 Einheiten zu erweitern. Nun sind sehr große Flotten erfahrungsgemäß immer ein Vorteil für Seemächte, die den Enterkampf bevorzugen, dagegen ein Nachteil für andere, deren Stärke auf der Beherrschung und Anwendung kunstvoller taktischer Manöver beruht, weil eine größere Zahl von Schiffen schwer zu koordinieren und zu kontrollieren ist;[95] nicht zufällig konnten die Karthager die beiden einzigen Erfolge im direkten Seegefecht gegen die Römer mit kleinen Flotten (bei den Liparischen Inseln und bei Drepanum) erringen.[96]

Da nun aber die Karthager zumindest annähernd die große Zahl der römischen Schlachtschiffe erreichen mussten, allein um ihre Küstenbasen und Versorgungslinien zu sichern, ergab sich ein zweites gravierendes Problem: Erfahrene Seeleute, welche die von den Karthagern bevorzugte Kunst des taktischen Manövrierens und Rammens beherrschten, waren schwieriger zu bekommen als Seeleute und Marineinfanteristen, die Rom für seine Flotten benötigte. Dieses Problem verschärfte sich mit der Dauer des Krieges: Während Rom sich auf die Ressourcen Italiens und die Erfahrung Hierons beim Bau, der Bemannung und der Versorgung seiner Schiffe stützen konnte, standen Karthago meist nur die eigene Bürgerschaft und die nordafrikanische Küste als Rekrutierungsgebiet und materielle Ressourcenquelle zur Verfügung; viele Ruderer mussten zudem als Söldner angeworben werden. Das bedeutete eine enorme finanzielle Belastung, weil die Karthager ja auch zu Lande ebenso wie die hellenistischen Mächte des Ostens Söldner anwerben und bezahlen mussten.

Wegen dieser ungünstigen Rahmenbedingungen war es für die Karthager lebensnotwendig, ihre befestigten Stellungen an der sizilischen Küste zu halten und wenn möglich auszubauen. Ferner mussten sie Mittel finden, um ihre Unterlegenheit im Enterkrieg auszugleichen. Während dies im Norden Siziliens mit dem Verlust von Panormos (Palermo) im Jahr 254 fehlschlug, bissen sich die Römer an den karthagischen Festungen Marsala (Lilybaion) und Selinus die Zähne aus. Außerdem bemühten sich die Karthager erfolgreich nach der Regulus-Expedition – vielleicht auf Anraten des Xanthippos –, das Fahrttempo ihrer Schiffe zu erhöhen und Elitegeschwader (wie das des Hanno, der als »Rhodier« bezeichnet wurde) für spezielle Aufgaben zu bilden, auf die sich wiederum die Römer in der Kürze der Zeit nicht einstellen konnten. Mit ihnen versenkten sie die schweren römischen Schlachtschiffe, als sie versuchten, den karthagischen Hafen Drepanum von See her zu erobern.[97] Im folgenden Jahr wurde eine weitere römische Flotte durch einen Sturm an der Südküste Siziliens vernichtet.

Erstmals machte sich in Rom Unzufriedenheit breit. Eine von

Volkstribunen gegen den Willen der Aristokratie betriebene Gesetzesinitiative untersagte im Jahr 247 den Bau neuer Schiffe. Erst fünf Jahre später konnte der Senat mit finanzieller Unterstützung führender Adelsfamilien noch einmal eine Kriegsflotte von 200 Fünfruderern auf Kiel legen. Jetzt zahlte sich die überlegene Logistik aus: Während die Karthager ihre Kriegsschiffe mit Getreide aus Afrika beladen mussten, versorgten die Römer ihre Ruderer nach der Eroberung von Panormos von Sizilien aus und rüsteten ihre Kriegsschiffe ausschließlich für die Schlacht. Bei Ägusa (Favignana) wurden 50 karthagische Schiffe versenkt und 70 Einheiten erobert. Zu einem Neubau hatten die Karthager nicht mehr die Kraft. 241 stimmten sie einem Friedensvertrag zu, der sie zur Räumung Siziliens und zur Zahlung einer Kriegskontribution von 1000 euböischen Talenten sofort und weiteren 2200 in zehn Jahren verpflichtete.

8.
VOM LEHRLING ZUM MEISTER – KRIEGE MIT HANNIBAL UND DEN HELLENISTISCHEN KÖNIGEN

Folgen des Krieges um Sizilien

Der Krieg um Sizilien hinterließ bei beiden Kriegsparteien tiefe Spuren. Während die Niederlage Karthago in einen weiteren mörderischen Krieg gegen die unzufriedenen Söldner trieb, verfestigte sich in Rom das Gefühl, auch auf dem Meer keinen Gegner mehr fürchten zu müssen. Dieses Selbstbewusstsein spiegelt sich in einer Erweiterung der Kriegsethik, die bisher stärker auf den Landkrieg konzentriert war: Nun führten Tempelbauten für Schutzgötter der Seefahrt (Ianus und Iuturna), Ehrentafeln (wie die *Tabula Valeria*) und »Seetriumphe« für große Admirale der Bevölkerung die Bedeutung des Seekrieges als zentraler Bestandteil römischer *virtus* eindrücklich vor Augen. Operationen zur See galten als genauso ruhmreich wie Erfolge zu Lande, nicht zuletzt weil sie schnellere Siege versprachen als der langwierige Belagerungskrieg.[1]

Enorme Gewinne bot aber auch der Überseehandel. Nicht ohne Grund setzte in der Zeit des Pyrrhoskrieges und des ersten Punischen Krieges ein Monetarisierungsprozess großer Teile Italiens ein.[2] Vor dem Krieg um Sizilien hatte der Senat zu Rhodos und zu Ägypten, dem wichtigsten Getreideex- und Sklavenimporteur, freundschaftliche Beziehungen geknüpft.[3] Während der Kämpfe verdienten einige Adelsfamilien beim Getreidetransport und durch den Verkauf von Kriegsgefangenen offenbar so gut, dass sie 200 Fünfruderer aus ihrer Privatschatulle finanzieren konnten. Nach dem Friedensschluss steckten sie zumindest einen Teil der Kriegsbeute wieder in den Überseehandel vor allem mit Getreide.

Tatsächlich hat das kaufmännische Engagement der Aristokraten die geopolitische Perspektive der Außenpolitik auch in der Folgezeit immer mitgeprägt. Die Finanzierung der Kriegsschiffe hatte ja schon gezeigt, wie eng »private« und »öffentliche« Interessen miteinander verbunden waren.[4]

Fast alle militärischen und diplomatischen Unternehmen der Nachkriegszeit richteten sich auf die Sicherung der Getreide produzierenden Inseln und Seehandelsrouten. Im Jahr 229 ging eine Kriegsflotte im Interesse italischer Kaufleute gegen die illyrischen Seeräuber der Königin Teuta vor. Im Westen schützte das ein Jahr später geschlossene Bündnis mit Massalia die Seerouten zur Iberischen Halbinsel gegen die ligurischen Piraten. Sizilien und Sardinien wurden 228/7 und 205 als Provinzen organisiert, und zusammen mit Korsika bildeten sie ein Sicherheitsglacis gegen karthagische Überfälle, die ohne Küstenbasen auf den Inseln keine Aussicht auf Erfolg hatten.[5] Zwischen 227 und 225 wurden zusätzlich zwei Legionen nach Tarent zum Schutz der Meerenge von Messana verlegt.

Hannibal

Deutlich ist an diesen Aktionen zu erkennen: Die Römer fixierten sich auf das Meer als potentiellen Konfliktraum; das war eine Folge des Krieges um Sizilien und führte zu einer gewissen Vernachlässigung der militärischen Entwicklungen zu Lande. In Norditalien waren zwar schwere Kämpfe gegen die Kelten zu bestehen.[6] Niederlagen lösten aber keine taktischen oder technischen Modifikationen aus. Wohl nahmen die Römer wahr, dass sich die Barkiden zunächst unter Hamilkar Barkas, dann unter dessen Schwiegersohn Hasdrubal als Ausgleich für den Verlust der tyrrhenischen Inseln (den Plänen des Pyrrhos in Italien folgend) einen Herrschaftsraum auf der Iberischen Halbinsel eroberten, aber energische Gegenmaßnahmen blieben aus. Man begnügte sich mit einem Vertrag, der es beiden Seiten verbot, mit Waffengewalt den Ebro zu überschreiten. Das kam einer Anerkennung der karthagischen Eroberungen gleich. Lediglich ein (informelles) Bündnis mit der südlich des Ebro gelegenen Stadt Sagunt deutete an, dass man auf etwaige Bedrohungen frühzeitig reagieren wollte. Aber insgesamt unterschätzten die Römer die Fähigkeit der Karthager, sich eine schlagkräftige Landarmee aufzubauen. Wegen ihrer besseren körperlichen Verfassung und Motivation galten die Legionäre den Söldnern als überlegen.[7] Deshalb reagierte man auch auf die Kriegszüge Hannibals, der auf Hasdrubal als Oberbefehlshaber der spanischen Truppen folgte, so gelassen und hielt selbst dann noch still, als der junge Feldherr Sagunt im Frühjahr 219 belagerte.

Alfred Heuß hat diese Passivität damit erklärt, dass Rom 20 Jahre nach dem Ende des Kampfes um Sizilien »weder ein kriegsfreudiger noch kriegsgerüsteter Staat war«. Nicht weniger wichtig erscheinen die kommerziellen und finanziellen Interessen der Senatoren. Immerhin unternahmen die Römer eine Expedition gegen die illyrischen Piraten zum Schutz des Adriaraumes im Jahr der Belagerung Sagunts.[8] Erst als die Stadt fiel, wurde ein Gesetz erlassen, das den Senatoren Handels- und Reedereigeschäfte verbot *(lex Claudia de nave senatorum)*. Offensichtlich sollte das Engagement der *nobiles* wieder auf den Landbesitz gelenkt und die Geschlossenheit ihres Standes gestärkt werden. Nicht zufällig erklärte Rom im gleichen Jahr auch Karthago den Krieg. Hektisch versuchte die Führungselite das nachzuholen, was man in der Sicherheit des Sieges über die größte Seemacht des Westens versäumt hatte.

Doch das Umdenken kam zu spät. Hannibal eröffnete einen Feldzug, den die Römer nicht vorhersahen. Seine Familie, die Barkiden, hatten sich konsequent der Landkriegsführung zugewandt und die hellenistische Kriegskunst, die Xanthippos in Karthago heimisch gemacht hatte, den Bedingungen in Spanien hervorragend angepasst.[9] Hannibal setzte diese Tradition fort und formte in dreijährigen Eroberungen eine Armee mit unterschiedlichen Kriegertraditionen:[10] Den Kern bildeten - unterstützt durch die kampferprobten Iberer - libysche Untertanen, die (nach den Reformen des Xanthippos) mit Speer, Schwert und ovalem Schild als Phalanxinfanterie dienten.[11] Später wurde das Fußvolk durch libysche und keltische Söldner ergänzt, die den Kampf gegen Legionäre gewohnt waren.[12] Das *taktische* Schwergewicht beruhte - wie schon bei Alexander - auf der Kavallerie. Sie wurde vor allem von Numidern und Keltiberern, später auch von den norditalischen Kelten gestellt.

Die größte Herausforderung für Hannibal bestand darin, die an karthagische Kommandostrukturen gewöhnten nordafrikanischen Verbände mit dem Kriegerethos der unter eigenen Stammesführern kämpfenden Iberer und Kelten zu verbinden. Um sich die Loyalität der Iberer zu sichern, waren die Barkiden Heiratsbündnisse mit iberischen Stämmen eingegangen. Hannibal knüpfte an diese Politik an und erwarb durch seine militärischen Erfolge in Spanien den Respekt vieler Häuptlinge, die ihn als Oberkommandierenden anerkannten. Daneben stützte er sich auf ein loyales, mit karthagischen oder barkidischen Verwandten besetztes Offizierskorps, das die Stärken der differenzierten Verbände effektiv einzusetzen verstand und der Armee einen beachtlichen Korpsgeist verlieh.[13]

Voller Zuversicht brach Hannibal im Mai 218 von Neukarthago (Carthago Nova, heute Cartagena) mit einem Heer von 90000 Fußsoldaten, 12000 Reitern und 37 Elefanten nach Norden auf. Auch nachdem er Verbände zum Schutz der iberischen Stützpunkte abgestellt hatte, war die Armee immer noch fast doppelt so groß wie das Heer Alexanders.[14] Das entscheidende Problem war die römische Seeherrschaft im westlichen Mittelmeerraum. Seit dem 4. Jahrhundert verstanden sich die Karthager wie keine andere Macht darauf (s. o. S. 194), Armeen über See zu transportieren und zu versorgen. Nun fehlten ihnen aber die erforderlichen Küstenbasen sowie ein Gegengewicht gegen die massaliotischen und römischen Seestreitkräfte.[15] Der Seeweg war versperrt und die Küstenpassage wurde von den Römern und ihren Verbündeten kontrolliert. Deshalb wählte Hannibal den Marsch über die Alpen nach Norditalien.

Die Römer haben später diesen Entschluss als revolutionär stilisiert, um sich vom Vorwurf mangelnder Vorbereitung zu entlasten. Tatsächlich waren die Alpen längst keine undurchdringliche Barriere mehr: Mehrfach hatten die nach Italien einfallenden Kel-

Der Krieg in Italien

ten die Gebirgskette überquert, und man hat deshalb zu Recht vermutet, dass sich Hannibal die Keltenzüge zum Vorbild nahm und das von Kelten besiedelte Oberitalien als Operationsbasis sichern wollte.[16] Dennoch war der Transport eines so großen Heeres mit Pferden und Elefanten eine einmalige Leistung. Hannibal traf auf einen überraschten Gegner, der seine Kräfte gegen Landungsversuche von See her geteilt, aber nicht in Norditalien konzentriert hatte. Außerdem hatten es die Römer versäumt, ihre Armee taktisch auf den Gegner einzustellen. Anstatt die bis dahin leichtbewaffnete Bürgerreiterei gegen die kampfstarken und teilweise mit Körperpanzerung versehene iberische, numidische und keltische Kavallerie zu wappnen, verharrten sie bei der alten, nahkampfzentrierten Angriffsweise. Außerdem massierten sie die Legionen (nach Art der Sarissenphalanx) und beraubten sie damit ihrer taktischen Beweglichkeit und erschwerten die Koordination mit der Reiterei. Das war ein Rückschritt gegenüber der seit dem Samnitenkriegen entwickelten Manipulartaktik[17]; die hellenistischen Armeen begingen später den gleichen Fehler (s. u. S. 218, 221).

Hannibal konnte seine Schlachtentaktik auf die Massierung der Legionen und die inzwischen bekannte Art des kavalleristischen Nahkampfes ausrichten. Auch wenn den Legionen wie im Jahr 218 an der Trebia der Durchbruch durch die karthagischen Linien gelang, konnten sie den Angriff der beweglichen numidischen Reiterei auf die Flügel und im Rücken und damit die Niederlage des Gesamtheeres nicht verhindern.[18] Das gleiche Prinzip bestimmte den Ausgang der wohl berühmtesten Schlacht der Antike bei Cannae. Die Römer suchten mit acht Legionen sowie bundesgenössischen Reitereinheiten (zwischen 60000 und 80000 Mann) einen Gegner zu überrollen, der 40000 Fußsoldaten aufbieten konnte; es war die größte Armee, die Rom je ins Feld geführt hatte.[19] Dagegen war die 10000 Mann starke Reiterei Hannibals den 6000 römischen Reitern nicht nur an Zahl überlegen. Wegen ihrer unterschiedlichen Bewaffnung und taktischen Ausbildung (leichte Numider, schwere iberische und keltische Reiter) war sie auch viel flexibler. Die schweren iberischen und keltischen Kavallerieabteilungen wurden den leichten römischen Reitern des rechten Flügels, die leichten Numider den italisch-bundesgenössischen Reitern auf dem linken gegenübergestellt.[20]

Wie blind die römischen Befehlshaber für diese Verhältnisse waren und allein der massierten Stoßkraft der Legionen vertrauten, zeigt sich schon daran, dass sie die Schlacht auf den für Reiter geeigneten Ebenen am Fluss Aufidus anboten. Nach ihrem Plan sollte der tief gestaffelte Block der Legionen wie bei der Schlacht an der Trebia die gegnerische Front niederwalzen. Hannibal reagierte mit der berühmten, sich zum Gegner hin halbmondförmig

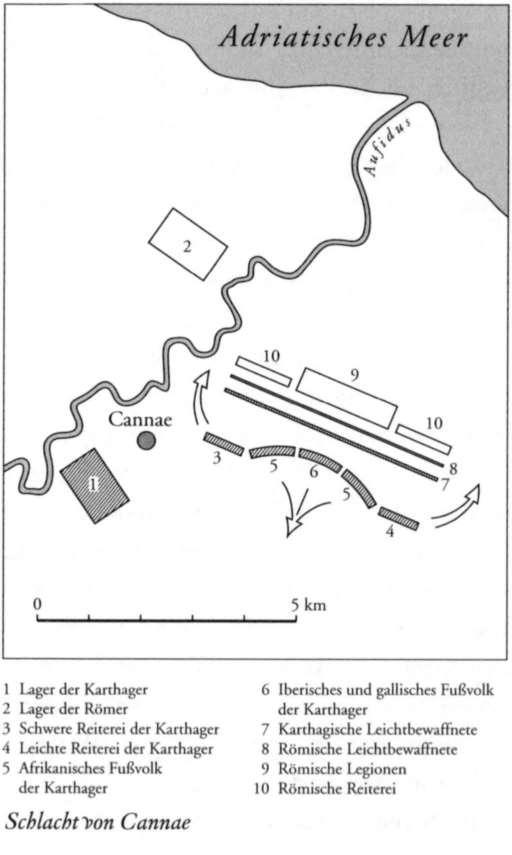

1 Lager der Karthager
2 Lager der Römer
3 Schwere Reiterei der Karthager
4 Leichte Reiterei der Karthager
5 Afrikanisches Fußvolk der Karthager
6 Iberisches und gallisches Fußvolk der Karthager
7 Karthagische Leichtbewaffnete
8 Römische Leichtbewaffnete
9 Römische Legionen
10 Römische Reiterei

Schlacht von Cannae

neigenden Krümmung seiner Schlachtreihe im Zentrum. Damit verschaffte er der Infanterie Spielraum, um dem Druck der Legionen nachzugeben, ohne den Zusammenhalt zu verlieren. Die Legionäre manövrierten sich siegesgewiss in eine tödliche Gasse und mussten sich plötzlich gegen die zur Seite geschwenkten äußeren Flügel der iberischen Infanteristen verteidigen.

Die Zeit, die Hannibals Fußtruppen zum Zurückweichen und zum seitlichen Schwenken gewannen, nutzten auch die iberische und die keltische Reiterei unter dem Kommando Hasdrubals. Sie richtete ihren Angriff sofort auf den rechten Kavallerieflügel der Römer, der in einer Defensivposition die Aufgabe hatte, die Flanken der Legionäre zu schützen. Die Bürgerreiterei glaubte ihre rechte Flanke durch den Flusslauf gesichert und war wie gewohnt beim Herannahen der Gegner abgesessen, um den Nahkampf (»nach barbarischer Art«, wie Polybios verächtlich betont) zu Fuß aufzunehmen. Gegen die viel zahlreicheren, schwerbewaffneten Kelten und Iberer gerieten sie jedoch sofort ins Hintertreffen und wurden unter großen Verlusten am und über den Aufidus zurückgetrieben.[21] Danach schwenkte Hasdrubal zunächst nach rechts, um die Numider zu unterstützen, die nur die bundesgenössischen Reiter gebunden hatten[22], und wandte sich dann gegen den Rücken der Legionäre. Dadurch wurde das karthagische Zentrum entlastet und konnte schließlich mit den beiden Reiterflügeln den Block der acht Legionen einkesseln. Da keine Hilfe von außen kam, wurden die Legionäre bis auf 3000 Mann niedergemetzelt.[23] Rom hatte keine Armee mehr in Italien.

Gescheitert ist Hannibal trotz aller Schlachterfolge an den gleichen Konstellationen, die 100 Jahre zuvor Pyrrhos zum Abzug aus Italien zwangen. Der Senat vertraute nach Cannae auf seine Bundesgenossen und Festungskolonien, auch wenn kampanische und (später) unteritalische Städte, darunter Capua, die zweitgrößte Gemeinde der Halbinsel, auf die Seite Hannibals wechselten sowie viele mittelitalische Bundesgenossen und Kolonien kriegsmüde wurden.[24] Aber wichtige Hafenstädte wie Kyme (Cumae) und Neapel blieben loyal und sicherten Roms Überlegenheit zur See. Wie Pyrrhos einst von den karthagischen Flotten in seinem Aktionsspielraum eingeengt wurde, so erschwerten nun römische Schiffe die Getreidezufuhr Hannibals aus Afrika und Spanien. Der Barkide musste deshalb seine Operationen in Italien auf Gebiete konzentrieren, die genügend Nahrungsmittel bereitstellten.[25] Auch sein Verzicht auf einen direkten Angriff auf Rom nach Cannae resultierte nicht aus Mangel an Belagerungsmaschinen, wie man häufig vermutet hat; ein 400 km langer Marsch von Cannae bis Rom und eine Belagerung der Stadt hätten die Logistik der Nahrungsmittelversorgung überfordert.[26] Daneben schätzte Hannibal vielleicht auch die Zahl seiner Truppen für eine erfolgreiche Belagerung als zu gering ein – denn auch er hatte Verluste erlitten.[27]

Dagegen konnte sich M. Claudius Marcellus eine aufwendige, fast zwei Jahre dauernde Belagerung des hervorragend befestigten und auf Anweisung des Archimedes kunstvoll verteidigten Syrakus leisten und Schritt für Schritt die Verteidiger zurückdrängen, weil seine Versorgung über See und durch den freien Zugriff auf die reichen Anbaugebiete Siziliens gesichert war. In Italien selbst nutzten die Römer ihr hervorragend ausgebautes Straßensystem.[28] Der neue leitende Militär Fabius Maximus (Dictator 217, Konsul 215, 214 und 209) vermied jede Schlacht, bekämpfte stattdessen nur kleinere Einheiten und hinderte Hannibal am Furagieren. Er demonstrierte damit, dass Rom im Gegensatz zu den Karthagern den Krieg ohne Schlachtentscheidung schier endlos hinziehen konnte. Fabius erhielt für diese Strategie den wenig ehrenvollen Beinamen Cunctator (»der Zauderer«), vielleicht weil sie der römischen Kriegstradition, die den Nahkampf zur Demonstration der *virtus* suchte, widersprach.[29] Aber sie war erfolgreich und bestätigte die Regel, wonach die Herrschaft über die italische Halbinsel ohne maritime Unterstützung unmöglich war.

Rom wich im Lauf des Krieges aber noch in anderer Hinsicht vom Hergebrachten ab. Die Niederlagen gegen Hannibal hatten die Schwäche des Konsulatssystems, das den höchsten Amtsträgern nur für ein oder zwei Jahre die Kriegführung überließ, gegenüber den karthagischen Berufsoffizieren offengelegt. So entschloss man sich im Jahr 210, dem jungen P. Cornelius Scipio gegen die Altersbestimmungen ein konsularisches Kommando anzuvertrauen und dieses bis Kriegsende zu verlängern.[30] Scipio gewann Zeit, sich und seine Soldaten auf die gegnerische Kampfesweise einzustellen und großräumige Strategien unabhängig von kurzfristigen Erfolgszwängen oder Konkurrenten zu entwickeln: So nutzte er konsequent die unangefochtene Seeherrschaft Roms, um den Krieg offensiv in andere Räume zu verlagern und die Küsten und Hafenstädte des westlichen Mittelmeeres unter Kontrolle zu bringen. Ein Markstein bildete die Eroberung des wichtigsten spanischen Nachschubhafens Neukarthago (Carthago Nova). Dadurch wurde die Bewegungsfreiheit der Barkiden nun auch auf der iberischen Halbinsel erheblich eingeschränkt. Durch die Einnahme von Syrakus und die Wiedereingliederung Capuas und Tarents wurde Hannibal vollständig isoliert.[31] Als Scipio in Spanien die Oberhand gewann und eine Unterstützungsarmee unter der Führung Hasdrubals in Norditalien (am Metaurus) vernichtend geschlagen wurde[32], war der Krieg in Italien entschieden. Jetzt wagte Scipio den zu Beginn des Krieges geplanten Schritt und schiffte seine Armee zum Angriff auf Karthago ein. Hannibal blieb nichts anderes übrig, als seine Truppen zur Verteidigung Karthagos zu sammeln.

Scipio selbst führte wahrscheinlich noch zwei andere, äußerst wichtige Innovationen im Bereich der Taktik und Bewaffnung ein. In Spanien konnte er einheimischen Schmieden das Geheimnis der Herstellung von originalen iberischen Schwertern entlocken und dann die römische Armee, die nach Afrika segelte, mit dem höherwertigen Original anstelle der älteren Kopien komplett ausrüsten und einüben.[33] Die zweite Neuerung betraf die Reiterei. Viele (junge) *nobiles* hatten in der Bürgerreiterei gedient, die bei Cannae fast völlig vernichtet worden war. Insofern lag es auch in ihrem Interesse, endlich die Konsequenzen aus der deutlichen Unterlegenheit der Kavallerie gegenüber den keltischen und iberischen Reitern zu ziehen. Alles spricht dafür, dass Scipio in Spanien in der Zeit zwischen Cannae und der Überfahrt nach Nordafrika die römische Reiterei – möglicherweise auf Rat der verbündeten Ätoler, die für ihre Reiterei berühmt waren – mit einer schwereren Körperrüstung und robusteren Schilden ausstattete. Sie sollte vor allem gegen die Iberer und Kelten erfolgreich sein, während man gegen die leichtbewaffneten Numider angeworbene numidische Verbände aufzustellen gedachte.[34]

Tatsächlich sicherte sich Scipio vor der Entscheidungsschlacht bei Zama/Narragara in Nordafrika die Dienste der 400 Reiter des Numiderkönigs Massinissa, wohl wissend, dass ein Geheimnis der Erfolge Hannibals die hochtrainierte, aber aufgrund ihrer unterschiedlichen, ethnisch bedingten Bewaffnung taktisch flexibel einsetzbare Kavallerie war.[35] Hannibal konnte diesen Nachteil in der kurzen Zeit nicht ausgleichen. Zum ersten Mal musste er sich den Römern bei eigener kavalleristischer Unterlegenheit zur Schlacht stellen; dieses Manko suchte er seinerseits durch die größere Zahl an Fußtruppen (36000 Mann gegenüber 29000 Legionären) auszugleichen – eine Umkehrung der Verhältnisse von Cannae. Er orientierte sich dabei an der römischen *triplex acies*: Die Infanterie war komplett mit Schwertern bewaffnet und stand ähnlich wie die *triplex acies* in drei Treffen hintereinander, und die letzte, mit Veteranen besetzte Reihe wurde vergleichbar den Triariern als Reserve zurückgehalten.[36] Bevor es zum Kampf kam, sollten Elefanten die Linie der Legionen auseinandersprengen. Scipio reagierte, indem er die Manipel der *hastati* und *principes* hintereinander unter Beibehaltung der *intervalla* ordnete. Dadurch entstand zwischen ihnen eine Gasse, und durch sie sollten die Elefanten ins Leere laufen.[37]

Die Schlacht verlief zunächst nach Hannibals Plan, doch als die erste Reihe der von den *hastati* hart bedrängten Söldner durch das zweite Treffen der karthagischen Miliz ersetzt werden sollte, verloren diese den Mut. Die Söldner fühlten sich verraten, wandten sich zur Flucht und bekämpften plötzlich die Karthager, die ihnen im Weg standen. Was bei den Legionen über Generationen antrainiert war, ließ sich offenbar schwer auf die ethnisch heterogenen Truppenteile angesichts der kurzen Vorbereitungszeit übertragen. Hannibal musste mit Ausnahme seiner italischen Kämpfer auf Rekruten zurückgreifen, während Scipio sich weitgehend auf Veteranen stützen konnte, die schon mehrere Jahre im Feld standen und erfahren genug waren, das taktische Zusammenspiel der Manipel nach den Vorgaben des Kommandeurs flexibel zu gestalten.[38]

Hannibal hielt derweil trotz des Desasters seiner ersten beiden Reihen seine Veteranen noch zurück und hatte alle Hände damit zu tun, die Verwirrung der ersten Reihen von der Reserve fernzuhalten[39]; wahrscheinlich wollte er auch noch den Einsatz der Reiterei abwarten, die aber ebenfalls erfolglos blieb: Die neu gerüstete römische und bundesgenössische Reiterei unter C. Laelius drängte auf dem linken Flügel die karthagische Kavallerie energisch zurück, während auf dem rechten Massinissas Reiter die numidischen Verbände aus dem Schlachtgelände vertrieben. Danach attackierten sie – wie seinerzeit die Reiter Hasdrubals – die gegnerische Infanterie im Rücken.[40] Erst jetzt neigte sich der hin- und herwogende Kampf der Fußtruppen endgültig zu Gunsten der Römer. Wie während des gesamten Krieges hatte sich auch diesmal die Reiterei, nicht die Infanterie, als schlachtentscheidende Waffe erwiesen.[41] Wenige Wochen später mussten die Karthager einem Vertrag zustimmen, der sie verpflichtete, die barkidischen Eroberungen abzutreten und hohe Kriegskontributionen zu leisten.[42] Karthago war zu einer Mittelmacht zurückgestuft, und Rom konnte sich als Herrin des westlichen Mittelmeeres wähnen.

Meisterschaft der Waffen: Der Krieg im Osten

Die hellenistischen Mächte hatten den Kampf zwischen Rom und Karthago genau verfolgt. Unmittelbar betroffen war Philipp V. von Makedonien. Er hatte sich im Jahr 216 mit Hannibal verbündet, um seinen Einfluss an der Adria zu sichern. 205 erhielt er zwar den Besitz des illyrischen Stammesgebiets bestätigt, aber mit der Niederlage der Karthager war ihm jedes Ausgreifen nach Westen verwehrt.

Neue Chancen boten sich ihm im Osten. Jahrzehntelang hatten die Ptolemäer alles getan, um die makedonischen Ambitionen auf das griechische Mutterland zu beschränken. Die Kämpfe mit den Seleukiden belasteten jedoch die Staatsfinanzen und schürten Aufstände. 205 (oder 204) übernahm ein minderjähriger Regent ein Reich, das militärisch schwächer war als je zuvor. Diese Chance ließen sich die beiden anderen großen hellenistischen Mächte nicht entgehen. In geheimen Absprachen teilten Philipp V. und Antiochos III. die ptolemäischen Außenbesitzungen unter sich auf und vereinbarten in Kleinasien eine direkte militärische Zusammenarbeit.[43] 202 attackierten makedonische Truppen die Küstenpoleis am Bosporos und belagerten Pergamon. Auch Rhodos war betroffen, denn der Wohlstand der Republik beruhte zu einem nicht geringen Teil auf dem freien Seehandel, insbesondere dem Zwischenhandel mit Getreide, durch die Meerenge am Bosporos, die nun durch Philipp V. bedroht war.

Aber auch Rom konnte diese Vorgänge nicht ignorieren. Nach dem Krieg gegen Hannibal mussten weiterhin große Truppenverbände von bis zu 100 000 Mann versorgt werden.[44] Die Ernährung der bis auf 300 000 Seelen angewachsenen hauptstädtischen Bevölkerung erforderte bis zu 800 Schiffsladungen Getreide pro Jahr.[45] Lieferungen der tyrrhenischen Inseln reichten für beide Aufgaben nicht mehr aus.[46] Vorausschauende Politiker blickten deshalb nach Osten; immerhin hatte man schon während des Hannibalkrieges

Getreide aus Ägypten importiert.[47] Hätten sie jetzt der Entwicklung in der Nordägäis tatenlos zugesehen, wäre es nicht nur zu einer gefährlichen Machterweiterung des notorisch unberechenbaren Makedonenkönigs gekommen; der gesamte ostmediterrane Getreidehandel wäre auch unter die Kontrolle potentiell feindlicher Großmächte geraten – ein gewichtiger Grund neben der Aussicht auf reiche Beute, um zu den Waffen zu greifen.

Philipp V. erwies sich in den ersten Jahren als hartnäckiger Gegner. Beide Seiten brauchten eine gewisse Zeit, um sich auf den Feind und – im Fall der Römer – auf das Gelände einzustellen. Das entscheidende Problem des Königs bestand darin, dass sein Operationsspielraum von einem Kranz griechischer Mittelmächte wie die Ätoler und Achäer eingeschränkt wurde, die beide die Gelegenheit nutzen wollten, sich mit Hilfe Roms vom Druck des unbeliebten Makedonen zu befreien und ihre Macht zu erweitern. Gleichzeitig musste sich Philipp der Einfälle nördlicher Stämme (Dardaner) nach Makedonien erwehren sowie den Flotten der Rhodier und Pergamener Paroli bieten.[48] Die notwendige Aufsplitterung seiner militärischen Kräfte verhinderte zunächst, dass er den Römern mit der geballten Kraft seines Heeres entgegenzog und sich zur Schlacht stellte. Vielleicht scheute er noch eine direkte und entscheidende Konfrontation seiner Sarissen mit den im Nahkampf (mit Schwertern) so gefürchteten Legionären.[49]

Die Römer versuchten demgegenüber, direkt nach Makedonien durchzubrechen und ihre Operationen mit den griechischen Verbündeten im Süden der Halbinsel zu koordinieren. Die Erfolge der ersten Jahre waren mäßig, weil sich die Kommandeure bei der Belagerung und Eroberung makedonischer Festungen verzettelten und die Motivation der Soldaten offenbar auch nicht sonderlich groß war.[50]

Die Lage änderte sich, als 197 der neue römische Feldherr Quinctius Flamininus mit einer Truppe von rund 20000 Mann, darunter 3000 Veteranen des Scipionenheeres, in Griechenland erschien. Jetzt machte sich der lange Krieg gegen Karthago bezahlt.

Die Römer hatten gegen Hannibal Techniken und Waffengattungen hellenistischer Kriegskunst studieren und integrieren können:[51] Flamininus führte eine vom Numiderkönig Massinissa gesandte Elefantenabteilung mit sich.[52] Den makedonischen Reitern wollte man wie gegen Hannibal bei Zama mit römischen und bundesgenössischen Kontingenten, in diesem Fall die der Ätoler (sie galten als die besten Griechenlands), begegnen; die eigene Reiterei war auf längere Lanzen, schwere Schilde und eine leichte Rüstung umgestellt worden.[53] Die Kriegsschiffe der Rhodier und Pergamener übernahmen den Großteil der maritimen Gefechte. Die Römer brauchten nur einen Bruchteil der im Hannibalkrieg aktiven Flotten in den Osten zu verlegen. Die unangefochtene Seeherrschaft im Westen ermöglichte eine ununterbrochene Versorgung der Truppen mit sizilischem und sardischem Getreide und hielt die römische Invasionsarmee sogar im Winter kampfbereit.[54]

Die Lage für Philipp wurde umso bedrohlicher, als es Flamininus gelang, mit den Achäern und den Böotern die letzten bedeutenden griechischen Gemeinwesen auf seine Seite zu zwingen oder neutral zu halten.[55] Philipp mobilisierte nun die letzten Reserven und suchte die Entscheidungsschlacht.[56] Er konnte zwar ein etwa gleich starkes Heer aufbieten, das aber nach zwei Jahren aufreibender Kämpfe und nicht geringer Verluste neben alt gedienten und schon entlassenen Soldaten viele junge Männer unterhalb des normalen Einsatzalters (16) umfasste und hektisch durch tägliches Exerzieren auf die Auseinandersetzung mit der römischen Armee vorbereitet werden musste.[57] Kern der Armee bildeten 16 000 Sarissenkämpfer. Sie führten eine verlängerte, mit zwei Händen zu fassende Sarisse, waren 16 (oder sogar 32) Mann tief gestaffelt und innerhalb der Reihen noch einmal verdichtet worden. Wahrscheinlich war Philipp selbst Initiator dieser Veränderungen.[58] Die erhöhte Massenwirkung der Phalanx sollte offenbar die Überlegenheit der Legionen im Nahkampf ausgleichen – ein riskantes Kalkül, wie schon die Römer selbst bei Cannae erfahren mussten. Denn damit verlor die Sarissenphalanx weiter an Flexibilität. Da zudem die Makedonen aus finanziellen Gründen ihre Reiterei erheblich reduziert hatten (s. o. S. 174 f.),[59] fehlte ihr der Flankenschutz.

Die Konsequenzen zeigten sich in der Entscheidungsschlacht zwischen Philipp und Flamininus bei Kynoskephalai im Jahr 197. Philipp teilte zunächst sein Heer in einen rechten, von ihm selbst geführten Flügel, der wohl aus den besten Teilen der Sarissenträger und den Peltasten bestand, und einen linken, zurückgezogenen Flügel unter seinem General Nikanor mit dem Rest der Phalanx.[60] Vermutlich misstraute Philipp dem unerfahrenen Nikanor und versuchte selbst eine günstige Gelegenheit zum entscheidenden Angriff zu nutzen. Tatsächlich stieß sein Flügel von einer Höhenlage erfolgreich in die zurückweichenden Legionen des römischen linken Flügels, während der eigene linke Flügel zurückgezogen folgte.[61] Die Trennung der gegnerischen Armee war für Flamininus ein Glücksfall. Er reagierte auf den Druck des gegnerischen Angriffs, indem er seinerseits den unvorbereiteten Verband des Nikanor mit den Kriegselefanten durchbrach und die aufgelösten Phalangiten durch die nachrückenden Legionäre bekämpfen konnte.[62] Die Auflösung des linken Flügels zwang Philipp, den Angriff seines rechten abzubrechen. Da ihm eine schlagkräftige Reiterei fehlte, konnte er dem flüchtenden Armeeteil Nikanors keine Hilfe bringen. Die Schlacht war entschieden.[63]

Ausschlaggebend für die Niederlage war weniger die Feldherrnkunst des römischen Kommandeurs als vielmehr waffentechnische und taktische Defizite auf Seiten der Makedonen. Wie schwer es fiel, eingeschliffene militärische Traditionen zu verändern, zeigt die letzte Schlacht, die Perseus, der Sohn Philipps, 30 Jahre später bei Pydna den Römern anbot. Wieder brachte der römische Feldherr Aemilius Paullus neben den Legionären und Hilfstruppen afrikanische Elefanten ins Feld, und wieder vertraute Perseus der tief gestaffelten Sarissenphalanx von jetzt 21 000 Mann. Immerhin hatte er seine Kavallerie auf 4000 makedonische und thessalische Reiter verstärkt.[64] Erneut war es der Makedonenkönig, der die Initiative ergriff und diesmal mit dem geballten Angriff seiner Sarissenphalanx die Legionen von seiner rechten Flanke aus zurückdrängte. Vielleicht unterstützte er die Phalangen mit einem persönlich geführten Vorstoß der Reiterei.[65] Jedenfalls war es der unwiderstehliche Vormarsch der Sarissenträger, der Aemilius Paullus zu der berühmten und immer wieder zitierten Bemerkung veranlasste, er habe noch nie ein so schreckliches Schauspiel zu Gesicht bekommen.[66] Doch schnell erholte er sich und leitete Gegenmaßnahmen ein. Mitentscheidend war – ähnlich wie bei Kynoskephalai – der Einsatz der Kriegselefanten. Unterstützt von bundesgenössischen Einheiten stießen sie die linke, mit Thrakern und Söldnern besetzte makedonische Flanke zurück. Gleichzeitig gewannen die Legionäre im Zentrum Halt gegen die Sarissenphalanx, die auf unebenerem Gelände ihre Ordnung verlor. Die Kohorten stießen daraufhin in die Lücken und rieben die gegnerischen Reihen auf.[67]

Beide Schlachten wurden von den Römern aus einer defensiven Position gewonnen. Das stellte hohe Anforderungen an die Disziplin der Legionäre und die Überzeugungskraft des Feldherrn.[68] Die makedonischen Könige scheiterten dagegen zum einen an den Zwängen, die ihnen der Einsatz der Sarissenphalanx auferlegte. Anfangs versuchten sie eine Schlachtentscheidung zu vermeiden[69], aber als nach ein oder zwei Kriegsjahren und enormem finanziellen Aufwand (sowie dem Verlust der Seeherrschaft) eine direkte Konfrontation nicht mehr zu vermeiden war, ergriffen sie selbst auf halbwegs günstigem Gelände in der Schlacht die Initiative und trugen getreu dem Vorbild Alexanders vom rechten Flügel den Angriff vor oder ordneten ihn an.[70] Die Römer konnten es, wie Aemilius Paullus formulierte, darauf anlegen, »dass der Angriff vom Feind ausginge«[71] – wohl wissend, dass eine defensive Position das beste Mittel gegen eine tief gestaffelte Infanterie war; sein Vater hatte diese Lehre missachtet und mit dem Tod bei Cannae dafür bezahlt.[72]

Natürlich kannten die hellenistischen Heerführer das Risiko, das ein Vorstoß der Sarrissenphalanx bedeutete, wenn das Gelände und der Flankenschutz nicht optimal waren. Eine selten gewählte Gegenmaßnahme ergriff der Seleukide Antiochos III. Er war im Jahre 192, gestärkt durch einen spektakulären Feldzug im Osten, nach Griechenland übergesetzt, wo ihm die Ätoler leichte Gebietsgewinne und eine geschlossene Front griechischer Helfer vorgaukelten.[73] In Wirklichkeit aber hatten die Römer trotz des Abzugs ihrer Truppen wichtige Bundesgenossen bei der Stange halten können, vor allem den Achäischen Bund. Schon im ersten Kriegsjahr besiegten sie die nur rund 18 000 Mann umfassende Armee des Antiochos in einer Schlacht beim Engpass der Thermopylen und drängten ihn aus Griechenland ab.[74] 190/189 stellten sich die Truppen des Königs zur Entscheidungsschlacht bei Magnesia (in Kleinasien).[75] Sie waren zwar wahrscheinlich zahlenmäßig um das Doppelte überlegen, setzten sich aber aus ethnisch heterogenen Verbänden zusammen.

Traditionell wurden die besten Reiterverbände unter der persönlichen Führung des Königs auf dem rechten Flügel postiert. Im Zentrum stand die überwiegend aus den Reihen der griechisch-makedonischen Militärsiedler des Reiches rekrutierte Sarissenphalanx. Die eigentliche Schwachstelle bildeten die erst kürzlich nach einem Krieg integrierten und recht unzuverlässigen kleinasiatischen Kontingente.[76] Um die Flanken der Sarissenphalanx zu schützen, staffelte sie Antiochos ungewöhnlich tief in 32 Glieder und teilte sie in zehn »Haufen«. In die Zwischenräume wurden (vielleicht nach dem Vorbild des Pyrrhos) in der zweiten Linie je zehn Elefanten mit turmartigen Aufbauten postiert. Den Hauptangriff führte Antiochos – wie schon in den Schlachten zuvor gegen die Armee der Ptolemäer bei Raphia und Panion – an der Spitze der seleukidischen Panzerreiterei *(cataphracti),* der königlichen Reitergarde *(agema)* und den Hilfstruppen vom rechten Flügel aus.[77] Tatsächlich durchbrach er den linken Flügel der gegnerischen Schlachtordnung, doch anstatt die römische Infanterie und Kavallerie von der Seite aus aufzurollen oder zu überflügeln, begann er einen Sturm auf das römische Lager in der Hoffnung, dadurch der Moral der gegnerischen Truppen, insbesondere ihrer

Hilfsverbände, einen entscheidenden Schlag zu versetzen. Damit übertrug er typisch hellenistisches Denken auf die Römer, ohne zu wissen, dass diese ihrem Lager eine rein militärisch-taktische Bedeutung beimaßen, aber im Fall einer drohenden Erstürmung nicht um einen besonders wertvollen und umfangreichen Tross fürchten mussten.[78]

Das Lager der Römer hielt stand, und da der Abwehrkampf die übrigen römischen Verbände nicht beeinflusste, konnte in der gleichen Zeit die römische Reiterei auf dem rechten Flügel die achäische Kavallerie vertreiben. Daraufhin wandte sie sich erfolgreich gegen die *cataphracti,* die sich aufgrund ihrer durch die schwere Rüstung erschöpften Pferde und ihrer dichten Formation nicht geordnet zurückziehen konnten. Gleichzeitig rollte die pergamenisch-römische Reiterei unter König Eumenes II. im Stil Alexanders die schwache linke Flanke des Antiochos auf und trieb, unterstützt durch Bogenschützen und Legionäre, die Sarrissenträger auseinander. Die durch römische Geschosse und Lanzenhiebe verletzten und in Panik geratenen Elefanten wandten sich zurück und trampelten zahlreiche Flüchtende nieder.[79]

Sämtliche Schlachten zeigen ein gemeinsames Muster: Die Römer nahmen Erfahrungen des Hannibalkrieges (Kriegselefanten) auf und glichen die Defizite ihrer Reiterei durch stärkere Bewaffnung und Körperschutz (s. o. S. 214) sowie durch bundesgenössische Verbände aus. Insgesamt blieben ihre Heere aber weitaus homogener als die der hellenistischen Gegner; offensichtliche Schwachstellen, wie etwa die kurzfristig integrierten kleinasiatischen Hilfsverbände des Antiochos, kannten die römischen Truppen nicht. Die Könige hielten dagegen an der Sarissenphalanx als Kern der Armee fest, auch weil (innen-)politische Erwägungen eine größere Ausschöpfung spezialisierter »nationaler« Kontingente verhinderten (s. o. S. 176).[80] Polybios, selbst Feldherr des Achäischen Bundes, weist in einem berühmten Vergleich mit der Legion auf die taktische Beschränktheit der Sarissenphalanx (Fehlen einer Reserve) und deren Abhängigkeit von einem ebenen Schlachtgelände hin.[81] Tatsächlich mussten die hellenistischen Könige in hohem Maße auf entsprechend günstige topographische Bedingungen Rücksicht nehmen, um die Phalanx und die Reiter überhaupt mit der Aussicht auf Erfolg zum Einsatz zu bringen. Diese Nachteile führten zu mancher Niederlage gegen die Kelten; gegen die Römer waren sie fatal: Bei Pydna sollen 20000 Phalangiten, aber nur 100 Legionäre gefallen sein.[82]

Die zweite Konstante bestand darin, dass die Könige vom rechten Flügel aus die Initiative ergriffen und sich damit zu weit vom Schlachtzentrum entfernten.[83] Dies machte es zumal dann, wenn sie die Schlachtlinie weit auseinandergezogen oder sich vom übrigen Heeresteil getrennt hatten, unmöglich, die Schlachtentwicklung zu überschauen und Schwachstellen auszugleichen.[84] Stattdessen wählten sie eine riskante Offensivkonstellation, die zu einer Vernachlässigung der übrigen Heeresteile führte. Die Römer zeigten sich flexibler.[85] Allerdings verlangte ihre defensive Ausgangsposition in der ersten Phase der Schlacht ein hohes Maß an feldherrlicher Autorität und die Bereitschaft, auf offensive Demonstrationen der *virtus* zu verzichten – was dem Feldherrn leicht Kritik unter seinen Offizieren und in der Heimat einbringen konnte.[86] Die Zurücknahme des offensiven Kampfethos passte jedoch nicht nur zur Grundstruktur der *triplex acies* (s. o. S. 189), sondern auch zu einem politischen System, das bemüht war, den Ruhm des Einzelnen in den dauerhaften Erfolg der Gemeinschaft einfließen zu lassen.

Dagegen musste der König in die Offensive gehen, konnte sich riskante Defensivstellungen kaum leisten, weil ihm dies seine Stellung als Heerkönig und die Struktur seiner aus Angriffsverbänden und Berufssoldaten zusammengesetzten Armee geboten. Auffassungen von *disciplina*, die den römischen Kommandeuren die Wahrung defensiver Aufstellungen sowie ein verzögertes taktisches Umschwenken in die Offensive erlaubte, gab es offenbar in den hellenistischen Heeren nicht.[87] Deshalb waren sie anfälliger für Krisen innerhalb der Schlachtentwicklung. Deutlich kommt dieser

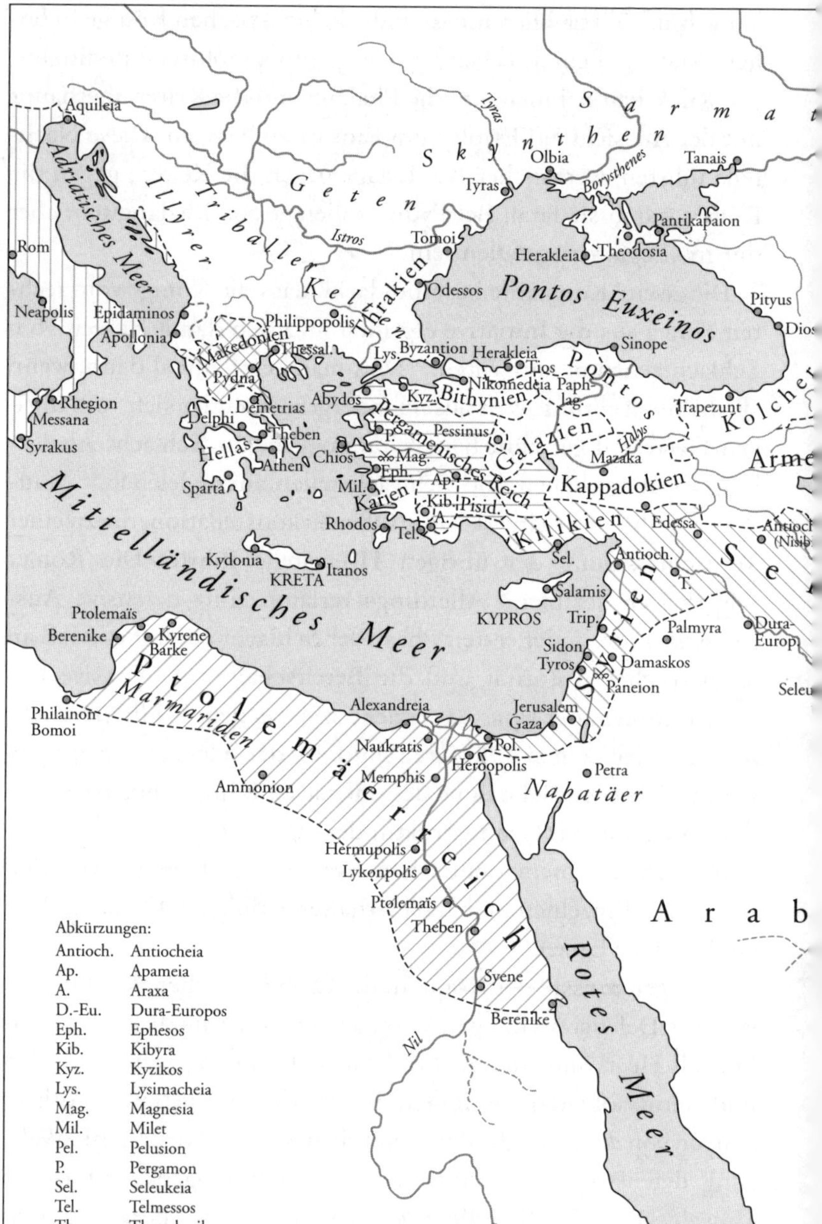
Sarmat
Skythen
Geten
Triballer
Illyrer
Kelten
Thrakien
Tyras
Olbia
Borysthenes
Tanais
Pantikapaion
Theodosia
Herakleia
Istros
Tomoi
Odessos
Pontos Euxeinos
Pityus
Dios
Aquileia
Adriatisches Meer
Rom
Neapolis
Epidaminos
Apollonia
Philippopolis
Makedonien
Thessal.
Pydna
Demetrias
Delphi
Theben
Hellas
Athen
Sparta
Rhegion
Messana
Syrakus
Lys.
Byzantion
Herakleia
Tios
Sinope
Nikomedeia
Paphlag.
Pontos
Abydos
Kyz.
Bithynien
Trapezunt
Kolcher
Pergamenisches Reich
P.
Pessinus
Galazien
Halys
Mazaka
Armen
Chios
Mag.
Eph.
Ap.
Kappadokien
Mil.
Karien
Kib.
Pisid.
A.
Rhodos
Tel.
Kilikien
Edessa
Antioch (Nisib
Sel.
Antioch.
T.
Mittelländisches Meer
Kydonia
Itanos
KRETA
Salamis
KYPROS
Trip.
Syrien
Palmyra
Dura-Europ.
Sidon
Tyros
Damaskos
Paneion
Seleu
Ptolemaïs
Berenike
Kyrene
Barke
Ptolemäerreich
Marmariden
Philainon Bomoi
Alexandreia
Jerusalem
Gaza
Naukratis
Pol.
Heroopolis
Petra
Nabatäer
Memphis
Ammonion
Hermupolis
Lykonpolis
Ptolemaïs
Theben
Arab
Syene
Berenike
Rotes Meer
Nil
Abkürzungen:
Antioch. Antiocheia
Ap. Apameia
A. Araxa
D.-Eu. Dura-Europos
Eph. Ephesos
Kib. Kibyra
Kyz. Kyzikos
Lys. Lysimacheia
Mag. Magnesia
Mil. Milet
Pel. Pelusion
P. Pergamon
Sel. Seleukeia
Tel. Telmessos
Th. Thessalonike
Trip. Tripolis

Die Hellenistische Welt um 185 v. Chr.
Makedonien
Seleukidenreich
Römisches Reich
Ptolemäerreich
Pergamenisches Reich
0 200 400 600 800 1000 km
Aorser
Skythien
Massageten
Jaxartes
Oxeiane See
Skythien
Oxos
Kaspisches Meer
Chorasmier
Marakanda
Sogdiane
Sakarauken
Tocharer
Daher
Antiocheia
Baktra-Zariaspa
Baktrien
Indos
Arsake
Nisaia
Dara
Margiane
Margos
Zadrakarta
Hyrkanien
Gräko-
Kabura
Amarder
Choarene
Areia
Ochos
Europos
Galliope
Alexandreia
Hydaspes
Medien
Ekbatana
Parthien
Baktrisches Reich
Reich des Demetrios
Tabai
Aspadana (Gabai)
Paraitakene
Demetrios
Drangiane
Akesines
Arachosien
Issatis
Etymandros
Susa
Aspagora
Alexandreia
Karmana
Susiane
Persepolis
Indos
Indien
Persis
Pura
Pattala
Harmozeia
Gedrosien
Alexandria
Minnagara
Mosarna
Persischer Golf
Gerhäer

Unterschied auch in der Auffassung von der Funktion des Lagers zum Ausdruck. Die Römer maßen ihrem Lager eine rein taktisch-militärische Bedeutung bei; eine drohende Bestürmung hielt die übrigen Heeresteile nicht von ihren eigentlichen Aufgaben ab und beeinflusste ihre Kampfmoral kaum. Die Lager der hellenistischen Heere dienten dagegen in erster Linie als Aufbewahrungsorte des für die Berufskrieger wichtigen Trosses einschließlich der Beute und der Feldkasse.[88] Der drohende Verlust des Lagers hatte deshalb auf die hellenistischen Armeen eine ungleich stärker demoralisierende Wirkung. Bei den Thermopylen führte er zum völligen Zusammenbruch der Schlacht[89], bei Magnesia hatten die Fehleinschätzung des Antiochos, wonach die Römer ähnlich anfällig für einen Angriff auf ihr Lager waren, und sein Offensivdrang auf dem rechten Flügel zur Folge, dass die Römer seinen linken und mittleren Heeresteil entscheidend zurückschlagen konnten. Taktische Defensivoptionen oder schlagkräftige Reserven standen Antiochos nicht (mehr) zur Verfügung.[90]

Schließlich waren die Konsequenzen einer Niederlage für die hellenistischen Könige viel gravierender als für die Römer: Da die Könige einen Großteil der Waffenfähigen für die Phalanx benötigten, war die Rekrutierungsbasis meist für eine ganze Generation erschöpft.[91] Rom nutzte diese Konstellation erbarmungslos aus: Kontributionen, Rüstungsbeschränkungen und die Abgabe von Territorien schwächten die besiegten Könige so weit, dass sie als eigenständiger Machtfaktor ausfielen und abhängig wurden vom Willen der Tiberstadt.[92]

9.
SPEZIALISIERUNG DES KRIEGSHANDWERKS SEIT DEM 2. JAHRHUNDERT V. CHR.

Neue Gegner und Herausforderungen

Die Schwächung der hellenistischen Königreiche und griechischen Mittelmächte mündete seit der Mitte des 2. Jahrhunderts in die Einrichtung direkter Herrschaftsgebiete jenseits der Straße von Otranto: 148 wurde Makedonien als Provinz organisiert. Dessen Statthalter hatte auch die Aufsicht über die restlichen Gebiete Griechenlands. Nach der Zerstörung letzter Widerstandszentren (Korinth) ging die Republik auch im Westen dazu über, jegliches Gefahrenpotential zu tilgen. 146 wurde Karthago nach zweijähriger Belagerung dem Erdboden gleich gemacht. Das unmittelbare Herrschaftsgebiet der Stadt im heutigen Tunesien bildete die Provinz *Africa*. Als zehn Jahre später in Pergamon ein gewisser Aristonikos gegen Attalos III. Thronansprüche erhob, vermachte der König sein Reich den Römern, um es vor einem Bürgerkrieg zu bewahren.[1] Die Römer wandelten nach der Niederschlagung des Aristonikos-Aufstandes im Jahr 129 den größten Teil des pergamenischen Reiches in die Provinz *Asia* um.

Damit – so könnte man meinen – hatte die römische Außenpolitik »die Risikoschwelle überschritten« (Alfred Heuß). Krieg bestimmte jedoch nach wie vor das Leben der Republik, aber er richtete sich nun gegen andere Gegner. Die Römer kämpften schon seit 100 Jahren gegen die Kelten und ligurischen Stämme in Norditalien. Als Karthago ausgeschaltet und die hellenistischen Königreiche entmachtet waren, stießen die Legionäre an der Peripherie auf Völkerschaften, die in Stammesorganisationen lebten und eine andere Form der Kriegführung bevorzugten als die hellenistischen

Monarchen.[2] Während die Feldzüge im östlichen Mittelmeerraum sich auf wenige Jahre und den Einsatz von zwei bis vier Legionen beschränkten und relativ schnell ohne größere Verluste mit offenen Feldschlachten endeten, vermieden viele Stämme der Randgebiete die direkte militärische Konfrontation und setzten stattdessen auf schnelle Vorstöße der Reiterei, Raubzüge und Überfälle in unwegsamen Gelände.

Auf diese Art der Kriegführung waren die Legionen kaum vorbereitet: Allein an der makedonischen Grenze mussten römische Armeen seit 141 immer wieder teils katastrophale Niederlagen gegen die Skordisker hinnehmen.[3] Viele Kommandeure starben bei den Gefechten. 114 stießen die Skordisker bis nach Mittelgriechenland vor.[4] Noch verheerender und auch von anderer Art waren die Auseinandersetzungen auf der Iberischen Halbinsel. Die einheimischen Stämme der Lusitaner und Keltiberer kämpften vor allem um die Verbesserung ihrer ärmlichen Lebensverhältnisse. Sie operierten aus unzugänglichen Bergregionen und verfügten über zum Teil gut befestigte Gemeinwesen. Hier führte man keine schneidigen Feldzüge wie gegen hellenistische Heerführer, die sich mit wohlgeordneten Waffengattungen zur Schlacht stellten, sondern Vernichtungskriege gegen hochmobile Krieger, die den Partisanenkampf, Überfälle, Täuschungsmanöver beherrschten und sich immer wieder in unzugängliche Bergregionen zurückzogen – ein klassischer, mit größter Brutalität (auf beiden Seiten) geführter asymmetrischer Krieg, der den Römern enorme Verluste beibrachte.[5] Kam es zur Schlacht, dann attackierten die Keltiberer die Manipel in einer Keilformation *(cuneus)*, »eine Kampfesart, in der sie« – so Livius – »so stark sind, dass man ihnen, ganz gleich, gegen welchen Teil sich ihr Angriff richtet, nicht standhalten kann«.[6] Der spanische Kriegsschauplatz erforderte spätestens seit der Mitte des 2. Jahrhunderts den Dauereinsatz von drei bis vier Legionen sowie bundesgenössischer Kontingente im gleichen Umfang über einen Zeitraum von mindestens 20 Jahren (154–133).[7] Allein im ersten Kriegsjahr fiel ein Drittel der eingesetzten 30 000 Soldaten, weitaus mehr als in sämtlichen Kriegen im Osten.[8] Da zudem die Legionäre anders als dort nicht mit reicher Beute rechnen konnten, war der spanische Dauerkrieg höchst unpopulär - niemand wusste so recht, wofür man eigentlich kämpfte - und eine enorme Belastung für Feldherren, Offiziere und Soldaten.[9]

Diese Probleme wirkten sich auch auf die innere Verfassung der Republik aus: Vor allem der Mangel an Rekruten, die hohen Verluste und die lange Abwesenheit der Legionäre von ihren bäuerlichen Höfen veranlassten den Volkstribun Tiberius Gracchus im Jahr 133, gegen den Willen der Senatsmehrheit und unter Missachtung althergebrachter Verfassungsnormen ein umfassendes Agrarprogramm durch die Comitien zu bringen. Die Auseinandersetzung um die Reform mündete in offene Gewalt, die seitdem die römische Innenpolitik bestimmte und belastete. Verschärft wurden die Spannungen von fortgesetzten militärischen Problemen. Die Kämpfe gegen die Kelten in Oberitalien nahmen kein Ende; auch im Krieg gegen den Numiderkönig Iugurtha in Nordafrika griffen die Erfolgsmechanismen des römischen Heeres nicht. Die Legionäre hatten in den wüstenartigen Gegenden große Schwierigkeiten mit der mobilen Kampfesweise der leichtbewaffneten Numider.[10] Auch erfahrenen Feldherren wie den in der Anfangsphase eingesetzten Calpurnius Bestia und Servilius Caepio fehlten die Zeit und geeignete Waffengattungen, um sich auf die Verhältnisse und den Gegner einzustellen. Manche moderne Autoren glauben zudem, mit dem wachsenden Einfluss der »verführerischen« hellenistischen Kultur habe ein regelrechter militärischer Kompetenzverlust unter den adligen Offizieren und Feldherren eingesetzt.[11]

Nun ist ein Mangel an militärischen Führungsqualitäten immer schwer einzuschätzen, insbesondere im Vergleich zu früheren Zeiten. Kein militärisches System produziert permanent geniale Kommandeure, und gerade die früheren Kriege gegen Pyrrhos und Hannibal waren ebenfalls durch erstaunliche Fehlleistungen gekennzeichnet. Sicher ist aber, dass die durch die Siege im Osten

Die Mittelmeerwelt um 133 v. Chr.

In Kleinasien ist der Territorialstand nach dem Ende des Aristonikos-Krieges (129 v. Chr.) dargestellt.

Die schwarzen Zahlen bezeichnen das Jahr der Errichtung der Provinzen.

Römisches Reich

Ptolemäerreich

Seleukidenreich

0 200 400 600 800 1000 km

Rha
Tanaïs
Kaspisches Meer
Tyras
Olbia
Bosporanisches Reich
Pantikapaion
Tyras
Herakleia
Donau
Kallatis
Pontos Euxeinos
Sinope
Amisos
Trapezunt
Apollonia
Thraker
Armenia
Philippopolis
Pontos
Zela
Byzantion
Nikomedeia
Bithynien
Euphrates
Philippi
Kypsela
Propontis
Kalchedon
Galatien
Pella
Miletopolis
Ankyra
Arsanias
Thessalonike
Kyzikos
Halys
Pydna
Abydos
Kaisareia
Tigris
Mare Aegaeum
Asia 133
Großphrygien
Kappadokisches Reich
Nisibis
Edessa
Arbela
LESBOS
CHIOS
Sardeis
Tatta See
Ikonion
Seleukidenreich
Delphi
Magnesia
Lykaonien
Ephesos
Pisidien
Tarsos
Achaia
SAMOS
Milet
Termessos
Seleukeia
Thapsakos
Parther-reich
Sparta
Lydien
Korakesion
Antiocheia
Dura-Europos
Seleukeia
KYPROS
Palmyra
Salamis
Babylon
Itanos
KRETA
Berytos
Damaskos
Sidon
Tyros
Hierosolyma
Kyrene
Raphia
Gaza
Petra
Alexandreia
Pelusion
Kyrenaika
Ptolemäerreich
Naukratis
Memphis
Heliopolis
Myos Hormos
Leukos Limen
Nil
Ptolemais
Koptos
Theben
Sinus Arabicus
Berenike

erfolgsverwöhnte römische Öffentlichkeit angesichts der beispiellosen Verlustserie in Makedonien und Spanien sensibler und hellhöriger gegenüber militärischen Fehlschlägen war als noch im 4. und 3. Jahrhundert, und dass die Quellen, wie etwa Sallust, die uns darüber berichten, von einer antiaristokratischen Tendenz geprägt sind. Zur Erklärung der großen Probleme in Spanien und dann in Nordafrika erscheint es deshalb wichtiger, dass viele in Afrika eingesetzte Offiziere und Feldherren vorher in den makedonischen Kriegen gedient hatten. Sie waren von dem epochalen Erfolg der Manipulartaktik gegen die hellenistische Kriegskunst geprägt und konnten sich nur schwer auf eine neue Situation einstellen, in der man das Glück nicht durch eine Feldschlacht und die überlegene Kampfkraft der Legionäre erzwingen konnte.[12]

Für einen Erfolg gegen Iberer, Kelten und Numider brauchte man – das war die entscheidende Herausforderung, welche die weitere Geschichte der Republik bestimmte – militärische Spezialisten mit einer größeren Zahl von Truppen, die bereit waren, ohne den Druck zeitlicher Beschränkung alles für den Erfolg auf ungewohntem Terrain zu tun. Wie häufig in der Kriegsgeschichte erwachsen solche neuen Impulse selten aus der etablierten Offizierselite, sondern entweder aus Teilen der jüngeren Generation, die sich gegenüber eingefahrenen Regeln und Konventionen unabhängiger zeigt, oder aus Kreisen, die nicht zur engeren gesellschaftlichen Elite gehören.

Diese Bedingungen erfüllten zwei Männer, die den Krieg und die Politik Roms in den nächsten 30 Jahren bestimmten: C. Marius stammte aus einer Ritterfamilie und hatte zunächst vor Numantia gegen die Keltiberer und als Proprätor in *Hispania Ulterior* gedient, bevor er als Legat des Q. Caecilius Metellus in den Krieg gegen den Numiderkönig Iugurtha zog. Brennend vor Ehrgeiz bewarb er sich hinter dem Rücken seines Feldherrn um das Konsulat und den Oberfehl in der Provinz *Africa*. Gestützt durch eine öffentliche Stimmung, die das zögerliche und erfolglose Vorgehen der adligen Kommandeure leid war, übernahm er im Jahr 107 den Krieg und konnte tatsächlich Iugurtha gefangennehmen.

Ein Erfolgsrezept des Marius bestand darin, dass er seine Offiziere nach militärischen Fähigkeiten auswählte, ohne Rücksicht auf nobilitäre Konventionen und Beziehungen. Eine besonders glückliche Wahl war L. Cornelius Sulla aus einer fast vergessenen und völlig verarmten patrizischen Familie ohne politischen Einfluss.[13] Er konnte keine prominenten Kriegseinsätze vorweisen, hatte sich stattdessen durch amouröse Abenteuer und Zechgelage hervorgetan. Entscheidend aber war: Er besaß wie Marius ein Gespür für den Umgang mit Soldaten. Als Anführer einer neuen, gegen die Numider so wichtigen Reiterei entschied er die Schlacht bei Cirta und hatte durch geschickte Verhandlungen mit dem einheimischen König Bocchus wesentlichen Anteil daran, dass Iugurtha in einen Hinterhalt gelockt und an Marius ausgeliefert wurde.[14] Es war diese Art der Kriegsführung, die in Nordafrika und Spanien schließlich zum Erfolg führte.

Marius und der Krieg gegen Kimbern und Teutonen

Die eigentliche Bewährungsprobe wartete jedoch im Norden. 113 v. Chr. griff ein großer Verband der germanischen Kimbern, Ambronen und Haruden das Königreich Noricum (Kärnten) an und schlug ein konsularisches Heer bei Noreia vernichtend. Gemeinsam mit den Teutonen erbaten daraufhin die Sieger, die wohl ursprünglich als Söldner von den gallischen Clans angeworben waren, Siedlungsland in der *Gallia Narbonensis*. Die römischen Kommandeure lehnten ab und wurden erneut im Jahre 105 bei Arausio (Orange) durch einen Frontalangriff der germanischen Fußtruppen besiegt. Angeblich fielen nach Einnahme des Lagers 80 000 Mann. Es war die größte Niederlage seit Cannae.[15]

Hatten die römischen Legionen schon Schwierigkeiten, sich auf den Krieg in Spanien und Nordafrika einzustellen, so stellten jetzt die Germanen eine weitere Herausforderung dar, auf die die römische Armee keine Antwort wusste. Die germanischen Kämpfer waren schon zu dieser Zeit vielfach Berufskrieger, und ihre Anführer mussten sich durch militärische Erfolge legitimieren.[16] Nach den archäologischen Funden zu schließen, unterschieden sich Waffengattungen und Kampfesweise der Germanen wenig vom Stand der damaligen mediterranen Kriegstechnik;[17] sie waren in der Lage, mit Lanzen, Langschwert und Schild eine Schlachtreihe zu formieren, sowie durch Feldzeichen und Trompeten unterstützt, geordnet auf die feindliche Linie vorzurücken, und die Reiterei der Kimbern konnte ihre Manöver mit den Fußtruppen koordinieren.[18] Anders als die hellenistischen Armeen blieben sie über Jahre kampfbereit, weil sie gewohnt und gezwungen waren, sich mit Waffengewalt und auf Kosten der Völker, denen sie begegneten, zu ernähren. Gleichzeitig ergänzten sie sich durch ethnisch heterogene Neuankömmlinge und suchten ihr Leben als Berufskrieger und Söldner (vor allem in Gallien) durch Landgewinn abzusichern.[19] Gerade die Verbindung von Ackerbau (in einem freilich geringen und nur subsidiären Maß) und mobiler militärischer Existenz machte sie offenbar - wie später die Sueben - so gefährlich.[20] Sogar die Frauen feuerten die Kämpfer unmittelbar hinter der Front an und drängten Zurückweichende wieder in die Schlacht.[21] Die Integration des weiblichen Stammesteiles in das Schlachtgeschehen trug zu der Vorstellung bei, man habe es mit Massen todesbereiter Barbaren zu tun.

Die Stimmung in Rom war gereizt. Man rief nach Marius, der in Nordafrika gezeigt hatte, dass er mit schwierigen militärischen Problemen fertig wurde. Sein Glück war, dass die Germanen nach Spanien zogen. Damit gewann er Zeit, die gelichteten Reihen der Legionen zu füllen und die Moral der Truppen wiederaufzurichten.[22] Schon in den Kriegen gegen die Iberer seit 153 v. Chr. mussten die Kommandeure immer häufiger auf Freiwillige zurückgreifen.[23] Marius selbst hatte bereits in Nordafrika Freiwillige ohne

Bodenbesitz *(capite censi)* als Legionäre rekrutiert.[24] Das Gleiche tat er nun in größerem Umfang gegen die Germanen. Häufig werden diese Maßnahmen als Teil einer Reform verstanden, die das Milizheer der Besitzenden in eine professionelle Armee der Besitzlosen verwandelt habe, aber diese Ansicht ist viel zu undifferenziert. Denn zum einen machten die Legionäre mit Bodenbesitz auch nach Marius einen Großteil der Armee aus. Zum andern hatte man schon früher in Krisenzeiten die Rekrutierungsqualifikationen aufgehoben. Seit dem Krieg gegen Hannibal wurden die Qualifikationsgrenzen bis auf 1500 Asse im Jahr 129 herabgesetzt[25], und das nicht so sehr, weil die Rekrutenzahlen überall zurückgingen (»manpower-crisis«), sondern wegen der geringen Lukrativität und Attraktivität der Kriege zumal in Spanien.[26] Die Germanenkriege waren genauso unattraktiv und gefährlich, aber nun musste man zusätzlich den Blutzoll der Niederlagen bei Noreia und Arausio verkraften. Wenn Marius jetzt die Besitzkriterien bei der Rekrutierung völlig außer Kraft setzte, dann war dies eine notwendige Reaktion auf eine militärische Herausforderung und erhob in einer besonders schweren Krise einen Trend zur Norm.[27]

Ähnliches gilt für die Ablösung der Manipularaufstellung durch die Kohortentaktik. Schon in den Kriegen gegen Hannibal werden Kohorten (erstmals von P. Cornelius Scipio) als taktische Alternative zur Manipularaufstellung erwähnt, die nach wie vor hintereinander in der *quincunx*-Formation aufgestellt waren.[28] Besonders häufig dürften Kohorten in den Kriegen des 2. Jahrhunderts in Spanien sowohl gegen die Guerillataktik als auch gegen die massiven Frontalangriffe (in *cunei*) der Einheimischen verwendet worden sein.[29] Marius bildete nun regelmäßig Kohorten von 480 bis 600 Mann Sollstärke eines Manipels von *hastati*, eines Manipels der *principes* und der *triarii* (oder *pilani*); 30 Manipel der Legion wurden zu 10 Kohorten zusammengefasst. Damit ergaben sich dreifach größere taktische Körper, die eine stärkere Verdichtung und Massierung der Schlachtreihe erlaubten als die relativ offene Manipularaufstellung.[30]

Mit den Kohorten hoffte Marius (wie seine Vorgänger in Spanien), der Wucht des germanischen Frontalangriffs und der Überzahl gegnerischer Kämpfer standzuhalten und danach auf Kommando in die Offensive zu gehen.[31] Größere taktische Einheiten erleichterten die Übermittlung der Befehle für solche Manöver.[32] Plänkler waren dagegen für den Wechsel von der statischen Defensive in die mobile Offensive nicht nötig, und deshalb spielten sie fortan auch keine Rolle mehr. Es kam vielmehr auf eine möglichst einheitliche Bewaffnung der Reihen an, und so wurden nun auch die Triarier mit dem Stoßspeer *(pilum)* ausgestattet.[33]

Ergänzt wurde die Änderung der Ausrüstung und taktischen Organisation durch Maßnahmen, die den Legionären ermöglichten, die Formation besser zu halten oder auf Befehl zu ändern: Sicher gehen nicht alle Neuerungen auf Marius allein zurück. So durchliefen die Rekruten schon in Rom auf Anweisung des Konsuls von 105, Rutilius Rufus, ein verändertes Training; unter anderem wurden sie angeblich durch Gladiatoren im Fechten unterwiesen.[34] All diese Veränderungen zielten darauf ab, das Selbstbewusstsein und die taktische Disziplin der Soldaten zu stärken. Während die Legionäre des 2. Jahrhunderts noch lärmend vorrückten, marschierten die Soldaten der späten Republik schweigend auf die gegnerische Linie zu. Erst nachdem sie den Abstand bis auf 15 Meter verkürzt hatten, schleuderten sie ihr *pilum* und erhoben das Kriegsgeschrei. Die schockartige Kombination von Speerwurf und Kriegsgeschrei führte nicht selten dazu, dass der Gegner bereits vor oder nach einem kurzen Aufeinandertreffen die Schlacht aufgab.[35] Hielt er stand, sah er sich einem Gegner gegenüber, der, selbst geschützt mit einen Gliederpanzer *(lorica segmentata)*, ihn mit seinem konvexen Schild *(scutum)* von oben zurückdrängte und mit dem Kurzschwert *(gladius Hispaniensis)* in die ungeschützte Magengegend stieß.[36]

Nicht weniger wichtig als die Professionalisierung der Kampfesweise waren die strategischen Entscheidungen des Marius: Wie viele Feldherren in vergleichbaren Situationen vermied er zunächst jede Schlachtentscheidung und suchte den Gegner dort zu zermürben, wo Rom naturgemäß Vorteile hatte: bei der Versorgung der Armee.[37] Taktische Überlegungen sollten jetzt frei von logistischen Zwängen bleiben und dem römischen Feldherrn die Initiative überlassen. Ein Umgehungskanal oberhalb der versandeten Rhônemündung hinaus zur Küste, später Fossa Mariana genannt, sicherte die rückwärtige Versorgung in das Operationsgebiet; an der Rhône wurde ein riesiges Vorratslager errichtet, »denn es sollte nie so weit kommen, dass Mangel an Lebensmitteln ihn (Marius) zwänge, den Kampf in einem ungünstigen Augenblick aufzunehmen«.[38]

Auch der reduzierte Tross war Teil der logistischen Planung. Diese Maßnahme griff höchstwahrscheinlich Gewohnheiten aus der Zeit des späten 3. Jahrhunderts auf, die in der Zeit des Marius aus Disziplinmangel außer Übung gekommen waren.[39] Die marianischen Legionäre trugen jetzt (wieder) einen Großteil ihrer Ausrüstung und des Schanzmaterials selbst (*mules Mariani* – »Maultiere des Marius«).[40] Damit erhöhte Marius – wie einst Philipp II. von Makedonien (s. o. S. 145) – die operative Mobilität seiner Armee gegenüber den mit ihren Familien wandernden Germanen beträchtlich. Er konnte dem Gegner so lange auf den Fersen bleiben, bis die günstigste Gelegenheit zum Zuschlagen gefunden und der Feind von Hunger geschwächt mit Aussicht auf Erfolg zur Schlacht gezwungen werden konnte. Zudem gewannen die Offiziere Zeit, ihre Rekruten psychologisch auf diesen Feind vorzubereiten und die in Italien begonnene Ausbildung fortzusetzen.

Dennoch wären dies alles zusammenhanglose Einzelmaßnahmen geblieben, wenn sie nicht der Heerführer zu einem sinnvollen Ganzen zusammengefügt hätte. Mit Marius trat den Soldaten ein Feldherrntyp entgegen, der viel von ihnen verlangte, sie fast endlos trainieren ließ und harte Arbeit auch in Ruhezeiten zwischen den Gefechten forderte.[41] Aber er vergalt es ihnen mehrfach, und nicht nur, indem er selbst Hand anlegte. Er vermittelte ihnen vor allem das Gefühl, dass er niemals bereit wäre, ihr Leben und sorgfältige taktische Überlegungen dem Wunsch nach einem schnellen Triumph zu opfern. Stattdessen verfolgte er ohne Rücksicht auf Konventionen *(mores)* einen Plan, der darauf zielte, günstige Gelegenheiten mit minimalem Risiko zu nutzen. So verzichtete Marius im ersten Feldzugsjahr zunächst auf eine offene Feldschlacht und veranlasste die Teutonen und Ambronen, ihre Kräfte bei wilden, aber vergeblichen Sturmangriffen auf sein Lager zu vergeuden. Erst nachdem die Germanen in langen Kolonnen am Lager vorbeigezogen waren, folgte er ihnen überraschend und konnte sie nahe Aquae Sextiae beim Kampieren an einem Fluss von einer günstigen Hügelposition aus zur Schlacht stellen. Die Legionäre nahmen zunächst die bewährte Defensivposition ein und ließen die Germanen hügelaufwärts angreifen. Als diese dabei ihre Ordnung verloren, gingen die Legionäre ihrerseits zum Angriff über. Von der Höhe aus drängten sie die Germanen zurück und nahmen sie am Fuß des Hügels mit der aus dem Hinterhalt vorpreschenden Reiterei in die Zange.[42]

Auch die letzte große Schlacht gegen die Kimbern bei Vercellae im Jahre 101 wurde wohl vor allem dadurch zu Gunsten der Römer entschieden, dass Marius das Treffen sorgfältig plante sowie Ort und Zeit der Kampfhandlungen bestimmte. Die Quellen betonen, dass er zunächst erneut in seinem Lager abwartete, bis er den Gegner auf einem für ihn günstigen Gelände zum Kampf stellen konnte.[43] In der Zwischenzeit hatte er die Wurfspieße *(pila)* der Legionäre modifiziert; er ließ die Eisennägel, die Schaft und Spitze zusammenhielten, durch hölzerne Stifte ersetzen. Sie sollten beim Aufprall auf den feindlichen Schild zerbrechen und damit ein tieferes Eindringen der Spitze ermöglichen. Die beim Aufprall abgeknickten Speere konnten nicht mehr herausgezogen werden, sie waren damit für den Gegner unbrauchbar und behinderten gleichzeitig den Einsatz des Schildes.[44] Außerdem hatte Marius die Legionäre offenbar so intensiv trainiert, dass sie den Germanen auch körperlich in der Mittagshitze der Schlacht überlegen waren.[45]

Schließlich zeigte sich bei Vercellae auch der taktische Vorteil der Kohorten gegenüber der alten Manipulartaktik. Bevor die zu Fuß kämpfenden Germanen frontal das von Catulus gehaltene Zentrum angriffen, schwenkte ihre angeblich 15 000 Mann starke Reiterei nach rechts, um die römische Infanterie in die dadurch entstandene Lücke zwischen Reiterei und Fußtruppen zu locken und gleichzeitig die von Marius geplante Überflügelung auf beiden Flanken zu vereiteln.[46] Marius führte daraufhin sämtliche Kohorten des linken Flügels an den germanischen Fußtruppen vorbei gegen die Reiterei und leitete danach die Umzingelung des gesamten germanischen Heerhaufens ein. Ein solches Manöver hatten bisher Legionäre in so großer Zahl (angeblich rund 15 000, auf beiden Flügeln 32 000 Mann) nicht unternommen. Es war nur möglich mit der kompakten Einheit der Kohorte, die zum einen auf die Befehle des Marius schnell reagierte, andererseits durch ihre Massierung die gegnerische Reiterei zurückdrängen konnte.[47]

Ein neuer Feldherrntyp und sein Verhältnis zur Truppe

Marius hat nicht nur mit dem Einsatz der Kohorten, sondern auch durch die sorgfältige Vorbereitung und logistische Absicherung seiner Operationen neue Maßstäbe gesetzt. Sicherlich war man schon in früheren Zeiten flexibel von der zeitlichen Beschränkung der Kommandos abgewichen. Aber mit Marius beginnt die Reihe professioneller Feldherren, die den Krieg gegen unterschiedliche Gegner auf weit entfernten Kriegsschauplätzen führen konnten. Ähnlich wie im griechischen Raum des 4. Jahrhunderts musste ein erfolgreicher Feldherr nun in der Lage sein, differenzierte Waffengattungen (neben den Schwerbewaffneten die Reiterei, Belagerungsmaschinen, bundesgenössische Spezialtruppen wie Schleuderer und Bogenschützen) und größere Truppeneinheiten dem jeweiligen Einsatzort entsprechend zu versorgen und im Kampf zu koordinieren. Dies erforderte ein neues strategisches und logistisches Denken, das die Möglichkeiten des Imperiums vollständig ausschöpfte. Marius hatte gegen die Kimbern bezeichnenderweise bithynische Hilfstruppen vom anderen Ende des Mittelmeeres angefordert. Hier zeichnete sich eine »globale« Dimension spezialisierter Kriegsführung ab, die freilich nicht jeder mitzumachen bereit war. Pompeius führte sie 30 Jahre später zur Perfektion. Auch das Kalkül, die feindliche Hauptarmee zu spalten, in Versorgungsnöte zu bringen und erst dann Schlachten bei günstigster Gelegenheit zu wagen, ist ein Prinzip, das später Pompeius und Caesar verinnerlichten (s. u. S. 265 f.).[48]

Andere verharrten in den gewohnten Bahnen und führten routinemäßig Krieg in oder aus der Provinz, ohne größere Risiken und Anstrengungen. Dieser Trend zum militärischen Minimalismus (parallel zur Spezialisierung des Kriegshandwerkes) mag auch darin bestärkt worden sein, dass sich seit der Mitte des 2. Jahrhunderts zunehmend andere Felder öffentlicher Betätigung wie die eines erfolgreichen Redners oder Anwalts und Fachjuristen boten, auf denen man politisch reüssieren konnte.[49] Hinzu kam, dass der neue Krieg und seine Herausforderungen nicht nur einen neuen Feldherrntypus schufen, sondern auch ein verändertes Verhältnis zu den Soldaten verlangten. Nur Befehle zu erteilen und den Rest der Zeit mit den Standesgenossen im Feldherrnzelt zu verbringen, reichte nicht mehr aus: Nun bedurfte es steter Anwesenheit hinter und zwischen den Kampflinien, großer Anstrengungen, viel Einfühlungsvermögen und noch mehr Beuteversprechungen, um die über Jahre von der Heimat getrennten Soldaten bei der Stange zu halten.

Materielle Gewinne und Siege waren nicht mehr Ziel eines Feldzugs, sondern permanent notwendiger Kitt, der Feldherren, Offiziere und Mannschaften zusammenhielt.[50] Der Ehrgeiz und die Bereitschaft, sich voll und ganz den neuen Gesetzen des Krieges zu verschreiben, die Mühen langer Feldzüge mit den Soldaten zu teilen und wie Sulla »bei dem Lagerschlagen, auf dem Marsch, sowie bei Wachen überall Hand anzulegen«[51], mochte manchen jungen

Adligen als nicht mehr standesgemäß erscheinen. Wer wollte schon mit den Besitzlosen im Schlamm stehen oder mit ihnen das Kommissbrot teilen? Stattdessen verwiesen sie auf die *disciplina* früherer Generationen und wollten nicht verstehen, dass man den Soldaten, die nichts hatten als Krieg und Kameraden, nach den Entbehrungen des Marsches und der Kämpfe Ausschweifungen gönnen musste und dass gerade dies ihre Kampfkraft steigerte:[52] Wenn moralisierende Autoren wie Sallust den Feldherrn Sulla dafür tadeln, dass er seine Soldaten in Kleinasien außerhalb des Kampfes an der langen Leine hielt und ihnen Raub, Gewaltausbrüche und Trinkexzesse nachsah, dann verkennen sie, dass erfahrungsgemäß der schlechte Ruf und die mangelnde *disciplina* professioneller Soldaten *im Lager* mit ihrer außergewöhnlichen Kampfkraft *an der Front* korrespondieren.[53] Im Kampfeinsatz konnte sich Sulla gegen die zahlenmäßig mehrfach überlegene Armee des Mithridates (s. u. S. 248) auf seine Truppe blind verlassen.

Es öffnete sich eine neue Welt, die viele überforderte: Große Heerführer wie Lucullus scheiterten daran, dass sie nicht bereit waren, die soziale Distanz zu den Soldaten gerade in schwierigen Situationen zu überbrücken (s. u. S. 255); andere verweigerten sich den neuen Herausforderungen gänzlich: 50 Jahre nach Marius gab es nicht wenige *nobiles*, die zwar im Senat das große Wort führten, aber von der neuen Art der Kriegsführung nichts verstanden und das auch nicht als Mangel ansahen oder gar Abhilfe schaffen wollten. Ähnlich wie nach dem Peloponnesischen Krieg in Griechenland wurde der große Krieg in Rom seit Marius zu einer Sache professioneller Feldherren, die in das Herz der Soldaten zu blicken verstanden und Krieg als Lebensform akzeptierten.[54]

Aufstieg der Veteranen

Der entscheidende Unterschied zu den griechischen Verhältnissen bestand darin, dass die römischen Feldherren ihre Kriege weiterhin mit römischen Bürgern, nicht mit Söldnern führten und nur sehr selten (und erst in der Endphase der Bürgerkriege) in den Sold fremder Potentaten traten[55], sondern weiterhin zumindest offiziell im Namen der *res publica* kommandierten. Deshalb hatten die Veränderungen, die seit Marius die römische Militärstruktur erfasste, von Beginn an eine gefährliche innenpolitische Dimension: Die Aufnahme von Besitzlosen und die langen Feldzüge festigten nicht nur die Bindungen zwischen Soldaten und Feldherrn; sie stärkten auch das Selbstbewusstsein der Legionäre, weil sie erfolgreich waren. Die Rolle der Legionäre in den Germanenkriegen ist in dieser Hinsicht mit der Leistung der Theten bei Salamis zu vergleichen. In beiden Fällen hatten die Besitzlosen ihre Heimat vor einer tödlichen Gefahr gerettet. Wer solche Erfolge feiert, erwartet Belohnungen, so in Athen stärkere Beteiligung am politischen Geschäft. In der völlig anders gearteten politischen Kultur Roms richteten sich die Hoffnungen auf materielle Absicherung in Form von Geld und Land. In beiden Fällen führte der militärische Erfolg dazu, dass die zu Ansehen gekommenen Besitzlosen das Gesicht der Armee prägten. Weder war die Flotte nach Salamis ohne Theten noch die Legion nach Aquae Sextiae und Vercellae ohne die *capite censi* denkbar. Beide Gruppen stiegen zu professionellen Soldaten auf, in Athen ruderten die Schiffe das ganze Jahr, in Rom dominierten längere Dienstzeiten gegenüber der jährlichen Aushebung (die offiziell nie abgeschafft wurde). Da aber die aristokratische Elite der Republik weder ein ständiges Heereskommando noch ein stehendes Heer wegen der gefährlichen innenpolitischen Konsequenzen und der Bedrohung des adligen Gleichheitsanspruchs akzeptieren konnte, wurden auch die besitzlosen Soldaten formell nach jedem Feldzug entlassen und für den neuen wieder ausgehoben.[56]

Dennoch ermöglichte dieses System faktisch Dauerkarrieren, häufig ein regelrechtes »war-hopping«. Denn die Feldherren griffen gern auf bewährte Kräfte zurück und die Soldaten gewöhnten sich an das Leben in der Armee und ihren Verlockungen (in Form von Beute). Daneben konnten sie mit der Vergabe von Land als zusätzliche Belohnung rechnen.[57] Doch auch wenn sie mit Land versorgt waren (was der Senat wegen der innenpolitischen Risiken häufig zu verhindern suchte), hielt es viele Veteranen nicht lange auf ihrer Scholle.[58] In dieser Hinsicht unterschieden sie sich wenig von dem »Kreter« Odysseus, der immer wieder der Familie und dem Hof den Rücken kehrte, um mit seinen Kameraden auf Beutezug zu gehen (s. o. S. 29): Unfähig und unwillig, das geordnete Leben eines Landmannes innerhalb der »zivilen Gesellschaft« zu führen, strebten sie zurück zu den Fahnen ihrer Legionen und in das Leben des Kriegers, das ihnen vertraut war und in dem sie sich auskannten. Viele wuchsen so in dem Maße, wie sie ihre Bindungen an den Feldherrn und die Armee festigten, aus der zivilen Gesellschaft heraus und waren auch nicht mehr in sie zu integrieren. Deshalb haben spätere Feldherren (wie Sulla und Pompeius) ihre Veteranen geschlossen und außerhalb bestehender Ortschaften angesiedelt.[59] So entstand eine Schicht abrufbereiter Berufssoldaten (meist italischer Herkunft), für die der Krieg alles, das Leben in den geregelten Bahnen der Republik wenig bedeutete. Im Bürgerkrieg waren denn auch Legionen aus solchen »wieder unter die Fahnen Gerufenen« *(evocati)* den neu ausgehobenen Verbänden turmhoch überlegen, wie sich vor allem in den Jahren nach Caesars Ermordung (44 v. Chr.) zeigte.[60]

Für den Feldherrn bedeutete diese Entwicklung Chance und Last zugleich: Auf der einen Seite gewann er eine Anhängerschaft, die ihm nicht nur im Feld, sondern auch in oder nahe Rom allein durch ihre bedrohliche Existenz indirekt unterstützte. Auf der anderen Seite erwarteten die Soldaten, dass ihr Feldherr für ihre materielle Sicherheit sorgte – mit welchen Mitteln auch immer.[61] Je mehr der Patron von den Soldaten profitierte – Marius wäre ohne sie wohl kaum mehrmals hintereinander zum Konsul gewählt worden –, desto größer war der Erwartungsdruck, der auf den Feldherren lastete. Ihm gerecht zu werden war zumal für einen Aufsteiger wie Marius nicht leicht. Er hatte die Schwächen der adligen Heerführer offengelegt und musste umso mehr mit Widerstand der *nobiles* rechnen, als er ihnen durch die unerhörte Wiederwahl zum Konsulat auch noch im Bereich der Innenpolitik das Wasser abzugraben drohte.

Den *nobiles* standen nur zwei Möglichkeiten zur Verfügung, um verlorengegangenes Terrain wiederzugewinnen. Sie mussten Marius unter den Veteranen und der Bevölkerung diskreditieren und einen neuen Kriegsschauplatz finden, der ihnen selbst die Chance eröffnete, Ruhm zu erringen und die Armee auf sich einzuschwören. Die erste Voraussetzung schufen Marius und seine politischen Freunde, die Volkstribune Saturninus und Glaucia, selbst, als sie ein Gesetz einzubringen suchten, das den unter Marius dienenden Bundesgenossen durch die Gründung von überseeischen Kolonien (in Sizilien, Korsika, Achaia, Makedonien und Afrika) Land verschaffte (100 v. Chr.). Marius sollte das Recht erhalten, einer bestimmten Zahl von Einwohnern das Bürgerrecht zu verleihen. Damit hätte er sich eine zusätzliche Klientel geschaffen, deren Siedlungsgebiete wie ein Kranz um Italien lagen. Zu allem Überfluss sollten alle Senatoren mit einem Eid auf die Anerkennung und Umsetzung der Gesetze verpflichtet werden. Als die Veteranen des Marius mit Gewalt die Unterstützung der Anträge einforderten und gegen die stadtrömische Plebs – die treueste Klientel der Nobilität – vorgingen,[62] rief der Senat den Staatsnotstand aus. Marius wechselte daraufhin verschreckt die Fronten und ging mit senatorischer Zustimmung gegen seine politischen Freunde vor. Wie schwer das Gewicht des Feldherrn noch immer wog, zeigt die Tatsache, dass Saturninus und Glaucia mit diesem Wechsel auf die Seite des Senats jegliche Unterstützung verloren und von der aufgebrachten Menge getötet wurden.

Gewalt im Innern: Bundesgenossenkrieg und Sullas Marsch auf Rom

Die erste Voraussetzung zur innenpolitischen Revanche hatten die *nobiles* erfüllt. Die Suche nach prestigeträchtigen Feldzügen gestaltete sich dagegen schwieriger. Es gab nämlich außer dem König von Pontos keinen vergleichbaren auswärtigen Gegner, gegen den man Ruhm nach Art der Kimbernfeldzüge gewinnen konnte. Stattdessen drohte ein Krieg gegen die eigenen Bundesgenossen in Italien. Sie hatten mehr als 200 Jahre an der Seite Roms die Kriege gegen Karthago durchgestanden, doch ließen die Römer keinen Zweifel daran, dass sie allein die Herren Italiens waren und die Bundesgenossen eine untergeordnete Stellung einnahmen. So konnte der römische Feldherr die Soldaten der italischen Gemeinden aus Disziplingründen auspeitschen lassen. Die Legionäre waren dagegen vor dieser entehrenden Strafe geschützt. Außerdem erhielten die italischen Hilfstruppen bei der Verteilung der Kriegsbeute geringere Anteile als die römischen Soldaten, obwohl sie genauso große Opfer auf dem Schlachtfeld brachten. Auch politisch fühlten sie sich benachteiligt. Anders als die Römer hatten sie nicht das Recht, sich gegen Zwangsmaßnahmen eines Beamten an die Volksversammlung zu wenden (Provokationsrecht). Und sie besaßen weder das aktive noch das passive Wahlrecht. Trotzdem mussten sie immer wieder mit harten Eingriffen römischer Beamter in ihre lokalen Angelegenheiten rechnen.

Lange Zeit nahmen die Bundesgenossen diese Benachteiligung hin. Ihr Verhältnis zu Rom wurde erst in dem Augenblick ernsthaft erschüttert, als der innerrömische Streit um die Agrarfrage ihre Stellung noch einmal massiv verschlechterte: So zwang die von Tiberius Gracchus eingesetzte Ackerkommission viele Bauern der Bundesgenossen, ihr rechtmäßig beackertes Land herauszugeben. Die neu gebildeten Kleingüter wurden jedoch nur an Römer verteilt. Nach der Ablehnung des saturninischen Gesetzesantrags hatten sie gar keine Chance mehr auf ländliche Versorgung. Ihre

Forderungen bezogen sich deshalb auch nicht auf die Teilhabe an den politischen Institutionen der Republik, sondern auf das Recht, über ihr eigenes Schicksal unter Wahrung ihrer Identität zu entscheiden. Dafür wünschte man sich einen Bundesstaat, in dem alle Gemeinden durch gewählte Vertreter die Politik gestalteten.[63]

Ein solches Ansinnen war für die Nobilität unannehmbar und mit der stadtstaatlichen Ordnung Roms auch gar nicht vereinbar. So ging man in einen Krieg, der beiden Seiten die letzten Reserven abverlangte. Für Rom war er wahrscheinlich gefährlicher als alle Kriege im Osten. Denn nun traf man auf Gegner, die zu den kriegstüchtigsten ganz Italiens gehörten, eine ähnliche taktische Ausbildung durchlaufen hatten wie die römischen Rekruten und die Stärken und Schwächen der Legionäre genau kannten.[64] Nach drei Jahren setzten sich die Römer schließlich durch. Die Aufständischen erhielten das Bürgerrecht und ihre Söhne wurden in die Legionen eingereiht. Spezialtruppen (Schleuderer, Bogenschützen, Reiter) stellten seitdem Numider und Iberer.[65] Allerdings waren in Folge des Krieges noch mehr Italiker mittellos geworden, und so stieg noch einmal der Anteil der Landlosen *(capite censi)* unter den Legionären.[66] Der Bundesgenossenkrieg verschärfte also das Problem der Veteranenversorgung und ebnete ehrgeizigen Feldherren den Weg, die Probleme zu ihren Gunsten zu nutzen.

Wieder nahm ein Mann die Gelegenheit wahr, der nicht zur Elite der Nobilität gehörte: Sulla hatte sich nach den Kriegen in Nordafrika und gegen die Germanen unter Marius im Bundesgenossenkrieg als Feldherr ausgezeichnet. Im zivilen Leben spielte er den galanten Lebemann, im Lager verstand er es wie Marius, sich Respekt zu verschaffen und ein Vertrauensverhältnis zu seinen Soldaten aufzubauen, das sich von dem großspurigen Gehabe der *nobiles* unterschied.[67] Das war genau der Offizierstyp, den die Truppen brauchten und akzeptierten. Für das Jahr 88 wurde er zum Konsul gewählt, und ein Feldzug gegen Mithridates von Pontos sollte seine Laufbahn krönen. Der König hatte den Bundesgenossenkrieg genutzt, um die Bevölkerung der Provinzen zum Aufstand anzustacheln. Militärisch war die Gefahr aber bei Weitem nicht so dramatisch wie die Bedrohung durch die Kimbern und Teutonen; die Legionäre erwarteten schnelle Siege und reiche Beute, die alle Drangsale des Bundesgenossenkriegs vergessen machen sollten.

Der Weg zu Ruhm und Reichtum schien bereitet wie ein roter Teppich, als Sulla in Nola seine Truppen zur Überfahrt nach Griechenland sammelte. Doch dann holten ihn die Probleme der Italikerintegration und der Neid seines früheren Vorgesetzten Marius ein. Als Konsul war es Sulla nur mit fragwürdigen Tricks gelungen, eine Gesetzesinitiative des Volkstribuns Sulpicius Rufus zu unterdrücken, der die italischen Neubürger einschließlich der Freigelassenen gleichmäßig auf die Stimmeinheiten der Tributcomitien verteilen wollte. Damit hätten die *nobiles* an Einfluss zugunsten der ritterlichen Neubürger verloren. Indem Sulla gegen die Initiative vorging, stärkte er die Bande zur Nobilität, trieb jedoch den Volkstribun in die Arme des Marius, der noch einmal als Feldherr zu glänzen wünschte. Sulpicius brachte einen Gesetzesantrag durch, der Sulla das Kommando gegen Mithridates entzog und Marius übertrug.

Hätte Sulla akzeptiert, so wäre er ein auf Mittelmaß gestutzter Politiker geworden. Nicht weniger wog die Wut seiner Soldaten: Am Ende des Bundesgenossenkrieges blieben zahlreiche Truppenverbände und marianische Offiziere in Lauerstellung, die an ihrer Stelle den lukrativen Feldzug führen wollten oder die in Nola lagernde Truppe übervorteilt hätten.[68] Wie sehr sie der Krieg inzwischen von den Regeln des innenpolitischen Zusammenlebens entfernt hatte, zeigte sich, als sie die aus Rom gesandten Offiziere steinigten und Sulla aufforderten, in Rom gewaltsam den Wechsel des Oberbefehls rückgängig zu machen. Sulla und seine Soldaten hatten nichts zu verlieren und seit den Erfahrungen des inneritalischen Krieges weniger Hemmungen, die Waffen gegen Landsleute zu richten.[69] Zum ersten Mal überschritt eine römische Armee das *pomerium* und machte die Hauptstadt zum Schlachtfeld gegen Mitbürger. Unter dem Druck der Gewalt erklärte der Senat Marius und seine Anhänger zu Staatsfeinden. Verhindern konnte Sulla allerdings nicht, dass zwei unerwünschte Kandidaten zu Konsuln gewählt wurden.[70] Die Flucht in den aufgeschobenen Krieg erschien ein naheliegender Ausweg.

Mithridates hatte in der Zwischenzeit nicht nur die Griechen der Provinz *Asia* zum Massaker an den Römern und Italikern der Küstenstädte aufgerufen, sondern auch Athen zum Abfall bewegen können.[71] Folgerichtig führte Sulla seine Truppen nach der Landung auf dem Balkan gegen die Stadt und konnte sie nach monatelanger Belagerung einnehmen. In den folgenden Schlachten des Jahres 86 gegen die an Zahl weit überlegenen, aber aus verschiedenen Ethnien gebildeten Truppen des Mithridates erwiesen sich die Legionen erneut als überlegen. Wie Marius gegen die Germanen gelang es Sulla zunächst bei Chaironeia, den Feldherrn des Mithridates gegen dessen Willen zum Kampf zu zwingen.[72] Auffällig ist – außer dem Einsatz von Wurfgeschossen (aus den hinteren Reihen der Linie) – die taktische Bedeutung der von Sulla selbst geführten »Reiterelite« (Appian).[73] Sulla bewegte sich mit einzelnen Kohorten permanent zwischen den Flügeln hin und her und stabilisierte wankende Verbände.[74] Wie Marius bei Vercellae konnte er bei Chaironeia durch schnelles Verschieben einer ganzen (Reiter-)Kohorte gegen den rechten Flügel des Feindes einen gegnerischen Umzingelungsversuch vereiteln und eine gefährliche Krise der Schlacht abwenden.[75] Ähnliches gelang ihm im zweiten Treffen bei Orchomenos, als er zunächst durch seitliche Gräben zu verhindern suchte, dass die gegnerische Reiterei sich entfaltete; damit konnte er selbst an der Spitze zweier Kohorten (vom rechten Flügel) das eigene Heer vom Druck des feindlichen Angriffs entlasten.[76]

Die Rolle des Feldherrn mag in den Quellen überzeichnet sein, aber sie bestätigte den Trend, der sich seit Marius abzeichnete, allerdings gegen einen Gegner, der nicht mit den Germanen zu vergleichen war. Nicht ohne Grund verfestigte sich in der Zeit Sullas die Überzeugung, Rom habe den gesamten Erdkreis unter seine

Herrschaft gebracht.[77] Beweis dafür war weniger die fortschreitende Provinzialisierung des Mittelmeerraumes, sondern die Erfahrung konkurrenzloser militärischer Stärke unter Feldherrn, die wie Marius und Sulla fähig waren, situativ taktische Modifikationen durchzusetzen und an der Spitze mobiler Kohorten der Schlacht die entscheidende Wende zu geben. Gegen die Germanen bedurfte es noch langer Vorbereitungen, intensiver Übungen und taktischer Veränderungen, bis die Römer ihnen gewachsen waren, und am Ende hatte Marius eine Truppe geformt, die er seinen Vorstellungen entsprechend dem Gegner entgegenführen konnte. Danach erhöhten verlängerte Dienstzeiten die militärische Schlagkraft der Truppe. Der entscheidende Professionalisierungsschub kam im Bundesgenossenkrieg und in den Bürgerkriegen zwischen Marius und Sulla, weil nun Offiziere und Mannschaften gegeneinander kämpften, »die sich, sei es als römischer Bürger, sei es als Bundesgenossen, demselben harten militärischen Drill hatten unterziehen müssen«.[78]

Gegen diese, durch den Feind und die Brutalität des Krieges gestählten Legionäre hatten die »Zaunkönige« des Ostens keine Chance. Jeder äußere Krieg versprach sichere Erfolge, wenn man seine Regeln beherrschte: Damit erhöhte sich die Chance für militärische Spezialisten vom Schlage Sullas, am innenpolitischen Reglement vorbei als Feldherr Karriere zu machen. Schon Marius hatte in den 80er Jahren in Etrurien aus Hirten, Bauern und Sklaven militärische Formationen in Legionsstärke zusammengestellt.[79] Seit die Rekrutierung während des Bundesgenossenkrieges an vielen Orten möglich war, verbesserten sich die Rahmenbedingungen für ehrgeizige Feldherren, Privatarmeen in Gebieten auszuheben, zu denen sie familiäre und patronale Verbindungen pflegten. Die Aushebung *(dilectus)*[80] wurde regionalisiert und teilweise privater Initiative überlassen, und das verstärkte einen seit Marius angelegten Trend: Schon identifizierte man die Armeen häufiger mit ihren Feldherren als mit der *res publica*.[81]

Gleichzeitig eröffnete das wachsende Imperium neue Möglichkeiten, durch große Kriege ungeahnte Reichtümer, Macht und Einfluss zu gewinnen. Das Potential und der Raum für kriegerische Entfaltung Einzelner waren so groß wie nie zuvor. Es ist zwar richtig, dass nur wenige diese Chancen konsequent nutzten, während die meisten »einfach ihre administrativen Aufgaben erfüllten und danach heimkehrten, um im Senat ihren Platz einzunehmen«.[82] Doch allein dass sie genutzt wurden und dass die Wenigen, die es taten, die große Politik und das Wohl des Reiches bestimmten, war für die Entwicklung der späten Republik entscheidend: Die letzten 40 Jahre der Republik wurde die Zeit der großen Militärpotentaten, die das Kriegsmonopol des Staates Schritt für Schritt unterminierten und die römische Kriegskunst auf sich vereinigten. Sie sammelten nicht nur die besten Soldaten um sich, sondern bildeten mit den Legionslegaten und den zunehmend von Rittern gestellten Zenturionen eine professionelle Offiziersebene. Diese wussten immer größere Heeresverbände zu dirigieren und füllten damit teilweise die Lücke, die durch die kurze militärische Ausbildung der jungen *nobiles* angesichts attraktiver »ziviler Karrieren« entstanden war.[83] Möglichkeiten der Korrektur gab es wenige: Eroberungskriege und Provinzen benötigten immer mehr Soldaten, und die Soldaten brauchten den Krieg. Die Last des Weltreiches wog schwer, doch niemand konnte und wollte sich ihrer entledigen.

10.

MILITÄRPOTENTATEN DER SPÄTEN REPUBLIK UND DER KAMPF UM DIE MACHT IM REICH

Piratenkrieg und die Feldzüge des Pompeius

Cn. Pompeius nutzte als Erster die neuen Chancen. Als Sulla mit seiner Armee im Jahr 85 in Brundisium landete, bot ihm Pompeius an, mit zwei eigenmächtig ausgehobenen Legionen die letzten Bastionen der Marianer zu bekämpfen. Sulla akzeptierte und gewann damit einen ehrgeizigen Mitstreiter. Erneut wurde klar, wie das veränderte Verhältnis zwischen militärischem und politischem Bereich alte Normen außer Kraft setzte und neue Machtpositionen schuf. Nach seinem Sieg über die Marianer nannte sich Pompeius in Anlehnung an Alexander »Magnus« (der Große) und forderte einen Triumph, der eigentlich nur für Siege gegen äußere Feinde reserviert und an Beamte mit Imperium gebunden war. Wieder stimmte Sulla zu. Ein weiteres Element des senatorischen Verfügungsrechts über die Außenpolitik war aufgeweicht.[1] Sogar optimatisch gesinnte Feldherren ließen sich nun zu Alleingängen hinreißen: L. Licinius Lucullus hatte im Jahr 73 Mithridates von Pontos bis nach Armenien getrieben. Nach einem Schlachterfolg über den armenischen König sandte er ein Siegesschreiben an den Senat, in dem er sich rühmte, 100 000 Feinde getötet und den Großkönig Tigranes in die Flucht getrieben zu haben. Dass er ohne Zustimmung des Senats nach Armenien aufgebrochen war, störte ihn nicht.

Der Rausch militärischer Siege in fernen Ländern ließ aber nicht nur die Bindung an den Senat schwinden, er machte auch die zivilen Verwaltungsaufgaben eines wachsenden Weltreiches immer mehr zur lästigen Pflicht. Die Provinzen wurden entweder ausgebeutet oder als Sprungbrett für lukrative militärische Operationen an den Grenzen genutzt. Die individuelle Suche nach Ruhm und Geld ließ ein echtes Verantwortungsgefühl für das Wohl und die Sicherheit der Untertanen selten aufkommen. Betroffen waren vor allem die östlichen Provinzen, die nicht nur von den Statthaltern, sondern auch von italischen Geldverleihern und Steuerpächtern regelmäßig heimgesucht wurden. Die Not war teilweise so drückend, dass viele sich den Piraten anschlossen und an deren Seite zumindest einen Teil der von den Steuerpächtern erpressten Gelder wiederzugewinnen suchten. Zahlreiche Küstenstädte stellten Ankerplätze, Werften und Sklavenmärkte zur Verfügung, aber auch die gedemütigten hellenistischen Könige gewährten den Piraten Schutz und Unterschlupf. In den 80er Jahren gesellte sich ihnen Mithridates als Bundesgenosse im Kampf gegen die römischen Besatzer hinzu.[2]

Die römische Führung ignorierte diese Entwicklung lange, weil sie darin keine unmittelbare Bedrohung zu erkennen glaubte. Im Bewusstsein konkurrenzloser militärischer Stärke hatte man die teuren Seestreitkräfte auf ein Minimum reduziert. Damit entstand auf dem Meer ein Machtvakuum, das binnen weniger Jahrzehnte von den Piraten gefüllt wurde. Sie gehörten seit langem zum vertrauten Bild des Mittelmeeres, erlebten nun aber im Windschatten der großen Politik einen beispiellosen Aufstieg. Weitere Gründe für die Passivität des Senats waren wirtschaftlicher bzw. handelspolitischer Natur. Seit der Provinzialisierung Nordafrikas schwand die Bedeutung der pontischen und ägyptischen Getreideproduzenten; deshalb schätzte man eine mögliche Bedrohung der Handelsrouten aus dem Osten durch die Piraten als unbedeutend ein. Umgekehrt profitierten viele Senatoren vom Angebot billiger Sklaven, die die Piraten den Märkten zuführten. Das entscheidende Argument gegen energische militärische Maßnahmen lautete aber wohl, diese seien nur mit großen Truppenmassen zu Lande und zu Wasser über große Entfernungen erfolgreich.[3] Ansätze scheiterten an ihrer Unterfinanzierung oder wurden in letzter

Minute abgebrochen, weil sich die Senatoren scheuten, einem Feldherrn nun auch auf dem Meer militärische Macht einzuräumen; das hätte die ohnehin schon durchlöcherten Mechanismen adliger Gruppenkontrolle und stadtstaatlicher Zuständigkeit endgültig gesprengt.

Besonders die Piraterie der kilikischen Küste konnte sich so ungestört in einem Ausmaß entwickeln, das in der antiken Geschichte singulär war. Mit der Unterstützung gut ausgebildeter Einwohner der Provinz *Asia* konnten die Piraten Werkstätten für Waffen, Arsenale und Werften bauen und ein Nachschubsystem für Rohmaterialien (besonders kilikisches Erz) entwickeln, das es ihnen erlaubte, mit mehreren Flottenverbänden auf allen Meeren zu kreuzen und ihre Streifzüge mit den Piraten Spaniens, Mauretaniens und Siziliens zu koordinieren.[4] Ihr strategisches Hauptinteresse galt neben Plünderungen und Entführungen den Getreidehandelsrouten: Das Bündnis mit Mithridates verschaffte ihnen die Kontrolle des Bosporos;[5] mit den sizilischen Piraten überwachten sie die Meerenge von Messana; mit Hilfe mauretanischer Könige und iberischer Rebellen brachten sie den Getreideexport aus Afrika zum Erliegen. »Gänzlich von der Getreidezufuhr abgeschnitten« (Cassius Dio)[6], brachen in der Hauptstadt des Weltreichs Hungersnöte aus.[7]

Erstmals seit dem Hannibalkrieg gewann mit der mediterranen Piraterie die Schreckensvision eines Gegners Realität, der den Widerstand der Küstenprovinzen koordinieren und Italien über See bedrohen konnte: Die Piraten drangen in italische Häfen ein, überfielen Reisende und plünderten am Meer gelegene Villen. Einmal wurden zwei Prätoren mit Gefolge und die Tochter eines Senators auf offener Straße gekidnappt – eine Provokation, die der Weltmacht klarmachen sollte, dass sich ihre Bürger nirgends sicher fühlen konnten. Anstelle von Schlachten gegen einen klar zu identifizierenden Gegner kämpfte man gegen Feinde, die überall und nirgends auftraten, genauso blitzschnell zuschlugen wie sie wieder verschwanden. Dieser Krieg »(...) kannte kein Gesetz, besaß nichts Greif- oder Sichtbares und verursachte dadurch zugleich Hilflosigkeit und Furcht«.[8]

Erneut bewies jedoch die Republik eine erstaunliche Reaktionsfähigkeit. Seit den 80er Jahren ging sie zunächst daran, die Bewegungsfreiheit der Piraten durch Arrondierung des Provinzialbesitzes einzuschränken.[9] Von Bithynien und der Kyrenaika aus konnte man die Handelsrouten zum Schwarzen Meer und südwärts nach Ägypten wieder überwachen und den Piraten den Fluchtweg in südliche und nördliche Küstengewässer abschneiden. Kreta, ein Hauptstützpunkt der Piraterie im östlichen Mittelmeer, wurde provinzialisiert und bildete fortan eine wichtige römische Operationsbasis, welche die Kyrenaika und den Ägäisraum miteinander verband. Danach kamen Syrien und Zypern hinzu, so dass in den frühen 60er Jahren bis auf Ägypten alle küstennahen Rückzugsgebiete der Piraten unter direkter römischer Kontrolle standen.

Parallel hierzu wurden die Kommandostrukturen den Bedingungen des Piratenkriegs angepasst. Bisher konnten sich die Seeräuber dem Zugriff eines Statthalters leicht entziehen, weil dieser seit Sulla seine Truppen nicht aus der Provinz hinausführen durfte.[10] Man benötigte demnach eine den Provinzen übergeordnete Kommandoebene. Im Jahr 67 erhielt Pompeius ein außerordentliches Kommando *(imperium extraordinarium)* mit unbeschränktem Befehlsbereich über alle Küsten des Mittelmeeres in einer Tiefe von 75 km. Zur Ausrüstung der Flotte und der Mannschaften standen ihm sämtliche Provinzialkassen, die Staatskasse und die Zolleinnahmen der Steuerpächter zur Verfügung. Ferner erhielt er das Recht, bis zu 24 Legaten mit prätorischem Kommando auszuwählen und einzusetzen.

Militärische Macht war das eine, Wissen um die sozialen Grundlagen der Piraterie das andere Erfolgsgeheimnis. Pompeius war sich klar, dass die Piraterie ein Grundphänomen der mediterranen Küstenkultur war, das man rein militärisch nicht ausschalten konnte. Deshalb traf er zusammen mit seinen Agenten schon vor dem Feldzug mit vielen Seeräubern Arrangements, die während des Kriegszuges eingelöst wurden und viele kampflos zu Pompeius übertreten ließen. Beeindruckt hat sie dabei wohl auch das überlegene strategische Konzept, mit dem der Feldherr seine Aufgabe anging. Pompeius teilte zum ersten Mal in der Geschichte das gesamte Mittelmeer wie einen territorialen Raum in Stationierungsgebiete mit separaten Land- und Seestreitkräften ein. Sie schwächten die in ihren Bereichen operierenden Seeräuber so lange, bis Pompeius mit der Hauptflotte den letzten Schlag führen konnte. Binnen 88 Tagen hatte Pompeius seine Aufgabe erledigt und die kilikischen Piraten zur Aufgabe gezwungen und in seine Klientel übernommen. Er siedelte sie an ausgewählten Plätzen nahe größerer Handelsrouten an und machte sie zu dienstwilligen Anhängern, deren nautische Erfahrung in künftigen Konflikten von hohem Nutzen sein konnte.[11]

Für die Römer zählte freilich in der Stunde der Not zunächst der objektive Erfolg. Deshalb beauftragten sie Pompeius nach Ende des Piratenfeldzuges mit der Weiterführung des Krieges gegen Mithridates und Tigranes von Armenien. Lucullus hatte sich die Sympathien der Soldaten verscherzt und war hart gegen die in der Provinz *Asia* agierenden Ritter vorgegangen, woraufhin Senat und Volk ihm noch im gleichen Jahr des Piratenkrieges den Oberbefehl entzogen.[12] Pompeius hatte dagegen eine umfassende Kommandogewalt und das Prestige eines militärischen Alleskönners. Mühelos siegte er über die pontischen Truppen und trieb Mithridates in den Schwarzmeerraum und ein Jahr später in den Selbstmord.[13] Nach einem Feldzug bis in den Kaukasus im Stil Alexanders konnte er wie der Monarch eines Weltreichs schalten und walten: Sämtliche Königreiche, die nicht in der Lage waren, eine prorömische Herrschaft auszuüben, wurden in Provinzen umgewandelt. Weiter landeinwärts entstand ein Streifen abhängiger Fürsten- und Königtümer. Endlich schien der Osten stabilisiert, und die griechischen Städte dankten es Pompeius überschwänglich: Der Krieg hatte einen Patron geboren, auf den sich alle Hoffnungen richten konnten.[14]

Caesars Vorstoß in die europäischen Binnenräume

Pompeius setzte mit seinen Feldzügen im Mittelmeer gegen die Piraten und im Osten gegen Mithridates und Tigranes neue Maßstäbe: Die römische Kriegführung auf der Basis außerordentlicher Kommanden durchbrach zu Lande und zu Wasser alle bisherigen Grenzen und eröffnete damit auch neue Möglichkeiten, Ruhm zu erwerben und Macht zu gewinnen. Sie waren mit der Gleichheit der aristokratischen Standesgenossen kaum noch zu vereinbaren, und es ist deshalb auch kein Zufall, dass die großen Kommanden mit den Instrumentarien popularer Politik gegen die Mehrheit des Senats durchgesetzt wurden.[15] Pompeius konnte dabei noch mit der Bedrohung der mediterranen Piraterie und der Unfähigkeit der früheren Feldherren argumentieren, Mithridates endgültig zu besiegen. Mit seinen Erfolgen waren jedoch die letzten Gegner, die Rom Paroli bieten konnten, beseitigt. Von einer realen äußeren Gefährdung konnte nicht mehr die Rede sein. Damit geriet die Außen- und Kriegspolitik noch stärker in den Sog der Innenpolitik: Nicht mehr der äußere Feind, sondern der Drang des ehrgeizigen Politikers, durch militärische Erfolge im Stil des Pompeius seine *auctoritas* und seine Macht zu steigern, bestimmte die Auswahl der Kriegsschauplätze. Die Ziele der Feldzüge wurden immer hochfliegender – seit Pompeius maßen sich die großen Feldherren am Vorbild Alexanders –, und dies wiederum erforderte noch mehr den spezialisierten Armeeführer an der Spitze professioneller Truppen.

Manche Römer überschätzten sich und waren den Anforderungen des Krieges nicht gewachsen, während andere in ihm regelrecht aufgingen. Die Spannung zwischen Senat und der Mehrheit der Nobilität auf der einen und den großen Feldherren und ihren Truppen auf der anderen Seite nahm zu. Schon bei Pompeius reagierte die Senatsmehrheit mit den Mitteln, die ihnen noch zur Verfügung standen und die den Feldherrn ihrer Meinung nach an seiner empfindlichsten Stelle trafen: Selbst als Pompeius nach der Landung in

Italien seine Truppen entließ, verhinderte der Senat die Anerkennung seiner Verordnungen *(acta)* im Osten und die Versorgung seiner Veteranen. Kopf des Widerstandes war - neben dem jüngeren Cato und dem amtierenden Konsul Metellus Celer - Lucullus, der nicht verwinden konnte, dass er als Feldherr durch Pompeius abgelöst worden war, und nun die Stunde der Rache gekommen sah.

Wie häufig verband sich blinde Rachsucht mit unkluger Politik, die darauf zielte, Pompeius handlungsunfähig zu machen.[16] Die ständigen Schikanen trieben den größten Feldherrn der Zeit in die Arme zweier ehrgeiziger Politiker: Crassus galt als reichster Mann Roms - obwohl Pompeius reicher war - und suchte nach einem militärischen Kommando, um auch im Krieg die Höhen zu erklimmen, die er als Verwalter seines Vermögens erreicht hatte. Caesar war ein talentierter Popular und begnadeter Redner, dem jedes Mittel recht war, um seine Ziele zu erreichen. Und zu diesen Zielen gehörte natürlich auch ein großer Krieg. Zusammen bildeten sie ein politisches Bündnis, das sogenannte Triumvirat, das Caesar die Wahl zum Konsul des Jahres 59 sicherte. Im Gegenzug brachte Caesar Gesetze durch, welche die Versorgung der Veteranen des Pompeius regelten und dessen Verfügungen im Osten ratifizierten. Sich selbst verschaffte Caesar das Kommando für fünf Jahre in Illyrien und die *Gallia Cisalpina*; wenige Wochen später kam per Senatsbeschluss noch die *Gallia Transalpina* hinzu.

Mit Caesar verlagerte sich der Krieg erstmals in die mitteleuropäischen Binnenräume. Dass er die *Gallia Narbonensis* und nicht *Illyricum* als Ausgangsbasis wählte, lag wohl am Tod des gallischen Statthalters, der rasches Eingreifen erforderte. Außerdem waren ihm die Verhältnisse in Gallien vertrauter. Keltische Söldner oder Invasoren gehörten zum gängigen Erscheinungsbild des Mittelmeerraums. Rom hatte seit Jahrhunderten gegen sie in Norditalien gekämpft. Die große Dynamik keltischer Plünderungszüge war freilich vorbei, Gallien eine zersplitterte Welt rivalisierender Stämme, die von mächtigen Adelsfamilien geführt wurden - ein scheinbar ideales Objekt militärischer Großtaten.[17]

Ein Anlass zum Eingreifen fand sich schnell, als der Stamm der Helvetier von den Sequanern, den Häduern und germanischen Söldnern bedrängt um die Erlaubnis bat, den Weg durch die römische Provinz in ihr neues Siedlungsgebiet um Tolosa (Toulouse) zu nehmen. Solche und ähnliche Bitten waren kein Einzelfall; auch die Kimbern und Teutonen hatten an der Grenze zur *Gallia Narbonensis* um Siedlungsland nachgesucht (s. o. S. 233). Damals hatten die Römer abgelehnt, und auch diesmal verweigerte Caesar seine Zustimmung. Die Helvetier wandten sich daraufhin gegen die Häduer. Von ihnen erhielt Caesar den gewünschten Hilferuf, der ein militärisches Eingreifen legitimierte. In einem kurzen Feldzug besiegte er die Helvetier und drängte die Reste in ihre alten Siedlungsplätze zurück. Wenig später schlugen seine Legionen nach einem weiteren Hilfegesuch gallischer Stämme im Elsass den Suebenkönig Ariovist.[18]

Damit hatte Caesar seine Pflicht erfüllt: seine Provinz zu sichern und die Verbündeten zu schützen. Doch schon im Frühjahr 57 überschritt er mit zwei zusätzlichen Legionen erneut die Grenzen und begann einen Krieg, der ihn bis an den Ärmelkanal und die Rheingrenze führte. Viele Forscher nehmen an, dass seinem erneuten Ausgreifen allein das Kalkül zu Grunde lag, mit noch größeren Erfolgen und Beutesummen seine Position gegenüber den Konkurrenten und Feinden in Rom zu stärken. Dieses Motiv spielte zweifellos eine Rolle; insbesondere der Wettstreit mit Pompeius um militärischen Ruhm bestimmte Caesars Handeln in Gallien. Pompeius hatte Alexander im Osten nachgeeifert und von sich behauptet, die Reichsgrenzen »bis an die Enden der Erde vorgeschoben« zu haben.[19] Doch die Erfolgsbilanzen Alexanders und des Pompeius wiesen eine Lücke auf: der Nordwesten der Oikumene und der Atlantik. Genau in diese Richtung stieß Caesar vor – ohne besondere militärische Zwänge: Im Frühjahr 55 überquerte er den Rhein und besiegte mehrere germanische Stämme. Danach wandte er sich nach Norden an die gallische Atlantikküste: Beide Wassergrenzen markierten nach Auffassung antiker Geographen das Ende der zivilisierten Welt. Caesar überschritt sie. Nach einer siegreichen Seeschlacht gegen die Veneter – dem ersten Seegefecht der Römer im Atlantik[20] – segelte er im Jahr 54 mit 600 Last- und 28 Kriegsschiffen über den Kanal zu einer Insel namens *Britannia*, von der die Zeitgenossen nicht viel mehr wussten als das frühneuzeitliche Europa von Mexiko oder Peru vor den Eroberungen Cortés' und Pizarros. Auch wenn die Schiffszahlen übertrieben sind – bis 1944 hat der Ärmelkanal keine größere Flotte gesehen. Es war die erste amphibische Großexpedition in den Nordatlantik.[21]

Die Invasion war militärisch ein Fehlschlag und warf keine Gewinne ab. Aber das war nicht entscheidend: Caesar notierte später, er habe »den Menschenschlag erforschen und die Gegend (...) kennenlernen wollen«.[22] Velleius Paterculus sprach von einer anderen Welt *(alter orbis)*, die Caesar mit der bekannten Welt verband.[23] »Sein Zug gegen die Britannier« – so bilanziert Plutarch[24] – »ist wegen seiner Kühnheit berühmt. Denn er war der Erste, der sich hier im Westen mit einer Kriegsflotte aufs Meer wagte und mit einem Heer über den Atlantischen Ozean fuhr.«

Die Britannieninvasion wurde offenbar schon von Caesar in eine explorative Dimension eingeordnet, die die enttäuschenden machtpolitischen und wirtschaftlichen Ergebnisse des gewaltigen Unternehmens kaschieren sollte.[25] Vielleicht wurde sie aber auch deshalb so verklärt, weil der folgende Krieg in Gallien alles andere als ruhmvoll war. Er ist nicht mehr allein mit innenpolitischen Motiven oder dem Drang zu erklären, die großen Feldherren der Gegenwart und Vergangenheit zu übertreffen. Er glich den »schmutzigen« Kriegen, welche die Römer über ein halbes Jahrhundert in Spanien geführt hatten (nicht zufällig hatte Caesar selbst in den spanischen Provinzen als Quästor und als kommandierender Prätor gedient)[26]: Schon in den ersten Kriegsjahren hatte sich Caesar nicht gescheut, Dörfer und Gehöfte zu verwüsten und ganze Stämme (wie die Tenkterer und Usipeter) auszurotten. Nun wurde diese Form der Kriegsführung zur Regel, nicht zuletzt durch die wachsende Bedeutung der Logistik: Die jetzt unter Caesar in Gallien stehenden zehn Legionen verbrauchten zusammen mit den Hilfstruppen an einem einzigen Kriegstag nicht weniger als 90 Tonnen Weizen und 35 Tonnen Gerste.[27] Sich die Ressourcen im Feindesland zu sichern, war genauso wichtig wie sie dem Gegner zu rauben.

An die Stelle raumgreifender Eroberungszüge und offener Feldschlachten traten Strafexpeditionen und Vernichtungsfeldzüge, die das feindliche Siedlungsgebiet einschließlich der Äcker systematisch verwüsteten und zum Tod oder zur Versklavung sämtlicher Einwohner führten.[28] Sicherlich suchte Caesar hiermit auch die bisher enttäuschend geringen Beutesummen zu kompensieren und das in den Jahren zuvor Erreichte zu sichern. Doch all dies reicht nicht aus, um die Hartnäckigkeit zu erklären, mit der er und seine Soldaten einen Krieg führten, der weder Ruhm noch ein baldiges Ende versprach. Die Vermutung liegt nahe, dass es der Krieg selbst war, den Caesar und seine Legionäre in seinen Bann zog.[29] Die Erfahrung, weit entfernt von der römischen Zivilisation einen Feldzug zu führen, der mehr verlangte als schnelle Schlachten, nämlich genaue strategische und logistische Planung, unkonventionelle Entscheidungen und geopolitisches Verständnis für jede Situation, eine Kriegsführung, die von den Offizieren und den Soldaten die Grenzen der Belastbarkeit auszuloten forderte, all dies kann – das zeigen moderne Untersuchungen vergleichbarer Szenarien – eine Eigendynamik entfalten, der sich die Kriegführenden schwer entziehen können (und wollen). Caesar selbst gewann ähnlich wie Marius einen Handlungsspielraum, in dem er ohne Rücksicht auf politische Neider und Empfindlichkeiten sein Talent zur Heeres- und Menschenführung voll entfalten konnte.[30] Und dieses Talent offenbarte sich eben weitaus deutlicher in den schwierigen Jahren nach der Britannien-Invasion als in der Zeit der leichten Anfangserfolge. In dieser Zeit begann er die Kohortentaktik immer genauer den Eigenheiten der keltischen Kampfesweise anzupassen, indem er einzelne Kohorten zusammen mit regelmäßig angeworbenen germanischen Reitern gegen die feindlichen Reiter und Leichtbewaffneten stellte. Dadurch wurden die Legionen taktisch wendiger und konnten schneller reagieren, ohne die Kampfkraft der Kohorten einzubüßen.[31]

Dramatisch wurde die Lage in Jahren 53 bis 52, als Caesar mit dem Arvernerfürsten Vercingetorix auf einen ebenbürtigen Gegner traf, der zahlreiche Stämme zum Widerstand vereinen konnte. Er reagierte auf die römische Invasion mit einer typisch römischen Strategie: eine offene Schlacht zu meiden und die Nachschublinien des Gegners zu blockieren. Caesar musste sich auf die Belagerung und Eroberung gallischer Befestigungen und Höhensiedlungen konzentrieren, um an die dort lagernden Vorräte heranzukommen und die gallischen Rückzugsstellungen auszuheben. Was hier zählte, waren neben der modifizierten Kohortentaktik Disziplin und Siegesgewissheit.

Beides schien zu erlahmen, als Caesar eine schwere Niederlage bei der Belagerung von Gergovia erlitt. Doch im Rausch des Erfolgs beging Vercingetorix seinen einzigen und entscheidenden Fehler: Er bot Caesar die Schlacht an. Im offenen Gefecht zeigten sich die Legionäre, unterstützt von germanischen Reitern, deutlich überlegen. Vercingetorix zog sich daraufhin in das stark befestigte Alesia zurück, was wiederum Caesar die Chance eröffnete, den Anführer des gallischen Widerstandes endlich und endgültig zu besiegen. Er setzte dabei auf die römische Belagerungstechnik, die sich seit der Begegnung mit den hellenistischen Armeen und während der Kriege gegen die Karthager zur besten der Welt entwickelt hatte. Caesar wagte erst zum zweiten Mal in der römischen Geschichte nach der Belagerung des spanischen Numantia[32] den Bau eines weiträumigen Belagerungsrings mitten in Feindesland und – das war beispiellos – fernab jeglicher Versorgungs- und Rückzugsmöglichkeiten über See. Allein dies ist Beweis genug für den erneuten Professionalisierungsschub und das Selbstbewusstsein, das den Feldherrn und seine Armee in den vergangenen Jahren erfasst hatte: Binnen weniger Tage wurde Alesia durch ein

17 km langes System kombinierter Gräben und Wälle eingeschlossen, das die Belagerer auch gegen den Angriff eines Entsatzheeres schützen sollte. Als dieses anrückte, mussten sich die Legionäre vier Tage lang in einer doppelten Front der Verteidiger von Alesia und der massierten Vorstöße der gallischen Armeen von der offenen Landseite aus erwehren – eine beispiellose Konstellation, die am Ende unter großen Opfern zu Gunsten der Römer ausschlug. Vercingetorix kapitulierte und wurde sechs Jahre später in Rom hingerichtet. Eine Million seiner Landsleute soll während des Krieges umgekommen, eine weitere Million versklavt worden sein.[33]

Das Mittelmeer als Schlachtfeld der großen Heerführer – Bürgerkriege und Ende der Republik

Caesar hatte sich in Gallien in mehrfacher Hinsicht als Neuerer erwiesen. Nie zuvor hatte ein römischer Konsul so große Truppenmassen – gegen Vercingetorix standen zehn Legionen im Feld – gegen einen so kriegstüchtigen Gegner wie die Kelten so weit von der mediterranen Basis in die nordwesteuropäischen Binnenräume geführt und mit ihnen über einen so langen Zeitraum ununterbrochen gekämpft. Nie zuvor hatte ein General zusätzlich zu den Feldzügen zu Lande Seeschlachten und amphibische Großoperationen im Atlantik gewagt, eine Festung mit mindestens 80 000 Mann Besatzung ohne Kontakt zu den Küstenstützpunkten erfolgreich belagert und gleichzeitig ein großes Entsatzheer zurückgeschlagen. Auch wenn Gallien durch Handelswege und Flüsse gut erschlossen war, meisterte Caesar die immer noch beträchtlichen logistischen Herausforderungen solcher Großunternehmungen. Während der langen Kriegsjahre hatte er sich mit den germanischen und keltischen Reitern eine der besten Kavallerieabteilungen des Mittelmeerraums herangezogen und sie erstmals mit ausgewählten Kohorten der Legionäre zu einer gemischten taktischen

Einheit verbunden, die in mancher Hinsicht Vorbild für das Zusammenspiel von Auxilienreiterei und Legionen in der Kaiserzeit wurde.[34] Caesar führte in Gallien die römische Kriegskunst auf einen neuen Höhepunkt und formte eine auf ihn eingeschworene Armee, die ihresgleichen suchte. Klar war aber auch, dass eine solche Armee nur noch von Spezialisten zu beherrschen war, die sich - wie seinerzeit die hellenistischen Feldherrn vom Typ des Pyrrhos - ganz dem Krieg verschrieben. Im Unterschied zu den hellenistischen Verhältnissen verfügten jedoch die Feldherren Roms über ein unvergleichlich größeres Potential an lern- und kampffähigen Soldaten. Der mit Marius eingeleitete Trend zur Professionalisierung der Armee und zur Spezialisierung mittlerer Führungspositionen (Legionslegat und Zenturionat) erreichte in Gallien einen gewissen Abschluss, der in vieler Hinsicht maßgebend für die spätere kaiserliche Armee wurde.[35]

Wer sich diesem Trend verschloss und der Vorbereitung des Krieges zu wenig Aufmerksamkeit widmete, verlor den Anschluss und musste mit Niederlagen auf dem Schlachtfeld rechnen. Dieses Schicksal erlitt M. Licinius Crassus, als er brennend vor Ehrgeiz und wahrscheinlich von Caesar indirekt ermutigt[36], im Jahr 55 einen Feldzug gegen die Parther begann und ein Jahr später bei Carrhae Schlacht und Leben verlor. Die Parther waren an sich kein aggressiver Gegner, der dem Reich gefährlich werden konnte - erst die populare Tradition und die augusteische Prinzipatsideologie haben aus ihnen eine angeblich mit Rom rivalisierende Großmacht gemacht.[37] Doch anders als die meisten Gegner, mit denen Rom bis dahin zu tun hatte, und entgegen der Entwicklung der späthellenistischen Heere lag das eindeutige Schwergewicht ihrer Armee auf einer bis zu 10000 Mann starken, teilweise gepanzerten Reiterei, während die Fußtruppen eine untergeordnete Rolle spielten.[38]

Gegen einen solchen Gegner konnte man nur bestehen, wenn man sehr erfahren und mit dem Kriegsgebiet vertraut war. Crassus hatte sich dagegen als Feldherr bisher nicht sonderlich ausgezeichnet und noch nie im Osten gekämpft. Er wollte aber mit Pompeius und Caesar gleichziehen und brauchte ein Feldzugsgebiet, auf dem er dem Vorbild Alexanders nacheifern konnte. Beim Vormarsch über den Euphrat vernachlässigte er die einfachsten Vorsichtsmaßnahmen, vertraute unzuverlässigen Bündnern und hatte zu wenig Vorsorge für eine quantitativ ausreichende und eingeübte Reiterei getroffen, die mit den Verhältnissen im Osten und der Kampfesweise der Parther vertraut war; diese beruhte ausschließlich auf schnellen Kavallerieeinsätzen. Die von Crassus mitgeführten, vorwiegend keltischen Reiter waren auf diesen Gegner offensichtlich nicht eingestellt und gingen in die Falle, die ihnen die gegnerischen Reiter stellten.[39] Danach sahen sich die Legionäre dem dauernden Angriffen der parthischen Kavallerie ausgesetzt, ohne dass Crassus wirkungsvolle Gegenmaßnahmen einzuleiten in der Lage war. Die Vision Alexanders konnte eben leicht den Blick für das militärisch Notwendige trügen.[40] Der Krieg war inzwischen viel zu kompliziert geworden, als dass man ihn mit kurzer Vorbereitung und wenig Erfahrung erfolgreich hätte führen können.

Das Desaster des Crassus im Osten ließ Caesars Erfolge im Westen in noch glänzenderem Licht erscheinen; es veränderte aber auch die Machtbalance innerhalb des Triumvirats. Pompeius war nun der Einzige, der vor Caesars Krieg in Gallien ähnliche Erfolge aufzuweisen hatte: Für längere Zeit hatte die Ehe mit Julia, Caesars Tochter, eine Entfremdung verhindert, und Crassus mag der ausgleichende Dritte zwischen den beiden Feldherren gewesen sein. Sein Tod im Osten und das Dahinscheiden Julias fielen in das gleiche Jahr. Beides trieb die größten Feldherren ihrer Zeit auseinander, und die Caesargegner nutzten die Chance, Pompeius auf ihre Seite zu ziehen. Caesar hatte während seines Konsulats die Nobilität so rücksichtslos brüskiert und sich in Gallien ein so bedeutendes militärisches Machtpotential aufgebaut, dass man nicht willens war, ihn als Politiker überleben zu lassen, ganz abgesehen davon, dass auch Caesar selbst inzwischen einen Rang für sich beanspruchte, der den traditionellen Rahmen aristokratischen Strebens nach Ehre und Einfluss *(dignitas)* sprengte.

Der Konflikt spitzte sich nach Ablauf des gallischen Kommandos zu. Nur ein erneutes Konsulat hätte Caesar vor einer Flut von Anklagen und vor der Entmachtung bewahrt. Als der Senat darauf bestand, dass Caesar als Privatmann in Rom anwesend sein und sich um das Konsulat bewerben müsse, war dies für den Feldherrn mehr als ein Ränkespiel. Aus seiner Sicht verweigerten ihm seine Standesgenossen die verdienten Ehren. Um die Verletzung seiner Würde zu rächen, wählte er den Krieg. Seine Gegner hatten inzwischen Pompeius das Oberkommando über die Truppen in Italien und in den Provinzen übertragen.

Mit dem Bürgerkrieg zwischen Caesar und Pompeius begann die letzte Etappe der republikanischen Militärgeschichte. Am Ende setzte sich einer der Militärpotentaten durch, die schon seit Jahrzehnten die römische Politik bestimmt hatten. Und am Ende stand auch die überfällige Anpassung der Verfassung Roms an die Konzentration der militärischen Kräfte in Form der Monarchie. Historisch bedeutsam ist diese letzte Phase der Republik aber auch deshalb, weil in ihr die großen Veränderungen auf militärischem Gebiet ihre letzte Ausprägung (auch auf dem Meer) erfuhren. Nie zuvor und nie danach bis zum Ausgang der römischen Geschichte erlebte der Mittelmeerraum eine solche qualitative und quantitative Ballung militärischer Kräfte zu Wasser wie zu Lande. In den letzten Auseinandersetzungen der 30er Jahre waren rund 70 Legionen im Einsatz.[41] Der gesamte Mittelmeerraum schien unter Waffen zu stehen; ohne Rücksicht wurden, wenn nötig, auch immer mehr Nichtrömer in die Legionen gepresst.[42] Die Kontrahenten setzten noch einmal alles ein, was sie in den großen Kriegen zuvor an den Grenzen des Reiches und gegen die Bundesgenossen gelernt und perfektioniert hatten. Das gilt insbesondere für die erste Phase der Auseinandersetzung zwischen Pompeius und Caesar.

Caesar hatte zunächst den Vorteil auf seiner Seite, schon im

Winter nach Italien mit einer kampferprobten Armee gegen einen noch weitgehend ungerüsteten Gegner einmarschieren zu können. Während er den Krieg fortan vom Reichszentrum aus führte, plante Pompeius – wie immer in globalen Dimensionen denkend –, von der Reichsperipherie her den Feind von der Versorgung abzuschneiden, ihn dann mit den überlegenen Ressourcen des Ostens Schritt für Schritt zurückzudrängen und zur Kapitulation zu zwingen. Die Aufgabe Roms und der Rückzug aus Italien verlangten viel von den stolzen Senatoren und bedeuteten eine nicht geringe psychologische Belastung. Strategisch war dieses Vorgehen jedoch durchaus sinnvoll. Pompeius orientierte sich an den Erfolgen der Piraten und an seinem eigenen Piratenkrieg. Auch ein so unkriegerischer Zeitgenosse wie Cicero musste erkennen, dass eine entscheidende Voraussetzung für den Erfolg die Seeherrschaft war: »Sein ganzer Plan ist eines Themistokles würdig. Pompeius glaubt nämlich, dass, wer die See beherrscht, den Krieg gewinnt. Deshalb ging es ihm nie darum, dass die hispanischen Provinzen um ihrer selbst willen gehalten wurden, die Flottenrüstung war stets seine vornehmste Sorge. Er wird also zur gleichen Zeit mit gewaltigen Flotten in See stechen und in Italien landen.«[43]

Drei Gründe ließen Pompeius trotz glänzender Einzelerfolge am Ende scheitern. Zum einen unterschätzte er die Schnelligkeit, mit der Caesars Legionen in Italien vorrückten, und die Fähigkeit seines Gegners, sich auf die Bedingungen eines Krieges einzustellen, der im gesamten Mittelmeer zu führen war. Die wenigen befestigten Bollwerke der Republikaner in Italien kapitulierten vor der in Gallien bewiesenen Belagerungskunst. Trotzdem konnte Caesar nicht verhindern, dass Pompeius mit fast sämtlichen in Italien stehenden senatstreuen Truppen nach Griechenland übersetzte. Die Reaktion war bezeichnend: Schon im Folgejahr konnte Caesar mit insgesamt 150 eiligst gebauten Kriegsschiffen die wichtigsten Meeresbecken des Westens besetzen und sogar das strategisch so wichtige Massilia auf seine Seite zwingen.

Pompeius – dies war der zweite Fehler – unternahm nichts dagegen. Offensichtlich war er zu sehr mit der Mobilisierung der Kräfte im Osten beschäftigt. Als Caesar die pompeianischen Truppen in Spanien besiegen und im Jahr 48 unter Umgehung der Küstenpatrouille des Bibulus seine Truppen in Epirus an Land setzen konnte, hatte der Krieg eine unerwartete Wendung genommen. Es spricht für die Erfahrung und das strategische Talent des Pompeius, dass er die Situation noch einmal zu seinen Gunsten wendete, als er den ausgehungerten Legionen Caesars bei Dyrrhachium (heute: Durrës, Albanien) eine Niederlage beibrachte und Bibulus die Straße von Otranto für weiteren Nachschub sperren konnte. Damit hatte er Caesar genau dort, wo er ihn haben wollte: abgeschnitten von der Versorgung, umgeben von feindlichen Bastionen in einem Land, das nur den Befehlen des Pompeius gehorchte. Pompeius hätte nur den Winter abwarten müssen, und sein Gegner hätte sich zermürbt von Hunger, Kälte und fehlenden Schlachterfolgen ergeben. Gleichzeitig hätte Pompeius mit seinen Seestreitkräften in Italien landen und den Plan zu Ende führen können, der ihn von Anfang an leitete.

Dass es nicht dazu kam, lag – drittens – an der unterschiedlichen Stellung der Kommandeure. Caesar war alleiniger Herr seiner Entscheidungen, Pompeius offiziell nur ein vom Senat bestellter Prokonsul. Ihm saßen die vom Hass auf Caesar getriebenen Standesgenossen im Nacken, die von seiner großräumigen Strategie wenig verstanden. Das Abwarten stimmte sie misstrauisch. Sie drängten auf eine Schlacht, um eine Kooperation der beiden Generäle zu verhindern und die Früchte des sicheren Sieges zu ernten.[44] Pompeius gab schließlich entnervt nach und bot Caesar am 9. August 48 bei Pharsalos eine unnötige Schlacht an.[45]

Die größere Kampferfahrung der Truppen Caesars, die ihrem Feldherrn über sechs Jahre von Gefecht zu Gefecht gefolgt waren, sowie ihre in Gallien erworbene Fähigkeit, in scheinbar aussichtslosen Situationen auf die Umsicht und das Kriegsglück Caesars zu vertrauen, machten die Überzahl der gegnerischen Truppen wett. Pompeius hatte seine Infanterie zehn Reihen tief gestaffelt – eine

Maßnahme, mit der man schon immer die technische und taktische Überlegenheit des Gegners auszugleichen suchte. Um den Fußtruppen Stabilität und Unterstützung zu verschaffen, sollte die aus römischen Bürgern und griechischen Bundesgenossen gebildete Kavallerie den rechten Flügel Caesars durchbrechen.[46] Das war kein sehr origineller Schlachtplan, eher aus der Not der Umstände geboren und den zur Verfügung stehenden Soldaten geschuldet.

Caesar durchschaute ihn deshalb auch leicht. Er stellte seinen rechten Flügel nur halb so tief auf, dehnte aber dessen Linie. Als die gegnerische Reiterei zum Flügelangriff ansetzte, warf er ihr eine aus dem dritten und vierten Treffen gebildete Reserve aus sechs Kohorten in Kombination mit der germanischen und gallischen Reiterei entgegen. Ganz ähnlich hatten Marius und Sulla auf gegnerische Umfassungsversuche reagiert (s.o. S. 239, 248). Caesar selbst war schon in Gallien auf vergleichbare Weise vorgegangen.[47] Seine Legionäre hielten im Zentrum dem Angriff der massierten Infanterie stand und ermöglichten der eigenen Reiterei zusammen mit den Reserven, die Kavallerie des Pompeius zurückzuschlagen und dessen Fußsoldaten von der Flanke her anzugreifen. Als sich die Kämpfe dem Lager des Pompeius näherten, gab der alte General auf und flüchtete nach Alexandria, wo er wenige Monate später ermordet wurde.

Spätere Interpreten meinten mitunter, Pompeius habe die Schlacht zu früh verloren gegeben. Daran ist so viel richtig, dass Caesar – ähnlich wie vor ihm Sulla – in ähnlicher Lage vermutlich bis zuletzt persönlich von Truppenteil zu Truppenteil gehetzt und allein durch sein Erscheinen jede Chance zur Wende gesucht hätte. Das war die Sache des alternden Pompeius nicht (mehr); ihm fehlten Kampfpraxis und der jahrelange Kontakt zu einer auf ihn eingeschworenen Mannschaft mit loyalen Offizieren.

Wie wichtig gerade dieser Aspekt in einer militärischen Konstellation war, in der sich die strategische und taktische Kunst der Feldherren nur graduell voneinander unterschied, zeigt die letzte große Landschlacht, die im Namen der Republik bei Philippi nur sechs Jahre (42) später ausgefochten wurde. Caesar hatte seinen Sieg gegen Pompeius nur fünf Jahre überlebt und war wie Pompeius nicht auf dem Schlachtfeld gefallen, sondern das Opfer eines Anschlags geworden. Die Caesarmörder hatten jedoch die innenpolitische Lage völlig falsch eingeschätzt, insbesondere die Anhänglichkeit der Soldaten an ihren alten Feldherrn nicht in Rechnung gestellt. So wählten sie den gleichen Weg wie Pompeius, setzten sich in den griechischen Osten ab und sammelten ein gewaltiges Heer. In Italien übernahmen Antonius, der fähigste Offizier Caesars, und Caesars Neffe Octavian das Kommando.

Die neuen Protagonisten folgten den Pfaden ihrer Vorgänger. Wie einst Pompeius gelang es den Caesarmördern Brutus und Cassius dank ihrer überlegenen Flottenmacht, den nach Griechenland anrückenden Antonius von der Versorgung abzuschneiden. Und wie einst in Pharsalos Pompeius, so suchten Brutus und Cassius nun bei Philippi in zwei stark befestigten Lagern, die offene Feldschlacht zu meiden.[48] Antonius als faktischer Oberbefehlshaber drängte dagegen zur direkten Konfrontation, um sich aus der fatalen Versorgungslage zu befreien. Beide Seiten hatten jeweils 21 Legionen mobilisiert, Brutus und Cassius brachten vor Philippi 17, Antonius und Octavian 19 in Stellung; dazu kamen auf Seiten der Republikaner 20000, auf Seiten des Antonius 13000 Reiter. Rechnet man die bundesgenössischen Truppen hinzu, standen sich weit über 200000 Mann gegenüber – es wurde die bis dahin größte Feldschlacht der Antike.

Entschieden wurde sie aus ähnlichen Gründen wie bei Pharsalos. Die Hälfte der republikanischen Soldaten war nicht kampferprobt, während Antonius und Octavian zahlreiche Legionäre Caesars ins Gefecht schicken konnten. Und wieder war es ein überraschendes und schwieriges Manöver, das ihnen diesmal Antonius zutraute, als er seinen Flügel über einen künstlichen Damm durch Sumpfgebiet überraschend gegen die Südflanke der Truppen des Cassius führte. Obwohl Cassius im Vergleich zu Brutus der fähigere und erfahrenere Befehlshaber war und Brutus auf dem rechten Flügel Octavian besiegen konnte, gab Cassius die Schlacht nach der Erstürmung seines Lagers verloren – ähnlich verfrüht wie seinerzeit Pompeius, aber mit dem Unterschied, dass er sich auf dem Schlachtfeld von einem Vertrauten töten ließ. Tatsächlich konnte Brutus die Lage stabilisieren und setzte erneut, ohne eine Schlacht anzubieten, auf die für ihn günstigere Versorgungslage. Diesmal waren es seine Offiziere, die ihn zur Schlacht drängten. Wie seinerzeit Pompeius gab er nach und besiegelte damit seine Niederlage gegen einen Gegner, der die gesamte Kampfkraft und Erfahrung seiner Legionäre ausspielen konnte.

Entscheidung auf See: Actium und der Weg dorthin

Bezeichnenderweise war dies aber nicht das Ende des mittelmeerweiten Ringens. Für fast 200 Jahre war Philippi die letzte große Landschlacht, die im Mittelmeerraum geschlagen wurde. Mit der Wiederaufnahme der Bürgerkriege zwischen Octavian und Antonius verlagerte sich der Krieg endgültig und in einem nie vorher gekannten Ausmaß aufs Meer.[49] Schon Cassius und Brutus konnten vor Philippi parallel zu ihren Landtruppen große Flotten mobilisieren. Die Versorgung der gewaltigen Heeresverbände war in den Bürgerkriegen nur noch mit Schiffen möglich, und die Erfordernis schneller Truppenbewegungen führte dazu, dass der Mittelmeerraum zum Ende der Republik hin eine beispiellose Massierung von Seestreitkräften sowie militärtechnische Neuerungen erlebte[50] – noch einmal Beweis dafür, dass die römische Republik im Vergleich zu allen anderen Mächten gewaltige Ressourcen mobilisieren konnte.

Hauptlieferanten für Materialien und Mannschaften waren jetzt allerdings nicht mehr nur die meernahen Provinzen, in denen schon vorher die entscheidenden Landschlachten ausgetragen wurden, sondern alle Mittelmeerküsten einschließlich Italiens. Denn das Meer bot eine letzte Zuflucht für diejenigen, die zu Lande besiegt worden waren, und auf dem Wasser war es noch leichter, die Enttäuschten und Entrechteten zu sammeln und mit ihnen die Versorgungslinien der Landheere zu unterbrechen.[51] Da die Herren des Landkrieges reagieren und sich ebenfalls zur See rüsten mussten, prallten noch einmal alle Erfahrungen der Römer aus den letzten 50 Jahren seit dem Piratenkrieg des Pompeius aufeinander.

Den Anfang machte bezeichnenderweise Sextus Pompeius, Sohn des Magnus, als er von den spanischen Küsten und den Inseln des Tyrrhenischen Meeres aus mit Hilfe der Piratenkapitäne aus der Klientel seines Vaters ohne nennenswerte Landtruppen ein mächtiges Seeimperium bildete, das unangefochten weite Teile des westlichen Mittelmeeres kontrollierte und die Küsten Italiens mit Plünderungszügen seiner Kaperer drangsalierte.[52] Das strategische Ziel bestand darin, wie einst die Seeräuber und dann sein Vater Italien vollständig von der Getreidezufuhr abzuschneiden. Octavian reagierte auf Rat des übergelaufenen Piratenkapitäns Menodoros mit dem Bau von Vierruderern, die durch 120 Kriegsschiffe des Antonius aus dem Osten ergänzt wurden. M. Vipsanius Agrippa ließ diese Schiffe zum ersten Mal mit hölzernen Kampftürmen versehen, die den Schützen den Vorteil der höheren Position verschaffen sollten.[53] Mit 600 Einheiten stellte er sich den 300 Trieren des Sextus in der größten Seeschlacht der Antike bei Naulochos entgegen (36 v. Chr.). Hier trafen noch einmal die hellenistische Seekriegskunst auf die Wendigkeit leichterer Trieren und Zweiruderer. Die hochbordig gepanzerten Schlachtschiffe Agrippas begannen mit Artilleriebeschuss, bevor sie mit den ebenfalls von Katapulten geschleuderten Enterhaken die gegnerischen Schiffe an sich zogen und im Infanteriekampf von Bord zu Bord enterten.[54]

Während der Feldzüge Octavians in der Adria ersetzte Agrippa seine Schiffe zum großen Teil durch leichtere (und billigere) Ein-

oder Zweireiher *(Liburnen)*. Mit diesen für die Kontrolle von maritimen Versorgungslinien geeigneten Schiffen und im Besitz der Landbasen in Illyrien und Griechenland konnte er im Jahr 31 die Flotte des Antonius von der Versorgung abschneiden und in der Bucht von Actium einkesseln. Warum Antonius nicht vorher selbst die Initiative ergriff und die von seinen Gegnern so gefürchtete Invasion Italiens befahl, ist bis heute ein Rätsel. Vielleicht misstraute er der Kampfkraft seiner Landtruppen und war sich nicht sicher, ob er nach dem erfolgreichen Propagandakrieg des Octavian mit der nötigen Unterstützung der italischen Landgemeinden rechnen konnte. In jedem Fall minderte das zögerliche Ausharren an der griechischen Küste seine Chancen. Die Zahl prominenter Überläufer stieg fast täglich.[55] Damit waren die Voraussetzungen für einen militärischen Erfolg schon vor Schlachtbeginn denkbar schlecht, und es ist sehr wahrscheinlich, dass Antonius und Kleopatra gar nicht mehr an einen Sieg in den Gewässern vor Actium glaubten, sondern nur noch den Durchbruch durch die gegnerische Linie und eine Neuformierung der Kräfte im Osten planten.[56] Dafür spricht, dass die Linienschiffe, mit denen Antonius am 2. September auslief, Segel mit sich führten, die für eine Schlacht nur hinderlich gewesen wären. Tatsächlich gelang der Durchbruch; als sich anschließend der Kampf zwischen den Flotten entspann, segelten 60 Schiffe Kleopatras davon. Antonius folgte ihr mit seinem Flaggschiff und ließ die übrigen Schiffe und dazu 19 Legionen im Stich.[57] In der Schlacht setzte sich die quantitativ überlegene Flotte des Agrippa durch. Die teilweise bis zu zehnreihigen Großkampfschiffe des Antonius waren mit einer Bordhöhe von bis zu drei Metern das Ergebnis einer extremen Anpassung an die Gesetze des hellenistischen Artillerie- und Enterkriegs. Sie waren aber schwerfällig und nur unvollständig und mit schlecht versorgten Ruderern bemannt. Außerdem fehlte ihren Kapitänen und Seesoldaten die Kampferfahrung, die ihre Gegner im Westen gesammelt hatten. Mit dem Sieg Octavians ging auch die große Epoche der hellenistischen Seekriegsführung zu Ende.

Die leichten und wendigen Zweireiher des Octavian hatten sich den großen, mehrreihigen Schlachtschiffen des Antonius als überlegen erwiesen. Das hochgerüstete hellenistische Großkampschiff hatte damit ausgespielt. Der leichte und billigere Schiffstyp der Liburne bestimmte in der Folgezeit unangefochten das Mittelmeer.[58]

Wichtiger waren die politischen Konsequenzen. Rom hatte einst im Seekrieg um Sizilien die Vorherrschaft im westlichen Mittelmeer errungen, Pompeius das Mittelmeer zum *mare nostrum* der Römer gemacht; nun wurde das Meer zum Grab der alten republikanischen und zum Wegbereiter einer neuen monarchischen Weltordnung. Doch auch sie konnte sich ihrer republikanischen Vorbilder nicht entziehen: Die Sicherung des Mittelmeeres gehörte zu den prominentesten Aufgaben der Kaiser, und die großen Flottenoperationen, die Drusus und Tiberius in den Atlantik führen sollten, knüpften in vielerlei Hinsicht an die wagemutigen Unternehmungen Caesars und die in den Bürgerkriegen entwickelte Fähigkeit an, den Vormarsch der Landheere durch maritime Großoperationen zu unterstützen.

Politisierung der Armee in den Bürgerkriegen?

Die schier endlosen Bürgerkriege hatten aber nicht nur das Terrain militärischer Operationen geweitet, sondern auch die Soldaten und ihre Offiziere verändert. Ähnlich wie die äußeren Kämpfe und Auseinandersetzungen in den Poleis zur Zeit des Peloponnesischen Krieges eine nicht endende Schar von kriegsbereiten Flüchtlingen und Berufskriegern hervorbrachten, so schwoll in Folge der Proskriptionen, der Enteignungen und der dauernden Feldzüge römischer Bürgerkriegsgeneräle nach dem Tod Caesars die Zahl der kriegswilligen Kämpfer an, die alles verloren hatten und in Raub und Krieg ihre letzte Hoffnung sahen. Lucius Hirtius sammelte seine Sklaven und Flüchtlinge um sich und formte sie zu einer paramilitärischen Truppe, die die Küstenstädte unsicher machte. Andere wie Quintus Labienus, der Sohn des berühmten Legaten Caesars, traten nach Philippi in den Dienst der Parther und führten gemischte römisch-parthische Verbände nach Kleinasien. Sextus Pompeius kommandierte von Sizilien aus bunt zusammengewürfelte Mannschaften ehemaliger Piraten, Freigelassener, politischer Flüchtlinge und Kriegsvagabunden. Da Octavian einen Großteil dieser Männer nach dem Sieg über Sextus Pompeius in seine Armee eingliederte, setzte sich die heterogene Struktur der Truppe auch unter wechselndem Kommando fort.[59] Im Osten ergänzten die Truppen der römischen Klienten die Legionen. Verfehlt wäre also die Annahme, dass in den letzten Tagen der Republik nur wohlgeordnete, einheitlich bewaffnete und uniformierte Armeen aufeinandertrafen. Die Generäle boten auf, was sie bekamen, auch wenn sie den erfahrenen römischen Berufssoldaten bevorzugten.

Je weniger die Bürgerkriegsgeneräle mit staatlicher Legitimation ausgestattet und auf einen steten Zuzug von Soldaten auch ohne die üblichen Aushebungsregularien angewiesen waren, veränderten sich aber auch deren Rolle und Selbstbewusstsein. »Die Soldaten«, so der kaiserzeitliche Historiker Appian[60], »bildeten sich ein, nicht so sehr in einem regelrechten Heer zu dienen, als vielmehr nach eigener Gunst und Entscheidung Beistand zu leisten, und meinten, ihre Führer benötigten sie gezwungenermaßen zur Verfolgung persönlicher Ziele. Das Desertieren, ehedem bei den Römern unnachsichtig verfolgt, wurde jetzt sogar mit Geschenken honoriert, und ganze Heere sowie einige vornehme Männer ließen sich darauf ein[61]; hielten sie es doch nicht für Fahnenflucht, wenn sie zu einer gleichgearteten Partei überwechselten, da alle einander glichen und keine von ihnen sich als Kämpferin gegen den gemeinsamen Feind der Römer unterschied. Der allgemeine Vorwand der Feldherren, sie stritten samt und sonders für das Wohl des Vaterlandes, machte den Leuten das Überlaufen leicht, denn jeder konnte glauben, dass er überall bei jeder Partei diesem Vaterland helfen könne. Das wussten auch die Feldherren und duldeten darum das Betragen ihrer Soldaten, überzeugt, dass ihre Macht nicht so sehr vom Gesetz als vielmehr von ihren Geschenken abhing.«

Sicher ist das Bild vom skrupellosen, opportunistischen und korrupten Soldaten zu pauschal und überzeichnet. Es gab unter den Bürgerkriegsveteranen genügend Legionäre italischer Herkunft, die ein Stück Land als legitime Belohnung ihrer langen Kämpfe in Übersee ansahen und sich nach ihrer Rückkehr in die neue Heimat integrierten. Insofern unterschieden sich ihre Forderungen nicht grundsätzlich von denen der Soldaten des 2. Jahrhunderts v. Chr.[62] Das Problem war nun aber, dass die Landversorgung von Generälen durchgesetzt werden sollte, die durch revolutionäre Gewalt an die Macht gekommen waren, und dass die Landzuweisung spätestens seit dem Zweiten Triumvirat nur mit massenhaften Enteignungen und der Ermordung politischer Gegner (im Rahmen von Proskriptionen) gesichert werden konnte. Abfindungen und Belohnungen der Soldaten fanden demnach immer häufiger in einer Atmosphäre offener Gewalt statt, die von der Truppe häufig selbst ausgeübt wurde.[63] Ferner standen der gewiss nicht geringen Zahl von Legionären, die bei nicht überzogener materieller Absicherung tatsächlich ein Ende der Kämpfe ersehnten, viele Berufskrieger gegenüber, die sich nicht mehr an ein geregeltes Landleben gewöhnen konnten (oder wollten) und deshalb bereit waren, jede Chance zur schnellen Bereicherung in Form von Geld zu nutzen.[64]

Viele glauben, dass die Veteranen, je mehr sie sich ihrer Unentbehrlichkeit für die Bürgerkriegsgeneräle bewusst wurden, auch einen eigenständigen Willen zur politischen Durchsetzung ihrer Ziele, ja sogar zur Formulierung von Politik entwickelten.[65] Als wichtigster Beleg gilt eine Begebenheit in den Sommertagen des Jahres 43: Die altgedienten Zenturionen des von Octavian zusammengestellten Heeres erschienen im Senat und verlangten für ihren Feldherrn das Konsulat, die Auszahlung von Geldmitteln und die Begnadigung der Anhänger des Antonius. »Als der Senat noch zauderte, schlug der Führer der Abordnung, der Centurio Cornelius, seinen Kriegsmantel zurück, zeigte auf den Griff seines Schwertes und hatte die Stirn, vor versammeltem Senat auszurufen: ›Der wird's tun, wenn ihr's nicht tut.‹«[66] Schon vorher hatten die Veteranen mäßigend auf Antonius und Octavian eingewirkt und letztlich auch ihre für die Republikaner so verhängnisvolle Verständigung herbeigeführt.

All diese Aktivitäten bewegten sich im Rahmen traditioneller Ziele der Berufssoldaten: Wunsch nach Geld und Land. Die Frontstellung gegenüber dem Senat ergab sich daraus, dass dieser in der Vergangenheit Landversprechungen nicht eingelöst hatte; die Bemühungen um eine Einigung zwischen Octavian und Antonius entsprangen der Einsicht, dass eine Spaltung der beiden Protagonisten der caesarischen Partei den Interessen der Veteranen nicht dienen konnte[67]; hinzu kam die Sorge, dass der junge und militärisch unbedarfte Octavian seine Versprechungen gegenüber seinen Truppen allein nicht halten könnte.

Dennoch wäre es zu einfach, die Ziele der Soldaten allein aus materiellen Wünschen abzuleiten und in ihnen lediglich skrupellose Söldner zu sehen, die keine Treue kannten und jederzeit bereit waren, besseren Angeboten zu folgen. Die Kriegsgeschichte zeigt zur Genüge, dass gemeinsame Kampferfahrungen starke Gruppenidentitäten erzeugen, spezifische Rituale und Verantwortlichkeiten fördern, die materielle Wünsche vielfach überlagern. Solche Kräfte führen zwar nicht zur Formulierung oder gar Durchsetzung politischer Programme, aber sie können in den Raum der Politik übergreifen und politische Entscheidungen unter bestimmten Umständen mitbestimmen. Dies war auch in der Zeit der Bürgerkriege der Fall[68]: Das Bemühen um eine Einigung caesarischer Offiziere dürfte – neben einem materiellen Kalkül – auch einer Art Ehrenkodex der Veteranen entsprochen haben, nicht gegeneinander zu kämpfen und an der Verehrung für den alten Feldherrn auch nach dessen Tod festzuhalten, indem man nun seinem ehemaligen Unterfeldherrn die Treue hielt. Die Verbundenheit gegenüber einem

Feldherrn speiste sich dabei offenbar weniger aus der Erfahrung oder der Hoffnung, dass dieser die Versorgung der Soldaten durchgesetzt hatte. Wenn es wirklich so etwas wie eine Militärklientel gab, dann ergab sie sich in erster Linie aus der gemeinsamen Kampferfahrung an verschiedenen Kriegsschauplätzen unter einem Kommandeur, der sich durch seine Kriegsführung den Respekt und die Verehrung der Truppen erworben hatte.[69]

Dies war bereits die Grundlage der engen Bindung zwischen Marius und den Soldaten in den Kriegen gegen Iugurtha und die Germanen gewesen; das Gleiche gilt für die Soldaten Caesars. Die Solidarität der Veteranen, die aus den Gemeinschaftserlebnissen der caesarischen Kriege erwuchs, und ihr Wunsch nach materieller Bereicherung vermischten und verbanden sich zu konkreten Forderungen. Diese wurden in der Praxis von den Zenturionen, Anführern der maßgeblichen Kampfeinheiten der Zenturien - den antiken Platoons -, politisch aktiviert und in Verhandlungen und Forderungen gegenüber Senat und konkurrierenden Feldherren durchgesetzt, vorausgesetzt die Befehlshaber waren bereit mitzuspielen.[70]

Auf der anderen Seite schwächte die Zeit der Bürgerkriege alte Loyalitäten, nicht nur weil konkurrierende Feldherren um die Soldaten warben, sondern weil die Kommandeure gar nicht mehr die Zeit hatten, sich wie Caesar in Gallien über Jahre hinweg gegen einen barbarischen Gegner eine eingeschworene Truppe sowie loyale Zenturionen heranzubilden und den möglichen Vertrauensvorschuss, den die Soldaten einem pompeianischen oder caesarischen Offizier entgegenbrachten, zu nutzen und in eine stabile Bindung umzusetzen.[71] Dies war eine schwere Bürde auch für den Mann, der sich am Ende als Sieger der Bürgerkriege durchsetzte.

11.
HERREN DER WELT – DIE FRÜHE KAISERZEIT UND IHRE ARMEE

Vom Bürgerkriegsgeneral zum Prinzeps

Als Octavian im Sommer des Jahres 29 nach Rom zurückkehrte, erhoffte sich die Bevölkerung das endgültige Ende der Bürgerkriege. Der Senat hatte zu Beginn des Jahres die Tore des Janustempels schließen lassen, als Zeichen für den inneren und äußeren Frieden. Für diesen Frieden war man bereit, die Herrschaft des Bürgerkriegsgenerals anzuerkennen.

Wollte Octavian seine auf dem Schlachtfeld usurpierte Macht auf Dauer sichern, musste er sie in Rechtsformen kleiden und die Zustimmung der Aristokraten suchen, ohne deren Hilfe das Weltreich nicht zu regieren war. Die Umwandlung militärischer Macht in legale Herrschaft konnte sich nur an der Republik orientieren. Allerdings durfte Octavian die Anpassung an republikanische Formen nicht so weit treiben, dass seine Position angreifbar wurde. Deshalb wählte er einen wohlüberlegten Kompromiss: Am 13. Januar 27 legte er seine außerordentlichen Vollmachten nieder. Damit lebte formal die republikanische Verfassung wieder auf; die Republik war »wiederhergestellt« *(res publica restituta)*. Im Gegenzug verlieh der Senat Octavian den Ehrennamen *Augustus* (der Erhabene). Zusätzlich übertrug man ihm mehrere Amtsgewalten. In der Summe erlaubten sie ihm die konkurrenzlose Leitung des Staates, formal im Rahmen der Republik: Anstatt wie Caesar eine Dictatur zu übernehmen, bekleidete er bis zum Jahr 23 das Konsulat. Das *imperium* als Konsul verschaffte ihm die Regierungsgewalt in allen Provinzen, die als unbefriedet galten und in denen Armeen standen. Damit besaß er das Kommando fast über das gesamte Heer.

Im Jahre 23 verzichtete Augustus auf das jährlich erneuerte Konsulat, und sein *imperium* wurde in ein prokonsularisches umgewandelt. Es widersprach zu sehr republikanischer Tradition, dass ein und derselbe kontinuierlich das höchste Staatsamt ausübte. Als Ersatz hätte das Amt des Volkstribuns dienen können. Doch versuchte Augustus erneut, republikanische Vorschriften zu beachten. Als Patrizier durfte er nicht Volkstribun werden. So ließ er sich dessen Amtsgewalt *(tribunicia potestas)* übertragen, ohne das Amt selbst zu bekleiden. Mit ihr konnte er jederzeit Volksversammlungen und den Senat einberufen, Gesetzesanträge stellen und gegen unliebsame und konkurrierende Vorschläge sein Veto einlegen. Gleichzeitig war er durch die religiös begründete Unverletzbarkeit des Volkstribuns *(sacrosanctitas)* vor Angriffen auf seine Person geschützt. Insgesamt waren die Befugnisse des Volkstribuns eine ideale Rechtsbasis, um den römischen Staat zu lenken. Ergänzend übernahm Augustus zeitweise die Amtsgewalt des Zensors, um die Zusammensetzung des Senats zu überwachen.

Alles in allem konnte Augustus mit einem gewissen Recht von sich behaupten, dass seine Herrschaft auf Rechtsgewalten beruhte, die sich an den Traditionen der Republik orientierten. Jeder wusste freilich, dass es gerade die Summe der Einzelgewalten war, die den republikanischen Rahmen sprengten und dem Herrscher seine unangefochtene Machtposition sicherten. Augustus selbst betonte voller Stolz, dass er an Einfluss und Ansehen alle Zeitgenossen überragte. Er griff dabei auf klassische aristokratische Werte zurück, die von den Senatoren anerkannt werden mussten. In der Republik hießen die an Ansehen und Einfluss führenden Senatoren *principes*, dementsprechend wurde nun Octavian zum *princeps* ernannt, und er behielt den Titel zeitlebens, ohne dass ein anderer ihn beanspruchen durfte. Deshalb hat sich der Begriff Prinzipat zur Bezeichnung der von Augustus begründeten Monarchie insgesamt durchgesetzt.[1]

Weltherrscher und Welteroberer

Basis der überragenden *auctoritas* des *princeps* bildeten militärische Erfolge und die große Schar der Klienten. Seine Anhänger bestanden aus den Soldaten und den ererbten Klienten Caesars. Zusätzlich hatte er schon in der Endphase des Bürgerkriegs die Einwohner Italiens durch einen Schwurakt auf sich vereidigt. In der Folgezeit versuchte er wie Caesar durch Koloniegründungen Patron vieler römischer Bürger zu werden. Doch die entscheidende Grundlage seiner Herrschaft war und blieb das Militär. Das zeigt sich auch daran, dass fortan nur Augustus den Titel *Imperator* führen durfte, und er machte ihn sogar zum Bestandteil seines Namens.

Augustus brauchte das Heer aber nicht nur zum Machterhalt, sondern auch zur Legitimation seiner Herrschaft. Denn die Bürgerkriege hatten an der Grundtatsache der Republik nichts geändert: Öffentliches Ansehen *(dignitas)* beruhte vor allem auf militärischer Tatkraft *(virtus)*. Wenn Augustus seine Herrschaft so bewusst in republikanische Traditionen einordnete, dann mussten er und seine Nachfolger sich auch an den glanzvollen militärischen Leistungen der Republik messen lassen. Wenn er beanspruchte, alle anderen Römer an *virtus* und *dignitas* zu überragen, dann erwarteten der Senat und die Öffentlichkeit, dass er seine herausragende Stellung durch herausragende Leistungen im Krieg unterstrich.[2]

Schon die großen Feldherren der späten Republik hatten ihre Ansprüche hochgeschraubt, als sie ihre Taten am Vorbild Alexanders des Großen ausrichteten.[3] Sie setzten ein Maß, hinter das Augustus und seine Nachfolger nicht zurückfallen konnten. Augustus war dazu bestimmt zu vollenden, was Iupiter den Römern (so bei Vergil in der *Aeneis*) geweissagt hatte. »Weder in Raum noch Zeit setze ich Rom eine Grenze. Ein Reich ohne Ende habe ich verliehen.«[4] Dass der *princeps* bereit war, die Aufgabe als Weltherrscher zu übernehmen und das Weltreich durch militärische Großtaten zu mehren, beweisen sein Tatenbericht und öffentliche

Monumente: »Kriege zu Wasser und zu Lande, gegen innere und äußere Feinde, habe ich auf dem gesamten Erdkreis geführt«, so rühmt ihn sein in Stein gemeißelter Tatenbericht; die später hinzugefügte Überschrift stellt an erste Stelle den Krieg, durch den Augustus »den Erdkreis der Befehlsgewalt des römischen Volkes unterwarf«.[5]

Die stete Bereitschaft zum Krieg gegen die Reichsfeinde symbolisierten auch die in der Kurie aufgestellte Statue der über der Weltkugel schwebenden Siegesgöttin Victoria und der zehn Jahre später hinzugefügte Partherbogen. Sie erwiesen Augustus als weltumspannenden Kriegsherrn und größten Triumphator der römischen Geschichte. Der Tempel des Mars Ultor auf dem Forum Romanum war der in Stein gehauene Beweis, der Pflicht zur Rache militärisch nachgekommen zu sein und jeder neuen Herausforderung mit Krieg zu begegnen; mit der in der Nähe aufgestellten Statue des Kaisers als Vater des Vaterlandes verherrlichten die Monumente die Feldzüge des Augustus.[6] Seine Panzerstatue, die bei Primaporta gefunden wurde, zeigt auf dem Brustpanzer die Rückgabe der bei Carrhae verlorenen Feldzeichen, eingebettet in eine kosmische Ordnung, die der Prinzeps »als unüberwindlicher Kriegsherr und Segen stiftender Monarch zugleich« gesichert hat.[7]

All dies dokumentiert, dass die Rollen des fürsorglichen Friedensfürsten, wie sie die *Ara pacis* auf dem Marsfeld religiös untermauerte, und des welterobernden Kriegers kein Widerspruch waren, sondern sich notwendig ergänzten: Sicherheit und Wohlstand im Innern waren nur durch siegreiche Kriege nach Außen garantiert. Beides – die Sicherung von innerem Frieden und die expansionsbereite Herrschaft über die Welt – wurde zum verpflichtenden Leistungstest des Prinzeps, der zumindest offiziell den Feldherrnmantel nie ablegen durfte, wenn er sich die Zustimmung der Bevölkerung erhalten wollte.

Umbau der Bürgerkriegsarmee

So klar die Ziele formuliert waren – sie stürzten den Sieger von Actium in ein Dilemma: Die Bürgerkriege hatten gelehrt, welch zerstörerische Kraft die Soldaten entfalten und wie viel politische Macht sie gewinnen konnten. Dennoch waren sie unverzichtbar, wenn Augustus seine Alleinherrschaft sichern und den Aufgaben eines Weltherrschers gerecht werden wollte: Gefangen zwischen der Sorge um Machterhalt und außenpolitischen Zwängen, wählte der Prinzeps einen folgenreichen Kompromiss.[8]

Um das innenpolitische Gefahrenpotential des nach Actium auf 60 Legionen angewachsenen Heeres (einschließlich der Truppen des Antonius) zu mindern und dessen Kosten zu reduzieren, organisierte Augustus eine der größten Abrüstungsaktionen der Geschichte: Mehr als ein Drittel der Legionäre (rund 80 000 Mann) wurde entlassen sowie mit Land und Geld aus der Kriegsbeute versorgt.[9] Die restlichen Verbände bildeten mit Neuaushebungen ein Berufsheer von 26–28 Legionen mit rund 150 000 Mann.[10] Sie bekamen einen festen Sold *(stipendium)* aus der Staatskasse und nach Ende ihrer Dienstzeit eine geregelte materielle Absicherung, die aus einer im Jahr 6 n. Chr. eingerichteten und aus dem Privatvermögen des Augustus sowie aus zusätzlichen Sondersteuern gespeisten Kriegskasse *(aerarium militare)* finanziert wurde.[11] Damit war das Problem der Veteranenversorgung entpolitisiert: An die Stelle der Abhängigkeit von politischen Konjunkturen und wechselnden Feldherren trat eine verlässliche Institution mit langer Dienstzeit unter dem Patronat des Kaisers. Das Bemühen, durch die Einführung von festen Regeln die Bürgerkriegssoldaten zu entpolitisieren, führte zur ersten stehenden Berufsarmee der Antike.[12]

Eine wesentliche Voraussetzung für den Erfolg war die Integration der Offiziere. Sie hatten in den Bürgerkriegen unter wechselnden Fahnen gedient und kannten ihren Wert als Truppenführer. Um sie für sich zu gewinnen, richtete ihnen Augustus eine feste Laufbahn ein. Die Zenturionen konnten nun regelmäßig über das sogenannte Primipilat in höhere Kommandostellen (etwa als Kohortenpräfekten) aufsteigen und nach der Entlassung in den Senat einer italischen Stadt *(ordo decurionum)* einziehen.[13] Damit sicherte sich Augustus die Gunst der militärischen Experten. Gleichzeitig schuf er ein Gegengewicht zu den senatorischen Truppenführern, deren Ethos nach wie vor von militärischer Leistung beherrscht war und eine Bewährung im Krieg verlangte.[14] Um die Risiken zu minimieren, kehrte er zum Prinzip der zeitlich begrenzten Kommandogewalt zurück: Ein Senator diente nur für wenige Jahre als Statthalter einer kaiserlichen Provinz *(provincia Caesaris)*, als Befehlshaber *(legatus)* einer Legion (im Rang eines Proprätors) und als rangältester Militärtribun *(laticlavus)*, dem Stellvertreter des Legaten.[15] Der Kaiser wählte die Kandidaten aus und förderte ihre Karriere. Damit entstand eine Gruppe von Kommandeuren, die einerseits wenig Spielraum für militärische Alleingänge hatten und andererseits zumindest im 1. Jahrhundert n. Chr. verhinderten, dass die stehende Armee zu einem Verband reiner Berufskrieger wurde.[16]

Der gleiche Kompromiss zwischen politischem Kalkül und militärischer Erfordernis lag der räumlichen Verschiebung der Truppen zugrunde. Dauerhaft in Italien stationiert waren (neben der privaten Leibwache des Kaisers) nur die von Augustus neu geschaffenen städtischen Kohorten und die Kohorten der Prätorianer – eine durch ihre Stationierung im Zentrum der Macht hochpolitische Truppe. Allein durch ihre Präsenz in Rom und ihre Nähe zum kaiserlichen Palast wurden sie faktisch (bis zu Septimius Severus) in Krisensituationen zu Kaisermachern, auch wenn ihre militärische Qualität im Lauf der Zeit nachließ.[17] Dagegen wurden die Legionen fast vollständig in die Grenzprovinzen verlegt; in den befriedeten Senatsprovinzen hielten sich nur kleinere Auxiliarverbände auf.[18] Augustus lenkte damit das militärische Potential der Armee nach außen in ein Gebiet, wo der Kaiser ruhmreiche Siege und Triumphe feiern konnte, aber das Risiko von Bürgerkriegen gering schien. Gleichwohl blieb seine Stellung strukturell instabil;

wenn sie in Frage gestellt wurde, konnten Kommandeure von der Peripherie aus, gestützt auf ihre Truppen, nach dem Kaisertum greifen, wie dies nach Neros Tod Vitellius (von Germanien aus) und Vespasian (aus Syrien) taten.

Aber reichte die nach Actium so stark reduzierte Armee aus, um die Aufgaben eines Weltreiches zu erfüllen? Und noch wichtiger: Konnte der Prinzeps mit dieser Armee seinem Anspruch gerecht werden, durch militärische Großtaten und außenpolitische Erfolge seine *dignitas* zu beweisen und alle anderen Römer an *virtus* zu übertreffen?[19] Seit Octavian für sich im Jahr 27 die Alleinherrschaft gesichert hatte, stand die Reduzierung des Heeres in einem Spannungsverhältnis zur Pflicht, seine Führungsstellung durch Kriegstaten zu legitimieren. Augustus löste dieses Spannungsverhältnis, indem er die Chance auf militärische Triumphe für sich reklamierte und damit jedem Konkurrenten den Boden entzog; um sich das Potential für militärische Erfolge jenseits der Grenzen zu sichern, glich er ferner die Abmusterung vieler Legionen durch eine Praxis aus, die der Republik bereits bekannt war.

Bis zum Bundesgenossenkrieg hatten die Hilfstruppen der italischen *socii* mindestens die Hälfte des Gesamtheeres ausgemacht (s. o. S. 180). In den Bürgerkriegen zog man in größerem Umfang Truppen der Klientelkönige hinzu, die allerdings als recht unzuverlässig und wenig kampfstark galten.[20] Augustus machte aus den Einzelmaßnahmen der Kommandeure eine dauerhafte Regelung für das ganze Imperium: Verbände der Provinzialbevölkerung und grenznahen Stämme wurden nun als Auxiliarkohorten und Alen den Legionen permanent angegliedert und von Legionstribunen oder ritterlichen Kommandeuren – seltener von eigenen Stammesführern – ausgebildet und geführt.[21] Auf diese Weise entstand ein nach Zahl und Organisation in etwa den Legionen gleicher Truppenkörper. Die Auxilien »verdoppelten (...) die militärische Schlagkraft des Imperiums« (W. Dahlheim).[22]

Die Gesamtzahl der unter Waffen stehenden Soldaten betrug rund 350 000 Mann, sie machten damit zwischen 0,5 und 1 Prozent der (auf 50–62 Millionen geschätzten) Gesamtbevölkerung aus[23] (das Heer der DDR umfasste 2 Prozent der Gesamtbevölkerung). Das Kaiserreich war demnach alles andere als ein waffenstarrender Koloss. Militärischer Zwang und Gewalt spielten als Herrschaftsmittel eine geringe Rolle. So galt zwar prinzipiell die Wehrpflicht, aber Zwangsaushebungen kamen selten vor, weil es – auch aufgrund der relativ guten Bezahlung einschließlich der Sondervergütungen (Donative) – genügend Freiwillige gab. Große Bevölkerungszentren und Ballungsräume wie in Kleinasien kamen völlig ohne Militärbesatzung aus; nur Rom selbst brauchte mit den Prätorianerkohorten eine Truppe ungefähr in Legionsstärke, um innerrömische Opposition zu unterdrücken und potentielle Aufrührer einzuschüchtern.

Berücksichtigt man die Ausdehnung des Imperiums, war aber auch die an den Grenzen postierte Armee klein. Eine Aufstockung erschien jedoch aus innenpolitischen Gründen gefährlich und war wohl auch nicht finanzierbar, weil Augustus davor zurückschreckte, die Steuerfreiheit der Bürger aufzuheben und die reichen Standesgenossen (außer durch eine fünfprozentige Erbschaftssteuer) zur Kasse zu bitten – dieses Problem belastete die römische Armee bis in die Spätantike.[24]

Aber es gab auch keine außenpolitischen Notwendigkeiten für eine Vergrößerung. Nirgends drohten im 1. Jahrhundert n. Chr. Nachbarn, deren Angriffe man zu fürchten hatte. So konnten die Römer darangehen, das militärische Potential der Randgebiete abzuschöpfen und in die eigene Armee zu integrieren: Die meisten Auxilien gingen auf Zwangsaushebungen junger Männer aus unterworfenen Völkern zurück. Daneben gab es auch Kontingente fremder Stämme wie die der Bataver und Ubier, die auf der Basis eines Vertrags gestellt wurden. Die Hilfstruppen ergänzten die Legionen meist um Waffengattungen, die von den römischen Soldaten selbst nicht (mehr) gestellt wurden,[25] zunächst die in kleine Formationen gegliederte Reiterei. Sie war mit einem langschneidigen Schwert *(spatha)*, einer Lanze und leichten Speeren bewaffnet und wurde in der Regel auf den Flanken der Schlachtreihe eingesetzt.[26] Schleuderer (von den Balearen) und Bogenschützen (aus Kreta, Syrien und dem übrigen östlichen Mittelmeerraum) erhöhten die Feuerkraft der Legion.[27] Zahlreiche auxiliare Fußtruppen kämpften dagegen wohl mit einer Bewaffnung, die sich der Ausrüstung der Legionäre allmählich anglich.[28] Schließlich stellten sie zum großen Teil die Mannschaften der in Misenum und Ravenna stationierten Kriegsflotte (mit rund 200–250 Einheiten).[29]

Der Vorteil der Auxilien bestand darin, dass sie ständig verfügbar und flexibel einzusetzen waren: Jeder Feldherr konnte in der Regel ohne komplizierte Anwerbungsprozeduren über Verbände disponieren, die spezielle Kampf- und Waffentechniken beherrschten und auf einem für Legionäre ungünstigen Terrain gegen Feinde vorgingen, die eine ähnliche Kampfesweise wie sie selbst bevorzugten.[30] Die meisten Auxiliarsoldaten entstammten ausgeprägten Kriegerkulturen mit einer hohen Wertschätzung militärischer Tugenden. Indem Rom diese Männer anwarb und dem gleichen Training und der gleichen Disziplin unterwarf, konnte man hoffen, das militärische Potential der Randgebiete des Imperiums nicht nur zu entschärfen, sondern auch für die eigene Armee dienstbar zu machen.[31] Dieses Kalkül ging nicht immer auf und barg Risiken (s. u. S. 299 ff.), doch mittelfristig war es erfolgreich: Kein anderes Imperium der Antike verfügte über ein so hochtrainiertes, in verschiedene Waffengattungen differenziertes Berufsheer, das gegen unterschiedliche Gegner und in wechselnden Räumen kämpfen konnte.[32]

Logistik

Allein die Ausbildung der Soldaten und ein hoher militärtechnischer Standard sichern einer Armee freilich nicht die Überlegenheit, die das römische Heer seit der späten Republik gegen alle Gegner behaupten konnte. Neben der Taktik und Strategie entscheidet die Logistik über den Erfolg.[33] Die Römer besaßen – darin waren sich schon die Zeitgenossen einig – das leistungsfähigste und effektivste militärische Versorgungssystem der Antike. Die Zeit des Augustus bedeutete auch auf diesem Gebiet eine Zäsur.[34] Die Truppen waren zwar gegenüber den Bürgerkriegsarmeen erheblich reduziert worden, mussten nun aber als stehendes Heer nicht mehr nur während militärischer Operationen, sondern auch in Friedenszeiten permanent versorgt werden. Leider fehlen uns serielle Quellen, die den Bedarf und logistischen Aufwand detailliert dokumentieren; wenn Angaben überliefert sind, beschränken sie sich meist auf die Armee im Kampfeinsatz. Dennoch reichen die sich hieraus ergebenden Schätzungen aus, um ermessen zu können, vor welchen Herausforderungen die Römer standen.

Zur wichtigsten Grundversorgung der Armee gehörten Frischwasser und Getreide. Nach einer eher konservativen Kalkulation belief sich der Tagesbedarf eines Legionärs auf 800–1000 Gramm Getreide (Weizen; andere Schätzungen kommen sogar auf rund 1300 Gramm), eine Legion von durchschnittlich 5000 Mann verbrauchte demnach täglich rund 5 Tonnen; ihr Jahresbedarf hätte seit der späten Republik rund 2000 Tonnen ausgemacht.[35] Hinzu kam die regelmäßige Versorgung mit Olivenöl, Gemüse, Käse, Wein, Salz und Fleisch. Neben der Zufuhr mit Nahrung war jede römische Armee auf einen steten Nachschub an Brennholz, Leder und Waffen sowie anderen technischen Ausrüstungsmaterialien (etwa für den Bau und den Unterhalt von Belagerungsmaschinen und Artillerie) angewiesen.

All diese Materialien und Versorgungsgüter mussten mit Hilfe von Packtieren und Wagen bewegt und transportiert werden; eine Legion dürfte dazu zwischen 1000 und 1500 Tragtiere (Ochsen, Maultiere, im Osten und Süden sowie bei Vorstößen in wüstenartige Regionen verließ man sich häufig auf die genügsamen Kamele) mit einem entsprechenden Futterbedarf von täglich 3 Kilogramm Hartfutter (in der Regel Gerste = *hordeum*) und im Gegenwert 10 Kilogramm Heu als Grünfutter benötigt haben.[36] Hinzu kam die Futterversorgung für die Pferde der Reiterabteilung (ein Pferd benötigt rund 2,5 kg Gerste pro Tag) und die Getreiderationen für die Begleitmannschaften: leichtbewaffnete Trossknechte *(calones, lixae),* Sklaven und Diener, die insgesamt etwa der Zahl der Legionäre entsprachen.[37] Alles in allem machte allein der tägliche Getreidebedarf einer Armee von 37500 Mann, bestehend aus 30000 Legionären, 4000 Reitern, 3000 Mann Hilfstruppen, 6250 Mann Begleitmannschaften und 13470 Tieren an die 80 Tonnen aus.[38] Eine andere Aufstellung errechnet für eine Armee von 21000 Mann Infanterie, 5000 Reitern und 6050 Maultieren einen Tagesverbrauch von 78730 Kilogramm Getreide, 50170 Kilogramm Grünfutter und 447785 Liter Wasser.[39]

Um diese Mengen an Ressourcen und Materialien verfügbar zu halten, nutzte das römische Heer zwei Möglichkeiten: Zum einen nahm sie das Einsatzgebiet durch regelmäßiges Fouragieren von Wasser *(aquatio)*, Holz *(lignatio)* und Tierfutter *(pabulatio)* sowie Plünderung und Requisitionen in Anspruch[40]; zum andern wurde sie aus operativen Basen am Rand des Aufmarschgebiets versorgt. Die benötigten Ausrüstungsgegenstände und Nahrungsreserven mussten der Tross und die Soldaten selbst mit sich führen. In beiden Bereichen hatte die römische Armee unverkennbare strukturelle Vorteile gegenüber anderen Heeresorganisationen der Antike. So war die römische Heeresführung dafür bekannt, dass sie bei der Fourage in der Regel äußerste Disziplin walten ließ und Plünderungen nie individuell, sondern als organisierte Aktion der gesamten Armee erlaubte, was zum einen die Anfälligkeit für feindliche Überfälle minimierte und zum andern eine gerechte und effektive Zuteilung der gewonnenen Ressourcen unter der Aufsicht des Kommandeurs ermöglichte.[41]

Weiterhin verzichteten römische Truppen im Gegensatz zu fast allen vergleichbaren Heeren früherer und späterer Zeiten weitgehend auf private Kaufleute; nur zum überregionalen Transport der Versorgungsgüter musste man auf finanzkräftige Privatunternehmer (in der Republik die *publicani*, in der Kaiserzeit die *navicularii*) zurückgreifen und versuchte, sie immer stärker der öffentlichen

Kontrolle zu unterwerfen.[42] Dieses Prinzip der autonomen Versorgung machte das Heer weitgehend unabhängig von Rücksichtnahmen auf lokale Märkte; die Verbände blieben sehr flexibel und konnten auch in Regionen vordringen, deren Infrastruktur und ökologische Bedingungen für den Unterhalt größerer Heeresverbände über längere Strecken ungünstig waren. Dabei blieb die Qualität der Nahrung im Vergleich zu anderen Heeresorganisationen der Antike überdurchschnittlich; manche Forscher nehmen sogar an, sie sei erst wieder im 19. Jahrhundert erreicht und übertroffen worden. Jedenfalls haben römische Soldaten in der frühen Kaiserzeit nie wegen schlechter und zu knapper Verpflegung gemeutert.[43]

Voraussetzung für das Funktionieren der römischen Logistik waren neben den genannten Aspekten drei Dinge: Die Truppe musste in der Lage sein, das Verhältnis von Transportaufwand (und der operativen Behinderung beim Vormarsch) gegenüber der Versorgungs- und Materialquantität möglichst gering zu halten. Deshalb trugen die Soldaten – wie wir gesehen haben – spätestens seit Marius soviel an Nahrung und Materialien selbst, wie es ihre durchschnittliche Konstitution erlaubte (wahrscheinlich insgesamt 40–50 kg). Auf eine zentrale Armeeküche wurde verzichtet; stattdessen bereitete jedes *contubernium* (8 Soldaten) sein Mahl selbst am offenen Feuer zu. Auch das erhöhte die logistische Flexibilität.[44] Ferner bemühten sich die Römer immer wieder, ihren Begleittross zu reduzieren – so wurden keine Viehherden auf dem Marsch mitgetrieben – und gleichzeitig die Qualität der militärischen Begleitmannschaften zu verbessern. Das logistische Personal arbeitete genauso professionell wie die Soldaten kämpften.[45] Außerdem nahmen römische Armeen so oft wie möglich die Unterstützung der Bundesgenossen an den Randzonen und jenseits der Grenzen vor allem für den Getreidenachschub in Anspruch; innerhalb der Reichsgrenzen zogen sie dafür die Provinzialen heran.[46]

Das dritte und wahrscheinlich wichtigste Element war ein ausgeklügeltes Organisationssystem im Kriegsfall; es sicherte den Römern bis in die Spätantike die mit Abstand leistungsfähigste Logistik der gesamten antiken Welt. Seit dem Krieg gegen Hannibal wirkten in diesem System strategische Versorgungsbasen, operative und taktische Basen zusammen; es umfasste den gesamten Mittelmeerraum und seine Anrainer. Als strategische Basen bezeichnet man in der Forschung mediterrane Länder oder Provinzen, die überhaupt in der Lage waren, zusätzliches Korn für den Weitertransport an die Armee zu produzieren; dazu gehörten Sizilien und Sardinien, das Getreideanbaugebiet Karthagos, Numidien und im Osten Thessalien und Ägypten. Drang man in die Binnenräume vor, konnten auch weiter ins Land reichende Gebiete (wie Gallien für die Feldzüge in Germanien) als strategische Basen dienen. Operative Versorgungsbasen wurden dort angelegt, wo Krieg geführt wurde oder von wo aus der Feldzug in Feindesland vorstieß. Meistens lagen solche Basen in Hafenstädten und in der Nähe der Mündung größerer Flüsse, also dort, wo die besten Möglichkeiten der Lagerung größerer Vorratsmengen, deren Auffüllung (über See) sowie des Weitertransports ins Landesinnere bestanden. Bekannte Beispiele sind Utica im Dritten Punischen Krieg oder Ambrakia im Dritten Makedonischen Krieg; Caesar baute mitunter Legionslager zu solchen operativen Basen um, eine Praxis, die in der Kaiserzeit intensiviert wurde.[47] Operative Basen versorgten schließlich taktische Basen, die praktisch das marschierende Heer begleiteten und in unmittelbarer Feindesnähe angelegt wurden. In der Regel fungierte das befestigte Legionslager selbst als eine solche taktische Basis, es konnte in der Kaiserzeit den Proviant für ein Jahr sichern.[48]

Die Transportverbindung zwischen operativen und taktischen Basen verlief in der Regel über Flussläufe, auf Handelsrouten oder Karawanenwegen und wurde entlang dieser Linien durch Depots und Magazine gesichert; dieses System hatten schon die Perser angewandt (s. o. S. 68). Auch der Straßenbau, den die Römer so intensiv betrieben, war eine wichtige Voraussetzung dafür, dass die

Logistik reibungslos funktionierte; über Land konnte man römische Heere immerhin bis zu 320 Kilometer weit versorgen. Je mehr die kaiserzeitliche Armee in die nord- und westeuropäischen Binnenräume vordrang und zumindest phasenweise versuchte, auch das Zweistromland unter Kontrolle zu bringen, desto wichtiger wurden die großen Flüsse (Rhône, Rhein, Donau im Norden und Westen, Euphrat und Tigris im Osten, Nil im Süden) als Versorgungslinien, aber auch als Wasserreservoir. Dementsprechend verlagerte sich, wie weiter unten gezeigt (s. u. S. 353, 414), das militärische Potential der römischen Marine auf die Sicherung der Flüsse. Auch im Reichsinnern blieb der Transport über Wasser die entscheidende, weil schnellste und in der Regel billigste Form des Transports. Den Nachschub der operativen Küstenbasen aus den mediterranen Produktionsgebieten übernahmen spezialisierte Transportschiffe; 200 solcher Transporter mit einem Fassungsvermögen von 250–350 Tonnen konnten problemlos eine Armee von rund 40 000 Mann nicht nur mit Getreide, sondern sogar mit Wasser und Brennholz versorgen. Mitunter fungierten die Transportflotten als »schwimmende Magazine« für die küstennah operierende Armee.[49]

Man erkennt hieran erneut die Bedeutung der so günstigen geostrategischen Gesamtlage des Imperiums zu Beginn der Kaiserzeit. Erstmals konnte ein militärisches Oberkommando das gesamte Mittelmeer als einen befriedeten, politisch geeinten Versorgungs- und Transportraum nutzen und das seit dem 2. Jahrhundert entwickelte Versorgungssystem schrittweise nach Art konzentrischer Kreise vom mediterranen Zentrum auf die Binnenräume ausdehnen. Auch wenn Augustus wohl nicht so weit ging, eine zentrale Behörde für die Heeresversorgung zu installieren – das wäre innenpolitisch zu riskant gewesen[50] –, so wirkte sich allein die Konzentration der militärischen Gewalt auf seine Person auch in dieser Hinsicht Effizienz steigernd aus. Feldzugsvorbereitungen und logistische Großprojekte konnten nun länger geplant und koordiniert werden. Wie ein riesiges Spinnennetz legte sich die logistische Infrastruktur über Provinzen und Aufmarschgebiete, jederzeit bereit, den Armeen den Weg auch in solche Räume zu ebnen, die sich einem Angriff sperrten. Es schien, als ob einmalige Großleistungen wie Alexanders Marsch durch die Gedrosische Wüste oder Hannibals Alpenüberquerung fast zur Routine werden konnten für ein Imperium, das ohnehin von sich behauptete, keine Grenzen in Raum und Zeit zu kennen.

Neue Strategien und Eroberungskriege

Ein weiterer Umstand gab Anlass zu größtem Optimismus: Die römischen Heerführer der frühen Kaiserzeit mussten sich selten auf völlig neue und ungewohnte Verhältnisse einstellen. Die ökonomische, politische und gesellschaftliche Struktur der grenznahen Räume hatte sich seit der späten Republik nicht wesentlich geändert; der außenpolitische Horizont der frühen Kaiserzeit entsprach der Zeit Caesars, mit Ausnahme Ägyptens, das inzwischen Teil des Imperiums geworden war.

Im Westen und Norden erstreckten sich jenseits der großen Ströme schier endlose Wald- und Steppengebiete. Hier lebten gefolgschaftlich organisierte Personenverbände, »deren Dasein zwischen bäuerlicher Sesshaftigkeit und nomadischem Wanderleben schwankte und von der dauernden Auseinandersetzung um die besten Siedlungs- und Weideplätze beherrscht wurde«.[51] Das wesentliche Kennzeichen der tribalen Gesellschaften war ihre politische Instabilität, hervorgerufen durch Machtkämpfe des Adels und soziale Konflikte wegen karger Lebensverhältnisse. Immer wieder fielen Kampfverbände raubend in das römische Provinzialgebiet (vor allem Galliens) ein, aber zum Aufbau einer stabilen politischen Territorialherrschaft waren sie – trotz des römischen Vorbilds – noch nicht fähig.[52]

Dagegen trafen die Römer im Osten auf eine Welt feudal strukturierter Königreiche und Fürstentümer, von denen das Partherreich das mächtigste war. Sein Herrschaftsgebiet reichte vom Indus bis zum Euphrat; es stellte allerdings - auch wenn römische Propaganda mitunter das Gegenteil behauptete - keine ernsthafte Bedrohung des römischen Imperium dar. Selbst Armenien, das zum ewigen Zankapfel zwischen den beiden Reichen werden sollte, war strategisch wenig bedeutend und diente beiden Monarchien lediglich als Objekt, um den Nachweis militärischer Tüchtigkeit zu erbringen.[53]

Insgesamt hatte demnach das von Augustus übernommene Reich nirgends akute Bedrohungen zu gewärtigen. Auch in dieser Hinsicht unterschied sich die außenpolitische Gesamtlage nicht von der Zeit Pompeius' und Caesars. Doch im Gegensatz zur späten Republik, in der die großen Einzelnen in Konkurrenz zueinander auf eigene Verantwortung Krieg führten, konnte Augustus eine kohärente Außenpolitik betreiben, in der expansive Kriegsunternehmungen nicht mehr der Willkür einzelner Feldherren, sondern dem Plan des Prinzeps entsprangen:[54] Sein Oberkommando verschaffte ihm die Möglichkeit, echte Reichspolitik zu konzipieren und großräumige Operationen, wie sie bereits Pompeius und Caesar beherrschten, langfristig zu planen und nach umfassenden strategischen Gesichtspunkten durchzuführen.

Deutlich wird dieses Bestreben zunächst im Osten und Südosten des Reiches. Ein ausgeklügeltes Zusammenspiel von Getreidetransporten (auf Karawanenwegen und Handelsrouten) und Selbstversorgung ermöglichte es den Truppen, auch in solche Gebiete vorzustoßen, die aufgrund ihrer natürlichen Bedingungen für eine Eroberung wenig geeignet schienen.[55] So bewegte sich im Jahr 25 v. Chr. eine Armee von 10 000 Mann mit einer neugebauten großen Flotte unter Aelius Gallus von einem Hafen in der Nähe des heutigen Suez über das nabatäische Leuke Kome aus entlang der Westküste der Arabischen Halbinsel auf die parthischen Vasallenfürsten im Südjemen zu. Wahrscheinlich war dieser Feldzug - abgesehen von der Aussicht, die Fernhandelswege unter Kontrolle zu bringen - Teil eines umfassenden strategischen Konzepts, das Partherreich systematisch einzukreisen. Vielleicht sollte er gleichzeitig den Vorstoß einer zweiten Armee zur Abwehr nubischer Stämme in den Sudan flankieren.[56] Letztlich war dem Feldzug zwar kein größerer Erfolg beschieden und spätere Angriffsplanungen auf die arabische Halbinsel sowie Äthiopien wurden fallengelassen.[57] Dennoch demonstrierten die Aktivitäten am Rand der südöstlichen Oikumene die Fähigkeit und den Willen zu einer globalen Kriegsführung, die weit über die Möglichkeiten aller potentiellen Gegner, auch des Partherreiches, hinausging.

Vier Jahre später (20 v. Chr.) genügte der Anmarsch von sechs Legionen unter Tiberius, um (im Feldlager!) einen romfreundlichen König in Armenien einzusetzen und den parthischen Einfluss im Land zurückzudrängen. Die Parther selbst waren bereit, die Feldzeichen des Crassus und Antonius zu übergeben. Ohne einen Schwertstreich rächte Augustus die »Schmach« von Carrhae und sicherte die außenpolitische Lage auf Jahrzehnte.[58] Der Verzicht auf weitere Eroberungen jenseits des Euphrat ist nicht Ausdruck einer Defensivhaltung gegenüber einem als ebenbürtig anerkannten Gegner; er entsprang vielmehr der Erkenntnis, dass ein weiteres Ausgreifen das militärische Potential der Kontrolle des Kaisers zu weit entzogen und die Kräfte des Reiches überdehnt hätte.[59]

Stattdessen widmete sich Augustus einem Angriffsobjekt, das schon Caesar anvisierte: die nordeuropäischen Binnenräume. Über die Motive und strategische Grundausrichtung der Germanenfeldzüge streitet die Forschung seit langem.[60] Ohne Zweifel dienten sie der herrschaftlichen Legitimation des Augustus. Fest steht ferner, dass die Offensiven durch den Bau von Fernstraßen und Legionslagern nördlich des Rheinoberlaufs planmäßig vorbereitet wurden. Grenzen setzten nur die finanziellen Belastungen und innenpolitischen Risiken, die mit dem Einsatz des Berufsheeres verbunden waren.[61] Sie werden sehr unterschiedlich eingeschätzt. Jüngst hat man vermutet, Augustus und seinen Beratern seien seit der Einrichtung des *aerarium militare* und mit den neuen

Abgaben des Jahres 6 (s. o. S. 282) klar gewesen, dass die Armee auf Dauer nur zu finanzieren war, wenn Krieg und Eroberungen einen wesentlichen Teil der Kosten trugen.[62] Dementsprechend habe der Prinzeps seine Feldzüge unter fiskalischen Gesichtspunkten geplant und mit der Vorgabe führen lassen, die Armee durch eine Erfassung der abzuschöpfenden Ressourcen unmittelbar nach den Kriegszügen auf lange Sicht zu finanzieren.[63] Ziel dieser »fiskalischen Erfassungskriege« sei es gewesen, »territoriale Lücken« zu schließen und durch die Eroberung zusammenhängender Areale die administrative Durchdringung der Gebiete und deren fiskalische »Abschöpfung« zu erleichtern.

Nun kennen wir freilich die wirklichen Haushaltsbilanzen der kaiserlichen Verwaltung nicht und sind auf Indizien angewiesen.[64] Sie sprechen gegen gravierende Finanzprobleme in der Zeit des Augustus und seiner Nachfolger bis Mark Aurel. Außerdem hatte Rom auch vorher seine Feldzüge nie nach finanziellen Kosten-Nutzen-Rechnungen geführt. Die spanischen Kriege des 2. Jahrhunderts v. Chr. sind das markanteste Beispiel, und gerade dort, wo große Gewinne zu erwarten gewesen wären, nämlich im Osten, hat man sich sehr spät zu einer finanziellen Ausbeutung in Form der Provinzialherrschaft entschlossen. Teilt man die Auffassung von den fiskalischen Erfassungskriegen seit Augustus, müsste man demnach einen radikalen Systemwechsel und Mentalitätsbruch postulieren, der nur durch die Einführung des stehenden Berufsheeres hervorgerufen sein könnte. Nun erscheint allerdings die Militarisierungsquote von rund 0,5 im Vergleich zum gesamten Reichsterritorium und zur Bevölkerungszahl gering (s. o. S. 284 f.). Ferner fielen viele Kosten, die moderne stehende Heere verursachen (wie zusätzlicher Sold für Fronteinsätze, Unterbringung und Versorgung während der Feldzüge und Transportkosten) in der römischen Kaiserzeit entweder weg – der größte Teil der Ausgaben für Nahrung, Kleidung und Waffen wurde vom Sold abgezogen oder einbehalten – oder sie wurden auf die Zivilbevölkerung der Provinzen abgewälzt. Umgekehrt sparten die Kaiser Extrakosten für die Durchdringung der Provinzen, weil die Legionen selbst den Bau von Straßen und Lagern vorantrieben.[65]

Ferner bleibt auffällig, dass Augustus mit Germanien gerade ein solches Angriffsobjekt wählte, das sich mit seiner Landesnatur, seinem Klima, Lebensverhältnissen und primitiven Kommunikationsbedingungen einer römischen Offensive in hohem Maß sperrte.[66] Wenn die augusteische Kriegs- und Expansionspolitik wirklich so stark und ausschließlich von finanziellen Zwängen und der Aussicht auf schnelle Kriegserträge und die fiskalische Erschließung der zu erobernden Räume bestimmt war, dann fragt man sich, warum Augustus so früh auf eine Expansion in den weitaus reicheren Osten verzichtete und nicht anstelle Germaniens das goldreiche Dakien angriff, das erst 100 Jahre später ins Visier der Militärs geriet.

Finanzielle Erwägungen können bei außenpolitischen und militärischen Entscheidungen immer eine Rolle spielen, und sicher hat man nach größeren militärischen Kampagnen Bilanz gezogen. Doch selbst in der Moderne sind finanzielle Rücksichtnahmen stets eingebettet in spezifische politisch-personelle Konstellationen, und sie müssen sich häufig den Zwängen politischer, militärischer und strategischer Vorgaben beugen. In der römischen Zeit (wie überhaupt in der Antike) war der Einfluss von Vorbildern und traditionellen Werten besonders groß. Kein Feldherr und Herrscher konnte sich – auch wenn er wie Augustus den gesamten Mittelmeerraum regierte – diesen Kräften entziehen. Insofern wird man das Vorbild Caesars als Orientierungspunkt für die Planungen der augusteischen Germanenfeldzüge nie außer Acht lassen dürfen.[67] Hinzu kommt der Respekt der Römer vor der unberechenbaren Aggressivität der Nordvölker. Dieser Respekt war trotz der Niederlage des Crassus bei Carrhae und offizieller Bekundungen offenbar größer als vor den Parthern.[68]

Zu diesen traditionellen, die römische Perspektive auf die Außenwelt stets mitbestimmenden Faktoren traten konkrete politische und strategische Überlegungen: Seit dem Zug der Kimbern und Teutonen zogen die Streitigkeiten der keltischen Fürsten in Gallien immer wieder germanische Räuber- und Söldnerscharen an. Nachdem Augustus Gallien zur Provinz ausgebaut hatte, musste er dessen Vorfeld rechts des Rheins umso energischer militärisch sichern.[69] Das Gebiet jenseits der Rheingrenze lag insofern für Augustus, der wie Caesar den Bürgerkrieg vom italischen Zentrum aus gewonnen hatte und für den Rom das Herz des Imperiums bildete, näher als das ferne Mesopotamien, auch wenn er und seine Zeitgenossen gern dem Traum Alexanders nachhingen. Aber auch

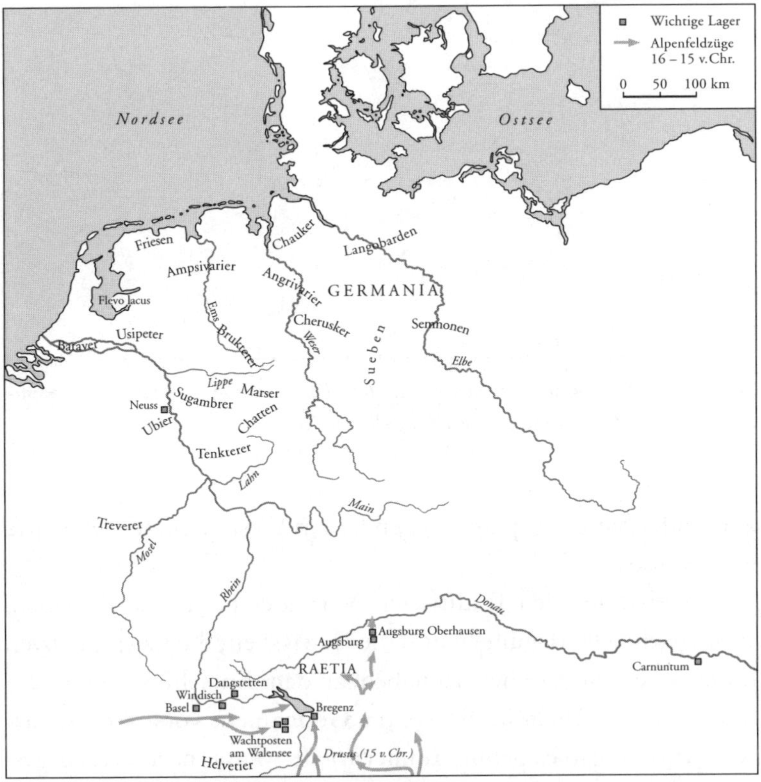

Die Karte zeigt den Rhein-Donau-Raum mit den wichtigsten römischen Lagern und die Germania Magna zur Zeit der Alpenfeldzüge 16–15 v. Chr. Während Tiberius von Gallien aus vorstieß, nahm Drusus die Alpenvölker von Süden in die Zange.

Der Rhein-Donau-Raum mit den wichtigsten römischen Lagern und die Germania Magna zur Zeit der Drususfeldzüge 12–9 (8/7) v. Chr.

Alexander hatte ja geplant, in den fernen Westen bis zum Atlantik vorzustoßen.

So verbanden sich Traditionen, Vorbilder, politische Vorgaben, strategische Überlegungen und die Gewissheit, die Lage im Osten für längere Zeit gesichert zu haben, zu dem Entschluss, die Heere nun über den Rhein in die Weiten Germaniens vorstoßen zu lassen. Anlässe gab es genug. Immer wieder waren nach Caesar germanische Kriegerbanden nach Gallien vorgedrungen; 16 v. Chr. hatte der Legat M. Lollius schwere Verluste gegen die Sugamber erlitten und sogar einen Legionsadler verloren. In etwa der gleichen Zeit wurde die militärische Sicherung der Alpentäler vorangetrieben und im Jahr 15 v. Chr. mit der Einrichtung der Provinzen *Noricum* und *Raetien* abgeschlossen.[70] Drei Jahre später begann die Offensive unter Drusus gegen die rechtsrheinischen Germanen und unter Tiberius gegen die Pannonier im illyrischen Raum. Drusus stieß über die Weser bis an die Elbe vor. Auch sein Tod auf dem Rückmarsch nahm der Offensive nicht ihren Schwung. Sofort übernahm Tiberius das Kommando und konnte nach einem weiteren Jahr verkünden, dass alle Stämme »zwischen Rhein und Elbe« kapituliert hätten und Germanien beinahe schon zu einer Provinz gemacht worden sei.[71] Das war übertrieben, aber in seiner Tendenz richtig. Die vor einigen Jahren entdeckte Anlage in Waldgirmes im Lahntal zeigt neben anderen Befestigungen, dass die Römer nach den Feldzügen begonnen hatten, ihre Stellungen zu stadtähnlichen Anlagen umzugestalten und zivile Siedlungen aufzubauen, um die Germanen an ein Leben unter provinzialem Regiment zu gewöhnen.[72]

Risiken: Germanische Herrschaftsbildungen und Aufstände der Auxilien

Doch es gab Hindernisse: Im Raum zwischen Böhmen und Schlesien hatte Marbod Markomannen- und Suebenstämme unter seiner Herrschaft vereint.[73] Seine Herrschaft grenzte an Gebiete, welche die Römer als Provinzen einzurichten begannen; und es war nach Aussage eines römischen Zeitgenossen nur rund 300 km von den italischen Alpenpässen entfernt.[74] Es bildete nicht nur eine territoriale Enklave innerhalb der römischen Expansion, sondern verhinderte auch eine endgültige Befriedung der germanischen Stämme (Semnonen, Langobarden, Hermunduren) an der mittleren und unteren Elbe.[75] Dies allein rechtfertigte einen Angriff – ganz gleich wie man die reale Gefahr für die Provinzen oder gar Italien einschätzte.[76]

Die Herrschaft des Marbod besaß offenkundig eine andere Qualität, als es die kleinräumigen Verhältnisse Mittel- und Nordeuropas jenseits des Rheins erwarten ließen. Sie waren nach dem Untergang der keltischen Oppidakultur geprägt von weilerartigen Gehöften und Siedlungen (mit kaum mehr als 200 Bewohnern) und einer agrarischen Wirtschaft mit weitaus geringeren Erträgen und handwerklicher Spezialisierung als in den keltischen Gebieten. Im 1. Jahrhundert v. Chr. schritt die soziale Differenzierung voran: Reiche Waffen- und Wagengräber mit Importgütern deuten auf größere Herrenhöfe von »Häuptlingen« (von den Römern *principes* genannt). Ihr Einfluss reichte allerdings selten über ihre jeweilige Siedlung hinaus.[77]

Erst die besonderen Verhältnisse der spätkeltischen Kultur sowie die Nähe zum Imperium veränderten die Rahmenbedingungen germanischen Machtaufstiegs. Die endlosen Kämpfe gallischer Fürsten im 1. Jahrhundert v. Chr. boten germanischen Söldnern lukrative Beschäftigungsmöglichkeiten und ihren Anführern ein ideales Sprungbrett, um sich aus den kleinräumigen Verhältnissen der Heimat zu befreien und in den fruchtbaren Regionen Galliens als lokaler Kriegerfürst zu etablieren.[78] Wem dies gelang, erregte fast zwangsläufig die Aufmerksamkeit der nahen Provinzstatthalter und konnte damit rechnen, als potentieller Ansprechpartner römischer Außenpolitik wahrgenommen zu werden. So erhielt vor Marbod der Suebe Ariovist (s. o. S. 258) wegen seiner Erfolge als Söldnerführer in Gallien den Ehrentitel *rex* verliehen und wurde in die *formula amicorum* aufgenommen.[79] Seine Herrschaft fiel zwar noch recht bescheiden aus – er besetzte oder errichtete keine *oppida* – und wurde von Caesar wenige Jahre später in nur einem Feldzug vernichtet. Dennoch förderte der Aufstieg des Ariovist die Entwicklung eines spezialisierten Kriegertums unter den Germanen. Er hatte bewiesen, dass die Lebensgrundlagen eines germanischen *princeps* weitaus schneller durch militärische Erfolge als durch landwirtschaftliche Anstrengungen zu verbessern waren.[80]

Der Erfolg Marbods liegt auf dieser Linie. Auch er wurde anfangs von Rom toleriert und vielleicht sogar gefördert. Marbod war am Tiber erzogen worden und soll von Augustus besondere Vergünstigungen erfahren haben. Kurz nach den Markomannenkriegen des Drusus kehrte er in seine Heimat zurück und führte seinen Stamm sowie suebische Verbände nach Böhmen und Mähren, wo er sich offenbar unabhängig von römischen Befehlen eine Herrschaft mit monarchischer Befehlsgewalt und Residenz aufbaute. Die Römer bezeichneten dieses Machtgebilde als *regnum* und drückten damit aus, dass es sich von den üblichen Verhältnissen in Germanien qualitativ unterschied.[81]

Eine wichtige Basis der neuen Herrschaft war die Armee. Nach römischen Quellen verfügte Marbod über 70 000 Fußsoldaten und 4000 Reiter, die »(...) durch beständige Übung fast auf den Stand römischer Disziplin gebracht worden seien«.[82] Die Angaben sind übertrieben[83], doch sie fügen sich im Kern gut ein in die Vita des Königs. Es liegt auf der Hand, dass Marbod Erfahrungen und Vorbilder aus seiner Zeit in Rom vor allem im militärischen Bereich aufnahm und zum Aufbau seiner Truppen nutzte. Er verfügte auf dem Höhepunkt seiner Macht offenbar über ein stehendes Heer von Berufskriegern.[84] Auch wenn Marbods Reich die römischen Sicherheitsinteressen nicht unmittelbar bedrohte und der König alles vermied, um das Imperium herauszufordern,[85] so dürften Augustus und seine Berater sehr wohl um die neue Qualität des markomannischen Heeres gewusst haben. Immerhin glaubten sie, 12 Legionen mit Auxilien für den Angriff gegen Marbod aufbieten zu müssen. Dies war die Hälfte des gesamten römischen Heerespotentials.[86]

Am Erfolg des Feldzuges konnte kein Zweifel bestehen. Wirkliche Gefahren drohten von einer ganz anderen Seite: durch das von Augustus neu organisierte Auxiliarwesen. In den Auxilien dienten zahllose germanische Adlige. Sie konnten sich wie Marbod intime Kenntnisse des römischen Heerwesens verschaffen und trugen die Gefahren, die mit diesem Wissen verbunden waren, in die Provinzialgebiete hinein.[87] Diese Risiken hat Augustus unterschätzt oder angesichts der innenpolitischen Zwänge seiner Militärpolitik in Kauf genommen. Es war in jedem Fall ein Spiel mit dem Feuer.[88] In dem Maße, wie er die Legionen entpolitisierte – sie griffen nur zwei Mal in zwei Jahrhunderten (69 und 193) in die innere Politik ein[89] –, desto gefährlicher wurden die Auxilien als Quelle von Aufständen: Der Romanisierungseffekt griff zunächst nur teilweise. Er hatte zudem seine Kehrseiten, weil er germanischen Offizieren mit der Verleihung des Bürgerrechts direkten Zugang zu römischer Kriegstechnik und taktischen Organisationsstrukturen eröffnete.[90]

Die Folgen waren dramatisch: Kurz nach Beginn des Angriffs auf Marbod kam es zu einem großflächigen Aufstand in Pannonien und Dalmatien. Er wurde im Wesentlichen von den Auxiliartruppen getragen.[91] Bato, ein Führer der Aufständischen, sprach wie Ariovist und Marbod lateinisch und dürfte bereits länger unter römischen Fahnen gedient haben.[92] Velleius bescheinigt den Pannoniern gute Kenntnisse römischer Disziplin, offensichtlich aufgrund des engen Kontakts der (pannonischen) Auxilien zu den Legionen.[93] Noch während der Kämpfe konnte der germanische *princeps* Arminius wahrscheinlich in der Position des Präfekten einer cheruskischen Hilfstruppe rebellierende Stämme und Hilfstruppen zum Überfall auf die Legionen des Varus im rechtsrheinischen Germanien verleiten. Manches spricht dafür, dass Arminius mit seinem Auxiliarkontingent gegen die Pannonier gekämpft hatte und die Erfolgschancen eines Aufstands studieren konnte.[94] Dieses Wissen nutzte er, um die Legionen des Varus in einem viertägigen Guerillakampf fast vollständig aufzureiben.[95]

Eine ähnliche Konstellation nutzte rund 60 Jahre später Iulius Civilis zu einem Aufstand in den linksrheinischen Provinzen. Civilis war ein einflussreicher Bataver, der unter Nero als Präfekt einer batavischen Auxiliarkohorte Karriere gemacht hatte.[96] Er wollte laut Tacitus ein Königtum *(regnum)* über die (gallisch-germanischen) Völker errichten. Man traute ihm also ebenso wie Marbod zu (oder unterstellte ihm), eine stabile Herrschaft zu begründen, die über das Gefolgschafts- und Klansystem der Germanen hinausging.[97] Die batavischen Auxilien galten als besonders tapfer (die Leibwache des Augustus bestand vornehmlich aus Batavern) und waren hervorragende Reiter und Schwimmer.[98] Wahrscheinlich wurden sie deshalb (wie die Ubier und Cherusker) auf Vertragsbasis nahe ihrer Heimat rekrutiert und von eigenen Führern kommandiert, während die anderen Auxilien ritterlichen Offizieren unterstanden und in Form der Konskription eingezogen wurden.[99]

Ausgangspunkt der batavischen Rebellion war die Weigerung des Stammes, *zwangsweise* Rekruten zu stellen.[100] Daraufhin schlossen sich die Auxilien dem Aufstand an und verbündeten sich mit dem Usurpator Vespasian, was der Aufstandsbewegung eine zusätzliche reichspolitische Dimension verlieh. Civilis gewann ferner mehrere germanische Stämme (Friesen und Canninefaten), außerdem gallische Hilfstruppen für seine Sache. Er verwies dabei auf die Disziplin, die seine Auxilien in den römischen Lagern kennengelernt hatten, gliederte auch die germanischen Verbände in Kohorten und versuchte Belagerungsmaschinen nach römischem Vorbild zu bauen.[101] Offensichtlich hatte Civilis wie Arminius seine Zeit als Auxiliaroffizier gut genutzt. Er besiegte zwei Legionen und nahm ein Grenzlager sowie mehrere Außenposten ein, bis acht Legionen dem Kampf ein Ende bereiteten.[102]

Germanen übernehmen römische Kriegstechnik

Auch wenn die Aufstände niedergeschlagen wurden – in allen Fällen war es der enge Kontakt zur römischen Armee, der einen germanischen Anführer befähigte, eine Rebellion zu organisieren und seine Truppen erfolgreich gegen die Legionen zu führen. Das war kein unbekanntes Phänomen. Iugurtha konnte seinerzeit auch deshalb den Römern in Nordafrika so lange Widerstand leisten, weil er als Führer eines numidischen Hilfskorps in Spanien römische Kampftechniken und Organisationsprinzipien kennengelernt hatte und gute Verbindungen zur Nobilität pflegte (s. o. S. 232). Auch der Numider Tacfarinas diente in den Auxilien und organisierte die einheimischen Stämme nach römischem Vorbild, bevor er unter Tiberius die Besatzungsmacht in einen mehrjährigen Guerillakrieg verwickelte.[103]

Rom zog sich also seine gefährlichsten Gegner selbst heran. Die Verhältnisse in Germanien und den angrenzenden Gebieten unterschieden sich allerdings insofern von anderen Aufständen, als die germanischen Anführer ihre Erfahrungen in der römischen Welt auch *politisch* zu nutzen suchten. Während Iugurtha und Tacfarinas auf ein etabliertes Könightum zurückgreifen konnten, strebten die germanischen Rebellenführer eine solche Herrschaft erst noch an.[104] Eine entscheidende Voraussetzung war, aus den Gefolgschaftsverbänden und Stammeseinheiten straffere militärische Einheiten zu bilden. Hierbei profitierten die germanischen Anführer von ihrem Dienst unter römischen Fahnen.[105] Üblicherweise kämpften die Germanen in *cunei* (»Keilen« oder »Eberköpfen«), rechteckigen Angriffsformationen, deren Schmalseite zum Feind zeigte. An der Spitze des *cuneus* stellte sich der Gefolgschaftsführer mit seinen Gefolgsleuten, dahinter folgten die rangniederen Kämpfer und Gemeinfreien.[106] Früher seien die Germanen – so Tacitus – regellos oder in getrennten Heerhaufen losgestürmt.[107] Schon Ariovist konnte die *cunei* verschiedener Stämme auf Befehl zu einer Schlachtformation *(acies)* bilden.[108] Allerdings hatten wohl nur die führenden Adligen dem *gladius* vergleichbare Schwerter; ihre Stellung konnte deshalb von den Legionären leicht durchbrochen werden. Aber schon eine Generation später waren nach archäologischem Befund römische Schwerttypen durch Import, als Imitate oder Beutestücke unter den Gefolgschaftsverbänden viel weiter verbreitet.[109] Außerdem hatten Männer wie Arminius oder Marbod intensiver die römische Heeresorganisation studieren und ihre Kenntnisse auf die Ausbildung ihrer Verbände anwenden können. Marbods (stehende) Armee soll in römischer Taktik geschult gewesen sein und sich von römischen Truppen kaum unterschieden haben.[110] Als sich Arminius und Marbod in einer Schlacht um die Vorherrschaft in Germanien gegenüberstanden,[111] hätten sie ihre Heere in Formationen aufgestellt *(diriguntur acies)*, die nicht mehr regellos losstürmten, sondern in langem Kriegsdienst daran gewöhnt waren, den Fahnen *(signa)* zu folgen, sich durch Reserven zu sichern und auf die Befehle der Heerführer zu achten.[112]

Bei aller Rhetorik, die diesen Zeilen zugrunde liegt, wird man um den Schluss nicht herumkommen, dass es Marbod und Arminius gelungen war, die *cunei* (vergleichbar den Kohorten) in den Stand zu setzen, auf Befehl taktische Manöver durchzuführen und Reserven zu bilden.[113] Bedenkt man, welch zentrale Rolle der auf Offensive und Eigeninitiative ausgerichtete Kampf der Gefolgschaftsführer spielte, ist dies eine erstaunliche Integrationsleistung, die hohe Führungsautorität und Organisationskunst verrät. Die Römer zollten einer solchen Leistung Respekt und bezeichneten Männer wie Marbod oder Arminius als *reges,* weil sie glaubten, sie strebten nach der Königsherrschaft.[114] Tatsächlich wäre es ohne die Autorität der Anführer, die sich aus militärischen Erfolgen speiste, nie gelungen, die germanischen Verbände zu einem taktischen Großkörper zusammenzufügen. Umgekehrt war die Vereinigung der Einzelverbände in der Schlacht eine wesentliche Voraussetzung dafür, sich als *rex* zu behaupten. Denn es kam immer dann zur Adaption römischer Taktik, wenn ein germanischer Anführer mehrere Stämme unter seinem Kommando in den Kampf schicken wollte.[115]

Eine erfolgreiche Kombination militärischer Organisation und politischer Herrschaft blieb allerdings von der Autorität einer Einzelperson abhängig, denn den Germanen fehlten die institutionalisierten, von einzelnen Akteuren unabhängigen Strukturen des römischen Militärwesens. Deshalb musste, sobald der *rex* seine Autorität verlor, auch die von ihm gebildete Heeresorganisation auf den Stand der Gefolgschaftsverbände zurückfallen. Militärische Fehlschläge zogen in der Regel den Verlust der königlichen Herrschaft und das Ende des nach römischem Muster ausgebildeten Heeres nach sich. Marbod verlor nach der Schlacht gegen Arminius seine Macht, weil seine Soldaten während des Kampfes übergelaufen waren und weil er eine defensive Taktik gewählt hatte, die dem Wesen des Gefolgschaftskriegs widersprach.[116] Civilis scheiterte daran, dass es ihm nicht gelang, die militärischen Anfangserfolge in einen langfristigen Sieg zu verwandeln. Den nach römischem Vorbild organisierten Armeen mehrerer Stämme, Gefolgschaftsverbände und Auxilien fehlte ein stabilisierendes Gerüst, das die Adaption römischer Taktik von den instabilen Verhältnissen tribaler Gesellschaften unabhängig machte. Abgesehen von der nach wie vor unzureichenden Versorgung mit Schwertern und Schuppenpanzern[117] ermöglichte zwar die germanische Militärstruktur eine Anpassung des Gefolgschaftskrieges an die römische Heeresorganisation; aber sie war (noch) nicht wandlungsfähig genug, um den Transfer komplexerer Taktiken mit einer stabilen Ordnung zu verknüpfen.

Rom lernt: Sicherung der Rheingrenze und militärische Aufwertung der Auxilien

Rom zog aus diesen Verhältnissen seine Lehren: Wahrscheinlich wäre mit einem konzentrierten Einsatz der militärischen Kräfte die Eroberung des rechtsrheinischen Germanien bis zur Elbe nach einiger Zeit gelungen. Doch anders als in Gallien fehlten für den Aufbau der Provinzialherrschaft städteähnliche Basen. Außerdem reichte die agrarische Produktion der germanischen Gehöfte nicht aus, um Neusiedler, Besatzungstruppen und Einheimische zu ernähren.[118] Die Zersplitterung der germanischen Welt sowie die Erfahrung innergermanischer Kämpfe (wie die zwischen Arminius und Marbod) ließen es deshalb sinnvoller erscheinen, die Germanen durch die Förderung von Konflikten zu schwächen, Verbündete aufzubauen und einzelnen Adligen die Chance zur Kooperation zu eröffnen.

Erfolge gaben dieser Politik recht: Marbod wurde in Folge einer Intrige aus seinem *regnum* vertrieben und starb im römischen Exil. Arminius war vorher von seinen Verwandten ermordet worden.[119] All dies bestärkte den Nachfolger des Augustus, von den Expansionsplänen Abschied zu nehmen, auch wenn es nie einen offiziellen Verzicht auf die Eroberung Germaniens gab.[120] Außerdem konnte Tiberius einem charismatischen Heerführer wie Germanicus nicht

Der Rhein-Donau-Raum mit den wichtigsten römischen Lagern und die Germania Magna zur Zeit der römischen Okkupation 8 v. Chr. – 9 n. Chr.

zu große Entfaltungsspielräume zur Erringung militärischen Ruhms eröffnen, denn es war abzusehen, dass dieser im Fall eines Sieges von seinen Legionen zum Kaiser ausgerufen würde.[121] Die Abwägung von Nutzen und Aufwand einer weiteren Expansion angesichts schwieriger Bedingungen dürfte dann den Ausschlag gegeben haben. So gab Tiberius die Brückenköpfe in der *Germania libera* auf und verlegte die Legionen auf das Gebiet links des Rheins. Ein siedlungsfreier Raum vor den Provinzen sollte den Plünderungszügen ihren Schwung nehmen und römischen Präventivschlägen das notwendige Vorfeld bieten. Die Aufteilung des Oberkommandos auf die beiden Befehlshaber der Militärdistrikte von Ober- und Untergermanien (mit je vier Legionen und Auxilien) verlieh dieser Politik die organisatorische Flexibilität.

Der Rückzug aus Germanien bedeutete allerdings nicht, dass die Römer auf offensive Militäraktionen verzichteten; das wäre mit dem Selbstverständnis des Kaisertums auch gar nicht zu vereinbaren gewesen. Es ging vielmehr zum einen darum, die Verteidigung des Provinzialgebiets auf möglichst effiziente Weise mit offensiven Vorstößen zu kombinieren, zum andern durch den Rückzug auf bestimmte Verteidigungslinien entlang des Rheins Truppen für Angriffskriege in anderen Gebieten freizubekommen.[122] Beiden Zielen diente der Vorstoß Domitians im Jahr 83 n. Chr. ins Land der Chatten in der Wetterau (im heutigen Hessen). Er schuf damit die Voraussetzung, um das dicht besiedelte Gebiet zwischen oberem Rhein und Donau systematisch zu sichern.[123] Der Ausbau des Limes, eines aus kleinen Lagern, Beobachtungstürmen und Erdwällen oder Holzzäunen und später Steinmauern bestehenden Verteidigungssystems, sollte germanische Einfälle hemmen und den Römern eine bessere Vorfeldkontrolle ermöglichen, gleichzeitig Roms überlegene Technik und Organisation demonstrieren.

Mit dem Verzicht auf großräumige Eroberungen und dem Bau einer über 900 km langen Grenzlinie kamen freilich ganz neue Herausforderungen auf die Römer zu: Rund 80 000 Soldaten mussten in den germanischen Heeresbezirken versorgt werden, ohne dass man auf die Ressourcen im Feindesland zurückgreifen konnte.[124] Zu lösen waren diese Schwierigkeiten nur dadurch, dass die Legionäre an der logistischen und technischen Durchdringung des Besatzungsgebiets mitwirkten und ihre eigene Versorgung sicherten. Viele Legionäre wurden für öffentliche Bauvorhaben abkommandiert, arbeiteten als Aufseher in Ziegeleien, Steinbrüchen und Bergwerken oder verrichteten Bürodienste in den Kanzleien und Verwaltungen der Statthalter.[125] Der Dienst in der Armee wurde für viele Legionäre nicht nur lukrativ, sondern auch vergleichsweise risikolos. Nicht selten verliehen Kommandeure ihre Soldaten auch gewinnbringend an Unternehmer. Dies alles führte zu einer Reduzierung akuter Kampfhandlungen an vorderster Front und minderte die militärische Leistungsfähigkeit der Legionen. Viele von ihnen waren im Notfall nur noch bedingt einsatzfähig.[126] Auch deshalb wurden gefährliche Operationen immer häufiger den Auxilien übertragen, die für technische Arbeiten weniger geeignet waren.

Um der Gefahr auxiliarer Aufstände zu begegnen, unterstellte man jetzt peregrine Verbände wie die Bataver römischen Offizieren. Der Einfluss des römischen Reglements und der lateinischen Kommandosprache sorgte dafür, dass die einheimische Sprache als wichtiges Element des ethnischen Kolorits an Bedeutung verlor.[127] Außerdem erhielten seit Kaiser Claudius (52 n. Chr.) nicht nur die aktiven Auxiliarsoldaten nach 25 Jahren, sondern auch deren Ehefrauen und Kinder das Bürgerrecht.[128] Ferner setzte man seit Vespasian (69 n. Chr.) die Auxiliareinheiten meist fern ihrer Heimat ein.[129] Neurekrutierungen wurden häufiger an den Einsatzorten und nicht mehr in der Heimat der Auxilien vorgenommen. In Folge der Verlegungen und lokalen Ergänzungen verloren die für Aufstände besonders prädestinierten Hilfstruppen westlicher Provenienz ihre ethnische Homogenität, die eine so wichtige Basis für Rebellionen gewesen war.[130] Aus den peregrinen Hilfstruppen wurden reguläre Armeeeinheiten, die bald zu den kampfstärksten Verbänden des Reiches zählten.

So übernahmen seit den 70er Jahren die Auxilien am Limes die Grenzsicherung, während die Legionen etwas weiter im provinzialen Hinterland als Reserve bereitstanden und von dort ergänzt wurden.[131] Doch auch bei Feldzügen in noch unerschlossene Räume spielten die Auxilien eine zentrale Rolle. Ein klassisches Beispiel ist die Eroberung Britanniens. Strategisch unbedeutend und wirtschaftlich vergleichsweise unergiebig[132], eröffnete die Insel Kaiser Claudius die Chance, behaupten zu können, er habe die römische Herrschaft bis an die Grenzen der bekannten Welt vorgeschoben.[133] Im Jahr 43 schickte er vier Legionen und Auxilien aus Germanien über den Kanal. Dem Kaiser selbst genügte die Anwesenheit nur weniger Tage gegen Ende des Feldzugs, um einen großen Triumph zu feiern.[134]

Welche militärische Bedeutung die Auxilien gewonnen hatten, demonstriert die Schlacht zwischen dem Statthalter Cn. Iulius Agricola und der kaledonischen Armee unter Calgacus im Jahr 83 oder 84 am Mons Graupius. Calgacus hatte rund 30 000 Mann an einem Hügel postiert, um vom Hang herab zu kämpfen. Agricola ließ daraufhin die leichtere batavische Infanterie, flankiert von 3000 Reitern, gegen den Feind vorrücken, während die Legionen vor dem Lager (als Reserve) verblieben.[135] Die Auxilien drängten die Kaledonier zurück, die Reiterei vereitelte einen Umfassungsversuch des Gegners und stieß danach auf den zurückweichenden Feind. Nach wenigen Stunden war das gegnerische Heer aufgelöst und in die Flucht geschlagen. Am Ende hatten angeblich rund 10 000 Kaledonier, aber nur 360 Auxiliare ihr Leben verloren, ohne dass auch nur ein einziger Legionär in den Kampf eingegriffen hatte.

Die Schlacht am Mons Graupius war kein Einzelfall.[136] Auch bei anderen Feldzügen wie etwa gegen die Friesen führten auxiliare Fußtruppen den Hauptstoß, während die Legionäre zurückgezogen standen und als Reserve dienten.[137] Cerialis wandte die gleiche Taktik gegen die germanischen Truppen des Civilis im Jahre 69 an.[138] Tacitus meinte, der Einsatz von Auxilien vor der Schlachtreihe der Legionäre resultierte aus dem Kalkül, das Leben der römischen Soldaten zu schützen; daran mag so viel richtig sein, dass sich die Befehlshaber des Wertes der Legionen bewusst und gehalten waren, deren Leben nicht mutwillig aufs Spiel zu setzen.[139] Aber entscheidend waren taktische Erwägungen, die sich schon in der Zeit der späten Republik auswirkten: Mit der Verlagerung des Kampfgeschehens vom mediterranen Zentrum an die Randgebiete (seit der Mitte des 2. Jahrhunderts) trafen die Römer immer seltener auf Gegner, die rangierte Infanterieschlachten im offenen Gelände suchten und gegen die die Legionäre ihre Überlegenheit im Nahkampf ausspielen konnten.[140] Stattdessen mussten sich die Römer in Britannien und in den westeuropäischen Binnenräumen auf hügeligem, sumpfnahem oder bewaldetem Terrain vor Überfällen schützen und die Feinde überhaupt erst einmal zu fassen bekommen. Um sie zu schwächen und zum Kampf zu zwingen, zerstörte man - dies hatte Caesar in Gallien vorexerziert - deren Siedlungen und verwüstete die Äcker.

Parallel trieb man den Ausbau der Infrastruktur sowie des Wegesystems voran, eine Aufgabe, die durch den Aufbau des Limes noch einmal intensiviert wurde. Für diese Arbeiten waren die Legionäre geeigneter als die Hilfstruppen, zumal sie ja (außer in den Bürgerkriegen) viel seltener die Gelegenheit zur offenen Feldschlacht bekamen.[141] Dagegen waren die aus den Rand- und Provinzialgebieten stammenden und mit der dortigen Kampfesweise vertrauten Auxilien weitaus effektiver gegen einen Gegner, der - wie Strabon sagt - »Krieg in Sümpfen, Wäldern und Einöden führte«.[142] Dass gegen die Germanen, die alle Vorteile des Geländes zu nutzen verstanden,[143] die Reiterei, die Artillerie und auch die mit Pfeil und Bogen kämpfenden Auxilien an Bedeutung gewannen, ist nicht überraschend. Eine ähnliche Entwicklung ergab sich einst im Lauf des Peloponnesischen Krieges, als die mit Hopliten geführten Kämpfe auf die griechischen Randgebiete übergriffen (s. o. S. 130 f.).[144]

Belagerungskrieg im Osten: Der Jüdische Krieg

Anders gestaltete sich die Situation in den urbanisierten Gebieten des Vorderen Orients. Auch in den Kämpfen der Römer gegen die aufständischen Juden unter den späteren Kaisern Vespasian und Titus zwischen 67 und 70 n. Chr. gab es zwar nur wenige Gefechte im offenen Gelände. Doch war der Krieg hier anders als in Germanien vor allem durch langwierige Belagerungen geprägt. Die Aufständischen verschanzten sich an schwer zugänglichen Orten und suchten durch überraschende Ausfälle die Römer zu zermürben. Sie mussten vielfach »mit der Spitzhacke besiegt werden«.[145] Der Bau von Feldbefestigungen, der Einsatz von Geschützen und Belagerungsmaschinen, die Versorgung der Belagerer und die Planung und Durchführung der Arbeiten erforderten einen hohen logistischen Aufwand, Ingenieurskunst und Organisationstalent. Wenn die Legionäre einmal zum Kampfeinsatz kamen, dann immer in einer »durch ihre Waffenrüstung wie ummauerten« Defensivstellung,[146] die »etwaige Ausfälle der Juden abfangen sollte«; vor Jerusalem war sie sieben Reihen tief.[147] Davon abgesehen erleben wir die Legionäre während der fünfmonatigen Belagerung von Jerusalem fast nur beim Schanzen und beim Bau von Katapulten, während die Auxilien offensive Kämpfe bestritten, Ausfälle der Belagerten abwehrten und die Belagerungstürme schützten.[148] Um es in römischer Terminologie auszudrücken: Die Legionäre zeigten *disciplina*, die Auxilien *virtus*.[149]

Während die Auxilien bei ihren Angriffen dem Gegner die größten Verluste beibrachten,[150] gerieten die Legionen wie etwa bei der Belagerung Jotapatas durch Ausfälle der Belagerten in erhebliche Bedrängnis. Vespasian nahm sie daraufhin (wie Agricola am Mons Graupius) völlig aus dem Gefecht und ließ die Auxiliartruppen – arabische Bogenschützen, syrische Schleuderer und Steinwerfer – kämpfen.[151] Flavius Josephus hebt besonders hervor, mit welcher Brutalität die arabischen und syrischen Krieger vorgingen; andererseits rühmt er die gleichen Soldaten wegen ihrer Tapferkeit während des Angriffs auf den Feind. Die Auxilien befreiten die »in Schrecken versetzten« Legionäre aus brenzligen Situationen.[152] Die 10. Legion, deren »Verwirrung und Furcht« den Feldherrn Titus und seine Verbände in höchste Gefahr brachten, wurde öffentlich wegen Feigheit gerügt.[153]

Vielleicht wollte Josephus mit der Kritik an den Legionären Titus von taktischen Fehlern entlasten, und möglicherweise enthält die Betonung des »panischen Schreckens«, der die Legionäre erfasste, eine religiöse Komponente (»Schrecken Jahwes«).[154] Nach wie vor waren die Legionen schon allein deshalb so wichtig, weil sie ihren Feldherren die absolute Überlegenheit in der Feldschlacht und auf offenem Gelände garantierten und für jeden Gegner ein unüberwindbares Bollwerk darstellten. Aber sie mussten gerade bei der Eroberung von Städten und unzugänglichen Festungen von den leichter gerüsteten Auxilien unterstützt werden, wie ja auch Alexander seinerzeit die schwierigen Kämpfe in den nordöstlichen Gebieten des Perserreiches nur erfolgreich gestalten konnte, weil er den Sarissenkämpfern zahlreiche einheimische und leichter bewaffnete Spezialtruppen angliederte (s. o. S. 161). Im Jüdischen Krieg schützten die auxiliaren Bogenschützen und Reiter die Belagerungsmaschinen, beim Sturm bildeten lanzenbewehrte Hilfsverbände die erste Angriffsformation. Erst als die Mauern von Verteidigern entblößt waren, folgten die Legionäre.[155]

Verlagerung der Kämpfe an die Donau

Die Aufgabenteilung zwischen den Legionen, die »wie eine eiserne Mauer«[156] auf Angriffe des Gegners warteten und den technisch anspruchsvollen Einsatz der Artillerie übernahmen, und den Auxilien, die entscheidende Gegenstöße führten[157], verfestigte sich im Laufe des 1. Jahrhunderts, als die Donau zum Brennpunkt der römischen Außen- und Militärpolitik wurde. Hier erwuchs den Römern mit dem Daker Decebalus ein Gegner, der in vieler Hinsicht mit dem Markomannen Marbod zu vergleichen war. Sein Machtaufstieg wurde nicht zuletzt durch finanzielle und technische Hilfen Roms ermöglicht. Da ein erster Feldzug Domitians das Herrschaftsgebiet des Decebalus intakt ließ, bot sich Trajan die Gelegenheit, durch eine Großoperation Ruhm zu ernten und die eigene Stellung abzusichern. In den 80er Jahren überschritt er mit zehn Legionen und 60000 Auxiliarsoldaten sowie mehreren Detachements anderer Grenzregionen die Donau. Es wurde der größte Krieg, den das Reich seit den Germanienfeldzügen des Augustus und Tiberius geführt hatte.[158]

Nach einem Jahr musste Decebalus kapitulieren und einem Vertrag zustimmen, der ihm erhebliche Gebietsverluste auferlegte, jegliche Wiederaufrüstung verbot und seine Außenpolitik ganz den Interessen Roms unterordnete. Decebalus missachtete jedoch die Bestimmungen, mobilisierte erneut Truppen, versuchte, durch einen Präventivschlag die römische Gegenreaktion im Keim zu ersticken, und griff bezeichnenderweise zunächst die Auxiliarlager an.[159] Ein Jahr später (105) schlug das Imperium zurück und eroberte unter Trajan das dakische Reich einschließlich des Königssitzes und aller anderen Stammesburgen. Den flüchtenden König nahm eine auxiliare Reitereinheit gefangen. Ihr Anführer stieg wegen dieser Gefangennahme und anderer Kriegstaten zu einem der höchstdekorierten Offiziere auf, die wir aus der Kaiserzeit kennen.[160]

Auch auf der Trajanssäule, die nach dem Dakerfeldzug in Rom errichtet wurde, nahmen die berittenen Auxilien einen prominenten Platz ein (s. u. S. 320)[161]: Auxilien (meist germanischer Abstammung) und peregrine Verbände führen den Angriff auf das dakische Zentrum Sarmizegetusa und kämpfen an vorderster Front. Zum Beweis ihrer Tapferkeit *(virtus)* präsentieren sie dem Kaiser die abgeschlagenen Köpfe der Feinde, während die Legionäre marschieren, paradieren, aber auch Schanz- und Ingenieursarbeiten *(labores* als Teil von *disciplina)* durchführen – also die gleiche Aufgabenteilung, wie sie aus der Beschreibung der Kämpfe in Judäa hervorgeht.[162] Waren die Hilfstruppen unter Augustus eine notwendige quantitative Ergänzung der Legionen und bestand ihr Wert vor allem darin, dass sie Waffengattungen stellten, die von Bürgersoldaten nicht verwendet wurden (s. o. S. 285 f.), bildeten sie 100 Jahre später vielfach die Speerspitze der Armee, führten offensive Gegenstöße ins Barbaricum und entschieden die Kämpfe. Die Legionen übernahmen dagegen (seit Trajan) zunehmend den Garnisonsdienst und galten sogar in Bürgerkriegen nicht mehr unangefochten als die kampfstärksten Verbände der Armee.[163] So besiegten während des Vierkaiserjahres 69/70 batavische Auxilien Legionen; die Legionäre selbst schätzten die Bataver als den besten Verband des Heeres ein.

Neue Gegner und Aufstieg peregriner Berufskrieger

Wie groß der Bedarf an Auxilien und Spezialtruppen war, erkennt man schließlich auch daran, dass seit Trajan zusätzlich zu den regulären Auxilien »irreguläre« Einheiten *(numeri)* von 100–1000 Kämpfern meist kürzlich befriedeter Gebiete angeworben wurden, die ihre ethnische Geschlossenheit bewahrten. Sie entwickelten sich rasch zu Eliteeinheiten[164] und wurden immer wichtiger, als römische Truppen seit den 80er Jahren an der Donau und in Kleinasien nicht mehr nur auf Daker und die germanischen Stämme der Quaden und Markomannen trafen, sondern immer häufiger auf die nomadisierenden sarmatischen Gruppen der Roxolanen, Iuthungen und Iazygen und auf die asiatischen Alanen. Rund ein Drittel ihrer Krieger bestand aus Reitern (die Fußsoldaten wurden vornehmlich von abhängigen Völkern gestellt); davon kämpften die einen mit Pfeil und Bogen, die anderen mit einer bis zu 4 Meter langen und mit beiden Händen geführten Lanze *(kontos,* lat. *contus)*.

Besonders beeindruckt waren die römischen Zeitgenossen von den in mehreren Schwadronen *(turmae)* auf den Gegner stoßenden

Lanzenträgern *(kontophoroi)*.[165] Wie häufig reagierten die Römer auf diese neue Art des Kavallerieangriffs, indem sie eigene Reiterabteilungen nach sarmatisch-alanischem Vorbild mit langen Lanzen *(kontoi)* ausrüsteten und sarmatische Verbände als Söldner oder im Reichsgebiet angesiedelte Hilfstruppen integrierten. So gab es seit Trajan eine mit *kontoi* bewaffnete Auxiliarreiterei *(Ala I Ulpia contariorum)*, seit Hadrian einige Abteilungen *(Ala I Gallorum et Pannoniorum cataphracta)*, die wie die Sarmaten nicht nur den Reiter, sondern auch die Pferde mit einer »Schutzrüstung« aus Leder und Metall umgaben.[166] Um gegnerischen Kavallerieattacken früh ihren Schwung zu nehmen, setzte man außerdem verstärkt auf Fernwaffen (Ballisten), Bogenschützen und Speerschleuderer. Die Legionen selbst bezogen bei einem Gefecht im Zentrum der Schlachtordnung – wie schon gegen die parthischen Reiter und Bogenschützen – eine dichte Defensivordnung »Schild an Schild«.[167]

Das bekannteste Beispiel für eine solche taktische Organisation bietet Arrian, der sich als Statthalter von Kappadokien im Jahre 135 eines Angriffes alanischer Lanzenreiter zu erwehren hatte. Er formierte die Legionäre anstelle der Kohorten in einer acht Reihen tiefen, phalanxartigen Defensivstaffelung *(probolé)* – Titus hatte vor Jerusalem eine sieben Linien tiefe Formation gewählt. Die Soldaten besaßen einen seitlichen Abstand von nur eineinhalb Fuß anstatt der üblichen drei Fuß.[168] Die ersten vier Reihen führten 3–5 Meter lange – wahrscheinlich den parthischen oder sarmatischen Reitern entlehnten – Speere *(kontoi)*, welche die erste Reihe als Piken, die Reihen 2–4 zum Schleudern gegen die Pferde (über die Köpfe der ersten Reihe) benutzten. Die Glieder 5–8 trugen Speere *(logchai, lanceae)*. Bogenschützen und Artillerie (Ballisten, Katapulte) waren auf Hügeln an den Flanken aufgestellt und sollten von dort die alanischen Reiter beschießen.[169] Ferner standen die Reiterei und Fußtruppen der Auxilien an den Flanken, die laut dem Kriegsschriftsteller Vegetius von den besten Truppen eingenommen wurden. Sie sollten den frontalen Reiterangriff abwehren und dann die Verfolgung der Alanen übernehmen. Als Reserve zur

Verhinderung einer alanischen Überflügelung dienten Eliteeinheiten der Garde *(protectores)* und ausgewählte Reiterverbände (*equites singulares* und Reiter der Legion).[170]

So unterschiedlich die Kampfbedingungen und Gegner auch waren – es zeichnet sich doch eine Tendenz ab, die richtungsweisend für die kommenden Jahrhunderte werden sollte. Auch wenn die Legionen den unverzichtbaren Kern aller großen Feldzüge bildeten und die römische Armee in der Feldschlacht praktisch unbesiegbar machten, so spielten sich entscheidende taktische und waffentechnische Innovationen nicht im Bereich der Schwerbewaffneten, sondern bei den Auxiliarverbänden ab, die häufig aus den Gebieten stammten, in denen Rom selbst zu kämpfen hatte. An sich war diese Entwicklung nicht überraschend. Die Römer waren nicht die Ersten, welche die Gefahren, die sich aus der Kampfkraft feindlicher Kriegerkulturen an den Rändern ihres Reiches ergaben, einzugrenzen suchten, indem man sie für sich selbst einsetzte. Auch Persien war im 4. Jahrhundert v. Chr. diesen Weg gegangen, indem es griechische Hoplitensöldner und Peltasten sowie militärische Spezialisten wie den Athener Konon oder die Rhodier Mentor und Memnon für sich kämpfen ließ (s. o. S. 154).

Ob bei der Aufgabenteilung zwischen Legionen und Auxilien das Kalkül der Kaiser eine Rolle spielte, den Legionslegaten weniger Chancen zum Prestigegewinn einzuräumen und potentiellen Usurpatoren das Wasser abzugraben[171], erscheint dagegen wenig wahrscheinlich; denn auch mit Auxiliarverbänden waren Bürgerkriege zu führen. Möglicherweise reflektieren aber die taktische Passivität der Legionen und ihr verstärkter Einsatz im Bereich der Bautätigkeit und technischer Arbeiten die Tatsache, dass die Legionen seit Beginn des 2. Jahrhunderts immobiler werden – eine dauerhafte Verlegung über große Räume ist seit der Mitte des 2. Jahrhunderts schon nicht mehr üblich – und dass sie von senatorischen Offizieren und Provinzialstatthaltern geführt werden, die geringere Kommandoerfahrung hatten als die ritterlichen Befehlshaber der Hilfstruppen und die peregrinen Anführer der *numeri;* bei Routineaufgaben und kleineren Operationen in der Provinz mag die Beratung durch erfahrene Zenturionen ausgereicht haben. Doch für großräumigere und längere Kriege, bei denen ad hoc mehrere Verbände zusammengezogen wurden, brauchte man ein umfassendes Kommando mit entsprechenden Führungsqualitäten und strategischer Kompetenz. Idealiter nahmen der Kaiser selbst oder seine (adoptierten) Verwandten (Drusus, Tiberius, Germanicus) diesen Platz für sich in Anspruch. Wenn jedoch die Delegierung an kaiserliche Prinzen aus politischen Gründen inopportun erschien, dann benötigte der Kaiser fachkundige Hilfe oder Vertretungen, zumal wenn er nicht selbst permanent am Kriegsschauplatz anwesend sein konnte oder (wie Claudius und Nero) von der Kriegsführung wenig verstand.

Nicht ohne Grund kam es – wie in den spätrepublikanischen Bürgerkriegen – gerade während längerer und schwerer Kriege zu ungewöhnlichen Karrieren von Berufskriegern aus dem Ritterstand oder peregriner Herkunft, die mehr Kampferfahrung besaßen als die Legaten. So zeichnete sich Lusius Quietus, der Scheich einer *numerus*-Abteilung maurischer Reiter, während des Dakerfeldzuges von 102 durch so »gewaltige Taten (...) und Heldenstücke« aus, dass er zunächst unter die Prätorier aufgenommen, dann zum Konsul und schließlich zum Statthalter Palästinas aufstieg. Quietus hatte sich dem Dakerfeldzug angeschlossen, obwohl er »wegen schlechter Führung aus der Armee entlassen worden war«.[172] Das ist der klassische Repräsentant eines Berufskriegers, dessen außergewöhnliche Kampfkraft im Gefecht mit Disziplinlosigkeit im Lager einhergeht und der ohne Krieg nicht leben kann.[173] Später stieg er zum führenden Feldherrn im Partherkrieg Trajans auf und wurde für seine Erfolge zum Suffektkonsul bestellt.[174]

Auf Männer wie Quietus musste das Imperium bauen, auch wenn geballte militärische Kompetenz in den Händen eines Aufsteigers Risiken barg: Quietus wurde durch den Prätorianerpräfekten auf Weisung Hadrians ermordet, weil er und weitere drei Konsulare angeblich einen Anschlag auf den Nachfolger Trajans geplant hatten.[175] Dass erfolgreiche Feldherren in Rom gefährlicher lebten als an der Front und Opfer innenpolitischer Intrigen wurden, war angesichts der Herrschaftsstruktur des Kaiserreichs wenig überraschend; in der Spätantike häuften sich derartige Fälle (s. u. S. 397 ff.). Letztlich bestätigt dieses Phänomen jedoch nur einen langfristigen militärischen Trend: Peregrine Kampfverbände und fähige Offizier in die Armee zu integrieren, wurde bald zum Überlebensmodell eines Imperiums, das alle Kräfte ohne Rücksicht auf ihre ethnische Herkunft mobilisieren musste. Die Ausweitung des römischen Bürgerrechts auf die gesamte (freie) Reichsbevölkerung im Jahr 212 *(constitutio Antoniniana)* war die logische Konsequenz.[176]

Der Kaiser und das Bild vom Krieg in Rom

Unbenommen von diesen Veränderungen blieb die Rolle des Kaisers in den Kriegen des Imperiums. Er musste einer italischen Bevölkerung, die selbst keine Kriegserfahrung hatte und immer seltener Kunde von den fernen Kampfhandlungen an den Grenzen erhielt, suggerieren, dass er die Armee unter Kontrolle hielt und seiner Pflicht nachkam, das Reich zu mehren. Ein wichtiges Medium kaiserlicher Erfolgsbotschaften war die öffentliche Repräsentationskunst. Sie zeigt den Kaiser stets als souveränen Organisator des Krieges in einer vom ihm beherrschten Ordnung. Bedrohen äußere Feinde oder Rebellen diese Ordnung, werden sie mit unnachgiebiger Härte bekämpft und besiegt: Auf einem Relief aus dem Sebasteion in Aphrodisias (Karien) schlägt Kaiser Claudius in heroischer Nacktheit die personifizierte *Britannia* zu Boden.[177] Eine Münze des Jahres 73 zeigt, wie Vespasian in voller Rüstung seinen Fuß auf einen Helm setzt und seinen Blick auf eine personifizierte *Iudaia* richtet, die unter einer Palme kauert.[178] Auf einem unter Domitian geschlagenen *aureus* sitzt die trauernde *Germania* auf einem Schild vor einem zerbrochenen Speer.[179]

Kriege sind grundsätzlich Demonstrationen kaiserlicher Macht und Expansionswillens. Trajan ließ nach den Dakerkriegen ein riesiges Forum bauen, dessen Grundriss sich am Vorbild eines römischen Feldlagers orientierte.[180] Mit seinem vielfältigen Bildprogramm war es das Stein gewordene Credo einer Monarchie, die ihre Legitimation in militärischen Erfolgen und der Mehrung des Reiches sah. Die Reliefs der Trajanssäule zeigen eine »technisch und militärisch überlegene Kriegsmaschinerie«, die unaufhaltsam voranschreitend durch die blühenden Balkanprovinzen zum Kriegsschauplatz zieht und hier die Festungen des Gegners systematisch zerstört.[181] Danach werden die eroberten Gebiete durch eigene Bauten gesichert und der römischen Zivilisation zugänglich gemacht.[182]

Um seine herausragende Tapferkeit *(virtus)* zu beweisen, benötigt der Kaiser keinen gleichwertigen Gegner. Tapferkeit und Sieghaftigkeit werden durch das kaiserliche Auftreten hinreichend verdeutlicht. Der große Trajanfries, der im Anschluss an die Dakerkriege gefertigt und später teilweise in den Konstantinsbogen eingefügt wurde, zeigt den Kaiser in einer heroischen Reiterhaltung (von links nach rechts). Seine *virtus* offenbart sich in Verbindung mit anderen Qualitäten *(auctoritas, dignitas)* durch Gesten (ausgestreckter rechter Arm), Ausrüstung (Muskelpanzer und *paludamentum*) und durch die Nähe zu Gottheiten, wie zur personifizierten *Virtus*, zum *Honos* oder zur *Victoria*.[183]

Mühelos und ohne eigene Verluste triumphiert der Kaiser mit einer wohlgeordneten Armee über die fliehenden, um Gnade flehenden und am Boden liegenden Daker.[184] Während die Legionäre ruhig, streng und entschlossen blicken, zeigen die halbtierischen Gesichter der langhaarigen Gegner nur Angst und Anspannung.[185] Die Dichotomie von römischer Ordnung und barbarischem Chaos ist dabei die notwendige Folie, auf der die kaiserliche Sieghaftigkeit zur Geltung kommt.[186] Der Kaiser bildet im Zentrum der Dar-

Chigi-Vase (Mitte des 7. Jahrhunderts v. Chr.). Das Vasenbild eines korinthischen Künstlers zeigt erstmals das Aufeinandertreffen zweier Hoplitenphalangen. Die geschlossene Formation beschränkt sich offensichtlich noch auf die ersten Reihen (vgl. S. 36). Der Flötenspieler links soll wahrscheinlich den geordneten Anmarsch unterstützen.

Kouros, dem Myron zugeschrieben (6. Jahrhundert v. Chr.). Die überlebensgroße Statue idealisiert die jugendliche Schönheit und Tüchtigkeit (areté) des griechischen Mannes (vgl. S. 48 f.). Die ausgeprägten Muskelpartien und die durchgedrückten Knie manifestieren auch die Standhaftigkeit des Bürgerhopliten in der Phalanx.

Relief vom Thronsaal aus Persepolis (erbaut unter Xerxes 486-465 v. Chr.). Das Relief zeigt persische und medische Lanzenträger der Elitetruppe der »10000 Unsterblichen« (S. 57). Sie standen in den großen Schlachten im Zentrum der persischen Schlachtreihe und waren besser trainiert und gerüstet als die übrigen Infanteristen. Hier führen sie neben der Lanze zum Teil Bogen und Kurzschwert.

Sog. Miltiades-Helm und persischer Helm als Weihegaben aus der Zeit der Perserkriege. Beide Helmtypen dokumentieren die unterschiedliche Kampfauffassung von Griechen und Persern: Während der geschlossene, auch das Gesicht schützende Hoplitenhelm für den Nahkampf konzipiert ist, entstammt der trichterförmige persische Helm der Tradition nahöstlicher Krieger und Bogenschützen.

Sog. Lenormant-Relief mit Seitenansicht des Mittelteils einer athenischen Triere (um 400 v. Chr.). Aus der Anordnung der ins Wasser reichenden Ruder kann man schließen, dass insgesamt drei Ruderreihen auf beiden Seiten das Schiff antrieben. Das Relief zeigt nur die oberste Reihe der Ruderer, während die übrigen Reihen durch die Bordwand verdeckt sind.

Rekonstruktion klassischer Seekriegsmanöver von Peter Connolly. Während die Triere rechts nach einer schnellen Wende (períplous) den Gegner attackiert, versucht das von links unten kommende Kriegsschiff durch den diékplous das Ruderwerk eines feindlichen Dreiruderers zu zerstören (vgl. S. 124).

Abführung von Kriegsgefangenen auf einer attischen Vase (spätes 5. Jahrhundert v. Chr.). Die Szene illustriert, dass das Kampfgeschehen des Peloponnesischen Krieges nicht mehr von großen Feldschlachten dominiert wurde, sondern von Überfällen und flexiblen Gefechten (wie auf Sphakteria, S. 124), bei denen auch Hopliten in Gefangenschaft gerieten.

Rekonstruktion einer makedonischen Sarissenphalanx aus der Zeit Alexander d. Gr. Die bis zu 6 Meter langen Sarissen (vgl. S. 145) wurden beim Anmarsch auf den Feind von den ersten Reihen gesenkt und bildeten zusammen mit den hinteren Reihen für jeden Gegner einen furchterregenden Lanzenwall.

Fußbodenmosaik der Alexanderschlacht aus der Casa del Fauno in Pompeji. Das Mosaik geht auf ein Gemälde des späten 4. Jahrhunderts v. Chr. zurück. Es zeigt den von links, an der Spitze der Hetairenreiterei heranstürmenden Alexander. Der Perserkönig wendet sich zur Flucht. Wahrscheinlich handelt es sich um die Schlacht von Gaugamela (S. 151 ff.).

Römisches Kriegsschiff. Wahrscheinlich aus der Schlacht bei Actium, Aquarell nach einem Relief des späten 1. Jahrhunderts v. Chr. aus Praeneste. Das Bild illustriert, dass die späthellenistisch-römischen Kriegsschiffe viel mehr Platz für Marinesoldaten als die klassischen Trieren boten und sogar hölzerne Kampftürme besaßen, auf denen häufig Katapulte montiert waren.

a)

b)

c)

Szenen aus dem 1. Dakerkrieg von der Trajanssäule (115 n. Chr.). Die drei Reliefs illustrieren die sich in der mittleren Kaiserzeit einspielende Aufgabenverteilung zwischen Legionären und Auxilien (S. 313 ff.): Bild a) zeigt Legionäre beim Festungsbau; Schilde und Helme sind in der Nähe der Arbeiten aufgestellt. Auf Bild b) betätigen sich zwei Legionäre an einem Katapult, das aus einer Verschanzung heraus schießt. In Bild c) rückt die Auxiliarreiterei aus dem Lager zum Kampf aus.

Sog. großer Trajan-Fries, als Teil des Konstantinsbogen in Rom (315 n. Chr.). Die linke Hälfte zeigt den Kaiser in klassisch heroischer Reiterhaltung inmitten einer Schlacht gegen die Daker (vgl. S. 320), während weiter rechts bereits Legionäre ihrem siegreichen Feldherrn triumphierend die abgeschlagenen Köpfe des Feindes präsentieren.

Sog. Triumph Shapurs I. (241-272 n. Chr.) über die römischen Kaiser Philippus Arabs und Valerian. Felsrelief aus Naqshi Rustam bei Persepolis (vgl. S. 331). Links unterwirft sich Philippus kniend dem Sasanidenkönig. Der daneben stehende Valerian wird als Zeichen der Gefangenschaft von Shapur am Arm gepackt.

Mosaik mit Christusdarstellung aus der bischöflichen Kapelle von Ravenna aus der Zeit Bischof Peters II. (494 – 519 n. Chr.). Christus trägt in der Gewandung eines triumphierenden Kaisers das Kreuz wie ein Fahnenträger das Feldzeichen der Legion.

stellungen den Garant der römischen Weltordnung gegenüber der barbarischen Unordnung. Der unterlegene Barbar ergänzt auf diese Weise das Bild des kaiserlichen Siegers komplementär.[187] Niederlagen waren – darin waren sich die Römer nach wie vor einig – irreguläre Normabweichungen; sie konnten die Gewissheit von der göttlichen Bestimmung eines expandierenden Weltreichs nicht erschüttern.

12. »WIR WOLLEN SOLDATEN SEIN!« – MILITARISIERUNG DES REICHES IM 3. UND 4. JAHRHUNDERT N. CHR.

Das Imperium in Not

In der Mitte des 2. Jahrhunderts eroberten römische Truppen unter dem Oberbefehl des Lucius Verus Armenien und die parthische Hauptstadt Ktesiphon – eine beeindruckende Demonstration römischer Stärke. Sie bewog Kaiser Mark Aurel dazu, selbst militärische Lorbeeren zu ernten. Er entschied sich für einen großen Eroberungszug jenseits der Donau; vermutlich plante er die Einrichtung zweier neuer Provinzen *(Marcomannia* und *Sarmatia)*.[1] Der anvisierte Triumphzug wurde jedoch zu einem Debakel: Schnell hatte sich die Nachricht von dem bevorstehenden Angriff im Barbaricum verbreitet. Kurz nach Überschreiten des Stromes erlitt die römische Armee eine schwere Niederlage gegen die Markomannen. 20000 Legionäre sollen gefallen sein.

Was nun geschah, erschien wie ein Alptraum aus längst vergessenen Zeiten. Neben den Markomannen und Quaden formierten sich zahlreiche andere Stammesverbände zum Gegenangriff; unter ihren Vorstößen brach die Grenzverteidigung zusammen. Weitgehend ungehindert überrannten die Barbaren die Donauprovinzen, zerstörten die Stadt Opitergium und bestürmten Aquileia in Norditalien.[2] Seit dem Einfall der Kimbern und Teutonen war keine barbarische Armee mehr so nahe ans Zentrum der römischen Herrschaft herangerückt. Nun zerstörte der Krieg, der über ein Jahrhundert so fern schien, den Frieden. Auch andere Reichsgebiete gerieten in die Defensive.[3] Als hätten sich alle Barbaren verschworen: Die Chauken attackierten die Küsten Galliens von der Seeseite, Chatten und Hermunduren durchbrachen den obergərmanisch-rätischen Limes. In Folge der Niederlage der Römer an der Donau drangen Kriegerverbände der Kostoboken und Bastarner zusammen mit sarmatischen Kampfgruppen über Thrakien bis nach Mittelgriechenland und Attika vor und zerstörten dort das Heiligtum von Eleusis. Weiter im Westen zogen bald danach Alamannen und Franken plündernd südwärts bis nach Spanien. Mit Ausnahme Nordafrikas, das bis in die Spätantike im Windschatten der Konflikte blieb, waren die reichsten Provinzen des Imperiums bedroht.

Mark Aurel konnte in den Folgejahren in einem Krieg, der fast seine ganze Regierungszeit in Anspruch nahm, die Angriffe mit Hilfe von Eingreifreserven *(vexillationes)* zurückschlagen. Der Wandel der außenpolitischen Gesamtlage, den er selbst durch seine (gescheiterten) Invasionspläne angestoßen hatte, war jedoch nicht mehr rückgängig zu machen. Der massive römische Vorstoß auf die Gebiete jenseits der Donau, und nicht etwa irgendwelche klimatischen oder ökologischen Veränderungen, agrarischen Nöte und die Suche nach Siedlungsland hatte die Angriffslust der Stammesverbände geschürt und Kriegerverbände zusammengeführt, die vorher selten miteinander kooperierten.[4] Wieder hatten sich die Römer und die Suche ihrer Kaisers nach glorreichen militärischen Erfolgen ihre gefährlichsten Gegner selbst herangezogen – diesmal mit fatalen Folgen: Vorbei war die Zeit, in der allein die Kaiser bestimmten, wann, wo und gegen wen Krieg zu führen war.

Entsprechend veränderte sich auch die Signatur kaiserlicher Siegesnachrichten. Die Ehrensäule, die in den Jahren 180/193 nach dem Tod Mark Aurels errichtet wurde, zeigt zwar nach dem Vorbild der Trajanssäule (115) Szenen des Krieges gegen die germanischen und sarmatischen Völker, und der Kaiser ist erneut der strahlende Sieger. Doch viel intensiver als zuvor zeugen die Darstellungen von der unerbittlichen Härte und Grausamkeit der römischen Kriegsführung und ihrer Konsequenzen: Am Boden liegende Gegner werden massakriert, ihre Dörfer zerstört, Frauen und Kinder in die Sklaverei geführt. Hier geht es nicht mehr nur um den Triumph einer überlegenen Kriegsmacht, sondern um die Bestrafung und Vernichtung eines verbrecherischen Gegners.[5] Die »Steigerung der emotionalen Effekte«[6] gegenüber den Darstellungen der Trajanssäule deuten manche Forscher als eine Kompensation des Schocks, den Kaiser und Reichsbevölkerung angesichts der barbarischen Invasionen der Vorjahre erlitten hatten.[7] Unerwartete Bedrohungen werden mit einer noch härteren Gangart beantwortet. So hatten es die Römer schon immer gehalten.

Die Beschwörungen kaiserlicher Härte gegenüber einem Feind, der seine Angriffe mit völliger Vernichtung büßen muss, überspielten die Realitäten. Mark Aurel konnte die Lage an den Nordgrenzen nur für kurze Zeit stabilisieren. Immer neue barbarische Verbände drangen ins Reichsgebiet ein. Im nächsten Jahrhundert wurden das Reich und die Kaiser – nicht ihre Gegner – zu Gehetzten. »Unsere Geschichte des Reiches« – so Cassius Dio über die Zeit nach Mark Aurel – »geht nun über von einem goldenen Zeitalter zu einem von Eisen und Rost, so schlecht stand es in jenen Tagen für die Römer.«[8]

Aufstieg germanischen Kriegertums

Nach Ansicht vieler Forscher ging die wachsende Bedrohung der Nord- und Westgrenzen mit einer strukturellen Veränderung der germanischen Stämme einher.[9] Demnach hätten sich durch den engen Kontakt zu Rom und die damit verbundenen wirtschaftlichen und agrarischen Veränderungen aus den fluiden Gefolgschaftsgruppen stabilere Kampfverbände gebildet. Diese Einheiten schlossen sich unter einem einflussreichen Heerkönig *(kuning* oder *reiks)* zu größeren »Konföderationen« oder »Großverbänden« (wie die Alamannen, Franken und Terwingen) zusammen und konnten so weitaus erfolgreichere Invasionen ins Reichsgebiet unternehmen, als dies noch im 1. Jahrhundert der Fall war.[10] Diese Sichtweise ist allerdings in jüngerer Zeit in Frage gestellt worden.[11]

So weist man darauf hin, dass nach wie vor die politische und ethnische Zersplitterung ein wesentliches Kennzeichen der germanischen Welt war und plündernde Gefolgschaftsgruppen von nicht mehr als 400 Kriegern das Bild selbst der längere Zeit im Reich »wandernden« Germanen bis in die Spätantike hinein prägten.[12] In einem Punkt sind sich allerdings die beiden konträren Interpretationen einig: Die Quantität der ins Reich drängenden germanischen Verbände war gegenüber dem 1. Jahrhundert enorm gewachsen. Die Vertreter der traditionellen »Konföderationsthese« verweisen auf einen allgemeinen Bevölkerungsanstieg im germanischen Raum und erklären ihn mit einer Klimaverbesserung sowie einer erheblich intensivierten Landwirtschaft (»agrarische Revolution«) nach der Übernahme römischer Agrartechniken.[13] Die Kritiker betonen demgegenüber, dass die (schon unter Caesar einsetzende) planmäßige Verwüstung germanischer Siedlungen durch die römische Armee und militärische Strafexpeditionen die Lebenssituation zahlloser Stämme verschärften und damit indirekt die Zahl germanischer Kampfverbände, die gezwungenermaßen auf der Suche nach Beute und einer besseren Zukunft ins Reich drängten, vergrößerten.[14] Die grundsätzlich immer bestehende Möglichkeit, sich zur kargen agrarischen Lebensgrundlage zusätzliche Ressourcen zu beschaffen, wurde auf diese Weise »zu einer existentiellen Notwendigkeit«.[15]

Ob man nun die »negativen« oder die »positiven« Effekte der römischen Herrschaft auf die germanischen Siedlungsgebiete betont und ob man die sich häufenden germanischen Überfällen und Invasionen eher als Ergebnis von Zwängen oder als freiwillig wahrgenommene Chancen erklärt – unbestritten ist, dass sich sowohl der Antrieb zum Vordringen der Germanen auf Reichsgebiet als auch deren Voraussetzungen gegenüber früheren Zeiten veränderten. Die Römer hatten hieran wesentlichen Anteil, wie der Beginn der Markomannenkriege Mark Aurels gezeigt hatte. Ferner lässt der archäologische Befund keinen Zweifel daran, dass ein germanischer *princeps* einen 200 Mann starken Kriegerverband im 3. Jahrhundert mit besseren, nach römischen Vorbildern hergestellten, aber häufig aus Germanien selbst stammenden Waffen ausrüsten konnte, als dies noch im 1. Jahrhundert der Fall war.[16] Waren Beutezüge solcher Kriegerverbände auch nur halbwegs erfolgreich, regten sie zur Nachahmung an. Die Zahl germanischer *principes*, die regelmäßig für ausgedehnte Beutezüge eine größere Schar von Gefolgsleuten unterschiedlicher Siedlungsräume um sich scharen und zu einer gut organisierten Streitmacht formen konnten, stieg kontinuierlich.[17]

Je größer solche »Kriegerbanden« waren, desto größer war auch die Chance, mit entsprechender Beute nicht nur das eigene Überleben, sondern auch das der Daheimgebliebenen zu sichern. Gleichzeitig wuchsen die Verantwortlichkeit der Anführer gegenüber den Kampfgefährten und (im Erfolgsfall) deren Verbundenheit gegenüber ihrem *princeps*. Beutekriege mit größeren und besser ausgerüsteten Kriegerverbänden waren das deutlichste Zeichen einer allgemeinen »Militarisierung der Germanen« (Peter Heather).[18] Sie förderten ein spezialisiertes Kriegertum, das zu einer wichtigen Quelle politischer Macht und innertribaler Führungspositionen werden konnte[19]: Vor allem junge Adlige sahen in Raubzügen nicht nur eine Chance, am Luxus des Imperiums teilzuhaben, sondern auch Prestige unter ihren Stammesgenossen zu gewinnen.[20] Damit erhöhte sich aber auch die Chance für charismatische Adlige vom Typ eines Arminius und Marbod, mehrere Kampfverbände und zusätzliche freie Krieger unter ihrem Kommando zu vereinigen und einen »permanenten militärischen Machtapparat aufzubauen«.[21]

Vielfach waren diese *warlords* von Rom gefördert und beschenkt worden und hatten diese Unterstützung zum Aufbau einer Herrschaft oberhalb der Gefolgschafts- und Klanverbände sowie zur Anwerbung von Soldaten genutzt.[22] Jetzt konnten sie ethnisch differenzierte Verbände mobilisieren, neue Allianzen schmieden und sich bei günstigen (aber sehr seltenen) Gelegenheiten zum Kriegszug mit anderen Heerführern zusammenschließen.[23] Allerdings waren diese Zusammenschlüsse – darin ist den Kritikern der Konföderationenthese recht zu geben – nicht die Regel.[24] Üblicherweise konnten die Germanen für Einfälle ins Reichsgebiet auch im 3. und 4. Jahrhundert n. Chr. nicht mehr als 2000 Männer eines Kantons mobilisieren. Selbst die von der Forschung als Großverbände bezeichneten Heere umfassten (auch in den folgenden Jahrhunderten) nie mehr als 20 000 Krieger; sie entsprachen damit der Heeresstärke der Kimbern und Teutonen im 2. Jahrhundert v. Chr. (s. o. S. 233 f.). Die meisten dieser größeren Gruppen waren Zweckbünde, die bei ausbleibendem Erfolg, nach der Rückkehr in die Heimat oder beim Tod ihres Heerführers wieder zerfielen.[25] Erst der längere Aufenthalt nahe oder innerhalb des Reiches, stete Auseinandersetzungen mit dem römischen Militär und der Provinzialbevölkerung führten unter bestimmten Umständen zur Bildung eines die Gefolgschaften verbindenden Gemeinschaftsbewusstseins und zur Etablierung eines Königtums, das auch militärische Misserfolge verkraften konnte.[26]

Ein frühes Beispiel für diese Entwicklung, die im 3. Jahrhundert sicher noch nicht die Norm repräsentierte, ist der gotische Heerführer Kniva (Cniva). Er führte im Jahr 250 drei Kriegerverbände, die aus gotischen, carpischen und weiteren ethnischen Gruppen von mehreren tausend Bewaffneten bestanden, aus dem moldawisch-walachischen Raum über die Donau in die Provinzen Dakien und Mösien.[27] Dieser Heerzug traf die Römer völlig unvorbereitet, höchstwahrscheinlich hatten sie zu diesem Zeitpunkt noch gar keine Kenntnis von den beschriebenen Veränderungen innerhalb der germanischen Welt. Der Vorstoß unter Kniva war so gefährlich, weil die Goten zusätzlich zu den flexibel operierenden Fußtruppen wohl auch über eine schwere Reiterei (Kataphrakten) verfügten, die mit der langen Lanze *(kontos)* im geschlossenen Verband kämpfte und von den Sarmaten den Steigbügel übernommen hatte.[28] Nach wechselvollen Kämpfen konnte Kniva im Jahr 251 mit der gotischen Hauptgruppe eine römische Armee unter Kaiser Decius bei Abritus (Hisarlak zwischen Donau und Haemusge-

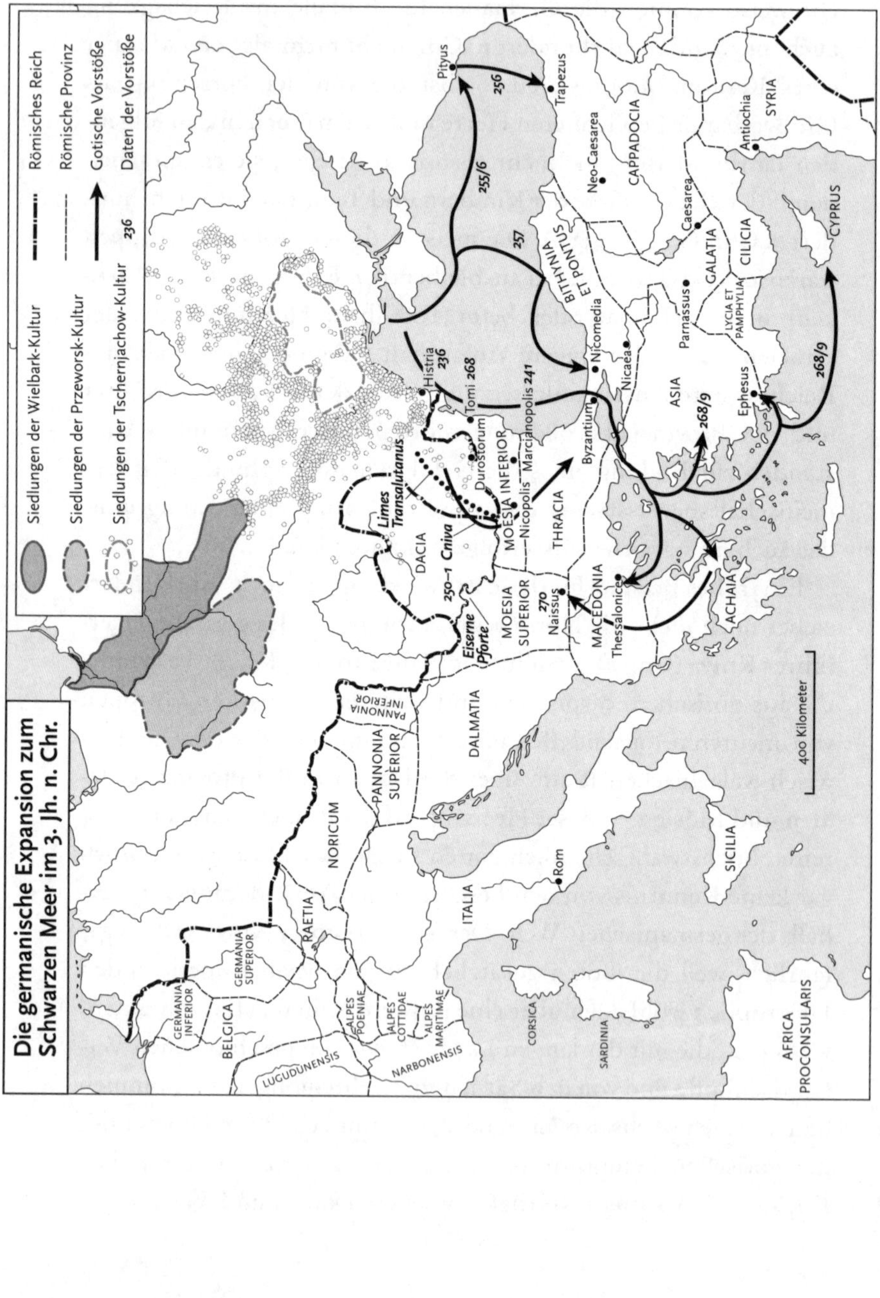

Die germanische Expansion zum Schwarzen Meer im 3. Jh. n. Chr.

birge) in ein Sumpfgebiet – ein für die Legionäre traditionell ungünstiges Gelände – locken und durch Aufgliedern seiner Truppen in mehrere taktische Einheiten umfassen.[29] Decius und sein Sohn fielen.[30]

Offensichtlich hatte die römische Heeresleitung das taktische und strategische Geschick dieses Heerkönigs unterschätzt, der großräumige Operationen mit Verbänden unterschiedlicher ethnischer Herkunft unter Nutzung des Geländes zu führen und die Schwächen der römischen Armee zu nutzen wusste. Anders als es noch für germanische Heerführer im 1. Jahrhundert galt, blieb seine Führungsstellung trotz einzelner Niederlagen stabil[31], was schon in die Zeit der großen »Völkerwanderung« des 4. Jahrhunderts und ihre gotischen Heerführer Fritigern und Alarich (s. u. S. 375, 389 ff.) verweist. Kniva konnte offenbar unabhängig von schnellen Erfolgen Strategien von langer Hand entwickeln, was der germanischen Welt bis dahin eher fremd war. Anstatt sich dem Risiko auszusetzen, auf dem Rückweg beutebeladen in einem Gebiet abgefangen zu werden, das sie selbst geplündert hatten, begannen einige gotische und herulische Verbände von den nördlichen Küstenstrichen des Schwarzen Meeres aus zunächst die Südküste zu plündern und danach durch den Bosporos in die Ägäis vorzustoßen.[32] Sicher ist die in den Quellen überlieferte Zahl der gotischen Schiffe und Mannschaften weit übertrieben, und Piratenüberfälle im Schwarzmeerraum und in der Ägäis waren ja schon im 1. und 2. Jahrhundert kein unbekanntes Phänomen. Dennoch überraschten die über See geführten gotischen Operationen die Römer; wirksame Gegenmaßnahmen am Bosporos wurden in den späteren Jahren darüber hinaus immer wieder durch Rebellionen der römischen Abwehrkräfte behindert.[33]

Auch wenn die Goten die Seemannskunst nordpontischer und bosporanischer Griechen sowie der Küstenpiraten des Schwarzen Meeres nutzten und Überfälle vom Meer aus für germanische Kampfverbände seit Jahrhunderten eine vertraute Praxis darstellten, war die Dimension ihrer Angriffe zur See tatsächlich neu.[34] Es ging in der ersten Phase weniger darum, Handelsschiffe zu kapern oder Hafenstädte zu plündern, sondern an ungeschützten Küsten Truppen zu landen, das an den Küsten entlang marschierende Landheer zu begleiten und sich dann an strategisch wichtigen Punkten wieder zu vereinigen. Auf diese Weise konnten die Goten in den Folgejahren mit mehreren Flotten bis in die Ägäis vorstoßen sowie Verbände auf der Chalkidike, in Attika und auf der Peloponnes absetzen. Eine andere Abteilung wandte sich nach Kleinasien und griff Rhodos, Zypern und Kreta an.[35] Da die Goten bei ihren Unternehmungen sogar Belagerungsmaschinen mit sich führten,[36] gerieten auch die befestigten Städte in Gefahr.

Wie unvorbereitet die Römer auf die Angriffe der Goten zur See waren, zeigt sich auch daran, dass fast gleichzeitig mit den gotischen Operationen fränkische und sächsische Seeräuber ihre Raubzüge aus dem Atlantik ins Mittelmeer hinein ausdehnten.[37] Im Jahr 260 n. Chr. überfielen Franken wahrscheinlich mit eroberten Handelsschiffen die nordafrikanische Küste. 19 Jahre später stießen Piratengeschwader der Franken, die von Kaiser Probus am Schwarzen Meer angesiedelt worden waren, ohne auf Widerstand zu treffen, durch den Bosporos in die Ägäis vor und plünderten die griechischen und kleinasiatischen Küstensiedlungen. Es folgte ein spektakulärer Kaperzug durch das gesamte Mittelmeer, von der Kyrenaika nach Sizilien und wieder an die nordafrikanische Küste nach Tunis, wo die Franken nahe Karthago zum ersten Mal von einer römischen Flotte zurückgeschlagen wurden. Danach wandten sie sich westwärts und segelten nach der Plünderung der gallischen und spanischen Küsten durch die Straße von Gibraltar in den Atlantik. Wohl kaum ein Römer konnte sich daran erinnern, das Reich jemals so hilf- und machtlos gegenüber germanischen Seefahrern erlebt zu haben.

Die Sasaniden – neuer Gegner in alten Dimensionen?

Viele Gelehrte verbinden die Schwäche des Imperiums im östlichen Teil des Mittelmeerraums mit einer globalen machtpolitischen Veränderung: Im Jahr 224 (oder 227 n. Chr.) besiegte Ardasir aus der Dynastie von Sasan den Partherkönig Ardavan (Artabanos) IV. und bemächtigte sich in der Folge aller nordparthischen Territorien und Nordostarabiens.[38] Für viele war das von ihm begründete Neupersische Reich der Sasaniden eine zweite Weltmacht und eine viel größere Bedrohung des Imperium Romanum als die Parther.[39] Derartige Wertungen beruhen allerdings selten auf einer genauen Analyse der machtpolitischen Ressourcen und der außenpolitischen Ziele des Sasanidenreiches, sondern auf spektakulären Einzelereignissen und Quellenzeugnissen, die isoliert betrachtet leicht zu Überinterpretationen führen.

Das gilt besonders für die in Fels gehauenen und auf Gebäuden angebrachten Tatenberichte Shapurs. Sie bekunden in glanzvollen Wendungen die Siege über die römischen Kaiser Gordian III. (bei Mesiche 244 n. Chr.), Philippus Arabs (244 n. Chr.) und Valerian (bei Edessa 260), der als erster Kaiser in die Gefangenschaft eines auswärtigen Feindes geriet. Zusammen mit bildlichen Darstellungen der gedemütigten Kaiser haben sie eine starke suggestive Kraft[40]: Nie zuvor hat man den höchsten Vertreter des Imperiums in einer solchen Geste gegenüber einem ausländischen Herrscher gesehen. Allerdings weisen Stil und Inhalt der Reliefs kaum Parallelen zu den alten persischen Felsbildern auf.[41] Prestige und Selbstverständnis des Sasaniden hingen zwar wie beim achaimenidischen Herrscher von militärischen Erfolgen ab, doch nirgends wird die Existenz des Römischen Reiches als imperiale Großmacht bestritten; kein Hinweis auf göttlich sanktionierte Expansionsabsichten oder bereits eroberte Gebiete und imperiale Ansprüche, wie sie einst die Perser verkündet hatten.[42]

Es waren vielmehr die Römer selbst, die den Eindruck eines bedrohlichen »Sasanidischen Weltreiches« förderten.[43] Bereits Lucius Verus gab seinem Hofhistoriker Fronto die Anweisung, er möge unmittelbar vor Beginn seines Partherfeldzugs die Überlegenheit des Gegners gebührend hervorheben, damit die Größe seiner (also des Kaisers) Erfolge umso deutlicher würde.[44] Kaiser Julian antwortete auf die Frage, warum er anstelle der viel gefährlicheren Goten die Perser (gemeint sind die Sasaniden) anzugreifen beabsichtige, er suche nach besseren Feinden.[45] Ein besserer Feind waren die Sasaniden, weil sie dem Kaiser die Möglichkeit eröffneten, seinem Feldzug eine historische Dimension zu verleihen, welche an die Perserkriege der Griechen des 5. Jahrhunderts und besonders den Zug Alexanders anknüpfen konnte. Dementsprechend wurden die Parther und Sasaniden mit den Achaimeniden gleichgesetzt.[46] Siege gegen diesen Gegner waren nicht nur Strafaktionen gegen aufrührerische Barbaren, sondern sie versprachen unsterblichen Ruhm *(gloria)*, und Rückschläge boten die Möglichkeit, ein neues Unternehmen als Rachefeldzug zu stilisieren.

Es passt in dieses Bild, dass die zeitgenössischen (griechischen) Historiker die außenpolitischen Ziele der Sasaniden nach den Kategorien ihrer Vorgänger aus dem 5. Jahrhundert v. Chr. konstruierten und mitunter meinten, die Sasanidenherrscher hätten die territorialen Ansprüche der Achaimeniden wieder aufgenommen.[47] Das wird allerdings von keiner einzigen persischen Quelle bestätigt. Wahrscheinlich hatten die Sasaniden gar keine genaue Erinnerung mehr an die achaimenidischen Territorialansprüche.[48] Das Ganze entspricht auch nicht den realen militärischen und außenpolitischen Ereignissen sowie der machtpolitischen Lage des Sasanidenreiches. Zweifellos war es weitaus homogener, besser organisiert und weniger von inneren Kämpfen bedroht als die parthische Herrschaft, und es konnte deshalb auch größere Truppenverbände mobilisieren (s. o.).[49] Allerdings hatten die Sasaniden (ähnlich wie die Römer im Westen) gefährdete Grenzen und Gegner auch im Osten und Nordosten ihres Reiches.[50] Alle Kräfte im Westen ihres Reiches gegen Rom zu verlagern war selten möglich.

Die Schlachten, aus denen Shapur nach eigener Aussage als Sieger gegen die Römer hervorging, wurden denn auch nicht beim Vormarsch auf römisches Gebiet, sondern bei der Abwehr eines nach Persien vorstoßenden Heeres geschlagen.[51] Nur der dritte Feldzug führte die Sasaniden mit der Belagerung von Edessa und Carrhae bis nach Nordsyrien und Ostkappadokien (so weit waren auch die Parther zur Zeit der späten Republik gekommen), aber nichts weist auf die Absicht einer *systematischen* Eroberung oder Besetzung Syriens hin.[52] Selbst die zeitweilige Eroberung Armeniens führte nicht zu dauerhafter Herrschaft; sie hätte angesichts der geringen strategischen Bedeutung dieses Landes auch keine besondere Bedrohung für das Imperium bedeutet. Die sasanidischen Unternehmungen glichen (vor dem 7. Jahrhundert) vielmehr überfallartigen Raubzügen ohne territoriale Annexionsabsichten.[53] Die Einnahme von Festungen und strategisch sowie wirtschaftlich wichtigen Städten wie Nisibis und Hatra sollte umgekehrt eine römische Offensive erschweren.[54]

Dazu passt, dass die sasanidischen Siegesinschriften ausdrücklich die Abführung römischer Kriegsgefangener erwähnen. Sie spielten eine wichtige Rolle bei der Weitergabe von technisch-taktischem Wissen.[55] Schon früher waren römische Soldaten und Handwerker bei innerrömischen Kämpfen um den Kaiserthron über den Tigris geflüchtet und hatten den Parthern die Kunst des Nahkampfs mit schweren Waffen und Rüstung gelehrt.[56] Shapur setzte seine Gefangenen weit im Landesinnern bei Ingenieursarbeiten und für den Bau von Städten und Bewässerungssystemen ein. Offensichtlich waren die Sasaniden mehr an technischem Wissen und Beute als an territorialen Gewinnen interessiert.[57]

Insgesamt ging die Initiative zu offensiven Unternehmungen meist von den Römern aus, wobei kaiserliche Feldzüge selten auf eine offenkundige Bedrohung reagierten.[58] Erfolge der Sasaniden in Syrien waren vor allem dann möglich, wenn die im Osten stationierten römischen Truppen an andere, weit entfernte Grenzabschnitte verlegt waren. Durchweg machten römische Gegenschläge die sasanidischen Gebietsgewinne wieder zunichte. Die Einnahme der Hauptstadt Ktesiphon war dabei eine realistische und nicht selten wahrgenommene Option.[59] Den wenigen – und deshalb so spektakulär verewigten – Abwehrerfolgen der Sasaniden stehen viele römische Schlachtensiege gegenüber, die den Römern oder romfreundlichen Fürsten die Initiative des Handelns beließen[60]: Zwei Jahre nach der Gefangennahme Valerians, die vielleicht gar nicht während der Schlacht, sondern bei Verhandlungen und in Folge eines Verrats erfolgt war[61], gelang es Septimius Odaenathus von Palmyra ohne eine reguläre römische Feldarmee, Shapurs Heer zurückzuschlagen und bis Ktesiphon vorzustoßen. Eine aus Viehzüchtern gebildete Miliz von Emesa reichte aus, um eine persische Heeresabteilung über den Euphrat zu jagen.[62] Häufig verhinderten zwar innerrömische Usurpationsversuche oder Einfälle germanischer Stämme an anderen Grenzregionen durchschlagende Erfolge kaiserlicher Heere[63]; aber dass die Sasaniden das im Westen und Norden in die Defensive gedrängte Imperium nicht viel stärker unter Druck setzten, sondern weitgehend in parthischen Dimensionen dachten und jederzeit mit römischen Offensiven rechnen mussten, erscheint eher als Schwäche denn als Stärke einer Macht, die den Römern nie ihren imperialen Anspruch streitig machen wollte (und konnte).

Diesen Eindruck bestätigt die sasanidische Militärstruktur: Im Gegensatz zu Rom verfügten die Sasaniden bis zu den Reformen des Chosroes I. (531–579) – sieht man von der königlichen Garde ab – wie die Parther nicht über ein stehendes Heer, das von einem erfahrenen Offizierskorps regelmäßig trainiert, ergänzt, bezahlt und verpflegt wurde.[64] Stattdessen musste der König für jeden größeren Feldzug die Adligen und deren Gefolgschaft mit der Aussicht auf Beute zu den Waffen rufen. Nach dem Kriegszug wurden viele Kontingente wieder entlassen oder zerstreuten sich.[65] Die Größe der sasanidischen Heere überstieg niemals die Zahl von 60 000 Mann, und ein solcher Umfang bildete die Ausnahme.[66] Machten berittene Bogenschützen noch den Großteil der parthischen Verbände aus[67], so führten die Sasaniden weitaus mehr gepanzerte Reiter *(Sawaran, cataphracti)* aus den Reihen der Adligen ins Feld. Ihre meist in geschlossener Formation vorgetragenen Angriffe richteten sich vornehmlich gegen feindliche Fußtruppen.[68] Da Pferde normalerweise nicht in eine geschlossene Phalanx hineingaloppieren, führten die Reiter eine lange Lanze anstelle des Bogens als Offensivwaffe, um die gegnerischen Fußtruppen auch aus einiger Distanz treffen zu können. Ledergepolsterte Eisen- oder Bronzerüstungen schützten die Pferde vor Pfeilschüssen. Damit wurde die Kampfqualität der Schlachtenreiterei zwar insgesamt erhöht, doch gleichzeitig stiegen ihre Kosten. Deshalb machten die Panzerreiter wohl nur rund ein Zehntel des Gesamtheeres aus.[69]

Unterstützt wurde die schwere Kavallerie von leicht bewaffneten Bogenschützen zu Pferde oder zu Fuß meist aus den Reihen der arabischen Verbündeten.[70] Den Hauptteil der Infanterie bildeten Fußsoldaten mit Speer und gewölbtem Schild (aus Weidengeflecht), die offenbar in dichter Formation kämpften. Allerdings waren sie im Hinblick auf Ausbildung und Bewaffnung den Legionären deutlich unterlegen, was schon daran zu erkennen ist, dass sie hinter der Reiterei in der zweiten Linie postiert wurden.[71] Wenig effektiv scheinen ferner die aus Indien übernommenen (aber wohl erst im 4. Jahrhundert wieder eingeführten) Kriegselefanten gewesen zu sein. Sie dienten als mobile Plattformen für Bogenschützen, kamen entweder hinter Reitern und Fußsoldaten oder sogar als Angriffswaffe zum Einsatz, aber sie haben nie eine Schlacht entschieden.[72]

Auch wenn es den Anschein haben mag, als hätten die Sasaniden hellenistische und altpersische Kriegskunst zu kopieren versucht – ihre Armee war für offene Feldschlachten gegen eine erfahrene Legion wenig geeignet.[73] Denn nur selten gelang es der Schlachtreiterei, durch einen Frontalangriff die römische Infanterielinie zu durchbrechen. Die schwere Rüstung von Ross und Reiter schränkte zudem die Kampfdauer ein.[74] Gelang es den Römern, die Umgehungsversuche der Bogenschützen und einen Durchbruch der Schlachtenreiterei zu verhindern, konnten sie damit rechnen, dass sich die Sasaniden vom Schlachtfeld zurückziehen würden. Insofern lag es in der Natur der sasanidischen Kriegstaktik, anstelle längerer Schlachten auf wiederholte, überfallartige Angriffe zu setzen, die den Gegner nicht zur Ruhe kommen ließen und ihnen selbst die nötigen Erholungspausen verschafften.[75]

Erfolgreich war eine solche Taktik freilich nur auf entsprechendem Gelände und bei einem Gegner, der sich auf eine solche Konstellation einließ. Die Ebenen von Carrhae und des Zweistromlandes waren geeignet, doch je weiter man nach Westen vorstieß, desto schlechter wurden die Bedingungen. Gerade die Schlachtenkavallerie erforderte viel Training und Pflege, ausreichende Weidegründe und eine komplizierte Logistik. Die Sasaniden waren jedoch keine Nomaden und verfügten nicht über ein ausgedehntes, bis an die römischen Ostprovinzen reichendes Steppengebiet. Deshalb fehlten die ökologischen und klimatischen Voraussetzungen, um großräumige Eroberungen durchzuführen oder eine stabile Herrschaft in Küstennähe des Mittelmeeres auszuüben. Anders als die Römer (und sogar die Hunnen) haben die Sasaniden ihre Heeresstruktur nicht geändert oder möglichen expansiven Zielen angepasst. Die von Kriegsgefangenen und Überläufern und aus China (über Transoxania) übernommene Kunst, hochwertige Belagerungsmaschinen[76] zu bauen, wurde (vor dem 6. Jahrhundert n. Chr.) nur zur Eroberung von Städten und Festungen im syrischen Grenzraum, aber nicht darüber hinaus eingesetzt.

Römisches Kaisertum im Wandel

Es waren demnach nicht Veränderungen *einzelner* Gegner, sondern die *Summe* gleichzeitiger Bedrohungen an fast allen Fronten, die den Römern seit Beginn des 3. Jahrhunderts keine Atempause mehr gönnte und das militärische Potential des Reiches zu überfordern schien. Daran kann man umgekehrt ablesen, wie viel »Glück« die Römer in der Zeit davor hatten und wie sehr das Reich und sein Militärapparat schon in »guten« Zeiten die Ressourcen beansprucht hatten.

Die Kaiser reagierten so, wie es die Römer schon immer taten, wenn sie sich einer scheinbaren Übermacht erwehren mussten: Sie konzentrierten ihre Kräfte und setzten auf eine Stärkung der Armee – koste es, was es wolle: Septimius Severus (193–211), der nach einem blutigen Bürgerkrieg an die Macht gekommen war und dem Reich noch einmal zu einer kurzen Blüte verhalf, soll seinen Söhnen den Rat gegeben haben: »Seid einig, bereichert die Soldaten und verachtet alles andere.«[77] In einer Zeit permanenter außenpolitischer und militärischer Herausforderungen wurde die Armee zum wichtigsten Machtfaktor und »mit Privilegien und Geld überschüttet«.[78] Dagegen verlor der Senat noch mehr an Einfluss, der Kaiser regierte autokratisch mit stetem Kontakt zum Heer: Bereits Mark Aurel zog als Kaiser wieder selbst ins Feld. Seit Septimius Severus wurde dies zur Regel. Die Kaiser versuchten dabei durch einen betont soldatischen Habitus die Loyalität der Truppe zu wahren (deshalb der häufig gebrauchte Terminus »Soldatenkaiser«). Viele bezeichneten (wie schon Caesar) ihre Soldaten in öffentlichen Ansprachen als *commilitones nostri* (unsere Kameraden).[79] Helvius Pertinax hatte bei seiner Thronbesteigung die Parole ausgegeben: »Wir wollen Soldaten sein.«[80]

Sicher schwingen in den Biographien von Kaisern, die wie Septimius Severus durch demonstratives Mitertragen täglicher Mühen die Nähe zu den Soldaten suchten und dadurch deren Kampfkraft zu steigern hofften, topische Elemente mit. Doch darf man die politischen Zwänge nicht unterschätzen, die sich aus der sozialen Herkunft der Monarchen im 3. Jahrhundert ergaben. Im Gegensatz zu den Generälen der späten Republik stammten sie nicht aus der gesellschaftlichen Elite des Reiches; und so bildete das Nahverhältnis zur Truppe den lebensnotwendigen Ersatz für fehlende politische Verbindungen.[81] Gleichzeitig standen die Kaiser unter enormen »militärischen Erwartungsdruck«[82]; Sieghaftigkeit war schon immer ein wichtiges Element politischer Führung gewesen. In der Zeit fast allgegenwärtiger militärischer Bedrohungen erhielt es (wieder) ein für den Kaiser existentielles Gewicht.[83] Aber angesichts der Fülle gleichzeitiger Gefahren und der schwerfälligen Militärstruktur konnte der Kaiser nicht überall sein; vielfach war die Provinzialbevölkerung in ihrer Enttäuschung über fehlende kaiserliche Fürsorge geneigt, regionale Kommandeure zu unterstützen, wenn diese sich zum Abwehrkampf aufrafften. Milizartige Sonderverbände tauchten auf, die genauso willig wie die Legionen einen erfolgreichen Kommandeur zum Kaiser ausriefen, denn von diesem konnte man auch in Zukunft tatkräftigere Hilfe erwarten als vom fernen Kaiser. So kamen fast alle bedrohten Grenzabschnitte in die Hand von Männern, die den Purpur für sich beanspruchten oder zumindest in ihrem Kommandobereich kaiserliche Befehle nicht gelten ließen.[84]

Die Bedrohung der Grenzen ging so einher mit ständigen Usurpationsversuchen und Abspaltungstendenzen innerhalb des Reiches. In den rund 50 Jahren zwischen dem Tod des Alexander Severus und dem Aufstieg Diokletians beanspruchten über 60 Prätendenten die kaiserliche Macht. Vergleicht man die anschließenden Bürgerkriege mit den Abwehrkämpfen gegen äußere Gegner, so wird man zu dem Schluss gelangen, dass die inneren Kämpfe die militärischen Kräfte des Reiches weitaus stärker beanspruchten.[85] Regierende Kaiser sorgten sich mehr um römische Rivalen als um barbarische Invasoren, und es spricht für die Schwäche der Angreifer, dass sie trotz der fast permanenten inneren Kämpfe nicht in der Lage waren, größere Territorien des Reiches zu erobern. Wenn die Kaiser einmal Zeit gewannen, sich auf einen Gegner zu konzentrieren, dann endeten ihre Feldzüge – von einigen wenigen spektakulären Niederlagen abgesehen – durchweg mit Erfolgen.

Dass das Reich unter den barbarischen Raubzügen nicht zusammenbrach, hatte aber noch einen anderen Grund: Die endemischen

Bürgerkriege schwächten zwar die Schlagkraft der kaiserlichen Zentralgewalt, doch gleichzeitig minderte die Verselbständigung von Grenzregionen die äußeren Gefahren. Vielfach entlasteten regionale Kommandeure den Kaiser vom Dauerdruck militärischer Belastung, ohne ihn unmittelbar politisch zu gefährden. Im Osten wurde der Palmyrener Odaenathus wegen seiner überraschenden Abwehrerfolge gegen die Sasaniden mit Ehrungen überhäuft und von Kaiser Gallienus zunächst zum *dux Romanorum* und dann zum *corrector totius Orientis* erhoben.[86] Er steht für den Aufstieg regionaler *warlords*, die zwar die Schwäche der kaiserlichen Zentralgewalt für den Aufbau einer eigenen, familiengestützten Herrschaft nutzten, aber selbst viel zu sehr in den regionalen Verhältnissen verwurzelt waren, um den Kaiserthron zu begehren.[87] Stattdessen richtete Odaenathus - wahrscheinlich mit kaiserlichem Auftrag - seine Angriffe gegen die Sasaniden und bewahrte damit das Reich vor weiteren Überfällen.[88] Ähnliche Verhältnisse bestanden im Westen: In Gallien wurde Marcus Cassianus Latinius Postumus nach einem erfolgreichen Abwehrkrieg gegen die Alamannen und Franken von den Legionen und der dankbaren Provinzialbevölkerung im Jahr 261 zum Kaiser ausgerufen. Anstatt jedoch auf Rom zu marschieren, weitete Postumus seine Einflusssphäre auf die germanischen Provinzen einschließlich Raetien, Britannien und Spanien aus. Er verlieh dem Reich an den Grenzen Stabilität, auch wenn sein Machtbereich - wie der des Odaenathus - faktisch nicht mehr der Befehlsgewalt des Kaisers unterstand.[89]

Strukturveränderungen des Heeres

Auch wenn die »Sonderreiche« dazu beitrugen, den militärischen Kollaps des Imperiums zu verhindern - mittelfristig musste es das Ziel der kaiserlichen Zentralgewalt sein, die Aufsplitterung des Reiches in unabhängige Befehlsbereiche rückgängig zu machen und das militärische Kommando im Gesamtreich wieder auf sich zu vereinigen. Die entscheidenden Weichen hierfür wurden erstaunlicherweise in einer Zeit der größten Krise gestellt, als nach dem Tode Valerians das Reich auseinanderzubrechen drohte, fränkische Piraten ins Mittelmeer vordrangen und sich der neue Kaiser Gallienus (259–268) während seiner neunjährigen Amtszeit gegen insgesamt 18 Usurpatoren wehren musste.[90] Gallienus setzte sich jedoch stets durch und er war so klug, zunächst die beiden Sondergewalten in Ost und West unbehelligt zu lassen. Sie stabilisierten die außenpolitische Lage so weit, dass ein sofortiges Eingreifen des Kaisers an den Grenzabschnitten nicht nötig war. Zudem hatten sich im östlichen Mittelmeer die gotisch-herulischen Raubzüge in dem Maße, wie sie sich von ihren territorialen Basen entfernten, vielfach totgelaufen.[91] So konnte Gallienus zunächst von Rom aus Maßnahmen ergreifen, um zentrale Schwachstellen der militärischen Organisation zu beheben.

Man hat die Gesamtheit dieser Maßnahmen vielfach als eine regelrechte Reform des Militärwesens begriffen; tatsächlich zogen sich sämtliche Veränderungen über längere Zeit hin und knüpften an vorausgegangene Entwicklungen an, die sich seit den Markomannenkriegen Mark Aurels in Reaktion auf die veränderten militärischen Herausforderungen angebahnt hatten[92]: Die Kriege des 3. Jahrhunderts hatten gelehrt, dass die Grenzen des Reiches einfach zu lang, die Zahl der Soldaten zu gering und die Kommunikationswege zu ausgedehnt waren, als dass man mit der Abkommandierung von Teilen der Provinzialarmeen auf mehrere Gefahren gleichzeitig reagieren konnte. Um dem abzuhelfen, zogen die Kaiser im Krisenfall einzelne Verbände *(vexillationes*, nach ihrem Feldzeichen = *vexillum)* aus den Stammeinheiten der Grenztruppen ab und bildeten mit ihnen für die Zeit des Krieges gegen die Invasoren temporäre Kampfgruppen. Da die Einfälle der Barbaren im Lauf des 3. Jahrhunderts dramatisch zunahmen, verfestigte sich das System. Seit Septimius Severus wurde keine Legion (außer der *legio II Parthica*) mehr verlegt.[93] Auch wenn die Vexillationen und andere für den Einsatz gebildete Verbände wegen der anhaltenden

Kämpfe ihren temporären Charakter verloren, kam es zu einer strukturellen Differenzierung der Armee in eine stationäre Gliederung in Friedenszeiten und eine operative Ausfächerung mobiler Eingreiftruppen in Kriegszeiten.[94]

Diese mobilen Verbände passten sich waffentechnisch, taktisch und strategisch der Situation des Kampfes gegen die Invasoren innerhalb des Reichsgebiets an. Viele Gegner wie die Alanen und (in geringerem Maße) die Goten besaßen kampferprobte Reiterverbände und operierten in beweglichen Einheiten, die sich selten einer offenen Feldschlacht stellten und mit Schwerbewaffneten nicht zu fassen waren. Um gegen diese Gegner erfolgreich zu sein, brauchte man eine größere Zahl eigener Reiter und Spezialtruppen mit effektiven Fernwaffen (Bogenschützen).[95] Außerdem mussten die Kaiser diesen Truppen ein Höchstmaß an Mobilität verschaffen, damit sie sich zwischen den bedrohten Grenzabschnitten hin- und herbewegen und die Invasoren möglichst schnell zurückschlagen konnten. Diese Herausforderungen führten zur Bildung neue Elitetruppen und Reiterverbände.[96]

Alle diese Einheiten kamen aus den Reihen der Auxilien oder der *numeri*, deren militärische Qualität wie gesagt (s. o. S. 317f.) schon im ausgehenden 1. Jahrhundert die Kampfkraft der Legionen und der Prätorianerkohorte übertraf; manche *numeri* wie die Mauri genossen wegen ständiger Kriegszüge und ihrer Brutalität im Kampf eine außerordentliche Reputation in der Truppe.[97] Wie die späteren, auf Vertragsbasis angeworbenen germanischen Föderaten (s. u. S. 378ff.) waren sie ethnisch weitgehend homogen. Am Ende des 2. Jahrhunderts bildeten viele von ihnen die Kerntruppen der kaiserlichen Expeditionsheere: Schon Septimius Severus und Maximinus Thrax hatten nicht nur die Zahl der Kaiserreiter *(Equites Singulares Augusti)* beträchtlich erhöht (teilweise auf 4400 Mann verdoppelt), sondern auch germanische und maurische Reiterverbände aufgestellt.[98] Gallienus bildete aus verschiedenen Reitertruppen (so aus den *Equites Dalmatae* und den Eliteeinheiten der Mauren) und den Bogenschützen von Osrhoene Eliteverbände, die als mobile Reservearmee unabhängig von den Legionsstandorten mit eigenen Befehlshabern aus dem Ritterstand operierten.[99] Zwischen den Einsätzen war sie meist nahe bei oder in Mailand stationiert.[100] Zu großen Feldzügen wurde sie durch weitere (temporär herangezogene) Verbände sowie kaiserliche Gardetruppen und die nahe Rom in den Albaner Bergen *(Castra Albana)* stationierte *legio II Parthica* ergänzt.[101] Wahrscheinlich begleiteten diese Einheiten den Kaiser als *comitatus* (unter dem ritterlichen Reitergeneral Aureolus) auf den Kriegszügen, entsprechend den im 3. Jahrhundert im Felde stehenden Garden.[102]

Mit dieser mobilen Streitmacht konnte Gallienus sowohl Italien und Gallien (gegen die Alamannen) schützen als auch das von Usurpatoren heimgesuchte Gallien zurückgewinnen. Und mit ihr erzielte er auch durchschlagende Erfolge gegen die Goten und Heruler im Balkan-Donauraum.[103] Sicherlich bestand nicht der Hauptzweck der Reiterei darin, größere Entfernungen schnell zu überwinden.[104] Reiterverbände über weite Räume zu verlegen verursacht große logistische Probleme; schnell laufende Pferde benötigen ausgedehnte Pausen, so dass Reitertruppen auf lange Distanzen (im Gegensatz zu ihrer Beweglichkeit auf kurzen Strecken) nicht sehr effektiv sind. Deshalb sammelten sich die berittenen Verbände immer um einen größeren Kern von Infanteristen. Entscheidend war demnach vielmehr, dass die Reiterei die taktische Flexibilität der Armee gegen mobile Gegner – wie schon Ende des 1. Jahrhunderts – erhöhte. Nur mit ihr konnte man erfolgreich gegen einen Feind wie die Germanen an Orten bestehen, die von den Römern nicht vorauszusehen oder zu bestimmen waren, oder die – wie die Sasaniden und Alanen – die römischen Truppen mit einer schweren, lanzenbewehrten Reiterei angriffen.[105]

Die neue Zergliederung der Armee in mobile, meist berittene Einsatztruppen und stationäre Grenzverbände, die schwierigen Kämpfe und wachsenden Anforderungen der Kriegführung verlangten sachkundige Kommandeure. Sie wurden nun endgültig nicht mehr nach dem Personenstand, sondern nach fachlicher Eignung, Zuverlässigkeit und Organisationsfähigkeit ausgewählt.[106] Schon unter Mark Aurel gab es unter den ansonsten senatorischen Kommandeuren vermehrt fähige Aufsteiger aus dem Ritterstand.[107] Septimius Severus hatte das Avancement einfacher Soldaten erleichtert und Ritter zu Kommandeuren dreier Legionen *(legiones I-III Parthicae)* ernannt; die *legio II Parthica* stand unter einem ritterlichen *praefectus legionis* und war direkt dem Kaiser unterstellt (s. o. S. 342).[108] Da die Grenzlegionen gegenüber den aus ihnen abgezogenen Vexillationen an Bedeutung verloren, sank zusätzlich der Einfluss der senatorischen Legionslegaten und Militärtribune. Stattdessen wurden die mobilen Vexillationen vielfach von Rittern kommandiert (auch wenn größere Kampfverbände noch Senatoren anvertraut wurden).[109] Gallienus trieb auch diese Entwicklung voran und brachte sie zum Abschluss, indem er die militärisch überforderten »Standesherren-Offiziere« aus allen Kommandopositionen verdrängte und durch ritterliche Offiziere ersetzte, die ihr Kriegshandwerk von der Pike auf gelernt hatten.[110] Der Ritterstand erhielt eine weitere Aufwertung dadurch, dass bewährte Zenturionen und Primipilare in den Ritterstand erhoben wurden.[111] Ritterliche *duces* erhielten nun das Kommando über selbständig operierende Großverbände.[112] Aber auch an der Spitze der Legionen verdrängten ritterliche *praefecti legionis* die senatorischen *legati legionis*.[113] Außerdem löste ein neu gebildeter Führungsstab der ritterlichen *protectores* einen weiteren Professionalisierungsschub aus:[114] Der zivil-militärische (senatorische) Generalist der Prinzipatszeit wurde auf der Offiziersebene durch den militärischen (ritterlichen) Fachspezialisten ersetzt, der höchste Kommandostellen einnahm.[115] Zum ersten Mal gab es eine »eigentliche Generalität, d. h. reine Truppenführer auf der Ebene des höchsten Kommandos«.[116]

Sie steigerten die Schlagkraft der Armee und trugen wesentlich zur Stabilisierung des Reiches bei. *Duces* aus dem Ritterstand bekämpften die Germanen mit mobilen Großverbänden erfolgreich zu Lande und besiegten die im Jahr 267 mit angeblich 500 Schiffen in die Ägäis vorstoßenden Heruler und andere germanische Gruppen zur See. Auch die lokale Reorganisation der Seestreitkräfte beruhte auf dem Einsatz und dem Sachverstand ritterlicher Militärs.[117] Die Ritter haben zudem die Militarisierung des Kaisertums vorangetrieben. Sie galten seit Anfang des 3. Jahrhunderts als regimentsfähig (Macrinus 217, Maximinus Thrax 235), und die Kaiser kamen seitdem fast nur noch aus den Reihen des höheren Offizierskorps.[118] Die Kaiser dachten deshalb in vergleichbaren militärischen Kategorien wie ihre ritterlichen Offiziere.[119]

Im Zuge der Abwehrkriege gegen »barbarische« Invasoren konnten die Kaiser schließlich die Auswirkungen eines weiteren Strukturproblems erträglich gestalten: den wachsenden Bedarf an Soldaten. Die Neuformierung von Truppenverbänden angesichts einer größeren Zahl von Gegnern war nicht mehr allein mit der Abkommandierung provinzialer Truppen *(vexillationes)* zu bewerkstelligen. Seit Mark Aurel wurden deshalb in immer größeren Umfang besiegte und gefangene Germanen in die römische Armee integriert. Große Teile des Heeres, das Gordian III. im Jahr 243 gegen Shapur führte, bestand laut Shapurs Tatenbericht aus gotischen und germanischen Einheiten; Aurelian soll der römischen Armee 40 000 Reiter und 80 000 Fußkämpfer besiegter Juthungen zugeführt (die Zahlen sind offenkundig übertrieben) und 2000 vandalische Reiter als Hilfstruppen verpflichtet haben.[120] Gallienus sicherte sich vertraglich den Zuzug markomannischer Verbände.[121] Germanische Reitereinheiten (auch als *equites gentium peregrinarum* oder *Gothi gentiles* bezeichnet) dienten seit dem späten 2. Jahrhundert, parthische Panzerreiter seit der Mitte des 3. Jahrhunderts auf Vertragsbasis oder als Söldner in den Heeren der Kaiser.[122] Wie wichtig germanische Truppen schon vor dem Beginn der sogenannten Völkerwanderung im 4. Jahrhundert waren, belegen die zentralen Waffenfabriken des Feldheeres, die für die neuen Verbände germanische Kreuzband- und Spangenhelme produzierten.[123] Mit der Integration von kampferfahrenen germanischen Einheiten erzielte man den notwendigen Truppenzuwachs, der allein mit Rekrutierungen unerfahrener und noch ungeübter Verbände innerhalb des Reiches nicht mehr zu erreichen war.

Ergänzt wurden die militärischen Veränderungen durch eine Verbesserung der Aufklärung. Seit dem späten 2. Jahrhundert sorgten kleinere Festungen, Kundschafter und Einheiten von *exploratores* und den *beneficiarii consulares* für einen umfangreicheren Informationsfluss, der nicht nur die an den Grenzen lagernden Kommandeure *(duces)* erreichte, sondern sich bis in das kaiserliche Hauptquartier erstreckte.[124]

Die Fähigkeit, sich veränderten Situationen in kurzer Zeit anzupassen, verschaffte so dem Reich in den 270er Jahren wieder einen Machtvorsprung gegenüber allen Angreifern. Fast immer waren römische Armeen unter kompetenter Führung ihren germanischen Gegnern überlegen.[125] Gallienus besiegte mit seinen berittenen Elitetruppen die Alamannen 260 bei Mailand und die Heruler in Illyricum.[126] Claudius II., der Nachfolger des Gallienus, konnte 269 auch mit der aus dalmatinischen Reitern bestehenden Schlachtenkavallerie die Goten bei Naissus-Niš vernichtend schlagen; angeblich sollen 50 000 »Barbaren« gefallen sein.[127] Im gleichen Jahr befreiten römische Flottillen unter dem *praefectus Aegypti* Tenagino Probus in mehreren Seeschlachten die Ägäis von germanischen Invasoren, die angeblich mit bis zu 6000 Schiffen erneut aus dem Schwarzen Meer durch den Bosporos vorgestoßen waren.[128] Die Kaiser Aurelian und Galerius trieben die Goten in den Folgejahren endgültig über die Donaugrenze zurück.[129] Danach herrschte für viele Jahrzehnte Ruhe an der nordöstlichen Achillesferse des Imperiums.

Die Feldarmeen Diokletians und Konstantins

Nie ganz bewältigt wurden die Risiken von Usurpationen; man kann sogar sagen, dass die Förderung ritterlicher Offiziere die Gefahren noch verschärfte.[130] Viele Kaiser wurden von ihnen ermordet und/oder entstammten ihren Reihen. Vielleicht geht auch die Konzentrierung der Elitetruppen in unmittelbarer Nähe des Kaisers nicht nur auf militärische Erwägungen zurück, sondern auch auf das ausgeprägte Sicherheitsbedürfnis der regierenden Monarchen gegenüber Usurpationsversuchen von der Peripherie. Doch das Rad war nicht mehr zurückzudrehen. Die Armee des 3. und 4. Jahrhunderts war wahrscheinlich doppelt so groß wie die des frühen Prinzipat. Allein um diese Armee zu kommandieren und die Reichsgrenzen zu sichern, bedurfte es erfahrener Feldherren mit gut ausgebildeten Offizieren, auch wenn beides die Gefahr von Usurpationen erhöhte.[131]

Dies war das entscheidende Dilemma des römischen Kaisertums. Es war nicht aufzuheben, sondern lediglich in seinen Auswirkungen einzugrenzen. Denn die römische Monarchie konnte ihren militärischen Charakter nie ablegen. Die dynastische Nachfolge war zwar von den Soldaten gewünscht, blieb aber immer labil und funktionierte auch nur dann, wenn die verwandtschaftliche Verbindung nicht abriss, was im 3. Jahrhundert allerdings der Fall war. Nachdem die außenpolitische Stabilität wiederhergestellt war, suchte Diokletian die Gefahr von Usurpationen vorsorglich durch das neue System der Tetrarchie zu bannen. Anstatt auf Usurpationsversuche zu warten, machte er mögliche Konkurrenten gleich zu Mitkaisern: So erhob er zunächst im Jahr 286 seinen Kampfgefährten Maximianus zum Augustus.[132] 293 ernannte er mit Galerius und Constantius Chlorus zwei Caesaren, die den beiden Augusti zugewiesen wurden, die Nachfolge antreten und ihrerseits neue Caesares ernennen sollten.[133]

Auch wenn sich die Tetrarchie auf Dauer gegen die im Heer stärker akzeptierten familiären Bindungen nicht durchsetzen konnte, so klärte sie doch für den Augenblick nicht nur die prekäre Nachfolgesituation; sie wurde auch den strategischen Herausforderungen des Reiches besser gerecht als die Ad hoc-Lösungen der Vorgänger. Mit der Vierteilung der Kaiserherrschaft entstanden vier Geschäftsbereiche mit jeweiligen Operationsgebieten. Diokletian stabilisierte die syrische Grenze, und Galerius führte 298 den Perserfeldzug, während Maximian die fränkischen und sächsischen Piraten an den Küsten Galliens und Britanniens bekämpfte und Constantius Chlorus sich der Verhältnisse in Britannien annahm.[134] Die Einteilung des Reiches in 12 Diözesen mit einem *vicarius* an der Spitze erhöhte - auch wenn sie keine militärische, sondern eine administrative Neueinteilung war – die Möglichkeiten, militärische Ressourcen auszuschöpfen, und erleichterte die Reichsverteidigung, weil der Kaiser nicht mehr an eine einzige Grenze gebunden war.

Gleichzeitig trugen die Tetrarchen in einer anderen Beziehung der Tatsache Rechnung, dass sich schon die Kaiser des 3. Jahrhunderts kaum noch über längere Zeit in Rom aufhielten. In Trier, Mailand, Thessalonike, Nikomedia und Antiochia richteten sie neue Residenzen in Grenznähe ein, die den Regenten über längere Zeit als Aufenthaltsort dienen konnten. Besondere Bedeutung gewann die Neugründung Konstantinopels durch Diokletians Nachfolger Konstantin. Von hier aus ließ sich die im 3. Jahrhundert mehrfach überrannte Donaugrenze sowie die maritime Flanke des Reiches an den Meerengen viel besser verteidigen. Deshalb erhielt die hervorragend befestigte Stadt einen großen Hafen. Er wurde zum Stationierungsort einer starken Kriegsflotte und zum Ausgangspunkt der späteren byzantinischen Seekriegspolitik.[135] Gleichzeitig entwickelte sich Mailand wegen seiner Nähe zur Rhein- und Donaugrenze und der besseren Versorgungslage zum Regierungszentrum des Westens.[136]

Konstantin brachte auch den Aufbau mobiler Truppenteile zu einem institutionellen Abschluss. Nach der Schlacht an der Milvischen Brücke in Rom (312) ersetzte er die Prätorianergarde und

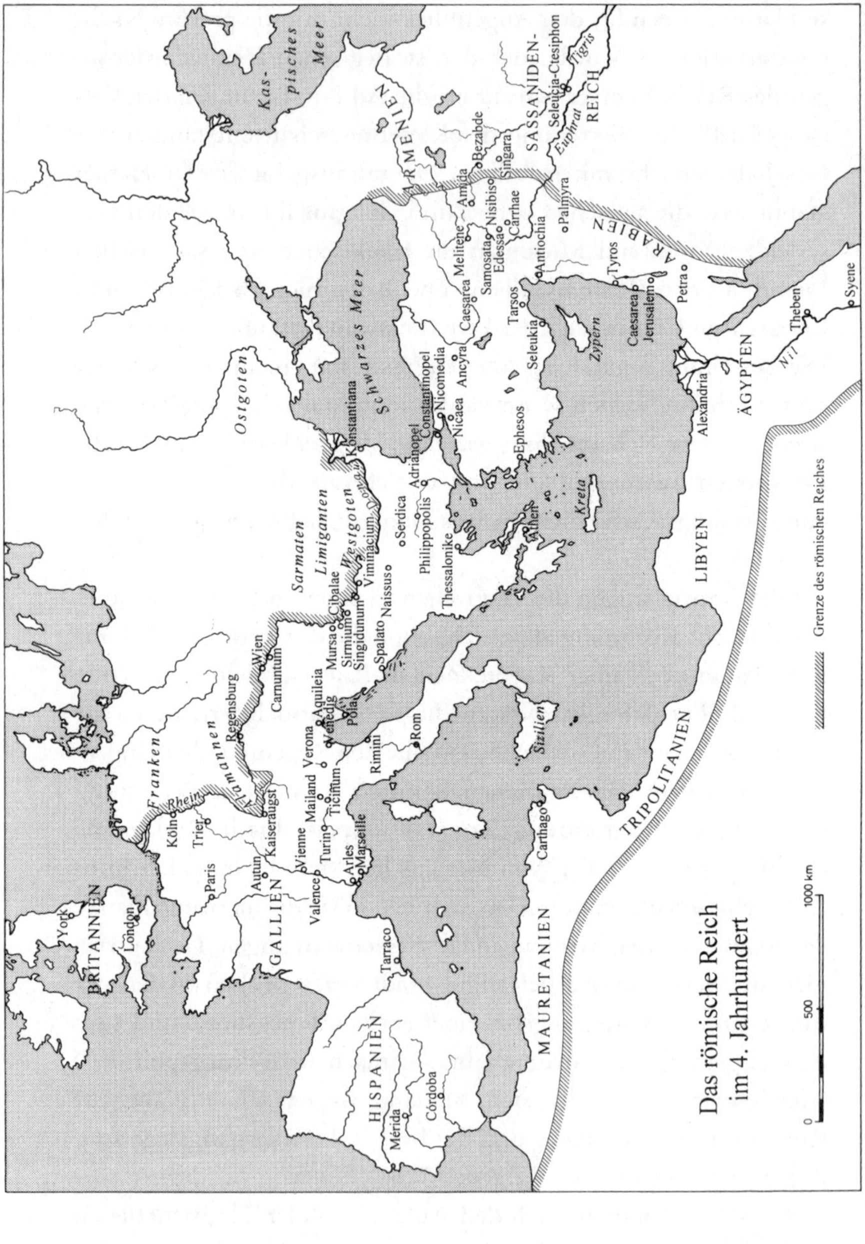

Das römische Reich im 4. Jahrhundert

die *equites singulares Augusti* durch die berittenen Eliteeinheiten der *scholae palatinae* unter dem Kommando des *magister officiorum.*[137] Sie wurden ausschließlich von Germanen gestellt, bildeten als (500-1000 Mann starke) Garde die höchstrangige Feldeinheit und fungierten als Offiziersschule in unmittelbarer Umgebung des Kaisers.[138]

Während die Herrscher der Tetrarchie ihre eigenen mobilen Verbände mit sich führten, schuf Konstantin ferner nach dem Sieg über seinen Kontrahenten Licinius 324 ein einziges Feldheer, das nur ihm unterstand[139]; später wurde es von zwei Befehlshabern, dem *magister peditum* und dem *magister equitum* befehligt. Sie übernahmen technisch die Kommandoposition des Prätorianerpräfekts, dessen Amt nun zum reinen Verwaltungsressort reduziert wurde.[140] Die neuen Feldheere werden in den Quellen als *comitatenses* bezeichnet. Sie waren nahe bei den neuen kaiserlichen Residenzen stationiert und setzten sich aus Legionseinheiten von *iuniores*, die man Einheiten der *seniores* entnahm, und abgezogenen Verbänden der Grenztruppen *(pseudocomitatenses)* zusammen. Die Infanterie der Feldarmeen entwickelte sich aus den kaiserlichen Heeren des späten 3. Jahrhunderts und war in Legionen und/oder *auxilia palatina* gegliedert. Hinzu kamen die Eliteeinheiten der Kavallerie *(vexillationes)*, unterteilt in *vexillationes palatinae* und *vexillationes comitatenses.*[141]

Die *comitatenses* bildeten den Abschluss einer Entwicklung, die sich markant von den Anfängen des Prinzipats entfernt hatte: Augustus hatte angestrebt, Italien vom Militär frei zu halten und alle militärischen Kräfte an den Reichsgrenzen zu stationieren. Dieses System wurde seit dem 3. Jahrhundert schrittweise aufgegeben und schließlich in sein Gegenteil verkehrt: Die besten Truppen wurden nun im Reichsinnern in der Nähe der kaiserlichen Zentralen konzentriert, während die Grenztruppen *(limitanei)* wohl in der Regel von minderer Qualität waren. Jedenfalls führte das kaiserliche Feldheer seit Konstantin die meisten Kämpfe gegen die Germanen, die in das Reich drängten.[142] Um die Kommunikationslinien zu verkürzen und die Reaktionsschnelligkeit des Imperiums zu erhöhen, teilte man die Armee nach dem Tod Konstantins und dann noch einmal in der Mitte des 4. Jahrhunderts in mehrere regionale Feldheere unter dem Kommando von *magistri*, manchmal unter *comites rei militaris* (in *Africa*, Spanien, Britannien, Westillyricum und Isaurien).[143] Auf diese Weise entstanden im Osten neben den zentralen Feldarmeen von Konstantinopel (unter zwei *magistri militum praesentales*) regionale Heere unter einem *magister militum per Orientem*, einem *magister militum per Thracias* und dem *magister militum per Illyricum*. Während die fünf östlichen *magistri* als gleichrangig galten, standen im Westen die Reiterei und Infanterieabteilungen in Norditalien unter dem *magister peditum praesentalis* und dem *magister equitum praesentalis*.[144] In der Folge wurden einige Verbände auf die Regionalarmeen in Gallien (Trier) unter einem *magister equitum* und die Regionalverbände unter *comites* verteilt.[145]

Alle Regionalheere hatten klar definierte Aufgaben: Sie sollten die einfallenden Gegner gemeinsam mit den Grenztruppen bekämpfen und wenn nötig offensive Operationen durchführen. Doch angesichts der riesigen Entfernungen im Reich und der entsprechend langsamen Nachrichtenübermittlung war die Effektivität der regionalen Feldarmeen begrenzt. Häufig mussten die lokalen Truppen monatelang warten, bis die (am nächsten stehende) Feldarmee sie erreichte.[146] Um die Kooperation zwischen Feldheer und den Grenzverbänden zu verbessern und die Zeit zwischen einem gegnerischen Angriff und der Reaktion der Feldheere zu überbrücken, musste man die Grenzverteidigung neu organisieren.

Neuorganisation der Grenzverteidigung und taktische Strukturen

Diokletian und Galerius gingen zunächst daran, die Provinzen zu verkleinern und die militärische Befehlsgewalt von den Statthaltern auf die ritterlichen *duces* zu verlagern.[147] Diese führten (neben den *comites rei militaris*) das Kommando über die Grenztruppen *(ripenses*, später *limitanei)* in über 30 Abschnitten (Dukate), welche die Provinzen überlagerten. Die *limitanei* bildeten das Überbleibsel der alten, durch den Abzug von Vexillationen weiter geschwächten Provinziallegionen. Ihre Aufgabe war es, neben dem üblichen Patrouillen- und Garnisonsdienst Informationen von jenseits der Grenzen zu sammeln und Raubzüge von kleineren Verbänden zu hemmen.[148] Die Regionalarmeen wurden erst dann alarmiert, wenn der *dux* oder *comes* die Lage nicht stabilisieren konnte; das in der Nähe des Hofes stationierte Präsentalheer griff ein, wenn die regionalen Feldheere nicht ausreichten.[149]

Damit diese gestaffelte Aufgabenverteilung funktionierte, bedurfte es grenznaher Verteidigungsanlagen, welche die innerrömischen Kommunikationskanäle schützten und den Feind so lange aufhielten, bis die Nachrichten an die höhere Kommandoebene gelangten. Diokletian, Konstantin und Valentinian trieben mit hohem Einsatz an Geld, Arbeitskraft und Mannschaften den Aus- und Neubau der Befestigungsanlagen an der Rhein- und Donaugrenze wie auch in Britannien voran.[150] Die meist rechteckigen Anlagen waren kleiner als zuvor, aber mit stärkeren Mauern und höheren, häufig artilleriebewehrten Türmen versehen. Die Ecktürme hatten häufig einen runden, über die Außenlinie der Mauern herausragenden Grundriss, um die Flanken der Angreifer bestreichen zu können. Fast durchweg wurden die Festungen auf Hügeln und an Flussbiegungen angelegt.[151] Sie dienten in erster Linie der Beobachtung und der Informationsbeschaffung und sollten Invasoren zwingen, auf ungünstigem Gelände zu kämpfen.[152]

Deutlich ist hinter diesen Veränderungen des frühen 4. Jahrhunderts eine Gesamtstrategie zu erkennen, die aus den Erfahrungen der vergangenen eineinhalb Jahrhunderte ihre Lehren zog. Römische Armeen mussten immer dann empfindliche Niederlagen hinnehmen, wenn sie übereilt den Gegner zur Schlacht stellten. Um solche Situationen zu vermeiden, gingen die Feldherren nur noch unter günstigen Voraussetzungen das Risiko großer Feldschlachten ein und setzten auf den langen Atem ihrer überlegenen Logistik und der Fähigkeit, den Gegner durch Kleinkriege zu zermürben. In der Sprache der spätantiken Militärhandbücher nahm »Risiko« *(periculum, kíndynos)* einen pejorativen Sinn an, während »günstige Gelegenheit« *(opportunitas, kairós)* zur Losung der Zeit aufstieg.[153] Nicht ohne Grund machten in der Spätantike Verteidigungskämpfe von gut befestigten Festungen oder Städten über die Hälfte aller militärischen Aktionen der römischen Armee aus. Dementsprechend erreichte der Einsatz technisch anspruchsvoller Artillerie in dieser Zeit einen Höhepunkt.[154] Manche Spezialtruppen wie die sogenannten *ballistarii* wurden wohl überwiegend bei Belagerungen eingesetzt, auch wenn manche Autoren inzwischen glauben, sie seien mit der Armbrust ausgerüstet gewesen.[155]

Die Abkehr vom (offensiven) Kriegsverständnis des Prinzipats wurde von den Quellen als ehrenvoll gewürdigt, wenn damit das Ziel erreicht wurde: die Grenzen zu sichern.[156] Gleichwohl ist das Gewicht, das man nun auf die Verteidigung des Reichsgebiets legte, keinesfalls mit Passivität gleichzusetzen. Nach wie vor verlangte das Selbstverständnis des Kaisers (zumindest bis zum Beginn des 5. Jahrhunderts) den Beweis militärischer Tapferkeit *(virtus, andreia)* durch erfolgreiche Feldzüge und Triumphe vor allem gegen Barbaren. Tatsächlich waren spätantike Armeen auch in der Lage, wirkungsvolle Präventivschläge oder Strafaktionen jenseits der Grenzen zu führen. Es ging dabei freilich nicht mehr um Eroberungen, sondern um die Demonstration militärischer Stärke, die der Autorität germanischer Heerführer schaden und deren Invasionen im Keim ersticken sollte. Allerdings schwand damit die Fähigkeit, die Vorgänge jenseits der Grenzen aktiv, dauerhaft und vorbeugend zu beeinflussen.[157]

Auch die taktische Grundstruktur der römischen Armee passte sich den neuen Zielen an. Die nominelle Mannschaftsstärke der nachkonstantinischen Armee wird auf 400 000 bis 800 000 Mann geschätzt. Tatsächlich hatten die Römer wohl nie mehr als 600 000 Mann unter Waffen.[158] Ihre Grundeinheit bildete neben den neugebildeten *auxilia palatina* nach wie vor die Legion in ihren drei Klassen der *legiones palatinae*, der *legiones comitatenses* und der *legiones pseudocomitatenses.* Sie wurde auf eine Mannschaftsstärke von 1000–1200 Mann verkleinert. Diese Einheiten waren leichter zu kommandieren, und mit ihnen konnte man besser gegen mobile Gegner an mehreren Grenzabschnitten kämpfen.[159] Wahrscheinlich hofften die Tetrarchen auch, möglichen Usurpatoren weniger geballte militärische Kräfte an die Hand zu geben.

Diesem Kalkül lag wohl auch die Neugestaltung der Marine zugrunde: Nachdem auch Italien in Provinzen aufgeteilt war, wurden mehrere kleinere Provinzialflotten aufgestellt, deren Zahl immerhin die der bisherigen Flottillen überstieg und ein beträchtliches militärisches Potential ergab.[160] In der Folgezeit passte man auch die (normalerweise dem zuständigen *dux* unterstellten) Flussflottillen der veränderten strategischen Gesamtlage an.[161] Anstelle der relativ großen (und unter anderem zum Truppentransport über weite Entfernungen geeigneten) Liburnen benutzte man zunehmend kleine, nicht mehr als acht Mann tragende Schnellboote *(naves lusoriae, barcae)*, mit denen man Überraschungsangriffe, Überfälle und gezielte Vorstöße ins Barbaricum unternehmen konnte.[162] Größere Flottenverbände mit über 200 Einheiten wurden dagegen wohl nur bei Bedarf gebaut, insbesondere um kaiserliche Expeditionen nach Britannien zu unterstützen oder wenn Kämpfe von Thronprätendenten im Mittelmeer drohten (vgl. u. S. 414). Dennoch haben all diese Maßnahmen, die auch von umfangreichen Hafenbauten in den Residenzen begleitet waren, dem Reich in der ersten Hälfte des 4. Jahrhunderts die Kontrolle über fast alle maritimen Gefahrenräume (insbesondere im traditionell von germanischen Piraten bedrohten Ärmelkanal) gesichert.[163]

Insgesamt durchlief die Armee im frühen 4. Jahrhundert einen weiteren Differenzierungsprozess, der auf kleinere, schlagkräftige Verbände mit spezialisierten Waffengattungen zielte. In diesem

Rahmen verfestigte sich auch der hohe Anteil der Reiterei. Sie machte im 4. Jahrhundert rund ein Fünftel der Gesamtarmee aus, wobei der größere Anteil sich auf die Grenztruppen verteilte.[164] Die bekannteste Abteilung waren die »Panzerreiter«, die im 3. Jahrhundert als Reaktion auf die Schlachtenreiterei der Sasaniden oder nach dem Vorbild der Sarmaten gebildet wurden:[165] Die *cataphracti* oder *cataphractarii* trugen einen schweren Helm, ein bis auf die Unterschenkel reichendes Panzerhemd, führten einen Rundschild und neben dem Schwert eine bis zu 2,50 Meter lange, massive Lanze; allerdings fehlte ihnen wahrscheinlich – im Gegensatz zu den Sarmaten – ein Rosspanzer.[166] Sie kämpften in geschlossenen Formationen traditionell gegen Infanteristen, während die ähnlich gerüsteten *clibanarii* mit berittenen Bogenschützen in einer keilförmigen Angriffsordnung aufgestellt waren.[167] Wie im Fall der Sasaniden waren ihre Pferde durch metallene Platten geschützt. Wegen der hohen Kosten blieb allerdings die Zahl der Panzerreiter begrenzt.[168]

Sieht man von den Panzerreitern und der Palastgarde ab, unterschied sich der weitaus größte Teil der spätantiken Kavallerie im Hinblick auf Ausrüstung und taktischen Einsatz nur wenig von den Reiterauxilien der mittleren Kaiserzeit (s. o. S. 315 f.). Ob die Reiterei tatsächlich zu den bestausgerüsteten und besttrainierten Verbänden des römischen Heeres gehörte, wie häufig vermutet wird[169], ist deshalb genauso zu bezweifeln wie die alte These, wonach es in der Spätantike zu einer grundlegenden Gewichtsverlagerung vom Infanteriekampf großer Feldheere hin zum Einsatz kleinerer Reiterverbände kam (was den mittelalterlichen Ritterkampf vorweggenommen hätte).[170] Diese Meinung trifft weder für die Germanen noch für die Römer zu. Nur die germanischen Adligen verfügten über Pferde, mindestens drei Viertel der Invasoren kämpften zu Fuß.[171] Im Fall der römischen Armee kann man sich leicht dadurch irreführen lassen, dass formell (nach Aussage der *Notitia Dignitatum*) der Rang der Reiterei höher war als der Fußsoldaten, dass die Palastgarde ausschließlich aus (germanischen) Reitern bestand und dass einige prominente Schlachten durch die Reiterei entschieden wurden oder dass drohende Niederlagen der Fußtruppen durch Kavallerie abgewendet werden konnten.[172] Dies war aber an sich nichts Neues: Schon in der Republik hatte der Einsatz der Reiterei häufig über den Ausgang der Schlacht entschieden, ohne dass die schwerbewaffnete Infanterie ihre Rolle als Kern des Landheeres in irgendeiner Form eingebüßt hätte.

Das Gleiche gilt für die spätantike römische Armee insgesamt. Nach wie vor stellten Krieger zu Fuß den größten Anteil und das Zentrum des Bewegungsheeres; die zeitgenössischen Historiker betonen ihre entscheidende Rolle in der Schlacht, und die Militärhandbücher widmen dem Exerzieren der Infanterie die größte Aufmerksamkeit.[173] Ferner behielten die römischen Truppen ihre hohe Mobilität: Sie konnten zu jeder Jahreszeit kämpfen, verlegten allerdings ihre Vorstöße in Feindesland meist in den Sommer, um die auf ihren Feldern beschäftigten Germanen zu überraschen.[174] Die Germanen führten Raubzüge dagegen eher im Winter, und ihre Operationen blieben in der Regel zeitlich und räumlich beschränkt. Auch wenn sie im 4. Jahrhundert länger für einen Feldzug zusammenblieben, waren sie nach wie vor nicht in der Lage, befestigte Städte und Versorgungsdepots zu erstürmen. Deshalb hatten größere Heere und Wanderungszüge erhebliche Schwierigkeiten, eine ausreichende Nahrungsmittelversorgung zu organisieren.[175] Die spätantiken Taktikhandbücher rieten deshalb, so lange abzuwarten, bis sich die Germanen zur Nahrungssuche zerstreuten, um sie dann in Einzelgefechten soweit zu schwächen, dass eine Feldarmee eine Schlacht mit guter Erfolgsaussicht wagen konnte.[176]

Kam es zur Schlacht – was in der Spätantike selten vorkam –, so richteten römische Feldherrn ihre Taktik an der zweiten Schwäche der Germanen aus: ihrer unzureichenden Bewaffnung. Die meisten germanischen Krieger waren aufgrund mangelnder materieller Ressourcen nur mit Speer und Schild, selten mit Streitäxten und Schleudern ausgerüstet; nur die Adligen trugen Körperpanzer und

Metallhelm.[177] Deshalb setzten die Germanen nach wie vor alles auf einen ersten Stoßangriff auf die römischen Linien. Führte dieser nicht zum Erfolg, war der Kampf in der Regel verloren, weil die Germanen mangels Defensivwaffen nicht in der Lage waren, Gegenangriffe über längere Zeit abzuwehren, und weil dies wohl auch nicht ihrem Kriegsethos entsprach, abgesehen davon, dass eine organisierte Defensive hohe Führungsqualitäten verlangt.

Für die Römer kam deshalb wie schon im 3. Jahrhundert alles darauf an, dem ersten massierten Angriff standzuhalten. Wahrscheinlich zogen sich die Legionäre in der ersten Phase der Feldschlacht noch häufiger als früher zu geschlossenen, phalanxartigen Linien zusammen; im 6. und 7. Jahrhundert bezeichnen byzantinische Autoren diese Formation als *syskouton* oder *fulcum*.[178] Da die römischen Infanteristen meist gegen leichter gerüstete Fußtruppen kämpften, verwendeten sie neben der traditionellen Bewaffnung mit Schild, Schuppen-, Ketten- und Lamellenpanzer (anstelle der *lorica segmentata*), dazu Spangen- und Kammhelm (wohl nach sarmatischem und parthischem Vorbild) nun multifunktionale Waffen wie *lancea, spiculum, vericulum* und das Langschwert *(spatha)*. Diese Waffen waren in der defensiv-geschlossenen Formation und der offensiven Gegenreaktion gegen einen hochmobilen Gegner effektiver als *pilum* und Kurzschwert.[179] Die schwere Infanterie bildete die ersten beiden Linien, und man kann vermuten, dass nach der ersten Angriffswelle des Gegners nach wie vor die Möglichkeit bestand, die erste Reihe durch die hintere zu ersetzen.[180] Anders als in der klassischen Formation der *triplex acies* wurde jedoch die dritte Reihe fast regelmäßig mit Bogenschützen *(sagittarii)*, spezialisierten Lanzenkämpfern *(lanciarii)*, Schleuderern und Artillerieabteilungen besetzt, was erneut die große Bedeutung der Fernwaffen in der spätantiken römischen Armee unterstreicht.[181] Sie feuerten ihre Geschosse in der Regel über die Köpfe ihrer Kameraden auf den heranstürmenden Gegner, der aufgrund fehlender Rüstung mit schweren Verlusten rechnen musste.

Wenn es den Germanen doch einmal gelang, die ersten Linien

zu durchbrechen, dann hatten die Römer die Möglichkeit, auf die hinter den Linien postierten Elitetruppen der Palatinauxilien zurückzugreifen.[182] Die Reserven wurden nach Aussage der Quellen in *cuneus*-Form geordnet, was von manchen Forschern als Adaption germanischer Aufstellungen gedeutet wird, auch wenn die Germanen selbst normalerweise nicht über taktische Reserven verfügten.[183] Doch wenn die Legionen die alte Kohortenaufstellung zugunsten einer phalanxartigen Defensivstellung aufgaben, erscheint es plausibel, dass auch die Reservetruppen ihre Angriffsformation nicht mehr nach römischen, sondern nach germanischen Vorbildern bildeten, zumal ehemals peregrine Verbände den überwiegenden Teil der Eliteeinheiten ausmachten.

Der Erfolg gab ihnen recht: Römische Armeen brachten selbst bei einer taktischen Niederlage den Gegnern hohe Verluste bei.[184] In der Regel waren selbst gegen einen zahlenmäßig überlegenen Feind durchschlagende Erfolge möglich. Das berühmteste Beispiel ist die Schlacht, die der Caesar Julian 357 bei Straßburg mit nur 13000 Mann (davon 10000 Infanteristen und 3000 Reiter) gegen ein aus mehreren Teilstämmen gebildetes Heer von 30000–35000 Alamannen schlug. Die vordersten Reihen der römischen Schwerbewaffneten formierten sich wie üblich in einer phalanxartigen Defensivstellung »wie eine unzerstörbare Mauer« und bildeten zusätzlich gegen die erwarteten Fernwaffen eine nach oben geschlossene Schildwehr *(testudo)*.[185] Als der Ansturm der germanischen *cunei* das Zentrum der ersten Linie durchbrach, stabilisierte die weiter hinten postierte Legion der *Primani* die Ordnung. Inzwischen hatten die in Reserve gehaltenen Eliteverbände der *Batavi* die Flanken der Legionen gesichert. Danach gingen die *Primani* zum Gegenangriff gegen einen Feind über, der keinen Alternativplan hatte außer der ersten Attacke.[186] Noch immer erwies sich das taktische Zusammenwirken gut geschulter Infanterieverbände in der Defensive dem Ansturm der Germanen als überlegen.

13.
PROBLEME DER SPÄTANTIKEN ARMEE – ADRIANOPEL UND DIE FOLGEN

Rosige Zeiten?

Nach Ansicht mancher Historiker hatte die römische Armee seit den Reformen Diokletians und Konstantins im Hinblick auf Ausbildung, Organisation und Kampfkraft eine höhere Qualität als in der frühen Kaiserzeit (sie wurde erst wieder in napoleonischer Zeit erreicht). Militärtechnisch und taktisch allen Gegnern überlegen, sei sie der Garant dafür gewesen, dass das Reich unter normalen Umständen ein schwer zu überwindendes Bollwerk geblieben wäre.[1] Technische und taktische Überlegenheit garantiert jedoch allein keinen dauerhaften Erfolg; dafür hing der Krieg auch in der Spätantike viel zu sehr von unwägbaren Konstellationen, irrationalen Entscheidungen und Zufällen ab. Ein hoher Standard der Ausbildung und Bewaffnung ist zudem nicht unbegrenzt belastbar. Er erfordert sehr viel Geld, Zeit und gleichbleibend hohe Rekrutenzahlen mit erfahrenen Offizieren. Die Entwicklung der spätantiken Armeen erinnert in dieser Hinsicht an die der hellenistische Zeit. Auch sie konnten nur dann auf einem hohen Niveau gehalten werden, wenn die wirtschaftlichen, politischen und militärischen Rahmenbedingungen günstig blieben und kein gravierender Störfaktor von Außen die labile Balance zwischen dem materiellen Aufwand für den Unterhalt der Armee und ihren Erfolgen beeinträchtigte.

Unter der diokletianischen Tetrarchie schienen diese Voraussetzungen zunächst gegeben. Die Reichsgrenzen waren gesichert. Ähnlich wie Augustus einst die in den Bürgerkriegen außer Kontrolle geratene Besoldung der Armee auf eine neue Basis stellte, so wandelte Diokletian am Ende des 3. Jahrhunderts die Naturalsteuer *(annona militaris)* zum Unterhalt des Heeres, die bisher nur bei Bedarf erhoben wurde, in eine *regelmäßige* Steuerleistung um. Die Steuerbelastung scheint nach dieser Reorganisation, anders als man früher glaubte, insgesamt nicht wesentlich höher gewesen zu sein als in der frühen Kaiserzeit. Mit Sicherheit fiel sie zunächst geringer aus als im chaotischen 3. Jahrhundert.[2]

Zudem eröffnete sie den kaiserlichen Zentralen nach langer Zeit wieder berechenbare Einnahmen. Ein variabler, dem jeweiligen Jahresbedarf anzupassender Steuerfuß und die Zentralisierung der Einnahmen und Ausgaben in Rechnungsbüchern brachten wieder Ordnung in den finanziellen Wirrwarr des 3. Jahrhunderts. »Zum ersten Mal in seiner Geschichte besaß das Römische Reich ein geordnetes Budget.«[3] Als Konstantin mit dem *solidus* einen neuen Münzfuß einführte, wurde auch das Währungssystem, das im letzten Drittel des 3. Jahrhunderts aus den Fugen geraten war, stabilisiert; es hielt sich im byzantinischen Osten bis ins Mittelalter. Ferner verfügten die Kaiser seit der *Constitutio Antoniniana* (212/3) über ein großes Rekrutierungsgebiet. Für die häufig vorgebrachte These von einem *allgemeinen* Bevölkerungsrückgang seit dem 3. Jahrhundert gibt es keinerlei Beleg. Man kann eher umgekehrt mit einer relativen Überbevölkerung in bestimmten Regionen (zumal des Ostens und Nordafrikas) seit Ende des 3. Jahrhunderts und einer spürbaren wirtschaftlichen Erholung rechnen.[4] Das Reich schien rosigen Zeiten entgegenzugehen.

Fluch der Bürgerkriege

Wieder einmal war es der Krieg, der die Entwicklung in gänzlich andere Bahnen lenkte. Bei allen Bemühungen um innere und äußere Stabilität konnte die Tetrarchie den Geburtsfehler des römischen Kaisertums, dass die Auswahl des Nachfolgers nicht verbindlich geregelt war, nur für kurze Zeit beheben. Als Diokletian und Maximian sich im Jahr 305 zurückzogen, bestellten Galerius und Constantius Chlorus zwar Maximinus Daia und Flavius Valerius Severus zu Caesaren. Doch als Constantius Chlorus 306 überraschend starb, waren seine Soldaten nicht bereit, auf das dynastische Prinzip der Herrschaftsfolge zu verzichten. Sie erhoben gegen die Regeln der Tetrarchie, die Severus zum Augustus hätte machen müssen, Konstantin, den Sohn des verstorbenen Constantius Chlorus, zum Augustus. Dieses Beispiel bewog auch Maxentius, den leiblichen Sohn Maximians, die Augustuswürde zu beanspruchen.

Mit dem Scheitern der Tetrarchie entschied der Krieg wieder über die Vergabe der Kaiserwürde. Konstantin besiegte im Jahr 312 Maxentius an der Milvischen Brücke bei Rom. Licinius, ein anderer Thronprätendent, schlug ein Jahr später seinen Kontrahenten Maximinus Daia. 324 behielt Konstantin gegen Licinius im Kampf um die Gesamtherrschaft bei Adrianopel und Chrysopolis die Oberhand.[5] Damit hatte das für die Soldaten einzig akzeptable Prinzip der dynastischen Monarchie gesiegt, allerdings unter hohen Blutopfern. Das Heer Konstantins umfasste rund 30000 Mann, als er die weitaus größere Armee des Maxentius in Italien und Rom angriff. Ein vergleichbares Aufgebot führte Licinius gegen Maximinus ins Feld. Konstantin und Licinius mobilisierten Armeegrößen im mittleren fünfstelligen Bereich.[6] In der großen Schlacht von 351 zwischen Constantius II. und dem Usurpator Magnus Magnentius bei Mursa (an der Drau in Pannonien) soll der Kaiser 80000 Mann, sein Gegner etwas weniger als die Hälfte ins Gefecht geführt haben. Constantius war sich noch vor dem ersten Schwerthieb der Konsequenzen bewusst, »würden doch die römischen Heere derart geschwächt, dass sie nach so gewaltigen Verlusten dem allseitigen Ansturm der Barbaren nicht mehr gewachsen seien«.[7] Tatsächlich fielen nach glaubhafter Überlieferung 54000 Soldaten – der mit Abstand größte Verlust, den das Reich seit Cannae hinnehmen musste.[8]

Die Folgen: Rekrutierungsprobleme

Die großen Verluste der Bürgerkriege, die sich im 4. Jahrhundert im Westen des Reiches fortsetzten[9], verschärften ein Strukturproblem, das zu einer großen Belastung werden sollte: Während die Grenztruppen *(limitanei)* ihren Mannschaftsbestand weitgehend hielten, konnten die Kommandeure der Feldheere nur noch selten Armeen in ausreichender Mannschaftsstärke befehligen. Selbst in Zeiten direkter Angriffe blieben die Musterungsbüros weitgehend leer. Auch Registrierungsprämien reichten nicht aus, um die Reihen zu füllen.[10] An Stelle römischer Verbände wurden deshalb im Laufe der Zeit immer hektischer germanische Söldnertruppen angeworben, während man gleichzeitig die römischen Einheiten durch Umgruppierungen und Teilungen nominell wieder auf den alten Stand zu bringen suchte und die Aufnahmekriterien für römische Rekruten lockerte. So begnügte man sich in den 60er Jahren des 4. Jahrhunderts mit einer Körpergröße der Rekruten von 1,65 Meter, während bisher die Messlatte bei 1,75 Meter lag.[11]

Der Mangel an kampffähigen römischen Rekruten war jedoch nicht nur eine Folge der Bürgerkriege. Strukturelle und politische Gründe kamen hinzu. Im 4. Jahrhundert ergänzte sich die Armee auf drei Wegen: durch jährliche Konskription (parallel zur Steuererhebung), durch die gesetzliche Dienstpflicht von Veteranensöhnen und durch Freiwillige.[12] Über den Eintritt von Freiwilligen weiß man wenig. Sicher aber ist, dass Veteranen ihre Söhne in höhere Verwaltungsposten lancierten, um sie der erblichen Dienstpflicht zu entziehen.[13] Ähnliche Hindernisse erschwerten die jährliche Zwangsaushebung. Sie erfolgte parallel zur Steuererhebung und oblag den Gemeinden und Großgrundbesitzern. Diese waren verpflichtet, entsprechend der Zahl und Größe ihrer Steuereinheiten *(iugera)* aus der Gruppe der auf ihren Gütern beschäftigten Bauern jedes Jahr Soldaten abzustellen. Im Laufe des 4. Jahrhunderts konnten allerdings mächtige Grundherren ihre Verpflichtung immer häufiger mit dem Hinweis unterlaufen, dass die Einberufung von Arbeitskräften die Betriebsfähigkeit der Güter (und damit die Steuererträge) gefährdete.[14] Die Folge war, dass nur noch wenige Männer ausgehoben wurden, die überwiegend auch noch ungeeignet und wenig motiviert waren.[15]

Die Haltung der Großgrundbesitzer und die Versuche der Veteranen, ihren Söhnen den Kriegsdienst zu ersparen, entsprachen vielfach dem Wunsch der Rekruten selbst. Viele Römer versuchten sich tatkräftig der Einberufung zu entziehen, etwa indem sie sich selbst amputierten. Auch Fahnenflucht kam häufiger vor als zur Zeit des Prinzipats, wie entsprechende Gesetze und Strafverschärfungen erkennen lassen.[16] Ganz offensichtlich hatte der Heeresdienst für viele Römer an Attraktivität verloren.[17]

Tatsächlich versprachen die zermürbenden Kleinkriege, Abwehrkämpfe und Belagerungen selten Beute, sondern endlose Mühen und Gefahren. Das Leben in der Armee war nicht nur gefährlicher geworden, es führte die Rekruten der *comitatenses* auch oft weit weg von ihrer Heimat. Familiäre Bande drohten zu zerreißen oder gar nicht mehr zustande zu kommen.[18] All diese Nachteile wogen schwer, weil auch der traditionell größte Anreiz zum Eintritt in die Armee, nämlich eine sichere und vergleichsweise gute Besoldung und regelmäßige Verpflegung, seit der Mitte des 4. Jahrhunderts ebenfalls nicht mehr in dem Maße garantiert war wie früher. Gemessen an der Kaufkraft hatte der Sold im 4. Jahrhundert wahrscheinlich erheblich an Wert verloren, und er konnte immer seltener durch lukrative Feldzüge ergänzt werden.[19] Ferner bewährte sich das von Diokletian auf das gesamte Reich übertragene System, einen Großteil der in Naturalien abzuliefernden Steuern als *annona militaris* direkt an die Truppe weiterzuleiten, nicht (deshalb wandelte man seit Ende des 4. Jahrhunderts die Naturalienlieferung wieder in monetäre Abgaben um).[20] Der Transport war zu aufwendig, unsicher und durch Korruption gefährdet. Offiziere hielten Getreidelieferungen zurück und betrieben Spekulationsgeschäfte mit der Naturalversorgung und Ausrüstung ihrer Truppenteile. Auch die Soldzahlungen verzögerten sich oder blieben ganz aus.[21] Die Folgen waren verheerend: »Wir siechen dahin vor Hunger« – so klagten die Soldaten Julians in Gallien in den 350er Jahren –, »der elendsten Todesart. Niemand soll uns als Unruhestifter ansehen. Wir bezeugen, dass wir allein für unser Leben sprechen. Gold und Silber verlangen wir nicht. Wir haben es schon lange nicht anfassen oder sehen können, und es blieb uns versagt, als ob man uns vorwürfe, dass wir so viele Strapazen und Gefahren als Feinde des Staates auf uns genommen hätten.«[22]

Wie immer in der Geschichte waren es die Bauern und städtischen Gemeinden, die den Zorn der Soldaten als Erste zu spüren bekamen. Schon im 3. Jahrhundert häuften sich Klagen über Disziplinlosigkeiten einer Armee, deren Verbände über große Entfernungen verschoben wurden und sich durch Raub und Erpressung schadlos hielten.[23] Die Kaiser griffen selten energisch durch und scheuten davor zurück, Missstände zu beseitigen, weil sie vom guten Willen der Truppen abhängig und oft nicht in der Lage waren, die Versorgung anders als durch die Belastung der Stationierungsgebiete sicherzustellen.[24] Im 4. Jahrhundert berichten die Quellen erneut von Übergriffen auf die Gemeinden, in denen die Truppen stationiert waren. Sicherlich ist hier manches rhetorisch übertrieben, aber im Kern weisen sie auf Defizite hin, die auch mit dem Verhältnis der Berufsarmee zur übrigen Bevölkerung und mit der veränderten militärischen Gesamtlage zu tun haben: Seit dem Prinzipat und besonders seit dem 3. Jahrhundert hatte sich der Graben zwischen Zivilbevölkerung und Armee vertieft. Die Kämpfe beschränkten sich nicht mehr auf die Grenzgebiete, und die Legionen waren weiter im Reichsinnern stationiert. Im 4. Jahrhundert lagerte ein Großteil der Bewegungsheere in oder nahe bei den großen Städten, was Übergriffe und Disziplinlosigkeiten fast unvermeidlich machte. Außerdem wurden die Soldaten immer häufiger zur Steuereintreibung herangezogen. Auf diese Weise verschlechterte sich der Ruf einer Truppe, die viel Geld und Unterhalt forderte, aber die Kosten nicht mit Erfolgen rechtfertigte.[25]

Steigende Kosten

Die Kosten der Armee waren das zweite große Problem des spätantiken Heerwesens. Die Situation ähnelt der Entwicklung in der Zeit des Hellenismus. Kaiser Konstantin und seine Nachfolger verfügten wie die Monarchen in der Nachfolge Alexanders über technisch hochentwickelte, aber sehr teure Heere. Zu Lande belasteten der Unterhalt der Reiterei (vor allem der Kataphrakten), die Artillerieabteilungen und der Festungsausbau die staatlichen Finanzen. Nicht geringer – auch dies eine Parallele zur hellenistischen Zeit – wogen die maritimen Rüstungen, die in der Zeit der Bürgerkriege nach dem Zerfall der Tetrarchie einsetzten. Der Krieg zwischen Licinius und Konstantin erlebte das größte Aufgebot von Kriegsschiffen seit der späten Republik. Auch die Söhne Konstantins versuchten, eine aktive Flottenpolitik im Mittelmeer zu betreiben.[26] Nach dem Sieg Konstantins am Hellespont wurden die Kriegsschiffe zwar auf leichtere Einreiher umgestellt[27], aber der *gleichzeitige* Ausbau der Land- und Seestreitkräfte und umfangreicher Hafenanlagen (etwa in Seleukia) belasteten (wie immer in der Antike) die staatlichen Kassen erheblich. Er hat die Bemühungen zur fiskalischen Konsolidierung regelrecht konterkariert.

Denn zu den enormen Kosten, die Material, Ausrüstung und Bau der Kriegsgeräte verursachten, kamen – auch wenn die Rekrutierungsprobleme wuchsen – die Aufwendungen für die personelle Versorgung der seit dem 2. Jahrhundert auf fast das Doppelte angewachsenen Armee. Machten die aktiven Soldaten in den ersten Jahrhunderten des Prinzipats noch 0,5 – 1 Prozent der Gesamtbevölkerung aus (s. o. S. 284 f.), so lag das Verhältnis am Ende des 4. Jahrhunderts bei 2 Prozent. Schließlich mussten die Kaiser immer größere Summen einsetzen, um sich die Loyalität der Truppe zu erkaufen. All diese Faktoren führten dazu, dass die Militärausgaben zwischen dem 3. und 4. Jahrhundert um rund 40 Prozent stiegen, ohne dass man mit größeren Einnahmen durch Beute oder Kriegskontributionen rechnen konnte.[28]

Erfahrungsgemäß reagieren antike Monarchien auf solche Entwicklungen, indem sie auf der einen Seite neue Finanzquellen innerhalb ihres Herrschaftssystems zu erschließen suchten und auf der anderen Seite Einsparungen vornahmen, die schnelle Effekte erzielten und militärisch zu verkraften waren. Ein wohl kurz nach Konstantin schreibender Militärschriftsteller riet unter anderem dazu, Tiere anstelle teurer Ruderer zum Antrieb der Schiffe zu verwenden.[29] Realistischer war die Überlegung, durch Dienstzeitverkürzung Gehälter für höhere Chargen einzusparen und die frei werdenden Stellen regelmäßig durch »billigere« Nachrücker zu besetzen.[30] Konkrete Verbesserungen der Finanzlage versprach schließlich die Regelung, die wohl seit der Mitte des 4. Jahrhunderts in weiten Teilen des Reiches üblich wurde, den Großgrundbesitzern anstelle von Rekruten jährliche Geld- oder Goldzahlungen *(aurum tironicum)* aufzuerlegen (Adäration).[31] Weniger gut situierte Landbesitzer zahlten in Gruppen *(capitula)* die Versorgung des Rekruten oder übernahmen den Gegenwert für die Abstellung. Um Ausnahmeregelungen und willkürliche Erhöhungen zu vermeiden, legte Kaiser Valens im Jahr 375 einen Preis von 30 *solidi* für jeden Rekruten sowie zusätzlich 6 *solidi* für Kleidung und Nahrungsmittelversorgung fest. Auch wenn offiziell mit dem Geld nichtrömische Kämpfer angeworben werden sollten, wurde die finanzielle Ablösung der Gestellungspflicht vielfach zur Sanierung der Staatskassen eingesetzt.[32]

In welche Richtung aber auch immer die Vorschläge und ihre Umsetzung liefen – unverkennbar ist, dass sie auf längere Sicht mit einem schleichenden Verlust des hohen militärischen Niveaus der Truppe erkauft wurden. Die Einführung des *aurum tironicum* war nichts anderes als das Eingeständnis, das Rekrutierungsproblem römischer Soldaten nicht lösen zu können.[33] Anstatt die strukturellen Gründe für die geringe Attraktivität des Militärdienstes zu beheben, setzte man auf kurzfristige Einsparungen und Einnahmen und hoffte, durch Söldner die militärische Lage zu meistern. Hatte man einmal diese Richtung eingeschlagen, dann fielen auch

Einsparungen bei der Ausbildung, Ausrüstung und Versorgung der regulären römischen Truppe leichter.[34]

Wie immer in der Antike sind die militärischen Auswirkungen dieser Maßnahmen im Detail nicht leicht zu erfassen. Erfahrungsgemäß sind jedoch von Sparmaßnahmen zunächst die kostenintensivsten Waffengattungen betroffen, deren Qualitätsminderung man durch bewährte Truppenteile aufzufangen hofft. Dies war – auch hierin ähnelt die spätantike Entwicklung den späthellenistischen Verhältnissen – in erster Linie die Reiterei. Sie zählte neben den Belagerungs- und Geschützabteilungen zu den teuersten und logistisch aufwendigsten Waffengattungen.[35] Ihr Aufstieg begann im 3. Jahrhundert und setzte sich bis in die Zeit Konstantins fort, dessen kaiserliche Leibgarde einen höheren Rang als die Fußtruppen einnahm. Auch die großen Schlachten der Bürgerkriege in der Zeit Konstantins und Constantius' II. an der Milvischen Brücke und bei Mursa wurden wohl durch die Reiterei entschieden.[36] Die hohen Verluste führten allerdings in der Folgezeit dazu, dass weniger gut ausgebildete Reiter, Pferde sowie weniger Geld und materielle Ressourcen zur Verfügung standen.[37] Kaiserliche Konstitutionen lassen erkennen, dass die Pferde, die von den Provinzialen geliefert wurden, von minderer Qualität waren und dennoch von korrupten Offizieren akzeptiert wurden. Da auch die Futterversorgung und die Ausrüstung der Soldaten mit Kleidung und Schuhwerk große Mängel aufwiesen – die Versorgungsoffiziere verkauften einen Teil der Lieferungen und überließen der Armee minderwertige Ware –, mussten die Heerführer über Schlachtrösser disponieren, deren Konstitution und Ausbildung für den Kampf unzureichend waren.[38]

Negative Folgen sind bereits in den Kampfeinsätzen der 350er Jahre zu erkennen.[39] In der Schlacht von Straßburg wurde die (mehrheitlich aus Kataphrakten bestehende) römische Reiterei, »auf deren Kraft und Erfahrung Julian fest baute«,[40] wider Erwarten *(praeter spem)* von den Germanen zurückgeschlagen. Sie konnte sich nur im Schutz der Fußtruppen retten, die dann auch die

Schlacht zu Gunsten der Römer wendeten.[41] Angeblich konnte sogar die persönliche Aufforderung Julians die Reiter nicht dazu bewegen, wieder in die Schlacht einzugreifen. Nach Ende der Kämpfe mussten sie in Frauenkleidern durch das Lager paradieren – die schlimmste Erniedrigung, die einer Truppe widerfahren konnte.[42]

Julians Perserfeldzug

Wäre die Schwäche der schweren Reiterei bei Straßburg ein Einzelfall, könnte man sie mit Zufällen und taktischen Nachteilen gegenüber den leichter bewaffneten germanischen Reitern erklären.[43] Aber die Gründe lagen tiefer und sie sind vor allem in mangelnder Ausbildung, Motivation und Disziplin zu suchen; das offenbaren militärische Großereignisse auch in anderen Regionen und gegen andere Feinde. Ein gut belegtes Beispiel ist der große Perserfeldzug Kaiser Julians im Jahr 363. Der Angriff war ein Erbe Constantius' II. und eine Reaktion auf persische Eroberungen wichtiger Grenzfestungen, wie die von Nisibis. Ziel des Feldzugs war nicht nur, die verlorenen Bastionen zurückzugewinnen, sondern durch die Einnahme der persischen Residenz Ktesiphon den sasanidischen König Shapur zu zwingen, die Gebietsgewinne des Galerius (s. o. S. 347) erneut und endgültig zu bestätigen.[44]

Das Expeditionsheer belief sich auf angeblich 65 000 Mann, gestellt zu zwei Dritteln von der östlichen Feldarmee und einigen Grenzverbänden. Den Rest brachte Julian von der Rheinfront mit. 1100 Lastschiffe, 50 Kriegsschiffe und 50 Pontonboote sollten die Truppen den Euphrat entlang begleiten.[45] Um den Gegner zu verwirren, zog Julian mit einer Heeressäule von Hierapolis aus zunächst Richtung Osten, ein zweiter Verband von 30 000 Mann sollte mit armenischen Hilfstruppen weiter östlich am Tigris entlang marschieren und sich vor Ktesiphon mit der Hauptarmee vereinen.[46] Die Überraschung gelang jedoch nicht vollständig. Die

Sasaniden behinderten den Vormarsch durch künstliche Überschwemmungen.[47] Schlimmer war es, dass die Zusammenführung der getrennt marschierenden Verbände fehlschlug. Ohne die zweite Heeressäule konnte Julian weder die königliche Residenz einnehmen noch das gegnerische Heer zum Entscheidungskampf zwingen.[48]

Daraufhin ließ Julian die Flotte (die nicht flussaufwärts fahren konnte) zerstören und ordnete den Rückzug entlang des Tigris an, um sich mit der verspäteten Heeresgruppe zu vereinen. Erst jetzt erschien Shapurs Armee. Durch gezielte Desinformation angeblicher Überläufer fehlgeleitet und durch die schlechte Versorgungslage zermürbt,[49] sahen sich die Römer den Dauerangriffen sasanidischer Panzerreiter ausgesetzt. Die römische Reiterei wurde zusätzlich von Elefanten verunsichert. Als Julian bei der Abwehr eines Reiterangriffs fiel, war es nur dem Offizierskorps zu verdanken, dass die Armee nicht aufgerieben wurde. Der am Rand des Schlachtfeldes gewählte Nachfolger Kaiser Jovian stimmte einem Frieden zu, der die Aufgabe der nordmesopotamischen Gebiete einschließlich der Grenzfeste Nisibis vorsah. Jovian starb acht Monate später.[50]

Manche strategische Entscheidungen Julians sind schwer nachzuvollziehen und nur mit dem Ehrgeiz zu erklären, nach dem Sieg bei Straßburg auch im Osten sein junges Kaisertum durch einen grandiosen Erfolg zu festigen. Nicht zum ersten Mal scheiterte der Feldzug, weil die Perser die Natur des Landes besser nutzten. Mitentscheidend waren aber auch die taktische Schwäche und mangelnde Kampfdisziplin der Reiterei.[51] Mehrfach musste Julian schon auf dem Hinmarsch Nachlässigkeiten der Reiter und Feigheit ihrer Anführer hart bestrafen (auch mit Degradierung zur Infanterie).[52] Auf dem Rückmarsch war die Kavallerie nicht in der Lage, den Angriffen der sasanidischen Panzerreiter wirkungsvoll zu begegnen. Einmal wurde eine römische Reiterabteilung von den Legionären beschuldigt, geflohen zu sein, während sie selbst die feindlichen Linien angriffen. Fünf Tribune wurden daraufhin aus dem Heer entlassen.[53] Selbst die Palastgarde der *scutarii* scheint die Erwartungen nicht erfüllt zu haben.[54]

Noch konnten die Mängel der Reiterei durch die Kampfkraft der Fußtruppen ausgeglichen werden. Die Römer verloren vor Ktesiphon nur 70 Mann, die Sasaniden dagegen 2500. Der gesamte Feldzug scheint rund 15 000 Römern das Leben gekostet zu haben, allerdings starben die meisten nicht im Kampf, sondern an Hunger, Durst und Krankheiten.[55] Schwerer wogen die Folgen für die Reichsarmee insgesamt. Shapur ließ zwar rund 50 000 Mann abziehen und begnügte sich mit dem Gewinn der ostmesopotamischen Gebiete rechts des Tigris. Rom verlor damit nur die Hälfte seiner territorialen Ansprüche im Zweistromland.[56] Allerdings mussten die durch den Ostfeldzug entblößten Grenzen an Rhein und Donau durch Truppenverschiebungen und hektische Neuaushebungen verstärkt werden. 364 kam es zu einer Teilung des Gesamtheeres bei Naissus (Niš) zwischen dem neuen Kaiser des Westens Valentinian und Valens, dem Herrscher des Ostens. Seitdem gab es ein östliches, in Konstantinopel stationiertes Präsentalheer und ein westliches in Italien, meist bei Ravenna oder Mailand.[57] Da mit der Heeresteilung auch eine Teilung des Hofstaates und des Herrschaftsraumes verbunden war – der Westkaiser residierte jetzt in Mailand und Trier –, markiert dieser Vorgang den Beginn einer endgültigen Trennung des Gesamtheeres in zwei Armeen für beide Reichshälften.[58]

Adrianopel

Allein die Teilung und Neuorganisation der Feldheere reichten freilich nicht aus, um die angespannte Lage an den Grenzen zu beruhigen. Mit großem Aufwand ließ Valentinian die Befestigungen an Rhein und Donau ausbauen (s. o. S. 351), konnte mit Mühe alamannische Verbände besiegen, ferner Angriffe der Picten und Scoten in England und räuberische Stämme in Nordafrika zurück-

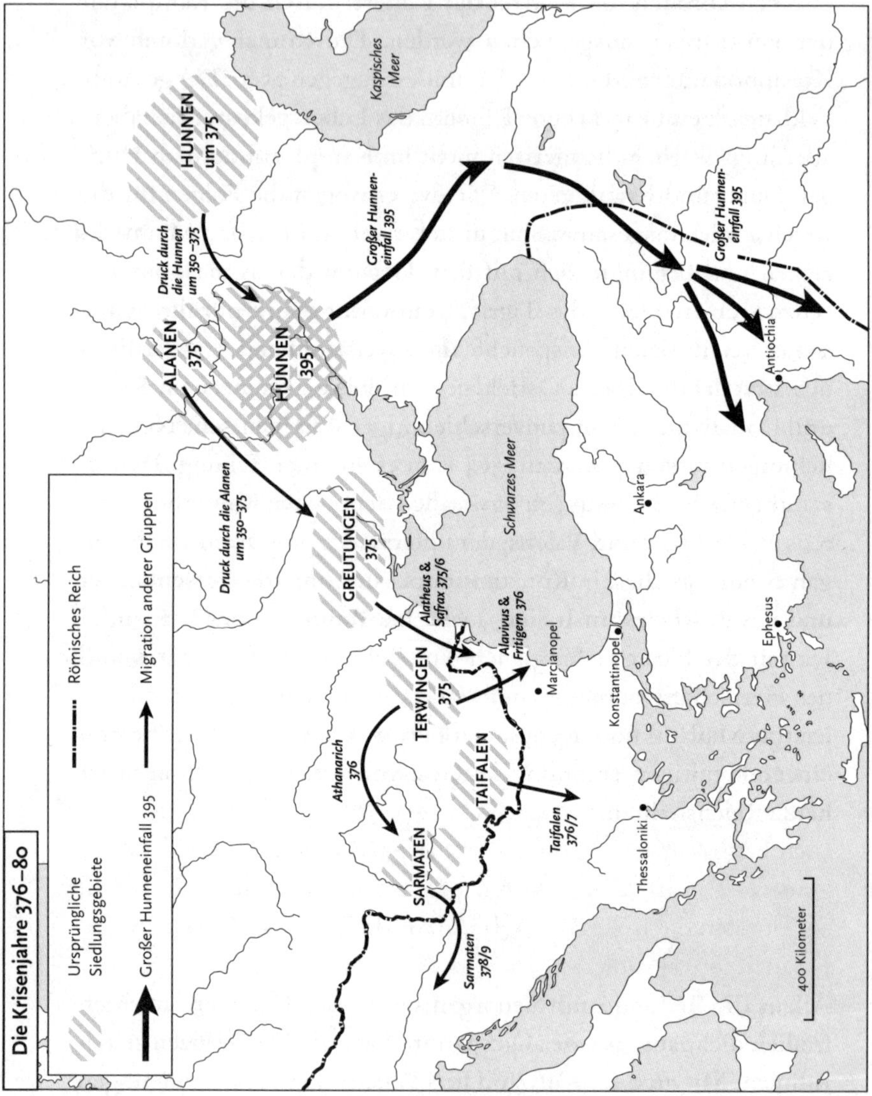
Die Krisenjahre 376–80
Ursprüngliche Siedlungsgebiete
Römisches Reich
Großer Hunneneinfall 395
Migration anderer Gruppen
HUNNEN um 375
Kaspisches Meer
Druck durch die Hunnen um 350–375
Großer Hunnen-einfall 395
ALANEN 375
HUNNEN 395
Druck durch die Alanen um 350–375
GREUTUNGEN 375
Alatheus & Safrax 375/6
Alavivus & Fritigern 376
Schwarzes Meer
TERWINGEN 375
Athanarich 376
TAIFALEN
Taifalen 376/7
SARMATEN
Sarmaten 378/9
Marcianopel
Konstantinopel
Thessaloniki
Ankara
Ephesus
Antiochia
400 Kilometer

schlagen. Erneut schnellten die Militärausgaben in die Höhe und konnten nur durch verstärkte Belastungen der Steuerzahler ausgeglichen werden. Nicht von ungefähr fällt in diese Zeit (375) die Reorganisation des *aurum tironicum*, die zusätzliche Goldeinnahmen versprach (s. O. S. 365).[59]

Doch noch im gleichen Jahr, als das entsprechende Gesetz erlassen wurde, starb der Kaiser überraschend bei Friedensverhandlungen mit den Quaden an der Donau. Nachfolger wurde sein 16-jähriger Sohn Gratian. Er widmete seine Aufmerksamkeit der Rheingrenze, während Valens in Antiochia die östlichen Truppenverbände zu einem neuen Feldzug gegen die Sasaniden zusammenzog, um die Verluste Julians wettzumachen. Allerdings war nach den hektischen Neurekrutierungen, die angeblich auch vor Mönchen nicht haltmachte, die Qualität seiner Truppen schlechter als die seines Vorgängers.[60] Insofern war er freudig überrascht, als mitten in den Vorbereitungen Gesandte der gotischen *gens* der Terwingen unter ihren *reges* Fritigern und Alavivus in Antiochia Hilfstruppen gegen die Erlaubnis anboten, die Donau (wahrscheinlich in der Nähe von Durostorum, heute Silistra in Bulgarien) zu überschreiten und »ihr landflüchtiges Volk« diesseits des Stroms aufzunehmen.[61] An sich war ein solches Ansinnen nicht ungewöhnlich.[62] Fritigern hatte schon in den 370er Jahren vertragliche Beziehungen mit Konstantinopel unterhalten. Kampfverbände der Terwingen hatten bereits früher in der römischen Armee gedient.[63] So war es auch kein Zufall, dass die terwingischen Gesandten kurz vor Beginn des Perserfeldzugs im Hauptquartier des Valens erschienen. Sie wussten offensichtlich über die römischen Rekrutierungs- und Finanzierungsprobleme Bescheid.[64]

Das kaiserliche Hauptquartier reagierte denn auch erwartungsgemäß. Das Angebot der Goten – so die Berater des Valens nach Aussage des Zeitgenossen Ammian (etwa 330–395)[65] – »bringe so viele Rekruten *(tirocinia)* (...), dass er seine eigenen mit den fremdstämmigen Streitkräften vereinigen und sich ein unbesiegbares Heer schaffen könne. Anstelle des Mannschaftsersatzes, dessen

Kosten jährlich nach Provinzen bezahlt würden, käme jetzt eine große Menge Gold ein.« Die Chance, kostenlose Heeresergänzungen durch fremde Truppen zu erhalten und anstelle der nicht besonders schlagkräftigen römischen Rekruten von den Grundbesitzern *aurum tironicum* fordern zu können, war einfach zu verlockend.[66] Vielleicht hoffte Valens auch seine Position für den Fall eines drohenden Bürgerkriegs gegen den Regenten des Westreichs Gratian zu verbessern, der mit seinem noch minderjährigen Bruder Valentinian II. zwei Drittel des Reiches (einschließlich Illyricum) beherrschte.[67]

Die zahlreichen Optionen, die sich wie durch ein Wunder auftaten und durch »erfahrene Schmeichler«[68] in rosigen Farben geschildert wurden, ließen die Risiken, die mit einer solchen Maßnahme verbunden waren, gering erscheinen. Sie trübten auch den Blick dafür, dass sich hinter dem verführerischen Vorschlag der Gesandten einige gefährliche Neuerungen verbargen. Bisher waren »barbarische« *gentes* erst nach deren militärischer Niederlage und einer förmlichen Kapitulation *(deditio)* im Reich angesiedelt und in die Armee integriert worden. Im Jahr 376 waren diese Voraussetzungen nicht gegeben. Die Römer hatten keine Erfahrung damit, einen Großverband von rund 60000–75000 Männern, Frauen und Kindern ohne den Druck eigener Waffenerfolge ins Reich aufzunehmen.[69] Sie nahmen das Angebot der Goten dennoch an, und das zeigt, wie stark die Rekrutierungs- und Finanzierungsprobleme inzwischen schwerwiegende außenpolitische Entscheidungen beeinflussten und übliche Vorsichtsmaßnahmen in den Hintergrund drängten.

Möglicherweise hätten die kaiserlichen Berater anders entschieden, wenn ihnen bekannt gewesen wäre, dass sich noch andere gotische Teilgruppen (Greutungen) und alanische Krieger der Donau näherten. Sie warteten auf eine günstige Gelegenheit, um von der nie ganz spannungsfreien Aufnahme einer so großen Zahl von »Barbaren« zu profitieren.[70] Auslöser für ihr Erscheinen sowie für die Ankunft der Terwingen an der Donau war eine Entwicklung in den Weiten des nordpontischen Raums, die von den Römern nicht vorausgesehen werden konnte. Zu Beginn des 4. Jahrhunderts war das Nomadenvolk der Hunnen aus seinen Siedlungsgebieten im Bereich des heutigen Kasachstan in westlicher Richtung aufgebrochen.[71] Die Hunnen waren in mehrere Verbände untergliedert und wurden von verschiedenen Klanführern (griech. *phylarchoi)* befehligt. Deren Macht hing noch stärker als bei den Germanen von Beutegewinnen und der Erschließung materieller Ressourcen ab. Deshalb entfalteten sie eine in den Augen der Zeitgenossen so unbarmherzige Kampfesweise.[72] In der Mitte der 70er Jahre hatten sie die südrussischen Steppen am Schwarzen Meer erreicht und das greutungische »Reich« des Ermanarich (in der heutigen Ukraine) sowie eine kleinere Herrschaft der Terwingen an der unteren Donau zerstört. Gotische Splittergruppen und ihre Anführer zogen daraufhin mit alanischen und sarmatischen Verbänden nach Süden an die Reichsgrenze, um Karriere im römischen Dienst zu machen und sichere Siedlungsplätze zu finden.[73]

Dies war die Lage, als die Gesandten in Antiochia erschienen und der Kaiser dem Übertritt zustimmte. Allerdings entwickelten sich die Realitäten anders als die Hoffnungen. Die Zahl der bis zu 75 000 Menschen umfassenden terwingischen Familienverbände überstieg die Kapazität der thrakischen Versorgungsdepots bei Weitem. Eine reibungslose Aufnahme verhinderten die korrupte Provinzialverwaltung und ihre Ressentiments gegenüber den Barbaren, die gestern noch bedrohliche Plünderer waren und heute gut bezahlte Kampfgefährten werden sollten.[74] Die Beamten scheuten sich nicht, minderwertige Nahrung zu hohen Preisen oder sogar gegen die Auslieferung von Kindern und Sklaven zu verkaufen. Unter den Flüchtlingen brachen Hungersnöte aus. Die Hoffnung auf eine neue Lebensgrundlage wich dem Hass auf die angeblichen Helfer.[75]

Als sich die Terwingen von römischen Truppen eskortiert in Richtung des provinzialen Versorgungszentrums Marcianopolis in Marsch setzten, wurde bekannt, dass es greutungischen Verbänden zusammen mit donauländischen Taifalen – welche die Verwaltung bisher gar nicht auf ihrer Rechnung hatte – ohne Erlaubnis der Römer gelungen war, die Donau zu überqueren. In dieser Situation versuchte der römische Befehlshaber die terwingischen Anführer zu ermorden – eine nicht unübliche Methode gegenüber »barbarischen« Anführern. Aber Fritigern entkam und befahl daraufhin seinen Leuten, sich durch Plünderungen schadlos zu halten. Jetzt rächte es sich für die Römer, dass sie viele Goten entgegen den üblichen Aufnahmeverfahren nicht vollständig entwaffnet hatten.[76] Und jetzt bekamen auch sie die Folgen der korrupten Provinzialversorgung indirekt zu spüren.

Fritigern erhielt nämlich Zulauf von gotischen Einheiten der thrakischen Regionalarmee unter Sueridus und Coelias, die ebenfalls unter der schlechten Geld- und Getreideversorgung der städtischen Behörden litten. Außerdem schlossen sich römische Deserteure, Minenarbeiter und Sklaven an.[77] Die römischen Militärs reagierten in gewohnter Manier: In einer verwirrenden Abfolge größerer und kleinerer Gefechte versuchten zunächst die lokalen Kommandeure die Goten zu zerstreuen und sie von jeglicher Versorgung abzuschneiden. Als dies nicht den gewünschten Erfolg brachte und mit herben Niederlagen endete[78], rückten weitere Abteilungen benachbarter Grenzabschnitte und einige Eliteformationen ins Feld. Erst als auch sie die Bewegungsfreiheit der Goten nicht entscheidend einschränken konnten, traten die Regionalarmee Illyricums und Teile der Feldarmee des Orients auf den Plan. Häufig hat man diesen Wechsel der Zuständigkeiten als unkoordiniertes Zaudern interpretiert. Tatsächlich liefen die Heeresbewegungen nach dem bewährten Schema ab, das auf wachsende Gefahren mit einer kumulativen Steigerung der Zuständigkeiten und Militärpotentiale reagierte und einfallende Germanen zunächst lange beschäftigte, um ihre Versorgungslage zu verschlechtern (s. o. S. 351).[79] Als die Heermeister in der letzten Phase endlich Erfolge gegen einzelne gotische Verbände erzielten[80], schien diese Strategie aufzugehen. Es entsprach ihrer Logik, den letzten Schlag durch die kaiserliche Zentralarmee zu führen. Der Entschluss des Valens und seiner Berater, im Frühjahr 378 mit der gesamten östlichen Feldarmee den Barbaren entgegenzuziehen, war alles andere als das Ergebnis einer unüberlegten Entscheidung.

Auf eines waren die Römer allerdings nicht vorbereitet: Die Terwingen hatten sich in der Zwischenzeit nicht nur mit Deserteuren, unzufriedenen Provinzbewohnern und den greutungischen Reitern des Alatheus und Safrax zusammengetan, sondern kooperierten auch mit berittenen hunnischen und alanischen Söldnerverbänden, die von der sich zuspitzenden Lage zu profitieren suchten.[81] Aus einer noch halbwegs überschaubaren und homogenen Gruppe terwingischer Aufnahmewilliger war eine große multiethnische Armee mit differenzierten Kampfverbänden unter einem Kommando (Fritigern) geworden.[82] Über diese Entwicklung hatten die Römer kein klares Bild gewonnen. Als Valens in Nikaia die Nachricht erhielt, dass sich nahe Adrianopel die *gesamte* Streitmacht der Goten mit 10 000 - 15 000 Mann aufhalte, nahm er an, es handle sich nur um den Kampfverband der Terwingen.[83] Damit bot sich die erhoffte Chance, die Streitmacht des (angeblich) von Hunger und Erschöpfung zermürbten Gegners in einer Feldschlacht ohne die Hilfe des aus dem Westen anrückenden Gratian zu vernichten. Ähnliche Überlegungen hatten Julian vor Straßburg zum Losschlagen bewogen und zum Sieg geführt.[84]

Alles sprach dafür, keine Zeit zu verlieren. Gegen die Regeln der Kriegskunst ließ Valens am 9. August 378 in der Mittagshitze sein Heer in voller Kampfausrüstung und ohne ausreichende Verpflegung auf einem 18 Kilometer langen Marsch dem Feind entgegenziehen. Die Goten legten Brände, und ungünstige Winde steigerten die Temperatur. Unerwartet trafen die Römer, ohne sich aus der Marschformation in die Schlachtordnung umzugruppieren und die obligatorische Mahlzeit einzunehmen, auf den Gegner. Die Reiterei konnte gerade noch die rechte Flanke besetzen, während die Kavallerieeinheiten am Ende des Zugs Mühe hatten, links aufzuschließen.[85] Überraschend bat Fritigern noch einmal um Ver-

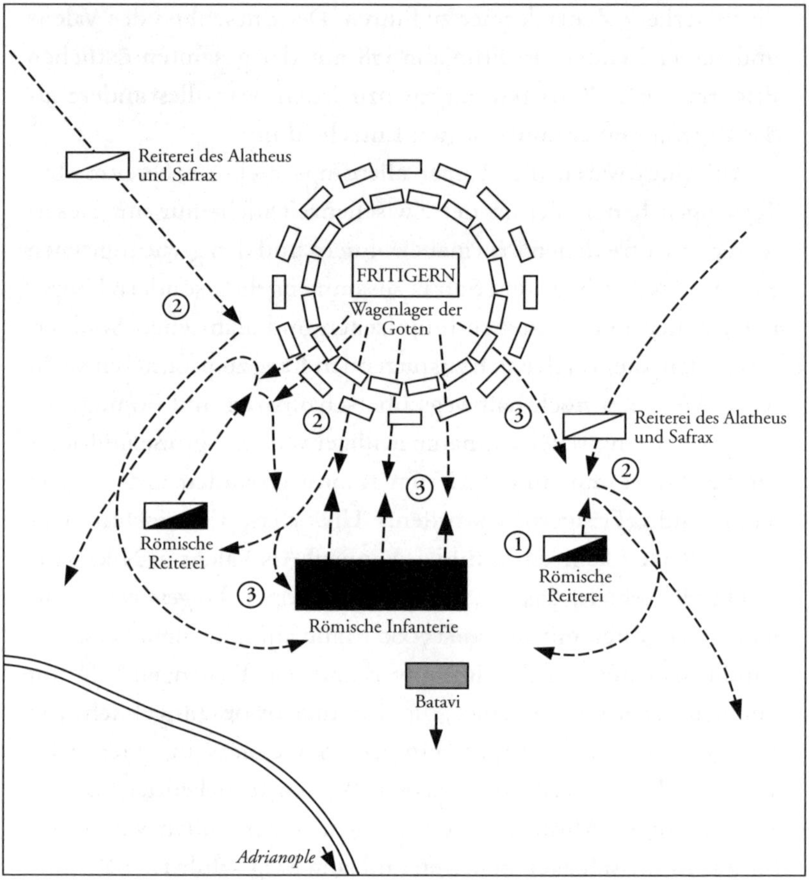

Die Schlacht von Adrianopel 378 n. Chr.
Nachdem die unüberlegt vorgepreschten sagitarii *und* scutarii *von den um die Wagenburg postierten gotischen Fußtruppen zurückgeworfen wurden (nicht in der Karte gezeigt), versucht (1) die römische Reiterei auf beiden Flanken zunächst ihre Infanterie im Zentrum bei der Entfaltung zu decken, rückt dann aber schnell vor, während die Legionen langsam auf die gotischen Linien marschieren. Dann erfolgt (2) der überraschende Angriff der gotischen Reiterei des Alatheus und Safrax auf die römische Reiterei und in die zwischen römischer Kavallerie und Infanterie entstandene Lücke. Die römischen Reiter werden geschlagen und aus dem Feld getrieben. In der letzten Phase (3) wendet sich die gotische Reiterei gegen den Rücken der römischen Infanterie, die nun auch vom gotischen Fußvolk zurückgedrängt und von allen Seiten eingeschlossen wird. Das Aufsprengen der Umzingelung ist von Außen nicht mehr möglich, weil inzwischen auch die Reservetruppe der* Batavi *geflohen ist.*

handlungen. Vermutlich wollte er Zeit gewinnen, bis die greutungischen und alanisch-hunnischen Reiterverbände anrückten. Valens stimmte zu, um seinen Soldaten eine Verschnaufpause zu gönnen und sie in Schlachtaufstellung zu bringen.[86] Aber noch während der Verhandlungen griffen die berittenen Eliteeinheiten *(scholae palatinae)* der *scutarii* und *sagitarii* die gotischen Linien »kampfbegierig« *(avidius)* an. Die *scutarii* hatten sich schon während des Perserfeldzugs unter Julians Kommando als unzuverlässig erwiesen (s. o. S. 369); auch diesmal war es schlicht Disziplinlosigkeit, die sie antrieb, verbunden mit der Annahme, nur auf Fußtruppen zu treffen.[87]

Dies war eine folgenreiche Fehleinschätzung. Die *scholae palatinae* wurden gegen die eigenen Linien zurückgeworfen, ohne etwas bewirkt zu haben.[88] In diesem Augenblick erschien wie aus dem Nichts die terwingisch-alanische Reiterei unter Alatheus und Safrax. Ob sie vom Fouragieren zurückkamen oder ob Fritigern sie als taktische Reserve außer Sichtweite der Römer gehalten hatte, ist unklar. Ihr Angriff war jedenfalls verheerend. Während sich die römische Schlachtreihe im Zentrum stabilisierte, hatte sich die Reiterei viel zu weit von der Linie der Fußtruppen entfernt. Die gotischen Reiter stießen in die Lücke und konnten dabei nicht nur die gegnerische Kavallerie (des linken Flügels) einschließen, sondern auch die ungeschützte linke Flanke der römischen Fußtruppen attackieren und vom Rücken her aufrollen.[89] Danach wandten sie sich gegen den rechten Flügel der Fußtruppen. Von allen Seiten bedrängt, kämpften die Legionäre um das nackte Überleben.[90] Aus ungeklärten Gründen hatte sich die aus germanischen Söldnern gebildete Reserve der *Batavi* vom Schlachtfeld zurückgezogen. Schon unter Valentinian waren sie nicht unschuldig an mancher Niederlage gewesen. Vielleicht erkannten sie aber auch früh die Ausweglosigkeit der Lage. Ein geheimes Einvernehmen mit den Goten ist ebenfalls nicht auszuschließen.

Mit dem Rückzug der Reserve war jedenfalls die Schlacht endgültig entschieden.[91] Am Ende wurden zwei Drittel der östlichen

Feldarmee vernichtet (rund 10–15000 Mann) oder gerieten in Gefangenschaft. Unter den Gefallenen waren Valens, zwei Heermeister sowie mehrere höhere Offiziere. Es war die schlimmste Niederlage einer römischen Armee in einer Feldschlacht gegen einen äußeren Feind seit Cannae und den Kämpfen gegen die Kimbern und Teutonen.[92]

Rom erweitert die Rekrutierungsmethoden

Gemeinhin erklärt man die Niederlage mit situativen Führungsfehlern, mangelnder Feindaufklärung und taktischem Missmanagement.[93] Nicht weniger eklatant waren erneut die schlechte Disziplin und Kampfkraft der römischen Elitereiterei. Sie waren vor allem ein Ergebnis der hektischen Rekrutierungen und Umgruppierungen nach dem gescheiterten Perserfeldzug Julians und trugen entscheidend zum unglücklichen Verlauf der Schlacht bei.[94] Hatte die Infanterie bei Straßburg noch den Sieg gesichert und gegen die Perser eine größere Niederlage verhindert, so genügte diesmal die geringere Qualität der eiligst ausgehobenen Fußtruppen nicht mehr, um die Schwäche der Reiterei auszugleichen.[95]

Es wäre allerdings nicht das erste Mal gewesen, dass die Römer mit solchen Rückschlägen fertig geworden wären. Auch diesmal schienen größere Befürchtungen unberechtigt. Denn wie so häufig konnten die Germanen ihren Schlachterfolg nicht nutzen. Unfähig, Städte und Versorgungsdepots zu erobern, wartete auf sie ein entbehrungsreicher Winter. Schon ein Jahr nach Adrianopel hatten die Römer die Initiative zurückgewonnen.[96] Ein weiteres Jahr später nahmen die Goten das Angebot des neuen Kaisers Theodosius I. an, auf etwa dem gleichen Gebiet angesiedelt zu werden, das ihnen Valens in Aussicht gestellt hatte. Nun regelte allerdings ein Vertrag die Modalitäten. Die Goten erhielten gegen die Verpflichtung, als »Föderaten« Waffendienste für das Reich zu leisten und die Grenzregion zu verteidigen, Jahresgelder und wurden von der Steuerpflicht befreit.[97]

Man mag hierin den Beginn einer Entwicklung sehen, die im 5. Jahrhundert zur Etablierung germanischer Königreiche auf römischem Territorium führte und am Ende den Zerfall der staatlichen Integrität des Westreiches bewirkte. Von diesen Ereignissen ahnten freilich die Zeitgenossen des späten 4. Jahrhunderts nichts. Jüngere Gelehrte sehen deshalb in der »Ansiedlung« der Goten im Jahr 382 weniger ein Indiz der Schwäche als vielmehr den Beweis für die überlegene Gesamtpolitik des Reiches, das nach wie vor auf Rückschläge flexibel zu reagieren vermochte.[98]

Eine solche Interpretation unterschätzt freilich die mittel- und langfristigen Folgen der militärischen Ereignisse, die auch durch einen Vertrag nicht aufgefangen werden konnten. Der Aderlass von Adrianopel mochte für sich gesehen noch überschaubar und verkraftbar gewesen sein. Er war aber der Endpunkt einer Serie verlustreicher Kriege, die von den blutigen Bürgerkriegsschlachten (vor allem bei Mursa, s. o. S. 360) über den Perserfeldzug Julians bis in die 70er Jahre des 4. Jahrhunderts in einem Zeitraum von 60 Jahren auftraten. Eine solche Serie verkraftet kein Imperium und keine Armee ohne strukturelle Schäden.

Ein besonderes und meist zu wenig beachtetes Problem stellten zunächst die hohen Verluste innerhalb der Kommandeurs- und Offiziersebene dar – mit erheblichen Folgen für die Ausbildung und Führung der Armee. Ferner verschärften die Niederlagen den notorischen Mangel an regulären römischen Rekruten noch einmal massiv.[99] Einem energischen Kurswechsel stand der wirtschaftliche Niedergang der Donaugrenzgebiete entgegen, die seit dem 3. Jahrhundert die Hauptrekrutierungsgebiete des Imperiums waren. Im 4. Jahrhundert waren Teile nicht nur entvölkert, sondern auch praktisch demilitarisiert, soweit es römische Soldaten betraf.[100] Was das Reich auf der einen Seite mit der Stationierung der Goten in Grenznähe vorübergehend gewann – die Einsparung regulärer Rekrutierungs-, Transport- und Verpflegungskosten –, verlor es auf der anderen Seite, da die Grenzterritorien der Besteuerung entglitten und geringere Abgaben entrichteten. Theodosius war gezwungen, die von Valens und Valentinian favorisierte Annahme von *aurum tironicum* einzustellen und – auch wenn er offiziell an den Einberufungsstandards festhielt – unerfahrene Bauern und Bergarbeiter zwangszuverpflichten. Ferner wurden Einheiten und Auxilien von der Ostgrenze abgezogen. Sie fielen dort aus, und die Lücke in der Bewachung musste durch teure Stillhalteverträge unter anderem mit Sarazenenfürsten kompensiert werden.[101]

Die größten Kontingente stellten freilich »barbarische« Kämpfer:[102] Neben den gotischen Föderaten, die in den Grenzprovinzen angesiedelt wurden, verteilte man einzelne Gefolgschaftsverbände mit ihren Anführern direkt auf die *auxilia palatina*. Ethnisch homogene Kontingente hunnischer, alanischer, isaurischer, iberischer und gotischer Söldner, die gar nicht mehr in der offiziellen Liste der Heeresverbände *(Notitia Dignitatum)* aufgeführt wurden, ergänzten wahrscheinlich unter eigenen Kommandeuren die *comitatenses* erst unmittelbar vor anstehenden Feldzügen.[103] Mit einer solchen heterogenen Armee aus verschiedenen Ethnien besiegte Theodosius im Jahr 387 den Usurpator Magnus Maximus bei Siscia und Poetovio. Vier Jahre später stellte er einen weiteren Usurpator namens Eugenius und dessen Feldherrn Arbogast zur Entscheidungsschlacht. Diesmal kämpfte auf Seiten des Theodosius eine außergewöhnlich große Zahl von gotischen Föderaten aufgrund des Vertrages von 382.[104] Ihrer Tapferkeit war es zu verdanken, dass Theodosius am 5./6. September 394 die Schlacht am Fluss Frigidus (östlich von Aquileia) gewann und die Reichseinheit wahrte. Wie die Auxilien in der frühen Kaiserzeit so standen die Goten in vorderster Linie; 10 000 sollen gefallen sein.[105]

Aufstieg der Föderatenverbände

Theodosius – so könnte man meinen – hatte aus der Not eine Tugend gemacht: Die Anwerbung fremder Söldner und die Inanspruchnahme vertraglicher Verpflichtungen gotischer Verbände waren billiger als die Bezahlung und Versorgung regulärer römischer Truppen (über große Entfernungen). Außerdem konnten die barbarischen Söldner und Kriegerverbände sofort in den Kampf geschickt werden und mussten nicht wie römische Rekruten längere Ausbildungsprozeduren durchlaufen.[106] Doch wie häufig in der Geschichte trübte die Genugtuung, durch schnelle Lösungen kurzfristig Erfolge erzielt zu haben, den Blick für die Risiken. Fremde Truppen anzuwerben war eigentlich keine Neuerung; sie ist auch universalhistorisch keine Besonderheit (die Armee des Han-chinesischen Reiches griff zum gleichen Mittel).[107] Das entscheidende Problem der Zeit nach Adrianopel bestand jedoch im Missverhältnis zwischen der hohen Kampfkraft peregriner Truppen unter eigenen Befehlshabern, denen immer größere Freiheiten zugestanden wurden, auf der einen und der abnehmenden Zahl gut ausgebildeter, disziplinierter und motivierter römischer Verbände auf der anderen Seite.

Die Zeitgenossen haben diesen Wandel wohl registriert. Militärschriftsteller hatten schon seit Längerem eine Rückkehr zur alten Kampfmoral und eine Verschärfung des Drills gefordert. Zeitgenössische Historiker weisen ausdrücklich daraufhin, wenn es einem römischen Feldherrn einmal gelang, seine Truppe zu disziplinieren.[108] Nur mit rhetorischer Topik oder gattungsbedingten Konventionen sind solche Äußerungen nicht zu erklären.[109] Denn dazu passen sie zu genau zur militärischen Entwicklung, wie sie sich seit der Mitte des 4. Jahrhunderts abzeichnete und nach Adrianopel noch einmal verstärkte: *Disciplina* zeigte sich traditionell in der unübertroffenen Fähigkeit der Legionäre, perfekt organisiert in vorderster Front den Angriffen der Feinde standzuhalten und ihn durch einstudierte Manöver zurückzuschlagen. Solche Manöver setzten eine lange Ausbildung und regelmäßigen Drill voraus. Dafür fehlten aber nach den Schlachten von Adrianopel und am Frigidus nicht nur die Offiziere, sondern vor allem die Zeit und wohl auch geeignete Rekruten.[110]

Deshalb riet ein anonymer römischer Militärschriftsteller seinen Landsleuten, im Kampf gegen die Barbaren stärker auf Maschinen und Artillerie zu setzen. Offensichtlich schätzte er die Kampfqualität der Fußtruppen als gering ein.[111] Ein anderer Autor des späten 4. Jahrhunderts meint, die Fußtruppen hätten Brustpanzerung und Metallhelme gänzlich aufgegeben. Er missversteht damit zwar die Tatsache, dass viele Soldaten sich weigerten, ihre schwere Rüstung über längere Strecken selbst zu tragen oder anzulegen.[112] Immerhin bedeutet dies aber, dass sie selten mit einem Einsatz an vorderster Front rechneten, was auch nicht verwundert: Denn wie bei der Schlacht am Frigidus übernahmen immer öfter föderierte oder angeworbene Germanen den Nahkampf zu Fuß, während die Römer sich auf das Ferngefecht mit Artillerie sowie Pfeil und Bogen beschränkten.[113] Im 4. Jahrhundert adaptierte die römische Armee sogar das germanische Schlachtgebrüll *(barritus)*, ein sicheres Anzeichen dafür, dass germanische Krieger die Hauptlast des Kampfes trugen und in der Schlacht die entscheidenden Angriffsverbände stellten.[114]

»Barbarisierung« der Armee und der militärischen Führungspositionen

Auch wenn in der gesamten Armee zu Beginn des 5. Jahrhunderts »Barbaren« wohl (noch) nicht in der Überzahl waren,[115] so barg die *taktische* Gewichtsverlagerung auf die Kampftruppen der Germanen erhebliche politische Risiken. Ein politisches System wie das römische Imperium, dessen Traditionen und Legitimation in so hohem Maße auf der militärischen Tüchtigkeit seiner Soldaten beruhten, verliert seine Autorität, wenn es das heimische Militärpotential immer mehr zugunsten kampfstärkerer Fremdtruppen vernachlässigt, ohne die Fremden hinreichend in die eigene Militärstruktur zu integrieren. Wenn die Herrschaftsansprüche einer Weltmacht und die reale militärische Schlagkraft der eigenen Bevölkerung zu weit auseinanderklaffen, dann verlagert sich schrittweise die politische Macht auf die militärisch Erfolgreicheren – ohne dass es spektakulärer Schlachten bedarf.

Diese Entwicklung erhielt seit Ende des 4. Jahrhunderts eine zusätzliche Dynamik, weil die wachsende militärische Bedeutung barbarischer Kampfverbände ungefähr gleichzeitig mit einem vergleichbaren Wandel innerhalb der Führungsebenen der Armee verlief. Seit Konstantin stiegen immer mehr germanische Offiziere in die höheren Ränge des Heeres auf. Konstantin selbst war auf Initiative des alamannischen Königs Crocus, der in der Armee unter Konstantins Vater kämpfte, zum Augustus proklamiert worden, ein bis dahin singulärer Vorgang.[116] In den neugeschaffenen Auxilien und in den Palastgarden *(scholae palatinae)* dienten auffällig viele Söhne germanischer Fürsten oder germanische Adlige fränkischer und alamannischer Herkunft.[117] Germanische Krieger, die schon in ihrer Heimat zur Stammeselite gehörten, übernahmen beim Eintritt in die römische Armee Offiziersstellen, andere konnten sich schnell in die höchsten zivilen und militärischen Ränge der kaiserlichen Zentrale hochdienen.[118] Dabei brachen sie ihre Kontakte zu ihren Stammesverbänden nicht völlig ab. Viele übernahmen nach Ende ihrer Dienstzeit Führungspositionen in ihrer Heimat.[119] So blieb der *comes domesticorum* Mallobaudes fränkischer König, und ein burgundischer Königssohn diente als *praetor domesticus* eines römischen Kaisers.[120]

Besonders markant ist die Entwicklung des Heermeisteramtes. Im 4. Jahrhundert stieg der Anteil germanischer *principes* am *magisterium militum* auf bis zu 30 Prozent.[121] Unter Theodosius I. waren 9 von 16 kommandierenden *magistri militum* nichtrömischer Herkunft. Beim Tod des Kaisers 395 stammte etwa ein Drittel der Soldaten und Offiziere aus »barbarischen« Familien.[122] Einem von ihnen, dem Vandalen Stilicho, vertraute der sterbende Kaiser die Aufsicht über seine Kinder an; das wäre in den Jahrhunderten zuvor undenkbar gewesen.[123] Die germanischen Heermeister romanisierten sich zwar in Folge ihrer Karriere und galten als loyal.[124] Doch auch sie nutzten ihre Kontakte zu fremden Stammesverbänden und warben unter dem Druck rascher Verstärkungen und finanzieller Zwänge Truppen auf Vertrags- oder Soldbasis für ein konkretes Kriegsziel an.[125] Auf diese Verbände römische Ausbildungsprinzipien anzuwenden erschien wenig sinnvoll.[126] Damit entfiel ein wesentlicher Faktor der Romanisierung. Die Übernahme des germanischen Schlachtgebrülls, die Schilderhebung und Torqueskrönung eines neuen Augustus (seit Julian) und die wachsende Bedeutung personaler Treuebindungen und Verpflichtungen zwischen germanischen Anführern, Feldherren oder Kaisern weisen daraufhin, dass vielmehr umgekehrt germanische Bräuche und Ideale in das Leben und die Organisation der römischen Armee eindrangen.[127] Auch die Christianisierung (in der arianisch-homöischen Glaubensrichtung) garantierte unter diesen Bedingungen keine schnelle Integration in die römische Wertewelt, weil die römischen Soldaten selbst am Ende des 4. Jahrhunderts keineswegs überwiegend Christen waren und sich das homöische Bekenntnis mit dem mehrheitlich katholischen der Römer nicht vertrug.[128] Die entscheidende Frage für die Zukunft des Reiches lautete deshalb, inwieweit eine »Ansiedlung« innerhalb des Reiches – als Ersatz für die Romanisierung in der Armee – die Föderaten mit der römischen Welt so weit aussöhnen konnte, dass sie für die Stabilität des Reiches keine Gefahr bedeuteten.

Ziele der »Barbaren«: Ansiedlung oder Kriegerleben?

Unter dem Eindruck des Vertrags von 382 und der Ereignisse, die zur Schlacht von Adrianopel führten, herrscht in weiten Teilen der modernen Geschichtsschreibung die Vorstellung, die Suche nach Siedlungsland sei das vordringliche Ziel der Germanen gewesen, die in das Imperium drängten. Teilweise ist diese Sicht durch das Wissen um die spätere Etablierung germanischer Königreiche auf dem Territorium des Westreiches geprägt, teilweise schwingen alte, funktionalistische Vorstellungen mit von der Suche germanischer Völkerscharen nach Lebensraum, die durch den Druck hunnischer Horden noch verstärkt worden sei. Mitunter folgt man aber auch unkritisch der kaiserlichen Propaganda, die den Vertrag von 382 formelhaft mit dem Argument zu beschönigen suchte, der Kaiser habe aus kriegerischen Germanen friedliche Bauern gemacht, die fortan nur noch auf römischen Befehl zu den Waffen greifen.[129]

Die methodischen und sachlichen Probleme dieser Argumente liegen auf der Hand: Es gab keine geschlossenen germanischen oder hunnischen Völkerscharen, die allein den Lauf der Ereignisse bestimmten. Der topische Charakter römischer Hofreden ist genauso offensichtlich wie der Jubel spätrepublikanischer Autoren, Pompeius habe die besiegten Piraten zu friedlichen Bauern gemacht (s. o. S. 254 f.). Zweifellos gab es germanische Verbände, die wie seinerzeit die Kimbern und Teutonen mit Frauen und Kindern Aufnahme im Reich erbaten und Siedlungsgarantien für ihre Familien forderten. Ein Großteil der terwingischen Goten vor Adrianopel gehörte zu dieser Kategorie. Der Vertrag von 382 könnte entsprechende Regelungen enthalten haben, auch wenn die Quellen darüber schweigen.[130] Abwegig ist allerdings die von römischen Panegyrikern verbreitete Vorstellung, die Krieger und ihre Anführer hätten ihre Waffen niedergelegt und selbst den Pflug geführt. Ein solcher Wandel hätte sie zu unbeweglichen Milizionären gemacht und ihre Einsatzfähigkeit im römischen Feldheer gemindert. Er widersprach aber auch dem Ethos und dem Status der germanischen Krieger innerhalb ihrer *gens*. Sie waren gewohnt, von den Abgaben der übrigen Bevölkerung zu leben und »als Herren über Ackerbauern zu gebieten«[131], und kein römischer Befehl konnte sie davon abbringen. Dass sie zusätzlich zur Bebauung des Bodens auch noch dessen Verteidigung übernommen haben sollen, erscheint allein aus militärischen Gründen unrealistisch. Die mit der Defensive verbundenen Kampftaktiken, Garnisonsdienst und ein Leben in Grenzstädten und Festungen waren den Germanen fremd.[132]

Die Mehrheit der Barbaren, die ins Reich drängten, waren Berufskrieger, für die die Bewährung im Kampf und der Beuteerwerb nach wie vor ein wesentlicher, wenn nicht der wichtigste Teil des Lebens bildete. Dass größere, bis zu 10 000 Kämpfer umfassende Verbände ihre Kinder und Frauen sowie Planwagen mitführten,[133] widerspricht dieser Einschätzung nicht grundsätzlich. Auch die hellenistischen Söldnerarmeen zogen mit Familien und Tross in den Krieg. Für mobile germanische Großverbände waren die Frauen auch deshalb wichtig (und unersetzlich), weil sie bei der logistischen Versorgung mithalfen.[134] In jedem Falle deutet auch die immer wieder erhobene Forderung germanischer Anführer nach regelmäßigen Getreidelieferungen daraufhin, dass die im Reichsgebiet eingesetzten Goten (s. u.) nicht ausschließlich das Leben als Bauern in einer bestimmten Provinz suchten, sondern sich und ihren Familien ein Leben als Krieger absichern wollten.

Sicher wäre es falsch, eine strikte Alternative zwischen Landsuche auf der einen sowie Beuteverlangen und Söldnerleben auf der anderen Seite zu konstruieren.[135] Landbesitz bedeutete nicht unbedingt Landarbeit und konnte immer ein Ziel sein, weil es eine dauerhafte Existenz gewährleistete und unter bestimmten Voraussetzungen das Prestige des Anführers erhöhte.[136] Es war eine Frage der Gewichtung, die von den Umständen und der Zusammensetzung der Verbände abhing. Anfangs scheint sich jedenfalls viel häufiger die Beobachtung des Tacitus zu bestätigen, wonach germanische Anführer ihre Gefolgsleute nur durch Gewalt und Krieg bei der Stange halten konnten.[137] Es mag Verbände gegeben haben, die das Leben eines Kriegers gegen das eines Landmannes eintauschten. Aber das geschah durchweg unter Zwang nach einer militärischen Niederlage und wurde von den zu Staatsbauern (Laeten, Kolonen) herabgestuften Germanen als Minderung ihres Status angesehen, weil ihnen damit die Chance militärischer Bereicherung genommen wurde.[138] Ihnen stand die große Zahl kriegerischer, meist jüngerer Kämpfer unter einzelnen Anführern gegenüber, die sich allenfalls ein Leben als herrschaftlicher Grundherr vorstellen konnten, zunächst aber schnelle Gewinne in Form von Beute oder Geld zum politischen Aufstieg suchten und angesichts des großen Bedarfs des Imperiums an kampfkräftigen Truppen und Offizieren eine Karriere unter römischen Waffen anstrebten.[139]

Dass dies zu den wesentlichen Zielen der »Barbaren« gehörte, ist auch an den vielfältigen, auf unterschiedliche Wünsche und Umstände reagierenden Modalitäten der Anstellung zu erkennen. Sie reichten von der direkten Integration in die palatinen Auxilien, die Ad-hoc-Anwerbung individueller Krieger als Söldner bis hin zur Verpflichtung, geschlossene Kampfverbände unter eigenen Anführern auf den Kriegsbefehl des Kaisers bereit zu halten.[140] Manche Vereinbarungen waren wohl offiziell mit einer »Ansiedlung« verbunden; doch vielfach war hiermit nur eine Form der Einquartierung gemeint, wie sie für die *comitatenses* üblich war.[141] Am attraktivsten waren der Dienst in den Gardeeinheiten der *scholae* und der Aufstieg in das Heermeisteramt, weil es sehr gut bezahlt wurde.[142] Außerdem konnten germanische Anführer damit rechnen, dass mit der Übernahme des Heermeisteramts ihre Gefolgschaftsverbände und Kampftruppen mit den *comitatenses* gleichgestellt wurden und an der römischen Heeresversorgung teilhaben konnten.[143] Die Aussicht auf reguläre Verpflegung in Form des *annona*-Systems war für viele Germanen, die ja ein solches System selbst nicht zu entwickeln verstanden (s. o. S. 355), Anreiz genug, dem Leben eines Bauern in den ausgezehrten Grenzprovinzen zu entsagen und sich den römischen Fahnen zu verpflichten. Nicht ohne Grund machten gerade nach 382 zahlreiche gotische Adlige Karriere als Offiziere der römischen Armee und nicht zufällig waren Geld und Getreide – nicht die Landvergabe! – ein immer wiederkehrender Streitpunkt zwischen Föderaten und kaiserlicher Regierung.[144]

Berücksichtigt man die archäologisch erwiesene Monetarisierung bei den grenznahen Germanen (insbesondere den Goten), wäre es demnach sinnvoller, anstatt von einer Barbarisierung der Armee (ein Vorgang, der schon im 3. Jahrhundert einsetzte) von einer »Versöldnerung« seit Ende des 4. Jahrhunderts zu sprechen.[145] Ähnlich wie die Bürgerkriegsgeneräle der späten Republik mussten die Feldherren der spätantiken Armeen dafür sorgen, dass die wachsende Zahl der auf Vertrags- oder Soldbasis angeworbenen Kampfverbände, die sich ihrem *dux* als Gefolgschaftsführer verbunden fühlten[146], ausreichend entlohnt wurden. Wie viel Druck die Föderaten ausüben konnten, zeigt ein Brief des Augustinus an den *comes Africae* Bonifatius. Eindrücklich ermahnt er den Feldherrn, der Gewinnsucht seiner Föderaten Einhalt zu bieten.[147] Und ähnlich wie in der späten Republik kam es immer dann zu Meutereien, wenn fremde Verbände um ihre Belohnung fürchteten oder meinten, ihre Anführer würden im Karrierekampf um höhere Posten benachteiligt. Die Verbindung zwischen »barbarischem« General und Föderatentruppen konnte sich zu einer verschworenen Gemeinschaft von Berufskriegern entwickeln, die von staatlichen Instanzen mit römischen Truppen nicht zu bekämpfen, sondern nur mit finanziellen Zugeständnissen und der Aussicht auf regelmäßige Getreideversorgung zu beschwichtigen war.[148]

Bezeichnend ist das Schicksal einer gotischen Reitereinheit, die mit ihren Familien in Phrygien (wahrscheinlich auf Vertragsbasis) angesiedelt wurde. Die Goten rebellierten, weil die römische Obrigkeit ihnen die versprochenen Geschenke und Beutesummen verweigert hatte und weil sie sich mit ihrer Existenz als Bauern nicht zufrieden geben wollten.[149] Die Regierung bot ihrem Anführer Tribigild daraufhin eine hohe Kommandoposition an, wahrscheinlich als Heermeister. Damit wären seine Verbände wohl formell den *comitatenses* gleichgestellt worden.[150] Tribigild lehnte jedoch ab, weil er dem Drang seiner Männer nach Plünderungen und militärischen Abenteuern nicht Genüge tun konnte. Den rebellierenden Goten schlossen sich in der Folgezeit wie seinerzeit den Terwingen des Fritigern (s. o. S. 375) viele Einheimische an, die ebenfalls mit den Lebensbedingungen in der Provinz unzufrieden waren.[151]

Alarich: Prototyp des germanischen Söldnerführers

Die Geschichte des Tribigild steht für viele andere Germanen, die sich mit einer einfachen Ansiedlung und der ihnen zugedachten Existenz als Wehrbauern nicht abfanden. Auch dieses Phänomen war nicht neu: Schon im 3. Jahrhundert waren manche Germanen, die im diesseitigen Donaugebiet angesiedelt waren, nach wenigen Jahren wieder aufgebrochen, um Griechenland und die Küsten des westlichen Mittelmeers zu plündern (s. o. S. 330).[152] Im späten 4. Jahrhundert zogen viele Germanen auf der Suche nach besseren Lebensbedingungen und lukrativer Beschäftigung nach Süden. Tribigild und seine Leute folgten offenbar dem Vorbild eines anderen Gotenführers, der das Reich über zehn Jahre lang in Atem hielt[153]: Alarich.

Bis heute herrscht in der modernen Literatur die Vorstellung, Alarich sei im Jahr 395 mit seinen Mannen aus Thrakien »auf der Suche nach neuen Wohnsitzen« aufgebrochen.[154] Tatsächlich sagt der gotische Historiker Iordanes (6. Jahrhundert n. Chr.), Alarich habe sich nach dem Erfolg gegen Eugenius - ähnlich wie Tribigild - von Theodosius schlecht behandelt gefühlt, weil dieser ihm die versprochenen Geschenke vorenthielt. Ackerbauern sind seine Mannen nie geworden.[155]

Alarich führte eine Großgruppe multiethnischer Verbände mit rund 10 000 Kriegern an. Unter ihnen befanden sich viele der 382 in Thrakien Angesiedelten und zahlreiche Freie mit ihren Familien.

Sicherlich suchten einige bessere Siedlungsgründe. Doch musste dieses Ziel zurückstehen hinter der Aufgabe, sich im Kampf zu bewähren, Beute zu machen und den Kaisern durch unablässige Plünderungen militärische Stärke zu demonstrieren (und sie damit zu Verhandlungen zu zwingen).[156] Alarich hat nie explizit Land für sich und seine Leute gefordert, sondern ein hohes Kommando (und dessen Verdienstmöglichkeiten), Geld und die Möglichkeit erstrebt, *annona*-Lieferungen aus den Steuerleistungen bestimmter Provinzen und Italiens zu bekommen.[157] Erst vor diesem Hintergrund wird verständlich, warum ihm die östliche und die westliche Reichsregierung oder deren Vertreter neben Geschenken und Geldzahlungen ein regionales Heermeisteramt anboten, und dass dieses von Alarich für eine gewisse Zeit akzeptiert wurde.[158]

Ein von der Reichszentrale finanziertes und durch ein Heermeisteramt institutionell abgesichertes Soldatenleben, das die Versorgung der eigenen Verbände mit Geld und Getreide garantierte[159] - das kam den Wünschen der Goten und manch anderer germanischer Adliger am nächsten. Das Bewusstsein, diese Forderungen gegenüber den Römern in deren Land durchsetzen und das Amt eines *magister militum* beanspruchen zu können, war entscheidend dafür, dass sich der Söldnerführer als König etablierte. In dieser Rolle hat Alarich auch seinem multiethnischen Kriegerverband eine neue Identität verschafft, indem er und seine Gefolgsleute Überlieferungen über die Geschichte der Goten sowie einheitliche soziale, rechtliche und kultische Praktiken für verbindlich erklärten. Man bezeichnet die Summe dieser Vorstellungen als »Traditionskern« und den gesamten Vorgang als Ethnogenese. Erst im 5. Jahrhundert kann man von den »Westgoten« sprechen, während sie vorher in verschiedene Teilverbände (Terwingen, Greutungen) aufgespalten waren. Das hat manche historische Parallele bei anderen wandernden Ethnien.[160] Die Schicksalsfrage des Imperiums lautete, wie man mit dieser neuen Form politisch und ethnisch integrierter Großverbände auf Reichsgebiet umging und ihr militärisches Potential dem Reich verfügbar machte.

14.

DER WEG ZU DEN KATALAUNISCHEN FELDERN UND DER UNTERGANG DES WESTREICHES

Zurückdrängung der Germanen im Osten und Aufstieg des Militäradels im Westen

Als die germanischen Verbände und Söldner innerhalb und neben der regulären Armee immer wichtiger wurden, veränderte sich – ähnlich wie beim Professionalisierungsschub der spätrepublikanischen Heere – auch die Rolle des Feldherrn. Seit Theodosius verlangte die Leitung der Armee besondere Führungsqualitäten und Fingerspitzengefühl.[1] Nicht selten mussten Reibereien zwischen den regulären Verbänden und den in die Palatinauxilien eingereihten sowie besser bezahlten Föderaten geschlichtet werden.[2] Erfolge, die früher aufgrund der intensiver trainierten und hochwertiger bewaffneten Legion als wahrscheinlich galten, hingen nun in stärkerem Maße von den *politischen* Rahmenbedingungen, den persönlichen Verbindungen und vom Verhandlungsgeschick der *magistri militum* sowie ihrer Fähigkeit ab, rasch Barbarentruppen in großer Zahl anzuwerben.

Begleitet wurde diese Entwicklung durch ein Phänomen, das schon aus der Zeit der julisch-claudischen Dynastie bekannt war[3], in der außenpolitisch und militärisch angespannten Situation der Zeit nach dem Desaster von Adrianopel aber weitaus schwerer wog. Seit dem Tod des Theodosius 395 führte kein Kaiser mehr persönlich die Reichstruppen ins Feld. Zum einen waren die Söhne des Theodosius zu jung und unerfahren, was nicht mit Feigheit oder Untätigkeit gleichzusetzen ist. Sehr wahrscheinlich erachteten die kaiserlichen Berater nach dem Schlachtentod des Julian und Valens eine Anwesenheit ihres Schützlings im Felde als zu riskant.[4] Dies wäre eine Parallele zu den persischen Verhältnissen (s. o. S. 59). In jedem Fall fehlten den im Palast und vom Kontakt zur Truppe abgeschirmten Kaisern die Voraussetzungen, ethnisch gemischte Verbände aufzustellen und zu führen. Das Militär wurde deshalb – wie es der Historiker Michael Whitby formuliert hat – »ausgegliedert« (»outsourced«).[5]

Die Distanz der Kaiser zur Armee stärkte die Stellung der Heermeister. Allerdings entwickelte sich ihr Verhältnis zur kaiserlichen Zentrale in Ost und West unterschiedlich: In Konstantinopel gewannen nach dem erfolglosen Feldzug des *magister utriusque militiae* Gainas gegen den rebellierenden Tribigild (s. o. S. 388 f.) und nach dem Sturz des *praepositus sacri cubiculi* Eutropius politische Kreise die Oberhand, die sich gegen die germanische Dominanz im Heermeisteramt richteten. Dieser Bewegung fielen Gainas und seine Goten zum Opfer. In der Folgezeit wurden die Grenz- und Feldtruppen wieder zunehmend mit einheimischen Rekruten besetzt; die *limitanei* wurden sogar gegenüber dem Präsentalheer aufgewertet. Zur Grenzverteidigung griff man ergänzend auf isaurische Soldaten sowie auf nordafrikanische und arabische Föderaten zurück.[6] Geschlossene Verbände germanischer Kämpfer wie die Westgoten erschienen dagegen entbehrlich, weil man anders als das Westreich nur zwei gefährdete Grenzregionen, die untere Donau und Mesopotamien, zu verteidigen hatte.[7] Außerdem erfreute sich der Osten nach dem Sturz des Gainas einer rund 20-jährigen Friedenszeit und konnte in dieser ruhigen Phase eine kompetente Zivilverwaltung als Gegengewicht gegen die präsentalen Heermeister etablieren.[8] Auch wenn es in der Folgezeit immer wieder fremdländische (auch gotische) *magistri militum* gab, unterlagen sie jetzt schärferer Kontrollen durch die zivilen Spitzenämter des *praefectus praetorio* und des *magister officiorum*.[9]

Anders war die Situation im Westen: Hier bestimmte seit Beginn des 5. Jahrhunderts der *magister utriusque militiae* den Einsatz der Armee und ihr strategisches Konzept.[10] Die Heermeister neigten dazu, die Grenzverteidigung und die Limitantruppen zugunsten der Bewegungsheere und der Föderatenverbände zu vernachlässigen, weil sie auf schnelle Erfolge angewiesen waren, um ihre Position gegen Konkurrenten und gegenüber dem Kaiser zu stärken. »Im Vordergrund des Handelns stand immer die Klärung der internen Machtfrage, unabhängig davon, ob diese Priorität dem Gesamtnutzen des Reiches förderlich war oder nicht.«[11] Ihre militärischen Operationen verlagerten sich deshalb von den Grenzen an das Mittelmeer und wurden vom hektischen Ringen um die Macht im Innern beeinflusst. Der *magister utriusque militiae* des Westens musste sich dabei immer stärker auf nichtrömische Truppen verlassen.[12] Auch wenn diese formal den regulären *comitatenses* gleichgestellt und entsprechend (durch *annonae foederaticae*) versorgt und in der Regel von römischen Offizieren befehligt wurden[13], lösten sich die Feldheere sukzessive aus der staatlichen Organisationsstruktur und nahmen *faktisch* den Charakter großer Gefolgschaftsarmeen an: Da fest stationierte Föderatenverbände und Söldner von den Heermeistern häufig nur für bestimmte Kampagnen angeworben wurden, entwickelten sie gegenüber ihrem Feldherrn eine intensivere Bindung als gegenüber dem Kaiser.[14]

Ein wichtiges Indiz für die »Privatisierungstendenzen« der westlichen Heere ist die neue Kategorie von Leibwachen von einigen hundert Mann *(bucellarii)*, die seit dem Tod des Theodosius im Gefolge der westlichen Heermeister erscheinen und nur den Befehlen ihres Herrn folgten. Ihre Ursprünge sind im germanischen Gefolgschaftswesen und in der römischen Einrichtung der persönlichen Bediensteten von Beamten und Offizieren zu suchen.[15] Der oströmische Kaiser Leo I. verbot seit 468 private Leibgarden, und das Ostreich verstand es in der Folgezeit, die Bucellarier (wie die Föderatentruppen) als reguläre Elitetruppe in das Heer zu integrieren.[16] Für den Westen fehlen vergleichbare Hinweise. Offensichtlich waren die Machtstellung der *magistri militum* und die Privatisierung des militärischen Sektors durch kaiserliche Erlasse nicht mehr rückgängig zu machen. Anstatt die Position der Heermeister institutionell durch die Stärkung ziviler Ämter einzuhegen, versuchten die Kaiser den Graben zu den Heermeistern durch verwandtschaftliche Bande zu überbrücken. Diese Heiratspolitik wurde von den *magistri militum* angenommen und unterstützt. Durch sie entstand eine mit dem Kaiserhaus versippte Schicht hoher militärischer Kommandeure, von der Forschung als »spätrömischer Militäradel« bezeichnet.[17]

Aufstieg und Fall Stilichos

Ein Höhepunkt dieser Entwicklung war die Karriere des Flavius Stilicho, Sohn eines vandalischen Kavallerieoffiziers (im Dienst des Valens) und einer Römerin. Seine ersten militärischen Meriten erwarb er sich in führender Position beim Feldzug des Theodosius gegen Eugenius und Arbogast. 384 heiratete er Serena, die Adoptivtochter des Theodosius, und stieg damit in den engeren Kreis der kaiserlichen Regierungselite auf; kurz vor dem Tod seines Schwiegervaters wurde er von diesem zum Fürsorger des jungen Honorius eingesetzt und zum *magister utriusque militiae praesentalis* des Westens befördert. Damit unterstand ihm das gesamte Militärpotential der westlichen Reichshälfte, zeitweise auch große Teile der von Theodosius neu aufgestellten östlichen Feldheere.[18] Während er seine Stellung in Ravenna dadurch abzusichern suchte, dass er nacheinander seine Töchter dem Honorius zur (allerdings kinderlosen) Ehe gab,[19] war es ein Kennzeichen seiner Militärpolitik, dass er den regulären Truppen immer größere nichtrömische Verbände angliederte. Außerdem besaß er hunnische *bucellarii*.[20] 405 besiegte er mit nominell 30 Regimentern der Feldarmee sowie alanischen und hunnischen Truppen, die ihm der hunnische Anführer Uldin gestellt hatte, bei Faesulae die angeblich 20 000 Kämpfer umfassende Armee des Radagaisus, eines ehemaligen Kampfgenossen Alarichs. Die Kerntruppe von angeblich 12 000 gotischen *optimati* wurde daraufhin der Feldarmee (wahrscheinlich unter die

Palatinauxilien) eingereiht.[21] Weniger konsequent ging Stilicho gegen die nach Italien drängenden Goten Alarichs vor. Er konnte ihnen zwar bei Verona (403) eine schwere Niederlage beibringen, doch anstatt die Armee endgültig zu zerschlagen, schloss er im Namen des Honorius einen Vertrag, der den Gotenkönig zum illyrischen Heermeister ernannte (was eine schwere Beeinträchtigung der oströmischen Autonomie bedeutete).[22]

Aus der Sicht Stilichos war dies nur folgerichtig. Denn anders als die Goten des Radagaisus suchte der Föderatenverband Alarichs neben Beute vor allem lukrative militärische Beschäftigungsmöglichkeiten. Angesichts der verschärften Rekrutierungsprobleme waren das kriegerische Potential der Goten und die Stellung des Alarich viel zu wertvoll, um sie zu vernichten oder einem Konkurrenten zu überlassen.[23] Ähnlich hatte im Osten der Heermeister Gainas gehandelt, als er die Rebellion des Tribigild (s. o. S. 388f.) nicht konsequent bekämpfte, sondern Konstantinopel Verhandlungen empfahl.[24] Dieses Vorgehen sollte im Westen Schule machen: »Selbst wenn besiegte Barbarenheere in die Enge getrieben waren, wurden sie selten aufgerieben, da kampferprobte Soldaten die wichtigste Ressource des spätrömischen Imperiums waren.«[25]

Wie richtig Stilicho die Lage einschätzte, zeigte sich in den Folgejahren. Die Massierung der Truppen in Italien (gegen Alarich) und Illyrien hatte die Reichsverteidigung am Rhein so ausgedünnt, dass seit 405 – wahrscheinlich ausgelöst durch einen zweiten hunnischen Vorstoß nach Europa – vandalische, suebische und alanische Verbände, außerdem alamannische und burgundische Großgruppen von jeweils mindestens 10 000 Mann, nur aufgehalten von fränkischen Föderaten und Limitantruppen, nach Gallien und von dort bis nach Italien und Spanien vordrangen. 407 setzte auch noch der Usurpator Constantinus mit Teilen des Bewegungsheeres von Britannien nach Gallien über und konnte hier zusätzliche Verbände der Barbaren gegen Honorius rekrutieren.[26] Zwischen 395 und 410 wurde in den Kämpfen gegen eindringende Germanen

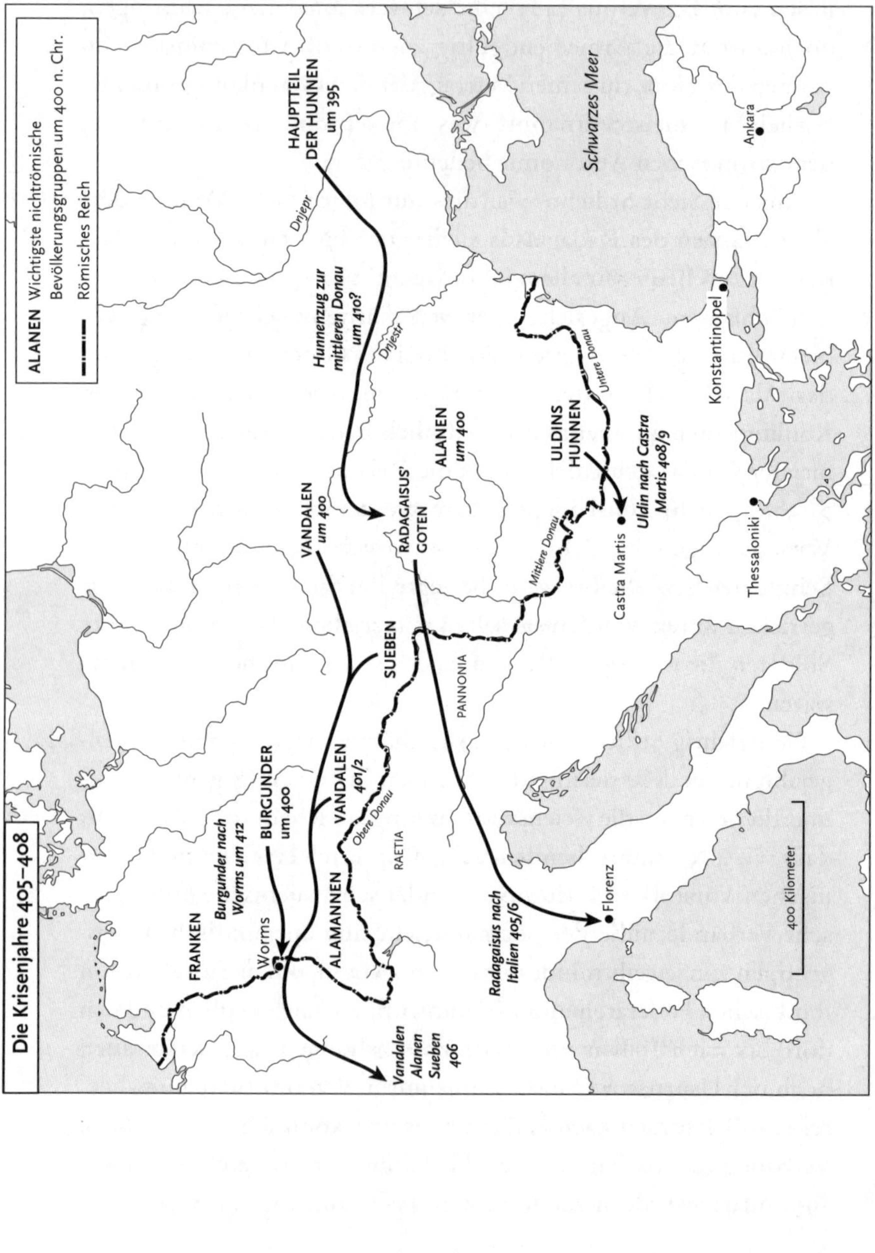
Die Krisenjahre 405–408
ALANEN Wichtigste nichtrömische Bevölkerungsgruppen um 400 n. Chr.
Römisches Reich
HAUPTTEIL DER HUNNEN um 395
Hunnenzug zur mittleren Donau um 410?
Schwarzes Meer
Dnjepr
Dnjestr
Ankara
Konstantinopel
Untere Donau
ULDINS HUNNEN
Uldin nach Castra Martis 408/9
Castra Martis
Thessaloniki
ALANEN um 400
RADAGAISUS' GOTEN
VANDALEN um 400
Mittlere Donau
SUEBEN
PANNONIA
VANDALEN 401/2
BURGUNDER um 400
Burgunder nach Worms um 412
Obere Donau
RAETIA
ALAMANNEN
FRANKEN
Worms
Radagaisus nach Italien 405/6
Florenz
Vandalen Alanen Sueben 406
400 Kilometer

und Usurpatoren fast die Hälfte der westlichen Feldarmee vernichtet.[27] Ähnlich wie im 3. Jahrhundert wandten sich Teile der gallischen Bevölkerung aus Erbitterung über ausbleibende kaiserliche Hilfe von Ravenna ab.[28] Stilicho suchte in dieser Lage umso mehr die Verständigung mit Alarich und setzte sich für dessen Geldforderungen (4000 Pfund Gold) ein. Dies machte ihn verdächtig in Ravenna, wo man wenig von den militärischen Zwängen der Zeit verstand. Als man dann noch mutmaßte, Stilicho wolle seinen Sohn Eucherius zum Kaiser im Osten erheben, wurde er abgesetzt und auf Befehl des Honorius getötet.[29]

Stilichos Schicksal zeigt wie ein Brennglas die Strukturprobleme des Westens seit Beginn des 5. Jahrhunderts: Wegen der enormen Schwierigkeiten bei der Finanzierung und Rekrutierung des Heeres war man dazu übergegangen, regelmäßig geschlossene germanische Verbände dem regulären *exercitus* anzugliedern und fallweise mit Ansiedlungsgenehmigungen (meist in Gallien) zu belohnen; um Kosten zu sparen, aktivierte man die angeworbenen Truppen erst ad hoc für einen bestimmten Feldzug und reduzierte im Gegenzug die viel teureren stehenden Verbände des Feldheeres.[30]

Die Abhängigkeit vom Militärpotential der Fremden, die Kriege der Thronprätendenten, die sich ebenfalls fremder Föderatenverbände und Söldner bedienten, und die ständig schwelenden Machtkämpfe in der Generalität verhinderten – anders als im Osten – ein konsequentes Vorgehen gegen die Eindringlinge, auch wenn sie militärisch besiegt waren.[31] Die Invasoren zu vertreiben oder zu vernichten lag häufig weder im Interesse der Generalität noch der Thronprätendenten, weil sie sich dadurch eines wichtigen Reservoirs an Soldaten beraubt hätten. Die Zustimmung der Provinzialbevölkerung zum kaiserlichen Regiment schwand, die Regionalisierungstendenzen des 3. Jahrhunderts verschärften sich, die territoriale Integrität des Reiches wurde unterhöhlt; die Grenzverteidigung war mehr eine Sache des politischen Kalküls als der militärischen Verantwortlichkeit.

Die innenpolitischen Konsequenzen liegen auf der Hand und reihen sich ein in ein bekanntes Muster, welches das römische Kaisertum seit seinen Anfängen begleitete: Je mehr Einfluss einzelne Generäle auf die Reichspolitik mit Hilfe von Föderaten, Söldnern und Bucellariern gewannen und je intensiver ihre Bindungen zu den Berufskriegern wurden[32], desto gefährlicher wurden sie für die militärisch inaktiven Kaiser, auch wenn Einzelne wie Stilicho gar nicht den Kaiserthron für sich erstrebten. In anderen Fällen veranlassten Honorius allein Gerüchte um Truppenrevolten und zwielichtiges Handeln ihrer Feldherren dazu, diese zu liquidieren.[33] Das Misstrauen der kaiserlichen Zentrale, das aus mangelndem Verständnis für die militärische Lage erwuchs, und die Angst vor Bürgerkriegen raubten dem Westreich wahrscheinlich mehr militärische Führungskompetenz als die Kriege gegen die Barbaren. So hatte Honorius mit Stilicho nicht nur seinen fähigsten Heerführer umgebracht; außerdem fühlten sich viele von Stilicho angeworbene Hilfstruppen nach dem Tod ihres Soldherrn niemandem mehr verpflichtet und liefen zu Alarich über (die hunnische Leibgarde war vorher getötet worden).[34] Über Nacht bildete sich ein gewaltiges Heer, dem der Westen nichts entgegenzusetzen hatte. Alarich konnte schalten und walten. Das gut befestigte Ravenna blieb zwar verschont, aber Italien und die Stadt Rom waren den Angriffen des Gotenkönigs schutzlos ausgeliefert. Von der Versorgung abgeschnitten, wurde die Tiberstadt nach zweijähriger Belagerung erobert.

Auch diesmal wäre es verfehlt, von dem spektakulären Einzelereignis auf eine grundlegende militärische Schwäche zu schließen.[35] Längst hatte die alte Hauptstadt ihre strategische und politische Bedeutung eingebüßt. Dennoch zeigt der Weg der Goten nach Rom die tiefgreifenden Veränderungen der letzten 20 Jahre. Das Westreich hatte in Abkehr von der integrierten Defensivstrategie alles auf die Autorität des zentralen Heermeisters gesetzt und sich dessen Kalkül gebeugt, mit barbarischen Verbänden durchschlagendere Erfolge zu erzielen als mit den regulären Feldtruppen, deren Ausbildung und Versorgung langwierig und teuer war. Das war ein Spiel mit dem Feuer: Sämtliche Planungen der Römer standen inzwischen unter dem Diktat, das Potential der gegnerischen Truppen für sich zu nutzen, und die germanischen Verbände wurden sich ihres Wertes bewusst, weil sie erkannten, wie inkonsequent ihr Gegner vorging. Bezeichnenderweise schmälerten die Niederlagen Alarichs gegen Stilicho seine Autorität gegenüber den Stammesgenossen nicht. Der Marsch durch die Reichsgebiete, die Fähigkeit, ethnisch heterogene Verbände unter ein Kommando zu integrieren, und nicht zuletzt das Angebot, ein Heermeisteramt zu übernehmen, dürften die Goten davon überzeugt haben, dass sie unter diesem König zu einer Macht gereift waren, deren Stabilität nicht mehr ausschließlich nach militärischen Kriterien zu bemessen war. Die Erfahrung, eine große Schar von Kriegern mit ihren Familien in zahllosen Kämpfen durch das Reich geführt und zu einer kampfstarken Armee geformt zu haben, veränderte offenbar auch das germanische Königtum.[36] Ihm fehlte nur noch die offizielle Akzeptanz durch entsprechende kaiserliche Gesten und ein Territorium als stabile Versorgungsgrundlage.

Goten kämpfen für das Westreich

Eine für das weströmische Kaisertum naheliegende Möglichkeit der Integration barbarischer Könige schien die Ausweitung ihrer Heiratspolitik, die sie schon auf die *magistri militum* angewandt hatten.[37] Frauen aus dem Kaiserhaus wurden nicht mehr nur den Heermeistern, sondern auch germanischen Föderatenführern und Königen zur Heirat angeboten. Das eröffnete den Kaisern zudem die Chance, in die von den Heermeistern dominierten Verbindungen zur germanischen und hunnischen Elite einzubrechen und den Mangel kaiserlicher *auctoritas* im militärischen und außenpolitischen Bereich zu überspielen. Diese Politik schien gegenüber den Goten angemessen, die nach Alarichs Tod (410) in Spanien zunächst für den Usurpator, dann für Honorius kämpften, weil Galla Placidia, die Schwester des Honorius, offenbar in die Gewalt Athaulfs, des Schwagers und baldigen Nachfolgers Alarichs, geraten war.[38] Im Jahr 414 heiratete der Gotenkönig in römischer Generalsuniform die Kaiserschwester in Narbonne. Aber noch glaubte sich Honorius zu stark, den Anführer der gotischen Krieger und ihrer Familien einer »Ansippung« an das Kaiserhaus für würdig zu erachten – 50 Jahre später hatte man gegenüber dem Vandalen Hunerich keine andere Wahl mehr. Der Heermeister Flavius Constantius schnitt die Goten systematisch von der Versorgung ab und zwang sie, nach Spanien abzuziehen. Hier wurde Athaulf 415 ermordet und Vallia zum neuen König gewählt. Mehrere Versuche, nach Nordafrika überzusetzen, scheiterten an den widrigen Umständen und an mangelnder maritimer Unterstützung. Von Hunger und Kämpfen ausgelaugt, kapitulierte Vallia schließlich im Jahr 416 gegenüber der mit Bucellariern und Grenztruppen verstärkten Feldarmee des Constantius, übergab Galla Placidia, die ein Jahr später mit dem römischen Heermeister vermählt wurde, und trat mit seinen Goten erneut in römische Dienste.[39] In den Folgejahren befreiten sie im römischen Namen *(Romani nominis causa)* Spanien und Gallien von Usurpatoren und unterstellten die wichtigsten westlichen Provinzen (mit Ausnahme Britanniens) wieder der Kontrolle des Kaisers.[40]

Als Lohn erhielten sie Siedlungsland in der Gegend von Toulouse und Bordeaux (in der *Aquitania II* sowie Stadtbezirken der *Novempopulana* und *Narbonensis I*), das nicht mehr die Grenzen der Provinz berührte, aber auch (noch) keinen Zugang zum Mittelmeer hatte. Immerhin handelte es sich um die reichsten und fruchtbarsten Gebiete Galliens.[41] Gleichzeitig wurden Vallia und Theoderich von Constantius als Könige innerhalb des Territoriums anerkannt, ohne ein Heermeisteramt oder andere Ämter innezuhaben (wie es Alarich noch zwischen 408 und 410 gefordert hatte).[42] Dies entbehrte insofern nicht einer gewissen Logik, als das Siedlungsgebiet keine Grenze hatte, die gegen einen äußeren Feind zu verteidigen gewesen wäre.[43] Damit dürfte das Selbstbewusstsein der gotischen Könige inmitten eines der fruchtbarsten Gebiete des Westreiches gewachsen sein; von einem »Tolosanischen Reich« zu sprechen, wie es in der Literatur mitunter heißt,[44] erscheint allerdings unangemessen. Die Bezeichnung entspringt einer Perspektive, die das Abkommen aus dem Wissen um den späteren Untergang des Westreiches und der Etablierung germanischer Reiche interpretiert. Im Jahr 418 wurde jedoch die Vereinbarung von der römischen Seite nicht als Dauerlösung angesehen. Wahrscheinlich wurden die gotischen Herrscher nach dem altrömischen Prinzip des *hospitium publicum* als Staatsgäste aufgenommen und versorgt, indem man sie und ihr Gefolge den einzelnen Gemeinden der Provinz zuordnete. Dieser Versorgungsanspruch galt jedoch nur in dem beschriebenen Gebiet. Von einer Abtretung von Reichsterritorium konnte weder rechtlich noch faktisch die Rede sein.[45] Es war ein aus den Umständen geborenes Provisorium, das sich aus den Lehren der Ereignisse um die Alarich-Goten ergab.[46] Die Goten sicherten sich die regelmäßige Versorgung in einem wirtschaftlich florierenden Gebiet und hatten fortan keinen Anlass mehr, im Reich unkontrolliert umherzuziehen. Ein zweiter Vertrag enthielt ihre Verpflichtung als *foederati* gegenüber Rom, ohne dass die Römer den gotischen Königen dafür – wie früher im Fall Alarichs – ein Heermeisteramt übertragen mussten.[47] Auch wenn längere Verhandlungen nötig waren, um die Militärpflicht einzufordern, konnte der Heermeister hoffen, mit Hilfe der gotischen Verbände nicht nur das von Bürgerkriegen und plündernden Invasoren heimgesuchte Gallien und Spanien dauerhaft zu sichern, sondern auch die territoriale Flanke nach Nordafrika zu kontrollieren.[48]

Die Hunnen und die Schlacht auf den Katalaunischen Feldern

Das neue Konzept erwies sich als erfolgreich: Die Goten zeigten sich als loyale Verbündete. Constantius stabilisierte mit ihrer Rückendeckung das Westreich gegen Usurpatoren und Barbaren. 417 heiratete er die Kaiserschwester Galla Placidia und wurde 421 als Lohn für seine Erfolge zum Mitkaiser neben Honorius ernannt.[49] Wie labil allerdings die Gesamtlage des Westens war, bewiesen die folgenden Jahrzehnte, als mit dem Hunnenkönig Attila ein neuer Akteur das Feld betrat.

Die historische Bedeutung der Hunnen ist in den letzten Jahrzehnten mehrfach korrigiert worden: Zu Beginn des 5. Jahrhunderts bildeten sie keinen einheitlichen, unbesiegbaren Machtblock, sondern waren in unabhängig voneinander operierende Kriegergruppen aufgesplittert. Sie waren auch nicht der »Erzfeind der römischen Zivilisation«.[50] Ihr Verhältnis zum Imperium schwankte zwischen aggressiven Plünderern und kampfstarken Söldnern. Ihre Angriffe galten im ersten Drittel des Jahrhunderts vor allem dem Ostreich, während sie für die Heermeister des Westens zu den begehrtesten Hilfstruppen zählten.[51] Insgesamt passten sie also in ein Gesamtbild, das den Römern seit Jahrhunderten von den Grenzregionen an der Donau vertraut war. Doch anders als die Germanen haben die Hunnen wegen ihrer ausgeprägt pastoralen Lebensweise wohl nie feste Siedlungsplätze innerhalb der Reichsgrenzen angestrebt. Deshalb entstand bei ihnen auch kein gentiles Königreich, wie dies bei manchen germanischen Kriegerverbänden auf Reichsgebiet seit Alarich der Fall war. Territoriale Expansion gehörte nicht zu ihren vorrangigen Zielen, nicht einmal eines Königs wie Attila. Die Hunnen herrschten ausschließlich über Menschengruppen, vor allem über zahllose germanische Völkerschaften jenseits der Donau. Ihre Herrschaft blieb jedoch stets labil. Ohne einen Regierungsapparat beruhte sie auf der Fähigkeit der Anführer, durch Raubzüge genügend Geld und Gold zu erwerben, um ihre Stellung abzusichern und die Zahl der Kampfwilligen zu vergrößern.[52] Deshalb waren sie auch nie eine existentielle Gefahr für das Imperium. In gewisser Hinsicht entlasteten sie sogar die Regierungen in Konstantinopel und Ravenna von dem Dauerdruck an der Donaugrenze, indem sie zahllose germanische *gentes* und Kriegergruppen an sich banden und von einem *dauerhaften* Eindringen ins Reichsgebiet abhielten.[53]

Für die römischen Zeitgenossen überwogen freilich die unmittelbar spürbaren Nachteile: Abgesehen davon, dass die hunnischen Raubzüge den ökonomischen Niedergang der Balkangrenzgebiete beschleunigten, entzogen die Hunnen dem Imperium nicht nur erhebliche materielle Ressourcen, sondern auch potentielle germanische Söldner, die seit Beginn des 5. Jahrhunderts die Wahl hatten, unter einem hunnischen Anführer oder einem römischen Heermeister zu Ruhm und Reichtum zu gelangen. Sicher überwog bei den meisten nach wie vor der Reiz, in einer Welt Karriere zu machen, deren Reichtum, Leistungsfähigkeit und Organisationshöhe einzigartig und beispiellos war. Die Anziehungskraft des Imperiums war noch im 5. Jahrhundert so groß, dass selbst zahllose Hunnen ein dauerhaftes Leben unter römischen Fahnen vorzogen.

Demgegenüber stand der Ruf einer außergewöhnlichen Kampfkraft, den sich die hunnischen Räuberscharen über Jahrzehnte erworben hatten. Er beruhte auf einer für Römer und Germanen ungewohnten Kampfesweise.[54] Die Hunnen waren leicht bewaffnete Bogenkämpfer zu Pferde. Sie beschossen mit neuartigen Komposit- oder Reflexbögen ihre Gegner zunächst aus einer Entfernung von bis zu 200 Metern, um sie in einer zweiten Phase durch vorgetäuschte Fluchten aus ihrer Formation zu locken. Ließ sich der Gegner darauf ein, wendeten sie plötzlich und machten den zerstreuten Verfolger mit Bogen, Lasso und einem langen »Hiebschwert« endgültig nieder.[55] Eine vergleichbare leichtbewaffnete Reiterei mit Bogen besaßen nur die Sasaniden. Im römischen Heer war sie schwach ausgebildet, und die Germanen hatten sie wohl

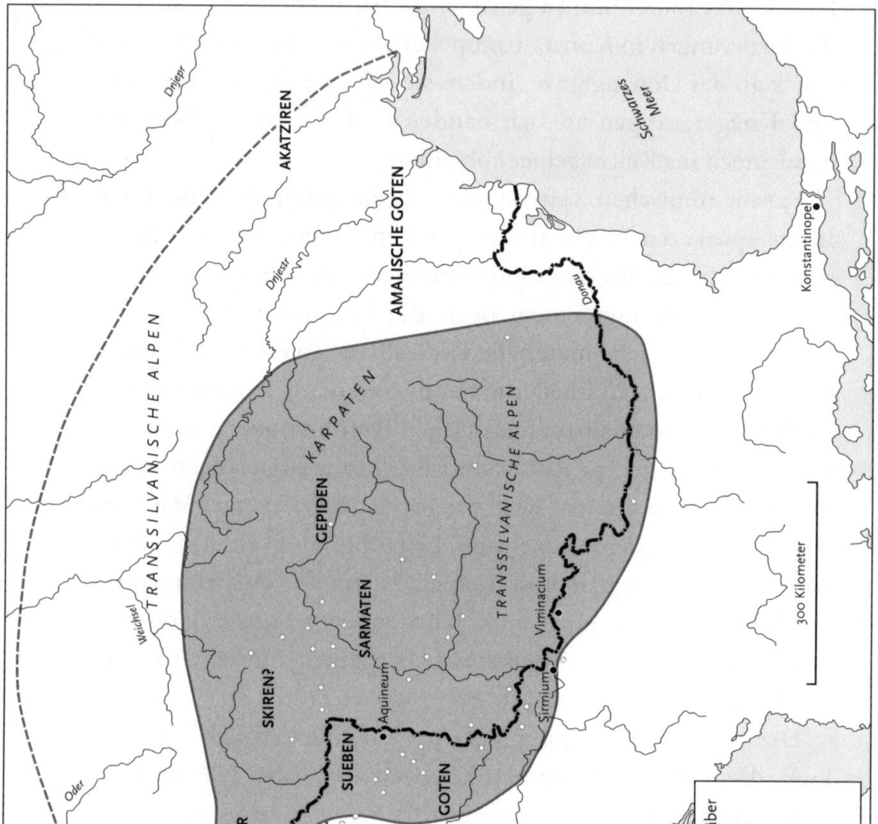
Attilas Untertanen
LANGOBARDEN?
RUGIER
Elbe
Donau
Oder
HERULER
SUEBEN
GOTEN
SKIREN?
Weichsel
TRANSSILVANISCHE ALPEN
Aquineum
SARMATEN
Sirmium
Viminacium
GEPIDEN
KARPATEN
TRANSSILVANISCHE ALPEN
Dnjestr
Dnjepr
AKATZIREN
AMALISCHE GOTEN
Donau
Schwarzes Meer
Konstantinopel
300 Kilometer
Aquileia
Adria
Reich ausgestattete Gräber
Hunnisches Kerngebiet
Gebiet unter größerem hunnischem Einfluss
Römisches Reich

ebenfalls nur in geringem Umfang.[56] Hunnische Soldverbände wurden deshalb bevorzugt von Heermeistern wie Stilicho und später Aëtius gegen die Germanen eingesetzt. Zu Beginn des 5. Jahrhunderts gehörten sie zum Rückgrat der westlichen Feldarmeen.[57]

Gefährlich wurde es für die römische Seite, wenn die Hunnen selbst mit unterworfenen germanischen Volksstämmen ins Feld zogen. Auf die Kombination germanischer und hunnischer Kampfesweise konnte sich die römische Armee schwer einstellen. Bis in die 20er Jahre des 5. Jahrhunderts war dieses Manko noch kalkulierbar. Denn die hunnischen Reiterverbände wurden von wechselnden Anführern befehligt. Erst als sich Attila um 445 nach der Ermordung seines Bruders Bleda zum alleinigen König aufschwingen und seine Herrschaft im Raum der Ungarischen Tiefebene und der südrumänischen Walachei zentralisieren konnte, setzte eine folgenreiche Wende ein.[58] Zunächst verbot er seinen Stammesgenossen jegliche Kriegsdienste für die Römer. Damit fehlte den Römern die Möglichkeit, Hunnen gegen Hunnen kämpfen zu lassen.[59] Anders als seine Vorgänger gab er sich ferner nicht mehr damit zufrieden, Plünderungszüge in die Balkangebiete zu unternehmen und sich danach hinter die Donau zurückzuziehen. Jetzt zielte er sogar auf die Einnahme von befestigten Städten und drang dabei fast bis vor die Tore Konstantinopels vor.[60] Das Geld, das zuvor über Solddienste in die Hände hunnischer Kämpfer floss, erhielt er nun in größerem Umfang über Jahrgelder, die Konstantinopel für das Stillhalten der Hunnen bezahlen musste.

Diese Gelder erlaubten es Attila, die Zahl seiner Verbündeten zu erhöhen und die Loyalität der in seinem Machtbereich lebenden germanischen und alanischen Verbände zu festigen.[61] Sie stellten seitdem einen Großteil der hunnischen Armee und übernahmen die militärtechnischen Erfahrungen, die hunnische Söldner unter römischen Befehlshabern gesammelt hatten. Ein Markstein in dieser Entwicklung war wohl auch die Vergabe des Heermeisteramts an Attila in den 440er Jahren wahrscheinlich durch den jungen Westkaiser Valentinian III.[62] Der Zugang zu der und die partielle Angleichung an die Militärtechnik Roms dürften dadurch noch einmal erleichtert worden sein. Spätestens nach der Besiedlung der ungarischen Tiefebene setzte innerhalb der hunnischen Armee ein struktureller Wandel ein. Die Verlagerung des Herrschaftsraums von der Steppe in die ungarische Steppenwaldzone verschlechterte die naturalen Bedingungen für die bis dahin ausschließlich auf den Reiterkampf beruhende Kriegsführung. Wahrscheinlich ergänzten die Hunnen ihre nomadische Lebensweise durch begrenzten Ackerbau. Folgerichtig wurden hunnische Fußtruppen gegenüber der Reiterei aufgewertet und zunehmend mit Brustpanzern und Helmen bewaffnet.[63] Ferner verschafften römische Überläufer, Gefangene und die wachsende Zahl ehemals reichsangehöriger Untertanen dem Hunnenkönig Kenntnisse zum Bau von Belagerungsmaschinen und Torsionsgeschützen.[64] Mit der Zentralisierung der Herrschaft unter Attila, der partiellen Abkehr vom nomadischen Wanderleben und der Veränderung der Kriegsziele ging also auch ein struktureller Wandel der Waffentechnik einher. Denn allein mit berittenen Bogenschützen waren weder die wachsende Zahl der Unterworfenen zu kontrollieren noch neue Gebiete großflächig zu plündern.

Im Jahr 450 beschloss Attila, in die Tat umzusetzen, was sich in den Jahren zuvor abgezeichnet hatte.[65] Das Verbot hunnischer Söldnerdienste zielte auf das Westreich, während der Osten kaum noch hunnische Truppen anwarb. Zudem hatte der Westen mit gravierenden militärischen Problemen im Süden (Afrika, Spanien) zu kämpfen, und deshalb rechnete Attila mit geringerem Widerstand. Vielleicht hat er seine Pläne sogar mit anderen germanischen Königen des Westens wie etwa Geiserich koordiniert. Als schließlich der neue Ostkaiser im Jahr 451 eine starke Feldarmee in Thrakien zusammenzog und den Hunnen die Goldtribute verweigerte, wendete sich Attila endgültig nach Westen und stieß mit einem (angeblich 500 000 Mann starken) Heer hunnischer, ostgotischer, burgundischer und alanischer Verbände über den Rhein nach Gallien.[66]

Im Westreich hatte sich im Jahr 429 nach einer Reihe undurchsichtiger Intrigen und militärischer Konflikte (in Italien), welche die materiellen und militärischen Ressourcen des Westens noch einmal erheblich schwächten, Flavius Aëtius als *magister utriusque militiae* (und *patricius*) durchgesetzt. Er nahm in der Folgezeit eine ähnliche Stellung ein wie zuvor Stilicho.[67] Vorher hatte er als *magister militum per Gallias* erfolgreiche Kampagnen in Gallien geführt und sich die germanischen Föderaten als Ersatz für die ausgedünnte römische Armee gesichert.[68] Ähnlich wie Stilicho über Uldin hunnische Auxilien erhielt, so besaß Aëtius ferner exzellente Verbindungen zu dem Hunnen Ruga. Mit hunnischen Verbänden, germanischen und sarmatischen Föderaten und Bucellariern konnte er in Gallien die Autorität des Reiches wiederherstellen.[69] Zwischen 435 und 437 zerstörte er aus ungeklärten Gründen das junge Königtum der Burgunden auf dem linken Rheinufer (ihr Untergang wurde später Kernthema des Nibelungenliedes). Die überlebenden Burgunden wurden als Föderaten zur gallischen Grenzverteidigung eingesetzt.[70]

Attila kannte den Wert der dicht besiedelten gallischen Gebiete als wichtigstes Reservoir kampffähiger Föderaten genau, als er in Gallien einfiel und damit auch das tolosanische Siedlungsgebiet der Westgoten bedrohte, anstatt sich (wie rund 40 Jahre zuvor Radagaisus) von Pannonien nach Italien zu wenden.[71] Die unmittelbare hunnische Bedrohung erleichterte Aëtius die Einforderung der gotischen Föderatenpflicht. Allerdings zögerten die Goten, weil sie von Aëtius in den letzten Jahrzehnten mit hunnischen Hilfstruppen unablässig bekriegt worden und wenig geneigt waren, gegen die unter Attila dienenden Ostgoten zu kämpfen. Erst nach mehreren diplomatischen Missionen gelang es, König Theoderich (I.) zum Waffengang gegen Attila zu bewegen.[72] Gemeinsam zwang eine gemischte Armee aus gotischen Föderaten, zahlreichen anderen germanischen und sarmatischen Kontingenten und einem kleinen Kern römischer Verbände unter dem Oberbefehl des Aëtius die Hunnen, die Belagerung von Aurelianis (Orléans) abzubrechen und sich auf die Champagne zurückzuziehen.[73] Hier kam es am 20. Juni 451 auf dem weiten Gefilde vor der späteren Stadt Châlons-sur-Marne, das nach einem alten keltischen Stamm »Katalaunische Felder« hieß, zur letzten großen Schlacht, die ein Heermeister des Westens im Namen des Imperiums gegen eine feindliche Invasion führte.[74]

Attila war sich seit dem Rückzug von Orléans des Sieges nicht mehr sicher. Am Tag der Schlacht formierte er seine Truppen erst sehr spät im Zentrum neben den Ostgoten auf dem linken und anderen Germanen auf dem rechten Flügel. Allein diese Aufstellung spricht gegen den Einsatz hunnischer Reiterei, die sich normalerweise von den Flügeln und nicht im Zentrum am besten hätte entfalten können.[75] Aëtius dagegen hatte die unzuverlässigen, aber mit der hunnischen Kampfesweise bestens vertrauten Alanen ins Zentrum gestellt, die Westgoten nahmen den rechten, der Rest und wahrscheinlich auch die wenigen römischen Truppen den linken Flügel ein. Damit war klar, dass Aëtius nach alter Tradition die Goten als kampfstärkste Einheit einschätzte und ihnen die entscheidende Rolle in der Schlacht zuwies. Bevor der eigentliche Kampf entbrannte, versuchten beide Heerführer die nahen Hügelketten zu besetzen. Unmittelbar vor Kampfbeginn war es den Westgoten und Römern offenbar gelungen, einen beträchtlichen Geländevorteil zu erzielen.[76]

Trotz dieser für Aëtius günstigen Ausgangslage ist bis heute nicht ganz klar, weshalb die Schlacht nach einem äußerst blutigen Kampftag zugunsten der römisch-westgotischen Koalition ausfiel. Ein wichtiger Grund ist wohl darin zu sehen, dass die hunnische Reiterei keine nennenswerte Rolle spielte, obwohl das Gelände eigentlich für den Kavallerieeinsatz wie geschaffen war.[77] Wahrscheinlich bestand Attilas Invasionsarmee – wenn überhaupt – nur aus einem sehr geringen Anteil hunnischer Reiter[78] – eine Folge der Gewichtsverlagerung auf die Infanterie in den Jahren zuvor. In diesem Rahmen war es Attila aber auch nicht mehr möglich, die Gegner durch Scheinfluchten zu täuschen; außerdem kontrollierten die Römer und Westgoten von den Hügeln das Schlachtgeschehen; überraschende Flankenangriffe wie bei Adrianopel waren damit ausgeschlossen, zumal Attila die hunnischen Kämpfer ins Zentrum gestellt hatte.[79] Attila musste sich der gegnerischen Kampfesweise anpassen und minimierte damit die Vorteile der traditionellen hunnischen Waffengattungen.

Auf diese Weise konnte Aëtius zum letzten Mal in der Geschichte des Weströmischen Reiches zusammen mit den westgotischen Föderaten einen durchschlagenden Erfolg erzielen, obwohl schon in der ersten Kampfphase der hochbetagte Gotenkönig gefallen war. Attila spielte Aëtius in die Karten, indem er seine Hunnen gegen die schwächste Position des Gegners im Zentrum vorpreschen ließ. Damit drohte die Überflügelung durch die westgotischen Verbände. Während die Römer ihre Defensivstellung hielten, drängten die Westgoten so massiv von der Flanke aus gegen die Hunnen, dass sie sich bei Beginn der Dämmerung in ihre Wagenburg zurückziehen mussten. Attila, der bei diesem ersten Gegenangriff beinahe gefallen wäre, traf in der Nacht die Vorbereitungen für seine eigene Totenfeier.[80]

Die Schlacht auf den Katalaunischen Feldern demonstrierte wie keine andere die Möglichkeiten, die sich aus der Kombination römischer Defensivtaktik mit germanischem Offensivdrang gegen einen Feind ergaben, der sich seiner wichtigsten taktischen Vorteile beraubt hatte. Umso überraschender war es für die Zeitgenossen, dass Aëtius am nächsten Tag die westgotischen Verbündeten entließ und den Hunnen die Chance eröffnete, sich über den Rhein zurückzuziehen.[81] Vielleicht waren die Westgoten nicht an einer Vernichtung des hunnischen Heerbannes interessiert, weil sie in der Folge mit massiven Angriffen des Aëtius auf ihr Gebiet hätten rechnen müssen.[82] Der Geschichtsschreiber Iordanes meinte dagegen, dass umgekehrt Aëtius im Falle einer Vernichtung der Hunnen die »Unterdrückung des Römischen Reiches von den Goten« fürchtete.[83] Berücksichtigt man die Heerespolitik weströmischer Heermeister seit Stilicho, liegt tatsächlich die Vermutung nahe, Aëtius habe die Hunnen in der Schlacht besiegen, aber nicht vernichten wollen, um die Chance zu wahren, die Truppen Attilas wie früher für seine Ziele einzusetzen. Vergleichbare Beweggründe hatten Stilicho seinerzeit zu der inkonsequenten Haltung gegenüber den besiegten Goten Alarichs bewogen, und so war es auch diesmal, zumal Aëtius auf eine lange Freundschaft mit den Hunnen und eine genauso lange Feindschaft gegenüber den Westgoten zurückblicken konnte.

Die mittelfristigen Folgen der Schlacht ähneln denn auch in auffälliger Weise den Kämpfen, die Stilicho gegen Alarich geführt hatte. Wie seinerzeit die Goten unter Alarich fiel jetzt der geschlagene Gegner ein Jahr später in Norditalien ein, ohne dass die Römer erneut auf die Hilfe der Föderaten zählen konnten.[84] Angeblich soll es dem Geschick Papst Leos zu verdanken gewesen sein, dass Attila nicht über den Po hinauskam und auch nicht auf Rom oder Ravenna marschierte. Entscheidend waren Versorgungsprobleme, Krankheiten im Heer und die Nachricht, dass der Ostkaiser Markian die Abwesenheit Attilas zu Attacken an der Donau nutzte.[85]

Ein Jahr später starb der Hunnenkönig während der Vorbereitung eines Kriegs gegen Konstantinopel.[86] Danach brachen heftige Kämpfe um die Nachfolge aus. Sie kulminierten in der Schlacht am Fluss Nedao (wahrscheinlich 454) zwischen der Koalition der Attilasöhne und denjenigen, die keine Erbfolge akzeptierten. Attilas ältester Sohn starb und das »Reich« zerfiel wieder in zahllose hunnische Einzelverbände und »barbarische« *gentes*, die sich längst von der hunnischen Oberherrschaft losgesagt hatten. Als im Jahr 469 der Kopf des letzten Attilasohnes im Triumph durch Konstantinopel getragen wurde, war die hunnische Bedrohung endgültig vorbei. Die Hunnen teilten damit das Schicksal aller antiken Nomadenvölker, die aus dem Norden kommend die Mittelmeerbewohner in Furcht und Schrecken versetzten. Sie zeigten sich – anders als die Germanen – nicht willens und wandlungsfähig genug, um eine dauerhafte territoriale Herrschaft zu begründen, und verschwanden am Ende viel unspektakulärer aus der Geschichte, als sie gekommen waren.[87]

Verlust Nordafrikas

Der Westen konnte aufatmen, doch die Luft blieb dünn. Während Aëtius Gallien gegen die Hunnen sicherte, hatten die Römer einen territorialen Verlust jenseits des Mittelmeeres hinnehmen müssen, der den Lebensnerv des Westreichs traf. Ausgangspunkt war paradoxerweise die erfolgreiche Politik des Constantius in den 430er Jahren.

Zu den zahlreichen Stammesverbänden, die zu Beginn des 5. Jahrhunderts in die westlichen Provinzen drängten, gehörten die aus Nordostdeutschland stammenden Vandalen. Die Stabilisierung der gallischen und spanischen Provinzen unter Constantius sowie die Ansiedlung der Goten in Aquitanien ließen deren Chancen sinken, in den westlichen Territorien sicheren Lebensunterhalt für sich und ihre Familien zu finden. So wandte sich der Blick ihres Königs Geiserich nach Nordafrika, das schon Alarich anvisiert hatte. Im Mai 429 schiffte Geiserich die Vandalen zusammen mit alanischen Verbündeten – insgesamt wohl 80 000 Menschen, darunter an die 15 000 Kriegern – am Hafen von Tarifa (nahe beim modernen Gibraltar) ein und setzte nach Afrika über.[88]

Mit dieser Operation rechneten die Römer nicht. Nordafrika lag im Windschatten militärischer Großkonflikte; die Gefahr territorialer Verluste bestand nie.[89] Angriffe der Berberstämme, von den Römern Mauren genannt, erforderten bei Weitem nicht die Truppenkonzentrationen wie die Rhein- und Donaugrenze. In den ersten drei Jahrhunderten brauchten die Römer deshalb nicht mehr als eine Legion und 25 000 Mann Hilfstruppen (in Britannien waren vier Legionen stationiert).[90] Zu Beginn des 5. Jahrhunderts verfügte der *comes* Bonifatius über 25 000 Mann Feldtruppen; die Hälfte waren Garnisonsverbände, rund 2000 gehörten der Feldarmee an. Auf die Invasion kampferprobter germanischer und alanischer Berufskrieger war diese Armee nicht eingestellt.[91]

Dass die Vandalen auf wenig Widerstand stießen, hatte aber noch einen weiteren Grund: Die reichen Großgrundbesitzer entzogen sich offensichtlich noch stärker als anderswo ihrer Verantwortung für die provinzialen Belange. Die ländliche Bevölkerung war angesichts der drückenden Provinzialverwaltung wenig geneigt, dem Eindringling Widerstand zu leisten. Die Donatisten, eine von der offiziellen Kirche verfolgte christliche Glaubensgemeinschaft mit vielen Anhängern in der berberischen Landbevölkerung, begrüßte den König sogar als Befreier. Ferner konnte Geiserich mit dem Zuzug maurischer Stämme rechnen. Und schließlich besaßen der zuständige *comes* und seine Verbände nur wenig Rückhalt in der Bevölkerung, weil sie nicht im Land verwurzelt waren und ihre Stellung zur persönlichen Bereicherung nutzten. Der Blick des Feldherrn war mehr auf die Entwicklung in der italischen Kaiserresidenz und die Chancen zum persönlichen Avancement als auf die Verteidigung des ihm anvertrauten Gebietes gerichtet.[92]

Die Situation war für die Germanen also weitaus günstiger als in Gallien oder Spanien, und es wundert nicht, dass die Vandalen ein erstes Treffen mit den Truppen des Bonifatius für sich entschieden. Der römische Befehlshaber zog sich daraufhin in das befestigte Hippo Regius zurück. Nach 15-monatiger Belagerung kapitulierte die Stadt. Ein Jahr später sah sich der Kaiser gezwungen, den Vandalen im Status von Föderaten *Mauretania Sitifensis*, *Numidia* und den Nordwesten der *Proconsularis* abzutreten. Das Kalkül Westroms, Geiserich von dem strategisch und wirtschaftlich viel bedeutenderen Gebiet um Karthago abzuhalten, ging freilich nicht auf. 439 nahm er die Metropole ein – ein Paukenschlag für die Mittelmeerwelt. Erstmals hatte sich ein germanischer König in den dauerhaften Besitz einer der größten Städte der antiken Welt im Zentrum des Reiches gebracht. Drei Jahre später musste Valentinian III. einem Vertrag zustimmen, der Geiserich als König über das Land von Ostnumidien, der *Proconsularis* und *Byzacena* sowie Tripolitaniens im Tausch gegen die im Jahr 435 zugesprochenen Gebiete anerkannte.

Für Rom waren die Folgen fatal. Mit dem Verlust Nordafrikas und der blühenden Metropole Karthago trat eine Situation ein, die für das Westreich mit traditionellen Mitteln nicht mehr zu meistern war: Ravenna hatte die reichste Provinz und den wichtigsten Getreideproduzenten des westlichen Mittelmeers an einen König abgegeben, der ein geschlossenes, bis ans Mittelmeer reichendes Siedlungsgebiet erhielt. Geiserich schickte zwar seinen Sohn Hunerich als Geisel nach Ravenna und versprach Getreidelieferungen. Faktisch war jedoch die Versorgung Italiens abhängig vom Gutdünken des Vandalen.

Nicht geringer wogen die Steuerausfälle. Die kaiserliche Kasse hatte eine Steuerminderung von jährlich rund 106 200 *solidi* hinzunehmen. Aus innenpolitischen Gründen musste der Kaiser zudem den Senatoren, die unter den Verlust ihrer nordafrikanischen Ländereien litten, Steuererleichterungen einräumen.[93] Kalkuliert man die Kosten für einen Fußsoldaten auf 6 *solidi* pro Jahr, für einen Reiter auf 10,5 *solidi*, bedeutet dies, dass Westrom 40 000 Mann Infanterie oder 20 000 Reiter einsparen musste. Die Versorgung oder Rekrutierung einer Feldarmee war unter diesen Umständen nicht mehr möglich.[94]

Der Verlust Nordafrikas, »gleichsam die Seele des Staates« *(quasi anima rei publicae)*,[95] besaß darüber hinaus eine globale machtpolitische Dimension. Die Vandalen hatten sich bereits während ihres Aufenthaltes in Spanien Kenntnisse in der Seefahrt erworben. Wahrscheinlich konnte sich Geiserich dann der vor Karthago ankernden Provinzialflotte bemächtigen, ganz sicher aber die Werften und das seemännische Know-how der Hafenstadt sichern.[96] Zum ersten Mal war die seit der Republik unangefochtene Seeherrschaft im westlichen Mittelmeer nicht mehr garantiert. Jetzt mussten das Tyrrhenische Meer, Sardinien, Korsika, die Balearen und Italien mit Plünderungszügen der Vandalen rechnen. In den 460er Jahren dehnten sie ihre Operationen sogar auf das östliche Mittelmeerbecken aus.[97] Sicher beherrschten die Germanen mit ihren zum großen Teil aus Transportern und kleinen Schiffen bestehenden Flotten nicht die kunstvollen Manöver vergangener Zeiten; entscheidend war aber, dass sie unerwartet Expeditionstruppen an jedem beliebigen Ort des westlichen Mittelmeeres absetzen und die Getreiderouten blockieren konnten.[98] Geiserich ging es nicht um Eroberungen, sondern darum, seine Krieger durch Kampfeinsätze und Plünderungen zu beschäftigen und die Römer durch die stete Furcht vor Überfällen zu »terrorisieren«. Man mag sich an die kilikische Piraterie des 1. Jahrhunderts v. Chr. erinnert haben; doch damals verfügte Rom über die Ressourcen des italischen Bundesgenossensystems, über eine schlagkräftige Kriegsflotte und über Pompeius, der die Schiffe über das ganze Mittelmeer dirigieren konnte.

Vergleichbare Kräfte gab es im Westen jetzt nicht mehr.[99] Aëtius hatte sich ganz auf den Landkrieg konzentrieren müssen.[100] Das Mittelmeer war immer dann von militärstrategischer Bedeutung gewesen, wenn es zu Bürgerkriegen zwischen maritim operierenden Usurpatoren oder Thronprätendenten und Kaisern (Theodosius und Maximus) oder zwischen konkurrierenden Kaisern (wie Licinius und Konstantin) kam. In solchen Fällen wurden Provinzialflottillen zusammengezogen und in aller Eile Schiffe zusammengezimmert, was sich negativ auf die Qualität auswirkte.[101] Alle großen Feldzüge der Spätantike zwischen Römern und fremden Aggressoren waren dagegen Landkriege, weil die Gegner Roms keine bedeutenden Flotten besaßen. Während der reichere Osten sich immerhin eine stehende Flotte in Konstantinopel hielt, hatte man im Westen seit der Ermordung Stilichos den Kriegsschiffbau wegen der hohen Kosten fast völlig aufgegeben und die noch vorhandenen maritimen Kräfte auf die Flussgrenzen von Rhein und Donau konzentriert.[102] Wenn man sich einmal zu Operationen im westlichen Mittelmeer aufraffte, dann mussten eiligst Schiffe und Mannschaften von Händlern zusammengezogen werden.

Das Gros der Schiffe bildeten Liburnen. Allerdings scheinen sie nach Angabe spätantiker Historiker viel von ihrer einstigen Schnelligkeit und Wendigkeit eingebüßt zu haben sowie auf nur eine Ruderreihe mit insgesamt 30 oder 50 Rojern reduziert worden zu sein.[103] Das lässt auf eine geringere Qualität der Mannschaft und des Schiffsbaus schließen – was bei der hastigen Zusammenstellung auch nicht verwundert. Wie immer in der Antike führten die Vernachlässigung des Kriegsschiffbaus sowie die geringe Bedeutung des mediterranen Seekriegs zugunsten von Flusskämpfen dazu, dass auch die Seekriegstaktik auf offenem Meer zu den alten Formen des Enterkampfes und der Küstenüberfälle zurückkehrte.[104] Dies begünstigte die Germanen. Geiserich konnte schalten und walten, wie es ihm passte.[105]

468 rafften sich beide Reichshälften nach mehreren Fehlschlägen noch einmal zu einer gewaltigen Kraftanstrengung auf, um Nordafrika wiederzugewinnen. Das Ostreich stellte 1100 Schiffe, der Westen 300.[106] Allerdings handelte es sich bei den meisten um Handels- und Transportschiffe, die unter Segeln fuhren.[107] Die wenigen regulären Kriegsschiffe waren wahrscheinlich Dromonen, ein zwei- oder einreihiges Ruderschiff mit Rammsporn, das den Abmessungen der Triere entsprach, aber von ungeübten Ruderern bewegt werden konnte und insofern in die allgemeine Entwicklung des Seekriegs passte.[108] Offensichtlich planten die Generäle, ihre Truppen in Nordafrika an Land zu setzen, nicht aber die Kaperflotte Geiserichs in einer Seeschlacht zu vernichten. Eine erste Streitmacht landete in der *Tripolitana,* besiegte die vandalische Besatzung und zog an der Küste von den Schiffen begleitet auf Karthago zu. Eine zweite vertrieb die Vandalen aus Sardinien und Sizilien. Die Hauptflotte wurde von Basiliskos befehligt, dem Schwager des oströmischen Kaisers Leo; er hatte sich Verdienste im Kampf auf dem Balkan erworben, aber keinerlei Erfahrung in der Seekriegsführung. Er ankerte am Kap Bon etwa 60 km von Karthago entfernt, um am nächsten Tag die Armee in Utica an Land zu setzen.[109]

Während die römische Flotte vor Anker lag, tauchten die Schiffe der Vandalen auf. Nordostwind im Rücken begünstigte ihren Vorstoß, während er die römischen Segler am Ufer festnagelte. Die Lage der Römer wurde noch bedrohlicher, als die Vandalen (wie einst die Karthager im Jahr 149 v. Chr.) Brander »mit geschwellten

Segeln« auf die gegnerische Armada zulaufen ließen.[110] Die zusammengepferchten römischen Schiffe zündeten schnell. Unter den Soldaten und Matrosen brach Panik aus. Verzweifelt versuchte man sich mit Stangen der Brander zu erwehren oder von den wenigen Dromonen aus der Gefahrenzone rudern zu lassen. In dieses Chaos stießen die vandalischen Schiffe, rammten und versenkten die gegnerischen Einheiten und verwickelten die Besatzung in einen erbarmungslosen Nahkampf.

Am Ende des Tages waren zwar wohl nicht mehr als 100 römische Schiffe verlorengegangen; weit schwerer wog der Verlust von rund 10 000 Mann und – wie so häufig in der Kriegsgeschichte – der psychologische Effekt. Der römischen Flotte war genau das zugestoßen, was sie vermeiden wollte und wofür sie auch am wenigsten geeignet war: eine direkte Konfrontation mit den gegnerischen Schiffen in einer Seeschlacht. Die Überlegenheit der römischen Landarmee dürfte zwar mit der aus der *Tripolitana* anmarschierenden Heeressäule noch immer das für amphibische Landoperationen notwendige Verhältnis von 6 : 1 erreicht haben, aber entscheidend war aus Sicht der Generäle, dass die Verbindung nach Italien und der Schutz der Landtruppen von der Seeseite nicht mehr gewährleistet war. So brach Basiliskos das Unternehmen ab und kehrte mit den Rest der einst so stolzen Armada über Sizilien nach Konstantinopel zurück.[111]

Es gibt wohl keine Seeschlacht der Antike, bei der das Missverhältnis zwischen den tiefgreifenden Folgen und der mangelnden Aufmerksamkeit der modernen Literatur größer ist. Kontrafaktische Überlegungen zeigen, wie unberechtigt dieses Desinteresse ist. Beide Kaiser in Ost und West hatten alles auf eine Karte gesetzt – dies beweisen allein der Umfang der Streitkräfte und der gewaltige Aufwand an Materialien und Finanzen. Nordafrika war die ökonomische Hauptschlagader des Westreichs. Wäre der Feldzug gelungen, hätte das Reich die mediterrane Basis seiner Herrschaft wiedergewonnen und der Westen gute Chancen zu einer dauerhaften militärischen und machtpolitischen Erholung gehabt, zumal nur sechs Jahre vorher mit den Hunnen der gefährlichste Gegner in Gallien geschlagen war. Kurz zuvor hatte Constantius Gallien und Spanien gesichert, außerdem die Goten um Toulouse zu einem berechenbaren und hilfreichen Partner im Föderatenstatus erhoben. Zudem hätte das Reich nach langer Zeit bewiesen, dass es raumgreifende Großoperationen durchführen konnte, wozu die Germanen aufgrund mangelnder Logistik und Erfahrung nicht in der Lage waren.

Mit dem Scheitern der Expedition waren diese Chancen verspielt. Eine zweite Chance gab es nicht. Sogar das ökonomisch so stabile Ostreich geriet an den Rand des Staatsbankrotts – die Kosten des Feldzugs überstiegen das Staatseinkommen eines Jahres.[112] Man benötigte eine Generation, um den Militäretat wieder vollständig auszugleichen.[113] Das finanziell ausgeblutete Westreich war auf einen Rumpfstaat reduziert, dessen fruchtbarsten Gebiete von Föderaten besetzt waren. Ohne die Kontrolle der Seehandelswege, ohne regelmäßige Getreidezufuhr und Steuern aus Nordafrika war Italien unregierbar geworden und das Westreich kaum noch zu halten.[114] Nicht geringer wog der Ansehens- und Autoritätsverlust des Kaisers, der schon lange nicht mehr an der Spitze der Armee in die Schlacht zog. Mit dem Verlust der Seeherrschaft und dem Desaster der Flotte hatte das Reich das letzte Terrain verloren, auf dem es sich den Germanen überlegen wähnte. Aus germanischer Sicht bestand kein Grund mehr, die militärische Organisation des Imperiums zu fürchten. So blieb nur der Respekt vor dem ideellen Glanz des Kaisertums. Doch damit waren weder Schlachten zu gewinnen noch Provinzen zu verteidigen.

Gegen diese Deutung spricht auch nicht die Tatsache, dass dem oströmischen Kaiser Justinian rund 80 Jahre später doch noch das gelang, was seinem Vorgänger verwehrt blieb: die vollständige Rückeroberung Nordafrikas und die Wiederinbesitznahme der wichtigsten weströmischen Provinzen einschließlich Italiens.[115] Aber dieser Erfolg kam zu spät. Der westliche Kaiserthron war mit der Abdankung des letzten (illegitimen) Kaisers Romulus Augustulus zu lange verwaist und das Westreich hatte in der Zwischenzeit zu viele germanische Könige auf seinen Territorien geduldet, als dass es noch einmal zum Leben erweckt werden konnte. Finanziell abhängig von Ostrom, das bis an die Grenzen belastet war, zerfielen die grandiosen Gewinne Justinians binnen einer Generation.

15.
»GLAUBE NICHT, DASS NIEMAND GOTT GEFALLEN KÖNNE, DER KRIEGSDIENST LEISTET.«[1] – KRIEG UND CHRISTENTUM

Vom Hauptmann zum Heiligen

Es war einmal ein Mann namens Titus – so beginnt eine Geschichte aus der Lebensbeschreibung des Säulenheiligen (Styliten) Daniel.[2] Titus stammte aus Gallien, war Soldat und kommandierte eine kampfstarke Truppe. In der Mitte des 5. Jahrhunderts bestellte ihn Kaiser Leo nach Konstantinopel, belohnte ihn für seine Tapferkeit mit dem Rang eines *comes* und gewann ihn für militärische Aufgaben im Dienste des Ostreichs. Vorher schickte er Titus zum Heiligen Daniel, der ihn segnen sollte. Beeindruckt von der Erscheinung und den Worten des heiligen Mannes gab Titus sein Kommando auf und entließ seine Leibwache mit den Worten, er wolle nur noch Soldat des himmlischen Königs sein. Zwei seiner Männer folgten seinem Beispiel. Kaiser Leo war verärgert, doch gnädig stimmte ihn ein Brief des Heiligen, in dem er dem Kaiser erklärte, dass Gott ihn beschütze und er einen gläubigen Mann wie Titus nicht von seinem Entschluss abbringen möge. Leo war zufrieden und Titus blieb bei Daniel. Nach seinem Tod nahm ein Barbar namens Anatolius, der mit Titus gekommen war, seinen Platz ein.

Hinter der Legende des Titus, der sein Kommando aufgibt und zum Soldaten Gottes wird, steckt eine nüchterne Realität.[3] Kaiser Leo benötigte nach dem Desaster der Flotte vor Karthago und im Kampf gegen den allzu mächtigen oströmischen Heermeister Aspar militärische Unterstützung. Er fand sie unter anderem in einem Söldnerführer und seinen Bucellariern, die nach dem Tod Maiorians (461) neue Beschäftigungsmöglichkeiten suchten und das Angebot zum Militärdienst gern annahmen - Hunderte vor ihm waren einen ähnlichen Weg gegangen. Doch dann gab es einen Bruch. Nach der Begegnung mit dem heiligen Mann tauschte Titus das Kettenhemd des Soldaten mit dem Büßergewand des Asketen - sicher zum Ärger des Kaisers, der sich nur grollend den Mahnungen des Styliten beugte.

Titus war nicht der einzige Offizier, der mit dem Gedanken spielte, den Dienst zu quittieren und ins Kloster einzutreten. Das bekannteste Beispiel ist Martin von Tours. Auch der mit Augustinus befreundete *comes Africae* Bonifatius erwog Ähnliches. Wie steht es angesichts dieser Zeugnisse mit der alten These, die Verbreitung des Christentums habe die Wehrkraft des Imperiums gelähmt und den Untergang des Westreichs beschleunigt?[4] Welche Einstellung hatte das Christentum zum Krieg und wie ordnete es sich ein in eine Welt, für die militärische Tugenden zu den höchsten Werten zählten?

»Krieg« in der innerkirchlichen Diskussion

Für das frühe Christentum bedeuteten Krieg und Kriegsdienst kein Problem. Es gab genügend Freiwillige, und das römische Militär fungierte eher als Polizeimacht. Im Zentrum der christlichen Diskussion stand nicht die Frage des Kriegsdienstes, sondern das Verhältnis zur römischen Gesellschaft, die im frühen Prinzipat den Krieg nur vom Hörensagen kannte (s. o. S. 319).[5]

Die Lage änderte sich, als Rom seit der Mitte des 2. Jahrhunderts verlustreiche Kriege an fast allen Grenzen führen musste und immer mehr Christen unter römischen Fahnen kämpften. Die Überlieferung über die christliche »Donnerlegion« *(legio XII fulminata)* und das Regenwunder während des Quadenfeldzuges Mark Aurels im Jahr 171 deuten an, dass der Militärdienst nun stärker in die Welt des Christentums hineinreichte.[6] Die Zeit der naiven Distanz war vorbei. Wie sollte man auch den Angriffen auf das Reich tatenlos zuzusehen, das die Christen als Hort der Zivilisation zu schätzen gelernt und dem sie nach eigener Überzeugung die Ausbreitung des Glaubens mit zu verdanken hatten?[7] Wollte man nicht als Außenseiter abgestempelt werden und sich dem Vorwurf gefallen lassen, nur die Vorteile des staatlichen Schutzes zu genießen, sich aber den bürgerlichen Pflichten zu entziehen, dann tat man gut daran, Kaiser und Reich zu verteidigen.[8]

Diese Überzeugung verfestigte sich, je schneller sich die christliche Lehre unter den Soldaten verbreitete. Von ihnen angesichts der Plünderungen der »Barbaren« und der gefallenen Kameraden zu fordern, das Schwert beiseite zu legen, widersprach dem Ethos der Pflichterfüllung und hätte Verrat bedeutet.[9] Erst diese sich *in der Praxis* verfestigende positive Einstellung zum Kriegsdienst verlangte spätestens im 3. Jahrhundert von der Kirche, das Problem des Krieges auch *theologisch* zu bewältigen und sich der Frage zu stellen, unter welchen Bedingungen Christen Soldaten sein können.[10]

Von Beginn an ging es dabei nie darum, den Krieg abzuschaffen und ihn aus der Welt zu verbannen. Kein Kirchenvater zweifelte daran, dass Kriege geführt werden müssen. Die entscheidende Frage lautete, in welcher Form sich der Christ daran beteiligte, aktiv als Soldat oder »nur« mit Gebeten für Kaiser, Heer und Reich.[11] Das Spektrum der Meinungen war zunächst groß, da auch die Aussagen der Heiligen Schrift in verschiedene Richtungen deuteten.[12] Dem Fünften Gebot und dem Gewaltverzicht Jesu in der Bergpredigt stand sein – allerdings in einem anderen Kontext geäußertes – Wort entgegen, er sei nicht gekommen, den Frieden zu bringen, sondern das Schwert.[13] Die Beispiele des Hauptmanns von Kapharnaum und des unter dem Kreuz gläubig gewordenen Offiziers belegten, dass der Soldatenberuf und die mit ihm verbundene Pflicht des potentiellen Tötens kein Hindernis für den Glauben und das christliche Bekenntnis waren.[14] Auch Johannes der

Täufer hatte nach Lukas von den Soldaten nicht gefordert, zur Erlangung des Himmelreichs ihren Beruf aufzugeben.[15] Dementsprechend scheint die *grundsätzliche* Ablehnung des christlichen Militärdienstes, wie sie der nordafrikanische Bischof Tertullian und der Alexandriner Origenes vehement formulierten, bald eine Außenseiterposition gewesen zu sein; sie wurde auch von ihren Verfechtern unter dem Eindruck einer wachsenden Zahl von christlichen Soldaten allmählich abgemildert.[16] Die Mehrheit dachte ohnehin pragmatisch. Besonders die aus vornehmen Familien stammenden Bischöfe, denen die Verantwortung der Gemeindeleitung oblag, akzeptierten den christlichen Kriegsdienst.[17]

Für sie und die christlichen Offiziere bildeten weniger der Kriegsdienst an sich und die mit ihm verbundene Bereitschaft zu töten als vielmehr die Frage der Teilnahme am Kaiserkult ein Problem. In den sogenannten Märtyrerakten werden die christlichen Soldaten nicht dafür bestraft, weil sie sich weigerten zu töten, sondern weil sie es ablehnten, Götzendienst zu leisten.[18] In der Tat bildeten das Opfer und der Kaisereid ein schwieriges Hindernis für den Christen, und es ist bis heute auch nicht klar, wie man in der Praxis damit umgegangen ist. Mancher Vorgesetzte mag Zugeständnisse gemacht haben und hat vielleicht christliche Soldaten auch ohne Opfer dienen lassen; möglicherweise fanden Christen während der Opferhandlung Kompromisse, etwa indem sie das Kreuzzeichen heimlich machten.[19] In jedem Fall haben Opferhandlung und Eidesleistung die meisten Christen nicht daran gehindert, im Soldatenberuf ein wichtiges Element der angestrebten Integration in den Staat zu sehen.[20] Und sie konnten sich dabei auf die Worte ihres Meisters berufen. Hatte Jesus nicht selbst gesagt: »Gebet Gott, was Gottes ist, und dem Kaiser, was des Kaisers ist«?[21] Paulus gemahnte seine Glaubensgenossen zum Gehorsam gegenüber den staatlichen Obrigkeiten, und er setzte den Gehorsam gegenüber dem Kaiser sogar mit dem Gehorsam gegenüber Gott gleich.[22] Noch eindeutigere Argumente fanden sich im Alten Testament. Hier führte das Volk Israel fast ununterbrochen Krieg und wurde von seinem siegbringenden »Kriegsgott« (Max Weber) Jahwe tatkräftig unterstützt.[23] Ihm schuldete man unbedingten Gehorsam, und wenn er den Krieg gebot, dann – so das Argument – war auch dem Christen das Kämpfen erlaubt. Da immer mehr Christen in der Armee dienten und im höheren Staatsdienst Karriere machten, schien die Realität den biblischen Worten recht zu geben.

Theorie des »gerechten Krieges«

Die biblische Überlieferung war dabei nur eine Quelle für die christlichen Denker. Wenn sie bereit waren, das Imperium als gottgewollten Partner anzuerkennen, dann lag es nahe, sich auch in der römischen Tradition umzusehen. Diese kannte das Begriffspaar *bellum iustum* – gerechter Krieg. In der Frühzeit der römischen Expansion war ein *bellum iustum* gegeben, wenn sich die Kriegseröffnung nach bestimmten Regeln und religiösen Zeremonien vollzog.[24] Der Zusatz *iustum* bedeutete »regelgerecht« oder »ordnungsgemäß«. Der gerechte Krieg war ein von den Göttern sanktionierter Rechtsvorgang, der auf ein ungesühntes Unrecht folgte.

Erst im Lauf der römischen Expansion traten materielle Kriterien in den Vordergrund. Laut Cicero war ein Krieg gerecht, wenn er auf ein gegnerisches Unrecht, also auf einen grundlosen Angriff reagierte. Ziel des gerechten Krieges war die Vergeltung des Unrechts (durch Wiedererlangung der geraubten Güter) und die Schaffung eines gerechten Friedens. Darüber hinaus konnte er als präventive Strafexpedition geführt werden, wenn es um das Wohl des Reiches *(de imperio)* ging, ein Sinneswandel des Gegners erzielt und dieser von weiteren Angriffen abgeschreckt wurde.[25] Ciceros Konzept besaß also eine doppelte Komponente: Einerseits sollte es den Krieg einhegen und unkontrollierbare Kriegszüge erschweren, andererseits verschaffte es der römischen Weltherrschaft eine umfassende Legitimation, die offensive Kriege mit einschloss.

Als die Kaiser seit der Mitte des 2. Jahrhunderts n. Chr. ihre Abwehrkriege wieder als *bella iusta* deklarierten und viele Christen unter dem Druck der außenpolitischen Entwicklung ihre Vorbehalte gegenüber dem Kriegsdienst überwanden, fand das *bellum iustum*-Konzept Eingang in die Argumentation der christlichen Schriftsteller. Origenes lehnte zwar im 3. Jahrhundert den aktiven Waffendienst des Christen ab, ließ aber seine Glaubensbrüder für die Menschen beten, »die einen gerechten Krieg führen, auch für den rechtmäßigen Kaiser, auf dass alles vernichtet werde, was sich der gerechten Sache widersetzt«.[26] Eusebios erlaubte 100 Jahre später christlichen Laien, an gerechten Kriegen gegen innere und äußere Feinde teilzunehmen.[27] Ein Jahr nachdem Theodosius das christliche Glaubensbekenntnis für alle Untertanen vorgeschrieben hatte (380), pries Ambrosius die bei der Verteidigung Roms gegen die Barbaren bewiesene Tapferkeit als einen Akt tugendhafter Gerechtigkeit.[28] Er untermauerte dies mit Argumenten zum Gebot der Nächstenliebe: »Wer nicht gegen das Unrecht, das seinem Nächsten droht, kämpft, ist genauso schuldig wie der, der es diesem antut« (…); und einige Kapitel weiter: »Ist doch auch der Mut, der im Krieg das Vaterland vor Barbaren, daheim die Schwachen und Freunde vor Erpressern schützt, voll Gerechtigkeit.«[29]

Am Ende des 4. Jahrhunderts hatten die christliche Diskussion um den Krieg und die römische Tradition des *bellum iustum* vor dem Hintergrund der Loyalität für Kaiser und Reich zusammengefunden. Aktuelle Kriege des römischen Staates konnten mit Verweis auf die Kriege Jahwes und den Dienst an der Erhaltung des Reiches legitimiert werden. Bischof Eusebios verglich den Triumph des Kaisers über seine Feinde mit dem Sieg des Moses über den Pharao.[30] Gefördert wurde dieser Prozess durch die Bewunderung der christlichen Intellektuellen für die römische Militärdisziplin; sie äußerte sich unter anderen in der reichen Verwendung von militärischen Termini und Bildern des Soldatendienstes.[31]

Während die offizielle Kirche und ihre Entscheidungsträger (Ambrosius) den Kriegsdienst befürworteten und ihn mit theologischen Argumenten zu untermauern suchten, gab es allerdings nach wie vor Christen im Bereich der monastischen Bewegung und unter den Asketen des griechischen Ostens, die eine Beteiligung am Krieg kategorisch ablehnten.[32] Schon Ambrosius hatte deshalb gegen die Auffassung von der Unvereinbarkeit von Askese und Kriegsdienst gepredigt.[33] Diese Konstellation konnte in einer Zeit, als der Krieg allgegenwärtig geworden war, zu einer gefährlichen Spaltung der Kirche führen.[34]

Augustinus und der Krieg

In dieser Situation begann Augustinus eine theologisch fundierte Synthese der Argumente zu erarbeiten. Das schwierigste Problem war, die alttestamentarischen Kriege mit den Aussagen Jesu zum Gewaltverzicht zu harmonisieren. Augustinus löste es, indem er das Gebot des Gewaltverzichts und der Nächstenliebe nicht als sozialen Verhaltenskodex des öffentlichen Lebens, sondern als eine (innere) Gesinnung des Menschen interpretierte. Wenn demnach ein Christ die Sünder in einem Geist der Güte und Geduld bestraft, dann durfte er im Rahmen der Pflichterfüllung gegenüber staatlichen (oder göttlichen) Befehlen auch physische Gewalt anwenden. Das Gebot der Nächstenliebe verpflichtete ihn sogar dazu, wenn er so seine Nächsten vor dem Angriff des Übeltäters schützte.[35]

Diese Tendenz zur »Verinnerlichung der Moral« ist eine wesentliche Neuerung gegenüber dem klassischen Kriegsverständnis, das nicht nach dem Gewissen des Einzelnen fragte und in der Übereinstimmung individueller und kollektiver Tugenden den Erfolg des Gemeinwesens garantiert sah. Sie war für Augustinus eine unabdingbare Voraussetzung, um die zum Teil konträren Standpunkte des Alten und Neuen Testaments in Übereinstimmung zu bringen, ohne die alttestamentarischen Aussagen über den Krieg – etwa durch eine konsequente metaphorische oder allegorische (allein auf das Neue Testament bezogene) Deutung – zu entwerten.[36] Denn im Alten Testament las man auch Aussagen über die Funktion des Krieges im göttlichen Heilsplan, die für Augustinus bei der Deutung der realen Ereignisse seiner Zeit von fundamentaler Bedeutung waren. Den Anlass bot die Eroberung Roms im Jahr 410 durch die Westgoten. Sie brachte die christliche Überzeugung von der Rolle des Imperium Romanum als gottgewolltes Endreich der Welt ins Wanken und bestätigte den Verdacht der Heiden, dass die Abkehr von den alten Göttern Rom in den Untergang führen müsse. Um die Christen gegen diese Vorwürfe zu verteidigen und seinen verunsicherten Glaubensgenossen neue Orientierung zu geben, konstruierte Augustinus in seinem Werk *De civitate Dei* an Stelle des gottgewollten Reiches einer siegreichen Christenheit das Gottesreich *(civitas dei)* und das irdische Reich *(civitas terrena)* als im Widerstreit liegende, aber aufeinander bezogene Prinzipien und ethische Haltungen: Die himmlische Gemeinschaft wird durch Gottesliebe, die irdische Gemeinschaft durch egoistische Selbstliebe konstituiert.

Das Römische Reich ist nach dieser Vorstellung als Teil der *civitas terrena* nicht gegen Niederlagen gefeit und kann Frieden und Gerechtigkeit nur unvollkommen erreichen. Dennoch – so Augustinus – war seine Expansion von Gott gewollt: Gott habe den Römern zur Ausdehnung ihrer Herrschaft seinen Arm geliehen, so heißt es am Ende des ersten Buches von *De civitate Dei*;[37] und weiter im 5. Buch: »Er [Gott] verlieh es [das Reich], um in vielen Völkern schwere Übelstände zu unterdrücken, vornehmlich solchen Männern, die um der Ehre, des Lobes und Ruhmes willen dem Vaterlande, in welchem sie Ruhm suchten, dienten und nicht zögerten, sein Wohl ihrem eigenen überzuordnen (…).«[38]

Weiter fragt er nach den Eigenschaften, »wodurch der wahre Gott bewogen war, die Ausbreitung der römischen Herrschaft zu fördern«. Augustinus' Antwort: Die Römer waren bereit, für den Ruhm »ohne Zögern in den Tod zu gehen«[39]. Da sie Ruhm ihrem Vaterland zuliebe erstrebten und den Unterworfenen Gesetz und Frieden brachten, befanden sich die hervorragendsten unter ihnen in einem Zustand, der die für die *civitas terrena* konstitutive Selbstbezogenheit teilweise überwand. Diese Haltung soll für die Christen Vorbild und inspirierender Ansporn sein, Hochmut *(superbia)* zu überwinden und auf dem Pilgerweg zum himmlischen Vaterland nicht nachzulassen: »So ist denn das römische Reich nicht nur deshalb so ruhmvoll ausgebreitet, dass Menschen, wie wir sie beschrieben haben, entsprechender Lohn zuteil werde, sondern auch deshalb, damit die Bürger jenes ewigen Staates während ihrer irdischen Pilgerschaft aufmerksam und ernsthaft auf dies Beispiel schauen und begreifen, welch eine Liebe sie um des ewigen Lebens willen dem Vaterland droben schulden, wenn um menschlichen Ruhmes willen das irdische Vaterland von seinen Bürgern dermaßen geliebt wird.«[40]

Auch wenn Augustinus Frieden jeglichem Krieg vorzog und die Grausamkeiten römischer Kriege anprangerte, maß er doch dem römischen Ruhmstreben einen hohen Wert bei. Denn dieses Ruhmstreben führte zur Herausbildung von Tugenden, die den christlichen Idealen recht ähnlich waren:[41] Die größten Römer hatten im Krieg *clementia* und *misericordia* gezeigt, anstatt ihren Rachegefühlen nachzugeben; was sei dies anderes - so Augustinus[42] - als das christliche Verbot, Böses mit Bösem zu vergelten? Hinter dieser Auffassung vom Krieg, in dem sich die besten Eigenschaften des Menschen offenbaren, steckt ein aristokratisches Leistungsdenken, das nicht in der Abwendung vom Staat, sondern in der aktiven Hinwendung zu Krieg und Politik Ruhm und Ehre sucht. Dass eine solche christliche Rezeption aristokratischer Kriegstugenden nach dem Untergang Roms zumal im Westen nicht (mehr) selbstverständlich war, zeigt die Haltung seines jüngeren Zeitgenossen Salvian von Marseille (400-480). Er reagierte auf die militärische Schwäche des Westreiches mit dem Eintritt ins Kloster. Für ihn war die asketische Verachtung des Reichtums die höchste Tugend, die den Römern zu ihren Erfolgen verholfen hatte.[43] Augustinus wies dagegen den Römern Tugenden zu, die sich im Krieg bewährten.

Wenn aber Ruhmstreben und römische Expansion als gottgewollt akzeptiert werden, dann war es nur folgerichtig, auch die von Rom geführten Kriege unter bestimmten Voraussetzungen als »gerecht« anzuerkennen. Augustinus übernahm Ciceros Kriterien, verlieh ihnen aber einen besonderen Akzent, der sich aus der Deutung des Krieges nach dem Fall von Rom 410 ergab. Gott kann – wie im Alten Testament – mit Kriegen den Zweck verfolgen, die Menschen zu disziplinieren und für ihre Sünden zu bestrafen. »Wir verehren den Gott«, so Augustinus, »der auch bei Kriegen, wenn das Menschengeschlecht durch dieses Mittel gebessert und gezüchtigt werden muss, Anfang, Fortgang und Ende leitet.«[44] »Rom ist gegeißelt, nicht vernichtet worden«, heißt es in einer Predigt, die er kurz nach 410 hielt.[45]

Damit wurde die Plünderung Roms verständlich, denn Niederlagen als göttliche Strafe zu interpretieren war Gemeingut der Antike. Nach Augustinus liegt jedoch *jedem* Krieg eine Sünde auf Seiten der Angreifer zugrunde. Ein gerechter Krieg hat demnach nicht nur die Funktion, Leiden einzudämmen und für Stabilität zu sorgen, sondern auch die Sünder zu bestrafen.[46] Während jedoch Cicero mit dem *bellum iustum* einen *politischen* Sinneswandel des Gegners erreichen wollte,[47] soll er nach Augustinus die Sünder einer *heilsamen Läuterung* unterziehen, die sie von weiteren Sünden abhält. Da Sünden das friedliche Zusammenleben stören und Kriege bewirken, wird der gerechte Krieg den Frieden herbeiführen. Friede *(pax)* bedeutet allerdings bei Augustinus keinen rechtlich gesicherten Dauerzustand, sondern eine Kampfpause, die den Menschen relative Stabilität gewährt und so die Voraussetzung schafft für ein harmonisches Zusammenleben. Deshalb gehört das auf Frieden gerichtete Kriegführen zu den Aufgaben des Christen als Bürger des irdischen Gemeinwesens.[48] Er soll den Krieg ohne Leidenschaft und Rachegefühle in einem Geist der Geduld, des Wohlwollens und des Mitleids führen und nur dann zu den Waffen greifen, wenn Gott oder das Staatsoberhaupt den Befehl gibt.[49] Da Gott als Kriegsherr aber seit alttestamentarischer Zeit nicht mehr zu den Menschen spricht, ist es faktisch nur der christliche Kaiser als Inhaber der legitimen Befehlsgewalt, der einen Krieg anordnen kann.[50] Damit steht Augustinus ganz in römischer Tradition, für die der Einsatz im Krieg unter staatlichem Befehl eine Ruhm verheißende Pflicht war.

Neu ist, dass er den Krieg als moralisch-theologisches Phänomen zu deuten suchte. Indem er die äußere Bestrafung der Sünder im Krieg an eine innere Haltung bindet, entlastet er einerseits den christlichen Soldaten von dem Verstoß gegen das Fünfte Gebot, weil er zum Gehorsam gegenüber dem Staat verpflichtet ist. Indem er andererseits die christliche Ethik mit altrömischen Tugenden verknüpfte, die sich erst aus dem militärischen Einsatz für das Vaterland ergaben, bekam der Krieg für den Christen einen Sinn als Vorbereitung auf dem Weg ins göttliche Vaterland. Diese Vorstellungen hatten keineswegs nur theoretischen Wert. Ausdrücklich ermuntert Augustinus den *comes Africae*, gegen die einfallenden Barbaren zu kämpfen und seine Pflicht zur Verteidigung der Provinz zu erfüllen, getreu seiner Maxime, die Christen angesichts militärischer Bedrohung zum Einsatz für das Imperium zu bewegen. »Glaube nicht, dass niemand Gott gefallen könne, der Kriegsdienst leistet; leistete solchen doch der heilige David, dem der Herr ein so herrliches Zeugnis gab«, so versichert er Bonifatius[51], und fügt hinzu: »Wenn du dich also zur Schlacht rüstest, so bedenke vor allem, dass auch deine körperliche Kraft ein Geschenk Gottes ist.«[52]. Entrüstet wendet er sich gegen diejenigen, die dem Christentum Staatsfeindlichkeit vorwerfen, wohl wissend, dass die gesellschaftliche Absonderung der entscheidende Grund für das einstige Vorgehen Roms gegen die Gemeinden war.[53] Konsequent fordert er die Anwendung öffentlicher Gewalt gegen Donatisten und andere Häretiker, die dem Staat den Rücken kehrten.[54] Dagegen hält er die Taten derjenigen für ruhmvoll, die »nicht nur sehr tapfere, sondern auch sehr gläubige Kriegshelden sind« und durch den Sieg über die Feinde Frieden für das Reich und die Provinzen wiederhergestellt haben.[55] Der Krieg wird zum gottgewollten Instrument der Wiederherstellung von Ordnung und Frieden, das Reich hat eine ordnungspolitische Funktion, die den Christen die Pilgerschaft zur *civitas dei* erleichtern soll.

Christianissimus imperator

Eine unabdingbare Voraussetzung der augustinischen Kriegskonzeption ist die Umdeutung des ursprünglich *heidnischen* Kaisers zu einem *christlichen* Kriegsherrn. Die Wurzeln dieses Transformationsprozesses reichen mindestens bis in die Zeit Konstantins zurück. Ihr Wegbereiter war Eusebios, Bischof von Caesarea und glühender Verehrer des Kaisers. Nach dem Sieg über Maxentius stellte sich Konstantin zunächst ganz in die Tradition des augusteischen Prinzipats. Augustus hatte sich als Befreier der *res publica* von der Tyrannenherrschaft einer Clique bezeichnet. Die Inschrift des im Jahr 315 errichteten Triumphbogens feierte Konstantin als *liberator urbis*, also als Befreier Roms von der Tyrannis des Maxentius.[56] Als Konstantin den Kirchen das in der Zeit der Verfolgungen geraubte Eigentum zurückgab, bezogen die Christen diese Rettertat auf sich: Hatte Augustus die *res publica* wiederhergestellt, so war Konstantin der *restitutor ecclesiae*. Auch für den Sieg gegen Maxentius fand sich eine christliche Deutung. War nicht Maxentius genauso im Tiber ertrunken, wie seinerzeit der Pharao und seine Truppen in den Fluten des Roten Meeres untergegangen waren? Für Eusebios und viele seiner Zeitgenossen stand fest: Konstantin war der neue Moses, der das auserwählte Volk der Christenheit aus Not und Verfolgung gerettet hatte und ins gelobte Land führte.[57]

Eusebios ging jedoch noch einen Schritt weiter und übertrug die christliche Deutung der Rolle Konstantins in den politischen Bereich. Das Römische Reich des Augustus sei von Gott nicht nur geschaffen worden, um die Mission zu ermöglichen. Mit dem Siegeslauf des Monotheismus unter der Monarchie Gottes begann auch die Herrschaft der politischen Monarchie über die Welt. Konstantin habe im Kampf gegen Licinius die politische Monarchie wiederhergestellt und gleichzeitig die göttliche Weltregierung gesichert.[58] Eusebios integrierte auf diese Weise das Kaisertum in eine kosmopolitische Weltsicht, die das irdische Imperium als Abbild des himmlischen Reiches versteht, auch wenn dies dem orthodoxen Trinitätsdogma widersprach.[59] Nach göttlichem Plan entspricht das Kaisertum Konstantins der göttlichen Monarchie im Himmel. Sie ist die Nachahmung *(mimesis)* der Herrschaft Gottes und der Kaiser ist das Abbild Gottes, des Vaters.[60]

Dieser theologischen Verklärung des Kaisertums konnte Konstantin nur schwer widerstehen, und er hat sie in der Folgezeit durch eine spezielle christliche Interpretation seiner Person noch vertieft. Sein Sarkophag im Mausoleum der Apostelkirche von Konstantinopel war umgeben von 12 Stelen, die den Aposteln geweiht waren. Der Kaiser verstand sich als dreizehnter Apostel – ein Anspruch, der auch auf seine Nachfolger überging.[61] Diese zu Beginn des 4. Jahrhunderts begründete »byzantinische Reichstheologie« erlaubte es, Konstantin im Osten als Heiligen anzubeten, so wie man auch seine Mutter Helena verehrte, die während einer Wallfahrt in Jerusalem am 14. September 320 nach christlicher Überzeugung das Kreuz Christi wieder aufgefunden hatte.[62]

Die Sakralisierung des Kaisertums schmälerte in keiner Weise dessen militärisches Selbstverständnis, ganz im Gegenteil: Auch im 4. Jahrhundert musste jeder Kaiser wie seine Vorgänger seine Tapferkeit *(virtus/andreia)* durch siegreiche Feldzüge jenseits der Grenzen gegen die Barbaren beweisen.[63] Die Lobredner rühmen den Kaiser dafür, dass er sich an vorderster Front ins Schlachtgetümmel geworfen habe.[64] Christliche Prediger und Bischöfe nennen den Kaiser friedliebend, doch gleichzeitig stimmen sie ein in das Lob seiner militärischen Tugenden und verweisen auf Moses und David, die auch gewaltige Kriegshelden voller *virtus* waren.[65] Der Kirchenhistoriker Sozomenos beglückwünscht Kaiser Theodosius II. zu Beginn seines Werks dafür, dass er sich »am Tage in den Waffen und der Körperkultur« übe.[66] Auf Münzen, Inschriften und in offiziellen Briefen wird der Kaiser als *victor terra marique*, als *triumphator gentium barbarorum* und als *domitor gentium et regum* bezeichnet.[67] Konstantin hatte sich in einer stadtrömischen Inschrift nicht nur als »Retter des Menschengeschlechts«, sondern auch als »Erweiterer des Reiches und der römischen Herrschaft« feiern lassen.[68] Eusebios bestätigt, Konstantin habe mehr Völker unterworfen als alle früheren Kaiser, doch er fügt hinzu, diese Großtaten seien aus christlichem Glauben *(fides)* vollbracht worden.

Die klassische, auf *virtus* beruhende Sieghaftigkeit des Kaisers erhielt auf diese Weise eine christliche Konnotation. Erst der Glaube – so später Bischof Ambrosius gegenüber Theodosius – und die hiermit verbundene Demut *(humilitas)* vor Gott machen den Kaiser zum wahren Erben der alttestamentarischen Heroen und zum *christianissimus imperator*.[69] Dementsprechend führt der Kaiser als Stellvertreter Gottes auf Erden auch seine Kriege gegen äußere Feinde und gegen Usurpatoren zur Wahrung des inneren Friedens und zur Ausbreitung des Glaubens. Konstantin ist nicht nur christlicher Kriegsherr, sondern Diener und Vollstrecker des Missionsauftrags Christi. Die traditionelle Vorstellung, mit der militärischen Expansion des Reiches der barbarischen Außenwelt Recht und Zivilisation zu bringen, verband sich mit der kaiserlichen Verpflichtung, den Glauben jenseits der Grenzen zu verbreiten und innerhalb der Grenzen zu sichern.[70] Damit – so Eusebios – habe sich der Heilsplan Gottes, der mit dem gleichzeitigen Aufstieg des augusteischen Weltreichs und der Geburt Jesu begann, vollendet. Später sah Bischof Orosius in der Ansiedlung der Germanen, die Themistios als Erfüllung des kaiserlichen Zivilisations- und Romanisierungsauftrags pries, eine Voraussetzung zu deren Bekehrung.[71]

Folgerichtig bemühten sich christliche Schriftsteller und Historiker, jeden Sieg eines christlichen Kaisers als Beweis für dessen herausragende Frömmigkeit gegenüber heidnischen Kontrahenten zu stilisieren. Dass dies häufig der Realität widersprach, störte wenige. Ein frappierendes Beispiel ist die zweitägige Schlacht des Theodosius gegen Eugenius am 5. und 6. September 394. Tatsächlich standen in den Reihen des Eugenius nicht weniger christlichen Soldaten als im Heer des Theodosius. Der Kaiser führte zudem eine große Abteilung arianischer Föderaten, befehligt von heidnischen oder arianischen Generälen, ins Feld (s. o. S. 380). Eugenius selbst und die meisten Mitglieder seines Hofpersonals waren wie Theodosius Christen.[72] All diesen Realitäten zum Trotz machte der Kirchenhistoriker Rufinus die Schlacht zur zweiten großen Entscheidung zwischen Christentum und Heidentum nach Konstantins Sieg über Maxentius. Hatten die Feldherren früherer Zeiten die Hilfe von Sehern und Orakeldeutern in Anspruch genommen, so holte sich Theodosius wie schon vor den Kämpfen gegen die Usurpatoren Rat vom ägyptischen Eremiten Johannes von Lykopolis. Der heilige Mann sicherte dem Unternehmen die Zustimmung Gottes und soll einen blutigen Sieg vorausgesagt haben.[73] Um sich der göttlichen Unterstützung zu versichern, beging Theodosius mit Priestern und Volk zunächst ausgiebige Bittprozessionen.[74] Am ersten Kampftag soll der Kaiser in vorderster Reihe die Reserven mit dem Schlachtruf »ubi est Theodosii deus« (»Wo ist der Gott des Theodosius«?) gegen den Feind geführt und seine Soldaten mitten in einer Krise der Schlacht mit Gebeten bestärkt haben.[75] Hatten die Kaiser der Prinzipatszeit ihre Kriege als Strafexpeditionen gegen aufrührerische Barbaren zur Wahrung der römischen Ordnung gefeiert, so demonstrierte Theodosius, was ein frommer Herrscher im Dienste Gottes zu leisten vermochte.[76]

Christianisierung der Armee

Die meisten Kaiser haben sich diese Deutungen gern gefallen lassen, auch wenn sie sie nicht immer aktiv unterstützten. Christen und Heiden einte zwar die Überzeugung, nur ein siegreicher Kaiser könne die Ordnung der zivilisierten Welt vor dem Chaos bewahren. Aber eine allzu eindeutige Hinwendung zu den christlichen Vorstellungen gerade im militärischen Bereich konnten sich die Kaiser schon deshalb nicht leisten, weil sie nach wie vor auf gemischte heidnische und arianische Truppen und Offiziere in hohem Maß angewiesen waren. Die Einführung christlicher Symbole und Rituale in der Armee verlief deshalb viel schleppender als die christliche Deutung des Kaisers und seiner Siege.[77] Auch im 4. Jahrhundert beanspruchte das Heer und nicht etwa ein christlicher Würdenträger die letzte Entscheidung bei der Ernennung eines neuen Herrschers. Das Zeremoniell der Kaisererhebung blieb betont weltlich und profan.[78]

Das Traditionsbewusstsein in der Armee war eben viel ausgeprägter als bei anderen Gruppen und in anderen Lebensbereichen der Gesellschaft. Man konnte nicht einfach jahrhundertealte Symbole durch neue ersetzen, auch wenn christliche Schriftsteller das Gegenteil behaupteten.[79] So wurden angeblich Nägel vom Kreuz Christi am Kriegshelm Konstantins angebracht. Ein weiterer Nagel soll den Zügeln des Kaisers eingefügt worden sein. Nach Theodoret wehrte der Helm feindliche Geschosse ab, die Nägel der Zügel beschirmten den Kaiser, so wie es der Prophet Sacharja bezeugte.[80] Tatsächlich lässt sich die Einfügung solcher Reliquien in das kaiserliche Wehrensemble im 4. Jahrhundert weder durch archäologische noch durch parallele literarische Zeugnisse erhärten. Konstantin ergänzte den Herrschaftsornat um das Diadem, eine Stirnbinde, die schon die hellenistischen Könige getragen hatten. Es war ein breites Purpurband mit einem großen Edelstein an der Stirnseite, aber ohne christliche Symbole.[81] Erst seit Beginn des 5. Jahrhunderts wurde das am Helm befestigte Perlendiadem mit metallenem Ring als Nägel vom Kreuz Christi gedeutet; ob die Stifte, die seit Leo I. auf dem Perlendiadem des Helms saßen, Nägel vom Kreuz darstellen sollten, bleibt unsicher.[82]

Ein ähnliches Problem stellt das Christogramm dar. Erst seit Honorius ist im Stirnjuwel des Kaisers ein Christogramm eingraviert. Seit Anastasius ziert es nachweislich auch den Helm des

Kaisers.[83] Laktanz behauptet, Konstantin habe aufgrund eines Traums vor der Schlacht an der Milvischen Brücke das Christogramm auch auf die Schilde seiner Soldaten aufmalen lassen.[84] Von einer allgemeinen Verbreitung des Chi-Rho-Zeichens in der Armee kann aber im gesamten 4. Jahrhundert nicht die Rede sein. Keine einzige Illustration der 150 Schilde aus der *Notitia Dignitatum* zeigt das Zeichen. Wenn es überhaupt den Schilden angefügt wurde, dann hätte es nur einen ganz kleinen Teil der Schildembleme ausgemacht.[85] Offensichtlich begnügten sich die Kaiser damit, das Christogramm als Schildzeichen nur bei wenigen, ausgewählten Truppenteilen anbringen zu lassen. So könnte das Bild auf einer silbernen Schale darauf hinweisen, dass die 50 Mann starke kaiserliche Leibwache der *candidati* unter Constantius II. den Achtstrahlenstern als Zeichen des Christus-Monogramms (Chi-Rho) auf den Schilden führte.[86]

Nachweislich zierte dagegen das Christogramm die Spitze des von Konstantin als Kaiserstandarte eingeführten *labarum.* Es handelt sich um eine Querstange an einem Schaft, von der aus ein quadratisches rotes Tuch mit Kaisermedaillons herabhing.[87] Das *labarum* wurde von einer christlichen Palastgarde bewacht und sollte das Heer unter den Schutz Gottes stellen.[88] Allerdings wurde das *labarum* nicht von jedem Armeeteil geführt, wie Eusebios behauptet. Aussagen christlicher Schriftsteller, die römischen Soldaten rückten unter dem Zeichen des Kreuzes gegen den Feind, waren metaphorisch gemeint oder stellen eine unhistorische Verallgemeinerung der Ereignisse an der Milvischen Brücke dar. Tatsächlich wurde erst im 6. Jahrhundert dem Heer generell das Kreuz vorangetragen. Erst die Byzantiner kämpften unter dem Kreuz als Soldaten Christi für die Bewahrung des Reiches Gottes auf Erden.[89]

Offensichtlich verlief also die Einführung christlicher Symbole nicht nur sehr schleppend; sie beschränkte sich zunächst auch auf ausgewählte Truppenteile (wie die kaiserliche Leibgarde und Palastwache), die im Gegensatz zu anderen Verbänden vollständig aus christlichen Soldaten bestand. Wenn diese These zutrifft, dann wäre damit ein schwieriges Problem einer Lösung nahe zu bringen: der Fahneneid *(sacramentum)* (s.o. S. 422). Erst unter Theodosius wurde der Fahneneid mit christlichen Elementen angereichert und war für die christlichen Soldaten völlig akzeptabel. Der Soldat schwor seitdem bei Gott, Christus und dem Heiligen Geist und bezeugte dem einen Gott seine Treue.[90] In der Zeit davor konnte ein Christ den traditionellen Eid nicht leisten. Soll man sich aber wirklich vorstellen, dass ein Kommandeur zwei Eidesleistungen separat vornahm oder bei den Christen ein Auge zudrückte? Damit hätte er das Zusammengehörigkeitsgefühl und die Schlagkraft der Truppe – das oberste Ziel jeder Armee – untergraben. Wenn nach Konstantin aber nur einzelne, ausschließlich von christlichen Soldaten gestellte Verbände christliche Symbole übernahmen, dann liegt die Vermutung nahe, dass auch in der Zeit vorher zumindest in militärischen Krisensituationen rein christliche Verbände gebildet wurden, denen man problemlos die Eidesleistung nach christlichem Vorbild zugestehen konnte.[91] Ein vergleichbarer Vorgang wäre die Aufstellung geschlossener Föderatenverbände arianischer Goten seit Ende des 4. Jahrhunderts. Immerhin hat die Überlieferung Legenden von rein christlichen Legionen wie der berühmten Donnerlegion (s. o. S. 420) oder der thebaischen Legion bewahrt, die im Kern auf solche Maßnahmen hindeuten könnten und die zur selektiven Verbreitung christlicher Symbolik im Heer passen würden.[92]

Tatsächlich konnten es sich die Kaiser gar nicht leisten, Soldaten aus religiösen Gründen aus dem Armeedienst auszuschließen. Während in der zivilen Gesellschaft das Heidentum zurückgedrängt und schließlich verboten wurde, blieb das Heer, das sich schon immer aus Schichten unterschiedlicher religiöser Herkunft rekrutierte, von strengen Kontrollen verschont und wurde nie ein Instrument aggressiver Christianisierung.[93] Die kaiserliche Zentrale hütete sich, den Zugang zur Armee für dienstwillige »Barbaren« durch allzu hohe, religiös begründete Hürden zu erschweren.[94] Offiziell durften zwar seit 420 (mit Ausnahme der Föderaten) nur noch orthodoxe Christen dienen; der Kriegsdienst wird demnach formell nicht nur zur Pflicht, sondern auch zum Vorrecht des christlichen Staatsbürgers.[95] In der Praxis konnten Soldaten und Offiziere jedoch ungestört Heiden bleiben. Selbst arianische Soldaten (insbesondere Goten) und Generäle wie der berühmte Heermeister Aspar wurden bis ins 6. Jahrhundert geduldet, weil man auf sie angewiesen war.[96] Als im Jahre 408 ein heidnischer General mit seinem Abschied drohte, nahm Kaiser Honorius einfach seine kurz vorher erlassene Direktive zurück, wonach zivile und militärische Mitglieder des Hofes nur noch Christen sein sollten.[97] In der Armee besiegten Pragmatismus und Tradition religiöse Dogmatik.[98] Die Zwänge eines in die Defensive geratenen Reiches ließ die gleichen Kompromisse gegenüber nichtchristlichen Soldaten walten, die ihrerseits strenggläubige Christen mit dem Kriegsdienst versöhnt hatten.

Der behutsame Umgang mit Christen und Nichtchristen in der Armee, die zeitlich verzögerte Adaption christlicher Symbolik und das Bemühen, heidnische Traditionen der Armee zu wahren, finden schließlich auch ihre Entsprechung in den Siegesfeiern. Ihre Zahl nahm im Lauf des 4. Jahrhunderts zu. Triumphe wurden auch nach unbedeutenden Erfolgen gefeiert und dienten dazu, Niederlagen zu kaschieren und ausbleibende Schlachtensiege zu kompensieren. Als die Kaiser im 5. Jahrhundert nicht mehr an der Spitze ihrer Truppen ins Feld zogen, wurde die kaiserliche Sieghaftigkeit zu einem omnipräsenten Dauerzustand, der sich von konkreten Anlässen löste. Triumphfeiern verlagerten sich jetzt ins Zentrum der kaiserlichen Residenzen Konstantinopel und Ravenna. Im Westen reichte schon die Gefangennahme oder Ermordung eines Usurpators aus, um dem Volk die kaiserliche Sieghaftigkeit zu demonstrieren.[99] Im Osten feierte man in der gleichen Zeit den Sieg über den gotischen Heermeister Gainas. Die Triumphsäule des Arcadius zeigt, wie gefesselte Germanen hinter zwei berittenen Offizieren und flankiert von Soldaten durch die Stadt geführt werden, wahrscheinlich auf dem Weg ins Hippodrom, das sich zum neuen Zentrum der kaiserlichen Begegnung mit den Untertanen entwickelte.[100]

Angesichts der Bedeutung der Siegesfeiern für die kaiserliche Selbstdarstellung ist es von besonderem Gewicht, dass ihr Programm mit Pferderennen, Militärparaden und bildlichen Bekundungen kaiserlicher Überlegenheit so lange von christlichen Einflüssen unberührt blieb. Erst unter den Söhnen des Theodosius erscheinen christliche Symbole auf den Siegessäulen und deren Basis. Sie künden davon, dass der Sieg im Zeichen des Kreuzes errungen wurde.[101] Erstmals hat wohl Constantius II. nach einem Erfolg an der persischen Grenze Bischöfe aus dem gesamten Reich zur Teilnahme an einer Festparade in Antiochia und vielleicht auch zu seinem Siegesbankett eingeladen.[102] Nach dem Sieg des Theodosius über Eugenius wurden auf Wunsch des Kaisers christliche Dankesfeiern veranstaltet.[103] »Andere Feldherren« – so Bischof Ambrosius – »ordnen beim ersten Geschmack des Sieges die Aufstellung von Triumphsäulen und anderen Triumphzeichen an. Deine Gnade bereitet ein Opfer für Gott und wünscht, dass die Bischöfe ein Opfer und Dankfest für Gott feiern.«[104] Doch erst Theodosius II. (408–450) unterbrach auf die Nachricht von der Niederlage des Usurpators Johannes im Jahr 425 das Wagenrennen und ordnete eine Dankesprozession zur Mitte des Hippodroms an. Bis zum Ende des Tages wurden in einer nahen Kirche Dauerpredigten gehalten.[105] So entwickelte sich eine Art christliche Liturgie des Sieges, die aber die säkularen Zeremonien weitgehend unberührt ließ.[106]

Erst in der Zeit des Theodosius mehren sich schließlich die archäologischen Zeugnisse für Kirchenbauten innerhalb von Festungen und Militärlagern entlang den nördlichen Grenzen.[107] In den Lagern ersetzten christliche Tagesparolen (»Gottesgebärerin«, »Erzengel Gabriel«) die heidnischen.[108] Sozomenos behauptet ferner, seit Konstantin hätten christliche Priester und Diakone sämtliche Armeeeinheiten begleitet.[109] Nachgewiesen ist dies allerdings erst für die erste Hälfte des 5. Jahrhunderts. Jetzt finden wir regelmäßig Militärgeistliche, die, ausgerüstet mit Zelten, mobilen Feldkapellen und transportablen Altären Messen feierten, die Verwundeten versorgten, Gefallene bestatteten und die Fahnen der Abteilungen segneten.[110] Der lateinische Epiker Corippus (spätes 6. Jahrhundert) beschreibt eine gemeinsame Gebetszeremonie unmittelbar vor dem Gefecht:[111] Im Morgengrauen errichteten die Soldaten eine Feldkapelle in der Mitte des Lagers bei den Fahnen der einzelnen Einheiten. Dann sammelte sich die Truppe in Abteilungen und sang die Hymnen. Erst danach traf der Feldherr Johannes ein. Die Soldaten beklagten ihre Sünden und baten Gott um Vergebung. Der Feldherr kniete nieder, erflehte den Schutz Gottes für das Heer und erbat den Sieg. Unter Tränen schlossen sich alle dem Gebet an und erhielten die Kommunion.

Bischöfe und Heilige im Krieg für das Reich

Weitgehend unabhängig von der liturgischen Begleitung des Krieges und der Einführung christlicher Symbolik gestaltete sich die konkrete militärische Unterstützung, die christliche Autoritäten und Würdenträger dem Reich zukommen ließen. Sie haben vielerorts die Lage stabilisiert, wo staatliche Instanzen ausgefallen waren oder sich zurückgezogen hatten. Die einzige christliche Gruppe, die sich dem Kriegsdienst verweigerte und in Notzeiten gewaltsam in die Truppe gepresst wurde, waren die Mönche.[112] Mochte es noch im 4. Jahrhundert Stimmen wie des Bischofs Paulinus von Nola geben, die den christlichen Soldaten leidenschaftlich beschwören, den Dienst zu quittieren, weil man nicht zwei Herren dienen und die diesseitige Welt nur verachten dürfe, so war eine solche Haltung im 5. Jahrhundert, als sich der Westen in dauernden Abwehrkämpfen gegen »barbarische« Plünderer und Invasoren befand, nicht mehr durchzuhalten.[113] Christliche Schriftsteller hielten zwar nach wie vor den geistlichen Kampf gegen die Dämonen für wichtiger und priesen kaiserliche Siege als unblutige, nur mit Hilfe des Gebets errungene Erfolge; sie reagierten damit auch auf die Tatsache, dass die Söhne des Theodosius nicht mehr persönlich ins Feld zogen. Doch in der realen Welt der Provinzen konnte sich niemand mehr den Luxus leisten, im Angesicht von Feinden, die Städte belagerten, Felder plünderten sowie Verwandte und Familien verschleppten, allein durch Gebet und Fasten auf Besserung zu hoffen.

Besonders in den Grenzregionen, wo die Armee aufgrund ausbleibender Soldzahlungen vielfach in Auflösung begriffen war,[114] übernahmen Bischöfe und heilige Charismatiker an Stelle des zivilen und militärischen Verwaltungsapparats die Verteidigung. Als der Krieg wie nie zuvor durch die Belagerung von Städten geprägt wurde und es darauf ankam, über längere Zeit und unter extremen Bedingungen heterogene und sehr unterschiedlich gerüstete Bevölkerungsgruppen zum Abwehrkampf zu motivieren, war die Überzeugungskraft christlicher Würdenträger ganz besonders gefragt.[115] Ein berühmtes Beispiel ist das Wirken des heiligen Severin im Ostalpen-Donauraum von Ufernorikum. Was die Heiligenlegende mit dem Wirken geistlicher Waffen zu erklären sucht, entpuppt sich als handfeste Reorganisation der Grenzgebiete nach dem Zerfall der hunnischen Macht. Sie unterscheidet sich kaum von den Maßnahmen »heidnischer« Beamter und übertrifft diese sogar in ihrer zupackenden Effizienz:[116] Severinus organisierte gegen Alamannen und Rugier zusammen mit einem ganzen Stab ergebener Klosterbrüder den städtischen Wach- und Kriegsdienst, leitete den Ausbau und die Instandhaltung der Befestigungsanlagen, erteilte Bischöfen Weisungen, führte militärische Unternehmungen ins Umland, unternahm diplomatische Missionen zum Freikauf von Kriegsgefangenen und vermittelte Friedensabkommen mit den »Barbaren«.[117]

Vielfach bewegten sich christliche Nächstenliebe und fromme Disziplin nach klassischen Mustern: Jeder geglückte Freikauf von Gefangenen bewies nicht nur die *liberalitas* des Gottesmannes, sondern brachte ihm auch neue Anhänger und stärkte seine politische

Autorität in der Gemeinde.[118] Auch wenn in anderen Grenzgebieten noch kaiserliche Offiziere die Verteidigung zu organisieren suchten[119], war Severinus nicht der einzige Heilige und christliche Würdenträger, der den Gemeinden im Angesicht des Feindes tatkräftige Hilfe brachte. So soll die Nonne Genoveva die Moral der Einwohner von Paris bei der Bedrohung durch Attila gestärkt haben. Nach der Eroberung durch den fränkischen König Childerich intervenierte sie wie Severinus in Norikum zu Gunsten von Gefangenen und brachte ihren belagerten Mitbürgern Getreide.[120] Bischof Sidonius verteidigte in den 470er Jahren an der Spitze seiner Truppen das Arvernerland und seine Hauptstadt gegen den Westgotenkönig Eurich. Toulouse entging nach christlicher Überlieferung durch den befehlshabenden Bischof der Eroberung. In Thrakien soll ein Bischof mit einer dem heiligen Thomas geweihten Wurfmaschine persönlich den Anführer der persischen Angreifer niedergestreckt haben. Synesios von Kyrene pries den Diakon Faustos dafür, dass er beim Abwehrkampf der heimischen Bevölkerung die meisten Barbaren erschlug.[121]

Die hagiographische Literatur sucht dagegen den Übertritt ihrer Helden zum Christentum als völligen Abbruch ihrer »weltlichen« Tätigkeit im Dienst des Staates zu stilisieren. In der Realität erfolgte der Übergang weitaus undramatischer und weniger abrupt. Der Veteranensohn Martin von Tours wartete geduldig das Ende seiner 25-jährigen Dienstzeit in einer Kavallerieabteilung ab, um aus dem Heer entlassen zu werden, obwohl er seit Langem beschlossen hatte, in den Dienst Gottes und der Kirche zu treten.[122] Ähnlich wird der Abschied des Titus in Konstantinopel verlaufen sein, nachdem der Säulenheilige ihn für das Klosterleben begeistert hatte (s. o. S. 420). Auch nach dem Übertritt ins Kloster und Bischofsamt waren diese Männer für das Reich keineswegs verloren. Wenn sie mit Gebet, Wundern, dem Verweis auf die alttestamentarischen Helden und deren Vertrauen auf das Wirken Gottes gegen die Dämonen kämpften, dann hatte dies häufig eine größere psychologische Wirkung auf die verzweifelte Bevölkerung als die abgedroschenen Phrasen örtlicher Militärkommandeure.[123] Die Dämonen waren ja sehr real. Der immer wiederkehrende Hinweis auf eisernes Fasten angesichts eines Feindes, der die eigene Stadt belagert, ist auch mit schierer Versorgungsnot oder damit zu erklären, dass viele Christen sich für den bevorstehenden Kampf wappnen wollten oder Buße taten ob der bereits getöteten Feinde.[124]

Vielfach haben heilige Frauen und Männer wie Genoveva, Severin und Martin tatkräftig für den Bestand des Imperiums gewirkt. Wo sie nicht selbst die Verteidigung übernahmen, taten sie alles, um die hohen Militärs in ihrem Dienst für Kaiser und Reich zu bestärken und die Skrupel ihrer Mitbrüder zu zerstreuen. Basileios, der Bischof von Caesarea (genannt »der Große«, 330–379) versicherte ähnlich wie Augustinus seinen Glaubensgenossen, man könne auch im Soldatenberuf vollkommene Liebe zu Gott bewahren. Wer Blut vergießt, sollte sich allerdings drei Jahre lang von der Kommunion fernhalten.[125] Athanasius schrieb an den Einsiedler Amun, das Töten im Krieg sei nicht nur erlaubt, sondern auch lobenswert.[126] Bischof Maximus von Turin lobte in einer Predigt einen General dafür, die Feinde des irdischen Königs getötet und die Gegner des himmlischen Herrn verfolgt, also Barbaren und Dämonen gleichermaßen vernichtet zu haben.[127] Augustinus und Alypius redeten mit Engelszungen auf Bonifatius ein, nicht ins Kloster zu gehen, sondern als Soldat die Kirchen vor barbarischen Überfällen zu schützen, und boten ihm später als *comes Africae* bei ausbleibendem militärischen Erfolg spirituellen Rat.[128] Im Osten umschmeichelt Gregor von Nazianz in zwei Briefen den gotischen General Modares, nennt ihn seinen »Verwandten« und »Vertrauten« und hofft, dass dieser sich mit der gleichen Kraft und Klugheit, die er im »äußeren Krieg« bewiesen hat, für die Sache der Christen einsetzt.[129]

Die Militärs ließen sich solche Schmeicheleien gern gefallen, wussten sie doch um die Autorität und die Macht der heiligen Männer. Der gotische Heermeister Gainas korrespondierte mit dem Hermiten Nilus über theologische Fragen.[130] Die Generäle

Victor und Saturninus wetteiferten darum, dem Mönch Isaak Land nahe Konstantinopel zum Bau eines Klosters zu geben.[131] Victor war ein katholischer Sarmate, verheiratet mit einer arabischen Prinzessin christlichen Glaubens, und hatte, durch das Wirken eines katholischen Mönchs unterstützt, sarmatische Landsleute für den Dienst unter römischen Fahnen gewonnen.[132] Auf den Ländereien des General Promotus stand ein Kloster gotischer Mönche.[133] In diesem Zusammenhang ist es denn auch nicht verwunderlich, dass Kaiser Leo so sehr an einer guten Beziehung zum Säulenheiligen Daniel gelegen war und einen seiner besten Militärs zur Kontaktpflege beorderte.

Gerade im Ostteil des Reiches, wo die Grenzen zwar insgesamt stabiler blieben, aber häufig die Belagerung von Festungen durch die Perser drohten, dienten Bischöfe und Heilige den Einwohnern und dem Kaiser nicht nur durch Gebete, sondern auch dadurch, dass sie die Versorgung organisierten und diplomatische Kontakte zu den Angreifern oder anderen fremden Fürsten herstellten und auf diese Weise das Los der Bedrängten erleichterten.[134] Aber auch für Barbarenkönige waren Christen geeignete Unterhändler. Der Arianer Fritigern hatte kurz vor der Schlacht von Adrianopel (s. o. S. 375 ff.) christliche Priester ins Lager der Römer gesandt.[135] Die Rolle christlicher Würdenträger als Friedensvermittler, Diplomaten und Verbindungsleute ähnelt den Funktionen, die früher vielfach von Philosophen übernommen wurden. Ob Papst Leo mit Attila verhandelte oder Severinus beim Rugierkönig die Befreiung von Gefangenen und ein Stillhalteabkommen erwirkte – es waren nicht zuletzt das rhetorische Können und die sich aus der Missionstätigkeit ergebende Mehrsprachigkeit, die christliche Charismatiker für solche Aufgaben prädestinierten. Hinter allem stand die besondere Autorität, die sich ein herausragender, zwischen Altar und Thron wandelnder Kirchenmann erworben hatte: »Kein Wunder« – so kommentierten fränkische Adlige die Freundschaft, die der Heermeister Arbogast mit Bischof Ambrosius pflegte – »kein Wunder, dass du Schlachten gewinnst, wenn du ein Freund jenes Mannes bist, der der Sonne befiehlt stillzustehen, und die Sonne steht still.«[136]

Die Freundschaft zwischen dem Diener Gottes und dem Diener des Mars steht repräsentativ für die Symbiose zwischen der jenseitigen Welt des Christentums und der diesseitigen Welt des Krieges. Am Ende hatte sich der Krieg als stärker erwiesen: Selbst der Gekreuzigte machte eine militärische Karriere. In der Apsis der bischöflichen Kapelle von Ravenna erscheint Christus in Gestalt und Gewandung des siegreichen Kaisers. Er ist zum Triumphator aufgestiegen, der das Kreuz schultert wie ein Fahnenträger das Feldzeichen der Legion.

EPILOG

1000 Jahre antike Kriegsgeschichte sind eingerahmt vom Aufstieg zweier Kriegerkulturen: den Griechen und den Germanen. Ihre Eliten lebten für den Krieg, ihre Gefolgschaften suchten den Kampf um Ruhm, Beute und Reichtum, den die Heimat nicht bot. Für die mächtigeren Großreiche waren sie begehrte Söldner, aber auch Barbaren – das Urteil der Assyrer und Perser über die frühen Griechen unterschied sich in dieser Hinsicht nicht von dem der Römer über die Germanen. Rund 300 Jahre nach ihrem Aufstieg entmachteten die Barbaren ihre Soldherren, weil sie sich im Krieg als überlegen erwiesen. Das Perserreich unterlag der Berufsarmee der Makedonen, der römische Kaiser in Ravenna konnte nicht verhindern, dass germanische Berufskrieger als Könige über die westlichen Reichsgebiete herrschten wie seinerzeit die hellenistischen Monarchen über die Satrapien des Perserreiches. Doch in beiden Fällen mussten die Eroberer nach mehreren Generationen ihrerseits neuen Kriegereliten weichen: Die Römer besiegten die hellenistischen Großreiche, 800 Jahre später zerstörten die Araber das Reich der Westgoten in Spanien.

Die Geschichte der Antike ist so zu wesentlichen Teilen die Geschichte einander ablösender *Kriegereliten*. Sie alle suchten das Risiko des Krieges, weil er größere Gewinne, nachhaltigeren Ruhm und schnellere Aufstiegsmöglichkeiten versprach als jede andere Profession der Antike. »Alle Kriege werden um den Erwerb von Reichtum willen ausgefochten«, heißt es nicht ohne Grund bei Platon.[1] Selbst im Falle einer Niederlage konnte man hoffen, als Soldat und Söldnerführer im Dienste des Siegers Karriere zu machen. Manche dieser Kriegereliten verharrten auf dem Stand größerer Gefolgschaftsverbände; in der gesamten Antike gab es immer wieder hochmobile Männer vom Schlage des »kretischen« Odysseus, des spartanischen Klearchos oder der maurischen, germanischen und alanischen Berufskrieger, die mit ihren Kompanien mehr oder weniger neben und zwischen den etablierten Gemeinwesen agierten und das freie (»private«) Kriegertum zur Lebensnorm erhoben. Demgegenüber entwickelten die schon früh in größere Gemeinschaften eingebundenen Kriegereliten mit wachsenden militärischen Erfolgen auch stabilere politische Organisationsformen oder übernahmen diese von ihren Gegnern. Homerische *basileis* wurden Beamte der Poleis und führten als Strategen die wehrfähigen Bürger in den Krieg. Germanische *duces* errichteten mit ihren multiethnischen Gefolgschaften gentile Königreiche auf römischem Reichsboden. Die persische Kriegerelite hörte auf den Befehl eines Monarchen, der vom halbnomadischen Lokalfürsten zum Herrscher eines Weltreiches aufstieg und im Auftrag des Reichsgottes das Imperium erweiterte. Die römischen *nobiles* und ihre Klienten zerstörten schließlich nach ihrem Siegeszug über den Mittelmeerraum ihre republikanische Ordnung und beugten sich einem von adligen Kriegstugenden geprägten Militärpotentaten, der die Legionen in die mitteleuropäischen Binnenräume marschieren ließ.

Kriegereliten entwickeln einen eigentümlichen Verhaltenskodex, sie sind traditionsbewusst und reserviert gegenüber *militärischen Reformen*, die ihnen die Chance auf individuelle Bewährung im Kampf nehmen und ihren herausragenden Status gefährden.[2] Der Ausruf des Spartanerkönigs Archidamos III. bei der Präsentation neu entwickelter Katapulte, nun sei es mit der Tapferkeit des Kriegers vorbei, bewegt sich auf einer Linie mit der Ablehnung moderner Fernwaffen durch die mittelalterlichen Ritter und Samurai oder der Überzeugung europäischer Offiziere, den Ersten Weltkrieg zu Pferde bestreiten zu können, anstatt auf motorisierte Fahrzeuge umzusteigen. Noch stärker als in der Neuzeit war der Krieg in der Antike von adligen Mentalitäten und Werten geprägt, denen sich auch das Christentum und ihre Würdenträger nicht entziehen konnten. Militärische Großtaten waren für Könige, Feldherren, Offiziere und sogar für Bischöfe, die ihre Stadt gegen Angreifer zu verteidigen hatten, das wichtigste Mittel, Ansehen, Macht und Reichtum zu erringen. Könige und Feldherrn suchten deshalb nach immer neuen Wegen, ihre Armeen zu finanzieren und Ressourcen zum Unterhalt des Militärs zu erschließen. Anders als in der frühen Neuzeit unterwarfen sie aber den Krieg nie unabhängig von adligen Idealen rein fiskalischen oder ökonomischen Kalkulationen oder einer nüchternen Kosten-Nutzen-Abwägung.[3] Eine den frühneuzeitlichen Verhältnissen vergleichbare Kommerzialisierung des Krieges fand in der Antike nicht statt.[4]

Ferner haben die *geographischen und ökologischen Bedingungen* des Landes sowie die politischen und gesellschaftlichen Kontrollen, denen Feldherrn und Krieger ausgesetzt waren, dem Entfaltungsspielraum antiker Kriegsführung Grenzen gesetzt. Es war deshalb in der Regel einfacher und effizienter, von den Gegnern erfolgreiche Kriegstechniken zu übernehmen oder erfolglose aufzugeben, als eigene Defizite durch grundlegende Neuerungen auszugleichen und diese gegen jahrhundertealte Traditionen und gesellschaftliche Vorbehalte durchzusetzen. Alle Kriegereliten der Antike konnten aus einem Pool bewährter *Kriegstechniken* schöpfen, die sich zu Lande auf die drei klassischen Waffengattungen Infanterie, Kavallerie und Spezialverbände (Schleuderer, Bogner, Speerwerfer, Belagerungstrain) verteilten. Ihre taktische Funktion und ihr Anteil an der Gesamtarmee schwankten nach Einsatzort und militärischer Tradition. Die schwerbewaffnete Infanterie war eine mediterrane Waffengattung, während die leichter gerüsteten, mobileren und häufig mit Fernwaffen kämpfenden Verbände in den hügeligen oder semiariden Randgebieten zu Hause waren. Die schwere Angriffsreiterei bildete das Prunkstück nahöstlicher Armeen; sie wurde von den mediterranen Kriegsherren erst spät der eigenen Flankenreiterei angegliedert. Auch Belagerungsmaschinen kannten die nahöstlichen Reiche lange vor den mediterranen Kulturen, sie fanden erst über die Begegnung mit der persischen Invasionsarmee Einzug in die griechische Welt. In der Folgezeit wurden leistungsfähige Torsionsgeschütze und Katapulte in den Rand- und Kolonialgebieten wie Syrakus und Makedonien entwickelt, wo ein einzelner Herrscher Ressourcen und Fachwissen konzentrieren konnte und militärische Traditionen nicht so stark vom Hoplitenethos geprägt waren wie in den Zentren der alten Poliswelt. Von den hellenistischen Monarchien und ihren karthagischen Schülern lernten die Römer die Kunst der Belagerung (Poliorketik) und des Katapultbaus (Belopoiiké). In den nächsten vier Jahrhunderten wurden immer leistungsfähigere Geschütze und Belagerungsmaschinen zum Rückgrat der Legionen, bis in der Spätantike auch Sasaniden und Hunnen von der Technik römischer Ingenieure profitierten.

Die Weiterentwicklung militärischer Techniken glich einem Staffellauf einander bekämpfender und befruchtender Kriegerkulturen. Tatsächlich war es - wie gesagt - effizienter, sich überlegene Kriegstechniken über Handelskontakte, Söldnerdienste oder in Folge militärischer Konfrontationen anzueignen, als größere Energien für die Entwicklung eigenständiger Neuerungen zu entfalten. Die Vernetzung der mediterranen und nahöstlichen Welt, stabile Transferkanäle wie der weltweite Söldnermarkt und die Fähigkeit, ausgedehnte Feldzüge über die jeweiligen Militärzonen hinaus zu führen, bildeten die notwendigen Voraussetzungen. So dauerte es nur wenige Jahrzehnte, bis sich die hellenistische Kriegskunst von den Höfen der großen Monarchien im Osten über Söldnergeneräle wie Pyrrhos und den Spartaner Xanthippos und die karthagischen Barkiden bis nach Spanien und Italien verbreitete. Die antiken Quellen konzentrieren solche Vorgänge der Entwicklung und Weitergabe militärischer Neuerungen traditionell - und häufig nicht zu Unrecht - auf Einzelereignisse und herausragende Persönlichkeiten. Moderne Forscher sprechen von regelrechten Reformen, die Iphikrates, Philipp II., Marius oder Konstantin eingeleitet hätten. Sie setzen damit voraus, dass der militärische Bereich wie in der Moderne das wichtigste Innovationsfeld überhaupt gewesen sei. In Wirklichkeit handelt es sich bei antiken »Reformen« meist um »zufällige«, in einer bestimmten Kriegssituation (wie dem Angriff des Regulus auf Karthago) sich ergebende Übernahmen von Kriegstechniken, die sich über einen längeren Zeitraum herausgebildet hatten, um Verstärkungen oder Endpunkte längerer Trends oder nur um die Wiederaufnahme verlorengegangener Traditionen durch Drill und Einübung.

Militärische Misserfolge waren zwar mitunter Anlass, sich die Technik des Gegners anzueignen; doch anders als in der Neuzeit entwickelten sich aus großen Niederlagen für die betroffenen Mächte fast nie kräftige Impulse zu grundlegenden Innovationen, weil Niederlagen in der Regel mit menschlichem Versagen und/oder mangelnder göttlicher Zustimmung erklärt wurden. Rom konnte ganze Armeen verlieren und die hellenistischen Könige eine Niederlage nach der anderen (nicht nur gegen Rom) hinnehmen – der mit Schild, Helm, Speer und/oder Schwert bewaffnete Fußsoldat blieb von Homer bis in die Spätantike der feste Kern aller im Mittelmeerraum operierenden Armeen. Über 1000 Jahre hin variierten nur das Gewicht der Rüstung, die Länge und Funktionsweise der Angriffs- und Verteidigungswaffen und die taktische Formation in der Schlacht. Führte man Krieg mit begrenzten Truppenzahlen in kleinräumigen Verhältnissen urbanisierter Gebiete, war der Zusammenschluss der Schwerbewaffneten zu einer Phalanx eine von Homer bis in die Spätantike angewandte Form defensiver Kriegsführung, die je nach Gegner und räumlichen Verhältnissen geweitet und gelockert werden konnte. Die Reiterei entschied zwar häufig von den Flanken aus die Schlachten, und mediterrane Reiche wie das der Römer haben ihre Kavallerieeinheiten als Reaktion auf den Angriff nomadischer oder halbnomadischer Reiterkulturen spürbar aufgewertet. Allerdings konnte diese Aufwertung die Dominanz der Infanterie in qualitativer und quantitativer Hinsicht bis zum Ende des Westreiches im 5. Jahrhundert, wenn überhaupt, nur für kurze Zeit beeinträchtigen.

Die Gegenprobe liefert den Beweis: Wenn Reiterkulturen – was sehr selten vorkam – ins Innere des Mittelmeerraums vorstießen und wie die Hunnen über längere Zeit auf den Übergangszonen siedelten, haben sie ihre Infanterie gegenüber der Reiterei verstärkt. Nomadische Reiterkrieger wie die Parther brauchten dagegen ihre Militärstruktur nicht zu ändern, wenn sie von den Steppenzonen in die fruchtbaren Gebiete des Vorderen Orients vordrangen.[5] Denn dort trafen sie auf einen Kulturraum, der seit Urzeiten zunächst durch den Streitwagen und dann durch die Dominanz der Schlachtenreiterei geprägt war. Auch nach Konsolidierung ihrer Territorialherrschaft verharrten die östlichen Monarchien der Parther und Sasaniden in den traditionellen Militärstrukturen des Vorderen Orients und haben niemals Kriegstechniken der mediterranen Welt (außer der Belagerungskunst) adaptiert. Zu stark war das Ethos ihrer Kriegereliten mit dem Reiterkampf verbunden in einem Land, das – je weiter es sich nach Osten ausdehnte – nur mit Kavallerie und mobilen, leicht bewaffneten Fußtruppen zu beherrschen war. Zusätzlich eine schwere Infanterie nach Art der mediterranen Kriegerkulturen aufzubauen, war nicht finanzierbar und hätte ihr politisches System auch überfordert. Deshalb begnügten sich Parther und Sasaniden im Kampf gegen ihre westlichen Nachbarn mit landfremden Söldnern und beschränkten ihre Eroberungen auf den vorderasiatischen Raum. Ihre Herrschaft in die Mittelmeergebiete auszuweiten, war weder möglich noch beabsichtigt.

Neben den genannten Gründen für die Kontinuität antiker Kriegsformen und -techniken[6] (das Phänomen ähnelt mittelalterlichen Verhältnissen)[7] kommt im Fall des *Seekriegs* noch eine Besonderheit hinzu: Marineoperationen blieben mit wenigen Ausnahmen auf den Mittelmeerraum beschränkt. Expeditionen in den Atlantik dienten der Erkundung und allenfalls der logistischen Unterstützung des Landheeres[8]; größere Seegefechte waren in jedem Fall die Ausnahme. Deshalb mussten sich antike Mächte im Gegensatz zu den nord- und westeuropäischen Staaten des 16. Jahrhunderts nie dauerhaft auf die viel schwierigeren Bedingungen der Seekriegsführung in den Weltmeeren einstellen.[9] Es fehlte ein auf Reedern, Kapitänen, Militärs und Herrschern lastender ökonomischer Dauerdruck, der militärtechnische Entwicklungen vorantrieb, neue materielle Ressourcen erschloss und die Marine als einen militärischen Funktionsbereich etablierte, in den zu investieren es sich auch ohne unmittelbare Bedrohung über längere Zeit lohnte.[10]

Deshalb blieben auch die technischen Entwicklungen des antiken Seekriegs im Vergleich zu den rasanten Innovationssprüngen der frühen Neuzeit begrenzt, obwohl die moderne Literatur gerade in diesem Bereich die bedeutendsten Neuerungen auszumachen meint. Man mag die Erfindung der Triere oder der hellenistischen Großkampfschiffe aus der Optik der Zeit, in der sie entwickelt wurden, als bahnbrechende Erfindungen erachten. Aufs Ganze gesehen erscheinen sie als recht unspektakuläre Entwicklungen, die zudem jederzeit revidiert werden konnten: Nach Actium wurde eine 300-jährige glanzvolle Tradition hellenistischen Kriegsschiffbaus einfach aufgegeben, weil sie sich in einer einzigen Schlacht nicht bewährt hatte und für sie kein Bedarf mehr bestand. Die in der Folge eingesetzten Liburnen waren zudem viel billiger und glichen in mehrfacher Hinsicht den Schiffen, die von den mediterranen Piraten seit Jahrhunderten benutzt wurden und schon in der Archaik das Mittelmeer durchkreuzten. Nur in den Bürgerkriegen zu Beginn des 4. Jahrhunderts n. Chr. sah man noch einmal große Flotten; sie erreichten aber nicht mehr die technische Qualität und Schlagkraft der klassischen und hellenistischen Zeit. Die letzte große Schlacht, die im Jahr 468 in den Gewässern vor Karthago geschlagen wurde, unterschied sich in taktischer Hinsicht wohl nur wenig von dem laut Thukydides ältesten Seegefecht zwischen Korinthern und Kerkyräern (um 660 oder 600 v. Chr.).[11] Ein- bis zweireihige Ruderschiffe stießen ohne komplizierte Manöver aufeinander; Brander, wie sie die Vandalen einsetzten, hatten fast 600 Jahre zuvor auch die Karthager gegen die römischen Schiffe getrieben. Ein geübter Kapitän der griechischen Archaik hätte wohl ohne Schwierigkeit an den Seeschlachten der Spätantike mitwirken können.

Wenn sich einmal das Fenster für grundlegende militärische Neuerungen öffnete, dann mussten mehrere Bedingungen gegeben sein, um sie zu nutzen: Es bedurfte einer starken Konkurrenzsituation mehrerer machtpolitisch ambitionierter Mächte, die sich an den Rändern vertrauter Militärzonen bekriegten oder im Begriff waren, in andere Militärzonen vorzustoßen. Das Kriegsethos dieser Mächte musste flexibel und offen für Veränderungen sein. Und sie brauchten Zeit, Geld und den Zugriff auf materielle Ressourcen, um Innovationen aufzunehmen und zu integrieren. Während der gesamten Antike waren diese Konstellationen nur drei oder vier Mal gegeben, meist im Abstand von mehreren Jahrhunderten: einmal in der ersten Hälfte des 5. Jahrhunderts, als Athen die Erfahrungen der Perserkriege zum Aufbau der modernsten Kriegsflotte der Zeit und der Organisation eines maritimen Herrschaftssystems nutzte, das der griechischen Welt bis dahin unbekannt war; dann über 100 Jahre später von der Mitte des 4. bis zur Mitte des 3. Jahrhunderts, als die Makedonen Philipp II. und Alexander und die hellenistischen Nachfolgemonarchien die Veränderungen des Peloponnesischen Krieges bündeln und über zwei Militärzonen hinweg erfolgreich einzusetzen verstanden; zum dritten Mal in der Zeit der späten Republik und des frühen Prinzipats, als das Römische Reich im Besitz der besten Militärtechniken der damaligen Welt seine Expansion in die mitteleuropäischen Binnenräume lenkte, und schließlich in der Spätantike, als sich das Imperium nach schweren Abwehrkämpfen gegen Feinde aus verschiedenen Militärzonen stabilisieren und (für kurze Zeit) selbst neue militärische Wege zur Sicherung der Weltherrschaft beschreiten konnte.

Diese Epochen erfüllten aber die genannten Voraussetzungen immer nur annähernd. Die besten Bedingungen bestanden zwischen etwa 300 und 200 v. Chr., vor allem in finanzieller Hinsicht. Athenaios schreibt, im Zuge der Eroberungen Alexanders habe sich der Reichtum über die Welt ausgebreitet.[12] Tatsächlich profitierten die Diadochenkönige gleich zu Beginn ihrer Herrschaft von den Eroberungen und den Gewinnen ihres großen Vorgängers in einem beispiellosen Maß. Reichtum und ein hochmilitarisiertes Herrschaftsethos, das Kriegführung zum Dauerauftrag erhob, trafen aufeinander und wirkten wie Katalysatoren. Da es in den ersten hundert Jahren nach Alexander keine ernsthaften äußeren Gegner gab, führte man Krieg untereinander. Die persischen Staatsschätze sowie die wirtschaftliche Blüte ihrer Länder ermöglichten den Königen, sich auf dem Gebiet des Geschütz- und Belagerungswesens einen regelrechten Rüstungswettlauf zu liefern. Der permanente Konkurrenzdruck – erfahrungsgemäß einer der wichtigsten Anreize zur Verbesserung von Waffenkonstruktionen – erhob Mechaniker und Ingenieure in den Armeen der Makedonen und Ptolemäer sowie der Monarchen von Syrakus zum unverzichtbaren und hochgeschätzten Bestandteil des militärischen Personals; sie haben den Krieg technisiert und zu einer wissenschaftlich lehrbaren Kunst gemacht.[13]

Seit ungefähr 200 v. Chr. setzte jedoch eine für die Antike typische Gegenentwicklung ein. Technisierung bedeutet Spezialisierung, und Spezialisierung mindert häufig die Fähigkeit, auf neue Herausforderungen flexibel zu reagieren, und sie macht den gesamten Militärapparat natürlich auch sehr teuer. Tatsächlich überstiegen die Kosten für die immer komplexer werdenden Berufsarmeen die finanziellen Möglichkeiten der Herrscher. Denn es gelang ihnen nicht, die Ressourcen ihres Landes optimal für den Krieg einzusetzen. Ferner führten die Kriege untereinander zu einer Angleichung der Waffentechniken und Taktiken, die gegenüber anders kämpfenden Gegnern außerhalb der vorderasiatischen Räume ihre Effizienz verloren. So erwies sich die Kombination aus Sarissenphalangen und offensiver Flankenreiterei den römischen Manipularheeren als unterlegen.[14] Als die Schlachterfolge ausblieben und man jede Niederlage mit hohen Kriegskontributionen bezahlen musste, fehlten den Königen die militärischen und ökonomischen Voraussetzungen, um die einstige Überlegenheit wiederzuerlangen. Versuche, sich der römischen Militärstruktur anzupassen, kamen – wie bei den Persern gegenüber der makedonischen Invasion – zu spät.[15]

Günstigere Bedingungen bot die geeinte Mittelmeerwelt der frühen römischen Kaiserzeit. Das Reich verfügte über unvergleichliche finanzielle und wirtschaftliche Ressourcen, über die besten militärischen Experten und das Wissen einer 500 Jahre alten Kriegerelite. Doch was in der Zeit des Hellenismus als Katalysator militärtechnischer Entwicklungen wirkte, fehlte gerade in dieser Zeit: eine militärtechnisch fruchtbare Konkurrenz wirtschaftlich und machtpolitisch gleichrangiger Mächte (die Parther konnten eine solche Funktion aufgrund der beschriebenen militärischen und politischen Beschränkungen nicht ausfüllen). Ohne existentiell bedrohliche Gegner gab es auch keine Zwänge, um militärische Innovationen voranzutreiben. Stattdessen integrierte man wie gewohnt barbarische Hilfstruppen und verließ sich auf die überlegene Organisation, Logistik und Technik (von Fernwaffen), um den Bedingungen des Krieges in den mitteleuropäischen Binnenräumen gerecht zu werden. Als in der Spätantike Armee und Staat neu organisiert wurden, ging man wie so viele Imperien der Antike erneut den scheinbar bewährten Weg, Waffengattungen wie die Panzerreiter von potentiellen Gegnern zu übernehmen und die gefährlichen Kämpfe auf Söldner und Verbündete (Föderaten) abzuwälzen, anstatt die kurzzeitige Stabilität zur Entwicklung militärtechnischer Innovationen zu nutzen. Am Ende blieb als einzige nennenswerte Neuerung (neben den Panzerreitern) die Armbrust (sie war in China schon 500 Jahre vorher erfunden worden).

Wenn aber der militärtechnischen und taktischen Entwicklung in der Antike so enge Grenzen gesetzt waren, *worauf gründete sich dann überhaupt dauerhafter Erfolg im Krieg?* Militärische Überlegenheit hing davon ab, inwieweit es gelang, Waffentechniken und -taktiken mit den naturalen Bedingungen, in denen sie eingesetzt wurden, der politischen Organisation der Kriegereliten und ihrer

Fähigkeit, Ressourcen für die Kriegführung bereitzustellen, in ein ausgewogenes und stabiles Verhältnis zu bringen. Häufig pendelten sich die Faktoren erst über einen längeren Zeitraum ein und ihr Zusammenspiel blieb von Zufällen, nichtplanbaren Entwicklungen und militärischen Einzelereignissen abhängig. Der Formationskampf einer überschaubaren Zahl schwerbewaffneter Bürgersoldaten erwies sich nach einer rund 200-jährigen Phase des Experimentierens für die Stadtstaaten der hügeligen Gebiete Griechenlands und Italiens als die beste Lösung, mit begrenzten materiellen und personellen Mitteln Krieg zu führen. Um adlige Gefolgschaften und nichtadlige Bürger zu einer Phalanx zusammenzufügen, musste die politische Organisation allerdings einerseits gegen monarchische Ambitionen geschützt werden und andererseits den Kriegereliten auch im Rahmen des Bürgerstaates genügend Entfaltungsspielräume belassen. Beides war in Griechenland und bei den Etruskern und Römern in Italien der Fall.[16] Außerdem durfte der Kampf in geschlossenen Reihen nicht mit dem Kriegerethos der Eliten kollidieren. Da eine Vorform der Phalanx schon in der Ilias als defensive Kampfvariante akzeptiert ist, war auch diese Voraussetzung gegeben; die Römer beließen ihren adligen Kommandeuren lange genügend Freiräume, um zum Beispiel im Zweikampf mit den gegnerischen Feldherrn ihre Tapferkeit zu beweisen. Schließlich musste sich die neue Art des Kämpfens in der Praxis so durchschlagend bewähren, dass sie von anderen Gemeinwesen als erfolgversprechend erachtet wurde und sich verstetigen konnte. In Griechenland begann dieser Prozess wohl während der Kriege Spartas gegen Argos und die Messenier, in Italien setzte er ein, als die Etrusker bis Mittelitalien vordrangen.

Die enorme Beharrungskraft der Phalanx im griechischen Mutterland erklärt sich auch damit, dass die Griechen bis zum Angriff der Perser nur untereinander Kriege führten. Modifikationen militärischer Grundformationen ergaben sich, wenn die Gemeinden auf neue Gegner an der Peripherie ihres Herrschaftsgebietes oder auf Invasoren trafen, die andere Kampfmethoden bevorzugten.

Die griechische Poliswelt erlebte diese Entwicklung im Lauf des Peloponnesischen Krieges, die römische Republik rund 100 Jahre später in den Kämpfen gegen die Kelten und gegen die Samniten. Die Griechen verringerten das Gewicht der Rüstung und gliederten behutsam (und soweit es ihre finanziellen Möglichkeiten erlaubten) Leichtbewaffnete und Reiter den Bürgerarmeen an. Die Römer lösten ihre Phalanx in taktisch beweglichere Einheiten (Manipel) auf und profitierten vielleicht auch (zeitlich verzögert) von den Veränderungen des Peloponnesischen Krieges.

Andere Möglichkeiten zur Übernahme erfolgreicher Kriegstechniken boten sich den Mächten in den fruchtbaren Randzonen zwischen den urbanisierten Gebieten des Mittelmeerraums und den eurasischen Steppen. Das bekannteste Beispiel ist Makedonien. Gestählt im Abwehrkampf gegen illyrische Invasoren, ausgestattet mit fruchtbaren Ebenen, natürlichen Ressourcen (Holz) und mit dem nahen Zugang zu Edelmetallen (im Pangaiongebirge), entwickelte Philipp II. ein stehendes Heer, das dem militärischen Charakter der makedonischen Monarchie vollkommen entsprach und den Bürgerarmeen der Poleis im Hinblick auf Professionalität, Technik und taktisches Zusammenspiel schlagkräftiger Waffengattungen deutlich überlegen war. Die Kosten konnten allerdings nur durch Eroberungen und gewaltsames Erschließen neuer Geldquellen gedeckt werden. Der Perserfeldzug Alexanders war unter diesem Gesichtspunkt der logische Ausweg, die leeren Kassen zu füllen und die Monarchie vor dem Zusammenbruch zu bewahren. Das gleiche Problem lastete auf den hellenistischen Nachfolgemonarchien. Auch sie hielten sich hochgerüstete Berufsarmeen mit teurem Kriegsgerät. Ein wesentliches, wenn nicht das entscheidende Ziel ihrer Staatsführung bestand darin, immer neues Geld für die Finanzierung der Armeen und Kriege zu generieren.[17] Das ging rund 100 Jahre gut, weil man von den Schätzen der Perser zehrte und reiche Steuererträge in einer wirtschaftlichen Wachstumsphase abschöpfte.[18] Aber mit den Jahren fehlten die Einkünfte aus neuen Eroberungen.

Demgegenüber hatten die Römer von der Republik bis in die mittlere Kaiserzeit nie größere Schwierigkeiten, auf materielle und natürliche Ressourcen zuzugreifen. Sie eroberten den Mittelmeerraum mit einem kombinierten Heer aus Bürgermilizen und Verbündeten - ein Militärsystem, das nicht nur geringe Kosten verursachte (im Jahr 168 konnten die Römer auf eine Bodensteuer in Italien verzichten), sondern auch mit den politischen Strukturen der Adelsrepublik in außergewöhnlicher Weise harmonierte. Der Führungsanspruch der *nobiles* war im Volk breit akzeptiert und weitaus weniger abhängig von dauernden militärischen Erfolgen als die Herrschaft der hellenistischen Könige. Die römische Führung konnte sich einerseits gegenüber dem Heer und den Verbündeten striktere Disziplinierungsmethoden erlauben als die gegnerischen Feldherren gegenüber ihren Söldnern. Andererseits stärkten Serien von Niederlagen, die jedem griechischen oder karthagischen Feldherrn das Genick gebrochen hätten (und haben), häufig sogar noch den Zusammenhalt der Aristokratie und ihre Bindung an das Volk. Denn der Ehrgeiz der *nobiles* orientierte sich am Gesamterfolg der *res publica*, und die zur Heerfolge verpflichteten Unterworfenen konnten in die Klientel der großen Adelshäuser eingereiht werden. Außerdem beschränkte Rom seine Expansion bis in die späte Republik fast durchweg auf vertraute Gebiete des mediterranen Raums. Schnell sicherte es sich die fruchtbarsten Ressourcen zunächst Italiens (Kampanien, Silawald) und dann des westlichen Mittelmeers (Sizilien). Ferner trafen die Römer auf Gegner wie Pyrrhos und die Karthager, deren Kampfesweise sich strukturell nicht grundlegend von den Römern unterschied und deshalb keine hektischen Veränderungen der eigenen Militärstrukturen erforderte, sondern behutsame Lernprozesse ermöglichte.

Aus diesen Lernprozessen ging unter anderen die in den Kriegen gegen Karthago entwickelte Logistik hervor. Ihre Leistungsfähigkeit ist nur mit der persischen zu vergleichen, wie überhaupt das Perserreich manche Parallelen zur römischen Entwicklung erkennen lässt. Wie Persien konnte auch Rom riesige territoriale und maritime Räume erobern, weil es bei der Expansion die Kampftechniken und Aufgebote der Besiegten nutzte oder von ihnen Tribute forderte. Nur deshalb konnten sich die Römer wie die Perser über längere Zeit den Luxus einer großen Landarmee und einer Flotte leisten. Die behutsame Modifizierung militärischer Techniken und Taktiken passte zu einem politischen System, das in größeren Zeiträumen und mit mehr Ressourcen an Menschen und Materialien Krieg führte als seine Gegner. Am Ende des 2. Jahrhunderts verfügte Rom über Armeen, deren Professionalität, technische Ausstattung und Kampfkraft schon weiter entwickelt waren als die hellenistischen Heere im 3. Jahrhundert.

Der für die Antike typische Trend vom Milizheer zur professionellen Armee und zu immer komplexeren Waffensystemen entsprach den wachsenden Anforderungen eines Weltreiches, aber er sprengte den Rahmen der stadtstaatlich organisierten Republik. Stehende Berufsheere überforderten offenbar republikanische Bürgerordnungen und verlangten monarchische Systeme. Denn nur sie schienen halbwegs in der Lage, die innenpolitischen Risiken solcher Armeen einzudämmen und die komplexen Waffensysteme einer stabilen, einheitlichen Führung unterzuordnen. Augustus reduzierte in einem einmaligen Abrüstungsakt das aufgeblähte Heer der Bürgerkriege so weit, dass es kontrolliert und durch Kriegsgewinne und provinziale Abgaben finanziert werden konnte.

Diese günstigen Bedingungen hielten sich allerdings nur so lange, wie die von Rom geeinte Mittelmeerwelt Frieden und einen beispiellosen Wirtschaftsaufschwung genoss. Als sich in der Mitte des 2. Jahrhunderts die Angriffe germanischer und sarmatischer Großverbände häuften und die mediterranen Kerngebiete des Imperiums bedrohten, wurde das Heer in der Folge wahrscheinlich um das Doppelte vergrößert. Die weitere Entwicklung ähnelt der späthellenistischen Zeit. Die Armee wurde immer komplexer, und sie ließ damit die Kosten in die Höhe schnellen, die nicht mehr durch Feldzüge gegen wohlhabende Gegner und auch nicht mehr durch freiwillige Beiträge reicher Adliger ausgeglichen werden konnten. Denn jetzt machte sich besonders im Westteil des Imperiums ein weiteres Strukturproblem aller monarchischen Territorialreiche bemerkbar: ihre Unfähigkeit, die Ressourcen des Landes effizient zu nutzen und die wohlhabenden Großgrundbesitzer an der Finanzierung staatlicher und insbesondere militärischer Aufgaben zu beteiligen.[19]

Trotz dieser Schwierigkeiten überlebte das Römische Reich viel länger als die anderen monarchischen Imperien der Antike. Das hat auch etwas mit seinen Gegnern zu tun: Die Perser stießen im Laufe ihrer Expansion gen Westen mit den Griechen und Makedonen auf urbanisierte Kriegerkulturen, deren »staatliche« Formierung weit vorangeschritten war und die im 4. Jahrhundert nicht mehr nur als Plünderer und Söldner, sondern als Eroberer mit einem hochgerüsteten Invasionsheer den Angriff auf das persische Reichszentrum wagten. Als römische Feldherren in die Peripherie der mitteleuropäischen Räume vorstießen, trafen sie dagegen auf gefolgschaftlich organisierte, gentile Gemeinschaften, denen das Leben in Städten fremd war. Ihre Kriegereliten dachten nicht daran und sie hatten auch gar nicht die logistischen und militärtechnischen Mittel (Belagerungsmaschinen), das Imperium oder dessen Teile zu erobern (in dieser Hinsicht ähnelten sie den Parthern und Sasaniden); sie suchten sich vielmehr durch Plünderungen und Söldnerdienste Prestige, Wissen und Mittel zu verschaffen, um in ihrer Heimat größere Herrschaften *(regna)* zu errichten. Um ihre Ziele zu erreichen, mussten sie von der überlegenen politischen und militärischen Organisationskunst der Römer lernen. Und das taten sie, soweit es ihre Möglichkeiten und militärischen Traditionen zuließen. Germanische Anführer übernahmen Kampftechniken, die für den Krieg in der Zone zwischen den Mittelmeerländern und den asiatischen Steppen geeignet waren, und ergänzten den Gefolgschaftskrieg um römische Taktik und Organisationsformen, die es ihnen erlaubten, größere Verbände geordnet in den Kampf zu schicken.

Die Germanen waren in dieser Hinsicht viel anpassungsfähiger als die orientalischen Völker mit ihren tief im politischen System der Monarchie verankerten Traditionen und ihrer Ablehnung alles Römischen. Sie übertrafen aber auch die Bemühungen nomadischer Völker wie die der Hunnen, die zwar unter Attila ebenfalls versuchten, mediterrane Kriegstechniken zu übernehmen, und der eigenen Infanterie größere Bedeutung beimaßen; anders als den Germanen fehlten ihnen jedoch die Zeit und der Wille, sich der römischen Welt anzupassen und sich in ihr zu integrieren. Die militärischen Adaptionsbemühungen der Hunnen hingen in der Luft, weil sie nicht von einem gleichzeitigen Romanisierungsprozess und politischen Anpassungswillen begleitet wurden und auch weil sie keine, den germanischen Verbänden vergleichbare Ethnogenese erlebten (und wohl auch nicht anstrebten). Unfähig, ihr auf Raub und Ausbeutung beruhendes Kriegssystem strukturell zu modifizieren und in eine stabile Territorialherrschaft umzuformen, reichte eine größere Schlacht aus, um ihre Vorherrschaft zu beenden.

Auch für die Germanen war eine vollständige Adaption der römischen Militärordnung und des ihr zugrunde liegenden politischen Systems undenkbar. Denn dies hätte bedeutet, die »Bindewirkung persönlicher Beziehungen« (Ernst Pitz) als wesentliche Grundlage politischer Macht aufzugeben oder erheblich abzuschwächen. Stattdessen übernahm umgekehrt das spätantike Imperium in dem Maße, wie es seine Kampfkraft durch Anwerbung germanischer Söldner und Föderaten zu erhalten suchte, typische germanische Einrichtungen und Denkgewohnheiten wie den Brauch der Schilderhebung und Torqueskrönung als Wahlakte für einen neuen Heerführer.[20] Entscheidende Medien der Übernahme solcher und anderer Symbolakte waren der Krieg und das Heer.

Dennoch waren die Germanen weitaus anpassungsfähiger als die meisten anderen Gegner Roms. Dies hatte auch Auswirkungen auf die militärischen Entwicklungen der Spätantike und den schleichenden Untergang des Westreiches. Das persische Reich wurde in drei Schlachten von einem Gegner erobert, der die Nachfolge des Großkönigs antreten wollte. Der Niedergang des Weströmischen Reiches zog sich dagegen viel länger hin. Die Landnahme der Goten erfolgte im Lauf eines langen Annäherungsprozesses, der sich – wie fast immer in der Geschichte der römisch-germanischen Beziehungen – zwischen militärischen Konflikten, Kriegs- und Söldnerdienst und Vertragsabschlüssen hin- und herbewegte. Was die germanischen Kriegereliten den Römern anboten, war das gleiche, was griechische und keltische Söldner über Jahrhunderte für die östlichen Monarchien so attraktiv machte: die ungebrochene Kampfkraft ihrer Gefolgschaften und deren Einsatzbereitschaft im Gefecht Mann gegen Mann. Im Gegenzug beanspruchten sie hohe Offiziersposten und die Versorgung ihrer Truppen. Die Eingliederung der Germanen in die römische Militärorganisation verschaffte ihren Anführern im 4. Jahrhundert sogar Zugang zu den höchsten Kommandoposten im Reich – Aufstiegsmöglichkeiten, wie sie das Perserreich fremden Söldnerführern nicht zubilligte. Dieser Prozess stärkte die Position des Anführers und trug erheblich zur Konsolidierung des germanischen Königtums auf Reichsboden bei. Die Macht verlagerte sich damit in den westeuropäischen Reichsgebieten recht undramatisch auf germanische Könige und Generäle, ohne dass es dazu bedeutender Schlachten bedurfte. Dass demgegenüber die römischen Provinzen um Karthago von den Vandalen regelrecht erobert werden mussten, lag wohl auch daran, dass Geiserichs Vandalen nie in römischen Diensten standen und dass ihnen damit auch nicht die Chance (und Zeit) einer allmählichen Übernahme der Herrschaft geboten wurde.

Trotz aller militärischen Erfolge und Verdienste – den Kaiserthron zu beanspruchen kam für die Germanen nie in Betracht; der einzige germanische Offizier, der dazu einmal den Mut fand, war der britannofränkische Usurpator Magnentius (350–353). Denn zum einen büßte der Kaiser in dem Maße, wie die Heermeister an seiner Stelle Kriege führten und einzelne Provinzen wie Gallien ohne Hilfe aus Ravenna ihr Schicksal in die Hand nehmen mussten, in den Augen der Germanen seine Rolle als ernst zu nehmender Repräsentant des Imperiums ein. Die christlichen Kaiser nach Theodosius beteten zwar in ihren Palästen für den Sieg ihrer Armeen, aber sie standen nicht mehr an deren Spitze. Beides gehörte aber für die Germanen zusammen. Welches Prestige konnte auch das kaiserliche Oberkommando über alle römischen Truppen haben, wenn ein Heermeister wie Aëtius sich bei seinem Sieg über die Hunnen fast ausschließlich auf germanische Föderaten stützte und die kleine Schar römischer Soldaten nur zur Verteidigung heranzog? Warum sollten schließlich die Vandalen oder die Westgoten, nachdem man ihnen die fruchtbarsten Siedlungsgebiete im Westen als Eroberer oder als Föderaten überlassen hatte, die beschwerliche Eroberung Ravennas auf sich nehmen? Vielfach konnte man gegen Ende des 5. Jahrhunderts herrenlose Gebiete einfach in Besitz nehmen, ohne um sie zu kämpfen. Römische Besatzungen waren wegen ausbleibender Soldzahlungen längst abgezogen und in den Dienst Konstantinopels getreten.

Am Ende möchte der Historiker natürlich wissen, wie es weiterging, wie etwa die vorübergehende Rückeroberung des Westreiches unter Justinian im 6. Jahrhundert und vor allem die arabische Expansion im 7. Jahrhundert in den Gesamtzusammenhang der antiken Militärgeschichte einzuordnen sind. Die Fachwissenschaft überschreitet seit einiger Zeit die gewohnten Epochengrenzen in zeitlicher und räumlicher Hinsicht, und man darf erwarten, dass der geweitete Blick auch neue Perspektiven für das Verständnis militärischer und politischer Entwicklungen eröffnet.[21] Vor diesem Hintergrund wird auch die Frage an Brisanz gewinnen, inwieweit die großen Entwicklungslinien der griechisch-römischen Antike von Achilles bis Attila typisch oder womöglich auch in anderen Weltgegenden anzutreffen sind. Schon ein flüchtiger Blick auf das kaiserliche China der beiden vorchristlichen Jahrhunderte offenbart frappierende Parallelen, angefangen von der Professionalisierung der Armeen über die wachsende Bedeutung von Eliteeinheiten und schwer gerüsteten Reiterabteilungen angesichts zunehmender nomadischer Bedrohungen bis hin zum Aufbau immer leistungsfähigerer Belagerungstechniken und Geschütze, die den griechischen und römischen Ballisten entsprechen.[22] In dieser Beziehung mag der Trend zur weltgeschichtlichen Zusammenschau noch manch überraschende Erkenntnisse bereithalten. Voraussetzung ist allerdings, dass man den Krieg auch in seiner militärpragmatischen Dimension wieder als wesentlichen Faktor historischer Entwicklungen und Veränderungen ernst nimmt.

DANK

Dieses Buch geht auf jahrelange, häufig unterbrochene Forschungen zurück, die in immer neuen Anläufen mit dem Thema rangen. Ich habe vielerlei Dank abzustatten: Boris Dreyer, Matthäus Heil, Hartmut Leppin, Mischa Meier und Stefan Pfeiffer haben Teile des Manuskripts kritisch gelesen und mich vor manchen Irrtümern bewahrt. Werner Dahlheim gab zahllose Hinweise und Hilfen vor allem zu den »römischen« Kapiteln. Meine Assistentin Dorothea Rohde las das Manuskript mehrfach Korrektur, räumte mit bewährter Gewissenhaftigkeit formale Fehler aus und gab fruchtbare Denkanstöße. Gerald Hellweg und Marjan Wetzel versorgten mich mit wissenschaftlicher Literatur, vereinheitlichten die Quellenangaben und Anmerkungen und halfen beim Register. Christoph Selzer betreute das Projekt kompetent und engagiert, und er hat mir stets ins Gedächtnis gerufen, dass es zu den honorigsten Aufgaben des Historikers gehört, Kompliziertes verständlich zu machen. Der größte Dank aber gilt meinem Freund und Kollegen Uwe Walter. Er hat lange Partien des Manuskripts mitgelesen, mit mir wesentliche Probleme durchgesprochen und von verschiedenen Seiten aus beleuchtet.

ZEITTAFEL

Zeit	*Ereignis*
Um 700 v. Chr.	Verschriftlichung der homerischen Epen
Ca. 735-715	1. Messenischer Krieg
669 (?)	Niederlage der Spartaner gegen Argos bei Hysiai
Anfang 7. Jh. (?)	Kampf um die Lelantische Ebene (?)
2. Hälfte des 7. Jh.	2. Messenischer Krieg. Übernahme der Phalanx durch die Spartaner
7. Jh.	Tyrtaios Dichter in Sparta
680-640	Archilochos von Paros als Söldner und Lyriker im Ägäisraum
660 oder 600	Erste Seeschlacht zwischen Korinth und Kerkyra (nach Thukydides)
Ca. 594	Gesetzgebung Solons in Athen
Ca. 550	Gründung des Peloponnesischen Bundes
Ca. 550	Kyros (II.) erobert die medische Residenz Ekbatana
Frühe 540er	Schlacht zwischen Kyros und dem Lyderkönig Kroisos
546	Sieg Spartas über Argos
546 (oder 542/541)	Einnahme der Lyderhauptstadt Sardeis durch Kyros
539	Einzug des Kyros in Babylon
535	Seeschlacht zwischen Phokaiern und den verbündeten Karthagern und Etruskern bei Alalia
529	Tod des Kyros im Kampf gegen die Massageten
525	Eroberung Ägyptens durch Kambyses. Aufbau der persischen Flotte
514-508/7	Expeditionen des Spartaners Dorieus
513/512	Skythenfeldzug des Dareios
508/507	»Reformen« des Kleisthenes in Athen
506	Sieg der Athener über das Aufgebot der Böoter und Chalkidier
500/499-494	Ionischer Aufstand
494	Seeschlacht bei Lade
493	Ausbau des Piräus zum Kriegshafen unter dem Archontat des Themistokles

490	Schlacht bei Marathon
489	Paros-Expedition des Miltiades
480	Feldzug des Xerxes gegen griechische Poleis; Schlacht bei den Thermopylen; Seeschlacht bei Salamis
480	Schlacht bei Himera (Sizilien)
479	Schlachten bei Plataiai und Mykale
474	Sieg Gelons von Syrakus über die Etrusker bei Kyme
472	Aufführung der Perser des Aischylos in Athen
478/7	Gründung des Delisch-Attischen Seebundes
466/5	Doppelschlacht am Eurymedon
465/4	Niederschlagung der Revolte in Thasos durch Athen
464–462	Erdbeben und Helotenaufstand in Sparta
462	Kimon mit 4000 Hopliten in Sparta
462/1	»Reformen« des Ephialtes, Ostrakisierung Kimons
Nach 462	Einführung der Richterdiäten in Athen
462–461	Bündnisse Athens mit Argos, Thessalien und Megara
459	Bau der *Langen Mauern* zwischen Athen und dem Piräus
457	Niederlage der Athener gegen die Spartaner bei Tanagra; Sieg der Athener über die Böoter bei Oinophyta
455	Flottenfahrt des Atheners Tolmides
460–454	Expedition und Niederlage der Athener Flotte in Ägypten
454/3	Verlegung der Seebundskasse nach Athen
450	Tod Kimons bei Kition auf Zypern, Sieg der Athenischen Flotte bei Salamis
449/8	Ende der Kampfhandlungen mit den Persern (»Friede des Kallias«)
447/6	Niederlage der Athener bei Koroneia
441–439	Krieg Athens gegen Samos
ca. 435/4	Expedition des Perikles ins Schwarze Meer
433	Schlacht bei den Sybotainseln
433/2	Megarisches Psephisma
	Abfall Poteidaias vom Seebund
431	Beginn des Peloponnesischen Krieges
430	Ausbruch der »Seuche« in Athen
429	Sieg Phormios über die peloponnesische Flotte
425–424	Besetzung von Pylos durch Demosthenes. Gefangennahme der Spartaner auf Sphakteria
424	Expedition des Brasidas in die Nordägäis, Einnahme von Amphipolis
421	Friede des Nikias

418	Schlacht bei Mantineia
415-413	Große Sizilienexpedition der Athener
414	Gylippos in Syrakus
413	Vernichtung der athenischen Flotte und Niederlage des Heeres vor Syrakus; Beginn des spartanischen *epiteichismos* in Attika
410	Seeschlacht von Kyzikos
408	Rückkehr des Alkibiades nach Athen
407	Schlacht von Notion
406	Seeschlacht bei den Arginusen
405	Seeschlacht von Aigospotamoi
405	Dionysios wird *strategós autokrátor* in Syrakus; Errichtung der Tyrannis; Abwehrkrieg gegen die Karthager
404	Kapitulation Athens
404-403	Herrschaft der Dreißig in Athen
402/1	Ausbau von Syrakus zur größten Festung der Zeit; Bau von Katapulten und Penteren
401	Feldzug des Kyros gegen seinen Bruder; Schlacht bei Kunaxa; »Zug der Zehntausend«
400-394	Krieg zwischen Sparta und Persien in Kleinasien
394	Niederlage der spartanischen Flotte gegen die Perser bei Knidos
398-392	Krieg zwischen Syrakus unter Dionysios (I.) und Karthago auf Sizilien
395-386	Korinthischer Krieg
390	Sieg der Peltasten des Iphikrates bei Korinth
386	Sog. Königsfriede
380-370	Aufstieg des Jason von Pherai
378/77	Gründung des 2. Attischen Seebundes
371	Sieg der Thebaner über die Spartaner bei Leuktra
371-362	Hegemonie Thebens
362	Schlacht bei Mantineia; Tod des Epaminondas
359-336	Philipp II. König von Makedonien
357-355	Krieg Athens gegen mehrere Bundesgenossen
350er Jahre	Aufstieg der Phoker
338	Schlacht bei Chaironeia
336	Ermordung Philipps II.; Alexander König von Makedonien
335	Zerstörung Thebens durch Alexander
334	Beginn des Feldzuges Alexanders gegen Persien; Schlacht am Granikos

333	Schlacht bei Issos
332	Einnahme von Tyros; Einmarsch in Ägypten
332/1	Gründung von Alexandria
331	Schlacht bei Gaugamela
330–327	Alexanders Feldzug im nordöstlichen Iran
327–325	Alexanders Feldzug in Nordindien (Punjab)
326	Sieg Alexanders in der Schlacht am Hydaspes gegen Poros
323	Tod Alexanders
322	Niederlage der athenischen Flotte bei Amorgos im Lamischen Krieg
306–305	Annahme des Königstitels durch Antigonos, Demetrios und Ptolemaios sowie wenig später durch Kassandros, Lysimachos und Seleukos
305–304	Belagerung von Rhodos durch Demetrios (Poliorketes)
301	Schlacht von Ipsos; Tod des Antigonos
280–275	Krieg des Pyrrhos von Epirus gegen Rom
280	Sieg des Pyrrhos über die Römer bei Herakleia
279	Sieg des Pyrrhos bei Ausculum
278–275	Krieg des Pyrrhos gegen die Karthager auf Sizilien
275	Schlacht bei Malevent (Benevent); Rückzug des Pyrrhos nach Epirus
275	»Elephantenschlacht« Antiochos' I. gegen die Kelten (Galater)
264–241	Erster Krieg zwischen Rom und Karthago um Sizilien
260	Seeschlacht bei Mylai
256	Expedition des Regulus nach Nordafrika; Seeschlacht bei Eknomos; Niederlage der Römer gegen die von Xanthippos neuformierte Armee der Karthager
241	Sieg der römischen Flotte bei den Ägatischen Inseln
241–238	Aufstand der Söldner in Karthago
237–219	Krieg und Expansion der Barkiden in Spanien
219	Belagerung von Sagunt durch Hannibal
218–201	Zweiter Krieg Roms gegen Karthago unter Hannibal
218	Alpenüberquerung Hannibals
217	Sieg Hannibals am Trasimenischen See
217	Sieg Ptolemaios' IV. über Antiochos III. bei Raphia
216	Sieg Hannibals bei Cannae
213–212	Belagerung von Syrakus durch die Römer unter Marcellus
202	Sieg Scipios über Hannibal bei Zama/Narragara
200–197	Zweiter Makedonischer Krieg

197	Schlacht von Kynoskephalai
192 - 188	Krieg Roms gegen Antiochos III.
192	Roms Sieg über Antiochos bei den Thermopylen
190/89	Roms Sieg über Antiochos bei Magnesia
171 - 168	Dritter Makedonischer Krieg
168	Roms Sieg über Perseus bei Pydna
154 - 133	Roms Kriege in Spanien
149 - 146	Dritter Krieg Roms gegen Karthago
148	Einrichtung der Provinz *Macedonia*
146	Zerstörung Karthagos und Korinths
136 - 132	Erster Sklavenkrieg in Sizilien
133	Zerstörung von Numantia
131 - 129	Krieg in Kleinasien und Einrichtung der Provinz *Asia* (129)
114	Vorstoß der Skordisker bis Mittelgriechenland
113 - 101	Zug der Kimbern, Teutonen und Ambronen nach Gallien und Norditalien
113	Niederlage der Römer bei Noreia
111 - 105	Krieg Roms gegen den Numiderkönig Iugurtha
105	Niederlage der Römer gegen die Kimbern bei Arausio
Ab 104	Modifikationen des Heerwesens durch Marius
102	Sieg des Marius bei Aquae Sextiae
101	Sieg des Marius über die Kimbern bei Vercellae
91 - 88	Bundesgenossenkrieg in Italien
88	Sullas erster Marsch auf Rom
87 - 85	Krieg Sullas gegen Mithridates
86	Siege Sullas bei Chaironeia und Orchomenos
82 - 79	Sulla *dictator legibus scribundis et rei publicae constituendae*
76 - 71	Krieg des Pompeius gegen die Marianer (Sertorius) in Spanien
73	Feldzüge des Lucullus in Armenien
73 - 71	Aufstand des Spartacus
67	Piratenkrieg des Pompeius
66	Krieg des Pompeius gegen Mithridates
64 - 63	Neuordnung des Ostens durch Pompeius
60	»Erstes Triumvirat«
59	Konsulat Caesars
58 - 52	Eroberung Galliens durch Caesar
55 und 54	Expeditionen Caesars nach Britannien
53	Niederlage und Tod des Crassus gegen die Parther bei Carrhae

52	Belagerung und Schlacht von Alesia
49–45	Bürgerkrieg zwischen Caesar und den Republikanern
48	Sieg Caesars gegen Pompeius bei Pharsalos
44	Ermordung Caesars
42	Sieg der Triumvirn über Brutus und Cassius bei Philippi
36	Seeschlacht bei Naulochos zwischen Sextus Pompeius und Agrippa/Octavian
31	Seesieg des Augustus gegen Antonius und Kleopatra bei Actium
27	Beginn des Prinzipats des Augustus. Neuordnung der Armee und des Heerwesens
25	Feldzug des Aelius Gallus in Arabien
20	Römische Intervention in Armenien; Rückgabe der römischen Feldzeichen durch die Parther
16	Niederlage des Lollius gegen die Sugambrer
15–14	Alpenfeldzüge des Tiberius und Drusus; Einrichtung der Provinzen *Noricum* und *Raetia*
12–9	Offensive des Drusus in Germanien und Eroberung Pannoniens durch Tiberius
9	Tod des Drusus in Germanien; Aufstieg des Marbod-Reiches in Böhmen
4–6 n. Chr.	Feldzüge des Tiberius bis zur Elbe
6–9	Pannonischer Aufstand
9	»Schlacht im Teutoburger Wald«. Tod und Niederlage des Varus gegen Arminius
14–16	Offensive des Germanicus in Germanien
16/17	Beendigung der Germanenkriege
17–19 (?)	Krieg zwischen Arminius und Marbod
19	Zerfall des Marbodreiches
21	Tod des Arminius
43	Beginn der römischen Offensive in Britannien
58–63	Feldzüge des Domitius Corbulo in Armenien
67–70	Jüdischer Aufstand
70	Eroberung Jerusalems durch Titus
69–70	Bataveraufstand
81–85 (?)	Chattenkriege Domitians
ca. 85	Einrichtung der Provinzen *Germania Inferior* und *Germania Superior*
83	Baubeginn am Limes
83 (84)	Schlacht am Mons Graupius
101–107	Dakerkriege Traians

135	Gefechte Arrians gegen die Alanen
161-166	Krieg in Armenien und gegen die Parther unter L. Verus
170	Niederlage des Mark Aurel gegen die Markomannen; in der Folge Vorstöße verschiedener barbarischer Verbände nach Norditalien, Griechenland und Gallien
172-180	Kriege Mark Aurels an der Donau gegen Markomannen, Quaden und andere Stämme
212/213	*Constitutio Antoniniana*
224 (227?)	Ardasir beseitigt die Königsdynastie der Parther und begründet das Sasanidenreich
243/4	Niederlage Gordians III. bei Mesiche
250	Einfall gotischer und carpischer Verbände unter Kniva (Cniva) in Dakien und Mösien
251	Tod und Niederlage des Decius im Kampf gegen die Goten des Kniva bei Abritus
260	Gefangennahme Valerians durch die Sasaniden; Franken und Alamannen fallen in Gallien und Italien ein; fränkische Piratenunternehmungen im Mittelmeer
259-268	Militärische »Reformen« unter Kaiser Gallienus: Aufwertung der Schlachtenreiterei
260	Sieg des Gallienus über die Alamannen und Heruler
261-268	Odaenathus von Palmyra kontrolliert die östlichen Reichsprovinzen
262-267	Goten stoßen nach Kleinasien vor
267	Römischer Sieg zur See gegen Heruler und germanische Stämme
269	Sieg Claudius' II. über die Goten bei Naissus
284	Regierungsantritt Diokletians
293	Bildung der Tetrarchie
312	Schlacht an der Milvischen Brücke
324	Sieg Konstantins über Licinius
351	Sieg Constantius' II. über Magnentius bei Mursa
357	Sieg Julians über die Alamannen bei Straßburg
363	Perserfeldzug Julians
375	Reorganisation des *aurum tironicum* durch Valentinian
376	Goten unter Fritigern überqueren die Donau
378	Schlacht bei Adrianopel
382	Vertrag des Theodosius I. mit den Goten
387	Sieg des Theodosius über Magnus Maximus
394	Sieg des Theodosius über Eugenius und Arbogast am Frigidus

395	Tod des Theodosius, Honorius Kaiser im Westen, Arcadius Kaiser im Osten; Aufbruch der Goten unter Alarich nach Griechenland
403	Sieg Stilichos gegen Alarich bei Verona
405/6	Germanische Verbände durchbrechen die Rheingrenze
405	Sieg Stilichos über die Goten unter Radagaisus
408	Ermordung Stilichos
410	Eroberung Roms durch Alarich; Tod Alarichs. Athaulf als Nachfolger
418	Vertragliche Ansiedlung der Westgoten in Aquitanien
429	Aëtius *magister utriusque militiae* im Westreich
429	Vandalen setzen nach Nordafrika über
430	Sieg Geiserichs über den *comes Africae* Bonifatius
431	Fall von Hippo Regius
435-437	Zerstörung des »Burgunderreiches« durch Aëtius
439	Eroberung Karthagos durch die Vandalen
442	Geiserich wird nach der Eroberung Karthagos (439) als souveräner König anerkannt
445	Attila wird Alleinherrscher der Hunnen
451	Sieg des Aëtius über die Hunnen bei den Katalaunischen Feldern
453	Tod Attilas
454 (?)	Schlacht am Nedao um die Nachfolge Attilas
455	Plünderung Roms durch die Vandalen
454-461	Wirken des hl. Severinus in Noricum
468	Niederlage der vereinten west- und oströmischen Flotten vor Karthago gegen die Vandalen
470er	Bischof Sidonius verteidigt das Avernerland gegen die Westgoten

ANMERKUNGEN

Einleitung

1 Vgl. Tacitus, Annalen 4,32 und allgemein Noethlichs (2008), 8. Zur Weihegabe von Waffen in Tempeln vgl. das kleine Fallbeispiel von Rausch (1998).
2 Zur »Natürlichkeit« von Kriegen vgl. Finley (1984), 286–308, was nicht mit einem dauerhaften Kriegszustand zu verwechseln ist.
3 Vgl. Clauss (1986), 1073.
4 Maier (1987), 27.
5 Ein Ausnahme bilden die instruktiven Arbeiten von Meißner, siehe Literaturverzeichnis (2005), (2007), (2008) und Burckhardt (1996) und (2008). Die bekannten Werke Junkelmanns, z. B. (1986), (1990–1992), bieten eine jederzeit zuverlässige Darlegung der waffentechnischen und militärischen Pragmatik in Kombination mit selbst durchgeführter Experimentalarchäologie.
6 Hervorzuheben sind die Überlegungen von Loreto (2006), der auch einen Literaturbericht bietet; ferner die verschiedenen Arbeiten von Brizzi, z. B. (2002) und Debidour (2002). Zu den englischsprachigen Werken s. u. Zu den deutschsprachigen Arbeiten vgl. oben Anm. 5.
7 Eine erwägenswerte und sachlich durchweg solide Lösung bietet jüngst Zimmermann (2005), indem er zunächst die »politischen Beziehungen« und dann in einem zweiten Durchgang die »militärischen Auseinandersetzungen« zwischen Rom und Karthago behandelt.
8 Der schwierigen Aufgabe, Entstehungsgründe und Beendigungsmuster von antiken Kriegen zu erfassen, hat sich De Libero in zwei Aufsätzen (2000), 25–44 und (2002) gewidmet; es wird deutlich, dass man nicht darum herumkommt, mit Fallbeispielen zu arbeiten (so zieht De Libero 2000, 25–44 die Sizilische Expedition der Athener und den Krieg Roms gegen Philipp V. heran).
9 Als ein jüngeres Beispiel für viele: Kostial (1995).
10 Vgl. Maier (1987), 7.
11 Will (2010), 8 f.
12 Burckhardt (2008). Die Ausblendung der Spätantike kennzeichnet auch das ähnlich angelegte Überblickswerk von Brizzi (2002). Gerade der Verzicht auf eine breitere Behandlung der Spätantike ist bedauerlich, weil diese Epoche in Bezug auf das Thema Krieg eine explosionsartige For-

schungstätigkeit erlebt; vgl. die Überblicke bei Carrié/Janniard (2000) und Janniard (2001).

13 Ganschow (2007).
14 Vgl. Lee (1996), 199–217; Whitby (1998), 193.
15 Meißner (2005); Mandl/Steffelbauer (2007).
16 Lexikonartikel (wie Clauss, 1986, 1073–1113) konzentrieren sich häufig auf die Entwicklung des Landkrieges und behandeln das Thema unter bestimmten Gesichtspunkten.
17 Sidebottom (2008).
18 Zum Konzept der Entscheidungsschlacht im universalhistorischen Kontext vgl. Harari (2007).
19 Sabin/Van Wees/Whitby (2007). Ergänzende Aspekte bei Brice/Roberts (2001).
20 Ein bezeichnendes Beispiel ist Le Bohec (1993). Um eine ausreichende historische Einordnung des archäologischen Materials sind die materialreichen Arbeiten von Junkelmann, z.B. (1990–1992, Neuaufl. 2008) zur Reiterei, bemüht.
21 Vgl. Ray (2009).
22 Vgl. die Überlegungen zu den Militärzonen bei Kolnberger (2007), 115 ff.
23 Vgl. Kolnberger (2007), 123.
24 Vgl. Clauss (1986), 1074–1075.
25 Vgl. Pitz (2001), 38 f.
26 Vgl. Flick (2007), 202 f.
27 Vgl. Kolnberger (2007), 118 f.
28 Vgl. Flick (2007), 199 ff.; Pitz (2001), 44.
29 Vgl. zum Phänomen unter universalhistorischer Perspektive Goldman/Eliason (2003).
30 Aristot. pol. 1321a 5–15; vgl. 1297b 16–24.
31 Wichtige Hinweise zur Antike bieten Maier (1987) sowie Sommer (2000).
32 Vgl. für viele Sommer (2000), 307.
33 Vgl. Maier (1987), 29 f.
34 Vgl. Karl (2007), 162–194; Schmitt (2005), 426 ff.
35 Vgl. die ausgezeichneten Überblicke von Kehne (2002) zur griechisch-persischen und (2004) zur römischen Logistik; zur Kriegsfinanzierung: Burrer/Müller (2008).
36 Greg. Naz. or. 19,14.
37 Vgl. Rey (2010), 23–56.
38 Vgl. den Überblick bei Timpe (1996), 49–61.
39 Ein Monopol der amerikanischen Forschung, soweit es die Althistorie betrifft; vgl. dazu den Klassiker von Tritle (2000).
40 Timpe (1996), 55.

1. Wie alles begann – Kleine und große Kriege bei Homer

1 Vgl. Ulf (1990), 157 ff.; Welwei (1992), 487; Weber (2011), 228–256, wonach der Troianische Krieg so, wie er in der Ilias beschrieben wurde, keine historische Realität sein kann.

2 Vgl. Stein-Hölkeskamp (1989), 27–29; Hellmann (2000), 30; Van Wees (1997), 670 f.

3 Vgl. Raaflaub (2004), 319.

4 Vgl. Wheeler (2007), 193; Dawson (2001), 159–208; Fagan (2010), 85 f. speziell zu den Assyrern und 97 zur Kritik an Herodot (1,103). Meyer (1924), 244 erkennt auf der »Geisterstele« des Eannatum von Tello bei den Sumerern die älteste Darstellung einer Phalanx.

5 Hom. Il. 16,212–217; 257–267: Defensive: 15,561–564: Aufruf des Aias zur Verteidigung der Schiffe; 17,357–359: Verteidigung der Leiche des Patroklos; 2,211–217: Myrmidonen gegen die Troianer bei deren Versuch, die Schiffe in Brand zu setzen; vgl. Franz (2002), 79; Wheeler (2007), 194. Van Wees (1997), 674, 685 sieht darin eine Ausnahme.

6 Vgl. Hunt (2007), 111 f.; Krentz (2007), 62 und besonders 70; Wheeler (2007), 195.

7 Vgl. K.-W. Welwei, Rez. Schwartz sehepunkte 10 (2010), Nr. 9; Wheeler (2007), 192–195 mit einer vermittelnden Position.

8 Hom. Il. 4, 274 (Phalanx als Wolke von Fußvolk); 13, 136; 15,306; 16,215 (Vorrücken in geschlossener Formation); 393–369; 495–501; vgl. Raaflaub (2005), 284–253; Krentz (2007), 65 f.; Stein-Hölkeskamp (2010), 89. Franz (2002), 83 f., 107 hält dagegen die Rolle der *laoi* für nicht schlachtentscheidend.

9 Diskussion z. B. bei Van Wees (1997), 679.

10 Vgl. Van Wees (1997), 670–672; Stein-Hölkeskamp (2010), 89.

11 Vgl. Raaflaub (2005), 235 f.; Van Wees (1997), 673 f.

12 Vgl. Greenhalgh (1973), 7–39.

13 Vgl. Archer (2010), 74 zu Griechenland, 75–78 zu Assyrien. Vgl. Fagan (2010), 96 f. und Gaebel (2002), 35 f. – Shahbazi (2000), 490 und Gaebel (2002), 38–42 meinen dagegen, die in der Ilias beschriebene »Taxi«-Funktion des Streitwagens entspreche vorderasiatischen Praktiken.

14 Vgl. Archer (2010), 78.

15 Zitat: Stein-Hölkeskamp (2010), 79. Van Wees (2004), 158 f. spricht sich mit Verweis auf vergleichbare Funktionen bei Kelten und Assyrern dafür aus, dass der in der Ilias beschriebene Einsatz der Streitwagen Realität

war. Für mein Thema ist das insofern nicht entscheidend, als sie in jedem Fall die Schlacht selbst nicht beeinflussten.

16 Die Frage der Umwallung archaischer Poleis ist umstritten; vgl. Krentz (2007), 176 f.; Wokalek (1973); Lang (1996) und Weir (1995), 247–258.

17 Vgl. Weir (1995), 247–258 zu Athen.

18 Vgl. Hoffmann (1969), 123 f. Verzicht auf die Übernahme vorderasiatischer Belagerungstechniken trotz Kenntnis: Melville/Melville (2008), 145–167, hier: 155–161.

19 Vgl. Fagan (2010), 85. Zur archaischen Reiterei vgl. Schäfer (2002), 36 f.

20 Vgl. Raaflaub (2004), 323.

21 Vgl. Raaflaub (2004), 324. Zu assyrischen Belagerungstechniken vgl. Madhloum (1965), 9–15. Das troianische Pferd bei Hom.Od. 4,271 ff.; 8,493.

22 Vgl. Hofmann (1969), 128.

23 Hom. Il. 2,830 f.

24 Hom. Il. 18,512–522.

25 Hom. Il. 11,670–761. Vgl. Raaflaub (2004), 320.

26 Vgl. Rollinger (2011), 272 f.

27 Hom. Od. 14,270. Vgl. u. a. De Souza (1999), 19.

28 Hom. Od. 14,245–286. Vgl. Ulf (1990), 155.

29 Zum Söldnerwesen in der Archaik vgl. Parke (1970), 3–13 (sehr knapp); Van Wees (2004), 71–75; Hunt (2007), 140.

30 Vgl. Ahlberg (1971), 37 f. Ein sehr schönes Beispiel für einen Küstenraid zeigt die Kopenhagener Oinochoe 1628; Bild bei Ahlberg (1971), 29 f., mit Kommentar zu vergleichbaren Abbildungen 43. Bei Seegefechten war der Anteil der Bogner offenbar größer, auch als Verteidiger, Ahlberg (1971), 43 f., 53. Auf ein frühes maritimes Unternehmen der Athener gegen die von Argos unterstützten Aiginaten weist Herodot 5,85 f. hin; Ahlberg (1971), 68. Flucht ist ein anerkanntes Mittel der Kampftaktik; vgl. z. B. Hom. Od. 9,43.

31 Vgl. Parke (1933), 4; Schulz (2005), 53–54. Jarcho (1982), 313–327 hat vor einiger Zeit Zweifel an einer allzu ausgedehnten Söldnertätigkeit des Archilochos erhoben. In der Tat scheint sich diese auf den Ägäisraum beschränkt zu haben.

32 Arch. Frg. 64 (Franyó/Gan).

33 Arch. Frg. 9 (Franyó/Gan).

34 Arch. Frg. 6 (Franyó/Gan).

35 Vgl. Noethlichs (2008), 2.

36 Vgl. Dahlheim (2002), 85 f.

37 Al. Frg.9. Übersetzung und Text bei Latacz (1991), 383. Vgl. Parke (1933),

3. Das kostbare Schwert war offenbar eine königliche Gabe zum Abschied, vgl. Günther (2006), 44 f.

38 Vgl. dazu Plut. Philopoimen 4,1. Zur modernen Konstruktion des agonalen Prinzips Baltrusch (2008), 104. Allgemein zu materiellen Gewinnen und zum Prestigegewinn als ursprüngliches Motiv, Krieg zu führen, vgl. Krippendorff (1985), 42.

2.
Frühe Kriege Spartas und militärische Ordnungen der Poleis

1 Den Unterschied betont zu Recht Link (2000), 39 f. Vgl. Krentz (2007), 77, mit Belegen, wonach schon in der Archaik durchaus häufig längere Kriege um Land geführt wurden. Zum Kampf in den Kolonien vgl. Meier (1998), 132. Vgl. IG 7,52 zu Orrhippos aus Megara, der nach seinem Sieg in Olympia im Jahr 720 ein Epigramm erhielt, in dem er gelobt wird, weil er »für das Vaterland umfangreiche Territorien von Feinden« befreite, die »viel Land abschnitten«. Vgl. Parker (1997), 134.

2 Vgl. Parker (1997), 95–107; Meier (1998), 88 f. (um 700). Zum Verzicht auf eine Reiterei im Kampf, ebda. 108–116. Pferde dienten als Transportmittel. Nur die Thessaler könnten zu Pferde teilgenommen haben; dass der Kampf selbst historisch ist, wird selten in Zweifel gezogen, vgl. Hall (2007), 1–8.

3 Vgl. Parker (1997), 97 ff. Zu den Waffen vgl. Ahlberg (1971), 42, 44–45.

4 Vgl. Hall (2007), 168; Krentz (2007 a), 66; Könige als Anführer der Wanderungsgruppen: Welwei (2011), 91. Zum Reichtum der spartanischen Elite vgl. Meier (1998), 23 ff. Könige als »Anführer der beiden mächtigsten Hetairien«: Link (2000), 66.

5 Vgl. Meier (1998), 28 f.; Welwei (2011), 125.

6 So z. B. Link (2000).

7 So dezidiert Meier (1998), 60 ff.

8 Vgl. Baltrusch (2010), 37–40 und Parker (1997), 92 zum Lelantischen Krieg.

9 Vgl. Link (2000), 37–45; Meier (1998), 71 zur Pamisosebene.

10 Vgl. Meier (1998), 82–84; Hdt. 3,47,1.

11 Vgl. Link (2000), 45–58. Hom. Il. 18, 511.

12 So Krentz (2007 a), 73–77. Vgl. Cartledge (1977), 25; Baltrusch (2010), 39 ff.; Lazenby (1985), 72. Ob die Schlacht von Hysiae historisch ist, bleibt ungewiss; Tausend (1989), 143 f., erhärtet immerhin die Histori-

zität durch topographische Argumente. Dagegen z.B. Meier (1998), 76, der aber an den grundsätzlichen Auseinandersetzungen nicht zweifelt.

13 Vgl. Hall (2007), 157f.; Link (2000), 45; Welwei (2011), 125. Auf Seiten der Messenier kämpften wohl auch arkadische Poleis; vgl. Meier (1998), 81. Schwere Bewaffnung in Argos: Osborne (1996), 172.

14 Vgl. Tyrt. Frg. 19,7 (G/P); Hall (2007), 167; Welwei (2011), 124.

15 Vgl. Van Wees (2004), 173; (2000), 151f. Nach 625 wurde ein einzelner Speer als Stoßwaffe die Norm; vgl. Wheeler (2007), 196.

16 Vgl. Hall (2007), 167; Wheeler (2007), 197; Welwei (2004), 73f.

17 Vgl. Welwei (2004), 73; Tyrtaios macht keine Angaben zur Tiefe; Wheeler (2007), 197.

18 Vgl. z.B. Meier (1998), 186-228.

19 Plut. Lykurg 6,2. Ich folge dem Text und der Übersetzung von Meier (1998), 188.

20 Vgl. Kennell (2010), 48; Meier (2010), 94 Anm. 13.

21 Übersetzung nach Link (2000), 20 und mit dessen Kommentaren. Vgl. Dreher (2006), 46ff.: »(Guten) Rat vortragen sollen an erster Stelle die götterbegnadeten Könige, denen die Stadt Sparta, die ewige, am Herzen liegt.«

22 Vgl. Link (2000), 61ff. Anders Welwei (2004), 85-93.

23 Vgl. Meier (2010), 94; (1998), 51ff.

24 Vgl. Link (2000), 44. Zum individuellen Landbesitz der Spartiaten in archaischer Zeit Meier (1998), 58ff.

25 Meier (1998), 35.

26 Tyrt. Frg. 8 (G/P; Franyó/Gran 23).

27 Hom. Il. 17,364f.

28 Hom. Od. 14,270. In anderen Zusammenhängen ist der Befehl zur Flucht nicht ehrenrührig; vgl. Hom. Od. 9, 43 bei den Kikonen.

29 Vgl. Wheeler (2007), 197; Greenhalgh (1973), 73, der genau hierin einen wesentlichen Entwicklungsschub hin zur Phalanx sieht. Van Wees (2000), 126 meint dagegen, der Körperpanzer habe genügend Schutz gewährt. In jedem Fall war der Hoplitenschild sehr hinderlich.

30 Vgl. Meier (1998), 120 ohne Betonung des militärischen Aspekts, ferner 206.

31 Wenn man der These Links (2000) folgt.

32 Vgl. Welwei (2004), 93; Baltrusch (2010), 41.

33 Vgl. Baltrusch (2010), 28f.

34 Tyrt. Frg. 10 (G/P). Vgl. Meier (1998), 196f.; Lazenby (1985), 68.

35 Diskussion bei Welwei (2004), 64f.

36 Vgl. Welwei (2004), 79-84.

37 Vgl. Meier (1998), 216 f.
38 Vgl. Welwei (2004), 77–79.
39 Vgl. Kennell (2010), 51.
40 Vgl. Hdt. 1,69,141,152; 5,49; Morris (2009), 155.
41 Vgl. Van Effenterre (1976), 1–17; Singor (2000), 107–129; Anderson (2003), 149 f., 259 Anm. 9–12.
42 Schulz (2010), 91 f.; Osborne (2007), 295 ff. Alle Unternehmungen zuvor waren wohl typische Privatunternehmungen adliger Hetairien ohne Phalanxtaktik; vgl. Frost (1984), 285–290.
43 Zur archaischen Kavallerie in den genannten Räume (sowie im kleinasiatischen Ionien) vgl. Schäfer (2002), 37. Immerhin könnte es auch sein, dass der begüterte Hoplit zur Schlacht ritt, um dann dort erst zu Fuß zu kämpfen.
44 Vgl. Wheeler/Strauss (2007), 187 f.; Schäfer (2002), 36 f.
45 Nach Krentz (1985), 13–20 lagen die Durchschnittsverluste für Hoplitenschlachten bei 5 % für den Sieger und 14 % für die Besiegten.
46 Vgl. Krentz (2007 b), 168 ff.: »It is a modern myth that the typical Greek hoplite walked out of town every summer, or even every other summer, and fought in a pitched battle.«
47 Vgl. Van Wees (2000), 132.
48 Vgl. Krentz (2007 a), 68–71. Hoplit als Allrounder: Rawlings (2000), 233–359; Wheeler (2007), 199. Der Schild *(aspis)* war leichter als das *scutum* des Legionärs; vgl. Wheeler/Strauss (2007), 196.
49 Vgl. Baltrusch (2008), 104; Wheeler/Strauss (2007), 189 und Lendon (2005), 83: »It is tempting, then, to dismiss the formality of hoplite warfare as a mirage, as a nostalgic fantasy of later Greeks.«
50 Vgl. Krentz (2000), 167–200.
51 Zitiert bei De Mause (2000), 33.
52 De Mause (2000), 36.
53 Eur. Suppl. 909–913; vgl. Recke (2002), 183, 196.
54 Vgl. Conner (1988), 22; Burkert (1997), 20.
55 Plut. Lykurgos 21; Lysandros 30,5; Agesilaos 30,3. Vgl. Epps (1933), bes. 16 f. und Ducat (2006), 1–55, der nach Durchsicht aller Quellen zum Ergebnis kommt, dass Sparta im Laufe der Zeit seine Sanktionen gegenüber den Zitterern merklich abschwächte (vielleicht mit Rücksicht auf den Rekrutenmangel).
56 Thuk. 2,89.
57 Plut. Alexander 31,4.
58 Vgl. schon Hom. Il. 11,400 ff., 22, 250–263 mit Spiegel (1990), 48.
59 Die Aufforderung an die Jungen schon bei Tyrtaios und Kallinos Frg. 3. (G/P). Vgl. Müller (1989), 318.

60 Kurzer Kampf und schneller Tod bei Homer: Van Wees (1996), 38 f.

61 In Hom. Il. 11,388 wird Diomedes leicht am Fuß geritzt; die Verwundung Agamemnons am Arm hindert ihn nicht, behende auf den Streitwagen zu springen und sich aus der Kampfzone fahren zu lassen.

62 Vgl. Hom. Il. 11,810–813; 828–831; 12,390–393; 13,650–658.

63 Tyrt. Frg. 7. (G/P).

64 Vgl. Müller (1989), 325 f.

65 Vgl. Muth (2008), 33.

66 Eine interessante Parallele bietet die islamische Vorstellung vom Tod im Dschihad, bei dem ebenfalls Todesschmerz und Todesqualen so minimal sind, dass sie allenfalls einem Insektenstich ähneln. Vgl. B. Reinert, Der islamische Begriff des ›heiligen Krieges‹. Ursprung und Entwicklung, in: Stolz (1986), 92.

67 Plat. leg. 646a-647e.

68 Aristot. eth. Nic. 1116a 17 f.

69 Vgl. Hölscher (1998), 30 ff.

70 Vgl. Hampe/Simon (1980), 279.

71 Vgl. Stewart (1997), 32, 37 f.

72 Vgl. Martini (1990), 77; Niemeier (2002), 52 ff.

73 Hölscher (1998), 44 f.

74 Vgl. Hölscher (1998), 45.

75 Vgl. Baltrusch (2010), 43.

76 Vgl. Heuß (1969), 76 f.; Meier (1998), 84 zu den inoffiziellen Schiffsendungen der Samier.

77 Vgl. Schulz (2005), 53.

78 Vgl. Van Wees (2004), 203.

79 Vgl. Schulz (2005), 53 f.

80 Thuk. 1,13,4. Das Gefecht fand in den Gewässern bei Kerkyra statt; vgl. Wallinga (1993), 23.

81 Text und Übersetzung in: Latacz (1991), 315 Nr. 9. Ausdruck adligen Kriegsideals: Walter (2008), 370.

82 Hdt 1,166. Vgl. Wallinga (1993), 73 ff. und Göttlicher (2006), 108.

83 Vgl. zu den Naukrarien Welwei (1992), 123–127.

84 Vgl. Van Wees (2004), 203–205.

85 Vgl. Schulz (2005), 55–64.

86 Thuk. 1,13,1. Vgl. Schulz (2005), 58 ff. auch zu den Hafenanlagen in Lechaion.

87 Vgl. Van Wees (2008), 128–150.

88 Vgl. die Skepsis gegenüber einer Verallgemeinerung der Eretria-Inschrift bei Malitz (2002), 29.

89 Vgl. Gabrielsen (2001), 77 ff.; (2002), 57.

90 Für Athen wird gerne die Expedition des Miltiades nach Paros als eine wichtige Etappe auf dem Weg zur staatlichen Flotte angesehen; vgl. Papalas (2000), 107–119.

3.
Krieg einer Supermacht – Angriff der Perser

1 Vgl. Wiesehöfer (2006), 22 f.
2 Vgl. Sekunda (2008), 68.
3 Vgl. Briant (2002), 35.
4 Vgl. Meyer (1952–1958), 5, 184 f.; Briant (2002), 34–36.
5 Vgl. Farrokh (2007), 41 f.
6 Vgl. Wiesehöfer (2006), 25 f.
7 Vgl Briant (2002), 33–36. Zum Reichtum Baktriens: Briant (2002), 39.
8 Vgl. Farrokh (2007), 33; Khorasani (2006).
9 Vgl. Tuplin (2010), 101–182; Brosius (2005), 135.
10 Hdt. 7,80. Vgl. Gropp (1984), 32; Shahbazi (2000), 492.
11 Vgl. Farrokh (2007), 39. Schleuderer: Campbell (2005), 13 zu Xen. Kyr. 7,2,2 und 7,4,1.
12 Vgl. Shahbazi (2000), 493; Farrokh (2007), 40.
13 Vgl. Gropp (1984), 33.
14 Delbrück (1920), 52–54.
15 Über die Kämpfe im Einzelnen wissen wir nichts; vgl. Meyer (1952–1958), 5, 186. Zu den wahrscheinlichen Gründen des Misserfolgs vgl. Gaebel (2002), 52.
16 Vgl. Nylander (1993), 152 f.
17 Vgl. Briant (1999), 112 f.; Brosius (2005), 135; Heinrichs (1987), 487–540; Nylander (1993), 150 ff.
18 Vgl. Wiesehöfer (2006), 27; Farrokh (2007), 50; Briant (2002), 53.
19 Vgl. Wiesehöfer (2009), 73; Zahrnt (1992), 256; Schulz (2005), 80 f.
20 Zusammenfassung und Erklärungen z. B. bei Walter (1993), 257–278 sowie Georges (2000), 1–39.
21 Vgl. Schulz (2005), 82 f.
22 Vgl. Ray (2009), 44.
23 Vgl. Berve (1949), 43 f.
24 Hdt. 6,49,2 mit den Überlegungen von Doenges (1998), 3.
25 Aristot. rhet. 1411 a 10.
26 Zu den Rekonstruktionsproblemen der Schlacht von Marathon knapp Whitby (2007), 69 f.

27 Vgl. Delbrück (1920), 58, 67 sowie Doenges (1998), 6f., der mit 12000–15000 Kämpfern rechnet.; anders z. B. Schreiner (2004), 13.
28 Vgl. Lazenby (1993), 31.
29 Ray (2009), 34 glaubt, dass die kleinasiatischen Hopliten eine schlechtere Kampfmoral und angesichts der relativ langen Friedenszeit unter persischer Herrschaft auch weniger eingeübt waren im taktischen Einsatz der Phalanx. Daran ist vieles richtig, aber man muss immer auch die anti-ionische Tendenz Herodots in Rechnung stellen.
30 Dies z. B. die These von Krentz (2007b), 80.
31 Hdt. 6,111. Vgl. Green (1996), 35.
32 Vgl. Green (1996), 35f.; Doenges (1998), 12f.
33 Vgl. Green (1996), 36; Doenges (1998), 13f.
34 Gegen einen Angriff auf den Rücken der Perser: Green (1996), 37.
35 Hdt. 6,112. Vgl. Schreiner (2004), 12.
36 Vgl. Delbrück (1920), 61ff.
37 Vgl. Lazenby (1993), 67; Green (1996), 36; Donlan/Thompson (1976), 339–343.
38 Vgl. Everson (2004), 129–150; 169.
39 Vgl. Delbrück (1920), 59; Tuplin (2010), 150f.
40 Hdt. 6,48,2; 6,102. Vgl. Cawkwell (2005), 88; Schreiner (2004), 12.
41 Vgl. Tuplin (2010), besonders mit Bezug auf Marathon 150.
42 Vgl. Cawkwell (2005), 89.
43 Vgl. Delbrück (1920), 70.
44 So die Erklärung von Delbrück (1920), 66.
45 Vgl. Whitby (2007): »It was not in Athenian interest to suggest that they had only beaten part of the Persian army (...)«.
46 Vgl. Schreiner (2005), 29ff.
47 Vgl. Schreiner (2005), 29f. Hippias und sein Vater nahmen den gleichen Weg im Jahr 546.
48 Krentz (2007), 80; Van Wees (2004), 180–187; Wheeler (2007), 190f.: Vor der Beschreibung von Mantineia bei Thukydides gibt es keine antike Darstellung einer Phalanxschlacht.
49 So die Suda s. v. *choris hippeis;* vgl. Schreiner (2004), 43, II.
50 Vgl. Schreiner (2004), 24ff., 126f.; Tod des Kallimachos: 56.
51 Vgl. Schreiner (2004), 69–68, 111–122.
52 Hdt. 6,116.
53 Vgl. Lazenby (1993), 73f. mit Frontin. strat. 2,9,8.
54 Dass die athenischen Hopliten bei Marathon die Perser vernichtet (destroyed) hätten (Lendon [2003], 58), ist nach dem bisher Gesagten völlig abwegig.
55 Vgl. Briant (2002), 526.

56 Vgl. dazu den Überblick von Kehne (2002), 29–47, der überzeugend ältere Auffassungen von der unzureichenden Logistik des Xerxes-Unternehmens revidiert.
57 Vgl. Meister (1997), 36f.; Cawkwell (2003), 118.
58 Vgl. Briant (2002), 528 mit Hdt. 7,138.
59 Vgl. Kennell (2010), 63: »(…) the most famous battle in western history«.
60 Szemler/Cherf/Kraft (1996); eine ausgewogene Beurteilung jüngst bei Will (2010), 76ff.; 80ff.
61 Cawkwell (2003), 119, schätzt das gesamte spartanische Aufgebot sogar auf 8000 Krieger.
62 Delbrück (1920), I, 88f.
63 Vgl. bereits die Widerlegung dieser Vorstellung bei Meister (1997), 37f.
64 Vgl. Evans (1969), 394f.; Lazenby (1993), 136.
65 Vgl. Lazenby (1993), 106 mit Hdt. 7,152,3.
66 Vgl. Cawkwell (2003), 116.
67 Hdt. 7,140–144. Vgl. Blösel (2007), 53–65; Will (2010), 54f.
68 Vgl. Gabrielsen (2001), 78 und Link (2000), 40–53, bes. 52, zum »vorpolitischen, altaristokratischen« Raubzugscharakter der Parosexpedition.
69 Vgl. Welwei (2004), 141f.; Lazenby (1993), 136.
70 Hdt. 7,206; vgl. Kennell (2010), 63; Meier (2010), 104.
71 Evans (1996), 395 hält sie für Propaganda, um Unterstützung aus Mittelgriechenland zu forcieren.
72 So Cawkwell (2003), 120.
73 Vgl. Welwei (2004), 143.
74 Hdt. 7,211. Vgl. Kennell (2010), 63.
75 Hdt. 7,217.
76 Hdt. 7,221–224.
77 Vgl. Simpson (1972) 1–11.
78 Knappe Übersicht bei Meier (2010), 106.
79 Vgl. Welwei (2004), 145; Lazenby (1993), 145.
80 Hdt. 7,228. Übersetzung nach Meier (2008), 107.
81 Vgl. Meier (2010), 108.
82 Vgl. Briant (2002), 529.
83 Vgl. Lazenby (1993), 112.
84 Eine kontextualisierte Würdigung der Zahlenproblematik bei Cuyler Young (1980), 213–239.
85 Vgl. Hunt (2007), 124; Wallinga (1993), 45–53.
86 Zum erstmaligen Auftauchen der Trieren vgl. Van Wees (2004), 206.
87 Vgl. dazu überzeugend Lazenby (1987), 170f.
88 Vgl. Morrison/Coates (1990), 60, 70 und die Erklärungen von Whitehead (1987), 177–185, der betont, dass mit dem Manöver nicht die Umzinge-

lung einer ganzen Flotte, sondern das kunstvolle Wenden einzelner Schiffe während der Schlacht gemeint ist.

89 Vgl. Wallinga (1987), 47 ff.; Strauss/Ober (1990), 38; Lazenby (1993), 196.

90 Vgl. zu den athenischen Trieren vor Salamis z. B. Papalas (2000), 108 ff, der insgesamt zu optimistisch ist. Dass die Athener während des ionischen Aufstandes bereits Trieren an die kleinasiatische Küste schickten (S. 111 f.), ist Herodot nicht zu entnehmen. Entscheidend ist aber sein zutreffendes Fazit S. 109: »But the Athenians were slow to convert to the new naval technology. In 489 they did not have many triremes.«

91 Hdt. 8,61.

92 Hdt. 8,1-9.

93 Hdt. 8,60. Interpretationen bei Lazenby (1993), 160.

94 Aischyl. Pers. 368.

95 Diod. 11,17,2.

96 Vgl. Hdt. 8,79; 81. Vgl. Strauss (2006), 121 f.; Morrison/Coates (1990), 74.

97 Aischyl. Pers. 382-383.

98 Aischyl. Pers. 364.

99 Vgl. Strauss (2005), 153.

100 Aischyl. Pers. 417 f.

101 Aischyl. Pers. 408-409.

102 Aischyl. Pers. 417 f.

103 Vgl. Briant (2002), 531 und Will (2010), 88.

104 Hdt. 8,96,1; 108,1. Vgl. Cawkwell (2005), 110; Lazenby (1993), 198.

105 Hdt. 9,3. Vgl. Cawkwell (2005), 110; Lazenby (1993), 213.

106 Vgl. Briant (2002), 536 mit Hdt. 9,13.

107 Hdt. 9,29-30.

108 Delbrück (1920), 115.

109 Vgl. Green (2007), »a horseman's nightmare«.

110 Vgl. Briant (2007), 537.

111 Vgl. Green (2007), 245 f. hält den Angriff für einen Test des Mardonios.

112 Vgl. Green (1970), 245-261; Lazenby (1993), 222 f.

113 Vgl. Delbrück (1920), 113; Cawkwell (2005), 113; Tuplin (2010), 163. Hdt. 9,49-52.

114 Vgl. Hdt. 9,59. Vgl. Green (1998), 262-264.

115 Vgl. Hdt. 9,44; 9.41,2. Vgl. Cawkwell (2005), 114 f.; Green (1970), 245, 256.

116 Vgl. Delbrück (1920), 116; Green (1996), 252.

117 Vgl. Briant (2002), 537.

118 Vgl. Gaebel (2002), 64 ff.

119 Hdt. 9,66 mit Briant (2002), 539.

120 Vgl. Hdt. 9,62; vgl. Cawkwell (2005), 115; Balcer (1989), 143; Briant (2002), 537.
121 Hdt. 9,97–103. Vgl. Meister (1997), 42.
122 Vgl. Huß (1985), 58–65.
123 Vgl. Berve (1967), I, 118f.
124 Vgl. Schenk von Stauffenberg (1963), 195.
125 Man braucht bei diesen Bemühungen nicht an ein formelles Bündnis zu denken, wie es eine Tradition nach Herodot für das Jahr 481/80 glauben machen will. Diod. 11,1,4. Vgl. Zahrnt (1993), 356 Anm. 10. Die Kontakte zwischen beiden Seiten waren auch so intensiv genug, um Informationen auszutauschen, wie auch umgekehrt die Griechen des Mutterlandes mit Gelon stets in Verbindung standen; vgl. Mafodda (1996) und Ray (2009), 86: »It's therefore likely that talks 483–480 via Phoenician intermediaries had led to the coordinated campaigns.«
126 Die Schätzung der Stärke der karthagischen Armee nach Ray (2009), 86.
127 Vgl. Welwei (2011), 217 und Huß (1985), 97f., auch zum angeblichen Offensivbündnis mit den Persern.
128 Vgl. Gaebel (2002), 81f.
129 Verlust und Folgen des Fehlens einer Reiterei: Vgl. Ray (2009), 87f.; Stärke der Armee Gelons: Huß (1985), 94 (akzeptiert die Zahl von 50000 Infanteristen); dagegen Ray (2009), 88.
130 Diod. 11,21–22; Ray (2009), 89; Huß (1985), 94f. zu den Reitern und zu den verschiedenen Versionen von Hamilkars Tod.
131 Vgl. Ray (2009), 89f.
132 Diod. 11,51; Pind. Pyth. 1, 70f.
133 Vgl. Diod. 11,49,1; Malkin (1987), 96; Schenk von Stauffenberg (1963), 210.

4. »Herr des Meeres zu sein ist etwas Großes« – Athens Seekrieg und die Demokratie

1 Plut. Themistokles 17; Ail. var. 13,43; Schenk von Stauffenberg (1963), 221ff.
2 Schenk von Stauffenberg (1963), 225ff.
3 Pind. Frg. P. 1,71–80b.
4 Krings (1998), 313f.; 322; Pind. Frg. I, 8,9–15; Raaflaub (1985), 76.
5 Raaflaub (1985), 74.
6 Übersetzung nach Balcer (1995), 33.

7 Vgl. Raaflaub (1985), 79 f.

8 Vgl. Raaflaub (1985), 85-107. Vgl. Hdt. 6,94,2; 69; 101,3.

9 Vgl. Rosenbloom (1993), 159-196.

10 Aischyl. Pers. 402 ff.; Raaflaub (1985), 75.

11 Aischyl. Pers. 744-751. Vgl. 345; 362; 454 f.; 472 f.; 495 f.; 513 f., 515 f. mit Hutzfeld (1999), 79.

12 Hdt. 8,109.

13 Schenk von Stauffenberg (1963), 271; Herington (1967), 74 ff.; Schulz (2011 b), 138 f.

14 Vgl. Schulz (2011 b), 139.

15 Hdt.8,121; 9,80 f.; Thuk. 1,132 f.; Paus. 10,14,5; 10,13,9.

16 Schenk von Stauffenberg (1963), 204.

17 Vgl. Hall (1997), 44 f.

18 Hdt. 8,144.

19 Thuk. 1,96,1; vgl. 3,10,2.

20 Plut. Aristeides 24-25,1.

21 Thuk. 3,10; 11,4. Vgl. Baltrusch (2008), 48-51, Schulz (2011 a), 6 ff. und Welwei (2011), 212 ff.

22 Thuk. 1,100; Plut. Kimon 12-13; Diod. 11,60-62. Vgl. Schulz (2011 a), 11; Meister (1997), 145.

23 Thuk. 1,98,4; 1,100.

24 Aristot. Ath. pol. 23.

25 Vgl. Mann (2007), 45-74; Schubert (2006), 48 ff.

26 Vgl. Mann (2007), 73 ff.; Schulz (2011 a), 32 f.

27 Vgl. Bleicken (1994), 40 f.

28 Vgl. Bleicken (1994), 42.

29 Vgl. Amit (1965), 30 ff.; Sklaven ruderten auch in den Flotten von Kerkyra, Korinth, Chios, Syrakus; manche halten dies für eine reguläre Praxis; vgl. Hunt (2007), 139; (1998), 83-101.

30 Vgl. Brewer (1988); Morris (2009), 136.

31 Plut. Themistokles 19.

32 Plut. Perikles 11,4.

33 Thuk. 8,45.

34 Vgl. Flaig (2005), 43-57, hier: 47 ff.

35 Aischylos, Tragödien und Fragmente. hgg. u. übers. von O. Werner, München, 2. Aufl. 1969, 676-683.

36 Vgl. Loreaux (1986), 42; Prinz (1997), 47 f. Unklar ist, ob die Epitaphien zusammen mit dem Staatsbegräbnis eingeführt wurden oder diese um 464/62 ergänzten; Jacoby (1944) spricht sich auch mit archäologischen Argumenten, Prinz für eine Ergänzung aus. Entscheidend für unsere Fragestellung ist, dass nach der communis opinio beides in jedem Fall

nach den Perserkriegen im Zuge der Etablierung des Seebundes und der »radikalen« Demokratie aufkam.

37 Vgl. Hodkinson (2006), 145, Pritchett (1974-91) IV, 106-124. Der bekannte Spruch einer spartanischen Mutter an den in den Krieg ziehenden Sohn, er solle nur mit dem Schild oder auf dem Schild wiederkehren (Laked. Apophth. 16 = Plut. mor. 241 f.), gibt nicht die Realität wieder; vgl. Hodkinson (2006), 144.

38 Vgl. Eur. Suppl. 943 ff., Stupperich (1977), 31; Collard (1972), 47.

39 Die Grabepigramme erwähnen formelhaft Schlachtort, Gegner und Art des Kampfes und die Jugend der Gefallenen, ihre Tüchtigkeit *(areté)* und die ihnen vom gesamten Volk geschuldete Ehre und den Ruhm, verzichten aber auf jede Äußerung der Trauer; Stupperich (1977), 12 ff. Beispiele bei: Peek (1960), 49 Nr. 8: »Diese Männer hier verloren am Eurymedon einst ihre herrliche Jugend, im Ringen mit den Vorkämpfern der bogentragenden Meder.« Nr. 9: »Gruß euch, ihr adligen Kämpfer, großen Ruhms im Kriege teilhaftig, athenische Jungschar, treffliche Reiter, die ihr eure Jugend hingabt einst für die tanzfrohe Heimat, einer Übermacht von Griechen die Stirne bietend im Kampf.« S. 51 Nr. 11, S. 55 Nr. 21; S. 57 Nr. 22. Vgl. Curl (1993), 25 f.

40 Thuk. 2,34; Aristot. Ath. pol. 58.

41 Aber auch das individuelle Schicksal oder der Name der Gefallenen wird nicht erwähnt. Vgl. Stupperich (1977), 46.

42 Dies wird in der reichen Literatur zum Epitaphios noch zu wenig klar herausgestellt; vgl. immerhin Flashar (1969), 30 f.

43 Thuk. 2,43.

44 Vgl. Lendon (2000), 1-30.

45 Vgl. Mommsen (2004), 151.

46 Laut Thukydides (3,58), wurden die in der Fremde gefallenen Spartaner, die einst gegen die Perser kämpften, von den Platäern Jahr für Jahr durch Gewänder und durch andere Totenbräuche geehrt und man brachte den Toten von allen Früchten des Landes die Erstlinge dar.

47 Lys. 2,51.

48 Vgl. auch Müller (1989), 321. Zu den wenigen Opponenten gehörten die Kyniker.

49 Aischyl. Sept. 181 ff.; 419 ff. Vgl. Recke (2002), 167.

50 Vgl. Rainer (1938), 55 ff.

51 Bei der Totenklage zerkratzten sich die Frauen das Gesicht, schlugen sich auf die Brüste, rauften sich die Haare und zerrissen ihre Gewänder. Burkert (1997), 65 sieht diese Gesten als Ausdruck einer aggressiven Drohgebärde, die sich ursprünglich gegen den äußeren Feind richtete.

52 Thuk. 2,41.
53 Thuk. 2,40.
54 Den Unterschied zu Sparta, das eine betont vorsichtige Außen- und Kriegspolitik mit einer »professionellen« Organisation des Krieges und körperlichen Ertüchtigung der Krieger verband, hat besonders eindringlich Hodkinson (2006, 111–162) herausgearbeitet.
55 Vgl. Welwei (1999), 96.
56 Vgl. Meister (1997), 46 f.; Welwei (1999), 100.
57 Bezweifelt von Welwei (1999), 100
58 Vgl. Welwei (1999), 100.
59 Interpretation der Ägyptenexpedition bei Meister (1997), 47–49 und Welwei (1999), 101.
60 Vgl. Welwei (1999), 106.
61 Vgl. Welwei (1999), 125 f.; Schulz (2011a), 18 f.
62 Isokr. or. 8,82. Vgl. Schulz (2011a), 20.
63 HGIÜ Nr. 74.
64 Eretria: HGIÜ Nr. 78; Chalkis: HGIÜ Nr. 79; vgl. Schulz (2011a), 22 f.
65 Vgl. Schulz (2011a), 26 ff.
66 Zu den Kriterien der Thalassokratie vgl. Gabrielsen (2001), 73.
67 Vgl. Gabrielsen (2002), 52–56; Schulz (2011a), 29 f.
68 Vgl. Morris (2009), 115. Garnsey (1998), 194 nimmt an, dass die Hälfte der Bevölkerung mit ausländischem Getreide versorgt werden musste.
69 Philoch. FGrH 328 Nr. 90. Meister (1997), 48 sieht hinter der Ägyptenexpedition »vornehmlich handelspolitische Erwägungen«, während Welwei (1999), 98 ausschließlich machtpolitische Ziele erkennt, nämlich Persien »gänzlich vom Mittelmeer abzudrängen«. Dazu hätte es jedoch der Inbesitznahme der levantinischen Küste bedurft. Garnsey (1988), 124 ff. bezweifelt, ob allein aus dem Getreidegeschenk des Psammetichos auf eine dauernde Unterversorgung der attischen Bevölkerung zu schließen ist.
70 Vgl. Finley (1978), 118 f.
71 Gabrielsen (2008), 47.
72 Vgl. Raaflaub (2001), 339.
73 Vgl. Meier (1990), 580 ff.; Kallet-Marx (1993), 11 ff.
74 Die folgenden Argumente nach Raaflaub (2009), 89–88. Dort auch weiterführende Quellenangaben und Literatur.
75 Vgl. die Belege bei Gaebel (2002), 93 mit Anm. 11, Wierschowski (1998), 222 und Strauss (2000), 321 ff. (allerdings mit einer auf die Innenpolitik beschränkten Erklärung). Zur Koordination von See- und Landstreitkräften vgl. Gabrielsen (2008), 59.

5. Die große Bewegung – Der Peloponnesische Krieg und seine Folgen

1 Vgl. Morris (2009), 117.
2 Vgl. Malitz (2008), 29.
3 Vgl. Bleckmann (2007), 29 f. Stickler (2010), 115 ff.; 178 ff.
4 Thuk. 1,44,2; Bleckmann (2007), 29; Welwei (2011), 287.
5 Quellen und Diskussion bei Schulz (2011 a), 77 f. und Welwei (2011), 291 f.
6 Thuk. 1,140,5.
7 Einen guten Überblick über die militärischen und politischen Ereignisse des Krieges bietet in deutscher Sprache Bleckmann (2007).
8 Thuk. 4,12,3. Vgl. Schulz (2005), 117.
9 Vgl. Kelly (1979), 247 mit Thuk. 2,9.
10 Vgl. Thuk. 1,82; 2,7. Vgl. 1,121 zu den korinthischen Gesandten in Sparta.
11 Vgl. Rawlings (2007), 113.
12 Thuk. 1,143. Vgl. Meister (1997), 72 f.; Van Wees (2004), 123; Welwei (2011), 296 f.
13 Thuk. 3,86,4 (Expedition des Laches): »Die Athener schickten also (…) in Wahrheit (20 Schiffe), um die Getreidezufuhr von Sizilien nach der Peloponnes zu unterbinden und um einen vorläufigen Versuch zu machen, ob sie in Sizilien nicht das Heft in die Hand bekommen könnten.« Vgl. Garnsey (1988), 129.
14 Zu den Finanzen Athens unmittelbar vor Ausbruch des Krieges vgl. z. B. Meister (2008), 19–27, dessen Argument, der weitgehende Verzicht auf den Einsatz der Hoplitenarmee habe den Athenern »beträchtliche Einsparungen von Soldzahlungen« erbracht (S. 25) insofern für die Gesamtbeurteilung unerheblich ist, als im Gegenzug ja die Ruderer besoldet werden mussten.
15 Vgl. Meister (1997), 71 f.; Debidour (2002), 80, geringere finanzielle Ressourcen der Spartaner: Debidour (2002), 109 f.
16 Vgl. Kelly (1982), 46–50.
17 So etwa bei Strauss/Ober (1990), 53.
18 Vgl. Meister (1997), 76, 84.
19 Vgl. Morris (2009), 115; Garnsey (1998), 194.
20 Vgl. Meister (1997), 76; die Reiterei wird oft zu wenig gewürdigt; vgl. aber Thuk. 2,22.
21 Vgl. auch Thuk. 1,80 (Rede des Königs Archidamos in der spartanischen Apella): »Ich selbst habe schon viele Kriege mitgemacht, Lakedaimonier, und ebenso meine Altersgenossen unter Euch, die ich hier vor mir sehe,

so dass wir nicht, wie die Menge zu tun pflegt, aus Unerfahrenheit die Wirklichkeit des Krieges herbeiwünschen und ihn für etwas Gutes und Sicheres halten.«

22 Vgl. Hanson (2006), 181ff.

23 Thuk. 1,105; 2,5; vgl. Debidour (2002), 121–123.

24 Vgl. Debidour (2002), 121f.

25 Zum Zusammenhang zwischen »äußerem« Krieg und Bürgerkrieg vgl. Debidour (2002), 131–140, sowie 152ff. zu den neuen Dimensionen der Kriegführung. Die psychischen Belastungen und ihre Verarbeitung versucht jüngst Tritle (2010) auszuloten.

26 Vgl. Kennell (2010), 123; Thuk. 5,47–48,1. Wenn überhaupt, so kann man nur für diese Phase von gewissen rituellen Einhegungen der Phalanxschlacht sprechen. Dass »ein Hoplitengefecht (...) schon von Natur aus ritualistisch« war, wie zuletzt Sheppard (2008), 23 behauptet, ist eine Konstruktion der modernen Forschung, die in der Regel auf der Verallgemeinerung der Mantineia-Schlacht beruht, so auch bei Sheppard (2008), 24.

27 Thuk. 5,67,1–3. Vgl. Van Wees (2004), 245ff.

28 Vgl. Franz (2002), 321–323; Sheppard (2008), 23f.; Van Wees (2004), 188–191.

29 Vgl. Sheppard (2008), 24; Delbrück (1920), I, 135 mit Thuk. 4,43,3; 96,2; Xen. hell. 4,3,19; 4,4,14.

30 Thuk. 5,70. Vgl. Van Wees (2004), 193 und Hodkinson (2006), 133.

31 Vgl. Welwei (2011), 308.

32 Vgl. Hodkinson (2006), 134.

33 Delbrück (1920), I, 140.

34 Vgl. Krentz (2007b), 148 mit der Auflistung der Landschlachten: 169.

35 Thuk. 4,33–38; vgl. die Einzelheiten und ihre Interpretation bei Debidour (2002), 88–90.

36 Vgl. Anderson (1994), 22f.

37 Vgl. Clauss (1983), 100f.; Debidour (2002), 92f.

38 Zusammenstellung des Heeres des Brasidas: Thuk. 4,80,5.; vgl. Millender (2006), 237 und Welwei (2011), 305; Leichtbewaffnete: Millender (2006), 237 mit Thuk. 4,110,2–111,2; 123,4.

39 Thuk. 4,108,7; vgl. Millender (2006), 237.

40 Thuk. 6,90.

41 Thuk. 2,62.

42 Thuk. 7,13,2; 48,5; 58,3; vgl. Millender (2006), 238.

43 Thuk. 7,36. Die Passage ist nach Lazenby (2004), 155 »one of the most important passages for our understanding of fifth-century naval tactics that has survived.«

44 Vgl. Welwei (1999), 244.
45 Vgl. Welwei (1999), 247 ff.; Schulz (2011 a), 131.
46 Vgl. Schulz (2011 a), 133 f.
47 Das ist eine der einleuchtenden und schlüssig erwiesenen Hauptthesen des Buches von Burckhardt (1996).
48 Vgl. Schulz (2005), 128 ff.
49 Zur Ausrüstung der Peltasten: Sheppard (2008), 26.
50 Vgl. Spence (1993), 12 ff. und Schäfer (2002), 27, der auf den möglichen Einfluss »orientalischer Heerestaktiken« bei der Einführung der Kavallerie in klassischer Zeit verweist.
51 Vgl. Junkelmann (1991), II, 25; Everson (2004), 164.
52 Alkibiades gegen Pharnabazos: Xen. hell. 1,2,16; Plut. Alkibiades 29; vgl. Xen. hell. 1,1,1.1,4,21; vgl. Gaebel (2002), 109. Leichtere Rüstung der Reiter und Hopliten: Penrose (2004), 164. Die beste Beschreibung der Ausrüstung der Kavallerie bietet die Anfang des 4. Jahrhunderts geschriebene Abhandlung Xenophons über die Reitkunst, in die Erfahrungen des Peloponnesischen Krieges einflossen.
53 Vgl. Millender (2008), 239, 242–244.
54 Xen. anab. 2,6,6–8.
55 Vgl. Tritle (2004), 325–339. Dabei repräsentiert Klearchos durchaus nicht das Standardbild eines spartanischen Kriegers, Tuplin (2004), 27; Hodkinson (2006), 147.
56 Xen. anab. 1,7,1; 1,8,4–5; 12–13; 1,10,14; Diod. 14,22,5; 23,1; 24,2–5.
57 Vgl. Everson (2004), 172.
58 Vgl. Marsden (1969), 48 f.; De Souza (2007 b), 451.
59 Vgl. De Souza (2007 b), 454 zu den Fortifikationen und ihren Kosten.
60 Vgl. Schäfer (2001), 181–214. Zum Einsatz der Athener Reiterei im 4. Jahrhundert und der wachsenden realmilitärischen Bedeutung in anderen Poleis Garbel (2002), 116–123.
61 Plut. mor. 191E.
62 Vgl. Schulz (1999), 291; schlechte Qualität der Neodamoden: Xen. hell. 6,1,15 mit Clauss (1983), 101; Millender (2006), 252 f. Das gilt auch für die Perioken; vgl. Hodkinson (2006), 134.
63 Vgl. Millender (2006), 252.
64 Vgl. Hodkinson (1994), 146–176; hier: 151 ff.; Neodamoden: Xen. hell. 3,1,4–6; Busolt (1905), 431.
65 Vgl. Millender (2006), 236; Hamilton (1979), 191; Probleme der spartanischen Kriegführung in Kleinasien und ihre Gründe: Cartledge (1987), 209–211; 213.
66 Vgl. Millender (2006), 239, 245 ff., 252 f.; Hodkinson (2006), 135; Trundle (2004), 42 f., 66.

67 Vgl. Millender (2006), 240–243.
68 Vgl. Millender (2006), 244 f.
69 Vgl. Xen. hell. 5,3,16; Diod. 15,19,4; Cartledge (1987), 271, 323, 373–374; Millender (2006), 248–251.
70 Vgl. Millender (2006), 255 f.
71 Vgl. Millender (2006), 254 ff.
72 Xen. hell. 4,4,15–5,17; Diod. 14,91,2.
73 Zur Einstellung Athens gegenüber Söldnern und zur allgemeinen Kriegswilligkeit nach dem Peloponnesischen Krieg vgl. Burckhardt (1996), 86 ff.
74 Vgl. Hodkinson (2006), 119; Vidal-Naquet (1986), 97 f.
75 Vgl. Ober (1985) und Debidour (2002), 161.
76 Vgl. Schulz (1999), 295 mit den Quellenbelegen.
77 Vgl. Trundle (2004), 58 f.
78 Hanson (2001), 128–131. Vgl. auch Delbrück (1920), 174–184 und Everson (2002), 174.
79 Thuk. 4,93–96. Vgl. Hanson (2001), 128; Delbrück (1920), 134, 177.
80 Vgl. Hanson (1920), 129 mit Verweis auf die Schlachten bei Solygeia (426), Olynth (382) und Tegyra (375).
81 Vgl. Kennell (2010), 143.
82 Diod. 16,24,2–3; Polyain. 6,1,2.
83 Marsden (1969), 14, 59. Tempelschätze und Söldner: Diod. 16,24,3; 28,2; 30,3.
84 Poleidos, Ath.Mech. W 10,5 ff; Xen. hell. 6,1,5; 4,21; Diod. 15,60,1 f. Schulz (1999), 301.
85 Diod. 15,60,5.
86 Zur Artillerie unter Philipp vgl. Serrati (2007), 462 und De Souza (2007b), 451 f.; Roth (2007), 369.
87 Vgl. Schulz (1999), Bennett/Roberts (2009), 16 f. Sekunda (2007), 331 vermutet dagegen persische Vorbilder.
88 Vgl. Diod. 16,3,1; Demosth. or. 9,49 f.; Xen. hell. 6,1,15; Schulz (1999), 306. Training, Disziplin und esprit du corps als Erfolgsgeheimnis der makedonischen Armee: Lloyd (1996), 171 f.; Carney (1996), 24 ff.
89 Vgl. Sekunda (2007), 329; Schulz (1999), 305; Bennett/Roberts (2009), 3.
90 Vgl. Hammond (1992), 30–35; Söldner: Sekunda (2007), 329; Hammond/Griffith (1979), 438–444.

6.
Alexanders Krieg gegen Persien und die Armeen der hellenistischen Könige

1 Vorbild des Epaminondas und schiefe Schlachtordnung: Wilcken (1931), 77.

2 Amerikanische Forscher wie Gaebel (2002), 155 ff. (mit Argumenten und weiterer Literatur) meinen dagegen, Alexander habe auf dem linken Flügel nur Fußtruppen gegen die Heilige Schar der Thebaner geführt, weil ein frontaler Kavallerieangriff gegen Hopliten nicht zum Erfolg geführt hätte; nun sind allerdings schon aus dem Peloponnesischen Krieg Erfolge der Flankenreiterei auch gegen Hopliten bekannt (etwa im Rahmen der Belagerung von Syrakus durch die Athener) und es spricht nichts dagegen, an der klassischen Deutung festzuhalten.

3 Diod. 16,86; Plut. Demosthenes 19–20; Alexander 9; Polyain. 4,2,2; 7 mit Lehmann (2004), 173 f. und Kromayer/Veith (1963), 116 f.

4 Vgl. Kromayer/Veith (1963), 116–118; Delbrück (1920), I, 195 zum variablen Einsatz des linken oder rechten Kavallerieflügels als Angriffswaffe.

5 Vgl. Bosworth (1988), 35; Diskussion der Zahlenangaben bei Sheppard (2009), 99 f.

6 Vgl. Sheppard (2009), 101 f.

7 Vgl. Droysen (1980), I, 109.

8 Vgl. Engels (2006), 49.

9 Alexander besaß wohl vor der Eroberung von Sardeis nur für drei Monate Edelmetallressourcen; vgl. Wiesehöfer (1997), 25. Briant (2002), 820 ff. hält die Rolle des Memnon von den griechischen Quellen für überzeichnet. An den strategischen Überlegungen an sich kann jedoch kaum ein Zweifel bestehen.

10 Arr. an. 1,12,8–13,2; Diod. 17,18,2–4. Vgl. Droysen (1980), I, 123 f.; Lendon (2005), 118.

11 Vgl. Sheppard (2009), 116–129.

12 Vgl. Wilcken (1931), 68 f.; Sheppard (2008), 131.

13 Vgl. zu den Kosten der Flotte als Grund für deren Auflösung: Wilcken (1931), 84 f.; Droysen (1980), I, 136; Sheppard (2008), 130.

14 Vgl. Sheppard (2008), 130–133; Droysen (1980), I, 139–142.

15 Vgl. Engels (2006), 51.

16 Vgl. Droysen (1980), I, 177 f.

17 Vgl. Tarn (1930), 42.

18 Vgl. Briant (2002), 828–832.

19 Vgl. Hammond (2004), 145–149.

20 Vgl. Briant (1999), 108: »(...) we still do not have entirely satisfactory answers to basic questions, such as (...) why Alexander won all three pitched battles against the Persians.« Kuhrt, (2000) II, 675: »One of the great, still unsolved, historical questions, therefore, is why Alexander was able to defeat the Persians.«

21 Droysch (1980), I, 117, 119. So auch z. B. Farrokh (2007), 93: »The Empire was now unquestionably in decline ...«

22 Vgl. Kuhrt (2000), II, 675; Strauss/Ober (1990), 107. Größe der persischen Streitkräfte: Cawkwell (1968), 1–5.

23 Arr. an. 1,17,11; Diod. 17,7,2–3; 8–10; Polyain. 5,44. Vgl. Bosworth (1988), 34 f. und kritisch Briant (2002), 817 f.; Rückeroberung Ägyptens: Bosworth (1988), 34; Kuhrt (2000), II, 674. Arrian sagt, die Perser beherrschten *(thalassokratein)* die See mit 400 Schiffen gegenüber den 160 Trieren (Arr. an. 1,11,6) Alexanders; vgl. Briant (2002), 819.

24 Vgl. Wiesehöfer (2006), 38 f.

25 Vgl. Cawkwell (2005), 203.

26 Vgl. Wilcken (1931), 72; Farrokh (2007), 92 f.

27 Vgl. Wiesehöfer (1997), 21. Zu Mentes und zur problematischen Überlieferung vgl. Cawkwell (2005), 203 f.

28 Zitat: Wiesehöfer (2006), 37; vgl. ders. (1997), 23 f. Ähnliche Argumente werden für die Verwendung germanischer Föderaten im spätrömischen Reich vorgebracht (s. u. S. 379).

29 In dieser Beziehung sind die Ausführungen von Wiesehöfer (1997) etwas widersprüchlich. S. 21 sagt er zu Recht, dass Nichtperser (wie Memnon und Mentor) in hohen Kommandopositionen die Ausnahme blieben und selten Zugang zur politisch-militärischen Entscheidungsebene fanden, S. 22, dass griechische Kommandeure »in die Führungsschicht des Reiches aufgestiegen« waren. So auch Shabahzi (2000), 491.

30 Diodor 17,30. Vgl. Strauss/Ober (1990), 124 f.; Strauss (2003), 151.

31 Vgl. oben S. 150 und Wilcken (1931), 78 sowie Farrokh (2007), 99. Anders Wiesehöfer (1997), 23: Söldnertruppen waren »voll in die Armee des Königs integriert.«

32 Xen. anab. 1,8,12–14; Plut. Artoxerxes 8.

33 Vgl. Kromayer/Veith (1963), 119.

34 Vgl. Rahe (1980), 84.

35 Vgl. Engels (1978), 22–25; Strauss (2003), 146; Sheppard (2009), 107.

36 Vgl. De Souza (2007b), 457: »(...) a new and shocking development in the Greek world.«

37 Vgl. Engels (1978), 27, 119.

38 Zur Verschuldung seit Beginn des gesamten Unternehmens vgl. ausführlich Hammond (2004), 87 ff. Außerdem Wilcken (1931), 71 und 98 zur

Kriegskasse in Damaskus: »Das war ein Ereignis von größter Bedeutung, denn nun erst hörten die finanziellen Sorgen auf, die Alexander bis dahin oft schwer bedrückt hatten.«

39 Vgl. Gropp (1984), 35 f.; Sabin (2007), 423.

40 Vgl. Briant (2002), 799. Griechische Söldnerhopliten als bevorzugte Kämpfer im Dienst der Perser: Trundle (2004), 51 f.

41 Vgl. Tarn (1930), 73; Mielczarek (1993), 47. Manches spricht aber auch dafür, dass die lanzenbewehrten Reiter erst im Zuge der Eroberung der Transoxania (330–327) eingeführt wurde; vgl. Brzezinski/Mielczarek (2002), 16.

42 Arr. an. 2,8,6.; 2,8,10. Vgl. Briant (2002), 799 f., 834.

43 Diod. 17,55. Vgl. Delbrück (1920), 232.

44 Die meisten modernen Darstellungen gehen – anders als Delbrück (1920), 208 f. – von einer zahlenmäßigen Überlegenheit der persischen Heere aus, vgl. z. B. Gehrke (2005), 34.

45 Allein die 9000 baktrischen Reiter, die gegen Alexander zogen, übertrafen an Zahl die gesamte makedonische Reiterei wohl um das Doppelte; vgl. Gehrke (2005), 39.

46 Vgl. Delbrück (1920), 257.

47 Kyros wollte sich beim Vorstoß auf den Großkönig bei Kunaxa der Hilfe der griechischen Söldner versichern; angeblich lehnte das jedoch Klearchos ab, weil er eine Umzingelung befürchtete (Xen. anab. 1,8,12–14; Plut. Artoxerxes 8). Eine solche Insubordination unmittelbar vor dem Kampfeinsatz ist freilich äußerst unwahrscheinlich. Plausibler ist, dass Kyros selbst die Griechen auf die rechte Flanke beorderte, weil er mit seiner Leibgarde den entscheidenden Vorstoß wagen wollte.

48 Dies wird häufig von den auf die Person Alexanders konzentrierten Analysen übersehen; vgl. als Beispiel Griffith (1947), 77–89 sowie Devine (1986), 108–110. Zur Rolle des Perserkönigs: Gehrke (2005), 38.

49 Arr. an. 3,12,1 mit Devine (1986), 99.

50 Zum »race against time« der hellenistischen Schlachten vgl. Sabin (2007), 411. Der Vorteil der Reiterei bestand natürlich darin, dass sie schneller die Entscheidung herbeiführen konnte. Zur bewussten Inkaufnahme des Risikos als taktisches und strategisches Element, das auch in dieser Hinsicht vorbildlich für die hellenistischen Könige blieb, vgl. Roth (2007), 371.

51 Dies gilt wohl auch schon für die Schlacht am Granikos und bei Issos; vgl. Wilcken (1931), 77; Sheppard (2008), 122. Bei Gaugamela geriet Parmenion in größte Schwierigkeiten und musste bis zum Lager zurückweichen; erst der Erfolg des rechten Flügels unter Alexander und dessen Überschwenken brachte Entlastung; vgl. Delbrück (1920), 237.

52 Vgl. Bosworth (1988), 85; Gehrke (2005), 45.
53 Wilcken (1931), 143.
54 Vgl. Wilcken (1931), 144 f.
55 Vgl. Kromayer/Veith (1963), 115; Engels (2006), 60; Sheppard (2008), 190. Leichtbewaffnete: Tarn (1930), 17 f.; die berittenen Bogenschützen asiatischer Herkunft waren schließlich eine große Hilfe im Kampf gegen Poros.
56 Vgl. Wilcken (1931), 144 f.
57 Vgl. Strauss (2003), 140 ff.
58 Vgl. Bosworth (2003), 159–168; Hammond (2004), 219 zu den Spannungen unter den älteren makedonischen Offizieren und deren Gründe. Ferner die Überlegungen bei Strauss (2003), 140.
59 Vgl. Bosworth (2003), 159.
60 Sämtliche Quellen mit Diskussion bei Lauffer (1981), 145 ff. Hauptquelle der »Poros-Schlacht« ist Arr. an. 5,15,3–18,3; Einzelheiten und Spezialprobleme werden vor allem in älteren Aufsätzen diskutiert, z. B. bei Schubert (1901), 543 ff., Veith (1908), 131 ff. und Hamilton (1956), 26 ff.
61 Vgl. Wilcken (1931), 170 sowie zur Bedeutung der Schlacht.
62 Vgl. Hammond (2004), 161.
63 Vgl. Delbrück (1920), 248 f.; zum indischen Feldzug zuletzt: Bosworth (2003), 159–168.
64 Vgl. Wilcken (1931), 170; Bosworth (1988), 127.
65 Arr. an. 5,14,1; Diod. 17,87; 85. Delbrück (1920), 245–250; Scullard (1974), 66 ff.
66 Arr. an. 5,17,3; 18,4–19. Curt. 8,14,16; Diod. 27,88,2–3; Wilcken (1931), 171; Bosworth (1988), 129.
67 Vgl. Droysen (1980), I, 377; Engels (2006), 63.
68 Plut. Alexander 66,5.
69 Engels (2006), 68 zu Spekulationen über den nicht natürlichen Tod Alexanders.
70 Diod. 18,1,4.
71 Vgl. Pol. 31,34,15–16; Diod. 18,43. Walbank (1984), 66.
72 Plut. Demetrios 17,2 ff.; App. Syr. 54 (275–277); vgl. Meißner (2007), 12 f. und Gehrke (1982), 254.
73 Vgl. Gehrke (1982), 255 f.
74 Vgl. App. Syr. 54,275–277 mit Meißner (2007), 12 f.
75 Vgl. Chaniotis (2005), 57 f.
76 Vgl. Serrati (2007), 461, 479–482; Lendon (2007), 516; Roth (2007), 378.
77 Vgl. Chaniotis (2005), 60, 74.
78 Vgl. Chaniotis (2005), 62; Roth (2007). In Alexandria schrieb der Militär-

ingenieur Ktesibios eine Abhandlung über Torsionsgeschütze. Vgl. De Souza (2007b), 449; 463.

79 Vgl. Meißner (2007), 213f.; Bennett/Roberts (2009), XV zur *inclination to gigantism*.

80 Vgl. Lendon (2007), 501.

81 Vgl. Lendon (2007), 501; Sabin (2007), 402; Roth (2007), 370.

82 Vgl. Schulz (2005), 144f.

83 Vgl. Burckhardt (2008), 69; De Souza (2007a), 358; Potter (2008), 132.

84 Vgl. Lehmann (2004), 11–13 mit den Quellen.

85 Vgl. Tarn (1930), 144.

86 Vgl. De Souza (2007a), 359; Potter (2008), 132. Das Katapult war offenbar 399 von Dionysios I. in Syrakus erfunden worden; Everson (2004), 207.

87 Vgl. Diod. 19,62. Vgl. De Souza (2007a), 358; Serrati (2007), 466.

88 Vgl. De Souza (2007a), 359–362.

89 Vgl. Tarn (1930), 144f. Es gibt nur ganz wenige Beispiele für einen Artillerieeinsatz im Landkrieg, so das Gefecht bei den Thermopylen, das Antiochos gegen die Römer austrug, und das Philipps V. am Fluss Aous (Liv. 37,18,5); vgl. Bar Kochva (1976), 161.

90 Vgl. Casson (1979), 240f.; De Souza (2007a), 359 und (2007b), 442.

91 Vgl. Tarn (1930), 144, 146.

92 Vgl. Gabrielsen (2001), 82.

93 Vgl. Casson (1979), 248f.; Wiemer (2003), 141; Schulz (2005), 145.

94 Vgl. Gabrielsen (2001), 82.

95 Vgl. Bennett/Roberts (2009), 118–131.

96 Vgl. Bresson (2010), 122f.; Bennett/Roberts (2009), 123–131 zur *helepolis* und Meißner (2007), 206 zu den Verteidigungsanstrengungen der Rhodier.

97 Vgl. Gabrielsen (2008), 59.

98 Vgl. Meißner (2007), 206f.; Burckhardt (2008), 70.

99 Rüstungswettlauf: Burckhardt (2008), 71.

100 Vgl. Gaebel (2002), 241, 245.

101 Nur besondere taktische Zwänge oder Pläne ließen Abweichungen zu, so in der Schlacht von Raphia, wo Antiochos auf der linken Flanke Stellung bezog, um Ptolemaios im direkten Zweikampf zu besiegen; Potter (2008), 130–134; Everson (2002), 176. Bei Ipsos standen sich auf beiden Seiten 70000 Phalangiten und 10000 Reiter gegenüber.

102 Vgl. Tarn (1930), 67f.

103 Vgl. Tarn (1930), 27f.; Sekunda (2007), 345–347; Adcock (1957), 26; Sabin (2007), 425; Bennett/Roberts (2009), 77, 110. Das Verhältnis von Reiterei zu Fußtruppen lag z.B. in der Schlacht von Raphia (217) bei 1:10; bei Magnesia 1:5; vgl. Mielczarek (1993), 23. Zum Vergleich: Philipp

hatte mit rund 3000 makedonischen und thessalischen Reitern Griechenland erobert, Alexander mit 5100 Reitern Persien angegriffen. Die frühen Schlachten der Diadochen umfassten 6000–11 000 Reiter auf jeder Seite. Im 3. Jahrhundert wurden 5000–6000 Reiter die Norm. Nur Antiochos war bei Magnesia in der Lage, 12 000 Reiter aufzubieten (s. u. S. 221); vgl. Everson (2004), 198.

104 Vgl. Gaebel (2002), 239.

105 Vgl. Junkelmann (1991), II.

106 Vgl. Bennett/Roberts (2009) II, 7,77; Bar Kochva (1976), 132.

107 Vgl. Bar Kochva (1976), 77 und 54 ff. zu den medischen Militärsiedlungen, welche die Reiterei stellten.

108 Vgl. Austin (2001), 98.

109 Vgl. Bar Kochva (1976), 42; 45: »The number of horsemen attributed to Media implies (…), that the Iranian element was predominant in the Seleucid army.« Ferner den instruktiven und zuverlässigen Überblick bei Hirt (2007), 228–232.

110 Diese Hinweise verdanke ich Sandra Scheuble-Reiter, die ihre Ergebnisse demnächst in ihrer Dissertationsschrift und in Aufsatzform publiziert.

111 Vgl. Everson (2004), 197 und Burckhardt (2008), 68 f. allgemein zu den hohen Kosten als Grund dafür, dass die hellenistischen Monarchen vor einem Ausbau der Kavallerie zurückschreckten.

112 Vgl. Roth (2007), 382; Sabin (2007), 418 f. Antigonos brauchte für seine Flotte (von 315) 80 000–90 000 Mann, eine Zahl, welche die Ruderer der Trierenflotten Athens bei weitem überstieg. Vgl. Serrati (2007), 466–470, 477; Billows (1990), 257–258. Die Kosten konnten nur durch Plünderungen und den Raub feindlicher Staatsschätze aufgebracht werden.

113 Vgl. Bennett/Roberts (2009) II, 8: Die Hälfte der Sarissenphalangen der hellenistischen Könige bestand aus Nichtmakedonen.

114 Vgl. Bar Kochva (1976), 21–48, 57, 94 f. Garde und Kataphrakten: 40 f., 46 f., 69. Bei Magnesia konnte Antiochos 6000 Kataphrakten aufbieten. Vielleicht gingen sie auf Erfahrungen mit der parthischen Reiterei zurück, wobei es bis heute fraglich ist, ob sie wie die Infanterie lange Sarissen trugen und wie die Parther voll gerüstet waren; vgl. Bar Kochva (1976), 74 f. Zu den nationalen Aufgeboten vgl. 48–53. Zur Meidung babylonischer und seleukidischer Verbände: 52. Die Zahl der makedonischen Reiter scheint im Laufe des 4. und 3. Jahrhunderts gesunken zu sein; Bar Kochva (1976), 71 mit Diod. 19,91,1. Die Garde der *argyraspides* wurde von den griechisch-makedonischen Landbesitzern gestellt. Rekruten ergänzten den Bestand beim Tod ihrer Väter stetig auf 10 000

Mann; Bar Kochva (1976), 61, 65. Dies ähnelt den persischen »Unsterblichen«. Sie konnten offenbar auch als Peltasten kämpfen; vgl. Bar Kochva (1976), 63 zu Liv. 36,18,5 und App. Syr. 18 (93).

115 Vgl. Sekunda (2007), 343; Serrati (2007), 472–476; Potter (2008), 130; Bar Kochva (1976), 48–53. Nur die Makedonen verfügten über eine stabile Basis einheimischer Soldaten. Bei Raphia kämpften immerhin 125 000 Söldner im Feld; Bar Kochva (1976), 51.

116 Vgl. Everson (2004), 196, 200; Bar Kochva (1976), 42.

117 Vgl. Bennett/Roberts (2009) II, 21; Sabin (2007), 417–421. Die Perser boten nur bei Gaugamela 15 Elefanten auf, die nicht zum Einsatz kamen, wohl weil die persische Kavallerie nicht darauf trainiert war zu kooperieren; Ashley (2004), 64; Scullard (1974), 64.

118 Vgl. Sabin (2007), 420.

119 Vgl. Tarn (1930), 96; Billows (1997), 175 ff.

120 Vgl. Bennett/Roberts (2009) II, 22; Sabin (2007), 420; Scullard (1974), 103 ff.; 121 ff. Psychologische Wirkung: Sabin (2007), 421; zur Elefantenschlacht Scullard (1974), 122 f. und Tarn (1930), 96 f.; zu den Kriegselefanten des Chandragupta ebda. 97 f.

121 Vgl. Sabin (2007), 420; Scullard (1970), 70 zu den Elefanten des Poros als Angriffswaffe.

122 Vgl. Bennett/Roberts (2009) II, 22; Sabin (2007), 419; Bar-Kochva (1976), 82, 155 zur Schlacht von Panion; Everson (2004), 203 f.; Arr. an. 5,15; Polyain. 4,3,22.

123 Vgl. Scullard (1974), 240–244; Sekunda (2007), 348; Adcock (1957), 53–56; Everson (2004), 205. Scullard (1974), 101–104 vermutet nach Zon. 8,3, dass Pyrrhos in seinen Taktika über den Einsatz der Kriegselefanten handelte. Pyrrhos soll auch der Erste gewesen sein, der regelmäßig Lagerbefestigungen errichtete; Bennett/Roberts (2009) II, 102.

124 Vgl. Everson (2004), 206.

125 Zu bedenken ist dabei, dass die indischen Elefanten der Seleukiden den afrikanischen Elefanten der Ptolemäer überlegen waren; Bar Kochva (1976), 155.

7. Lehrjahre einer Kriegerrepublik – Roms Kampf mit Pyrrhos und Karthago

1 Dies die Hauptthese des Buches von Eckstein (2006).

2 Lendon (2007), 498; K.-J. Hölkeskamp, (1990) Rez. zu Rosenstein, Gnomon, 66,4 (1994), 337f. Vgl. Livius 37,30,6: »Plurimum tamen (...) militum virtus in bello valuit.«

3 Pol. 2,24; vgl. Campbell (2002), 880.

4 Vgl. Serrati (2007), 486; Sekunda (2007), 335f.

5 Vgl. Garoufalias (1979), 307; Sekunda (2007), 335f.

6 Pol. 2,24; vgl. Serrati (2007), 486; Sekunda (2007), 335f.

7 Vgl. Serrati (2007), 479; Roth (2007), 371. Am besten darauf vorbereitet waren die Ptolemäer aufgrund ihres Zehntsystems und des fruchtbaren Nillandes.

8 Vgl. Serrati (2007), 490f. Erst nachdem Aemilius Paullus 167 v.Chr. 120 Millionen Sesterzen nach Rom brachte, konnten die Bürger endgültig von der Kriegsfinanzierung befreit werden. Penrose (2007), 35, meint, dass die Römer seit etwa 282 v.Chr. über Belagerungsmaschinen (Rammböcke) und Artillerie (*ballistae* und Katapulte) verfügten, aber die leichteren Ballisten waren deutlich in der Mehrzahl.

9 Vgl. Eckstein (2007), 134.

10 Vgl. Eckstein (2007), 129–157; Blösel (2011), 55–80; McCall (2002), 114ff.; Rosenstein (2007), 144.

11 Hierzu passt, dass die Militärsprache und entsprechende Metaphern weiterhin von der Elite gepflegt wurden; Tac. dial. 34 beschreibt noch im frühen Prinzipat die Anwaltstätigkeit der späten Republik wie einen Krieg; vgl. McCall (2002), 135.

12 Vgl. Ganschow (2007), 122.

13 Dahlheim (2005), 206; vgl. auch Rüpke (1993), 458, der von einer Prozession spricht.

14 Vgl. Ios. bell. Iud. 7,143–144 mit Ganschow (2007), 121.

15 Vgl. Goldsworthy (2007a), 91; Bleicken (1995), 169; Rüpke (1993), 458.

16 Zu den Fetialen im Rahmen des Krieges und dem *bellum iustum* vgl. Billows (2007), 314f.

17 Vgl. Rosenstein (2007), 140.

18 Zum Folgenden vgl. Bleicken (1995), 151–171; Goldsworthy (2007a), 37–60.

19 Vgl. das Schema in Rosenstein (2008), 141.

20 Vgl. Rosenstein (2008), 141f.; Keppie (1984), 19–23. Die entscheidende

Quelle für den Wandel zum Manipularheer und dessen Einsatz ist Liv. 8,8–10 mit der Interpretation von Meyer (1924), 261–266.

21 Vgl. Sabin (2000), 7 ff.; zu den Gefechtspausen und Rückzugsphasen zwischen den direkten Kampfhandlungen vgl. Thorne (2007), 220; Hoyos (2007), 71 und Sabin (2000), 1–17.

22 Vgl. z. B. die Überlegungen bei Junkelmann (1986), 239 f.

23 Dementsprechend fehlten den hinteren Reihen wahrscheinlich die übliche Schutzbewaffnung (Helm, Schild und Beinschienen); vgl. Penrose (2007), 80.

24 Vgl. Zhmodikov (2000), 71; Sabin (2000), 4 ff. mit Quellenbelegen.

25 Vgl. Hall (2007), 164, 168.

26 Vgl. Goldsworthy (1996), 178 mit Verweis auf Ascl. tact. 14,6 und Xen. mem. 3,8: Die Phalangiten der letzten Reihe schieben, wobei die Kämpfer der hinteren Reihen mit den Vordersten zu den Besten gehören. Allerdings – und dies ist der entscheidende Unterschied – sie kommen nicht in Kampfkontakt mit dem Feind.

27 Zu Recht hebt deshalb Stemmler (2000), 117, 122 f. hervor, dass mit dem Vorrücken der *Triarii* in der letzten Kampfphase die römische Aufstellung einer Phalanx entspricht; so auch bereits Meyer (1924), 202: »Da sie (sc. die Triarier) mit Lanzen bewaffnet sind, müssen sie natürlich als geschlossene Phalanx mit gefällter Lanze in die Front eingerückt sein.« Ferner S. 210 und 245: »Dadurch wird das Kampfbild der Phalanx in sein Gegenteil verkehrt: der Stoß der geschlossenen Masse, der bei dieser gleich im Beginn der Schlacht eintritt (…), wird hier das letzte Mittel, wenn nach stundenlangem Kampf alles andere noch nicht zur Entscheidung geführt hat.« Dass allerdings bei der griechischen Phalanx »die defensive Qualität der Schlachtordnung (…) im Vordergrund steht«, gilt wohl nur für die archaische und frühklassische Zeit. Die Sarissenphalanx war eindeutig eine Offensivwaffe.

28 Vgl. Meyer (1924), 214–208: »Auch die römischen Manipel können versuchen, die Feinde im Ansturm zu überrennen; dabei wird dann, nachdem die feindliche Linie durch den Hagel der pila erschüttert ist, der Stoß mit gezücktem Schwert dieselbe Rolle spielen, wie bei der Phalanx mit der gefällten Lanze. Aber die Regel ist das keineswegs, die römische Kampfesweise ist vielmehr in erster Linie auf den Fall eingerichtet, daß die Gegner (…) einem solchen Ansturm standhalten und daher auf den Zusammenstoß der beiden Fronten ein langes Ringen folgt, das sich durch viele Stunden hinziehen mag.«

29 Vgl. Pol. 6,24,9, wonach die Manipularaufstellung vor allem deshalb erfolgreich ist, weil jede Einheit ihre Stellung hält; vgl. Stemmler (2000), 116.

30 Vgl. so auch dezidiert Bleicken (1995), 281 f.

31 Vgl. Bleicken (1995), 164 f.
32 Vgl. McCall (2002), 50, 53-73. Die Leichtbewaffneten *(velites)* spielten im Gefecht keine Rolle, sondern sollten vor dem Einsatz der Legionäre den Feind in Scharmützel verwickeln. Selten wird die wichtige Rolle der Reiterei gewürdigt, so z. B. bei Cagniart (2007), 87.
33 Vgl. noch Liv. 31,35,5-6, der detailliert den Erfolg der beschriebenen Kampfesweise der römischen Reiter gegen makedonische Kavallerie schildert. Ferner 31,37,8; 40,40,9; 42,7,6-7. Vgl. auch Liv. 42,61,4-5: Perseus lobt die römische Reiterei, die als unüberwindbar *(invictos [invicti])* gerühmt wird. Zu den Vorteilen eines Nahkampfs zu Fuß gegen Reiter vgl. McCall (2002), 70 f.
34 Vgl. McCall (2002), 57 ff.
35 Bis zu den Kriegen gegen Hannibal kämpften die Reiter sogar ohne Defensivrüstung, vielleicht um damit ganz bewusst größere Beweise ihrer Tapferkeit *(virtus)* abgeben zu können; Rosenstein (2007), 136.
36 Vgl. Rosenstein (2007), 136; McCall (2002), 91-94 mit den Belegen. Eindrucksvoll sind Liv. 45,39,16-17 und Plin. nat. hist. 7,101-106.
37 Vgl. Lendon (2005), 172-178; McCall (2002), 82-92; Oakley (1985), 392-410. Auch die Kelten suchten die Entscheidung im Nahkampf und verachteten Schleuder und Bogen als unheroisch; vgl. Penrose (2007), 199 f.
38 Vgl. Sabin (2007), 408.
39 Vgl. Bleicken (1995), 162; Botermann (1968), 173.
40 Vgl. Rosenstein (1990), 114-151; (2007), 138.
41 Vgl. Sekunda (2007), 348 ff.; Rosenstein (2007), 141.
42 Deshalb haftete der römischen Kriegführung im Gegensatz zur hellenistischen stets der Grundzug des »trial and error« an; vgl. Potter (2010), 306 ff.
43 Pol. 6,25,11.
44 Plut. Pyrrhos 8. Ael. tact. 1,2. Vgl. Chaniotis (2005), 62; Bennett/Roberts (2009), II, XVI. Zum Feldherrntyp, den Pyrrhos repräsentiert, vgl. Beston (2000), 322 ff.
45 Rom konnte 8 Legionen mit etwa 40 000 Mann ins Feld schicken, Pyrrhos stellte ihnen rund 30 000 Mann entgegen; Pietrykowski (1988), 136.
46 Plut. Pyrrhos 16; vgl. Pietrykowski (1988), 138-141; McCall (2002), 32.
47 Vgl. Sabin (2007), 420; Champion (2009), 47, 67 ff. Zum Einsatz der Elefanten: Scullard (1974), 104.
48 Vgl. Champion (2009), 73 f.
49 Vgl. Pietrykowski (1988), 145; Champion (2009), 76.
50 Zon. 8,4.

51 Plut. Pyrrhos 21; Pietrykowski (1988), 146; Champion (2009), 81.
52 Dion. Hal. ant. 20,1-3; vgl. McCall (2002), 69; vgl. 32.
53 Vgl. Pietrykowski (1988), 146; Champion (2009), 84-90; McCall (2002), 64. Plut. Pyrrhos 21.
54 Zu dieser Erfindung vgl. Dion. Hal. ant. 20,1 mit Champion (2009), 83; Scullard (1974), 106ff. zur durchschlagenden Kraft der Elefanten bei Ausculum.
55 Plut. Pyrrhos 21; mor. 184c; Diod. 22,6,2. Dionysios steigerte nach Plutarch die Verlustzahlen ins Maßlose, wenn er von 28000 auf beiden Seiten bei Herakleia und 15000 bei Ausculum spricht. Tatsächlich dürften sich die Verluste im üblichen Rahmen bewegt haben; Sabin (2007), 414. Heftner (1997), 35 hält den Ausgang von Ausculum für unentschieden.
56 Pol. 3,25,3-5; Iust. 18,2; Daly (2002), 4; Zimmermann (2005), 15.
57 Vgl. Pietrykowski (1988), 155; Zimmermann (2005), 15; Champion (2009), 105.
58 Vgl. Champion (2009), 97, 104.
59 Vgl. Champion (2009), 112.
60 Vgl. Champion (2009), 119.
61 Plut. Pyrrhos 24. Vgl. Pietrykowski (1088), 136; Champion (2009), 117.
62 Vgl. Champion (2009), 120. Angeblich sollen die Römer für diese Schlacht die *principes* mit einer der Sarissa ähnlichen Waffe ausgerüstet haben, um der Phalanx besser begegnen zu können; Plut. Pyrrhos 21,6-7. Vgl. Rosenstein (2010), 303 mit Parallelen.
63 Plut. Pyrrhos 24. Vgl. Pietrykowski (1988), 159.
64 Plut. Pyrrhos 25. Vgl. Pietrykowski (1988), 160-161.
65 Vgl. Brizzi (2002), 48f.
66 Vgl. Pietrykowski (1988), 137; Sekunda (2007), 348f.; Roth (2007), 374.
67 Vgl. Roth (2007), 375.
68 Dies die Hauptthese des Buches von Rosenstein (1990), die in ihrem Kern, soweit mir bekannt, nicht widerlegt wurde; vgl. ferner Rosenstein (2007), 140.
69 Liv. 14; Cass. Dio 41; App. Sic. 1; vgl. Billows (2007), 319.
70 Vgl. Roth (2007), 368, 380, 387. Außerdem hatten sie im Krieg gegen Pyrrhos auf Sizilien wohl erstmals Gelegenheit bekommen, Kriegselefanten im Einsatz zu erleben. Sie gehörten seitdem zur Standardausstattung karthagischer Heere, vgl. Scullard (1974), 148ff.
71 Vgl. Champion (2009), 71.
72 Vgl. Medas (2000).
73 Sosyl. FGrH B 176 F 11; vgl. Rawlings (2010), 280.
74 Vgl. Rawlings (2010), 278f.

75 Pol. 1,20. Vgl. Schulz (2005), 158.
76 Vgl. De Souza (2007b), 443, 437.
77 Vgl. Schulz (2005), 158.
78 Vgl. so auch Willing (1998), 792f.
79 Pol. 1,20; vgl. De Souza (2007b), 437.
80 So z.B. von De Souza (2007a), 360. Kritisch dagegen zu Recht Willing (1998), 792.
81 Pol. 1,22; vgl. Schulz (2005), 159.
82 Pol. 1,22,3-11.
83 Cass. Dio 11,1-4.
84 Vgl. Tarn (1930), 142-151; Schulz (2005), 159. Liv. (36,44,8-9) beschreibt im übrigen recht genau für das Jahr 191 den Einsatz dieser Enterhaken durch römische Schiffe gegen ein karthagisches Schiff im Rahmen einer Seeschlacht gegen Antiochos d.Gr.: »Als die zwei, die das eine karthagische Schiff umzingelt hatten, in der gleichen Hoffnung auf sein Schiff zuhielten, befahl er den Ruderern, die Ruder auf beiden Seiten ins Wasser zu halten, um dem Schiff Halt zu geben, und die Enterhaken auf die herankommenden Schiffe der Feinde zu werfen und sobald sie den Kampf einem auf dem Land ähnlich gemacht hätten, sich an die römische Tapferkeit zu erinnern und die Sklaven des Königs nicht als Männer anzusehen«. (»Adversus quam eadem spe duae, quae Punicam unam navem circumvenerant, cum inferrentur, demittere remos in aquam ab utroque latere remiges stabiliendae navis causa iussit et in advenientis hostium naves ferreas manus inicere et, ubi pugnam pedestri similem fecissent, meminisse Romanae virtutis nec pro viris ducere regia mancipia.)«
85 Vgl. in diesem Sinne auch Medas (2000), 197-203, der die geringe Effektivität der Enterbrücken betont. Nach Penrose (2007), 51 wurden die Enterbrücken im Jahr 255 abgeschafft.
86 Die Argumente gegen die Historizität der Enterbrücken mit Hinweis auf Forscher z.B. bei Lendle (1983), 160 Anm. 174 (der allerdings selbst am polybianischen Bericht festhält) sowie bei Schulz (2005), 159f.
87 Tarn (1908), 218 Anm. 63.
88 Pol. 1,23.
89 Die Einzelheiten der Schlacht sind bis heute umstritten, weil der Bericht des Polybios manche Widersprüche enthält: Die gängigen Deutungen etwa bei Tipps (1985), 432-465, Lazenby (1996), 81-96 und jüngst bei Goldsworthy (2006), 110-115.
90 Pol. 1,26 mit Casson (1971), 104f., angezweifelt von De Souza (2007a), 359f., der sich allerdings allein auf die Polybiosgeschichte vom Nachbau eines gestrandeten karthagischen Schiffes stützt.
91 Pol. 1,27-28.

92 Vgl. Brizzi (2001), 29–38; Brizzi (2002), 60; Dienst des Xanthippos unter Pyrrhos: Schäfer (1967), 1348.
93 Vgl. Scullard (1974), 150 f.; Brizzi (2002), 60 f.; Penrose (2007), 67 f.
94 Pol. 1,34–37.
95 Vgl. Rawlings (2010), 280 f.
96 Pol. 1,21,7. Vgl. Goldsworthy (2006), 127; Rawlings (2010), 281.
97 Pol. 1,49–51; Diod. 24,1.

8.
Vom Lehrling zum Meister – Kriege mit Hannibal und den hellenistischen Königen

1 Vgl. Schulz (2005), 165 f.
2 Vgl. Erdkamp (2007), 105.
3 Zur (formlosen) *amicitia* zwischen Rhodos und Rom (seit 306) Pol. 30,5,6–8 mit Schmitt (1957), 1 ff., 17 f., 31. Handelspolitische Erwägungen hält auch Dahlheim (1968), 141 für wahrscheinlich. Vielleicht gingen schon im Jahr 306 rhodische und römische Schiffe gemeinsam gegen Seeräuber vor; Schmitt (1957), 46. *Amicitia* mit den Ptolemäern: Liv. 14; Eutr. 11,15; Schmitt (1957), 40; Dahlheim (1968), 144. Der Aufnahme der Beziehungen scheinen dagegen nach Ende des Krieges gegen Pyrrhos zunächst politische Erwägungen zu Grunde gelegen zu haben; vgl. Dahlheim (1968), 143 f.
4 Vgl. Willing (1998), 793 f.
5 Vgl. Rankov (1996), 53 f.; Willing (1998), 792 ff. mit den wirtschaftlichen Hintergründen.
6 Vgl. Seibert (1993), 49.
7 Vgl. Seibert (1993), 62; Pol. 3,64,3 ff.; 6,64 ff. (Polybios referiert römische Anschauungen); Liv. 21,40,1 ff.; 28,44,5; 29,3.
8 Vgl. Seibert (1993), 61; Zimmermann (2005), 59.
9 Vgl. Brizzi (2002), 60 ff.
10 Vgl. Lendon (2005), 206; Champion (2009), 107; Daly (2002), 83.
11 Vgl. Daly (2002), 84–90.
12 Vgl. Daly (2002), 95 ff.
13 Vgl. Daly (2002), 93–96; 112; Rawlings (1996), 85–89.
14 Vgl. Christ (2005), 56 f.
15 Vgl. Rankow (1996), 52 f.
16 Vgl. Christ (2005), 68; Delbrück (1920) I, 414 f.
17 Vgl. Bleicken (1995), 165.

18 Vgl. Christ (2003), 74; Zimmermann (2005), 119 f.; Speidel (2005 b), 57 f.
19 Pol. 3,107,9–13; Liv. 22,36,2. Vgl. Daly (2002), 25–29; Heftner (1997), 222 mit Anm. 39; Goldsworthy (2006), 198 und zuletzt Speidel (2005 b), 55. Die Nominalstärke der Einzellegion war erhöht worden.
20 Vgl. McCall (2002), 38 ff.
21 Pol. 3,115,2; vgl. McCall (2002), 36–39.
22 Vgl. Pol. 3,116,2.
23 Pol. 3,65; 3,115. Vgl. Sabin (1996), 69. Am Tag von Cannae wurden damit mehr Soldaten abgeschlachtet als am ersten Tag der Schlacht an der Somme 1916; Penrose (2007), 8.
24 Vgl. Zimmermann (2005), 127.
25 Vgl. Shean (1996), 176–182.
26 Vgl. Shean (1996), 184 f.; Nutzlosigkeit der Kavallerie: Delbrück (1920), I, 398.
27 Vgl. hierzu Barceló (2004), 147 f.
28 Vgl. Roth (2007), 383.
29 Vgl. Roth (2007), 377 mit Verweis auf hellenistische Parallelen. Allerdings gelang es dem Dichter Ennius mit einem berühmt gewordenen Vers seiner Annalen, den Beinamen ins Positive zu wenden (»unus homo nobis cunctando restituit rem.« – »Ein einziger Mann hat uns durch sein Zaudern den Staat gerettet.«).
30 Vgl. Beck (2007).
31 Vgl. Delbrück (1920), I, 402 f.; Rankov (1996), 54 f.
32 Vgl. Zimmermann (2005), 128.
33 Vgl. Penrose (2007), 30, 35.
34 Vgl. McCall (2002), 37–44.
35 Vgl. Delbrück (1920), I, 436.
36 Vgl. Delbrück (1920), I, 438 ff.; Meyer (1924), 211; Zimmermann (2005), 139 f.
37 Pol. 15,9,7. Vgl. Meyer (1924), 206; Sabin (2009), 190; Scullard (1974), 168 ff.
38 Vgl. Meyer (1924), 224; Brizzi (2002), 84 f.
39 Vgl. Meyer (1924), 211 f. mit der besten Rekonstruktion des Ablaufs.
40 Pol. 15,12; vgl. McCall (2002), 44, 59, 65 mit Schema 145 f.
41 Vgl. Hoyos (2007), 72.
42 Vgl. Heftner (1997), 310.
43 Vgl. die ausführliche Diskussion bei Dreyer (2007), 259–272.
44 Vgl. Sekunda (2007), 336.
45 Vgl. Kolb (1995), 210 f.; Rickman (1980), 17; 44: Nach Liv. (33,4,28) waren im Jahr 196 die jährlichen Getreidetribute aus Sizilien und Sardinien

selbst im Falle einer außerordentlichen Sendung von einer Million *modii* nicht mehr ausreichend für die Versorgung der Hauptstadt und der Armeen.

46 Vgl. Rickman (1980), 12 f.

47 Getreideimporte aus dem Ptolemäerreich während des Hannibalkrieges: Kolb (1995), 186.

48 Vgl. Liv. 31,40: »Philipp wurde durch die Ätoler und Athamanen und die Dardaner und so viele Kriege, die plötzlich hie und da ausbrachen, anderswo in Anspruch genommen.«

49 Vgl. dazu eindrucksvoll Liv. 31,34,4–5.

50 Liv. 32,3,2 ff. vgl. Heftner (1997), 322.

51 Vgl. Pietrykowski (2009), 200; Lendon (2005), 194; 206. In Griechenland passte man zudem die eigene Reiterei griechischen Vorbildern an; Pol. 6,25; vgl. Meyer (1924), 224 Anm. 1.

52 Vgl. Scullard (1974), 178–179; 190; Sabin (2009), 195.

53 Umrüstung der römischen Reiterei: Cagniart (2007), 91. Bundesgenössische Reiterei: Liv. 33,3,6–9; 4,6: »equitum copiis tantum, quod Aetoli accesserant, superabant.« Ätoler als beste Reiter Griechenlands: Livius 33,7,13. Vgl. Pietrykowski (2009), 200; Sabin (2009),194.

54 Erdkamp (2007), 103.

55 Vgl. Heftner (1997), 324–326.

56 Liv. 32,38,1.

57 Liv. 33,3,1–5. Vgl. Pietrykowski (2009), 199.

58 Delbrück (1920), I, 468–473. Vgl. Sabin (2009), 195.

59 Vgl. Penrose (2007), 82.

60 Liv. 33,8,7–8; Pol. 18,24.

61 Liv. 33,9,3; Pol. 18,25. Vgl. Sabin (2009), 196.

62 Liv. 33,9,6–11; Pol. 18,25–26. Vgl. Pietrykowski (2009), 206–208; Delbrück (1920), I, 473. Zu den Elefanten, die erstaunlicherweise auf Seiten Philipps fehlten, vgl. Scullard (1974), 178 f.

63 Liv. 33,9,11; 10,1–7. Vgl. Heftner (1997), 327.

64 Vgl. Plut. Aemilius 13. Liv. 42,62; Pietrykowski (2009), 225–226; Sabin (2009), 201 f.

65 Plut. Aemilius 20 sagt nichts von der Reiterei der Makedonen. Ihre Rolle in der Schlacht ist bis heute rätselhaft; vgl. Meyer (1924), 491 ff. Immerhin floh später Perseus mit den Reitern (Plut. Aemilius 23). Und er hatte bereits in der Schlacht am Kallinikos 171 mit den Reitern die Initiative ergriffen: Liv. 42,59,4–7.

66 Plut. Aemilius 19.

67 Plut. Aemilius 20; Pol. 18,26; Beste Interpretation der Quellen bei Meyer (1924), 488 ff. Die jüngeren basieren darauf: Pietrykowski (2009), 233;

Lendon (2005), 209; Bennett/Roberts (2009), 11. Scullard (1974), 184 f. zu den Kriegselefanten.

68 Vgl. Lendon (2005), 200–203.

69 Vgl. Meyer (1924), 471 f. zu Perseus. Bei Philipp ist es ebenfalls evident.

70 Vgl. Pol. 29,17,6 unmittelbar vor Pydna: »Perseus hatte nur einen Gedanken, zu siegen oder zu sterben (…).«

71 Plut. Aemilius 18.

72 Vgl. Lendon (2005), 200.

73 Vgl. die Diskussion bei Dreyer (2007), 229 ff.

74 Vgl. Bar-Kochva (1976), 158–162.

75 Liv. 37,40,5–14; Hoyos (2007), 74. Wobei offensichtlich nach den vorausgegangenen Niederlagen zur See die Initiative von Antiochos ausging: Vgl. Liv. 37,31,4: »(…) in unum iam consilium, ut acie dimicaret, intentus misit.« Dagegen spricht Livius wenig später (37,34,2) von »mora et cunctatio Romanorum«.

76 Vgl. Hirt (2007), 231 ff.

77 Liv. 37,42,7–8. Vgl. Bar-Kochva (1976), 196 f. Antiochos konnte 6000 *cataphracti* aufbieten; vgl. Mielczarek (1993), 41, 68 zu Raphia und Panion; Bar-Kochva (1976), 134 f., 163–173. Wahrscheinlich ging die Bildung der Kataphrakten auf den Ostfeldzug des Antiochos zurück. Die beste und einleuchtendste Rekonstruktion des Schlachtverlaufes unter dem seleukidischen Schlachtplan bietet Hirt (2007), v. a. 230–235.

78 Vgl. Bar-Kochva (1976), 172.

79 Liv. 37,42,1–3; 43,8–9; App. Syr. 30,150–36,189; Paus. 7,16,3. Vgl. Hirt (2007), 218 f.; Pietrykowski (2009), 214–222; Vorbild Alexanders: Hoyos (2007), 74. Scullard (1974), 180 zu den Kriegselefanten; McCall (2002) 65 zu den Reitern. Zu den Problemen der *cataphracti* vgl. Mielczarek (1993), 41 ff. Erschöpfung der Kataphraktenreiter als Grund für den mangelnden Rückzug: Everson (2004), 202.

80 Vgl. Bar Kochva (1976), 53, der hier die entscheidende Schwäche der seleukidischen Armee sieht. Allerdings war auch der Einsatz der Leichtbewaffneten bei Raphia und Magnesia nicht erfolgreich.

81 Pol. 18, 31–32; vgl. Wheeler (2007), 191 und Hirt (2007), 232 ff. Außerdem war das Gewicht der Bewaffnung im 3. Jahrhundert erhöht worden, wobei das Gesamtgewicht der Sarissen noch leichter war als die Ausrüstung der Legionäre; vgl. Bar Kochva (1976), 55, 65.

82 Plut. Aemilius 22; Pol. 18,28 ff.; Liv. 44,42,7 f. Vgl. Hammond (1984), 31 ff.

83 Antiochos wiederholte bei Magnesia nur einen Fehler, den er schon bei Raphia begangen hatte, nämlich sich zu weit vom Schlachtfeld zu entfernen; vgl. Bar Kochva (1976), 137.

84 Vgl. Bar-Kochva (1976), 86, 153 mit den fatalen Konsequenzen bei Raphia

und Magnesia. Auseinandergezogene, bis zu 3–4 km lange Linie und schlechte Sicht: Liv. 37,41,4. Vgl. Goldsworthy (2007), 80; Sabin (1996), 68 sowie Beston (2000), 322 zu Pyrrhos.

85 Mitunter wird vermutet, dass sich die Seleukiden in den 160er Jahren römischen Vorbildern anpassten. Nach Pol. 30,25,3 sollen in der Parade von Daphnae 5000 Männer in römischer Bewaffnung mitmarschiert sein. Bar Kochva (1976), 41 hält sie für die königliche Garde. Dies allein kann jedoch kein Argument für eine konsequente Reform sein, die auch sonst nirgends bestätigt wird; vgl. Everson (2004), 209f. Anders Sekunda (2007), 354, der die Belege als »military reform« interpretiert. Die Klientelfürsten waren anpassungsfähiger: Bell. Alex. 68 zu Deiotarus. Im 1. Jh. verstärkte sich die Adaption römischer Ausrüstung und Taktik; Plut. Lucullus 7,4 zu Mithridates und 16,6 zur Schlacht von Tigranokerta.

86 Vgl. die Ausführungen des Aemilius Paullus im Kriegsrat vor Pydna bei Liv. 44,38–39.

87 Vgl. Bar Kochva (1976), 96ff.

88 Vgl. Polyain. 8,61; Athen. 13,593e; 1 Makk. 3,41; Justin 38,10 zum Lager der seleukidischen Heere mit Bar Kochva (1976), 100.

89 Vgl. Bar-Kochva (1976), 101, 162 mit Appian. Syr. 18 (87).

90 Obwohl defensive Reserven, meist aufgestellt in einer zweiten Linie, den seleukidischen Armeen nicht unbekannt waren; vgl. Bar Kochva (1976), 122. Sie waren aber offensichtlich nicht zur Gegenattacke fähig.

91 Sekunda (2007), 336, 348, 343.

92 Zu den Kontributionen und Reparationszahlungen, die Rom den östlichen Monarchien auferlegte vgl. Meißner (2008), 252ff.

9.
Spezialisierung des Kriegshandwerks seit dem 2. Jahrhundert v. Chr.

1 Vgl. Meißner (2007), 75.

2 Vgl. u.a. Adams (2007), 199: »multiple theatres of war« in der späten Republik.

3 Vgl. Sampson (2010), 47–49. Niederlage von 141: Gwyn-Morgan (1974), 183–216. Spätere Niederlagen: Flor. epit. 1,39; Liv. 63. 141.

4 Vgl. Sampson (2010), 48, Flor. epit. 1,39,4; App. Ill. 5.

5 Zur Kriegsführung der Keltiberer ausführlich Penrose (2007), 110–123. Zu den Ereignissen und Kommanden im Einzelnen vgl. Simon (1962).

Es fehlt nach wie vor eine Arbeit, die sich dezidiert den militärischen Problemen und Phänomenen zuwendet.

6 Liv. 40,40,3. Vgl. Liv. 39,31,3–5.

7 Vgl. Bringmann (2003), 34–35. Zu den Zielen der lusitanischen Stämme: Dahlheim (1997), 97.

8 Vgl. Bringmann (2003), 35; zu den geringen römischen Verlusten im Osten: Hoyos (2007), 66.

9 Vgl. Hoyos (2007), 64.

10 Vgl. Paul (1984), 93f.; Cameron/Parker (2005), 33–57.

11 Z. B. jüngst McDonnell (2011), 36f.

12 Dienst in den makedonischen Kriegen: vgl. Parker (2011), 46f. Intensives Studium der hellenistischen Kriegskunst: Sall. Iug. 85,12–16. Von der mariusfreundlichen Tradition ins Negative gewendet: vgl. Parker (2011), 46.

13 Vgl. Linke (2005), 108.

14 Vgl. Plut. Sulla 28; die Einzelheiten bei Heftner (2006), 98f.

15 Liv. 67; Granius Licianus 33,14–17; Cass. Dio Frg. 91. Vgl. Wolfram (2004), 28; Todd (2000), 48f.; Simek (2006), 53–56. Schlachtskizze bei Neugebauer (2009), 23. Die Verlustzahlen sind zweifellos übertrieben; vgl. Heftner (2006), 102 und Anm. 258; die katastrophale Niederlage an sich steht aber außer Zweifel. Zum Verlauf des Kimbernzuges vgl. Timpe (2006b), 70–90. Kimbern als Söldner der Kelten: Timpe (2006b), 82–85.

16 Vgl. Timpe (2006b), 86.

17 Vgl. Randsborg (1999), 191–202; (2001), 157f.; Sidebottom (2004), 26.

18 Vgl. Plut. Marius 19, 21, 25; Timpe (2006b), 98.

19 Vgl. Linke (2005), 70f.; Heftner (2006), 101; Timpe (2006b), 89f. zur oszillierenden Lebensweise zwischen Landnahme und nomadischer Raubexistenz. Söldner in Gallien: 106.

20 Vgl. Timpe (2006b).

21 Vgl. Adler (1993), 252.

22 Vgl. Heuß (1998) 252; Sampson (2010), 139f.

23 Vgl. Meyer (1924), 226.

24 Sall. Iug. 86,2–4. Cagniart (2007), 81f.

25 Cic. rep. 2,40. Keppie (1984), 61; Heftner (2006), 40; 97; Cagniart (2007), 81.

26 Vgl. Serrati (2007), 496; Alston (2007), 179. Archäologische Oberflächenforschungen zeigen, dass Italien in den beiden letzten vorchristlichen Jahrhunderten dicht besiedelt war. Dagegen war die wirtschaftliche Entwicklung sehr heterogen.

27 Vgl. Rankov (2007), 32; Goldsworthy (2007a), 106f. Dennoch gibt es nach

wie vor Autoren, die von einer regelrechten Reform ausgehen; vgl. z. B. Penrose (2007), 104 f.

28 Liv. 25,39,1 für das Jahr 210; Pol. 11,23,1; 11,33,1; vgl. Sekunda (2007), 356; Bell (1965), 405 ff.; Cagniart (2007), 85.

29 Vgl. Goldsworthy (2007 a), 107 f.; Keppie (1985), 63; Cagniart (2007), 85.

30 Vgl. Bell (1965), 409–411.

31 Vgl. Bleicken (1995), 165 f.; Hildinger (2002), 122.

32 Vgl. Goldsworthy (2007 a), 108.

33 Vgl. Rankov (2007), 30–32; Rosenstein (2010), 296; Keppie (1984), 63–68. Zu früheren Verwendungen der Kohorte Bell (1965), 404–422; Sekunda (2007), 356 f. mit Liv. 25,39,1.

34 Vgl. Heftner (2006), 103. Val. Max. 2,3,2; Frontin. strat. 4,2,2.

35 Goldsworthy (2007 a), 134.

36 Vgl. Webster (1985), 129; Rankov (2007), 59 f.

37 Vgl. Roth (1999).

38 Plut. Marius 15.

39 Vgl. Roth (1999), 71 auch mit Hinweisen auf die frühere Praxis.

40 Vgl. Rankov (2007), 31; Keppie (1985), 66 mit Sall. Iug. 45,2; Plut. Marius 25,1–2.

41 Vgl. Heftner (2006), 103.

42 Plut. Marius 19–21. Vgl. Heftner (2006), 105; Hildinger (2002), 130.

43 Plut. Marius 25; vgl. Küsters (1939), 138.

44 Plut. Marius 25. Vgl. Meister (1999), 161 und die einleuchtenden Erklärungen von Aigner (1974), 12.

45 Plut. Marius 26. Zur Wahl des Schlachtgeländes vgl. Carney (1958), 229–237. Zum taktischen Verlauf der Schlacht: Völkl (1953), 253–256.

46 Plut. Marius 26; vgl. Völkl (1953), 84–85; Meister (1999), 162. Küsters (1939), 137 ist dagegen skeptisch gegenüber einem geplanten Manöver der Germanen.

47 Erstaunlicherweise ist von der römischen Reiterei im Rahmen des Flankenschwenks des Marius nicht die Rede; Plut. Marius 26,3 spricht ausdrücklich von den Legionen, die Marius mit sich fortriss, obwohl er in 25 sagt, dass die Ebene von Vercellae für das Ausschwärmen der Reiterei gut geeignet gewesen sei.

48 Vgl. Sander (1955), 226.

49 Vgl. McDonnell (2011), 40; zur routinemäßigen Aufgabenerfüllung: Eckstein (2007), 146.

50 Vgl. De Blois (2007), 167.

51 Sall. Iug. 96,3. Vgl. Parker (2011), 53.

52 Vgl. Dahlheim (1994), 448.

53 Sall. Cat. 11,5–7. Vgl. Keaveney (2007), 26 f. Vgl. zum grundsätzlichen

Phänomen die Analysen von Junger (2010), 25 f. (zu den Platoons in Afghanistan).

54 Vgl. Parker (2011), 40: »A new kind of military specialization had begun.« Ferner Dahlheim (1994), 440 und De Blois (2007), 168 f.

55 Vgl. zu den wenigen Fällen Dahlheim (2010), 111 f.

56 Vgl. u. a. Bleicken (1981), 214.

57 Vgl. Dahlheim (1977), 143.

58 Vgl. Cagniart (2007), 83.

59 Vgl. Dahlheim (2010), 149 f.

60 Vgl. De Blois (2007), 168.

61 Vgl. Keppie (2001), 88; Cagniart (2007), 82. Ein häufig vernachlässigter Aspekt der militärischen Professionalisierung besteht übrigens darin, dass seit etwa 100 v. Chr. vermutlich im Zuge der marianischen Rekrutierungen staatliche Waffenmanufakturen und Arsenale eingerichtet wurden; Cic. Rab. Post. 20; Cagniart (2007), 91.

62 Vgl. Linke (2005), 84–86; Heftner (2006), 111 f.

63 Vgl. Linke (2005), 101 f.; Dahlheim (1977), 314 f.; Dahlheim (1994), 403 f.

64 Vgl. Heftner (2006), 124.

65 Der Bundesgenossenkrieg bedeutete demnach auch das Ende der römischen Bürgerreiterei; der *ordo equester* wurde eine rein gesellschaftliche Institution; vgl. Sekunda (2007), 353.

66 Vgl. Cagniart (2007), 82.

67 Vgl. Linke (2005), 111.

68 Vgl. Dahlheim (2005), 23.

69 Vgl. Linke (2005), 111 f..

70 Vgl. Dahlheim (2005), 25.

71 Überblick über die Ereignisse bei Heftner (2006), 164 ff.

72 App. Mithr. 41–42 (159–162); Penrose (2007), 92; Christ (2002), 89 hält die beiden Schlachten wohl nicht zu Unrecht für »zwei der bedeutendsten militärischen Erfolge, die in der antiken Kriegsgeschichte von einer Minderheit über einen zahlenmäßig weit überlegenen Feind errungen wurden«. Das viel zitierte, aber selten studierte Buch von Mastrocinque (1999) geht auf die militärischen Aspekte des Mithridateskrieges nicht ein.

73 Vgl. Plut. Sulla 17–18. Reserve: Hildinger (2002), 191.

74 Plut. Sulla 19.

75 Plut. Sulla 19; App. Mithr. 42 (167–168). Vgl. Fündling (2010), 87; Hildinger (2002), 192. Es wird häufig übersehen, dass es sich um eine Reiterabteilung, nicht um Legionskohorten handelte. Die Parallele zu Marius' Vorgehen bei Vercellae ist verblüffend.

76 Plut. Sulla 21,1–9; Appian, Mithr. 42–50 (194–202). Vgl. Heftner (2006), 170 ff. und Mastrocinque (1999).

77 Vgl. Dahlheim (2005), 45 f.
78 Zitat und Argument bei Blösel (2011), 75. Vgl. Heftner (2006), 124.
79 App. civ. 1,67, 306; vgl. Dahlheim (1992), 205; Heftner (2006), 150.
80 Vgl. Potter (2010), 319 f.
81 Vgl. Rankov (2007), 33. Privatarmeen: Potter (2010), 319–321 und Keaveney (2007), 30 f.
82 Zitat: Eckstein (2007), 146 sowie 144–146 zu den Argumenten für diese Einschätzung.
83 Vgl. Blösel (2011), 73 ff. Ob man diesen Trend junger *nobiles* zur Bevorzugung ziviler Karrieren als eine regelrechte »Demilitarisierung der römischen Nobilität« bezeichnen kann, erscheint mir angesichts der gewaltigen Mobilisierung militärischer Kräfte in den Bürgerkriegen zweifelhaft. Außerdem wissen wir viel zu wenig über die Entwicklung früherer Jahrhunderte. Zur Spezialisierung und Konzentrierung militärischer Fähigkeiten vgl. Dahlheim (1994), 441 und Blösel (2011), 72 ff. Zum Zenturionat und den Legaten vgl. Potter (2010), 321–326.

10.
Militärpotentaten der späten Republik und der Kampf um die Macht im Reich

1 Vgl. Dahlheim (2007), 82.
2 Quellen und Interpretationen bei Schulz (2006), 76–84.
3 Vgl. Dahlheim (2010), 82.
4 Plut. Pompeius 24.
5 Vgl. App. Mithr. 63 (262); vgl. Rickman (1980), 50.
6 Cass. Dio 36,23,1. Bezogen von Garnsey (1998) auf die Situation der späten 60er Jahre.
7 Vgl. Schulz (2006).
8 App. Mithr. 426. Vgl. Schulz (2006), 80.
9 Vgl. Dahlheim (1977), 145–152.
10 Cic. Pis. 50; fam. 1,9,25; Blösel (2011), 58.
11 Vgl. Schulz (2005), 180 f.
12 Vgl. Dahlheim (2005), 84.
13 Vgl. Heuß (1998), 260; Meißner (2007), 86.
14 Vgl. Baltrusch (2002), 253 f.
15 Vgl. Timpe (1962), 107.
16 Vgl. Baltrusch (2004), 51.

17 Vgl. Dahlheim (2005), 100; Le Bohec (2001), 122–128.
18 Vgl. Le Bohec (2001), 156–172 mit Schlachtanalysen und -skizzen.
19 Diod. 40,4. Vgl. Schulz (2000), 295.
20 Vgl. Will (2009), 107.
21 Vgl. Will (2009), 111 zu den Schiffstypen der Flotte.
22 Caes. Gall. 4,20,2.
23 Vell. 2,46,1.
24 Plut. Caesar 23,2.
25 Auch später wurde dieser explorative Zug des Krieges insbesondere im hohen Norden weiterverfolgt; vgl. Tac. Germ. 1,1: (…) »wo erst jüngst einige Völkerschaften und Könige bekannt geworden sind, die der Krieg entdeckt hat *(quos bellum aperuit)*.«
26 Vgl. Schulz (2002), 263–278.
27 Vgl. Will (2009), 114.
28 Vgl. Dahlheim (2005), 106 f.
29 Dies die Generalthese von Dahlheim (2005), 99, die – soweit ich sehe – nie grundsätzlich widerlegt werden konnte.
30 Vgl. Walter (2009), 165.
31 Vgl. Sander (1955), 226–233.
32 App. Ib. 90–92 (394–404).
33 Vgl. Dahlheim (2005), 111; Le Bohec (2001), 293 ff.
34 Vgl. Sander (1955), 229 ff.; zu den germanischen Reitern Gundel (1936), 19 und zu ihrer Herkunft Tausend (1988), 491–497. Vgl. ferner Junkelmann (1991), II, 55 f.
35 Vgl. Blösel (2011), 74; Cagniart (2007), 93; De Blois (2007), 169.
36 Vgl. Timpe (1962), 114.
37 Vgl. Timpe (1962), 111 ff., Traina (2011), 209–217.
38 Vgl. Shahbazi (2000), 495 mit Plut. Crassus 19 und App. civ. 2,18.
39 Vgl. zu militärischen Einzelheiten Smith (1916), 237–262 und Penrose (2007), 218 f. Keine Infanterie auf Seiten der Parther: Wheeler (2007), 260. Keltische Reiter: Junkelmann (1991), II, 56.
40 Crassus und Alexander: Timpe (1962), 113 mit Belegen.
41 Vgl. Keppie (2001), 87; Erdkamp (2007), 96.
42 Belege und Interpretation bei Keppie (2001), 131.
43 Cic. Att. 10,8,4.
44 Vgl. Dahlheim (2005), 165 f.
45 Dies ist die übliche Interpretation der Forschung. Von den Älteren spricht sich Delbrück (1920), I, 644 dafür aus, dass Pompeius aus eigener Entscheidung die Schlacht gesucht habe.
46 Zur Herkunft der Reiter vgl. McCall (2003), 101 f.
47 Vgl. Sander (1955), 231; Delbrück (1920), I, 648. Darstellung der Schlacht

bei Goldsworthy (2004), 182f.; vgl. ferner zum Einsatz der Reiterei bei Pharsalos Junkelmann (1991), II, 126.

48 Das Folgende weitgehend nach Bleicken (1998), 158-166.

49 Für das Folgende vgl. Schulz (1998), 132-134.

50 Dieser immer noch unterschätze Aspekt der Bürgerkriege ist sorgfältig bei Kromayer (1897), 426-491 dokumentiert. Bockius, in: Baatz/Bockius (1997), 43 spricht von einem regelrechten »Wettrüsten«.

51 Vgl. Beispiele für diesen Trend bei Dahlheim (2010), 85f.

52 Vgl. Cass. Dio 48,17,3-4. Vgl. Dahlheim (2010), 84-88.

53 Cass. Dio 49,1,2; dass erst so spat diese Kampftürme auf römischen Schiffen verwendet und in der Kaiserzeit bereits wieder abgeschafft wurden, hat einsichtig Lendle (1983), 153f. gezeigt.

54 App. civ. 5,118 (448)-121 (503); vgl. Ferone (1989), 200ff. und Lendle (1983), 165f. zu den Schleuderenterhaken.

55 Vgl. Dahlheim (2010), 131f.

56 Dies die Hauptthese der jüngsten Analyse von Laspe (2007), 509-522.

57 Plut. Antonius 66, 5-67, 6; Cass. Dio 55, 33, 1-3; Vell. 2, 85, 3.

58 Vgl. Bockius, in: Baatz/Bockius (1997), 43, 61; Saddington (2007), 207.

59 Zur Gefolgschaft des Sextus: Saddington (2007), 206 und Dahlheim (2010), 91; Labienus: App. civ. 5,65; Cass. Dio 48,24,4-25,4; Vell. 2,78,1 mit Dahlheim (2010), 111; Keaveney (2007), 88; Hirtius: Dahlheim (2010), 86.

60 App. civ. 5,17 (69-71). Vgl. Keaveney (2007), 6, 82.

61 Vgl. zum Phänomen insgesamt Wolff (2009).

62 Vgl. Osgood (2006), 44-47, 128-131.

63 Vgl. Botermann (1968), 164.

64 Vgl. Botermann (1968), 44; Keaveney (2007), 64f.

65 Dezidiert jüngst bei Keaveney (2007), 52: »But the most remarkable feature of this time is that the troops now give directions and formulate policy.« Vgl. 42. Differenzierter und kontextgebundener Botermann (1968), 104f.; 174f.; vgl. Bleicken (1998), 62.

66 Suet. Aug. 26.

67 Vgl. Keaveney (2007), 48 und 46 zum »mercenary element, which now creeps into the relations between the commander and his troops.«

68 Vgl. De Blois (2007), 173 zu den »strong collective identities of groups of soldiers« in der späten Republik.

69 Anders Botermann, für die Klientelbindungen und die Verbundenheit gegenüber Caesar oder ein hieraus abzuleitendes Pflichtgefühl eine unbedeutende Rolle spielten. Vgl. Botermann (1968), 176. Zur geringen Bedeutung der »Militärklientel« Keaveney (2007), 30f. und De Blois (2007), 176.

70 Botermann (2007), 40, 77, 161, 174, 176. Zenturien = Platoons: Hoyos (2007), 69.

71 Zum besonderen Verhältnis Caesars zu seinen Zenturionen vgl. De Blois (2007), 174.

11. Herren der Welt – Die frühe Kaiserzeit und ihre Armee

1 Vgl. Dahlheim (2010), 168.

2 Vgl. Heil (1997), 2, 65 f.; Schmitt (1997), 18.

3 Vgl. Schmitt (1997), 16 ff.; 47 ff.; Dahlheim (2010), 288 ff.

4 Verg. Aen. 6,851 ff.

5 Zitiert nach Dahlheim (2010), 161.

6 Vgl. Dahlheim (2003), 27 f.; Alston (2007), 187.

7 Zitat: Dahlheim (2003), 29.

8 Zum gesamten Vorgang nach wie vor grundlegend Raaflaub (1987), 246–307 und Dahlheim (2003), 69–73; Dahlheim (2010), 311–316; Bleicken (1998), 547–563 sowie Gilliver (2007 b), 183–200.

9 Vgl. Rankov (2007), 35 und Alston (2007), 187 f. Zur Kostenminderung und zu weiteren wirtschaftlichen Erwägungen (Italien konnte nicht länger auf das Arbeitskräftepotential der Soldaten verzichten) vgl. Wierschowski (2002), 266 und Gilliver (2007 b), 184.

10 Zahlen bei Dahlheim (2010), 314; vgl. Sänger (2007), 68 f.; Dreyer (2009), 52.

11 Vgl. Gilliver (2007 b), 185 ff. Die Einzahlung des Augustus betrug 170 Millionen Sesterzen (R. Gest. div. Aug. 17); hinzu kam eine einprozentige Verkaufs- und Auktionssteuer sowie eine fünfprozentige Erbschaftssteuer.

12 Vgl. Gilliver (2007 b), 184, 197.

13 Vgl. Le Bohec (1993), 45, 47 f.; Dahlheim (2003), 71; Dreyer (2009), 53; Rankov (2007), 39. Wert als Truppenführer: Dahlheim (2010), 148 f.

14 Vgl. Timpe (2000 a), 50.

15 Vgl. Le Bohec (1993), 40 f.; Gilliver (2007 b), 190.

16 Vgl. Sänger (2007), 79 f.

17 Suet. Aug. 49. Vgl. Clauss (1986), 1080; Le Bohec (1993), 20–24; Gilliver (2007b), 196. Die häufig in der Literatur anzutreffende Bezeichnung als »Elitetruppe« ist also zu relativieren.

18 Vgl. Coulston (2008), 183; Rankov (2007), 42; Meyer-Zwiffelhoffer (2009), 26.

19 Vgl. Heil (1997), 1; Dahlheim (2003), 11 f.

20 Vgl. Dreyer (2009), 55; Saddington (1982), 5–26; Unzuverlässigkeit der Truppen der Klientelkönige: Cagniart (2007), 88.

21 Vgl. Holder (1980), 140; Rankov (2007), 51; Dahlheim (2003), 75; vgl. Tac. Agr. 21,1 mit Saddington (1982), 188 und unten S. 303. Zenturionen in den Auxilien: Holder (1980), 86.

22 Claudius legte 30 Dienstjahre als Obergrenze fest; Rankov (2007), 51. Allerdings erhielten die Auxilien im 1. Jahrhundert n. Chr. keine Donative, Land oder Geldbelohnungen; vgl. Rathbone (2007), 161 ff.

23 Vgl. Meyer-Zwiffelhoffer (2009), 44.

24 Vgl. Eck (1998), 82–85.

25 Goldsworthy (2007 a), 127; Webster (1985), 152 f.; Saddington (1982), 194.

26 Vgl. Gilliver (2007c), 131.

27 Vgl. Gilliver (2007c), 128–131.

28 Goldsworthy (2007 a), 127; Webster (1985), 151; etwas anders Saddington (1982), 34 f.

29 Vgl. Webster (1985), 157 ff., 165 f.; Rathbone (2007), 167; Saddington (2007), 201–217.

30 Vgl. Gilliver (2007c), 128; (2007 b), 195.

31 Vgl. Goldsworthy (2007 a), 126; Dreyer (2009), 55; Saddington (1982), 191. Kriegerkulturen: Goldsworthy (2007 a), 130. Zur Rolle der Außen- und Expansionspolitik in den neueren Augustusbiographien vgl. Walter (2011), 251 mit weiterer Literatur.

32 Vgl. Bleicken (1998), 569; Bleicken (1981), 216; Gilliver (2007 c), 196.

33 Einen ausgezeichneten Überblick über die Forschung zur Logistik des römischen Heeres bietet Kehne (2004), 115–151. Die zuverlässigste Monographie stammt von Roth (1999).

34 Roth (1999), 165 meint sogar mit Verweis auf Kissel (1995), 121 ff.: »the nature of the army and its logistics changed dramatically.«

35 Vgl. Kehne (1999), 122–139; Junkelmann (1997), 92. Die Berechnungen schwanken im Einzelnen enorm entsprechend der Kalkulationen des Tagesbedarfs. Vgl. etwa Kissel (1995), 34–37, der den Jahresbedarf einer 6000 Mann starken Legion auf 1533 t Weizen berechnet; vgl. Kehne (2004), 132 Anm. 113.

36 Vgl. Junkelmann (1997), 52 f., 64; Roth (1999), 82 f.; Kehne (1999), 199. Kamele und Wüstentransport: Roth (1999), 201 f.

37 Vgl. Roth (1999), 91–116; Junkelmann (1997), 49. Gerste für die Pferde: Roth (1999), 79.

38 Vgl. Peddie (1997), 42–58 mit Kehne (1999), 135.

39 Vgl. Breeze (1987/88), 7–28; Roth (1999), 119 errechnet für eine Armee von 40 000 Mann eine Tagesmenge von 80 000 Liter für die Menschen und 600 000 Liter für die Tiere.
40 Vgl. Roth (1999), 117–134. Grünfutter für die Tiere wurde in Kriegszeiten ausschließlich durch Fouragieren gesichert; vgl. Junkelmann (1997), 52.
41 Vgl. Roth (1999), 140–150 mit Quellenangaben.
42 Vgl. Roth (1999), 68; Junkelmann (1997), 84.
43 Vgl. Junkelmann (1999), 87.
44 Vgl. Roth (1999), 45.
45 Vgl. Roth (1999), 76–83, 115. Keine Viehherde auf dem Marsch: Junkelmann (1997), 54.
46 Vgl. Roth (1999), 146 f.
47 Vgl. Roth (1999), 169–177.
48 Vgl. Roth (1999), 182 ff.; Junkelmann (1997), 66.
49 Vgl. Junkelmann (1997), 57, 66 ff. (Speicher und Depots); Roth (1999), 189–195. Flüsse als Kommunikationslinien und Transportwege: Roth (1999), 196 ff.; als Wasserreservoir: Roth (1999), 190. Landversorgung bis zu 320 km: Roth (1999), 200.
50 So einsichtig die Überlegungen von Kehne (2004), 150 f. gegenüber den Versuchen mancher Forscher, eine solche zentrale Instanz zu konstruieren.
51 Schmitt (1997), 51.
52 Vgl. Timpe (2006 b), 94 f.
53 Vgl. Heil (1997), 22 ff.
54 Vgl. Heil (1997), 1.
55 Vgl. Dahlheim (2003), 73; (2010), 286 ff.; Goldsworthy (2007), 102 f.; Gilliver (2007c), 156.
56 Zur Neubewertung des strategischen Konzepts des Jemenfeldzuges vgl. Marek (1993), 121–156, besonders 145 f.; ferner Wheeler (2007), 240. Akzeptiert von Eich (2009), 568. Kontrolle des Handels: Schlange-Schöningen (2005), 130; eher Forschungsexpedition als Expansionskrieg: Bleicken (1997), 338; Feldzug in den Sudan: Bleicken (1997), 611 und Eich (2009), 568 Anm. 22.
57 Vgl. Eich (2009), 579 mit Anm. 73.
58 Suet. Tib. 9. Vgl. Dahlheim (2010), 292 f.; Dreyer (2009), 64; Bleicken (1998), 608 f.
59 Vgl. Dahlheim (2010), 294.
60 Diskussion der Positionen bei Eck (1998), 93 und Dreyer (2009), 58 ff.
61 Vgl. Timpe (2006 g), 306.
62 Vgl. Eich (2009), 565.
63 Vgl. Eich (2009), 566 f.; 571 ff., 578 ff., 586 ff.
64 Für Rat und Diskussionshilfen in Bezug auf die folgenden Überlegungen

danke ich ausdrücklich Matthäus Heil. Versuche, genauer zu kalkulieren, hat es natürlich immer gegeben: Junkelmann (1997), 50 rechnet z. B. mit einem Militärhaushalt in der zweiten Hälfte des 1. Jahrhunderts von »nicht viel unter 200 Millionen Denaren«, also rund 80 % des gesamten Staatshaushalts.

65 Vgl. Herz (2007), 319 f.; Junkelmann (1997), 48 f.

66 Vgl. Timpe (2006c), 124, 127; (2006 h), 272 f.

67 Vgl. Dahlheim (2010), 295; Timpe (2006 a), 62: »Caesars Eroberung eines kontinentalen Raumes jenseits der mediterranen Welt und Augustus' Absage an Ostexpansion und Alexanderträume haben die Berührung mit den nördlichen Barbaren vervielfältigt und daraus politische Aufgaben ersten Ranges erwachsen lassen.«

68 Vgl. Timpe (2006 a), 61; (2006 f), zu den Germanen als Erneuerer des alten Gallierschreckens.

69 Vgl. Timpe (2006 c), 130 f.; (2006 d), 157; (2006 h), 268 ff.; (2006 g), 306.

70 Vgl. Dahlheim (2010), 195 f.; Eck (1998), 93 f.; Timpe (2006 d), 156 zu den Einfällen rechtsrheinischer Stammesverbände nach Caesar; (2006 d), 163 zu Lollius und den Folgen.

71 Vell. 2,97,4. Vgl. Eck (1998), 94; Dahlheim (2010), 298; Dreyer (2009), 83.

72 Cass. Dio 56,18,2; vgl. Timpe (2006 a), 56; Dreyer (2009), 95 ff.

73 Vgl. Simek (2006), 68; Dick (2005), 91. Vell. 2,108,2 spricht von einer *vis regia*, die Marbod ergriffen habe.

74 Vell. 2,109. Vgl. Wolfram (2004), 37 f.

75 Vgl. Timpe (2006e), 203; (2006f), 233; (2006 g), 262.

76 Timpe (2006 g); Schlange-Schöningen (2005), 133 schätzt sie im Anschluss an Velleius Paterculus (2,108 f.) als sehr hoch ein. Doch ist dies in der neueren Forschung (u. a. Eich (2009)) bestritten worden.

77 Vgl. Dick (2008), 166–173; 179 ff. und Heather (2011), 23 mit weiterer Literatur.

78 Vgl. Timpe (2006 b), 94, 97.

79 Caes. Gall. 1,31,10; 35,1–2; 43,4–5. App. Celt. 16; Plut. Caesar 19; Cass. Dio 38,34,3. Dass die Bezeichnung *rex* ein auf römische Initiative zurückgehender Ehrentitel war und nichts über die Existenz eines germanischen Königtums aussagt, betont zu Recht Dick (2008), 69–72; 79; zur Funktion des Landgewinns vgl. Timpe (2006 b), 96.

80 Vgl. Timpe (2006 b), 94; Dick (2008), 188 ff.; dass man bei alldem keineswegs die Existenz eines germanischen Königtums voraussetzen muss, zeigt ebenfalls Dick (2008), 73, 83 ff.

81 Vgl. Dick (2008), 92; Todd (2000), 33; Timpe (2006 g), 308.

82 »(...) paene ad Romae disciplinae formam redactum«; Vell. 2,109, 1–2. Vgl. Adler (1993), 255.

83 Kehne (2001), 259.
84 Vgl. Adler (1993), 255.
85 Vgl. Dahlheim (2010), 300; Eich (2009), 588; Timpe (2006 g), 303 mit Tac. ann. 2,63,1.
86 Vgl. Bleicken (1998), 590.
87 Zur Bezeichnung als *duces* oder *principes* vgl. Dick (2008), 94.
88 Dahlheim (2010), 315.
89 Vgl. Hopkins (2009), 187.
90 Vgl. Gilliver (2007b), 194 mit Verweis auf Arminius (Vell. 2,118) und Iulius Civilis (Tac. hist. 4,16).
91 Auch der Aufstand der Gallier unter Florus und Sacrovir im Jahre 21 wurde von den Auxilien angezettelt, *armatae cohortes* bildeten den Kern der Truppen; Saddington (1982), 83 f.
92 Vell. 2,108 f.; Cass. Dio 55,29,2–3. Dahlheim (2003), 76 f.; Dyson (1971), 251.
93 Vell. 2,110,5 mit Saddington (1982), 46, 80.
94 Vgl. die Überlegungen hierzu von Timpe (2006 f), 225–234.
95 Vgl. Dreyer (2009), 100, 104, 109; Saddington (1982), 79.
96 Tac. hist. 4,13; 1,59. Vgl. Brunt (1960), 503 zu Claudius Labeo und Iulius Briganticus.
97 Tac. hist. 4,61,1; vgl. 17,6. Deshalb wird Civilis gewöhnlich auch nur als *dux* bezeichnet (z. B. Tac. hist. 4,34,1; 66,2; 70,1). Vgl. Dick (2008), 102. Anders Brunt (1960), 495, 504 f.
98 Vgl. Sommer (2009), 177.
99 Vgl. Holder (1980), 110, 123. Für die Konskription vgl. Tac. Agr. 13,1; 31,1.
100 Vgl. Tac. hist. 2,14,1; 4,17,2. Brunt (1960), 499; 502. Eine ähnliche Konstellation führte in Britannien zum Aufstand der Boudicca; vgl. Saddington (1982), 92.
101 Vgl. Tac. hist. 4,23,3. Vgl. 59,1 und Saddington (1982), 127, 133: Auch die Juden erwarben bei der Belagerung von Jerusalem im Jahr 69 Kenntnisse über römische Belagerungsmaschinen. Disziplin in römischen Lagern: Tac. hist. 2,17,3. Gliederung nach Kohorten: Tac. hist. 66,1. Vgl. Saddington (1982), 125. Vgl. auch 126 zu den verschiedenen ethnisch differenzierten Truppenteilen des Civilis.
102 Vgl. Timpe (2005), 152; Saddington (1982), 123; Sommer (2009), 178 f.
103 Tac. ann. 2,52; 3,20 f.; 73 f.; 4,23 ff.
104 Vgl. Erdrich (2004), 193.
105 Vgl. Todd (2000), 38; Dobias (1960), 156; Southern (2002), 201.
106 Vgl. Delbrück (1921), 38 ff.; Goldsworthy (2007), 96; Penrose (2007), 279.
107 Tac. hist. 2,45.

108 Caes. Gall. 1,52: »At Germani celeriter ex consuetudine sua phalange facta impetus gladiorum exceperunt.« Cass. Dio 38,49; Miltner (1954), 132 f.; Gundel (1937), 21; Stoll (1991 - 1999), 10. In der Schlacht gegen den römischen Legaten Munius Lupercus ließ Civilis hinter der Schlachtreihe *(acies)* Frauen und Kinder aufstellen, später sagt Tacitus, dass Civilis eine Schlachtlinie gebildet habe *(aciem instruere),* Tac. hist. 18,2 - 3; 2,34,1.vgl. 2,35,2.

109 Stoll (2001), 5. Civilis kam in den Besitz römischer Waffen: Tac. hist. 2,17,1.

110 Tac. ann. 2,45,2. Vgl. Miltner (1954), 140.

111 Vgl. Dreyer (2009), 188; Ausgangspunkt des Kampfes waren offenbar Rivalitäten um Klienten; Timpe (2006 g), 256.

112 Tac. ann. 2,45. Vgl. Delbrück (1921) II, 49 f.; Reserven: Gundel (1937), 34. Dass Marbod, auch ohne Zusammenstoß mit den Römern, die gleiche Taktik nutzte, sagt Vell. 2,109,1.

113 In diese Richtung geht die Interpretation von Delbrück (1921), 49 f.; unklar Stoll (2001), 7. Auch Civilis stellte die Canninefacten, Friesen und Bataver in Keilformationen *(propriis cuneis)* zur Schlacht gegen die römischen Legionen auf und war dabei so erfolgreich, dass die tungrischen Auxilien zu ihm überliefen und die römischen Einheiten geschlagen wurden; Tac. hist. 2, 16,2. Zur taktischen Bedeutung der *signa,* welche unterschiedliche operative Teile der Armee in die Schlacht führten vgl. Domaszewski (1885), 1 - 12.

114 Tac. ann. 2,88,2; vgl. Dick (2008), 100 ff.

115 Die Sueben Ariovists hatten zuvor als Söldner in Gallien gedient; vgl. Erdrich (2010), 193.

116 Tac. ann. 2,46. Angriff als typische Form der Schlachtentaktik auch infolge fehlender germanischer Kriegswaffen: Strab. 4,195,2; Plut. Marius 11,13; Caesar 19; Vitr. 6,1,3 ff.; Sen. de ira 1,11,3; Flor. epit. 1,38; Cass. Dio 77,14,1; Val. Max. 2,6,11. Ausnahme: Tac. Germ. 30 zu den Chatten; vgl. Gundel (1937), 35.

117 Vgl. Tac. ann. 2,16. Vgl. Penrose (2007), 211. 10 % der Germanen waren in dieser Zeit Schwertkämpfer. Die Auxilien benutzten anders als die Legionen kein *pilum* oder halbrunde Schilde, aber immerhin *gladius,* Helm und Panzer; vgl. Goldsworthy (2004), 136.

118 Vgl. Dick (2006), 176 ff.; Becker (1998), 44.

119 Vgl. Küsters (1939), 147; Timpe (2006 g), 250 zu Marbod.

120 Vgl. Timpe (2006c), 145; (2006 g), 264; Bündnispolitik: Timpe (2006 g), 285.

121 Vgl. Sommer (2009), 117.

122 Vgl. Dick (2008), 175; Schallmayer (2006), 175; Thorne (2007), 218 f.: »An

effort to protect the empire efficiently did not imply a loss of interest in conquest; on the contrary, an investment in defensive infrastructure in one sector could free up troops for offensives elsewhere.«

123 Vgl. Schmitt (1997), 82.

124 Vgl. Wierschowski (2002), 267–270.

125 Vgl. Herz (2010), 399; Le Bohec (1993), 238 f.

126 Vgl. Herz (2010), 399.

127 Vgl. Holder (1980), 111. Die Angleichung der auxiliaren Bewaffnung an die der Legionäre ist dagegen umstritten. Ich folge weitgehend Goldsworthy (2000), 127.

128 Vgl. Holder (1980), 141 f.

129 Vgl. Holder (1980), 110 f.; 142.

130 Vgl. Holder (1980), 143. Die traditionellen Erklärungen dieses Phänomens (vgl. z. B. Kraft (1951), 62 f. und Bleicken (1981), 225), sind von Holder (1980) differenziert worden. Demnach behielten die östlichen Auxilien auch über große Entfernungen ihre ethnische Homogenität (S. 118–121); vgl. S. 123 zur den lokal-provinzialen Rekrutierungen (außer Britannien).

131 Vgl. Herz (2010), 350.

132 Vgl. Strab. 4,5,3 (p. 200–201).

133 Vgl. Suet. Claud. 17,1; Austin/Rankov (1995), 128 f.

134 Vgl. Erdrich (2010), 196; Austin/Rankov (1995), 129; Sommer (2009), 129. Die »innenpolitische« Motivation des Britannienfeldzuges arbeitet Heil (1997), 70 ff. heraus. Vgl. ferner Penrose (2007), 186.

135 Vgl. Gilliver (1996), 55 ff. zu vergleichbaren Aufstellungen in ähnlichem Gelände und 62 ff. zur Schlacht selbst. Zu den batavischen Auxilien am Mons Graupius: Saddington (1982), 93.

136 Ostorius Scapulo führte z. B. in den späten 40er Jahren in Britannien ausschließlich Auxilien gegen einen Feind, der einer offenen Feldschlacht auswich; vgl. Tac. ann. 12,31; vgl. Thorne (2007), 222.

137 Tac. ann. 4,73; vgl. 5,16; Lammert (1931), 24; Gilliver (2007c), 134; Wheeler (1979), 310 f.

138 Tac. hist. 5,18 mit Thorne (2007), 225.

139 Tac. Agr. 29–37. Vgl. Strobel (2010), 222.

140 Vgl. Timpe (2006 h), 276; Wheeler (2007), 262. Nur in den Bürgerkriegen kam es dementsprechend zu regelrechten Schlachten. Gegen die Interpretation des Tacitus auch mit richtigen Argumenten Junkelmann (1991), 127.

141 Eich (2009), 567 meint sogar, dass die »augusteische Fundamentalstrategie« selbst auf eine Vermeidung von großen Entscheidungsschlachten angelegt war.

142 Strab. 1,10; vgl. Timpe (2006c), (2006g), 276f., 118. Schon Caesar sagt (Gall. 6,35,7): »Sümpfe und Wälder stellen für diese in Krieg und Raubzügen groß gewordenen Krieger kein Hindernis dar.« Vgl. Tac. ann. 1,64,2 zu den Chauken.

143 Vgl. Webster (1985), 241. Saddington (1982), 132f.; Timpe (2006g), 290. Häufig wurden die Legionen in Reserve gehalten; vgl. Saddington (1982), 184 und 195 zum Aufstand der Friesen unter Tiberius. Bei Belagerungen formierten die Legionäre ebenfalls in der Regel eine dichte Formation, um sich gegen die Abwehrgeschosse der Belagerten zu schützen; vgl. Tac. hist. 2,22,1–2.

144 Der Vergleich auch schon bei Lammert (1931), 20.

145 Domitius Corbulo nach Frontin. strat. 4,7,2. Zitiert bei Le Bohec (1993), 155.

146 Ios. bell. Iud. 4,7,425.

147 Ios. bell. Iud. 5,3,5. Vgl. Cass. Dio 65,4,1–2 zu den Bogenschützen und Schleuderern der Hilfstruppen.

148 Bau von Katapulten und Belagerungsmaschinen: 5,6,263; Schanzen: 6,4,225. Abwehr: 5,6,281; Schutz: 5,3,5.

149 Vgl. Lendon (2005), 242–247.

150 Ios. bell. Iud. 3,3,25; Kämpfe der ersten Phase: Ios. bell. Iud. 3,2,15–17. Vgl. die Analyse der gesamten Kämpfe bei Lendon (2005), 235–260.

151 Ios. bell. Iud. 3,18,207–212.

152 Brutalität der Syrer und Araber, angeblich von Titus getadelt: Ios. bell. Iud. 5,5,552–557; Heldentat des Auxiliarreiters: 5,7,310–314; Heldentat des Syrers Sabinus: 6,1,54–63. Not der Legionen und Hilfe der Auxilien, 5,8,338–341. Vgl. Lendon (2005), 242.

153 Ios. bell. Iud. 5,2,80–97. Vgl. auch 5,3,118.

154 Vgl. Flavius Josephus, de bello Judaico. Griechisch und Deutsch, Band II,1: Buch IV–V. hrsg und mit einer Einleitung sowie mit Anmerkungen versehen von O. Michel und O. Bauernfeld, Darmstadt 1963, 243 Anm. 25. mit 1. Sam 14,15; Dt 11,23ff. u.a.

155 Ios. bell. Iud. 3,19,219–220; 3,24,253–254.

156 Veg. 17,3. Er bezieht sich wahrscheinlich auf Verhältnisse des späten 2. Jahrhunderts; vgl. Sander (1940), 389f.

157 Vgl. ähnlich schon Lammert (1930), 23 und Kromayer/Veith (1963), 546: »Im Übrigen galt der Grundsatz, dass den Legionen die technischen Arbeiten zufielen, den Auxilien hingegen der gefahrvollere und verlustreichere Aufklärungsdienst und oft auch die exponiertere Einteilung in der Schlacht.« Artillerieeinsatz der Legionäre: Thorne (2007), 221: Nach Josephus (Ios. bell. Iud.3,166) und Vegetius (Veg. 2.25) verfügte jede Legion über rund 60 Maschinen.

158 Schmitt (1997), 110.

159 Vgl. Strobel (2010), 268.

160 Vgl. Speidel (1970), 142–153. Er erhielt zwei *torques* und zwei *armillae,* vielleicht auch *phalerae*.

161 Vgl. Holder (1980), 143; Leander-Touati (1987), 44f. und Strobel (2010), 237 zum ersten Dakerkrieg Zu den Einheiten der Auxilien vgl. im Einzelnen Tentea (2006), 127–140.

162 Vgl. Lendon (2005), 242f.; 251f.; Strobel (2010), 238–240.

163 Vgl. Lendon (2005), 246f.; Sander (1955), 225f.; R.M. Ogilvie/I.A. Richmond, Cornelii Taciti De Vita Agricolae (1967), 272. Vgl. Tac. hist. 3,10,1; 18,2.

164 Vgl. Speidel (1975), 202–231, bes. 211f.; *numeri* seit Trajan: Kromayer/Veith (1963), 477; Gilliver (2007b), 195; Southern (1989), 81–140. Eliteeinheiten: Heil (2006), 150.

165 Vgl. Brzezinski/Mielczarek (2002), 14–20; Länge des *kontos:* 24; Ansiedlungen: 9f. Die Konfrontationen sind im Zusammenhang mit den Dakerkriegen gesammelt bei Schmitt (1997), 84ff. Schwere Bewaffnung und Schuppenpanzer: Tac. hist. 1,79,3.

166 Vgl. Thorne (2007), 223; Wheeler (2007), 261f.; Negin (1998), 65–75 für sarmatische und gegen parthische Vorbilder; dagegen Strobel (2007), 274 für parthische Vorbilder nach Trajans Partherkrieg. Rüstung und Bewaffnung der römischen Panzerreiter: Hld. 9,15, nach Strobel (2007), 274 aber ohne Pferderüstung. Berittene Lanzenträger *(contarii)* ohne Pferderüstung erscheinen erstmals im jüdischen Krieg Vespasians (66–70) und gingen vielleicht auf die armenisch-parthischen Feldzüge des Corbulo zurück; Ios. bell. Iud. 3,5,5; vgl. Tac. hist. 3,27; Lammert (1931), 46; Wheeler (2007), 261. An den Wüstengrenzen und in Ägypten wurden dafür Kamelreiter eingesetzt. Die gallische Kavallerie hatte sich bei Carrhae noch als ineffektiv gegen die parthischen Reiter gezeigt; s. o. S. 264.

167 Schild an Schild: Cass. Dio 72,8,2 gegen die Quaden 174 n.Chr; Cass. Dio 72,7,2 zum Kampf gegen die Jazygen 173 n.Chr. Solche dichten phalanxartige Formationen bildeten immer eine Option römischer Kampftaktiken. So ließ Caracalla zur Vorbereitung seines Partherfeldzugs 16000 Mann nach Vorbild der makedonischem Phalanx ausbilden und trainieren (Cass. Dio 78 (77), 7,1–2; 18,1; Herodian. 4,8,2; 4,10,3). Strobel (2007), 277 sieht hier zu Recht eine Reaktion auf die erwartenden Reiterangriffe der Parther. Auch Alexander Severus formte Legionäre zu einer Phalanx (SHA Alex. 50,4). In anderen Fällen (Tac. hist. 1,79,4) versuchten die römischen Soldaten die berittenen Angreifer mit Wurfspieß und Lanzen zu attackieren und gingen dann in den Nahkampf mit

Schwert über. Vgl. auch Tac. hist. 2,14,3, wo der Reiterangriff der Treverer im Heer des Vitellius durch Veteranen abgefangen wird. Ferner Tac. hist. 1,79,1–4 zur Abwehr eines Reiterangriffes der Roxolanen. Zur Funktion der Auxilien als mobile Ergänzung der schweren Legionärsinfanterie vgl. Anderson (1987), 103; Bosworth (1977), 244 ff. und Wheeler (1979), 313 vermuten die Umstellung der Legionärsaufstellung in die defensive »Phalanxformation« in trajanischer Zeit. Parthische Reiter und Bogenschützen sowie defensive Kampfaufstellung: Campbell (1987), 25; *testudo:* Wheeler (1979), 307 f.

168 Arr. Alan. 12–15. Zur Defensivstellung Bosworth (1977), 237. Ferner Goldsworthy (1996), 138; Gilliver (2007c), 136 f. Zu angeblichen Konflikten Roms bereits in neronischer Zeit mit den Alanen, die allerdings nie auf römisches Gebiet vordrangen vgl. Heil (1997), 171 ff.

169 Arr. Alan. 16–19. Vgl. Lammert (1931), 61; Bosworth (1977), 236–127; unterschiedliche Speere der Legionäre: Gilliver (2007b), 192 f. *Kontoi:* Penrose (2007), 224; Gilliver (2007 b), 193. In anderen Fällen schossen leichtbewaffnete Bogner hinter der schwerbewaffneten Linie über die Köpfe der Legionäre: Cass. Dio 75,7,4; vgl. Cass. Dio 75,6,5. Es gab im 3. Jahrhundert schon regelrechte Trainer für den Einsatz der *kontoi;* Strobel (2007), 277.

170 Arr. Alan. 21 (berittene Bogenschützen); 22 (Garde und Elitekavallerie). Vgl. dazu Veg. 17,4; Strobel (2007), 274; Bosworth (1977), 237, Wheeler (1979), 303. Schon im Jüdischen Krieg formte die Legionsreiterei eine Elitegarde (Ios. bell. Iud. 4,47–49). Le Bohec (1993), 160 behauptet, dass Arrian geschickter als Agricola manövrierte. »Geschicklichkeit« ist eine unpassende Kategorie. Beide Feldherren passten ihre Truppen optimal dem Gelände und dem Gegner an.

171 Vgl. Phang (2008), 125.

172 Cass. Dio 68,32,4–5.

173 Lehrreich in dieser Hinsicht z. B. Junger (2010), 25 ff.

174 Vgl. Junkelmann (1991), II, 76; Strobel (2010), 387–381.

175 Vgl. Junkelmann (1991), II, 76; Strobel (2010), 413.

176 Vgl. Bleicken (1981), I 324, vgl. 224 f. Zu den (umstrittenen) Zielen und Inhalten der Constitutio Antoniniana vgl. Dahlheim (2003), 251 f.

177 Vgl. Hannestad (2001), 148; R. R. Smith, JRS 77 (1987), 115–117, plates XIV f.

178 Vgl. Hannestad (2001), 148.

179 Vgl. Hannestad (2001), 148. BMC II, nr. 143.

180 Vgl. Schmitt (1997), 37; Hannestad (2001), 149.

181 Vgl. Strobel (2010), 242.

182 Vgl. Schmitt (1997), 37 (mit Zitat); Zanker (1998), 72; Hölscher (2000), 97.

183 Vgl. Leander-Touati (1987), 14 f., 29. Kaiser und Göttinnen tragen *paludamentum* und *mullei* anstelle *caligae* – auch dies ein Moment der Hierarchisierung und Parallelisierung zwischen Kaiser und Gottheiten.

184 Vgl. Zanker (1998), 56; Strobel (2010), 241 f.

185 Vgl. Zanker (1998), 60; Leander-Touati (1987), 68–74. Nur ganz wenige Anführer der Daker weisen im Trajanfries heroische Züge auf, um dem kaiserlichen Sieg noch mehr Größe zu verleihen und vielleicht an das alte römische Zweikampfideal zu erinnern.

186 Vgl. Leander-Touati (1987), 28 zu hellenistischen Vorbildern, sowie Hekster (2007), 344.

187 Vgl. Zanker (1998), 70 f.

12.
»Wir wollen Soldaten sein!« – Militarisierung des Reiches im 3. und 4. Jahrhundert n. Chr.

1 Dies und das Folgende weitgehend nach den einleuchtenden Rekonstruktionen von Strobel (2001), 103–124; vgl. auch Herz (2010), 355.

2 Vgl. Herz (2010), 355; Strobel (2001), 118 f.

3 Vgl. Schmitt (1997), 141 ff.; Heather (2011), 100 f.

4 Vgl. Strobel (2001), 105 f.

5 Vgl. Schmitt (1997), 39; Zanker (1998), 58; Heather (2011), 104.

6 Hölscher (2000), 101.

7 Vgl. Hölscher (2000), 100 f.; Zanker (2000), 163 ff.

8 Cass. Dio 72,36,4.

9 Für viele Goltz (2008 a), 430–433, der allerdings auf die Unsicherheit und methodische Schwierigkeiten verweist.

10 Der bedeutendste Vertreter dieser These ist im englischsprachigen Raum Heather (2011), 51 ff.; 54 ff. Ferner Wolfram (1997), 65; Goltz (2008), 434; Austin/Rankov (1995), 211; Southern (2002), 53 zu den Alamannen sowie 203 ff.; Pitz (2001), 43 ff.; Dick (2008), 40: »großangelegte barbarische Kampfverbände«; Sommer (2008), 263: »Die tribalen Großverbände des dritten und der folgenden Jahrhunderte waren hochmobile, disziplinierte und zu allem entschlossene Gefolgschaftsgruppen, gleichsam Heere auf Wanderschaft (…)«. Es fragt sich dann aber, inwiefern sich etwa die Kimbern und Teutonen am Ende des 2. vorchristlichen Jahrhunderts von diesen Verbänden unterschieden. Sommer (2008), 264 hält

sie für »Prototypen« dieser wandernden Stämme. Grundsätzlich gab es aber immer die Möglichkeit, größere »Wanderverbände« zu bilden, wenn entsprechende Voraussetzungen und Rahmenbedingungen gegeben waren.

11 Vgl. Elton (1996), 43, 87 und 72; Goldsworthy (2007), 115; Lee (2007), 417; Dick (2008).

12 Vgl. Goldsworthy (2007), 116; 120. Kritisch Heather (2011), 37.

13 Vgl. Heather (2011), 60–62, 73f.

14 Vgl. Dick (2008), 192f. und Anm. 142 mit Quellen. Elton (1996), 72f.; Goldsworthy (2000), 175; Southern (2002), 204f.

15 Zitat: Dick (2008), 191.

16 Vgl. Heather (2011), 63ff.

17 Vgl. Dick (2008), 198f.; Heather (2011), 57f.

18 Heather (2011), 95 sowie 138 mit dem Hinweis auf Beute als entscheidendes Motiv.

19 Vgl. Dick (2008), 196; Sommer (2009), 269 und Heather (2011), 96 (»Militärkönigtum«) zu dem durch Rom geförderten neuen Typus des Heerkönigs.

20 Vgl. Elton (1996), 29f., 45, 52f.; Ferrill (1986), 144; Goldsworthy (2007), 118. Im Donaugebiet waren die Goten halbsesshaft, in Aquitanien wurden sie zu sesshaften Bauern. Wahrscheinlich konnte etwa ein Viertel der Gesamtbevölkerung als Krieger aktiv sein; Elton (1996), 73.

21 Heather (2011), 58. Zur Notwendigkeit, möglichst viele »Freie« (z. T. mit Frauen und Kindern) zu integrieren, vgl. Heather (2011), 141, 144.

22 Vgl. Southern (2001), 206; Dick (2008), 207; Goltz (2008a), 435f.; Caes. Gall. 1,43,4 zu Ariovist; Tac. Germ. 42,2 zu den *reges* der Markomannen und Quaden.

23 Vgl. Stoll (2001), 277f.; Southern (2001), 206; dass die Könige wussten, wann Rom seine Truppen abzog, ist offensichtlich; vgl. Southern (2001), 212.

24 Dies räumt auch Heather (2011), 55 ein.

25 Vgl. Humphries (2007), 240; Goldsworthy (2007), 115; Dick (2008), 199; Sommer (2009), 265. Höchstzahl germanischer Krieger: Wolfram (Reich), 28, 164; Pohl (2005), 32, 76; Heather (2011), 68f. Rd. 2000 Mann von Kriegerbanden: Crump (1975), 60.

26 Vgl. Goltz (2008a), 441–445 zu den Alamannen.

27 Vgl. Huttner (2008), 208f.; Goltz (2008b), 456f.; Heather (2011), 126.

28 Vgl. Adler (1993), 262; Penrose (2007), 207, 214.

29 Iord. Get. 18; Lact. mort. pers. 4,3; Southern (2001), 73–75, 222ff.; Potter (2004), 246; Huttner (2008), 208–211; Pohl (2005), 46. Karte bei Southern (2001), 223. Vielleicht taucht Kniva 271 unter dem Namen Cannabas oder Cannabaudes gegen Aurelian noch einmal auf.

30 Vgl. Sommer (2004), 74f.; Wolfram (Goten), 56f.; Southern (2001), 222f. Iord. Get. 18; Zos. 1,23,3; Zon. 12,10. Aur. Vict. 29,4. Nony (1997), 41f. analysiert die Quellen zur Schlacht des Kniva.

31 Goltz (2008b), 457.

32 Einen Überblick über die »Seezüge« der Goten seit den 250er Jahren mit allen zu eruierenden historischen Details gibt Schwarcz (1992), 47–57. Die griechischen Städte an der nördlichen Schwarzmeerküste dürften dabei nicht nur Schiffe und Matrosen, sondern auch Informationen über lukrative Beuteobjekte geliefert haben; vgl. Heather (2011), 133.

33 Zos. 1,31; Goltz/Hartmann (2008), 236; Wolfram (1990), 57; Southern (2001), 224 und 109 zur Übertreibung der Zahlen. Rebellionen: Schwarcz (1992), 51f.

34 Vgl. Potter (2004), 252; Eine detaillierte Rekonstruktion der Seeunternehmungen bei Schwarcz (1992), 47–57. Piraten im 1. und 2. Jahrhundert Ormerod (1967), 259. Überfälle zur See nichts Ungewöhnliches: vgl. Randsborg (2001), 157ff. mit einem archäologischen Befund.

35 Vgl. Wolfram (1990), 62f. Vgl. Southern (2001), 109; Goltz/Hartmann (2008), 247ff.

36 Dexipp. frg. 27 FGrH 2A, 470–472; vgl. Schwarcz (1992), 53–54.

37 Für das Folgende vgl. Haywood (1991), 30–32. Zos. 1,71 zu den Franken.

38 Vgl. Wiesehöfer (1998), 205ff.; Tallis (2008), 173; Southern (2001), 61.

39 So etwa Pitz (2001), 35; Supermacht: Penrose (2007), 252; Heather (2010), 83ff.

40 Felsrelief von Naqs-i Rustem; Zeichnung bei Southern (2001), 239; Bild bei Wiesehöfer (1998), Tafel XXII.

41 Vgl. Potter (2004), 224.

42 Vgl. Whitby (2007), 316; Goldsworthy (2009), 135.

43 Was die Möglichkeit mit einschließt, dass die Römer subjektiv von der Bedrohung durch das Perserreich überzeugt waren; vgl. Goldsworthy (2007), 114f.

44 Fronto, ad Verum Imperatorem 2,3,2. Vgl. Leander-Touati (1987), 64f. Vgl. Herodian. 4,10 (polemisch) zu Caracalla: »Nicht viel später verspürte er das Verlangen, den Titel Parthicus zu erwerben und den Römern mitzuteilen, dass ›er die Barbaren im Osten überwältigt‹ habe.« Es folgt der sogenannte Heiratsschwindel, der den Krieg auslöst.

45 Amm. 22,7,8. Vgl. Lendon (2005), 290. Vgl. auch Herodian. 1,5,6; 6,6 und 15,7 zum kriegerisch-imperialen Druck, der auf dem Kaiser lastete.

46 Vgl. Isaac (1992), 372–418; Huyse (2002), 305, 307; Lendon (2005), 290ff.; 311ff.; Spawforth (1994), 233–247 und die Diskussion bei Goldsworthy (2007), 110ff.

47 Herodian. 6,2,1–2; 2,6–7; Cass. Dio 80,4,1; Amm. 17,5,3–8. Vgl. Southern (2001), 230 und die Zusammenstellung in: Dodgeon/Lieu (1991), 16–17 mit 352 Anm. 12. Zur Orientierung an den Kategorien der Historiker des 5. Jhs.: Kuhn-Chen (2002), 323 ff., 342.

48 Vgl. die Diskussion dieses Aspektes bei Kettenhofen (2002), 60–63 und Huyse (2002), 304 ff.

49 Vgl. Lee (1993), 15–20; Lenski (2002), 137 f.

50 Vgl. Wheeler (2007), 259 f.

51 SKZ m.p. 4–6; pa 3s., gr.6–10 (gegen Gordian); SKZ m.p. 6–11, pa.4–9, gr 10–19. Vgl. Potter (2004), 224; Southern (2002), 233; Huyse (2002), 303: »purement defensives«. Zu recht weist Huttner (2008), 188 auf die naheliegende Tendenz der sasanidischen Quellen hin, die eigenen Erfolge zu überzeichnen; aus römischer Sicht war z. B. Gordian III. wohl nicht in der Schlacht, sondern einem Attentat zum Opfer gefallen (Aur. Vict. 27,8; Eutr. 9,2,3). Vgl. ähnlich zu Valerians Gefangennahme: Goltz/Hartmann (2008), 250 f.

52 Vgl. Goldsworthy (2009), 136. SKZ m.p. 12–21, pa.9–16, gr.19–36. Vgl. dazu Huyse (2002), 303 f.; Goltz/Hartmann (2008), 258 f.; unklar bleibt Huttner (2008), der 185 von einem »scharfen Konfrontationskurs gegen das Imperium Romanum« spricht, in der dazu gehörenden Anm. (214) aber Kettenhofen zustimmt, wonach Shapur nicht den achaimenidischen Besitzstand wiedererringen wollte.

53 Vgl. Isaac (1992), 384 f.; Lee (2007), 418, Mosig-Walburg (2009), 45, 62 f. sowie Goltz/Hartmann (2008), 234 zu Shapur. Erst Kusro II. bedrohte Konstantinopel 626. Southern (2001), 237 f.: »Though Shapur claims that he took several Roman cities, he may have exaggerated the number of places that fell to him; in the end his territorial gains do not seem to have been tremendous.« Sommer (2004), 47; Goldsworthy (2007), 113. Selbst Wiesehöfer (2008), 539 ist inzwischen von der These umfangreicher territorialer Expansionsziele abgerückt und enthält sich einer eindeutigen Festlegung. Vgl. ders. 546 zu den »bescheidenen« Zielen Narsehs nach dem Sieg über Galerius.

54 Vgl. Isaac (1992), 385.

55 Vgl. Austin/Rankov (1995), 70–73. Cass. Dio 68,9.

56 Herodian. 3,4 (7–8). Vgl. Southern (2001), 33. Severus beendete daraufhin die Bestrafungen der Anhänger des Pescennius Niger und verschärfte die Kontrollen an der östlichen Grenze.

57 Vgl. Goldsworthy (2009), 136; zu den Gefangenen speziell Lieu (1986), 475–505.; Farrokh (2007), 189; anders Southern (2001), 259, der den Wunsch der Perser nach »static, organised wealth« betont und hierin einen Unterschied zu den Germanen sieht.

58 Vgl. Southern (2001), 125; Potter (2004), 225, 229. Vgl. auch Herodian. 1,5,6; 6,6 und 15,7.
59 Vgl. Southern (2001), 41 mit Herodian. 3,7-12 zu Septimius Severus sowie allgemein 232; Sommer (2009), 194 zum erfolgreichen Partherfeldzug Trajans, Kreucher (2008), 418f. zur Einnahme Ktesiphons durch Carus 283.
60 Vgl. Southern (2001), 236-238 auch zu den Übertreibungen in Shapurs Inschriften.
61 Vgl. Parker (2004), 256; Southern (2001), 79.
62 Ioh. Mal. 12,296,5-297,10. Vgl. Sommer (2004), 47; (2008), 272f.; Southern (2001), 101f.
63 Vgl. Southern (2001), 61ff. zu Severus Alexander sowie 70.
64 Vgl. Wheeler (2007), 260; Shahbazi (2000), 494 zu den Parthern, 496f. zu den Sasaniden.
65 Vgl. Southern (2001), 231; Tallis (2008), 175; Goldsworthy (2007), 136.
66 Vgl. Howard-Johnston (1995), 165-169. Ein reguläres sasanidisches Heer umfasste rund 12 000 Mann; Penrose (2007), 257.
67 Vgl. Shahbazi (2000), 495 mit Plut. Crassus 19; App. civ. 2,18.
68 Vgl. Mielczarek (1993), 43. Parthische Kataphrakten: Plut. Crassus 21,6; Iust. 41,2; vgl. Mielczarek (1993), 52.
69 Vgl. Wiesehöfer (1998), 263; Nicolle (1996), 30; Tallis (2008), 176f.; Penrose (2007), 259 setzt dagegen bereits das Verhältnis der parthischen Panzerreiter zu den berittenen Bogenschützen auf 1:10 an. Zur Funktion der Lanze vgl. Thorne (2007), 223.
70 Vgl. Nicolle (1996), 15f.; 20.
71 Vgl. Amm. 14,6,8.
72 Vgl. Amm. 19,7,6-7; 24,6,8; 25,6,2; Soz. 2,14; Iul. or. 2,64B; 65B-66A; Nicolle (1996), 24; Rance (2007), 362; Wheeler (2007), 261; Le Bohec (2010), 155.
73 Vgl. Le Bohec (2010), 154f., 201, der meint, das sasanidische Heer habe dem »hellenistischen Modell« geähnelt. Dennoch vermieden sie, wie Le Bohec (2010), 155 zugibt, Kämpfe im offenen Gelände und setzten auf den Klein- und Guerillakrieg.
74 Vgl. Nicolle (1996), 21; Penrose (2007), 262.
75 Vgl. Shahbazi (2000), 498 mit Amm. 25,1,18.
76 Vgl. Nicolle (1996), 47; Farrokh (2007), 182f.; Rance (2007), 359.
77 Cass. Dio 76,15.
78 Vgl. Dahlheim (1994), 556. Vgl. Cass. Dio 78,9-10.
79 Vgl. Lieu (2011), 158; Heil (2008), 747. Vgl. Cass. Dio 78,13 zu Alexander Severus.
80 SHA Sept. Sev. 23,4; vgl. SHA Pert. 5,7.

81 Vgl. Lieu (2011), 158.
82 Zitat: Sommer (2008), 251.
83 Vgl. Sommer (2008), 307.
84 Vgl. Sommer (2004), 51, Southern (2001), 247, 251, 253.
85 Vgl. Goldsworthy (2009), 152.
86 Vgl. Goltz/Hartmann (2008), 268 sowie Hartmann (2008), 251ff. und (2001).
87 Vgl. Sommer (2008), 312–321.
88 Vgl. Goltz/Hartmann (2008), 268, 271.
89 Vgl. Sommer (2005), 51; Southern (2001), 97–102.
90 Vgl. Haywood (1991), 27, 30f.
91 Vgl. Wolfram (Goten), 57, 63. Rasch konnten die römischen Autoritäten nach der Stabilisierung der Lage im Innern die Gefahren der Piraterie minimieren; De Souza (1999), 223.
92 Vgl. Heil (2008), 724.
93 Vgl. Heil (2008), 746.
94 Vgl. Heil (2008), 723, 746.
95 Vgl. Goldsworthy (1996), 229f.; Speidel (2008), 677; steigende Bedeutung der von Rittern kommandierten Spezialtruppen: Heil (2008), 723. Angriffe der Germanen ins Reichsgebiet zu Pferd: Dexipp. FGrH 100 F 6,4; Aur. Vict. 21,2. Vgl. Herodian. 7,2,1 zur Effektivität der osrhoenischen, armenischen und maurischen Verbände gegen die Germanen. Ob deren Kampfesweise allerdings mit »Guerillataktik« korrekt beschrieben ist (so Huttner, 2006, 166), darf bezweifelt werden, weil die Germanen zu einer solchen Art des Krieges selten fähig waren; vgl. ausführlich Goldsworthy (2006), 41ff.
96 Vgl. Heil (2008), 747.
97 Vgl. Speidel (1975), 208–213; außerdem Tac. hist. 2,58,1: »ingens Maurorum numerus aderat, per latrocinia et raptus apta bello manus.«
98 Vgl. Speidel (2008), 677f.; Strobel (2007), 274ff.
99 Zu den einzelnen Reiterverbänden des Gallienus ausführlich Speidel (2008), 677–684. Speidel schätzt den Anteil der Reiterei am Ende des 3. Jahrhunderts auf 35% des Gesamtheeres (S. 689 Anm. 100). Zu den Kommandoverhältnissen: 686. Unklar ist, ob Gallienus diesen Reiterverbänden Fußtruppen der Grenzlegionen *(vexillationes)* direkt anschloss oder parallel zu den Reiterverbänden eine eigene Truppe bildete. Vgl. Nicasie (1998), 35; Southern/Dixon (1998), 37; Potter (2004), 257. Diese Verbände gingen auf die Reformen des Septimius Severus zurück.
100 Vgl. Heil (2008), 754; Southern (2001), 88ff.; Austin/Rankov (1995), 212; Bleicken (1981), I, 232. Mailand hatte große strategische Vorteile, u.a.

für die Bereitstellung von Nahrungsmitteln für die Truppe, besaß es doch fruchtbares Umland und leichte Transportmöglichkeiten.

101 Palme (2007), 87; Heil (2008), 745–747.

102 Vgl. Goltz/Hartmann (2008), 278; Elton (2008), 208.

103 Ferrill (1986), 31 f.; Palme (2007), 88; Nicasie (1998), 36; Goltz/Hartmann (2008), 274; Wolfram (1990), 64; Simon (1980), 435 ff.; Palme (2007), 88.

104 Vgl. Nicasie (1998), 36; Southern/Dixon (1996), 11.

105 Vgl. Whitby (2007), 310.

106 Vgl. Sommer (2004), 94; (2009), 224–228; Southern (2001), 255 f.

107 Vgl. Sommer (2009), 225; Speidel (2006), 687. Die Förderung von ritterlichen Offizieren setzte in den Markomannenkriegen ein; Southern (2002), 2, 19, 95; Rankov (2007), 72 ff.

108 Vgl. Southern/Dixon (1996), 7 f.; Sommer (2008), 236; Heil (2008), 722; Strobel (2007), 272.

109 Vgl. Heil (2008), 745 f.

110 Zitat: Heil (2008), 744. Vgl. Southern (2001), 91 f.; Elton (2007), 305. Schon Severus hatte das Avancement erleichtert und den Sold erhöht; er ernannte Ritter zu Kommandeuren dreier neuer Legionen; vgl. Southern/Dixon (1996), 7 f.

111 Vgl. Heil (2008), 748, 753.

112 Vgl. Heil (2008), 753; Goltz/Hartmann (2008), 279 mit Anm. 253 zu den Beispielen: Marcianus und Augustianus gegen die Heruler sowie Aurelius Marcellinus.

113 Vgl. Goltz/Hartmann (2008), 280 f.

114 Vgl. Goltz/Hartmann (2008), 279 mit A. 279 zu den Beispielen und weiterer Literatur. Sie waren Vorläufer der *protectores domestici* der Spätantike; vgl. Southern (2001), 90 f.

115 Vgl. Heil (2008), 748.

116 Vgl. Heil (2008), 754.

117 Synk. 467,15–16. Vgl. Goltz/Hartmann (2008), 284 f.

118 Vgl. Sommer (2008), 334 f.

119 Vgl. Heil (2008), 756.

120 Dexipp. FGrH 6–7 (FHG Müller III, S. 682). Vgl. Southern (2001), 112; Speidel (2008), 684; Huttner (2008), 185. Vandalen stellten 2000 Reiter: Dexipp. FGrH 100 F7 (FHG Müller III, S. 685); SHA Aur. 18,2; Zos. 1,48; vgl. Goltz (2008), 452. Germanen unter Gordian: Goltz (2008), 456 f.

121 Aur. Vict. 33,6. Vgl. Speidel (2008), 685.

122 Vgl. Strobel (2007), 275 f., 278 f.

123 Vgl. Speidel (2008), 685.

124 Vgl. Austin/Rankov (1995), 185–195, 200–204.

125 Vgl. Goltz (2008 b), 463.

126 Vgl. Southern (2001), 103, 106; Zon. 12,24–25; vgl. Zos. 1,50, 52,3–4 zu Aurelian.

127 Zos. 1,43; 45,1. Vgl. Hartmann (2008), 303; Goltz (2008), 460.

128 Es handelte sich um verschiedene Stämme der Heruler, Peuciner und Goten. Schiffszahlen: Zos. 1,42,1; erfolgreiche Seeschlachten der Römer: Zos. 1.44,2; Hartmann (2008), 302 f.; Goltz (2008 a), 460.

129 Vgl. Hartmann (2008), 314 f.

130 So Goldsworthy (2009), 148 f.

131 Vgl. Southern (2002), 20.

132 Dies war an sich keine revolutionäre Maßnahme: Mark Aurel hatte sich die Herrschaft zunächst mit Lucius Verus und dann mit seinem Sohn Commodus geteilt. Die Severer folgten seinem Beispiel.

133 Vgl. Dahlheim (2002), 560 f.; Kolb (1987).

134 Vgl. Southern (2001), 138–145. Der von Maximian zu diesem Zweck zum Flottenbefehlshaber ernannte Carausius wurde später verdächtigt, eine Usurpation anzustreben. Nachdem eine Strafexpedition gescheitert war, erhielt Carausius selbst den Auftrag, das Meer gegen die Piraten zu schützen. Zum wechselvollen, erst in der zweiten Phase erfolgreichen Perserkrieg des Galerius, der wahrscheinlich auch zur Einnahme Ktesiphons führte, vgl. Southern (2001), 149–151.

135 Vgl. Kienast (1966), 142–144; Reddé (1986), 640.

136 Vgl. Southern (2002), 144 f.

137 Vgl. Clauss (1986), 1081; Frank (1969), 14 ff.; Treadgold (1995), 92; Paneg. 12,17,1.

138 Vgl. Bleicken (1981), 233; Nicasie (1998), 41, 47; Elton (1998), 94; Southern/Dixon (1996), 16–19; Southern (2001), 179, 203. Vielleicht geht die Einrichtung der *scholae* als kaiserliche Garde auch bereits auf Diokletian zurück; Southern (2001), 158.

139 Vgl. Austin/Rankov (1995), 215; Elton (2007), 272 f.

140 Vgl. Elton (2007), 307.

141 Vgl. Nicasie (1998), 43; 61; Southern/Dixon (1996), 19; Elton (1998), 89 ff.; (2008), 208; Southern (2001), 157 ff., 179 ff.; Strobel (2007), 271; *comitatenses* nahe bei den kaiserlichen Residenzen Trier, Mailand, Aquileia, Sirmium, Serdica, Thessalonike, Nikomedia und Antiocheia: Strobel (2007), 269.

142 Elton (1998), 214. Zur Größe und Organisation der Flotte: Elton (2007), 280 f., 295.

143 Vgl. Southern/Dixon (1996), 19; Elton (1998), 210. Über die Größe der Feldheere ist wenig bekannt: Die größte Armee zog Julian gegen die Perser zusammen, nämlich 83 000 Mann; Jones schätzt 113 000 *comitatenses*

im Westen, 104000 im Osten, aber eine einzelne Feldarmee war nie so groß; Elton (1998), 211.

144 Vgl. Nicasie (1998), 77–80; Elton (2007), 275, 306. Häufig wurden *duces* zu *comites rei militaris* befördert, nach dem Abzug der Feldarmee fiel das Comes-Amt zurück in den Dux-Rang.

145 Vgl. Elton (2007), 274 f. Zur Rolle der *comites* vgl. im Einzelnen jetzt die überaus gründliche Studie von Scharf (2005), 32, der feststellt, dass *comites* nur dann ernannt wurden, »wenn sie einen Auftrag selbständig und mit mehr als einer Einheit durchführen sollten«.

146 Vgl. Elton (1998), 177 f., 215. Mitunter waren Nachrichten über gefährdete Grenzen mehrere Wochen alt, bis sie den Kaiser erreichten. Außerdem mussten die Feldheere zwischen verschiedenen Angriffszielen entscheiden. Das Strategikon des Maurikios (6. Jh. n. Chr.) schlägt vor, die Ankunft der Feldarmee zu verzögern, um die Versorgungsprobleme der einbrechenden Gegner zu verschärfen; Elton (1998), 215; Maurikios, Strategikon 10,2,1–5; 11,3,15–17.

147 Vgl. u. a. Southern (2001), 165; Elton (2007), 273.

148 Vgl. Ferrill (1986), 49; Nicasie (1998), 41; Southern/Dixon (1998), 38; Elton (1998), 99 ff., 204 ff.; Goldsworthy (2004), 203, 213; gegen die These einer minderen Qualität der *limetanei* z. B. Strobel (2007), 268.

149 Vgl. Nicasie (1998), 183; Elton (1998), 179 mit Schema.

150 Vgl. Southern (2001), 252.

151 Vgl. Southern/Dixon (1998), 23 ff., 41, 130–133; Elton (1998), 155–174. Kosten, Arbeitsaufwand und Mannschaften: Nicasie (1998), 178; Elton (1998), 156 f.

152 Vgl. Austin/Rankov (1995), 220; Whitby (2007b), 328–330 ff.; Nicasie (1998), 119; 172–174, 176, 177, 182 f., 261. Die Römer verfolgten eine komplexe Strategie, die auf der Möglichkeit großräumiger und schneller Nahrungsmittel- und Truppentransfers sowie der intelligenten Grenzverteidigung beruhte. Teilweise gehen die Bauten auf Verteidigungssysteme des 3. Jahrhunderts zurück; Postumus ließ Forts auf der Linie Bavay-Tongres bauen. In der Schwarzmeerregion basierte dagegen die Verteidigung auf der Hilfe barbarischer Klienten; Nicasie (1998), 131 f. Gegen Gesamtstrategie: Southern/Dixon (1998), 29 und Elton (1998), 181.

153 Vgl. Rance (2007), 343.

154 Vgl. für viele Crump (1975), 12, 101 sowie Austin (1979), 141–151 zu den Kenntnissen des Ammianus Marcellinus.

155 Vgl. Campbell (1986), 131 f.; Chevedden (1995), 144 f.; Scharf (2005), 262.

156 Vgl. Goldsworthy (1996), 192 ff., 246 f.; Rance (2007), 359 und zur »rhetoric of frontier defences« Whitby (2007b), 312–317.

157 Vgl. Whitby (2007 b), 319 f.; Nicasie (1998), 176; Southern/Dixon (1998),

127; Elton (1998), 221, 239; Crump (1975), 124f. Militärische Tapferkeit als kaiserliche Tugend und Triumphe: Lenski (2002), 137–147.

158 Vgl. Nicasie (1998), 75f.; Ferrill (1986), 41f. Das jährliche Budget für die Armee der Spätantike betrug 450–500 Millionen Sesterzen. Vgl. Ferrill (1986), 26.

159 Vgl. Goldsworthy (2004), 206; Southern (2001), 156; Fear (2007), 434. Die *auxilia palatina* waren wohl halb so stark, die *vexillationes* der Reiterei dürfte rund 600 Mann umfasst haben.

160 Vgl. Kienast (1966), 124–133; Reddé (1986), 635f. zu den italischen Verbänden, und allgemein 640.

161 Flotteneinheiten und dux: Scharf (2005), 54, 105.

162 Vgl. Kienast (1966), 148f.; Reddé (1986), 629–634, 644 zu den *lusuriae* mit Amm. 17,1,4; 18,2,13.

163 Vgl. Kienast (1966), 133–150.

164 Vgl. Treadgold (1993), 93.

165 Vgl. Mielczarek (1993), 74ff.; Arr. tact. 4; Nazar. Paneg. 23–24. Veränderungen in der Bewaffnung der römischen Panzerreiter verliefen offenbar mehr oder weniger gleichzeitig bei den persischen; Mielczarek (1993), 84.

166 Vgl. Harl (1996), 625ff. mit Durchsicht der bisherigen Literatur.

167 Vgl. Mielczarek (1993), 48–50; Harl (1996), 626. Veg. 3,234 zu den *clibanarii*.

168 Rance (2007), 354; Ferrill (2007), 50; Elton (1998), 114; Junkelmann (1991), II, 81 zu den Kosten sowie (1992), III, 212ff. zum Rosspanzer; ferner Scharf (2005), 18: Demnach zählte die Notitia Dignitatum im Osten sieben, im Westen nur zwei *Catafracti*-Einheiten.

169 So etwa Rance (2007), 353.

170 Als prominentester Vertreter dieser These gilt Altheim (1952), angeführt bei Sommer (2008), 428. Ferner Junkelmann (1991), II, 72, 82. Auch Bleicken (1981), I, 228ff. tendierte noch zu dieser Ansicht. Völlig verfehlt ist die auf Altheim und älteren Werken beruhende Ansicht Meyers (1982), 126, wonach seit Kaiser Konstantin »die Reiterei den Hauptbestandteil des römischen Heeres« ausmachte.

171 Vgl. u.a. Gundel (1937), 18.

172 Vgl. z.B. Hartmann (2008), 303f. zur Schlacht des Claudius (Gothicus) gegen die Goten am Haemusgebirge 270; Zos. 1,45,1–46,2; SHA Claud. 11,3–12,2.

173 Vgl. Crump (1975), 39 (im Gegensatz zu den Persern); Nicasie (1998), 187; Rance (2007), 349; Le Bohec (2010), 81. Gegen eine Überschätzung der Reiterei auch Christol (1998), 118.

174 Vgl. Elton (1998), 236 und 237, 250. Überlegene Logistik: Crump (1975), 47.

175 Vgl. Elton (1998), 72. Wenn von der Einnahme von Städten die Rede ist, handelte es sich meist um die außerhalb der Mauer gelegenen Äcker; in anderen Fällen wurden Städte durch Verrat erobert.

176 Vgl. Elton (1998), 76, 83 ff., 173; Nicasie (1998), 202, 255. Der Preis für diese Taktik bestand darin, dass große Teile römischer Territorien geplündert wurden. Dies minderte die kaiserliche Autorität in den Grenzregionen.

177 Vgl. Elton (1998), 53, 57–61, 67–71, 80; Raddatz (1985), 281–361.

178 Vgl. Nicasie (1998), 214; Rance (2007), 350–352; Wheeler (2007), 263.

179 Vgl. Kromayer/Veith (1963), 587; Rankov (2007), 62; Elton (1998), 107, 110; Nicasie (1998), 190 ff., 214; Strobel (2007), 279 zur Aufgabe der *lorica segmentata*. Die auf Vegetius beruhende Meinung, wonach die Fußtruppen Brustpanzerung und Metallhelme aufgaben (Bildvergleich bei Ferrill (2007), 48), trifft für das 4. Jahrhundert nicht zu; Nicasie (1998), 187. Sie beruht wohl darauf, dass der Soldat während der meisten Zeit seines Dienstes die schwere Bewaffnung nicht brauchte und sie erst zum Gefecht anlegte; vorher wurde sie auf Karren transportiert; vgl. Penrose (2007), 248.

180 Keine *triplex acies:* Kromayer/Veith (1963), 552. Nischer (1927), 399 lässt Julian seine Infanterie bei Straßburg in drei Treffen aufmarschieren, ohne dies jedoch belegen zu können. Detailliertere Beobachtungen bei Le Bohec (2010), 162 zu Amm. 16,11,9 und 24,6,9.

181 Vgl. Nicasie (1998), 65 f., 190–193; Ferrill (1986), 42; Le Bohec (2010), 162.

182 Vgl. Nicasie (1998), 217. Die *auxilia palatina* gehörten zu den besten Truppen der Antike.

183 Vgl. Rance (2007), 364; Amm. 17,13,9; Veg. 1,26; 3,17; 19–20.

184 Vgl. Nicasie (1998), 215; Ferrill (1986), 29; Wheeler (1979).

185 Amm. 16,12,20; 44. Vgl. 24,2,14; 4,15. Vgl. Crump (1975), 109.

186 *Primani:* Amm. 16, 12, 49; *Batavi:* 16,12,45. Eigentlich müsste es sich um eine Reitereinheit handeln, doch die Wendung Ammians *celeri cursu,* mit der die Bataver ihren Kameraden zur Hilfe kamen, deutet eher auf Fußtruppen. Zum Einsatz der Reserven bei Straßburg: Rance (2007), 364; Zum Schildwall der *testudo:* Rance (2007), 366. Zur Schlacht insgesamt Nicasie (1998), 231–233; Elton (1998), 255 f. Schaubild bei Goldsworthy (2004), 210–211. Zur Aufklärungsarbeit vor der Schlacht Austin/Rankov (1995), 77. Zum germanischen Führer, der mehrere alamannische *subreguli* vereinigen konnte vgl. Whitby (2007), 314. Zum taktischen Verständnis des Ammian am Beispiel von Straßburg sowie dem Einrücken der Verstärkungen vgl. auch Austin (1979), 153 f.

13.
Probleme der spätantiken Armee – Adrianopel und die Folgen

1 Vgl. Ferrill (1986), 14; Nicasie (1998), 76, 185, 218, 257, 264; Southern/Dixon (1998), 39, 98 sowie bereits Crump (1975), 82f.

2 Vgl. Krause (2010), 431f.; zur *annona militaris:* Le Bohec (2010), 143 und Mitthof (2001).

3 Zitat: Pitz (2001), 93

4 Vgl. Scheidel (2001), 67–72; Whitby (2007c), 518.

5 Fakten mit sämtlichen Quellenangaben bei Stein (1928), 139f.; 142f.; 158ff.

6 Demandt (2007), 89, nimmt dagegen die hohen Zahlen von 165 000 Mann gegen 130 000 Mann (Chronica Minora) recht wörtlich. Sehr wahrscheinlich wurden Trossknechte und Helfer sowie der Versorgungstrain mitgezählt.

7 Zos. 2,51,1.

8 Zon. 13,8,17; Epitome de Caesaribus 42,4; Zos. 2,50,-54. Vgl. Demandt (2007), 107.

9 Vgl. Lenski (2002), 82; Crump (1975), 42, 54: Allein zwischen 353 und 378 mussten die Kaiser drei Revolten niederschlagen; allgemein zum Problem: Lee (2011), 159.

10 Vgl. Crump (1975), 51, 56, 65; Liebeschuetz (1990), 20; Lenski (2002), 53, 314. Veg. 2,5; CTh 7,1,8; 10,22,4 (398).

11 Vgl. Le Bohec (2010), 79. Umgruppierungen und Teilungen: Vielleicht führten die Verluste von Mursa zu der viel diskutierten Heeresteilung in *seniores* und *iuniores,* die man früher auf die von Valentinian und Valens vorgenommene »Heeresteilung von Naissus« datierte; vgl. Scharf (2005), 224ff. Die bekannteste, für bestimmte Kommandounternehmen angeworbene Freischärlertruppe unter dem Germanen Charietto wurde vom Caesar Julian eingesetzt; Amm. 17,10,5; Zos. 3,7,4–5; Scharf (2005), 29.

12 Vgl. Southern/Dixon (1996), 67–71; Elton (2007), 297f.; Lenski (2002), 312.

13 Vgl. Lenski (2002), 53.

14 Vgl. Demandt (1990), 631; Pitz (2001), 164.

15 Vgl. Jones (1992), 615f.; Matthews (1975), 268–269; Liebeschuetz (1990), 19; Stickler (2007), 506 mit Veg. mil. 1,28; Symm. epist. 6,64 und CTh 7,13,8 (380 n.Chr.).

16 CTh VII,18; Val. III, Nov. VI,1–3. Vgl. Brandt (1988), 116f.; Fear (2007), 429ff., 431f., 435; Penrose (2007), 243f. Landbesitzer entziehen sich der

Rekrutenstellung: Liebeschuetz (1993), 274 mit Nov. Mai. II,4. Selbstamputation: Lenski (2002), 314; Burckhardt (2008), 122.

17 Vgl. Lee (2011), 160 ff.; Whitby (2007c), 518; Krause (2010), 434.

18 Vgl. Fear (2007), 430, 434.

19 Vgl. Carrié (1997), 143.

20 Vgl. Lee (2011), 161; (2007), 87; Mitthof (2001).

21 Vgl. Heil (2006), 149 und Le Bohec (2010), 220 f. mit Belegen.

22 Amm. 17,10,4–5 (Übers.: W. Seyfarth); vgl. Le Bohec (2010), 141.

23 Vgl. De Blois (2002), 104 ff.

24 Vgl. Heil (2006), 149.

25 Vgl. Carrié (1997), 139; Fear (2007), 425–437, 441, 449.

26 Vgl. Stein (1928), 159 mit den Quellen; Kienast (1966), 136–149 und Le Bohec (2010), 169 mit Zos. 2,22–24 zur Seeschlacht zwischen Konstantin und Licinius, dem einzigen längeren Bericht über ein größeres Seegefecht, zu dem laut Zosimos Licinius Schiffe v. a. aus dem Ägäisraum, Zypern und Nordafrika heranzog. Zur Interpretation: Reddé (1986), 637 f.

27 Vgl. Kienast (1966), 138 ff. Allerdings gilt es mögliche gattungsbedingte Reminiszenzen an Actium zu berücksichtigen; vgl. Reddé (1986), 639.

28 Vgl. Huttner (2008), 165; Penrose (2007), 12; Lee (2011), 160. Kalkulationen und Rechnungen für die Heereskosten im Verhältnis zur Heeresstärke und Gesamtbevölkerung bei Treadgold (1995), 159–200.

29 Anon. de rebus bell. 17,1–2. Vgl. Reddé (1986), 639.

30 Anon. de rebus bell. 5,2 f. Vgl. Brandt (1988), 105 ff.

31 Vgl. Brandt (1988), 74 f. In Ägypten war diese Einrichtung offenbar schon seit dem frühen 4. Jahrhundert üblich.

32 Vgl. Heil (2006), 150 mit Anm. 38; Demandt (2007), 284; Brandt (1988), 74.

33 Vgl. Nicasie (1998), 258; Southern/Dixon (1998), 53, 68 ff., 74; Fear (2007), 433.

34 Vgl. Lee (2011), 162. Zum Verfall der militärischen Qualität vgl. u. a. Le Bohec (2010), 79: »Das von Diokletian geschaffene institutionelle System, die Fiskalisierung der Rekruten, begünstigte die Mittelmäßigkeit.«

35 Veg. 1,1; Lee (2011), 162; Haldon (2005), 85–100; Mielczarek (1993), 79.

36 Zos. 2,16,3–4 zur Milvischen Brücke; 2,45,4, 48, 3 zu Mursa.

37 Vgl. die Hinweise des Zosimos (4,35,6) auf die »sehr leistungsfähigen Pferde« unter dem Reitergeneral Andragathios, was auf beträchtliche Qualitätsunterschiede hindeutet.

38 Schlechte Ausrüstung der Soldaten und Probleme bei der Verpflegung der Pferde: Lib. or. 2,37,8; Jones (1992), 646; korrupte Offiziere und schlechte Qualität der Pferde: CTh 6,31; 11,17; 18; zum Gesamtphänomen: Southern/Dixon (1992), 160, 216 f.

39 Vgl. Zos. 4,35,5 zur Flucht der maurischen Reiterei im Kampf zwischen Gratian und Maximus. Selbstverständlich gibt es auch Fälle, bei denen die Reiterei erfolgreich war: so im Jahr 370 bei einem Kampf eines *cataphractorum equitum cuneus* gegen die Sachsen; hier retteten die Reiter die zurückgedrängte Infanterie (Amm. 28,5,5–7; vgl. Crump, 1975, 81). Allerdings handelte es sich kaum um eine regelrechte Schlacht.

40 Zos. 3,3,3.

41 Amm. 16,12,7, 37–38; 63. Kataphrakten: Amm. 16,2,5; vgl. Mielczarek (1993), 49, 76; Crump (1975), 89.

42 Zos. 3,3,4–5; vgl. Nischer (1927), 402 f.; Tomlin (1987), 117 f. Austin (1979), 154 weist auf den Widerspruch hin, wonach Ammian einerseits die Effektivität der Reiterei in der Schlacht (16,12,21–22) und andererseits deren offensichtliches Versagen (16,12,37 ff.) hervorhebt.

43 Vgl. Southern/Dixon (1992), 142.

44 Amm. 22,12,1–5; vgl. Crump (1975), 57. Vgl. die Zusammenstellung sämtlicher Quellen in: Dodgeon/Lieu (1991), 231–274.

45 Ferrill (1986), 52; Bringmann (2004), 171. Zu den Zahlen bei Ammian vgl. auch Austin (1979), 109.

46 Vgl. Nicasie (1998), 167 f.; Bringmann (2004), 177 f. Er folgte dem Beispiel des Alexander Severus (3. Jahrhundert). Auch Valens plante einen Persienfeldzug mit drei Armeen.

47 Perser unvorbereitet: Nicasie (1998), 168; Hochwasser durch Schleusenöffnung: Bringmann (2004), 178 ff.

48 Vgl. Ferrill (1986), 55. Ammian sagt (23,3,9), dass Julian Belagerungsmaschinen mit sich führte. In dem Nichterscheinen der zweiten Heeressäule sieht Nicasie (1998), 169 einen wichtigen Grund für das Scheitern des gesamten Feldzugs.

49 Amm 24,7,3–5. Vgl. Austin/Rankov (1995), 79.

50 Vgl. Ferrill (1986), 55 f. Zum Perserfeldzug insgesamt vgl. Ridley (1973), 317–330; Kaegi (1981), 209-213. Versorgungsprobleme: Nicasie (1998), 153. Zu den persischen Panzerreitern, die nach Ammian offen oder in geschlossener Formation angriffen, vgl. Crump (1975), 39 mit Amm. 23,6,83; 24,7,7 und zur lediglich unterstützenden Funktion der Infanterie 23,6,83.

51 Vgl. Tomlin (1987), 117.

52 Amm. 24,3,2; 5,5; 10. Vgl. Tomlin (1987), 117; Harl (1996), 603 f.

53 Amm. 25,1,7–9; Tomlin (1987), 117 f.

54 Zos. 3,29,3 mit Hoffmann (1969–70), I, 287.

55 Vgl. Hoffmann (1969–70), I, 306–308; Lenski (2002), 308.

56 Vgl. Bringmann (2004), 187; Nicasie (1998), 218 f.; Elton (1998), 57, 218; Lenski (2002), 163. Verluste vor Ktesiphon: Rance (2007), 370. Auf die

weitaus stabilere Grenzsituation im Osten gegenüber der im Norden angesichts der starken und mit ausreichenden Mannschaften besetzten Festungslinien weist Crump (1975), 56 hin.

57 Wahrscheinlich wurden dabei die Regimenter in *seniores* und *iuniores* unterteilt, auch wenn es wohl schon früher *iuniores* gab. Vgl. Elton (2007), 274.

58 Vgl. Palme (2007), 94; Brandt (2004), 51; Elton (2008), 209.

59 Vgl. Brandt (1988), 103, 123 zum erhöhten Steuerdruck in Folge gestiegener Militärausgaben.

60 Vgl. Lenski (2002), 316, 338, 364f. mit Hier.Chron. s.a. 375.

61 Vgl. Lenski (2002), 347.

62 Vgl. Heather (2011), 192f.; Southern (2002), 129, 200; Zos. 171,1; SHA, Probus 18,1.

63 Erste gotische Verbände tauchen zu Beginn des 3. Jahrhunderts in der römischen Armee auf. Weitere gotische Truppenstellungen bei Lenski (2002), 148f. Ablehnung barbarischer Aufnahmegesuche: SHA, Marcus Antonius 14,1; vgl. Schmitt (1997), 138f.

64 Vgl. Heather (2011), 161. Dass die Feinde der Römer über die Verteilung der gegnerischen Heeresverbände auf unterschiedliche Grenzabschnitte genau informiert waren und ihre Angriffe mit der zeitweiligen Schwächung dieser Grenzregionen koordinieren konnten, beweisen zahlreiche Beispiele, so auch der Angriff Shapurs auf Mesopotamien in einer Zeit, als Constantius an der Donau gebunden war; vgl. Crump (1975), 50.

65 Amm. 31,4,4 (Übers.: W. Seyfarth).

66 Amm. 31,4,4; Zos. 4,20,6. Ferrill (1986), 59; Nicasie (1998), 235.

67 Vgl. Bleckmann (2004), 87–90; Lenski (2002), 358–367.

68 Amm. 31,4,4. Vgl. Eunap. hist. frg. 42 (Blockley); Wanke (1990), 115.

69 Vgl. Nicasie (1998), 235; Amm. 31,4,1; Zos. 4,20,5. Iord. Get. 131–132. Keine *deditio:* Goldsworthy (2009), 251f.; Diskussion bei Lenski (2002), 341ff. Burns (1994), 30, 23 nimmt eine Zahl von 200000 an nach Eunap. hist. frg. 42 (Blockley); Amm. 31,4,8 spricht von einer unzählbaren Menschenmenge. Darunter waren rund 10000 Kämpfer.

70 Vgl. Lenski (2002), 331f.

71 Vgl. Kelly (2009), 35.

72 Vgl. Whitby (2007b), 315.

73 Vgl. Heather (2007), 184–187; (2011), 155ff.; Goldsworthy (2009), 247–251. Kulikowski (2007), 127. Route als Handelsweg: Southern (2002), 196. Zerstörung der greutungischen und terwingischen »Reiche«: Stickler (2007b), 49.

74 Ressentiments gegenüber den Barbaren: Lenski (2002), 326f., 253. Öf-

fentliche Gewalt gegen Barbaren innerhalb des Reiches war durchaus an der Tagesordnung.

75 Vgl. Wolfram (Goten), 127; Nicasie (1998), 236; Kulikowski (2007), 131. Keine vollständige Entwaffnung: Kulikowski (2007), 130. Diskussion bei Wanke (1990), 125. Zur Zahl der gotischen Familienverbände: Burns (1994), 26, 41; Nicasie (1998), 236.

76 Vgl. zur Diskussion um die Waffenabgabe Wanke (1990), 125 mit den Quellen.

77 Vgl. Lenski (2002), 329f.; Kulikowski (2007), 135.

78 Vgl. Nicasie (1998), 237.

79 Vgl. Nicasie (1998), 240, 254; Elton (1996), 216. Zur konventionellen Art der römischen Reaktion auf die gotische Bedrohung auch dezidiert Austin (1979), 74ff. Anders gewichtet Wolfram (Goten), 129ff.

80 Vgl. Wolfram (Goten), 131f.

81 Amm. 31,6,1; vgl. Lenski (2002), 331; Heather (2011), 152; Nicasie (1998), 238, 240–243; Wolfram (Goten), 130; Kulikowski (2007), 131.

82 Dies würde auch die ungewöhnlich hohen Zahlenangaben der Quellen erklären; vgl. Lenski (2002), 351f., 354f. und Brodka (2009), 267 zu der von Eunap. hist. frg. 42 (Blockley) überlieferten Zahl von 200000 Menschen.

83 Vgl. Ferrill (1986), 60. Zu den Zahlen: Amm. 31,12,3. Dazu Burns (1994), 29f., Runkel (1902), 42ff. und Nicasie (1998), 243ff., der meint, die reale Zahl könne nicht viel größer gewesen sein, weil Valens seine Pläne nicht änderte, als er sie sah. Nach Ammian (31,12,6–7) habe aber diese Nachricht deutlich gemacht, dass es nur ein Teil der Goten sei. Die Fehlinformation ist ein klassisches Beispiel für die Rolle der Kundschafter vor der Schlacht: Austin/Rankow (1995), 241.

84 Vgl. Austin (1979), 78; Nicasie (1998), 243; Austin/Rankov (1995), 242. Zu den Überlegungen gegenüber Gratian vgl. Bleckmann (2004), 90.

85 Ferrill (1986), 62; Burns (1994), 31ff.

86 Amm. 31,12,9. Vgl. Nicasie (1998), 244, 248; Runkel (1903), 40; Lenski (2002), 338.

87 Disziplinlosigkeit: Speidel (1996), 434–437; Vgl. Burns (1973), 344. Dagegen Ferrill (1986), 60. Angriff der *scholae palatinae,* wahrscheinlich vom rechten Flügel: Amm. 31,12,16 mit Kulikowski (2008), 142. Austin (1979), 79 führt Disziplinlosigkeit als Grund für den Angriff der *sagitarii* und *scutarii* an. Brodka (2009), 272 nimmt dagegen an, der Vorstoß der Reiter sei mit Zustimmung des Kaisers erfolgt, um die Schwächen der gotischen Stellungen zu erkunden. Da er aber selbst noch gar nicht auf den Kampf vorbereitet war, wäre dies viel zu riskant gewesen.

88 Vgl. Amm. 31,12,16; Nicasie (1998), 248; Elton (1998). Die Plänkler griffen offenbar noch vor Abschluss der Verhandlungen an!

89 Amm. 31,13,2; Oros. 7,33,13. Vgl. Nicasie (1998), 251; Ferrill (1986), 62f.; Wolfram (Goten), 134f.; Brodka (2009), 273f.

90 Oros. 7,13,3; Nicasie (1998), 251.

91 Amm. 31,13,9. Nicasie (1998), 253; Germanen in den *auxilia palatina* und den *scholae;* Hoffmann (1969-70), 1,137-141; vgl. Elton (2007), 301. Verschuldung einer Niederlage durch die Batavi: Vgl. Zos. 4,9,3. Zu den Batavi vgl. ferner Hoffmann (1966), 156ff., 372f. Brodka (2009), 274 erklärt die Flucht der Batavi mit der aussichtslosen Lage, die dadurch entstand, dass die gegnerischen Reiter im Rücken der römischen Reihen auftauchten. Aber wäre es nicht genau die Aufgabe der Reserve gewesen, in einer solchen Situation einzugreifen? Außerdem - so Brodka (2009), 277 - hätten die Batavi den Rückzug decken sollen; warum aber dann die Flucht?

92 Vgl. Ferrill (1986), 63; Burns (1994), 33; Lenski (2002), 339; Kampers (2008), 92; Lib. or. 24,4; Amm. 31,13,12.

93 Vgl. Ferrill (1986), 65; Nicasie (1998), 256; Lee (2007), 416; Sommer (2008), 450. Verlust von Adrianopel eine Ausnahme: Rance (2007), 370.

94 Vgl. dezidiert Speidel (1996), 334-437 mit Eunap. hist. frg. 44,4 (Blockley).

95 Vgl. Tomlin (1987), 118; Penrose (2007), 239.

96 Vgl. Nicasie (1998), 254, 256; Ferrill (1983), 64. Oros. 7,34,5.

97 Vgl. Wolfram (Goten), 140f.; Leppin (2003), 45ff.

98 Vgl. Elton (1998), 188, allerdings mit Hinweis auf die langfristigen Probleme, und Southern/Dixon (1996), 49 zu den Verträgen von 418 und 443, die das Reich aus einer Position der Stärke schloss.

99 Vgl. Leppin (2010), 197 mit den Quellen sowie Lenski (2002) zum Gesamtphänomen.

100 Vgl. Liebeschuetz (1990), 10, 16, 18; Mann (1983), 63-65.

101 Vgl. Paneg.12,32,2 mit Gluschanin (1989), 236. Vgl. Graf (1978), 15-20.

102 Rekrutierung von Bauern und Minenarbeitern: Them. or. 14,181b; Lib. or. 2,251; 24,16; Verbände östlicher Grenzregionen: Lib. or. 24,38; Goten: Zos. 4,30-31. Vgl. CTh. 7,13,8,-11. Zum gesamten Vorgang: Liebeschuetz (1990), 26; Kulikowski (2007), 150f. und neuerdings eingehend Leppin (2010), 189-196.

103 Vgl. Scharf (2001), 23f.

104 Vgl. Elton (2007), 281; Liebeschuetz (1990), 32. Daneben dienten auch Goten in den regulären römischen Einheiten. Die Offiziere der Goten waren Bacurius, Gainas und Saul. Zu den Umständen des Sieges gegen Maximus vgl. Leppin (2003), 113f.

105 Vgl. Iord. Get. 145; Oros. 7,35; Zos. 4,58,2-3: Die Barbaren stellten offensichtlich neben den Fußtruppen Reiter und berittene Bogenschüt-

zen. Die nichtgotischen Truppen und ihre Anführer sollen bezeichnenderweise »ganz unerwartet die Flucht ergriffen« haben. Vgl. Leppin (2003), 218f. zur Rekonstruktion des Schlachtverlaufs Heather (2007), 251; Burns (1994), 110; Nicasie (1998), 254.

106 Vgl. Liebeschuetz (1990), 21, 34; Fear (2007), 453.

107 Vgl. Nicasie (1998), 113; Burns (1994), 108; Southern/Dixon (1996), 47, 50.

108 Veg. 1,20; Amm. 31,16,8; Syn. de regno 21f. Vgl. für viele Ferrill (1986), 50; 129. Lee (2007), 415f. relativiert die Aussagen mit Hinweis auf ihren topischen Charakter. Vgl. auch Crump (1975), 66 zu Ammianus Marcellinus über die Föderaten.

109 Vgl. Zos. 5,20,2 zu Fravitta angesichts eines bevorstehenden Angriffs der Goten des Gainas. Vgl. 5,46,5 zu Generidus: »Durch diese Großmut veranlasst (übernahm Generidus wieder sein Kommando), bildete in dauerndem Drill seine Soldaten aus, ließ ihnen ihre Verpflegung zukommen und gestattete niemandem, davon etwas abzuziehen, wie es doch üblich war.« Vor der Schlacht von Adrianopel stellte der von Valens zum neuen Oberbefehlshaber ernannte Sebastianus fest, »wie doch die höheren Offiziere und die einfachen Soldaten ein zuchtloses und völlig pflichtvergessenes Leben führten und nur darin geübt waren, zu fliehen und sich in jämmerliches Weiberklagen zu ergehen. Er verlangte deshalb, man möge ihm zweitausend Mann seiner Wahl überlassen; es sei nämlich keine einfache Sache, einen Haufen disziplinloser Menschen zu führen, hingegen nicht eben schwierig, einige wenige zu drillen und vom weibischen Wesen weg zu männlichem Denken zurückzuführen. Im Übrigen sei es vorteilhafter, sich mit einer kleinen Schar als mit einer ganzen Heeresmasse Gefahren auszusetzen. Mit solchen Worten gewann er den Kaiser; er durfte eine Auswahl treffen und holte die gewünschten Leute nicht aus dem Kreis der zur Feigheit erzogenen und zur Flucht eingeübten Soldaten, er nahm statt dessen Leute, die, erst jüngst als Rekruten ins Heer aufgenommen, körperlich gut entwickelt waren und außerdem für einen kompetenten Beurteiler ihrer ganzen Verfassung nach den Anforderungen, wozu man sie ausgesucht hatte, zu genügen schienen. Sogleich überprüfte Sebastianus die physischen Qualitäten eines jeden einzelnen Mannes und ergänzte das noch Fehlende durch dauernde Übung (...).« Vgl. Eunap. hist. frg. 44-47 (Blockley); dagegen Amm. 31,11,2ff.

110 Vgl. Burns (1994), 105-110; Southern/Dixon (1996), 82, 170; Nicasie (1998), 101, 114; Elton (1998), 96, 197; unter Valentinian scheint dies noch möglich gewesen zu sein. Zosimos (4,12,1) beschreibt, wie Valentinian aus grenznahen Germanen und Provinzialen Auxilien bildete und

sie nach der Verteilung auf verschiedene Heereseinheiten »so gründlich im Kriegshandwerk ausbilden (ließ), dass aus Furcht vor der Übung und Erfahrung der Soldaten auf diesem Gebiet ganze neuen Jahre hindurch kein einziger überrheinischer Barbar mehr die Städte, die den Römern unterstanden, belästigte.« Dies war allerdings nach Adrianopel nicht mehr möglich und es fehlen auch entsprechende Parallelen.

111 Anon. de rebus bell. 8,3. Vgl. Le Bohec (2010), 241 und 158: »Das römische Heer der Spätantike litt hingegen vor allem an den Mängeln seiner Infanterie.«

112 Veg. 1,20; Ferrill (1986), 129; Liebeschuetz (1990), 25; Nicasie (1998), 187; Penrose (2007), 248.

113 Vgl. Le Bohec (2010), 133, 157.

114 Amm. 16,12,43; Veg. 3,78; Hoffmann (1969/70), 169; Liebeschuetz (1990), 16.

115 Vgl. Lee (2007), 417; Elton (2007), 300ff.: Nur jeder vierte Soldat der Feldarmee war nichtimperialer Herkunft; in den Grenztruppen tauchen nur römische Namen auf, Nicasie (1998), 100ff., 115, 259; Burns (1994), 94. Hier auch zu den Alanen in der Umgebung der Kaiser. Die ältere Auffassung vertritt z. B. Ferrill (1986), 19, 84f., der in der Barbarisierung eines der entscheidenden Strukturprobleme der Spätantike sieht.

116 Epitome de Caesaribus 41,3; vgl. Frank (1969), 68; Stickler (2007), 498.

117 Zos. 2,15; Vgl. Frank (1969), 63–79; Schmidts (2005), 222; Liebeschuetz (1990), 7; Hoffmann (1969), 131–155; Fremersdorf (1952), 66–83.

118 Vgl. Heil (2006), 151.

119 Vgl. Schmidts (2000), 224.

120 Mallobaudes: Amm. 30,3,7; 31,10,6; Hariulfus: CIL 13,3682 = Dessau ILS 2813; vgl. Stickler (2007), 499.

121 Vgl. Ausbüttel (2010), 55f.; Burns (1994), 2; 11; Nicasie (1998), 102. Alamannischer König Crocus und Erhebung Konstantins: Epitome de Caesaribus 41,3; Kulikowski (2007), 80.

122 Vgl. Elton (1998), 147–149; Liebeschuetz (1990), 10.

123 Claud. III Cons. Hon. 151–159; Stickler (2007), 498.

124 Vgl. Schmidts (2005), 222. Geringer war ihre Solidarität gegenüber Kollegen im römischen Kommandopositionen, welche dem gleichen Stamm, z. B. den Franken, entstammten; vgl. Liebeschuetz (1990), 8. Ob den auf Soldbasis angeworbenen Germanen das römische Bürgerrecht verliehen wurde, ist unsicher; vgl. Schmidts (2000), 220ff.

125 Vgl. Liebeschuetz (1990), 9 zu Merobaudes, Arbogast und Bauto.

126 Vgl. Liebeschuetz (1990), 42.

127 Vgl. Pitz (2001), 146, 159 f.
128 Vgl. Liebeschuetz (1990), 49.
129 Vgl. Them. or. 16,11,27 (209 a - 210 a); 34,227 ff.; Pacatus Pan. 12,22,3; Syn. de regno 21, 29 (1093 B); vgl. Liebeschuetz (1990), 28; Kulikowski (2007), 152 f.
130 Vgl. Gluschanin (1989), 234 und Liebeschuetz (1990), 28 f. mit dem Hinweis auf Grenzansiedlungen in der *Tripolitana* und *Numidia-Mauretania* als Parallele.
131 Pitz (2001), 145; vgl. 161; Adler (1993), 262.
132 Erst seit 380 gingen die Römer dazu über, den jenseits der Fortifikationen rekrutierten Stammesverbänden die Verteidigung der Regionen zu überlassen; Burns (1994), 135, 147, 140.
133 Vgl. Heather (2011), 168, 189, 192, der allerdings darin ein Argument gegen die These von germanischen Söldnerverbänden sieht. Wolfram (Goten), 159 und Kulikowski (2007), 179 zu den Goten Alarichs.
134 Vgl. Randsborg (2001), 158.
135 So die klassische Position von Dobesch (1982), 58 ff., 64 ff., der das Motiv der Landsuche bei den wandernden Germanen (allerdings zunächst bezogen auf Kimbern und Teutonen) ablehnt. Vgl. Timpe (2006 b), 69.
136 Vgl. Timpe (2006 b), 96.
137 Tac. Germ. 14; vgl. Liebeschuetz (1990), 43.
138 Vgl. Gluschanin (1989), 235.
139 Vgl. Liebeschuetz (1990), 35 zu Sueridus und Coelias nach Amm. 31,6,1. sowie zu einer anderen Kriegerbande bei Zos. 4,40,1. Das von Heather (2011), 230 vorgebrachte Argument, »größere kriegerische Unternehmungen« seien von »spezialisierten Kämpfern« allein nicht durchführbar gewesen, ist m. E. nicht grundsätzlich haltbar; der Zug der Zehntausend des Xenophon beweist das Gegenteil; jedenfalls trifft es nicht auf die erste Phase germanischer Großunternehmungen zu. Erst musste man sich militärisch Respekt verschaffen, dann ging man unter bestimmten Umständen zur Forderung nach Siedlungsland über.
140 Vgl. Liebeschuetz (1990), 12 f., 28, 36 zu individuellen Söldnerkriegern.
141 Vgl. Liebeschuetz (1990), 27.
142 Vgl. Demandt (1980), 630 f.; Liebeschuetz (2007), 483.
143 Vgl. Scharf (2001), 24 zu Alarich 397.
144 Versorgung und Geld: Liebeschuetz (1990), 40, 61 mit Belegen. Offizierskarriere in der römischen Armee: Eunap. hist. frg. 59 (Blockley); Kulikowski (2007), 156.
145 Vgl. Liebeschuetz (1990), 25; Stickler (2007), 497 f.
146 Vgl. Liebeschuetz (1990), 23.
147 Aug. epist. 220,6. Die Armee des Bonifatius bestand zu großen Teilen

aus gotischen Föderaten (vgl. Possidius, vita Augustini 28; vgl. 17) und Bucellariern; vgl. unten S. 393 und Liebeschuetz (1993), 269.

148 Vgl. zu den terwingischen Goten als Berufskrieger (und nicht als Bauern) auch die einschlägige Beschreibung Eunaps hist. frg. 37 (Blockley) mit Wanke (1990), 75.

149 Claud. In Eutrop. 2,153–190; 318–324; vgl. Liebeschuetz (1990), 12f. und 100f. Dieses Muster liegt auch der Invasion anderer germanischer Kriegerbanden zu Grunde; häufig schlossen sich unzufriedene Provinziale an, auch in Afrika; vgl. Liebeschuetz (1990), 13f., 17: Dies war auch ein Grund, warum die im Reich und den Provinzen umherziehenden Barbaren trotz Verluste ihre Kampfstärke beibehalten und erweitern konnten. Eine ähnliche Regelung wird man gegenüber den Reitern des Alatheus und Safrax vermuten; Liebeschuetz (1990), 27.

150 Vgl. Scharf (2001), 26.

151 Zos. 5,13. Vgl. Liebeschuetz (1990), 101.

152 Vgl. Southern (2002), 129 zu den Franken unter Kaiser Probus, die durch das gesamte Mittelmeer durch die Straße von Gibraltar bis zur Rheinmündung segelten.

153 Vgl. Claud. In Eutrop. II, 174ff., 274ff., 397ff.

154 A. Lippold, Alaricus, Kl.Pauly 1 (1979), 230.

155 Iord. Get. 146; vgl. Demandt (2007), 172; Gluschanin (1989), 235.

156 Vgl. Heather (2011), 184f. Zur Zahl, Struktur und Herkunft der Alarichgoten vgl. Heather (2011), 178–183.

157 Liebeschuetz (1990), 62–70. Bereits 395 forderte Alarich ein höheres Kommando von Konstantinopel, weil er von Stilicho nur an der Spitze der am Frigidus eingesetzten Goten wieder in den Osten geschickt wurde; Zos. 5,5,4 und Kulikowski (2007), 164f.

158 Alarich erhielt von Arcadius das Amt des *magister militum per Illyricum* verliehen, Honorius legalisierte seine Stellung wahrscheinlich durch die Ernennung zum *magister militum* in Pannonien; Demandt (2007), 173; Liebeschuetz (1990), 68; Wolfram (Reich), 152 wiederum allerdings mit der (falschen) Vorstellung einer festen Ansiedlung.

159 Vgl. Scharf (2001), 24f.

160 Vgl. Liebeschuetz (1990), 76f.; Stickler (2007a), 499, 505; Stickler (2007b), 42; Wolfram (Reich), 147: »Alarich I. dürfte dagegen im selben Jahr und nicht 395 das erste gotische Königtum auf römischem Reichsboden begründet haben.« Diese Formulierung suggeriert einen territorialen Status als notwendiges Kriterium des Königtums, was tatsächlich nicht nötig war. Kritik gegen Wolfram u.a. bei Gillett (2002).

14.
Der Weg zu den Katalaunischen Feldern und der Untergang des Westreiches

1 Die antiken Autoren äußern sich nicht zu der Frage, ob die Barbarisierung die Qualität des Heeres beeinflusste. Allerdings gab es unter den Zeitgenossen Debatten, ob man Barbaren benötigte: Syn. epist. 95; Hier. comm. in Dan. 2,40.

2 Vgl. Zos. 4,35,2–3. Vgl. Aur. Vict. 47,8 mit Hoffmann (1969/70), 166 und Anm. 364; 198 und Anm. 710 sowie Scharf (2005), 129.

3 Mit Ausnahme des kurzen britischen Feldzuges und einer kleinen Expedition des Gaius nach Gallien führten die Kaiser der julisch-claudischen Dynastie selbst keinen Feldzug; vgl. Alston (2007), 189f.

4 Vgl. Lee (2007), 282–284 und Meier (2009), 260. Maiorian war der einzige regierende Kaiser, der im 5. Jahrhundert an der Spitze der Truppen militärisch aktiv war; MacGeorge (2002), 6; Liebeschuetz (2007), 482.

5 Whitby (2007c), 516.

6 Vgl. Palme (2007), 109f.; Elton (207), 276. 492 erließ Anastasius ein Gesetz (CJ 11,35,18), wonach in Zukunft die *duces* alle *comitatenses* in ihrem Verantwortungsbereich kommandierten. Justinian ging noch einen Schritt weiter und vereinigte die zivile und militärische Macht in der Hand des *dux et Augustalis*. Föderaten wurden im 6. Jahrhundert nur noch als Söldner unter kaiserlichen Offizieren einzeln integriert; vgl. Stein (1928), 364.

7 Vgl. Liebeschuetz (2007), 126ff., 480; Heil (2006), 154.

8 Vgl. Liebeschuetz (2007), 484.

9 Vgl. Burns (1994), 155; Stickler (2002), 18; gotische und fremdländische *magistri militum* (Plinta, Ardaburius, Aspar): Liebeschuetz (1990), 130f.; Sturz des Gainas und Eutropius: Liebeschuetz (1990), 104–125.

10 Elton (1998), 183. Er konnte anstelle des Kaisers handeln, wenn dieser nicht präsent war. Zum Oberkommando des präsentalen Heermeisters im Westen vgl. Hoffmann (1974), 382–386.

11 Zitat: Stickler (2002), 28. Vgl. auch 34. Als Beleg führt er u.a. die bekannte Korrespondenz des Augustinus mit Bonifatius an. Vgl. Palme (2007), 109f.; Ferrill (1986), 85; Lee (2007), 396.

12 Vgl. Nicasie (1998), 263. Dies ist die Vereinigung der präsentalen Heermeisterämter *(magisterium peditum* und *magisterium equitum)* in einer Person.

13 Dies die Kernthese des Buches von Scharf (2001), z.B. 39f., 60f., 142.

14 Vgl. Liebeschuetz (2007), 483.

15 Die beste moderne Darstellung, die viele ältere Thesen überzeugend revi-

diert, bietet Schmitt (1994), 147–174. Ergänzend sind Diesner (1972), 321–350; Liebeschuetz (1990), 43–47; Liebeschuetz (1986), 463–474 heranzuziehen.

16 CI 9,12,10 (468). Vgl. Liebeschuetz (1990), 47 und Schmitt (1994), 168–174.

17 Zu Bildung und Bedeutung des durch diese verwandtschaftlichen Bindungen entstandenen »spätrömischen Militäradels« vgl. Demandt (1980), bes. 619–636; Liebeschuetz (2007), 489; Beispiele auch bei Stickler (2007), 501 mit Philostorgius 11,6 (Merobaudes, Bauto, Arbogast). Gedeutet als Reaktion auf die wachsende Macht der westlichen Heermeister: Liebeschuetz (1990), 24. Die erste Heirat zwischen einem Heermeister und Mitgliedern einer kaiserlichen Familie begann unter Constantius II., der eine Tochter des *magister militum* Eusebius heiratete.

18 Vgl. MacGeorge (2002), 7 und Liebeschuetz (1990), 10; Demandt (1980), 619 mit den Quellen sowie PLRE I, 853–838. Jüngst hat Scharf (2005), 110 die »Alleinherrschaft« Stilichos mit bedenkenswerten Argumenten zu relativieren versucht. Offensichtlich war auch in seiner Zeit das Amt des *magister equitum praesentalis* formal besetzt, auch wenn deren Inhaber offenbar faktisch doch eine untergeordnete Rolle spielten.

19 Vgl. Demandt (1980), 619.

20 Demandt (1980), 631; Burns (1994), 223; Scharf (2005), 119; zur Stellung Stilichos: Stickler (2002), 17.

21 Olymp. Frg. 9; Oros. 7,37,12. Heather (2007), 236, 244; Wolfram (Reich), 175 f.; Elton (2007), 299; zu Radagaisus als Gefährte Alarichs vgl. Todd (2000), 145. Stickler (2002), 103 zu den Hunnen Uldins. Pohl (2005), 73 spricht von einer »gotischen Völkerlawine«, ein unpassender und anachronistischer Ausdruck, denn die Zahl der Goten blieb noch immer unter dem Aufgebot z. B. der Alamannen bei Straßburg.

22 Vgl. Wolfram (Reich), 160.

23 Vgl. Nicasie (1998), 262; Liebeschuetz (1990), 34; Scharf (2005), 117. Zur Niederlage Alarichs bei Verona vgl. Wolfram (Reich), 160.

24 Vgl. Kulikowski (2007), 168 f.

25 Zitat: Pohl (2005), 32 f.

26 Vgl. Stickler (2002), 161 f., 164, 244; Scharf (2005), 125 mit Hier. epist. 123,15. Germanen und Alanen in Gallien sowie hunnischer Vorstoß als Auslöser: Heather (2011), 171–174; Föderaten und Limetantruppen an der Rheingrenze: Bleckmann (1997), 582 mit Literatur in Anm. 76.

27 Vgl. Heather (2011), 167.

28 Vgl. Stickler (2002), 163.

29 Zos. 5,33–37; Olymp. Frg. 33; Philostorgios 12,3. Vgl. Kulikowski (2008), 172; Wolfram (Goten), 161 f.

30 Vgl. Liebeschuetz (1990), 32 ff.; (1993), 267 f. und Bachrach (1969), 356 ff., der auf die unterschiedlichen Rahmenbedingungen barbarischer Ansiedlungen verweist. Man sparte u. a. die hohen Kosten der Versorgung nach 20 oder mehr Dienstjahren.

31 Vgl. Stickler (2002), 51 und 55 zu Bonifatius.

32 Demandt (1980), 629 f.

33 Vgl. Zos. 5,47.

34 Zos. 5,35,5 f. Vgl. Burns (1994), 255; Stickler (2007), 507; Leibgarde: Kelly (2002), 43.

35 Vgl. Lee (2007), 420.

36 Vgl. Elton (1998), 74; Wolfram (Goten), 167.

37 Vgl. Demandt (1980), 623.

38 Vgl. Wolfram (Goten), 165. Kämpfe Athaulfs für Jovinus und Honorius: Olymp. Frg. 18,20 mit Liebeschuetz (1996), 274.

39 Vgl. Stickler (2002), 206 ff.; Scharf (2005), 147; Liebeschuetz (2007), 268 f.; Wolfram (Goten), 170 f.

40 Vgl. Ferrill (1986), 122 ff.; Liebeschuetz (1993), 268 f.

41 Vgl. Wolfram (Goten), 178.

42 Vgl. Heather (2011), 186.

43 Vgl. Wolfram (Goten), 179; Burns (1994), 273–276, 283.

44 Vgl. Wolfram (Reich), 211 ff.; Pohl (2005), 60 f.

45 Bleckmann (1997), 586–590, Scharf (1992), 382–384; Scharf (2005), 148.

46 Eine Übersicht über die bisher vorgeschlagenen Motiven der Ansiedlung bei Bleckmann (1997), 586 Anm. 89.

47 So die jüngste Deutung von Scharf (2001), 43 f., 142 f.

48 Vgl. Pohl (2005), 61; Stickler (2002), 165; Elton (1986) 74. So benutzte z. B. der magister militum Castinus gegen die asdingischen Vandalen gotische Auxiliareinheiten.

49 Vgl. Stickler (2002), 26; MacGeorge (2002), 8 f.; Lütkenhaus (1998). Zur Stabilisierung der Lage in Gallien: Bleckmann (1997), 492 f.

50 Vgl. Stickler (2002), 140 f.

51 Vgl. Heather (2011), 200 ff.; Stickler (2002), 39, 56, 88 ff. und 110 mit Anm. 584 zu hunnischen Auxilien unter Aëtius; Kelly (2009), 62 f. zu den angeblich hunnischen Söldnern, die Honorius 409 als Gegenleistung für die Geiselnahme des Aëtius bekam, sowie zu den 60 000 Hunnen, die der Usurpator Johannes zu mobilisieren hoffte.

52 Vgl. Stickler (2007a), 502 f.; Stickler (2007b), 77; Heather (2011), 201.

53 Vgl. Stickler (2007b), 78; Heather (2011), 216 f. Pastorale Lebensweise, aber auch Ackerbau: Heather (2011), 196 und Kelly (2002), 24.

54 Vgl. Kelly (2009), 25.

55 Maurikios, Strategikon 11,3; Amm. 31,2,8 f. Vgl. Heather (2007), 188 ff.; (2011), 204; Pohl (2005), 102; Maenchen-Helfen (1978), 156–188.

56 Amm. 27,1,3; 31,7,14; 10,8; Oros. 7,33,14. Vgl. Gundel (1936), 28 und Adler (1993), 259.

57 Vgl. Maenchen-Helfen (1997), 155–197.

58 Vgl. Heather (2007), 377 ff.; Dannenbauer (1959), 215.

59 Priscus (de Boor) p. 128.17 ff.; vgl. Täckholm (1969), 270.

60 Vgl. Heather (2007), 356 ff.; neue Eroberungsideologie unter Attila: Heather (2007), 370.

61 Vgl. Stickler (2002), 96.

62 Priscus frg. 11,2 (Blockley, 627–631). Vgl. Stickler (2007b), 70 f.

63 Vgl. Penrose (2007), 288; Stickler (2002), 93, 99 (Angleichung der Kampfesweise (…) »an das Bekannte«) sowie Lindner (1981) und Stickler (2007b) 84 zum Wechsel des Naturraumes in die ungarische Steppenwaldzone und ihren Konsequenzen. Dagegen jedoch Kelly (2008), 46 f. wonach gerade die ungarische Tiefebene die besten Weideflächen im europäischen Raum bot, sowie 47 zur Änderung der Kampfesweise und Taktik. Wahrscheinlich weist auch Sidon. carm. 2,260 f. auf hunnische Fußsoldaten hin: »forma quidem pediti media est…« Die Annahme, die Hunnen hätten ab 410 überhaupt nicht mehr als Reiter gekämpft, ist freilich kaum zu halten; vgl. die Kritik von Sidebottom (2008), 119 f. und Heather (2010), 378 ff.

64 Vgl. Penrose (2007), 288; Heather (2007), 251 f.; Whitby (2007), 315; Rance (2007), 359. Vgl. Priscus frg. 62; 22,1 mit Tausend (1985–1986), 265–281 und dem Fazit 275:« Die Hunnen beherrschten somit beinahe das gesamte Repertoire der spätantiken Poliorketik«.

65 Vgl. Stickler (2002), 129–132.

66 Sidon. carm. 7,319 ff. Vgl. Pohl (2005), 115; Ferrill (1986), 147 f.; Maenchen-Helfen (1997), 162 rechnet mit einem Fünftel der 500 000. Zu den Motiven der Westorientierung vgl. Pitz (2001), 169 und Heather (2007), 386 ff.

67 Vgl. Stickler (2002), 26, 30–35, 56 zu den Bürgerkriegen; 62–69 zur Stellung des Aëtius. Heather (2007), 260 f.; Nicasie (1998), 263.

68 Vgl. Stickler (2002), 47, 49 ff., 168 ff.

69 Prosp. Chron. 1310; Chron. Gall. 452, 112; Sidon. Carm. 7,235. Vgl. Liebeschuetz (1993), 271 f.; Stickler (2002), 110 mit Anm. 584 zu hunnischen Auxilien unter Aëtius und 112.

70 Vgl. Stickler (2007), 509. Die Burgunden dienten 451 in der Armee des Aëtius gegen Attila (Iord. Get. 191).

71 Vgl. Stickler (2002), 224.

72 Vgl. Wolfram (Goten), 183.

73 Vgl. Maenchen-Helfen (1997), 337; zu den fränkischen Föderaten im Heer des Aëtius vgl. Stickler (2002), 174; Liebeschuetz (1993), 272 glaubt seiner Generalthese entsprechend, dass gemäß den Angaben des Iord. Get. 190-191 sowie Sidon. Carm. 7,329 überhaupt keine römischen Truppen mehr ins Feld zogen. Immerhin waren viele Verbände als Auxilien organisiert.

74 Vgl. Pitz (2001), 169.

75 Vgl. Bóna (1991), 90-93, der deshalb vermutet, dass ein Großteil der hunnischen Reiterei im Osten (Armenien) verblieben sei. Zu den Ereignissen um die Schlacht Stickler (2002), 141f.

76 Iord. Get. 38; vgl. Heather (2007), 391.

77 Vgl. Thompson (1999), 154; Pitz (2001), 169.

78 Vgl. Pohl (2005), 115.

79 Vgl. Maenchen-Helfen (1997), 157; Bóna (1991), 92ff.

80 Vgl. Heather (2007), 392; Sommer (2008), 509; Rance (2007), 375 gegen Richardot (2005), 327-341.

81 Vgl. Ferrill (1986), 149; Thompson (1999), 148ff.

82 Täckholm (1969), 271f. Wie Täckholm jüngst wieder Stickler (2002), 143f.

83 Iord. Get. 51; Fredegar, Chronicae II 53, S. 74. Vgl. Stein (1928), 498; Wolfram (Goten), 183.

84 Vgl. Ferrill (1986), 150f.

85 Vgl. Dannenbauer (1959), 219; Stickler (2007b), 97.

86 Iord. Get. 43,49; Priscus Frg. 18f.

87 Vgl. Pitz (2001), 39 zur strukturellen Schwäche der nördlichen Nomadenvölker und Stickler (2002), 151; auch Stickler (2007b) zur hunnischen Geschichte nach Attila. Zur Schlacht am Nedao und ihren Folgen vgl. Thompson (1999), 198f.

88 Vgl. Castritius (2007), 79f.

89 Vgl. Nicasie (1998), 177.

90 Vgl. Southern (2002), 45. Zur geringen Bedrohung durch die Nomaden vgl. auch Isaac (1992), 99.

91 Vgl. Heather (2006), 268, 271f., 275; Nicasie (1998), 135; vgl. 140. Der Limes in der Kyrenaika veränderte bis zum 6. Jahrhundert nicht seinen Charakter.

92 Vgl. Pohl (2005), 77f.; Zur Rolle des *comes* Bonifatius besitzen wir als einmalige Quellen die Briefe des Augustinus an ihn; vgl. Diesner (1963), 100-126.

93 Vgl. Heather (2005), 295ff.; Ferrill (1986), 138; Elton (1998), 126.

94 Vgl. Elton (1998), 125 zu Nov.Val. 15 (445). 470 bemerkte der Senat gegen über Kaiser Zenon, dass »wir unsere eigenen Soldaten nur mit Schwie-

rigkeiten bezahlen können«. Die Armee war der größte Konsument von Steuergeld; vgl. Elton (1998), 118f.; MacMullen (1984), 571-580. Vgl. Elton (1998), 205ff.; Sidon. epist. 8,6,14; vgl. Claud. Cons. Stil. 2,253-5; Amm. 28,2,12; Veg. 4,37.

95 Salv. gub. 6,68. Vgl. Pohl (2005), 77.

96 Die Grundlagen der maritimen Macht Geiserichs sind ein immer wieder diskutiertes Problem. Der beste Überblick bei MacGeorge (2002), 306-311. Stickler (2002), 287 nimmt an, Geiserich habe sich die römische Provinzialflotte sichern können, von der allerdings in der Notitia Dignitatum keine Rede ist; MacGeorge (2002), 309 und Courtois (1955), 207 glauben, Geiserich habe sich der Getreidetransportschiffe bemächtigt und diese als Truppentransporter bei seinen Überfällen im westmediterranen Raum benutzt. Die späteren Kampfhandlungen zeigen aber, dass Geiserich auch originäre Kriegsschiffe besaß, die ihm vielleicht die karthagischen Werften bauten (MacGregor, 2002, 310f.).

97 Priscus Frg. 40; Vict. Vit. 1,51; Prok. BV 1,5,22f.; Stickler (2002), 237. Wie schwer solche Piratenüberfälle abzuwehren waren, musste das Westreich am Beispiel der Angriffe der Sachsen auf die gallischen Küsten erfahren; Elton (1998), 205ff.; Sidon. epist. 8,6,14 (zum Jahr 470); N.Th 9 (440); Claud. Cons. Stil. 2,253-5.

98 Im Jahr 2001 wurden bei Olbia Reste von verbrannten Lastschiffen ausgegraben; vielleicht Überbleibsel der Vandalenkämpfe; vgl. Pohl (2005), 78.

99 Vgl. Whitby (2007), 334f.

100 Vgl. Ferrill (1986), 156 mit Stickler (2002), 156.

101 Vgl. Elton (1998), 220, 257; Casson (1979), 379; MacGeorge (2002), 308.

102 Die letzten großen maritimen Operationen im Westen waren die Stilichos gegen Gildo und Alarich; Reddé (1966), 648; MacGeorge (2002), 307 mit Claud. Cons. Stil. 1,308. Marcellinus konnte immerhin die Vandalen in Sizilien und Korsika besiegen, aber deren Angriffe auf Italien nicht verhindern; Maiorian benutzte 460 offenbar lediglich Schiffe zum Transport seiner Truppen; MacGeorge (2002), 307. Zur Kriegsflotte in Konstantinopel und im Osten vgl. Reddé (1966), 642. Zu denen im Westen etwas zu optimistisch Reddé (1966), 644. Vgl. dagegen Stein (1928), 93 und z.B. Zos. 5,15,4 zum Angriff des ostgotischen Aufständischen Tribigild auf Pisidien: »Er hätte dann die Möglichkeit gehabt, sich dort eine beliebig große Flotte zu verschaffen, mit ihr den ganzen Osten zu überfallen und alles Land bis hin nach Ägypten auszuplündern; denn es gab ja keine Streitmacht, die Widerstand leisten konnte.« Vgl. auch 4,46,1-2 zur Sammlung von »Schnellseglern« unter Maximus in der Meinung, Theodosius werde gegen ihn Seestreitkräfte einsetzen.

Eine moderne Arbeit über das Seekriegswesen der Spätantike ist ein Desiderat. Immerhin waren an der Donau nur durchschlagende Erfolge gegen »primitiv« ausgerüstete Goten möglich; vgl. Reddé (1966), 645.

103 Vgl. Zos. 5,20,3–4 mit Kienast (1966), 133 ff.

104 Vgl. dazu Zos. 4,39,1–4 zum erfolgreichen Abwehrgefecht der in drei Reihen hintereinander in Schlachtlinie aufgestellten römischen Schiffe gegen die mit primitiven Fahrzeugen übersetzenden Greutungen an der unteren Donau.

105 Vgl. Reddé (1966), 650 ff.

106 Vgl. Heather (2007), 460; Stein (1928), 577.

107 Vgl. Treadgold (1995), 91; MacGeorge (2002), 308 mit Prok. BV 3,6,1–2.

108 Prok. BV 3,11,15–16. Vgl. Casson (1979), 383 ff.; Heather (2007), 460; MacGeorge (2002), 311.

109 Prok. BV 3,6,8–10. Vgl. Heather (2007), 462; Castritius (2007), 119.

110 Prok. BV 3, 6,18. Der Einsatz von Brandern ist alt, vgl. die Bemühungen der Tyrier gegen Alexander: Arr. an. 2,19; De Souza (2007 b), 443.

111 Vgl. Heather (2007), 466; Stein (1928), 577.

112 Vgl. Lee (2007), 410: Die Kosten beliefen sich auf 7,5–9 Millionen *modii;* Hendy (1985), 410.

113 Vgl. Hendy (1985), 221 f. mit Prok. BV 3,6; Lyd. mag. 3,44.

114 Vgl. Lee (2007), 421.

115 Zu den militärischen Aspekten vgl. Boss (1993).

15.
»Glaube nicht, dass niemand Gott gefallen könne, der Kriegsdienst leistet.« – Krieg und Christentum

1 Aug. epist. 189,4.

2 Text nach: Dawes/Baynes (1977), 43–46 und Festugière (1961), 134–138.

3 Vgl. dazu Dawes/Baynes (1977), 1–4; Whitby (2007 c), 515.

4 Vgl. Whitby (1998), 191.

5 Vgl. Geerlings (1997), 156; Clauss (1986), 1094 f.; Brennecke (2009), 180 und 182 f. zum christlichen Soldaten in den Gemeinden, sowie Bainton (1971), 189 ff.

6 Vgl. Swift (2007), 282 und Brennecke (2009), 184–186 zur Überlieferung und Authentizitätsfrage.

7 Eus. HE 4,26,7–11.

8 Die Vorwürfe gegenüber den Christen bei Orig. 8,68; vgl. Karpp (1957), 500.

9 In diese Richtung gingen die Vorwürfe des Celsus, vgl. Swift (2007), 282.
10 Vgl. Brennecke (2009), 187.
11 Vgl. Geerlings (1997), 163.
12 Vgl. Clauss (1986), 1096; Swift (2008), 281; Brennecke (2009), 197 f.
13 Mt 11,34.
14 Jesus bringt das Schwert: Mt 11,34; Hauptmann von Kapharnaum: Lk 7,9; Offizier unter dem Kreuz: Mk 15,39; vgl. Brennecke (2009), 182.
15 Lk 3,14; vgl. Brennecke (2009), 182 f.
16 Vgl. Brennecke (2009), 195 f.; Geerlings (1997), 159–161, Swift (2007), 282 f.
17 Vgl. Brennecke (2009), 200 f.
18 Vgl. Clauss (1986), 1096; vgl. ders. (1998), 95.
19 Vgl. Karpp (1957), 508.
20 Vgl. Swift (2007), 280.
21 Mt 22,21; 12,17; Lk 20,25.
22 1 Petr 2,13 ff.; Röm 13,1–4. Vgl. 1 Clem. 60,4; 61,1.
23 Vgl. Hammer (1972), 13 ff.; Schreiner (2000), 60.
24 Demnach wurde ein Bote zu dem gegnerischen Gemeinwesen geschickt, der feststellte, dass der Gegner ein Unrecht begangen hatte und der römische Staat Wiedergutmachung forderte. Wurden die Forderungen innerhalb von 30 Tagen nicht erfüllt, verkündete der Fetiale, dass das betreffende Gemeinwesen ungerecht gehandelt habe. Nach Beschluss des Senats – später dem Volk – folgte die Kriegserklärung.
25 Cic. off. 1,11,35; 23,80; 34; 2,8,26; rep. 3,23,35.
26 Orig. 8,73; 86,1. Vgl. Swift (2007), 285. Brennecke (2009), 198 f.
27 Eus. Dem. Ev. 1,8,3.
28 Ambr. off. 1,27,129; vgl. Swift (1970), 535 f., (2007), 287.
29 Ambr. off. 1, 178; 1,129. Auch für Ambrosius ist der »gerechte Krieg« ein Zustand, in dem Gerechtigkeit waltet: Ambr. off. 1,139; vgl. 1,201 sowie 3,23.
30 Eus. HE 9,9; vgl. Swift (2007), 286.
31 Dazu immer noch der Klassiker: von Harnack (1963), 13 ff., 18 ff., 21 ff., 40 ff.
32 Vgl. Karpp (1957), 501; Bainton (1971), 193 f.; Lenihan (1988), 40. Dass es grundsätzlich »keinen christlichen Pazifismus (gab)« (Clauss, 1998, 95), wage ich deshalb zu bezweifeln.
33 Ambr. in Ps. 45,21,3.
34 Vgl. Bainton (1971), 193 ff.
35 Aug. epist. 47; c. Faust. 22,74–76; vgl. Lenihan (1988), 46 f.
36 Vgl. Swift (2007), 286, 291.
37 Aug. civ. 1,36.

38 Aug. civ. 5,13.
39 Aug. civ. 5,12.
40 Aug. civ. 5,16. Vgl. auch civ. 5,17 und epist. 138.
41 Vgl. Hand (1969), 22, 30, 40.
42 Aug. epist. 138,9–10.
43 Salv. gub. 1,2; vgl. Badewien (1980), 133 ff. Für Augustinus bedeutete die Eroberung Roms keineswegs das Ende des weströmischen Reiches. Die militärische Niederlage war »reparierbar«, wenn man sich an die alten Kriegstugenden der Römer hielt.
44 Aug. civ. 7,30. Vgl. Schulz (2008), 104.
45 Aug. serm. 81,9: »Roma (...) flagellata est, non interempta.«
46 Aug. civ. 19,15: »Denn wenn auch ein gerechter Krieg geführt wird, kämpft man doch auf der Gegenseite für die Sünde; und jeder Sieg, auch wenn er Bösen zufällt, ist ein Gottesgericht zur Demütigung der Besiegten, sei es um sie von Sünden zu reinigen, sei es um sie für Sünden zu bestrafen.« Vgl. c. Faust. 22,74; ep. 189,6; 229,2; 138,12 f.; quaest. in hept. 6,10 (zu Jos 8,2).Vgl. dazu Cic. off. 1,36. Parallelstelle aus *de civitate dei:* 19,7.
47 Cic. off. 1,34.
48 Aug. civ. 14,4. Der von allen Menschen ersehnte Friede ist die Ruhe, die in der Ordnung besteht *(tranquillitas ordinis)*. Vgl. Cic. off. 1,34: Grausamkeiten sollen vermieden werden.
49 Aug. ep. 138,4; c. Faust. 22,74 f.: »Um solche Ausschreitungen gerecht zu bestrafen, müssen oft die Guten gegen die Gewalt der Widerstand Leistenden die Kriegführung selbst auf sich nehmen, sei es auf Geheiß Gottes, sei es auf Befehl einer rechtmäßigen Staatsgewalt. (...). Dennoch verlangt jene natürliche Ordnung, die den Frieden unter den Sterblichen will, dass die Entscheidung und die Beratung zur Kriegserklärung bei dem Lenker des Staates liege.«
50 Vgl. Hartigan (1966), 200.
51 Aug. epist. 189,4.
52 Aug. epist. 189,6. Vgl. Fuhrer (2011), 28.
53 Aug. epist. 138,2,14.
54 Vgl. Brown (1972), 260–278; Fuhrer (2011), 28.
55 Aug. epist. 229,2: »Magni quidem sunt, et habent gloriam suam, non solum fortissimi sed etiam (...) fidelissimi bellatores (...).«
56 CIL VI 1139. Vgl. hierzu und zum Folgenden Bellen (1994), 6 f.
57 Vgl. Kolb (2001), 68, 87 f.; Euseb. Pr. Ev. 12, 9,1–2; vita Const. 1,12; 38.
58 Vgl. Pitz (2001), 110 f.
59 Kolb (2001), 68.
60 Die Voraussetzungen für diese (byzantinische) Reichstheologie legte Eu-

sebios in der Tricennalienrede (ca. 335); dazu Drake (1976) und Bellen (1994), 13 mit weiteren Angaben und Literatur.

61 Vgl. Pitz (2001), 111; Kolb (2001), 69 f. Euseb. vita Const. 4,60; 71.

62 Vgl. Pitz (2001), 111.

63 Vgl. Lenski (2002), 138 mit Belegen sowie Noethlichs (2008), 6.

64 Paneg. IV (10), 29,5.

65 Vgl. Ambr. fid. 1,136 f.; apol. Dav. 26–30.

66 Soz. Widmung 8; vgl. Le Bohec (2010), 140.

67 Vgl. Kolb (2001), 123.

68 CIL VI 1140; vgl. Bellen (1994), 12.

69 Vgl. Bellen (1994), 16–19.

70 Euseb. Triak. VII; vita Const. 4,2; 5,1–2; 7,3; 1,25,1–2.; vgl. Kolb (2001), 88.

71 Oros. 8,41; Them. or. 16, 208 a–212 b; vgl. Kolb (2001), 125 f.

72 Vgl. Cameron (2011), 99.

73 Rufin. hist. eccl. 11,32; Soz. 7,22,7–8; Theod. hist. eccl. 5,24,1–2; Vgl. Meier (2009), 257; Lee (1998), 29.

74 Rufin. hist. eccl. 11,33; vgl. McCormick (1986), 107.

75 Ambr. obit. Theod. 7; Oros. 7,35,15; Theod. hist. eccl. 5,24,4; Socrat. hist. eccl. 5,25,12–14; vgl. Clauss (1986), 1107 und Cameron (2011), 113. Zum Gebet vgl. Gelzer (1999), 54 f.

76 Vgl. Meier (2009), 258.

77 Vgl. Lee (2007), 182 f.; Cameron (2011), 93 ff.

78 Hier. epist. 146,1 mit Kolb (2001), 97, 102, 118; Treitinger (1956), 16.

79 Vgl. Meier (2008), 260.

80 Vgl. Meier (2008), 260; Theod. hist. eccl. 1,18,5; Sokr. 1,17,9.

81 Vgl. Pitz (2001), 85.

82 Vgl. Kolb (2001), 114.

83 Vgl. Kolb (2001), 114.

84 Lact. mort. pers. 44; vgl. Noethlichs (2001), 13.

85 Vgl. Lee (1998), 36; Cameron (2011), 104.

86 Vgl. Lee (1998), 25 f.; Cameron (2011), 105. Erst auf der Basis der Siegessäulen des Theodosius und Arcadius in Konstantinopel erkennt man Schilde mit dem Chi-Rho-Zeichen; der Gold-Solidus zum 30. Jahrestag des Regierungsantrittes des Honorius im Jahr 422 zeigt einen kleinen, mit dem Chi-Rho-Zeichen geschmückten Schild. Vgl. McCormick (1986), Tafel 3.2.

87 Lippold, s.v. Labarum, KlP 3 (1969), 426.

88 Vgl. Clauss (1986), 1109.

89 Vgl. Noethlichs (2008), 64; Lippold (1969), 426; metaphorisch und Verallgemeinerung: Cameron (2011), 104 f.

90 Veg. 2,5; vgl. Lee (2007), 184; Noethlichs (2001), 14.

91 Diese Überlegung verdanke ich Werner Dahlheim.

92 Dass die Legenden einen solchen Kern tradiert haben können, erscheint mir trotz der sehr skeptischen Auffassung von Speidel (2005 a), 37–46 zum Realitätsgehalt z. B. der thebaischen Legion nicht zweifelhaft.

93 Vgl. Lee (1998), 36.

94 Vgl. Heil (2006), 151.

95 Vgl. Karpp (1957), 511.

96 Vgl. Lee (1996), 38; Lee (2001), 192 f.; offizielles Verbot: CTh 16,10,21; 16,3,25; vgl. Noethlichs (2008),13, 60; gotische Soldaten als Arianer geduldet: Liebeschuetz (1990), 153.

97 Zos. 5,46; CTh 16,5,42 mit Lee (1998), 35.

98 Vgl. Clauss (1986), 1108 sowie Lee (1998), 23 zur passiven Rolle des Heeres bei der Christianisierung des Reiches.

99 McCormick (1986), 56.

100 Kolb (2001), 125; McCormick (1986), 49 f.

101 McCormick (1986), 57–61; Liebeschuetz (1990), 120 f.

102 Athan. hist. Ar. 16,2; vgl. McCormick (1986), 39 f., 106.

103 Ambr. epist. 61; McCormick (1986), 45.

104 Ambr. epist. 61,4; McCormick (1986), 107.

105 Sokr. 7,24; McCormick (1986), 60, 111.

106 Vgl. McCormick (1986), 62 f., 111. Keine Integration des Besuches christlicher Heiligtümer: Kolb (2001), 125.

107 Vgl. Lee (2007), 185.

108 Vgl. Noethlichs (2001), 14.

109 Soz. 1,8; vgl. Lee (1998), 27.

110 Nachweise bei Lee (2007), 191 gegen Noethlichs (2001), 14 und Haensch (2004), 526, der den Bericht des Sozomenos für glaubwürdig hält.

111 Coripp. 8,213–214; 254–255; 318–369; Übersetzung bei Shea (1998). Vgl. Meier (2009), 359; Lee (2007), 176 f.

112 Vgl. Hier. chron. 375 mit Lenski (2002), 316, 365.

113 Paul. Nol. epist. 25,1,3. Vgl. Lee (2007), 186 f. Noethlichs (2001), 12 kann hier zu Recht »keine spezifische Ablehnung des Krieges« erkennen.

114 Vgl. Lotter (1976), 206 f.

115 Vgl. Whitby (1998), 195. Zu Belagerungen als verbreitetes Kriegsszenario in der Spätantike vgl. Isaac (1992), 252–255.

116 Die Position des Severinus ist umstritten, sie schwankt von einem Mönch aus einer städtischen Oberschicht bis hin zum hohen Konsularbeamten im Konsulrang; vgl. die Einwände von Wolff (1983), 298–318 gegen Lotter (1976).

117 V. Severini, MGH AA, 1.2, S. 1–30. Die Einzelheiten und ihre Interpretation bei Lotter (1976), 191–200.
118 Vgl. Klingshirn (1985), 183–203.
119 Vgl. Liebeschuetz (2007), 486 f.
120 V. Genovefae, MGH Script. rer. Merov. III, S. 26, 35.
121 Sämtliche Quellen und Nachweise bei Clauss (1986), 1111–1112; Hier. epist. 123,15 zu Toulouse; Theod. hist. eccl. 5,39 zum Bischof in Thrakien; Synes. epist. 122 zu Faustos.
122 Sulp. Sev. 2–4. Vgl. Le Bohec (2010), 224 und zur militärischen Karriere des hl. Martin: Barnes (1996), 25–32, besonders 29.
123 Vgl. Whitby (1998), 203 ff.
124 Vgl. Noethlichs (2001), 16 zum Zusammenhang von Buße und Fasten sowie entsprechenden Vorschriften nach Töten im Krieg.
125 Basil. epist. 106; 188,13.
126 Athan. ep. ad Amun. Vgl. Swift (2007), 287.
127 Maximus von Turin, sermo 87,2; vgl. Tomlin (1998), 40.
128 Aug. epist. 220,3; 6–11; Tomlin (1998), 39 f.
129 Greg. Naz. epist. 136; vgl. epist. 137.
130 Nilus ep. 1,70, 79, 114–116, 205–206, 286.
131 Vita Isaaci 3,10; 4,15; Theod. hist. eccl. 4,33,3. Vgl. Liebeschuetz (1990), 144.
132 Sokr. 4,36; Amm. 31,16,5–6; vgl. Tomlin (1998), 38.
133 Ioh. Chrys. epist. 207.
134 Beispiele bei Whitby (1998), 197–201.
135 Vgl. Lenski (2002), 338, 347. Amm. 31,12,8–9; 15,6.
136 Paul. Vita Ambr. 30.

Epilog

1 Plat. Phaid. 66c.
2 Vgl. Ehrenreich (1999), 175–191.
3 Vgl. z. B. Austin (2001), 92 zu den hellenistischen Monarchen: »Nor is there any sign that decisions for war were affected by calculations of the possible risks and costs, or of the expected benefits.« Zu den Verhältnissen in Rom vgl. oben (s. o. S. 296).
4 Zur Kommerzialisierung des Krieges als Voraussetzung für die sprunghafte Technisierung und Innovation in der Frühen (westeuropäischen) Neuzeit vgl. McNeill (1984), 66 ff.
5 Zum Aufstieg der Parther und ihren militärischen Implikationen vgl. Sampson (2008), 32–53.

6 Vgl. Rey (2010), 23–56.
7 Vgl. Halsall (2005), 8 f.
8 Vgl. Kehne (2008), 260–269 mit eingehender Diskussion und einleuchtender Beurteilung.
9 Vgl. McNeill (1984), 95 f.
10 Vgl. Schulz (2004), 61.
11 Thuk. 1,13,4.
12 Athen. 6,231 e; vgl. Austin (2001), 90.
13 Vgl. Meißner (2007), 213; Schneider (2000), 190.
14 Vgl. Meißner (2007), 214.
15 Vgl. zu diesen Bemühungen Meißner (2007), 214.
16 Vgl. Heuß (1995), I, 73.
17 Vgl. z. B. Ruffing (2012), 80 f.
18 Vgl. Van Reeden (2007), 183–201. Zu den Schätzen des persischen Königs als Voraussetzung für Reichtum und Rüstung vgl. Austin (2001), 90 mit Athen. 6,231e.
19 Vgl. Stickler (2002), 19, 285; Demandt (1990), 631; Liebeschuetz (2007), 489.
20 Zur Bedeutung der Szene vgl. Pitz (2001), 117.
21 Vgl. dazu als inspirierende Vorarbeit Whitby (2002).
22 Vgl. allgemein Peterson (2008), 243–261 und Jieming (2006) zur Artillerie.

LITERATUR

Die antiken Quellen sind nach dem Schema des Neuen Pauly. Enzyklopädie der Antike, hrsg. von H. Cancik, H. Schneider u. a., Stuttgart, Weimar 2007, Bd 1 (1996) S. XXXIX - XLVII abgekürzt.

I. Quellensammlungen und -interpretationen

J. M. Balcer, *The Athenian Regulations for Chalkis. Studies in Athenian Imperial Law (Historia Einzelschriften 33)*, Stuttgart 1973.

R. C. Blockley, *The Fragmentary Classicising Historians of the Later Roman Empire, vol. 1 - 2*, Liverpool 1981 - 1983 (repr. 2007).

K. Brodersen/W. Günther/H. H. Schmitt (Hgg.), *Historische griechische Inschriften in Übersetzung*, Bd. 1: Die archaische und klassische Zeit, Darmstadt 1992.

B. Campbell, *The Roman Army 31 BC–AD 337. A Sourcebook*, London 1994.

B. Campbell (Hg.), *Greek and Roman Military Writers. Selected Readings*, London 2004.

E. Dawes/N. H. Baynes (Hgg.), *Three Byzantine Saints. Contemporary Biogaphies of St Daniel the Stylite, St Theodore of Sykeio and St John the Amsgiver*, London/Oxford 1977.

M. H. Dodgeon/S. N. C. Lieu (Hgg.), *The Roman Eastern Frontier and the Persian Wars (AD* 226 - *363). A Documentary History*, London/New York 1991.

H. A. Drake, *In Praise of Constantine: A Historical Study and New Translation of Eusebios' Tricennial Orations*, Berkeley/Los Angeles/London 1976.

A. J. Festugière, *Les moines d'Orient*, Bd. 2: *Les moines de la région de Constantinople*, Paris 1961.

H. Köchly/W. Rüstow (Hgg.), *Die griechischen Kriegsschriftsteller*, Osnabrück 1969.

J. Kromayer/G. Veith, *Schlachtenatlas zur antiken Kriegsgeschichte*, Leipzig 1922.

J. Latacz (Hg.), *Archaische Epoche. Die griechische Literatur in Text und Darstellung*, Bd. 1, Stuttgart 1991.

K. Meister, *Die Interpretation historischer Quellen. Schwerpunkt: Antike*, Bd. 1–2, Paderborn u. a. 1997–1999.

G. M. Paul, *A Historical Commentary on Sallust's Bellum Iugurthinum*, Liverpool 1984.

W. Peek, *Griechische Grabgedichte*. Griechisch/Deutsch, Berlin 1960.

E. A. Thompson, *A Roman Reformer and inventor. Being a New Text of the Treatise of De rebus bellicis with an Translation and Introduction,* Oxford 1952.

M. M. Sage, *Warfare in Ancient Greece. A Sourcebook*, London 1996.

G. W. Shea, *The* Iohannis *or* De Bellis Libycis *of Flavius Cresconius Corippus* (*Studies in Classics* 7), Lewiston/Queenston/Lampeter 1998.

II. Sekundärliteratur

C. Adams, »War and Society«, in: P. Sabin/H. Van Wees/M. Whitby (Hgg.), *The Cambridge History of Greek and Roman Warfare*, Bd. 2: *Rome from the Late Republic to the Late Empire*, Cambridge 2007, 198–232.

F. E. Adcock, *The Greek and Macedonian Art of War*, Berkeley/Los Angeles 1957.

W. Adler, *Studien zur germanischen Bewaffnung, Waffenmitgabe und Kampfesweise im Niederelbgebiet und im übrigen freien Germanien um Christi Geburt*, Bonn 1993.

G. Ahlberg, *Fighting on Land and Sea in Greek Geometric Art*, Stockholm 1971.

H. Aigner, »Gedanken zur sogenannten Heeresreform des Marius«, in: *Innsbrucker Beiträge zur Kulturwissenschaft* 18 (1974), 11–23.

S. Albert, *Bellum Iustum. Die Theorie des »gerechten Krieges« und ihre praktische Bedeutung für die auswärtigen Auseinandersetzungen Roms in republikanischer Zeit*, Kallmünz 1980.

L. Allen, *The Persian Empire*, Chicago 2005.

R. Alston, »The military and politics. Warfare and State«, in: P. Sabin, H. Van Wees, M. Whitby (Hgg.), *The Cambridge History of Greek and Roman Warfare. Bd. 2: Rome from the late Republic to the late Empire*, Cambridge 2007, 176–197.

F. Altheim, *Niedergang der alten Welt. Eine Untersuchung der Ursachen*, Bd. 1–2, Frankfurt a. M. 1952.

M. Amit, *Athens and the Sea. A Study in Athenian Sea-Power* (Collection Latomus 74), Brüssel 1965.

F. Anders, *Flavius Ricimer. Macht und Ohnmacht des weströmischen Heermeisters in der zweiten Hälfte des 5. Jahrhunderts*, Frankfurt a. M./Bern 2010.

J. K. Anderson, *Military Theory and Practice in the Age of Xenophon*, Berkeley 1970.

R. Archer, »Chariotry to Cavalry: Developments in the Early First Millenium«, in: G. G. Fagan/M. Trundle (Hgg.), *New Perspectives on Ancient Warfare*, Boston/Leiden 2010, 57–79.

J. R. Ashley, *The Macedonian Empire. The Era of Warfare under Philip II and Alexander the Great, 359–323 B.C.*, London 1998, ND 2004.

N. G. Ashton: »The ‚naumachia' near Amorgos in 322 B. C.«, *ABSA* 72 (1977), 1–11.

F. M. Ausbüttel, *Die Germanen*, Darmstadt 2010.

M. Austin, »War and Culture in the Seleucid Empire«, in: T. Bekker-Nielsen/L. Hannestad (Hgg.), *War as a Cultural and Social Force. Essays on Warfare in Antiquity*, Stockholm 2001, 90–109.

N. J. E. Austin, »Ammianus' Account of the Adrianople Campaign: Some Strategic Observations«, *AClass* 15 (1972), 77–83.

N. J. E. Austin, *Ammianus on Warfare. An Investigation into Ammianus' military knowledge* (Collection Latomus 165), Brüssel 1979.

N. J. E. Austin/N. B. Rankow, *Exploratio. Military and Political Intelligence in the Roman World from the Second Punic War to the Battle of Adrianopel*, London 1995.

D. Baatz, »Katapulte und mechanische Handwaffen des spätrömischen Heeres«, in: J. Oldenstein/O. Gupte (Hgg.), *Spätrömische Militärausrüstung*, (Journal of Military Equipment 10 (1999), 5–20.

D. Baatz, R. Bockius, *Vegetius und die römische Flotte. Flavius Vegetius Renatus Praecepta Belli Navalis. Ratschläge für die Seekriegsführung.* Text mit Übersetzung, Kommentar und Einführung von D. Baatz sowie eine Untersuchung zu Vegetius und die Klassifizierung römischer Kriegsschiffe in der kaiserzeitlichen Flotte von R. Bockius (Römisch-Germanisches Zentralmuseum. Forschungsinstitut für Vor- und Frühgeschichte Monographien Bd. 39), Mainz 1997.

B. S. Bachrach, »Another Look at the Barbarian Settlement in Southern Gaul«, *Traditio* 25 (1969), 354–358.

B. S. Bachrach, »The Hun Army at the Battle of Chalons (451). An Essay in Military Demography«, in: K. Brunner/B. Merta (Hgg.), *Ethnogenese und Überlieferung. Angewandte Methoden der Frühmittelalterforschung*, Wien/München 1994, 59–67.

J. Badewien, *Geschichtstheologie und Sozialkritik im Werk Salvians von Marseille*, Göttingen 1980.

R. H. Bainton, *Christian Attitudes Toward War and Peace. A Historical Survey and Critical Re-Evaluation*, New York/Nashville 1960.

R. H. Bainton, »Die frühe Kirche und der Krieg«, in: R. Klein (Hg.), *Das frühe Christentum im römischen Staat*, Darmstadt 1971, 187–216.

J. M. Balcer, »The Persian Wars Against Greece: A Reassessment«, *Historia* 38 (1989), 127–143.

J.M. Balcer, *The Persian Conquest of the Greeks, 545–450 B.C.*, Konstanz 1995.

E. Baltrusch, »Auf dem Weg zum Prinzipat: Die Entwicklung der republikanischen Herrschaftspolitik von Sulla bis Pompeius (88–62 v.Chr.)«, in: J. Spielvogel (Hg.), *Res Publica Reperta. Zur Verfassung und Gesellschaft der Römischen Republik und des Frühen Prinzipats.* FS Jochen Bleicken, Stuttgart 2002, 245–262.

E. Baltrusch, »Polis und Gastfreundschaft: Die Grundlagen der spartanischen Außenpolitik«, in: A. Luther/M. Meier/L. Thommen (Hgg.), *Das frühe Sparta*, München 2006, 165–191.

E. Baltrusch, *Außenpolitik, Bünde und Reichsbildung in der Antike* (Enzyklopädie der griechisch-römischen Antike 7), München 2008.

E. Baltrusch, *Sparta. Geschichte, Gesellschaft, Kultur*, 4. aktualisierte Aufl., München 2010.

E. Baltrusch, *Caesar und Pompeius*, 4. Aufl. Darmstadt 2010.

G. Baratta, »Hochkonjunktur für Deserteure? Fahnenflucht in der Spätantike«, in: Y. Le Bohec/C. Wolff (Hgg.), *L'armée romaine de Dioclétien à Valentinien Ier* (Collection du Centre d`études Romaines et Gallo-Romaines 26), Lyon 2004, 475–487.

B. Bar-Kochva, *The Seleucid Army: Organization and Tactics in Great Campaigns*, Cambridge 1976.

T.D. Barnes, »The Military Career of Martin of Tours«, in: *Analecta Bollandiana* 114 (1996), 25–32.

A. Becker, »Zur Logistik der augusteischen Germanienfeldzüge«, in: P. Kneissl/V. Losemann (Hgg.), *Imperium Romanum. Studien zu Geschichte und Rezeption.* FS Karl Christ, Stuttgart 1998, 41–50.

M.J.V. Bell, »Tactical Reforms in the Roman Republican Army«, *Historia* 14 (1965), 404–422.

H. Bellen, *Die germanische Leibwache der römischen Kaiser*, Mainz 1981.

H. Bellen, »Christianissimus Imperator. Zur Christianisierung der römischen Kaiserideologie von Constantin bis Theodosius«, in: R. Günther/S. Rebenich (Hgg.): *E fontibus haurire. Beiträge zur römischen Geschichte und zu ihren Hilfswissenschaften.* FS H. Chantraine, Paderborn/München 1994, 3–19.

B. Bennett, *The Wars of Alexander's Successors 323–281 BC*, Bd. 1: *Commanders and Campaigns,* London 2008.

B. Bennett/M. Roberts, *The Wars of Alexander's Successors 323–281 BC*, Bd. 2: *Battles and Tactics,* London 2009.

G.M. Berndt, *Konflikt und Anpassung. Studien zu Migration und Ethnogenese der Vandalen* (Historische Studien 489), Husum 2007.

G. Berndt, R. Steinacher (Hgg.): *Das Reich der Vandalen und seine (Vor-)geschich-*

ten (Forschungen zur Geschichte des Mittelalters 13, OeAw Denkschriften der phil.-hist. Klasse 366), Wien 2008.
J. G. P. Best, *Thracian Peltasts and Their Influence on Greek Warfare*, Groningen 1969.
P. Beston, »Hellenistic Military Leadership«, in: H. Van Wees (Hg.), *War and Violence in Ancient Greece*, London 2000, 315–335.
R. A. Billows, *Antigonos the One-Eyed and the Creation of the Hellenistic State*, Berkeley/Los Angeles 1990.
R. A. Billows, »International Relations. The Hellenistic World and Roman Republic«, in: P. Sabin/H. Van Wees/M. Whitby (Hgg.), *The Cambridge History of Greek and Roman Warfare*, Bd. 1: *Greece, the Hellenistic World and the Rise of Rome*, Cambridge 2007, 303–324.
N. Bitter, *Kampfschilderungen bei Ammianus Marcellinus*, Bonn 1976.
D. Blackman, »The Athenian Navy and Allied Naval Contributions in the Pentecontaetia«, *GRBS* 10 (1969), 179–216.
B. Bleckmann, »Honorius und das Ende der römischen Herrschaft in Westeuropa«, *HZ* 265 (1997), 561–595.
B. Bleckmann, »Bemerkungen zum Scheitern des Mehrherrschaftssystems«, in: A. Demandt u. a. (Hgg.), *Diokletian und die Tetrarchie. Aspekte einer Zeitenwende* (Millenium Studien Bd. 1), Berlin/New York 2004, 74–94.
B. Bleckmann, *Der Peloponnesische Krieg*, München 2007.
J. Bleicken, *Verfassungs- und Sozialgeschichte des Römischen Kaiserreiches*, Bd. 1–2, 2. verb. Aufl. Paderborn u. a. 1981.
J. Bleicken, *Die Verfassung der Römischen Republik*, 7. Aufl. Paderborn u. a. 1985.
J. Bleicken, *Augustus. Eine Biographie*, Berlin 1998.
J. Bleicken, *Die athenische Demokratie*, 2., völlig überarbeitete und wesentlich erweiterte Auflage, Paderborn u. a. 1994.
R. C. Blockley, »Ammianus Marcellinus on the Battle of Strasburg: Art and Analysis in the History«, *Phoenix* 31 (1977), 218–231.
R. C. Blockley, »Ammianus Marcellinus on the Persian Invasion A.D. 359«, *Phoenix* 42 (1988), 244–260.
W. Blösel, »Das Flottenbauprogramm des Themistokles und der Beschluss der Athener zur Seeverteidigung gegen Xerxes (Hdt. VII 140–144)«, in: B. Bleckmann (Hg.), *Herodot und die Epoche der Perserkriege. Realität und Fiktionen*, Köln/Weimar/Wien 2007, 53–65.
W. Blösel, »Die Demilitarisierung der römischen Nobilität von Sulla bis Caesar«, in: W. Blösel/K. J. Hölkeskamp (Hgg.), *Von der* militia equestris *zur* militia urbana. *Prominenzrollen und Karrierefelder im antiken Rom*, Stuttgart 2011, 55–80.
A. E. Boak, *Manpower Shortage and the Fall of the Roman Empire*, London 1955.
I. Bóna, *Das Hunnenreich*, Stuttgart 1991.

R. Boss, *Justinian's Wars: Belisarius, Narses and the Reconquest of the West*, Stockport 1993.

A.B. Bosworth, »Arrian and the Alani«, *HSCP* 81 (1977), 217–255.

A.B. Bosworth, *Conquest and Empire. The Reign of Alexander the Great*, Cambridge 1988.

A.B. Bosworth: »The Indian Campaigns 327–325 B.C.«, in: J. Roisman (Hg.), *Brill's Companion to Alexander the Great*, Leiden 2003, 159–168.

H. Botermann, *Die Soldaten und die römische Politik in der Zeit von Caesars Tod bis zur Begründung des Zweiten Triumvirats*, München 1968.

H. Botermann, »Ciceros Gedanken zum »gerechten Krieg« in *de officiis* 1,34–40«, *Archiv für Kulturgeschichte* 69 (1987), 1–29.

J. Bourgeot, *Augustins Philosophie des Friedens und des Krieges*, Diss. Frankfurt 1926.

H. Brandt, *Zeitkritik in der Spätantike. Untersuchungen zu den Reformvorschlägen des Anonymus De rebus bellicis* (Vestigia 40), München 1988.

H. Brandt, *Das Ende der Antike. Geschichte des spätrömischen Reiches*, 2. Aufl. München 2004.

D.J. Breeze, »The Logistics of Agricola's Final Campaign«, *Talanta* 18/19 (1987/88), 7–28.

D.J. Breeze, »Why Did the Romans Fail to Conquer Scotland?«, in: ders./B. Dobson (Hgg.), *Roman Officers and Frontiers*, Stuttgart 1993, 365–384.

H.C. Brennecke, »Kriegsdienst und Soldatenberuf für Christen und die Rolle des römischen Heeres für die Mission«, in: A. Holzem (Hg.), *Krieg und Christentum. Religiöse Gewalttheorien in der Kriegserfahrung des Westens* (Krieg in der Geschichte 50), Paderborn 2009, 180–211.

A. Bresson, »Rhodes During the Siege of 305–304: Population, Territory and Strategy of Defense«, in: N. Faucherre/I. Pimouguet-Pédarros (Hgg.), *Les sièges de Rhodes de l'antiquité à la période moderne*, Rennes 2010, 103–133.

J. Brewer, *The Sinews of Power: War, Money and the English State, 1688–1783*, Cambridge 1988.

P. Briant, »The Achaemenid Empire«, in: K. Raaflaub/N. Rosenstein (Hgg.), *Soldiers, Society and War in the Ancient and Medieval Worlds*, Cambridge 1999, 105–128.

P. Briant, *From Cyrus to Alexander. A History of the Persian Empire*, Winona Lake 2002.

K. Bringmann, *Krise und Ende der römischen Republik (133–42 v.Chr.)* (Studienbücher Geschichte und Kultur der Alten Welt), Berlin 2003.

K. Bringmann, *Kaiser Julian. Der letzte heidnische Kaiser*, Darmstadt 2004.

G. Brizzi, »Amilcare e Santippo: storie di generali«, in: Y. Le Bohec (Hg.), *La première guerre punique.* Autour de l'ouvrage de M.H. Fantat. Actes de la Table Ronde de Lyon (mercredi 19 mai 1999), Lyon 2001, 29–38.

G. Brizzi, *Il guerriero, l'hoplite, il legionario. Gli eserciti nel mondo classico*, Bologna 2002.

G. Brizzi, »Note sulla battaglia di Carre«, in: ders. (Hg.), *Studi militari romani*, Bologna 1983, 9-30.

D. Brodka, »Einige Bemerkungen zum Verlauf der Schlacht bei Adrianopel (9. August 378)«, *Millennium* 6 (2009), 265-279.

M. Brosius, »Pax Persica: Königliche Ideologie und Kriegführung im Achämenidenreich«, in: B. Meißner/O. Schmitt/M. Sommer (Hgg.), *Krieg - Gesellschaft - Institutionen. Beiträge zu einer vergleichenden Kriegsgeschichte*, Berlin 2005, 135-161.

P. Brown, »St. Augustine's Attitude to Religious Coercition«, in: Ders., *Religion and Society in the Age of Saint Augustine*, London 1972, 260-278.

P. A. Brunt, »Tacitus on the Batavian Revolt«, *Latomus* 19 (1960), 494-517.

R. Brzezinski/M. Mielczarek, *The Sarmatians. 600 BC - AD 450*, Oxford 2002.

L. Burckhardt, *Bürger und Soldaten. Aspekte der politischen und militärischen Rolle athenischer Bürger im Kriegswesen des 4. Jahrhunderts v. Chr.* (Historia Einzelschriften 101), Stuttgart 1996.

L. Burckhardt, *Militärgeschichte der Antike*, München 2008.

W. Burkert, *Homo necans. Interpretationen altgriechischer Opferriten und Mythen* (RGVV 32), Bonn 1972.

W. Burkert, »Krieg, Sieg und die Olympischen Götter«, in: F. Stolz (Hg.), *Religion zu Krieg und Frieden*, Zürich 1986, 65-86.

W. Burkert, »Krieg und Tod in der griechischen Polis«, in: H. von Stietencron/J. Rüpke (Hgg.), *Töten im Krieg* (Veröffentlichungen des Instituts für historische Anthropologie 6), München 1995, 179-196.

W. Burkert, *Homo necans. Interpretationen altgriechischer Opferriten und Mythen*, 2. Aufl. Berlin/New York 1997.

T. S. Burns, »The Battle of Adrianopel. A Reconsideration«, *Historia* 22 (1973), 336-345.

T. S. Burns, *Barbarians within the Gates of Rome: A Study of Roman Military Policy and the Barbarians, 375-425 A. D.*, Bloomington u. a. 1994.

F. Burrer/H. Müller (Hgg.), *Kriegskosten und Kriegsfinanzierung in der Antike*, Darmstadt 2008.

G. Busolt, »Spartas Heer und Leuktra«, *Hermes* 40 (1905), 387-449.

C. J. Cadoux, *The Early Christian Attitude to War*, London 1919.

P. Cagniart, »The Late Republican Army (146-30 BC)«, in: P. Erdkamp (Hg.), *A Companion to the Roman Army*, Oxford 2007, 80-95.

H. Callies, *Die fremden Truppen im römischen Heer des Prinzipats und die sogenannten nationalen Numeri. Beiträge zur Geschichte des römischen Heeres* (BRGK 45), Mainz 1964.

H. Cameron/V. Parker, »A Mobile People? Sallust's Presentation of the Numidians and Their Manner of Fighting«, *PP* 60 (2005), 33–57.
A. Cameron, *The Last Pagans of Rome*, Oxford 2011.
B. Campbell, *The Emperor and the Roman Army 31 B.C.-A.D. 235*, Oxford 1984.
B. Campbell, »Auxiliary Artillery Revisited«, *BJ* 186 (1986), 117–132.
B. Campbell, »Teach Yourself How to Be a General«, *JRS* 77 (1987), 13–29.
B. Campbell, *Warfare and Society in Imperial Rome 31 BC-AD 284*, London/New York 2002.
B. Campbell, *Ancient Siege Warfare. Persians, Greeks, Carthaginians and Romans 546–146 BC*, Oxford 2005.
D.B. Campbell, *Mons Graupius AD 83. Rome's battle at the edge of the world*, Oxford 2010.
J. Carlsen u. a. (Hgg.), *Alexander the Great. Reality and Myth*, Rom 1993.
E. Carney, »Macedonians and Mutiny. Discipline and Indiscipline in the Army of Philip and Alexander«, *ClPh* 91 (1996), 19–44.
J.M. Carrié, »Der Soldat«, in: A. Giardina (Hg.), *Der Mensch der römischen Antike*, Frankfurt a.M. 1997, 117–157.
J.M. Carrié, »Le système de recrutement des armées romaines de Dioclétien aux Valentiniens«, in: Y. Le Bohec/C. Wolff (Hgg.), *L'armée romaine de Dioclétien à Valentinien Ier* (Collection du Centre d'études Romaines et Gallo-Romaines 26), Lyon 2004, 371–387.
J.M. Carrié/S. Janniard, »L'armée romaine tardive dans quelques travaux récents« (2 Teile), *AntTard* 8 (2000), 321–341; *AntTard* 9 (2001), 351–361.
P. Cartledge, »Hoplites and Heroes: Sparta's Contribution to the Technique of Ancient Warfare«, *JHS* 97 (1977), 11–27.
P. Cartledge, *Agesilaos and the Crisis of Sparta*, London 1987.
P. Cartledge, *The Spartans. The World of the Warrior-Heroes of Ancient Greece*, New York 2003.
B.T. Carey, *Hannibal's Last Battle. Zama and the Fall of Carthage*, Barnsley 2007.
L. Casson, *Die Seefahrer der Antike*, München 1979.
H. Castritius, *Die Vandalen. Etappen einer Spurensuche*, Stuttgart 2007.
G.L. Cawkwell, »The Power of Persia«, *Arepo* 1 (1968), 1–5.
G.L. Cawkwell, *The Greek Wars. The Failure of Persia*, Oxford 2007.
J. Champion, *Pyrrhus of Epirus*, Barnsley 2009.
A. Chaniotis, P. Ducrey (Hgg.), *Army and Power in the Ancient World* (Althistorische Beiträge und Epigraphische Studien 37), Stuttgart 2002.
A. Chaniotis, *War in the Hellenistic World. A Social and Cultural History*, Oxford 2005.
M.B. Charles, P. Rhodan, »Magister Elephantorum. A Reappaisel of Hannibal's Use of Elephants«, *Classical World* 100.4 (2007), 363–389.
P.E. Chevedden, »Artillery in Late Antiquity: Prelude to the Middle Ages«,

in: I.A. Corfis/M. Wolfe (Hgg.), *The Medieval City Under Siege*, Woodbridge 1995, 131–175.

K. Christ, *Sulla. Eine römische Karriere*, München 2002.

K. Christ, *Hannibal*, Darmstadt 2003.

M. Christol, »Auréolus et l'histoire Auguste«, in: G. Bonamente/F. Heim/J.-P. Callu (Hgg.), *HAC 6 Colloquium Argentoratense MCMXCVI* (Munera 11), Bari 1998, 115–135.

M. Clauss, *Sparta. Eine Einführung in seine Geschichte und Zivilisation*, München 1983.

M. Clauss, »Heerwesen (Heeresreligion)«, *RAC* 13 (1986), 1073–1098.

M. Clauss, »›Gebet dem Kaiser, was des Kaisers ist!‹ Bemerkungen zur Rolle der Christen im römischen Heer«, in: P. Kneissl/V. Losemann (Hgg.), *Imperium Romanum. Studien zu Geschichte und Rezeption*, FS K. Christ, Stuttgart 1998, 93–104.

F.M. Clover, *The Late Roman West and the Vandals*, Aldershot 1993.

C. Collard, »The Funeral Oration in Euripides' Supplices«, *BICS* 19 (1972), 39–53.

W.R. Conner, »Early Greek Land Warfare as Symbolic Expression«, *P&P* 119 (1988), 3–29.

T. Cornell/B. Rankov/P. Sabin (Hgg.), *The Second Punic War. A Reappraisal*, London 1996.

J.C. Coulston, »Roman, Parthian and Sassanid Tactical Developments«, in: P.W. Freeman/D.L. Kennedy (Hgg.), *Defence of the Roman and Byzantine East*, Oxford 1986, 59–75.

J.C. Coulston, »Römisches Kriegswesen der Kaiserzeit«, in: P. De Souza (Hg.), *Die Kriege des Altertums. Von Ägypten bis zum Inkareich*, Leipzig 2008, 183–201.

Ch. Courtois, *Les Vandales et l'Afrique*, Paris 1955.

G.A. Crump, *Ammianus Marcellinus as A Military Historian* (Historia Einzelschriften 27), Wiesbaden 1975.

J.S. Curl, *A Celebration of Death. An Introduction to Some of the Buildings, Monuments, and Settings of Funerary Architecture in the Western European Tradition*, London 1993.

W. Dahlheim, *Struktur und Entwicklung des römischen Völkerrechts im dritten und zweiten Jahrhundert v. Chr.* (Vestigia 8), München 1968.

W. Dahlheim, *Gewalt und Herrschaft. Das provinziale Herrschaftssystem der römischen Republik*, Berlin/New York 1977.

W. Dahlheim, »Die Armee eines Weltreiches: Der römische Soldat und sein Verhältnis zu Staat und Gesellschaft«, *Klio* 74 (1992), 197–220.

W. Dahlheim, *Geschichte der Römischen Kaiserzeit* (Oldenbourg Grundriss der Geschichte 3), 3. Aufl., München 2003.

W. Dahlheim, *Julius Caesar. Die Ehre des Kriegers und die Not des Staates*, Paderborn u. a. 2005.

W. Dahlheim, *Die Antike. Griechenland und Rom von den Anfängen bis zur Expansion des Islam*, Paderborn u. a. 6. Aufl. 2002.

W. Dahlheim, *Augustus. Aufrührer – Herrscher – Heiland*, München 2010.

G. Daly, *Cannae. The Experience of Battle in the Second Punic War*, London/New York 2002.

H. Dannenbauer, *Die Entstehung Europas. Von der Spätantike zum Mittelalter*, Bd.1: *Der Niedergang der alten Welt im Westen*, Stuttgart 1959.

D. Dawson, *The Origins of Western Warfare. Militarism and Morality in the Ancient World*, Boulder 1996.

D. Dawson, *The First Armies*, London 2001.

M. Debidour, *Les Grecs et la Guerre. Ve – IVe siècle. De la guerre rituelle à la guerre totale*, Paris 2002.

L. De Blois, *The Policy of the Emperor Gallienus*, Leiden 1976.

L. De Blois, »Sueton, Aug. 46 und die Manipulation des mittleren Militärkaders als politisches Instrument«, *Historia* 43 (1994), 324 – 345.

L. De Blois, »Volk und Soldaten bei Cassius Dio«, *ANRW* 2.34.3, Berlin/New York 1997, 2650 – 2676.

L. De Blois, »Monetary Policies, the Soldiers' Pay and the Onset of Crisis in the First Half of the Third Century AD«, in: P. Erdkamp (Hg.), *The Roman Army and the Economy*, Amsterdam 2002, 90 – 107.

L. De Blois, »Army and General in the Late Roman Republic«, in: P. Erdkamp (Hg.), *A Companion to the Roman Army*, Oxford 2007, 164 – 179.

H. Delbrück, *Geschichte der Kriegskunst. Das Altertum. Von den Perserkriegen bis Caesar; Die Germanen. Vom Kampf der Römer und Germanen bis zum Übergang ins Mittelalter* (I, II). Sonderauflage der 3. Auflage 1920/21, Hamburg 2003.

L. De Libero, »Antike Wege in den Krieg«, in: B. Wegner (Hg.), *Wie Kriege entstehen. Zum historischen Hintergrund von Staatenkonflikten* (Krieg in der Geschichte 4), Paderborn u. a. 2000, 25 – 44.

L. De Libero, »Vernichtung oder Vertrag? Bemerkungen zum Kriegsende in der Antike«, in: B. Wegner (Hg.), *Wie Kriege enden. Wege zum Frieden von der Antike bis zur Gegenwart* (Krieg in der Geschichte 14), Paderborn u. a. 2002, 3 – 23.

A. Demandt, »Die Feldzüge des älteren Theodosius«, *Hermes* 100 (1972), 81 – 113.

A. Demandt, »Der spätrömische Militäradel«, *Chiron* 10 (1980), 609 – 636.

A. Demandt/A.Goltz/H. Schlange-Schöningen (Hgg.), *Die Tetrarchie. Aspekte einer Zeitenwende* (Millennium Studien 1), Berlin/New York 2004.

A. Demandt, *Die Spätantike. Römische Geschichte von Diocletian bis Justinian, 284 – 565 n. Chr.* 2., vollst. bearb. und erw. Aufl. München 2007.

L. De Mause, *Was ist Psychohistorie? Eine Grundlegung*, hg. von A. R. Boelderl/L. Janus, Gießen 2000.

J. De Romilly, »A Highly Complex Battle-Account: Syracuse«, in: J. S. Rusten (Hg.), *Thucydides*, Oxford 2009, 359–377.

P. De Souza, *Piracy in the Graeco-Roman World*, Cambridge 1999.

P. De Souza, *Die Beherrschung der Meere. Wie die Seefahrt die Menschheitsgeschichte prägte*, München/Zürich 2006.

P. De Souza, »Naval Forces. Military Forces. The Hellenistic World and Roman Republic«, in: P. Sabin/H. Van Wees/M. Whitby (Hgg.), *The Cambridge History of Greek and Roman Warfare*, Bd. 1: *Greece, the Hellenistic World and the Rise of Rome*, Cambridge 2007, 357–367 (= De Souza 2007a).

P. De Souza, »Battle. Naval Battles and Sieges. The Hellenistic World and Roman Republic«, in: P. Sabin/H. Van Wees/M. Whitby (Hgg.), *The Cambridge History of Greek and Roman Warfare*, Bd. 1: *Greece, the Hellenistic World and the Rise of Rome*, Cambridge 2007, 434–460 (= De Souza 2007b).

P. De Souza, *The Greeks at War: From Athens to Alexander*, Oxford 2007 (= De Souza 2007c).

A.M. Devine, »The Battle of Gaugamela: A Tactical and Source-Critical Study«, *AncW* 13 (1986), 87–116.

S. Dick, *Der Mythos vom ‚germanischen' Königtum. Studien zur Herrschaftsorganisation bei den germanischsprachigen Barbaren bis zum Beginn der Völkerwanderungszeit* (RGA Ergänzungsband 60), Berlin/New York 2008.

H.-J. Diesner, »Die Laufbahn des comes Africae Bonifatius und seine Beziehungen zu Augustin«, in: ders., *Kirche und Staat im spätrömischen Reich. Aufsätze zur Spätantike und zur Alten Kirche*, Berlin 1963, 100–126.

H.-J. Diesner, »Das Bucellariertum von Stilicho und Sarus bis auf Aëtius (454/455)«, *Klio* 54 (1972), 321–350.

K. R. Dixon/P. Southern, *The Roman Cavalry. From the First to the Third Century AD*, London 1992.

G. Dobesch, »Die Kimbern in den Ostalpen und die Schlacht von Noreia«, in: *Mitteilungen der österr. Arbeitsgemeinschaft für Ur- und Frühgeschichte* 32 (1982), 51–78.

J. Dobias, »King Maroboduus as a Politician«, *Klio* 38 (1960), 155–166.

B. Dobson, *Die Primipilares: Entwicklung und Bedeutung, Laufbahnen und Persönlichkeiten eines römischen Offiziersranges*, Köln 1978.

B. Dobson, »The Function of Hadrian's Wall«, in: D. J. Breeze/B. Dobson (Hgg.), *Roman Officers and Frontiers*, Stuttgart 1993, 431–460.

M. H. Dodgeon/S. N. C. Lieu (Hgg.), *The Roman Eastern Frontier and the Persian Wars (AD 226–363)*, London/New York 1991.

N.H. Doenges, »The Campaign and the Battle of Marathon«, *Historia* 47 (1998), 1–17.

W. Donlan/J. Thompson, »The Charge at Marathon: Herodotus 6,112«, *CJ* 71 (1976), 339–343.

W. Donlan/J. Thompson, »The Charge at Marathon Again«, *CJ* 72 (1979), 419–440.

G. Döpel, *Die attische Flotte im Peloponnesischen Krieg*, Diss. Jena 1937.

M. Dreher, »Die Primitivität der frühen spartanischen Verfassung«, in: A. Luther/M. Meier/L. Thommen (Hgg.), *Das frühe Sparta*, München 2006, 43–62.

B. Dreyer, *Arminius und der Untergang des Varus. Warum die Germanen keine Römer wurden*, Stuttgart 2009.

J. F. Drinkwater, *The Gallic Empire. Separatism and Continuity in the North-Western Provinces of the Roman Empire A. D. 260–274* (Historia Einzelschriften 52), Stuttgart 1987.

E. Droberjar/V. Sakar, »Problems of the Roman Military Campaign Against the Empire of Marbod in the Year 6 A.D.«, in: H. Friesinger/K. Pieta/B. Komoróczy (Hgg.), *Gentes, reges und Rom. Auseinandersetzung, Anerkennung, Anpassung*, FS J. Tejral, Brno 2000, 21–42.

J. G. Droysen, *Geschichte des Hellenismus*, Bd.1–3, ND der Ausgabe Tübingen 1952–1953, München 1980.

J. Ducat, »The Spartan ›Tremblers‹«, in: S. Hodkinson/A. Powell (Hgg.), *Sparta and War*, Swansea 2006, 1–55.

P. Ducrey, *Guerre et guerriers dans la Grèce antique*, Paris 1999, Pb 2009.

S. L. Dyson, »Native Revolts in the Roman Empire«, *Historia* 20 (1971), 238–274.

W. Eck, *Augustus und seine Zeit*, München 1998.

A. M. Eckstein, *Mediterranean Anarchy, Interstate War, and the Rise of Rome*, Berkeley/Los Angeles/London 2006.

A. M. Eckstein, »Die Grenzen der Expansion Roms. Soziale, geopolitische und geographische Aspekte«, in: G. Mandl, I. Steffelbauer (Hgg.), *Krieg in der Antiken Welt,* Essen 2007, 129–157.

J. Edwards, »The Irony of Hannibal's Elephants«, *Latomus* 60 (2001), 900–905.

B. Ehrenreich, *Blutrituale. Ursprung und Geschichte der Lust am Krieg*, Hamburg 1999.

A. Eich, »Der Wechsel zu einer neuen *grand strategy* unter Augustus und seine langfristigen Folgen«, *HZ* 288 (2009), 561–611.

St. Elbern, *Usurpationen im spätrömischen Reich*, Bonn 1984.

H. Elton, *Warfare in Roman Europe AD 350–425*, Oxford 1998.

H. Elton, »Military Forces. The Later Roman Empire«, in: P. Sabin/H. Van Wees/M. Whitby (Hgg.), *The Cambridge History of Greek and Roman Warfare*, Bd. 2: *Rome from the Late Republic to the Late Empire*, Cambridge 2007, 270–309.

H. Elton, »Rom und die Barbaren«, in: P. De Souza (Hg.), *Die Kriege des Altertums. Von Ägypten bis zum Inkareich*, Leipzig 2008, 203–215.
D. W. Engels, *Alexander the Great and the Logistics of the Macedonian Army*, Berkeley/Los Angeles/London 1978.
J. Engels, *Philipp II. und Alexander der Große*, Darmstadt 2006.
P. H. Epps, »Fear in Spartan Character«, *CP* 28 (1933), 12–29.
P. Erdkamp (Hg.), *The Roman Army and the Economy*, Amsterdam 2002.
P. Erdkamp (Hg.), *A Companion to the Roman Army*, Malden u. a. 2007.
P. Erdkamp, »War and State Formation in the Roman Republic«, in: P. Erdkamp (Hg.), *A Companion to the Roman Army*, Malden u. a. 2007, 96–113.
E. Erdmann, *Die Rolle des Heeres in der Zeit von Marius bis Caesar. Militärische und politische Probleme einer Berufsarmee*, Neustadt/Aisch 1972.
M. Erdrich, »Römische Germanienpolitik im 1. Jahrhundert n. Chr.«, in: L. Wamser (Hg.), *Die Römer zwischen Alpen und Nordmeer*, München 2010, 193–196.
M. Errington, »Theodosius and the Goths«, *Chiron* 26 (1996), 1–27.
J. A. S. Evans, »The Final Problem at Thermopylae«, *GRBS* 5 (1964) 231–237.
J. A. S. Evans, »Notes on Thermopylae and Artemision«, *Historia* 18 (1969), 389–406.
T. Everson, *Warfare in Ancient Greece. Arms and Armour from the Heroes of Homer to Alexander the Great*, Sparkford 2004.
G. G. Fagan, »›It Fell Upon Him Like a Furious Arrow‹: Toward a Reconstruction of the Assyrian Tactical System«, in: ders./M. Trundle (Hgg.), *New Perspectives on Ancient Warfare*, Boston/Leiden 2010, 82–100.
J. H. Farnum, *The Positioning of Roman Imperial Legions*, Oxford 2005.
K. Farrokh, *Shadows of the Desert. Ancient Persia at War*, Oxford/New York 2007.
A. Fear, »War and Society. The Later Roman Empire«, in: P. Sabin/H. Van Wees/M. Whitby (Hgg.), *The Cambridge History of Greek and Roman Warfare*, Bd. 2: *Rome from the Late Republic to the Late Empire*, Cambridge 2007, 424–458.
B. Feichtinger, »Glaube versus Aberglaube. Der Untergang Roms in den Augen der Zeitgenossen«, in: *Chartulae*, FS W. Speyer (JbAC Ergänzungsband 28), Münster 1998, 145–166.
C. Ferone, »La Guerra navale nel Siculum bellum. Aspetti tecnico-militari«, *MGR* 14 (1989), 200 ff.
A. Ferrill, *The Fall of the Roman Empire. The Military Explanation*, London 1986.
I. M. Ferris, *Enemies of Rome: Barbarians Through Roman Eyes*, Stroud 2000.
M. I. Finley, »The Fifth-Century Athenian Empire: A Balance Sheet«, in: P. D. A. Garnsey/C. R. Whittaker (Hgg.), *Imperialism in the Ancient World*, Cambridge 1978, 103–126.
M. I. Finley, »Soziale Modelle zur antiken Geschichte«, *HZ* 239 (1984), 286–308.

E. Flaig, »Römer werden um jeden Preis? Integrationskapazität und Integrationswilligkeit am Beispiel des Bataveraufstandes«, in: M. Weinmann-Walser (Hg.), *Historische Interpretationen*, FS G. Walser (Historia Einzelschriften 100), Stuttgart 1995, 45–60.

E. Flaig, »Demokratischer Imperialismus. Der Modellfall Athen«, in: R. Faber (Hg.), *Imperialismus in Geschichte und Gegenwart*, Würzburg 2005, 43–57.

H. Flashar, *Der Epitaphios des Perikles. Seine Funktion im Geschichtswerk des Thukydides*, Heidelberg 1969.

J. Flick, »Der Ritt in die Mitte. Reitervölker im Dienste Roms«, in: G. Mandl/I. Steffelbauer (Hgg.): *Krieg in der antiken Welt*, Essen 2007, 195–213.

R.I. Frank, *Scholae Palatinae: The Palace Guards of the Later Roman Empire* (PMAAR 23), Rom 1969.

J.P. Franz, *Krieger, Bauern, Bürger. Untersuchungen zu den Hopliten in archaischer und klassischer Zeit*, Frankfurt a. M. u. a. 2002.

F.J. Frost, »The Athenian Military before Cleisthenes«, *Historia* 33 (1984), 283–294.

J. Fündling, *Sulla*, Darmstadt 2010.

T. Fuhrer, »Krieg und (Un-)Gerechtigkeit. Augustin zu Ursache und Sinn von Kriegen«, in: M. Formisano, H. Böhme (Hgg.), *War in Words. Transformations of War from Antiquity to Clausewitz* (Transformationen der Antike 19), Berlin/New York 2011, 23–36.

F. Gabrielsen, »Naval Warfare: Its Economoc and Social Impact on Ancient Greek Cities«, in: T. Bekker-Nielsen/L. Hannestad (Hgg.), *War as a Cultural and Social Force. Essays on Warfare in Antiquity*, Stockholm 2001, 72–89.

V. Gabrielsen, »Die Kosten der athenischen Flotte in klassischer Zeit«, in: F. Burrer/H. Müller (Hgg.), *Kriegskosten und Kriegsfinanzierung in der Antike*, Darmstadt 2008, 46–73.

C.J. Gadd, »Warfare in the Ancient Near East«, *Iraq* 25 (1963), 110–193.

R.E. Gaebel, *Cavalry Operations in the Ancient Greek World*, Norman 2002.

T. Ganschow, *Krieg in der Antike*, Darmstadt 2007.

P. Garoufalias, *Pyrrhus, King of Epirus*, London 1979.

P. Garnsey, *Famine and Food Supply in the Greco-Roman World. Responses to Risk and Crisis*, Cambridge 1988 (ND 1993).

W. Geerlings, »Die Stellung der Alten Kirche zu Kriegsdienst und Krieg«, *Osnabrücker Jahrbuch Frieden und Wissenschaft* 4 (1997), 155–166.

H.-J. Gehrke, »Der siegreiche König«, *AKG* 64 (1982), 247–277.

H.-J. Gehrke, *Alexander der Große*, München 1996.

H.-J. Gehrke, »Weltreich im Staub. Gaugamela, 1. Oktober 331 v. Chr.«, in: S. Förster/M. Pöhlmann/D. Walter (Hgg.), *Schlachten der Weltgeschichte. Von Salamis bis Sinai*, 3. Aufl. München 2005, 32–47.

S. Geist, *Der gescheiterte Feldherr (dux ferox). Der besiegte römische Feldherr als literarische Figur bei römischen Niederlagen, dargestellt an ausgewählten schweren Niederlagen von der Frühen Republik bis zu Augustus*, Frankfurt a. M. 2009.

Th. Gelzer, »Das Gebet des Kaisers Theodosius in der Schlacht am Frigidus (Socr.H.e.5,25)«, in: E. Campi u. a. (Hgg.), *Festschrift A. Schindler*, Berlin 1999, 53-72.

P. B. Georges, »Persian Ionia under Darius: The Revolt Reconsidered«, *Historia* 49 (2000), 1-39.

A. Gillett (Hg.), *On Barbarian Identity. Critical Approaches to Ethnicity in the Early Middle Ages*, Turnhout 2002.

C. M. Gilliver, »Mons Graupius and the Role of Auxiliaries in Battle«, *G&R* 43 (1996), 54-67.

C. M. Gilliver, »Battle«, in: P. Sabin/H. Van Wees/M. Whitby (Hgg.), *The Cambridge History of Greek and Roman Warfare*, Bd. 2: *Rome from the Late Republic to the Late Empire*, Cambridge 2007, 122-157 (= Gilliver 2007 a).

K. Gilliver, »The Augustan Reform and the Structure of the Imperial Army«, in: P. Erdkamp (Hg.), *A Companion to the Roman Army*, Oxford 2007, 183-200 (= Gilliver 2007 b).

K. Gilliver, *Auf dem Weg zum Imperium. Die Geschichte der Römischen Armee*, Hamburg 2007 (= Gilliver 2007 c).

R. F. Glover, »The Tactical Handling of the Elephant«, *G&R* 17 (1948), 1-11.

E. P. Gluschanin, »Die Politik Theodosius' I. und die Hintergründe des sogenannten Antigermanismus im oströmischen Reich«, *Historia* 38 (1989), 224-249.

R. Göbl, »Der Triumph des Sassaniden Shapur über die Kaiser Gordianus, Philippus und Valerianus«, *DÖAW. PH* 116, Wien 1974.

A. Goldsworthy, *The Roman Army at War 100 BC-AD 200*, Oxford 1996.

A. Goldsworthy, *Die Legionen Roms. Das große Handbuch zum Machtinstrument eines tausendjährigen Weltreiches*, Frankfurt a. M. 2004.

A. Goldsworthy, *The Punic Wars*, London 2000 = (Pb) *The Fall of Carthage. The Punic Wars 265-146 BC*, London 2006.

A. Goldsworthy, »War«, in: P. Sabin/H. Van Wees/M. Whitby (Hgg.), *The Cambridge History of Greek and Roman Warfare,* Bd. 2: *Rome from the Late Republic to the Late Empire*, Cambridge 2007, 76-121.

A. Goldsworthy, *Roman Warfare*, London 2000, Pb London 2007 (= 2007 a).

A. Goldsworthy, *How Rome Fell. Death of a Superpower*, New Haven/London 2009.

A. Goltz, »Die Völker an der nordwestlichen Reichsgrenze (Rhein und obere Donau)«, in: K.-P. Johne (Hg.), *Die Zeit der Soldatenkaiser. Krise und Transformation des Römischen Reiches im 3. Jahrhundert n. Chr. (235-284)*, Bd. 1, Berlin 2008, 427-447 (= Goltz 2008 a).

A. Goltz, »Die Völker an der mittleren und nordöstlichen Reichsgrenze (mittlere und untere Donau sowie Schwarzmeergebiet)«, in: K.-P. Johne (Hg.), *Die Zeit der Soldatenkaiser. Krise und Transformation des Römischen Reiches im 3. Jahrhundert n. Chr. (235–284)*, Bd. 1, Berlin 2008, 449–464 (= Goltz 2008 b).

A. Goltz/U. Hartmann, »Valerianus und Gallienus«, in: K.-P. Johne (Hg.), *Die Zeit der Soldatenkaiser. Krise und Transformation des Römischen Reiches im 3. Jahrhundert n. Chr. (235–284)*, Bd. 1, Berlin 2008, 223–295.

A. Göttlicher, *Seefahrt in der Antike. Das Schiffswesen bei Herodot*, Darmstadt 2006.

D.F. Graf, »The Saracens and the Defense of the Arabian Frontier", in: *Bulletin of the American School of Oriental Research* 229 (1978), 1–26.

G. Greatrex, *Rom and Persia at War, 502–532* (ARCA 37), Leeds 1998.

P. Green, *The Greco-Persian Wars*, London 1986.

P.A.L. Greenhalgh, *Early Greek Warfare*, Cambridge 1973.

G.T. Griffith, »Alexander's Generalship at Gaugamela«, *JHS* 67 (1947), 77–89.

P. Groebe, »Der Schlachttag von Carrhae«, *Hermes* 62 (1907), 315–322.

G. Gropp, »Herrscherethos und Kriegsführung bei Achämeniden und Makedonen«, in: J. Ozols/V. Thewalt (Hgg.), *Aus dem Osten des Alexanderreiches. Völker und Kulturen zwischen Orient und Okzident. Iran, Afghanistan, Pakistan, Indien*, Köln 1984, 32–42.

L.-M. Günther, »Alkaios und die Starere des Lyderkönigs«, in: R. Rollinger, B. Truschnegg (Hgg.), *Altertum und Mittelmerraum: Die antike Welt diesseits und jenseits der Levante*. FS P.W. Haider, Stuttgart 2006, 43–52.

H.G. Gundel, *Untersuchungen zur Taktik und Strategie der Germanen nach den antiken Quellen*, Diss. Marburg 1937.

R. Haensch, »La christianisation de l'armée romaine«, in: Y. Le Bohec/C. Wolff (Hgg.), *L'armée romaine de Dioclétien à Valentinien Ier* (Collection du Centre d'études Romaines et Gallo-Romaines 26), Lyon 2004, 525–531.

J.F. Haldon, *Warfare, State and Society in the Byzantine World 565–1204*, London 1999.

J.F. Haldon, »Feeding the Army: Food and Transport in Byzantium, ca. 600–1100«, in: W. Mayer/S. Trzcionka (Hgg.), *Feast, Fast or Famine: Food and Drink in Byzantium*, Brisbane 2005, 85–100.

J.R. Hale, *Lords of the Sea. The Epic Story of the Athenian Navy and the Birth of Democracy*, London 1951 (ND 2009).

R. Halfmann, »Gallienus«, in: M. Clauss (Hg.), *Die römischen Kaiser*, München 1977, 119–235.

J.M. Hall, *Ethnic Identity in Greek Antiquity*, Cambridge 1997.

J.M. Hall, *A History of the Archaic Greek World ca. 1200–479 BCE*, Oxford 2007.

G. Halsall, *Barbarian Migrations and the Roman West 367–568*, Cambridge 2008.
J. R. Hamilton, »The Cavalry Battle at the Hydaspes«, *JHS* 76 (1956), 26–31.
C. G. Hamilton, *Sparta's Bitter Victories. Politics and Diplomacy in the Corinthian War*, Ithaca/London 1979.
K. Hammer, *Christen, Krieg und Frieden. Eine historische Analyse*. Olten/Freiburg 1972.
N. G. L. Hammond, »The Two Battles of Chaeronea (338 B. C. and 86 B. C.)«, *Klio* 31 (1938), 186–218.
N. G. L. Hammond, *Alexander the Great: King, Commander and Statesman*, New York 1980.
N. G. L. Hammond, »The Macedonian Navies of Philip and Alexander until 330 B. C.«, *Antichthon* 26 (1992), 30–35.
N. G. L. Hammond, *Alexander der Große*, Berlin 2004.
N. G. L. Hammond/G. T. Griffith, *A History of Macedonia*, Bd. 2: *550–336 B. C.,* Oxford 1979.
R. Hampe/E. Simon, *Tausend Jahre frühgriechische Kunst*, München 1980.
V. Hand, *Augustin und das klassische römische Selbstverständnis. Eine Untersuchung über die Begriffe gloria, virtus, iustitia und die res publica in de civitate dei*, Diss. Hamburg 1969.
N. Hannestad, *Roman Art and Imperial Policy*, Aarhus 1988.
N. Hannestad, »Rome and Her Enemies: Warfare in Imperial Art«, in: T. Bekker-Nielsen/L. Hannestad (Hgg.), *War as a Cultural and Social Force. Essays on Warfare in Antiquity*, Stockholm 2001, 146–154.
V. D. Hanson, »Cannae«, in: R. Cowley (Hg.), *Experience of War*, New York 1992, 42–49.
V. D. Hanson, »Hoplite Battle in Ancient Greek Warfare. When, Where and Why?«, in: H. Van Wees (Hg.), *War and Violence in Ancient Greece*, London 2000, 201–232.
V. D. Hanson, *Die Kriege der griechischen Antike*, Berlin 2001.
Y. N. Harari, »The Concept of ‚Decisive Battle' in World History«, *Journal of World History* 18 (2007), 251–266.
O. Harl, »Die Kataphraktarier im römischen Heer. Panegyrik und Realität«, *JRGZ* 43 (1996), 627.
R. S. Hartigan, »Saint Augustine on War and Killing: The Problem of the Innocent«, *Journal of the History of Ideas* 27 (1966), 194–204.
U. Hartmann, *Das palmyrenische Teilreich* (Oriens et Occidens 2), Stuttgart 2001.
U. Hartmann, »Claudius Gothicus und Aurelianus«, in: K.-P. Johne (Hg.), *Die Zeit der Soldatenkaiser. Krise und Transformation des Römischen Reiches im 3. Jahrhundert n. Chr. (235–284)*, Bd. 1, Berlin 2008, 297–323.
J. Haywood, *Dark Age Naval Power. A Re-assessment of Frankish and Anglo-Saxon Seafaring Activity*, London/New York 1991.

D. Head, *Armies of the Macedonian and Punic Wars*, Worthing 1982.

P. Heather, *Goths and Romans 332–489*, Oxford 1991.

P. Heather, *Der Untergang des Römischen Weltreiches*, Stuttgart 2007.

P. Heather, *Invasion der Barbaren. Die Entstehung Europas im ersten Jahrtausend nach Christus*, Stuttgart 2011.

W. Heckel/J. Ryan/N. Sekunda, *Die Armee Alexanders des Großen*, Oxford 2009.

H. Heftner, *Der Aufstieg Roms. Vom Pyrrhoskrieg bis zum Fall von Karthago*, Regensburg 1997.

D. Hegyi, »Die Formen und Auswirkungen der griechisch-persischen Beziehungen im 5. Jahrhundert v. u. Z.«, in: E. Kluwe (Hg.), *Kultur und Fortschritt in der Blütezeit der griechischen Polis* (Schriften zur Geschichte und Kultur der Antike 24), Berlin 1985, 109–118.

M. Heil, *Die orientalische Außenpolitik des Kaisers Nero* (Quellen und Forschungen zur antiken Welt 26), München 1997.

M. Heil, »Perser im spätrömischen Dienst«, in: J. Wiesehöfer/P. Huyse (Hgg.), *Eran und Aneran. Studien zu den Beziehungen zwischen dem Sasanidenreich und der Mittelmeerwelt* (Oriens et Occidens 13), Stuttgart 2006, 143–179.

M. Heil, »Der Senat«, in: K.-P. Johne (Hg.), *Die Zeit der Soldatenkaiser. Krise und Transformation des Römischen Reiches im 3. Jahrhundert n. Chr. (235–284)*, Bd. II, Berlin 2008, 715–736.

M. Heil, »Der Ritterstand«, in: K.-P. Johne (Hg.), *Die Zeit der Soldatenkaiser. Krise und Transformation des Römischen Reiches im 3. Jahrhundert n. Chr.* (235–284), Bd. II, Berlin 2008, 737–761.

J. Heinrichs, »›Asiens König‹. Die Inschriften des Kyrosgrabs und das achämenidische Reichsverständnis«, in: W. Will/J. Heinrichs (Hgg.), *Zu Alexander dem Großen*, FS G. Wirth, Bd. 1, Amsterdam 1987, 487–540.

O. Hekster, »The Roman Army and Propaganda«, in: P. Erdkamp (Hg.), *A Companion to the Roman Army*, Oxford 2007, 339–358.

J. Helgeland: »Christians and the Roman Army from Marcus Aurelius to Constantine«, *ANRW* 23.1 (1980), 724–834.

O. Hellmann, *Die Schlachtszenen der Ilias* (Hermes Einzelschriften 83), Stuttgart 2000.

M. F. Hendy, *Studies in the Byzantine Monetary Economy c. 300–1450*, Cambridge 1985.

J. Herrington, »Aeschylus in Sicily«, *JRS* 87 (1967), 74–85.

P. Herz, »Finances and Costs of the Roman Army«, in: P. Erdkamp (Hg.), *A Companion to the Roman Army*, Oxford 2007, 306–322.

P. Herz, »Die römische Kaiserzeit (30 v. Chr.–284 n. Chr.)«, in: H.-J. Gehrke/H. Schneider (Hgg.), *Geschichte der Antike. Ein Studienbuch*, 3. erweiterte Auflage, Stuttgart/Weimar 2010, 333–407.

A. Heuß, »Die archaische Zeit Griechenlands als geschichtliche Epoche«, in: F. Gschnitzer (Hg.), *Zur griechischen Staatskunde*, Darmstadt 1969, 36–96.

A. Heuß, »Herrschaft und Freiheit im griechisch-römischen Altertum« (1965), in: ders., *Gesammelte Schriften in 3 Bänden*, I, Stuttgart 1995, 438–499.

A. Heuß, *Römische Geschichte*, 6. Auflage, hg. von J. Bleicken/W. Dahlheim/H.-J. Gehrke, Paderborn u. a. 1998.

C. Hignett, *Xerxes' Invasion of Greece*, Oxford 1963.

E. Hildinger, *Swords Against the Senate. The Rise of the Roman Army and the Fall of the Roman Republic*, Cambridge, MA 2002.

A. Hirt, »Magnesia. Entscheidung am Sipylos (190 v.Chr.). Phalanx, Elefanten und Steitwagen gegen römische Legionäre«, in: G. Mandl/I. Steffelbauer (Hgg.), *Krieg in der antiken Welt*, Essen 2007, 215–237.

S. Hodkinson, »Warfare, Wealth, and the Crisis of Spartiate Society«, in: J. Rich/G. Shipley (Hgg.), *War and Society in the Greek World*, London/New York 1994, 146–176.

S. Hodkinson, »Was Classical Sparta a Military Society?«, in: S. Hodkinson/A. Powell (Hgg.), *Sparta and War*, Swansea 2006, 111–162.

K.-J. Hölkeskamp/E. Stein-Hölkeskamp, »Die Dark Ages und das archaische Griechenland«, in: H.-J. Gehrke/H. Schneider (Hgg.), *Geschichte der Antike. Ein Studienbuch*, Stuttgart 2000, 17–96.

T. Hölscher, »Ein Kelchkrater mit Perserkampf«, *Antike Kunst* 17 (1974), 78–85.

T. Hölscher, *Aus der Frühzeit der Griechen. Räume – Körper – Mythen*, Stuttgart/Leipzig 1998.

T. Hölscher, »Die Säule des Marcus Aurelius: Narrative Struktur und ideologische Botschaft«, in: J. Scheid/V. Huet (Hgg.), *La Colonne Aurélienne. Autour de la Colonne Aurélienne. Geste et image sur la colonne de Marc Aurèle à Rome*, Turnhout 2000, 89–105.

T. Hölscher, »Images of War in Greece and Rome. Between Military Practice, Public Memory, and Cultural Symbolism«, *JRS* 93 (2003), 1–17.

D. Hoffmann, *Das spätrömische Bewegungsheer und die Notitia Dignitatum* (Epigraphische Studien 7,1 und 2), Düsseldorf 1969/70.

D. Hoffmann, »Der Oberbefehl des spätrömischen Heeres im 4. Jh.«, in: D. M. Pippidi (Hg.), *Actes du IXe congrès international d'études sur les frontières romaines*, Bukarest/Köln/Wien 1974, 382–386.

W. Hoffmann, »Die Polis bei Homer«, in: F. Gschnitzer (Hg.), *Zur Griechischen Staatskunde,* Darmstadt 1969, 123–138.

P. A. Holder, *The Auxilia from Augustus to Trajan*, Oxford 1980.

T. Holland, *Persisches Feuer. Das erste Weltreich und der Kampf um den Westen*, Stuttgart 2008.

K. Holum, »Pulcheria's Crusade AD 421–22 and the Ideology of Imperial Victory«, *GRBS* 18 (1977), 153–172.

K. Hopkins, »The Political Economy of the Roman Empire«, in: I. Morris/W. Scheidel (Hgg.), *The Dynamics of Ancient Empires. State Power from Assyria to Byzantium*, Oxford 2009, 178–204.

W. W. How, »Arms, Tactics and Tradition of the Persian Wars«, *JHS* 43 (1923), 117–133.

J. D. Howard-Johnston, »The Two Great Powers in Late Antiquity: a Comparison«, in: A. Cameron (Hg.), *The Byzantine and Early Islamic Near East*, Bd. 3: *States, Resources and Armies*, Princeton 1995, 157–226.

D. Hoyos, »The Age of Overseas Expansion (264–146 BC)«, in: P. Erdkamp (Hg.), *A Companion to the Roman Army*, Oxford 2007, 63–79.

M. Humphries, »International Relations«, in: P. Sabin/H. Van Wees/M. Whitby (Hgg.), *The Cambridge History of Greek and Roman Warfare*, Bd. 2: *Rome from the Late Republic to the Late Empire*, Cambridge 2007, 235–269.

P. Hunt, *Slaves, Warfare and Ideology in the Greek Historians*, Cambridge 1998.

P. Hunt, »Warfare«, in: A. Rengakos/A. Tsakmakis (Hgg.), *Brill's Companion to Thucydides*, Leiden/Boston 2006, 385–413.

P. Hunt, »Military Forces. Archaic and Classical Greece«, in: P. Sabin/H. Van Wees/M. Whitby (Hgg.), *The Cambridge History of Greek and Roman Warfare*, Bd. 1: *Greece, the Hellenistic World and the Rise of Rome,* Cambridge 2007, 108–146.

U. Huttner, »Von Maximinus Thrax bis Aemilianus«, in: K.-P. Johne (Hg.), *Die Zeit der Soldatenkaiser. Krise und Transformation des Römischen Reiches im 3. Jahrhundert n.Chr. (235–284)*, Bd. 1, Berlin 2008, 161–221.

B. Hutzfeld, *Das Bild der Perser in der griechischen Dichtung des 5. vorchristlichen Jahrhunderts*, Wiesbaden 1999.

P. Huyse, »La revendication de territoires achéménides par les Sassanides: une réalité historique?«, in: ders. (Hg.), *Iran. Questions et connaissances*, Bd. 1, Leuven 2002, 297–311.

B. Isaac, »Reflections on the Roman Army in the East«, in: P. Freeman/D. Kennedy (Hgg.), *The Defence of the Roman and Byzantine East. Proceedings of a Colloquium Held at the University of Sheffield in April 1986* (BAR International Series 297), Bd.1, Oxford 1986, 383–395.

B. Isaac, *The Limits of Empire: The Roman Army in the East*, überarbeitete Ausgabe, rev. Edition Oxford 1992.

F. Jacoby, »Patrios Nomos. State Burial in Athens and the Public Cementary in the Kerameikos«, *JHS* 64 (1944), 37–66.

R. G. Jahn, *Der Römisch-Germanische Krieg (9–16 n. Chr.)*, Diss. Bonn 2001.

S. Janniard, »Armati, scutati et la catégorisation des troupes dans l'antiquité tardive«, in: Y. Le Bohec/C. Wolff (Hgg.), *L'armée romaine de Dioclétien à Valentinien Ier* (Collection du Centre d'études Romaines et Gallo-Romaines 26), Lyon 2004, 389-395.

T. Janssen, *Stilicho. Das weströmische Reich vom Tode des Theodosius bis zur Ermordung Stilichos (395-408)*, Marburg 2004.

W. N. Jarcho, »Noch einmal zur sozialen Position des Archilochos«, in: *Klio* 64,2 (1982), 313-327.

L. Jieming, *Chinese Siege Warfare: Mechanical Artillery and Siege Weapons of Antiquity*, Singapore 2006.

K. P. Johne (Hg.), *Die Zeit der Soldatenkaiser*, 2 Bde., Berlin 2008.

S. Johnson, *Late Roman Fortifications*, Totowa 1983.

A. H. M. Jones, *The Later Roman Empire*, Vol. 1-2, London 1964, Pb Baltimore 1992.

A. H. M. Jones, J. R. Martindale, J. Morris, *The Prosopography of the Later Roman Empire,* 3 Bde. Cambridge 1971-1992 (= PLRE).

B. Jordan, *The Athenian Navy in the Classical Period*, Berkeley 1975.

S. Junger, *War: Ein Jahr im Krieg*, München 2010.

M. Junkelmann, *Die Legionen des Augustus. Der römische Soldat im archäologischen Experiment* (Kulturgeschichte der antiken Welt 33), Mainz 1986.

M. Junkelmann, *Die Reiter Roms*, Teil I-III, 4. Auflage, Mainz 1990-1992 (Neuaufl. 2008).

M. Junkelmann, *Panis militaris. Die Ernährung des römischen Soldaten oder der Grundstoff der Macht* (Kulturgeschichte der antiken Welt, Bd. 75), Mainz 1997.

W. E. Kaegi, »Constantine's and Julian's Strategies of Strategic Surprise Against the Persians«, *Athenaeum* 59 (1981), 209-213.

D. Kagan, *The Peloponnesian War*, New York 2003.

L. Kallet-Marx, *Money, Expense, and Naval Power in Thucydides' History 1-5.24*, Berkeley u. a. 1993.

G. Kalogeroudis, *Befestigungsanlagen im griechischen Raum in der Bronzezeit und ihre Entwicklung von neolithischer bis in archaische Zeit*, Oxford 2008.

G. Kampers, *Geschichte der Westgoten*, Paderborn u. a. 2008.

J. Karagannopulos, *Das Finanzwesen des frühbyzantinischen Staates*, München 1958.

R. Karl, »Kelten und Germanen. Ähnlichkeiten und Unterschiede in der Militärorganisation«, in: G. Mandl/I. Steffelbauer (Hgg.), *Krieg in der antiken Welt*, Essen 2007, 158-194.

H. Karpp, »Die Stellung der Alten Kirche zu Kriegsdienst und Krieg«, *Evangelische Theologie* 17 (1957), 496-515.

R. Kath, »Die Negation der Niederlage«, *Behemoth* 3 (2010), 75-100.

A. Keaveney, *The Army in the Roman Revolution*, London u. a. 2007.

P. Kehne, »Logistik«, in: H. Sonnnabend (Hg.), *Mensch und Landschaft in der Antike. Lexikon der Historischen Geographie*, Stuttgart/Weimar 1999, 308–315.

P. Kehne, »Marbod«, *RGA* 19 (2001), 258–262.

P. Kehne, »Zur Logistik des Xerxesfeldzuges 480 v. Chr.«, in: E. Olshausen (Hg.), *Zu Wasser und zu Land. Verkehrswege in der antiken Welt* (Stuttgarter Kolloquium zur Historischen Geographie des Altertums 7), Stuttgart 2002, 29–47.

P. Kehne, »Zur Logistik des römischen Heeres von der mittleren Republik bis zum Ende der hohen Kaiserzeit (241 v. Chr. – 235 n. Chr.): Forschungen und Tendenzen«, *Militärgeschichtliche Zeitschrift* 63 (2004), 115–151.

P. Kehne, »Zur Strategie und Logistik römischer Vorstöße in die Germania. Die Tiberiusfeldzüge der Jahre 4 und 5 n.Chr.«, in: *Rom auf dem Weg nach Germanien: Geostrategie, Vormarschtrassen und Logistik*. Internationales Kolloquium in Delbrück-Anreppen vom 4. bis 6. November 2004, Mainz 2008, 253–301.

P. Kehne/V. Salač, »König Marbod«, in: *2000 Jahre Varusschlacht. Imperium – Konflikt – Mythos*, hg. vom LWL-Römermuseum/Museum und Park Kalkriese/Landesverband Lippe, 3. Bd., Stuttgart 2009, 114–122.

Chr. Kelly, *Ruling the Later Roman Empire*, Harvard 2004.

Chr. Kelly, *Attila the Hun. Barbarian Terror and the Fall of the Roman Empire*, London 2009.

T. Kelly, »Did the Argives Defeat the Spartans at Hysiai in 669 B.C.?«, *AJPh* 91 (1970), 31–42.

T. Kelly, »Peloponnesian Naval Strength and Sparta's Plan for Waging War against Athens in 431 B. C.«, in: M. A. Powell/R. H. Sack (Hgg.). *Studies in Honour of Tom B. Jones*, New York 1979, 245–255.

T. Kelly, »Thucydides and Spartan Strategy in the Archidamian War«, in: *AHR* 87 (1982), 25–54.

L. Keppie, »Army and Society in the Late Republic and Early Empire«, in: T. Bekker-Nielsen/L. Hannestad (Hgg.), *War as a Cultural and Social Force. Essays on Warfare in Antiquity*, Stockholm 2001, 130–136.

P. B. Kern, *Ancient Siege Warfare*, Bloomington 1999.

E. Kettenhofen, *Die römisch-persischen Kriege des 3. Jahrhunderts n. Chr. nach der Inschrift Shapurs an der Ka'be-ye Zartost (SKZ)*, Wiesbaden 1982.

E. Kettenhofen, »Die Einforderung der achaimenidischen Territorien durch die Sasaniden – eine Bilanz«, in: S. Kurz (Hg.), *Yādnāme-ye Iradj Khalifeh-Soltani*, FS I. Khalifeh-Soltani, Aachen 2002, 49–75.

D. Kienast, *Untersuchungen zu den Kriegsflotten der römischen Kaiserzeit*, Bonn 1966.

T. Kissel, *Untersuchungen zur Logistik des römischen Heeres in den Provinzen des griechischen Ostens (27 v. Chr. – 235 n. Chr.)* (Pharos 6), St. Katharinen 1995.

J. M. Kistler, *War Elephants*, Lincoln 2007.

R. Klein (Hg.), *Das frühe Christentum im Römischen Staat* (Wege der Forschung 267), Darmstadt 1982.

M. Kleu, »Von der Intervention zur Herrschaft. Zur Intention karthagischer Eingriffe auf Sizilien bis zum Frieden von 405«, in: D. Engels u. a. (Hgg.): *Zwischen Ideal und Wirklichkeit. Herrschaft auf Sizilien von der Antike bis zum Spätmittelalter*, Stuttgart 2010, 13–36.

W. Klingshirn, »Charity and Power. Caesarius of Arles and the Ransoming of Captives in Sub-Roman Gaul«, *JRS* 75 (1985), 183 - 203.

G. Koeppel, »The Grand Pictoral Tradition of Roman Historical Representation During the Early Empire«, *ANRW* 2.12 (1982), 507 - 535.

F. Kolb, *Diocletian und die erste Tetrarchie. Improvisation oder Experiment in der Organisation monarchischer Herrschaft?* (Untersuchungen zur antiken Literatur und Geschichte 27), Berlin/New York 1987.

F. Kolb, *Rom. Die Geschichte einer Stadt in der Antike*, München 1995.

F. Kolb, *Herrschaftsideologie in der Spätantike* (Studienbücher Geschichte und Kultur der Alten Welt), Berlin 2001.

T. Kolnberger, »Das Konzept der Militärzone. Die geographische Reichweite militärischer Systeme«, in: G. Mandl/I. Steffelbauer (Hgg.), *Krieg in der antiken Welt*, Essen 2007, 115 - 128.

H. Konen, *Classis Germania. Die römische Rheinflotte im 1. - 3. Jahrhundert n. Chr.*, St. Katharinen 2000.

H. Konen, »Die ökonomische Bedeutung der Provinzialflotten während der Zeit des Prinzipats«, in: P. Erdkamp (Hg.), *The Roman Army and the Economy*, Amsterdam 2002, 309 - 342.

H.-H. Kortüm, *Kriege und Krieger 500 - 1500*, Stuttgart 2010.

M. Kostial, *Kriegerisches Rom? Zur Frage von Unvermeidbarkeit und Normalität kriegerischer Konflikte in der römischen Politik*, Stuttgart 1995.

K. Kraft, *Zur Rekrutierung der Alen und Kohorten an Rhein und Donau* (Dissertationes Bernensis I 3), Bern 1951.

J.-U. Krause, »Die Spätantike (284 - 565 n. Chr.)«, in: H.-J. Gehrke/H. Schneider (Hgg.), *Geschichte der Antike. Ein Studienbuch*, 3. erweiterte Auflage, Stuttgart/Weimar 2010, 409 - 477.

P. Krentz, »Casualties in hoplite battle«, *GRBS*, 26 (1985), 13 - 20.

P. Krentz, »Deception in Archaic and Classical Warfare«, in: H. Van Wees (Hg.), *War and Violence in Ancient Greece*, London 2000, 167 - 182.

P. Krentz, »Warfare and Hoplites«, in: H. A. Shapiro (Hg.), *The Cambridge Companion to Archaic Greece*, Cambridge 2007, 61 - 84 (= Krentz 2007 a).

P. Krentz, »War«, in: P. Sabin, H. Van Wees, M. Whitby (Hgg.), *The Cambridge History of Greek and Roman Warfare. Bd. 1: Greece, the Hellenistic World and the rise of Rome*, Cambridge 2007, 147 - 185 (= Krentz 2007 b).

G. Kreucher, »Probus und Carus«, in: K.-P. Johne (Hg.), *Die Zeit der Soldatenkaiser. Krise und Transformation des Römischen Reiches im 3. Jahrhundert n. Chr. (235–284)*, Bd. 1, Berlin 2008, 395–423.

E. Krippendorf, *Staat und Krieg. Die historische Logik politischer Unvernunft*, Frankfurt a. M. 1985.

J. Kromayer, »Die Entwicklung der römischen Flotte vom Seeräuberkriege des Pompeius bis zur Schlacht von Actium«, *Philologus* 56 (1897), 426–491.

J. Kromayer, »Der Feldzug von Actium und der sogenannte Verrath der Cleopatra (Kleine Forschungen zur Geschichte des Zweiten Triumvirats VII)«, *Hermes* 34 (1899), 1–54.

J. Kromayer, G. Veith, *Heerwesen und Kriegführung der Griechen und Römer* (HdAW 4,3,2), ND der 1. Aufl. 1928, München 1963.

B. Kuhn-Chen, *Geschichtskonzeptionen griechischer Historiker im 2. und 3. Jahrhundert n. Chr. Untersuchungen zu den Werken von Appian, Cassius Dio und Herodian*, Frankfurt a. M. u. a. 2002.

Th. Kühne (Hg.), *Was ist Militärgeschichte?* (Krieg in der Geschichte 6), Paderborn 2000.

A. Kuhrt, *The Ancient Near East ca 3000–330 BC.*, Bd. 2, Oxford 2000.

M. Kulikowski, *Rome's Gothic Wars*, Cambridge 2007 (= *Die Goten vor Rom*, übersetzt von B. von Stockfleth, Darmstadt 2009).

J. Kunov, *Bemerkungen zum Export römischer Waffen in das Barbaricum* (Studien zu den Militärgrenzen Roms 3), Stuttgart 1986.

A. Küsters, *Cuneus, Phalanx und Legio. Untersuchungen zur Wehrverfassung, Kampfweise und Kriegführung der Germanen, Griechen und Römer*, Würzburg 1939.

F. Lammert, »Kriegskunst«, *RE* 11.2 (1922), 1827–1858; *RE Suppl.* 4 (1924), 1060–1101.

F. Lammert, *Die römische Taktik zu Beginn der Kaiserzeit und die Geschichtsschreibung* (Philologus Supplementband 13.2), Leipzig 1931.

F. Lang, *Archaische Siedlungen in Griechenland. Struktur und Entwicklung*, Berlin 1996.

D. Laspe, »Actium. Die Anatomie einer Schlacht«, *Gymnasium* 114 (2007), 509–522.

J. Latacz, *Kampfparänese, Kampfdarstellung und Kampfwirklichkeit in der Ilias, bei Kallinos und Tyrtaios* (Zetemata 66), München 1977.

S. Lauffer, *Alexander der Große*, 2. Auflage, München 1981.

B. Laforse, »Xenophon's Clearchus«, *SyllClass* 11 (2000), 74–88.

J. F. Lazenby, *Hannibal's War*, Warminster 1978.

J. F. Lazenby, *The Spartan Army*, Warminster 1985.

J. F. Lazenby, »Naval Warfare in the Ancient World: Myths amd Realities, *IHR* 9 (1978), 438–455.

J. F. Lazenby, *The Defence of Greece 490–479 B.C.*, Warminster 1993.
J. F. Lazenby, *The First Punic War*, London 1996.
A. M. Leander-Touati, *The Great Trajanic Frieze. The Study of a Monument and of Mechanics of Message Transmission in Roman Art*, Stockholm 1987.
I. Lebedynsky, *Armes et guerriers barbares au temps des grandes invasions*, Paris 2001.
Y. Le Bohec, *Die römische Armee. Von Augustus zu Konstantin d. Gr.*, Stuttgart 1993.
Y. Le Bohec, *César, chef de guerre. César stratège et tacticien*, Paris 2001.
Y. Le Bohec, »César et l'économie pendant la guerre des Gaules«, in: B. Meißner/O. Schmitt/M. Sommer (Hgg), *Krieg – Gesellschaft – Institutionen. Beiträge zu einer vergleichenden Kriegsgeschichte*, Berlin 2005, 317–333.
Y. Le Bohec, *Das römische Heer in der späten Kaiserzeit*, Stuttgart 2010.
Y. Le Bohec/C. Wolff (Hgg.), *L'armée romaine de Dioclétien à Valentinien Ier* (Collection du Centre d'études Romaines et Gallo-Romaines 26), Lyon 2004.
A. D. Lee, *Information and Frontiers: Roman Foreign Relations in Late Antiquity*, Cambridge 1993.
A. D. Lee, »Morale and the Roman Experience of Battle«, in: A. B. Lloyd (Hg.), *Battle in Antiquity*, London 1996, 199–217.
A. D. Lee, »Warfare and the State. The Later Roman Empire«, in: P. Sabin/H. Van Wees/M. Whitby (Hgg.), *The Cambridge History of Greek and Roman Warfare*, Bd. 2: *Rome from the Late Republic to the Late Empire*, Cambridge 2007, 379–423.
A. D. Lee, *War in Late Antiquity. A Social History* (Ancient World at War), Malden u. a. 2007.
A. D. Lee, »Military History in Late Antiquity: Changing Perspectives and Paradigms«, in: L. L. Brice/J. T. Roberts (Hgg.), *Recent Directions in the Military History of the Ancient World*, Claremont 2011, 145–166.
G. A. Lehmann, *Demosthenes von Athen. Ein Leben für die Freiheit*, München 2004.
O. Lendle, *Schildkröten: antike Kriegsmaschinen in poliorketischen Texten* (Palingenesia 10), Wiesbaden 1975.
O. Lendle, *Texte und Untersuchungen zum technischen Bereich der antiken Poliorketik* (Palingenesia 19), Wiesbaden 1983.
J. E. Lendon, »War and Society. The Hellenistic World and Roman Republic«, in: P. Sabin/H. Van Wees/M. Whitby (Hgg.), *The Cambridge History of Greek and Roman Warfare*, Bd. 1: *Greece, the Hellenistic World and the Rise of Rome*, Cambridge 2007, 498–516.
D. A. Lenihan, »The Just War Theory in the Work of Saint Augustine«, *Augustinian Studies* 19 (1988), 37–70.
N. Lenski, *Failure of Empire. Valens and the Roman State in the Fourth Century A. D.*, Berkeley u. a. 2002.

H. Leppin, *Theodosius der Große*, Darmstadt 2003.

H. Leppin, »Theodosius der Große und die Rekrutierungen nach Adrianopel«, in: A. Eich (Hg.), *Die Verwaltung der kaiserzeitlichen römischen Armee* (Historia Einzelschriften 211), Stuttgart 2010, 187–201.

A. Lewin, »Limetanei and comitatenses in the Near East from Diocletian to Valens«, in: Y. Le Bohec/C. Wolff (Hgg.), *L'armée romaine de Dioclétien à Valentinien Ier* (Collection du Centre d' études Romaines et Gallo-Romaines 26), Lyon 2004, 227–236.

J. H. W. G. Liebeschuetz, »Generals, federates and bucellarii in Roman armies around AD 400«, in: P. Freeman, D. Kennedy (Hgg.), *The Defence of the Roman and Byzantine East* (BAR Int. Ser. 297), Oxford 1986, 463–474.

J. H. W. G. Liebeschuetz, *Barbarians and Bishops. Army, Church, and State in the Age of Arcadius and Chrysostom*, Oxford 1990.

J. H. W. G. Liebeschuetz, »The End of the Roman Army in the Western Empire«, in: J. Rich/G. Shipley (Hgg.), *War and Society in the Roman World*, London 1993, 265–276.

J. H. W. G. Liebeschuetz, »Warlords and Landlords«, in: P. Erdkamp (Hg.), *A Companion to the Roman Army*, Malden u. a. 2007, 481–494.

S. Lieu, »Captives, Refugees and Exiles«, in: P. Freeman/D. Kennedy (Hgg.), *The Defence of the Roman and Byzantine East. Proceedings of a Colloquium Held at the University of Sheffield in April 1986* (BAR International Series 297), Bd. 1, Oxford 1986, 475–505.

R. P. Lindner, »Nomadism, Horses and Huns«, *P&P* 92 (1981), 3–19.

S. Link, »Das Paros-Abenteuer des Miltiades (Hdt. 6,132–163)«, *Klio* 82 (2000), 40–53.

S. Link, *Das frühe Sparta. Untersuchungen zur spartanischen Staatsbildung im 7. und 6. Jahrhundert v. Chr.*, St. Katharinen 2000.

A. Lippold, »Labarum«, *KlP* 3 (1969), 426.

A. B. Lloyd, »Philip II and Alexander the Great: The Moulding of Macedon's Army«, in: ders. (Hg.), *Battle in Antiquity*, London 1996, 169–198.

N. Loraux, *The Invention of Athens. The Funeral Oration in the Classical City*, Cambridge/London 1986.

L. Loreto, *Per una storia militare del mondo antico. Prospettive retrospettive*, Neapel 2006.

V. Losemann, »Marobodus«, *DNP* 7 (1999), 941–942.

F. Lotter, *Severinus von Noricum. Legende und Wirklichkeit. Untersuchungen zur Phase des Übergangs von spätantiken zu mittelalterlichen Denk- und Lebensformen* (Monographien zur Geschichte des Mittelalters 12), Stuttgart 1976.

P. Low, *The Athenian Empire*, Edinburgh 2008.

W. Lütkenhaus, *Constantius III. Studien zu seiner Tätigkeit und Stellung im Westreich 411–421*, Bonn 1998.

J. Ma/N. Papazarkadas/R. Parker (Hg.), *Interpreting the Athenian Empire*, London 2009.

P. MacGeorge, *Late Roman Warlords*, Oxford 2002.

R. MacMullen, »The Roman Emperor's Army Costs«, *Latomus* 43 (1984), 571–580.

R. MacMullen, *Corruption and the Decline of Rome*, New Haven 1988.

T. Madhloum, »Assyrian Siege-Engines«, *Sumer* 21 (1965), 9–15.

O. Maenchen-Helfen, *Die Welt der Hunnen*, Wiesbaden 1997.

M. M. Markle III, »Macedonian Arms and Tactics under Alexander the Great«, AneW 7 (1981), 73–83.

F. G. Maier, »Niedergang als Erfahrung und Begriff: Die Zeitgenossen und die Krise Westroms 370–470«, in: R. Koselleck/P. Widmer (Hgg.), *Niedergang. Studien zu einem geschichtlichen Thema*, Stuttgart 1980, 59–78.

F. G. Maier, *Neque quies gentium sine armis. Krieg und Gesellschaft im Altertum*, Opladen 1987.

J. Malitz, »Der Preis des Krieges. Thukydides und die Finanzen Athens«, in: F. Burrer/H. Müller (Hgg.), *Kriegskosten und Kriegsfinanzierung in der Antike*, Darmstadt 2008, 28–45.

G. Mandl/I. Steffelbauer (Hgg.), *Krieg in der antiken Welt*, Essen 2007.

Chr. Mann, *Die Demagogen und das Volk. Zur politischen Kommunikation im Athen des 5. Jahrhunderts* (Klio Beihefte 13), Berlin 2007.

M. Mann, *Geschichte der Macht. Vom Römischen Reich bis zum Vorabend der Industrialisierung*, Frankfurt a. M./New York 1994.

M. Mantovani, *Bellum Iustum. Die Idee des gerechten Krieges in der römischen Kaiserzeit*, Bern 1995.

C. Marek, »Die Expedition des Aelius Gallus nach Arabien im Jahre 25 v. Chr.«, *Chiron* 23 (1993), 121–156.

A. Maricq, »Res Gestae divi Sagoris«, *Syria* 35 (1958), 295–360.

E. W. Marsden, *Greek and Roman Artillery. Historical Development*, Oxford 1969.

W. Martini, *Die archaische Plastik der Griechen*, Darmstadt 1990.

A. Mastrocinque, *Studi sulle guerre mitridatiche* (Historia Einzelschriften 124), Stuttgart 1999.

J. Matthews, *Western Aristocrats and Imperial Court, AD 364–425*, Oxford 1975.

D. R. McCann/B. S. Strauss (Hgg.), *War and Democracy. A Comparative Study of the Korean War and the Peloponnesian War*, New York/London 2001.

M. McCormick, *Eternal Victory: Triumphal Rulership in Late Antiquity, Byzantium and the Early Medieval West*, Cambridge 1986.

M. McDonnell, *The Cavalry of the Roman Republic*, London/New York 2002.

M. McDonnell, *Roman Manliness, Virtus and the Roman Republic*, Cambridge 2006.

M. McDonnell, »Virtus as a Specialization in the Middle Republic«, in: W. Blösel/K.-J. Hölkeskamp (Hgg.), *Von der* militia equestris *zur* militia urbana. *Prominenzrollen und Karrierefelder im antiken Rom*, Stuttgart 2011, 29–41.

W. H. McNeill, *Krieg und Macht. Militär, Wirtschaft und Gesellschaft vom Altertum bis heute*, München 1984.

S. Medas, *La marineria cartaginense: Le navi, gli uomini, la navigazione*, Sassari 2000.

Chr. Meier, »Die Rolle des Krieges im klassischen Athen«, *HZ* 251 (1990), 555–605.

M. Meier, *Aristokraten und Damoden. Untersuchungen zur inneren Entwicklung Spartas im 7. Jahrhundert v. Chr. und zur politischen Funktion der Dichtung des Tyrtaios*, Stuttgart 1998.

M. Meier, *Das andere Zeitalter Justinians. Kontingenzerfahrung und Kontingenzbewältigung im 6. Jahrhundert n. Chr.* (Hypomnemata 147), 2. Auflage, München 2004.

M. Meier, »Der christliche Kaiser zieht (nicht) in den Krieg. ›Religionskriege‹ in der Spätantike?«, in: A. Holzem (Hg.), *Krieg und Christentum. Religiöse Gewalttheorien in der Kriegserfahrung des Westens*, Paderborn u. a. 2009, 254–278.

M. Meier, »Ephoren, Volkstribune, Goden. Zum Aufstieg politischer ›Nebenkräfte‹ in Sparta, Rom und mittelalterlichen Island«, in: B. Linke u. a. (Hgg.), *Zwischen Monarchie und Republik. Gesellschaftliche Stabilisierungsleistungen und politische Transformationspotentiale in den antiken Stadtstaaten*, Stuttgart 2010, 91–115.

R. Meiggs, *The Athenian Empire*, 3. Auflage, Oxford 1975.

B. Meißner, »Reparationen in der klassischen griechischen Welt und in hellenistischer Zeit«, in: F. Burrer/H. Müller (Hgg.), *Kriegskosten und Kriegsfinanzierung in der Antike*, Darmstadt 2008, 246–259.

B. Meißner, O. Schmitt, M.Sommer (Hgg.), *Krieg. Gesellschaft. Institutionen. Beiträge zu einer vergleichenden Kriegsgeschichte*, Berlin 2005.

B. Meißner, *Hellenismus*, Darmstadt 2007.

B. Meißner, »Die Kultur des Krieges«, in: G. Weber (Hg.), *Kulturgeschichte des Hellenismus. Von Alexander dem Großen bis Kleopatra*, Stuttgart 2007, 202–223.

K. Meister, »Die finanzielle Ausgangssituation Athens zu Beginn des Peloponnesischen Krieges«, in: F. Burrer/H. Müller (Hgg.), *Kriegskosten und Kriegsfinanzierung in der Antike*, Darmstadt 2008, 19–27.

S. C. Melville/D. J. Melville, »Observations on the Diffusion of Military Technology: Siege Warfare in the Near East and Greece«, in: M. Ross (Hg.), *From the Banks of the Euphrates*, FS A. L. Slotsky, Winona Lake 2008, 145–167.

A. R. Menéndez Arrgüín, »Evolución del armamento del legionario romano durante e I s. III d. C. y su reflejo en las tácticas«, *Habis* 31 (2000), 327–344.

Ed. Meyer, »Die Schlacht von Pydna«, *SB Berlin* 1909, 780–803 (= *Kleine Schriften*, Bd. 2, Halle 1924, 463–494).

Ed. Meyer, »Das römische Manipularheer, seine Entwicklung und seine Vorstufen«, in: ders., *Kleine Schriften*, Bd. 2, Halle 1924, 193–285.

E. Meyer-Zwiffelhoffer, *Imperium Romanum. Geschichte der römischen Provinzen*, München 2009.

H. Meyer, *Geschichte der Reiterkrieger*, Stuttgart 1982.

M. Mielczarek: *Cataphracti and Clibanarii. Studies on the heavy armoured cavalry of the ancient world* (Studies on the history of ancient and medieval art of warfare 1), Lodz 1993.

R. D. Milns, »The Army of Alexander the Great«, *Foundation Hardt* 22 (1976), 87–136.

F. Miltner, »Von germanischer Waffenübung und Kriegskunst«, in: *Convivium. Beiträge zur Altertumswissenschaft*, FS K. Ziegler, Stuttgart 1954, 131–153.

S. Mitchell, »Hoplite Warfare in Ancient Greece«, in: A. B. Lloyd (Hg.), *Battle in Antiquity*, London 1996, 87–105.

F. Mitthof, *Annona militaris. Die Heeresversorgung im spätantiken Ägypten. Ein Beitrag zur Verwaltungs- und Heeresgeschichte des Römischen Reiches im 3. bis 6. Jh. n. Chr.* (Papyrologica Florentina 32), 2 Bde. Florenz 2001.

W. J. Mommsen, »Kriegsalltag und Kriegserlebnis im Ersten Weltkrieg«, in: ders., *Der Erste Weltkrieg. Anfang vom Ende des bürgerlichen Zeitalters*, Bonn 2004, 137–154.

I. Morris, »The Greater Athenian State«, in: I. Morris/W. Scheidel (Hgg.), *The Dynamics of Ancient Empires. State Power From Assyria to Byzantium*, Oxford 2009, 99–177.

J. S. Morrison, »Athenian Sea-Power in 323/2 BC: Dream and Reality«, *JHS* 107 (1987), 88–97.

J. S. Morrison/J. F. Coates, *Die Athenische Triere. Geschichte und Rekonstruktion eines antiken Kriegsschiffs der griechischen Antike*, Mainz 1990.

J. S. Morrison/T. R. Williams, *Greek Oared Ships 900–322 BC*, Cambridge 1968.

K. Mosig-Walburg, *Römer und Perser. Vom 3. Jahrhundert bis zum Jahr 363 n. Chr.*, Gutenberg 2009.

C. W. Müller, »Der schöne Tod des Polisbürgers oder ›Ehrenvoll ist es, für das Vaterland zu sterben‹«, *Gymnasium* 96 (1989), 317–340.

S. Muth, *Gewalt im Bild. Das Phänomen der medialen Gewalt im Athen des 6. und 5. Jahrhundert v. Chr.*, Berlin/New York 2008.

A. E. Negin, »Sarmatian Cataphracts as Prototypes for Roman equites cataphractarii«, *JRMES* 9 (1998), 65–75.

M. Neugebauer, *Die Kriege der Germanen*, Wolfenbüttel 2009.

M. J. Nicasie, *Twilight of Empire. The Roman Army from the Reign of Diocletian until the Battle of Adrianopel* (Dutch Monographs on Ancient History and Archaeology 19), Amsterdam 1998.

D. Nicolle, *Sassanian Armies. The Iranian Empire Early 3rd to Mid-7th centuries AD*, Yorkshire 1996.

W.-D. Niemeier, *Der Kouros vom Heiligen Tor*, Mainz 2002.

F. Nietzsche, »Homers Wettkampf«, in: ders., *Werke III*, hg. von K. Schlechta, Frankfurt a. M. 1981, 999–1007.

E. Nischer, »Die Schlacht bei Straßburg im Jahre 357 n. Chr.«, *Klio* 21 (1927), 391–401.

K. L. Noethlichs, »Die ›Christianisierung‹ des Krieges vom spätantiken bis zum frühmittelalterlichen und mittelbyzantinischen Reich«, *JbAC* 44 (2001), 5–22.

K. L. Noethlichs, »Krieg«, *RAC* 22 (2008), 2–75.

D. Nony, *La crise de l'empire romain 235–285*, Paris 1997.

C. Nylander, »Darius III – The Coward King. Points and Counterpoints«, in: J. Carlsen u. a. (Hgg.), *Alexander the Great. Reality and Myth*, Rom 1993, 145–159.

S. P. Oakley, »Single Combat in the Roman Republic«, *CQ* 35 (1985), 392–410.

J. Ober, *Fortress Attica. Defense of the Athenian Land Frontier 404–322 B. C.*, Leiden 1985.

J. M. O'Flynn, *Generalissimos of the Western Roman Empire*, Edmonton 1983.

H. A. Ormerod, *Piracy in the Ancient World. An Essay in Mediterranean History*, Chicago 1967.

R. Osborne, *Greece in the Making 1200–479 BC*, ND London/New York 2007.

J. Osgood, *Caesar's Legacy. Civil War and the Emergence of the Roman Empire*, Cambridge 2006.

B. Palme, »Feldarmee und Grenzheer. Das römische Militär in der Spätantike«, in: G. Mandl/I. Steffelbauer (Hgg.), *Krieg in der antiken Welt*, Essen 2007, 85–113.

A. J. Papalas, »The Parian Expedition and the Development of the Athenian Navy«. *AHB* 14 (2000), 107–119.

H. W. Parke, *Greek Mercenary Soldiers. From the Earliest Times to the Battle of Ipsus*, Oxford 1933.

S. T. Parker, *Romans and Saracens. A History of the Arabian Frontier*, Winona Lake 1986.

V. Parker, *Untersuchungen zum Lelantischen Krieg und verwandten Problemen der frühgriechischen Geschichte* (Historia Einzelschriften 109), Stuttgart 1997.

V. Parker, »Die militärische Führungsschicht am Ende des 2. und zu Beginn des 1. Jahrhunderts v. Chr.«, in: W. Blösel/K.-J. Hölkeskamp (Hgg.), *Von*

der militia equestris *zur* militia urbana. *Prominenzrollen und Karrierefelder im antiken Rom*, Stuttgart 2011, 43–54.
J. Peddie, *The Roman War Machine*, Stroud/Gloucestershire 1994, ND 1997.
J. Penrose, *Rom und seine Feinde. Kriege – Taktik – Waffen*, Stuttgart 2007.
C.A. Peterson, »Kriegswesen im alten China«, in: P. De Souza (Hg.), *Die Kriege des Altertums. Von Ägypten bis zum Inkareich*, Leipzig 2008, 243–261.
B. Pferdehirt, »Die römische Flotte im Dienst. Der größte Fundkomplex spätantiker Militärschiffe jenseits der Alpen wurde in Mainz geborgen«, *AW* 36 (2005), 9–16.
H.G. Pflaum, »Zur Reform des Kaisers Gallienus«, *Historia* 25 (1986), 109–117.
S.E. Phang, *Roman Military Service. Ideologies of Discipline in the Late Republic and Early Principate*, Cambridge/New York 2008.
S.E. Phang. »New Approaches to the Roman Army«, in: L.L. Brice/J.T. Roberts (Hgg.), *Recent Directions in the Military History of the Ancient World*, Claremont 2011, 105–144.
C. Pietri, »Le serment du soldat chrétien. Les épisodes de la militia Christi sur les sarcophages«, *MEFR* 74 (1962), 649–664.
J. Pietrykowski, *Great Battles of the Hellenistic World*, Barnsley 1988.
E. Pitz, *Die griechisch-römische Ökumene und die drei Kulturen des Mittelalters. Geschichte des mediterranen Weltteils zwischen Atlantik und Indischem Ozean 270–812* (Europa im Mittelalter 3. Abhandlungen und Beiträge zur historischen Komparatistik), Berlin 2001.
W. Pohl, *Die Völkerwanderung. Eroberung und Integration*, 2. Auflage, Stuttgart/Berlin/Köln 2005.
D. Potter, *The Roman Empire at Bay AD 180–395*, Routledge 2004.
D. Potter, »Alexander der Große und die hellenistischen Könige«, in: P. De Souza (Hg.), *Die Kriege des Altertums. Von Ägypten bis zum Inkareich*, Leipzig 2008, 119–137.
D. Potter, »Caesar and the Helvetians«, in: G.G. Fagan/M. Trundle (Hgg.), *New Perspectives on Ancient Warfare*, Leiden/Boston 2010, 305–329.
R.A. Preston/A. Roland/S.F. Wise, *Men in Arms. A History of Warfare and Its Relationship with Western Society*, New York 1979.
K. Prinz, *Epitaphios Logos. Struktur, Funktion und Bedeutung der Bestattungsreden im Athen des 5. und 4. Jahrhunderts*, Frankfurt a.M. u.a. 1997.
W.K. Pritchett, *The Greek State at War*, Bd.1–5, Berkeley u.a. 1974–1991.
J. Pryor/E. Jeffreys, *The Age of the Dromon: The Byzantine Navy ca. 500–1204*, Leiden 2006.
K. Raaflaub, »Die Militärreform des Augustus und die politische Problematik des frühen Prinzipats«, in: G. Binder (Hg.), *Saeculum Augusteum*, Bd. 1, Darmstadt 1987, 246–307.

K. Raaflaub, »Father of All, Destroyer of All: War in Late Fifth-Century Athenian Discourse and Ideology«, in: D.R. McCann/B.S. Strauss (Hgg.), *War and Democracy. A Comparative Study of the Korean and the Peloponnesian War*, New York/London 2001, 307–356.

K. Raaflaub, »Homerische Krieger, Protohopliten und die Polis: Schritte zur Lösung alter Probleme«, in: B. Meißner/O. Schmitt/M. Sommer (Hgg.), *Krieg – Gesellschaft – Institutionen. Beiträge zu einer vergleichenden Kriegsgeschichte*, Berlin 2005, 229–266.

K. Raaflaub, »Learning from the Enemy: Athenian and Persian ›Instruments of Empire‹«, in: J. Ma u. a. (Hgg.), *Interpreting the Athenian Empire*, London 2009, 89–124.

K. Raddatz, »Die Bewaffnung der Germanen vom letzten Jahrhundert v. Christi Geburt bis zur Völkerwanderungszeit«, ANRW 2.12.3 (1985), 281–361.

P.A. Rahe, »The Military Situation in Western Asia on the Eve of Conaxa«, *AJPhA* 101 (1980), 79–96.

E. Rainer, *Die rituelle Totenklage der Griechen* (Tübinger Beiträge zur Altertumswissenschaft 30), Berlin 1938.

P. Rance, »The Fulcum, the Late Roman and Byzantine Testudo: The Germanization of Roman Infantery Tactics?«, *GRBS* 44 (2004), 265–326.

P. Rance, »Battle. The Later Roman Empire«, in: P. Sabin/H. Van Wees/M. Whitby (Hgg.), *The Cambridge History of Greek and Roman Warfare*, Bd. 2: *Rome from the Late Republic to the Late Empire,* Cambridge 2007, 342–378.

K. Randsborg, »Into the Iron Age: A Discource on War and Society«, in: J. Carman/A. Harding (Hgg.), *Ancient Warfare. Archaeological Perspectives*, Stroud 1999, 191–202.

K. Randsborg, »From Bronze to Iron: The Rise of European Infantry«, in: T. Bekker-Nielsen/L. Hannestad (Hgg.), *War as a Cultural and Social Force. Essays on Warfare in Antiquity*, Stockholm 2001, 155–165.

B. Rankov, »The Second Punic War at Sea«, in: T.J. Cornell/B. Rankov/P. Sabin (Hgg.), *The Second Punic War. A Reappraisal* (BICS Supplement 67), London 1996, 49–57.

B. Rankov, »Military Forces«, in: P. Sabin/H. Van Wees/M. Whitby (Hgg.), *The Cambridge History of Greek and Roman Warfare*, Bd. 2: *Rome from the Late Republic to the Late Empire*, Cambridge 2007, 30–75.

D. Rathbone, »Military finance and supply. Warfare and the State«, in: P. Sabin, H. Van Wees, M. Whitby (Hgg.), *The Cambridge History of Greek and Roman Warfare. Bd. 2: Rome from the late Republic to the late Empire*, Cambridge 2007, 158–175.

M. Rausch, »›Nach Olympia‹ – der Weg einer Waffe vom Schlachtfeld in das panhellenische Heiligtum des Zeus«, *ZPE* 123 (1998), 126–128.

L. Rawlings, *The Ancient Greeks at War*, Manchester u. a. 2007.

L. Rawlings, »The Carthaginian Navy: Questions and Assumptions«, in: G. G. Fagan/M. Trundle (Hgg.), *New Perspectives on Ancient Warfare*, Leiden/Boston 2010, 253–287.

F. E. Ray, *Land Battles in 5th Century B.C. Greece. A History and Analysis of 173 Engagements*, Jefferson/London 2009.

M. Recke, *Gewalt und Leid. Das Bild des Krieges bei den Athenern im 6. und 5. Jahrhundert v. Chr.*, Istanbul 2002.

M. Reddé, *Mare nostrum. Les infrastructures, le dipositif et l'histoire de la marine militaire sous l'empire romain*, Rom 1986.

S. van Reeden, »Institutioneller Wandel und wirtschaftliches Wachstum«, in: G. Weber (Hg.), *Kulturgeschichte des Hellenismus. Von Alexander dem Großen bis Kleopatra*, Stuttgart 2007, 172–201.

K. Regeling, »Crassus' Partherkrieg«, *Klio* 7 (1907), 357–394.

F. E. Rey, »Weapons and technological determinism, and ancient warfare«, in: *G. G. Fagan/M. Trundle* (Hgg.), *New Perspectives on Ancient Warfare*, Leiden/Boston 2010, 23–56.

P. J. Rhodes, »The Impact of the Persian Wars on Classical Greece«, in: E. Bridges, P. J. Rhodes (Hgg.), *Cultural Responses to the Persian Wars. Antiquity to the third Millennium*, Oxford 2007, 31–46.

J. Rich/G. Shipley (Hgg.), *War and Society in the Roman World*, London 1993.

P. Richardot, *La fin de l'armée romaine (284–476)*, 2. Auflage, Paris 2001, 3. Auflage 2005.

G. Rickman, *The Corn Supply of Ancient Rome*, Oxford 1990.

R. T. Ridley, »Notes on Julian's Persian Expedition«, *Historia* 22 (1973), 317–330.

R. Rodriguez, *Heeresversorgung und die wirtschaftlichen Beziehungen zwischen der Baetica und Germanien*, Stuttgart 1997.

J. R. Roisman, »Klearchos in Xenophon's Anabasis«, *Scripta Classica Iscraelica* 8–9 (1985–1988), 30–52.

J. Roisman (Hg.): *Brill's Companion to Alexander the Great*, Leiden 2003.

R. Rollinger, »Der Blick aus dem Osten: ›Griechen‹ in vorderasiatischen Quellen des 8. und 7. Jahrhunderts v. Chr. – eine Zusammenschau«, in: H. Matthäus u. a. (Hgg.), *Der Orient und die Anfänge Europas. Kulturelle Beziehungen von der Späten Bronzezeit bis zur Frühen Eisenzeit*, Wiesbaden 2011, 267–282.

D. Rosenbloom, »Phrynichus' Capture of Miletus«, *Philologus* 137 (1993), 159–196.

N. Rosenstein, *Imperatores victi. Military Defeat and Aristocratic Competition in the Middle and Late Republic*, Berkeley 1990.

N. Rosenstein, »Military Command, Political Power, and the Republican

Elite«, in: P. Erdkamp (Hg.) *A Companion to the Roman Army*, Oxford 2007, 132–147.

N. Rosenstein, »Die Heere der Republik«, in: P. De Souza (Hg.), *Die Kriege des Altertums. Von Ägypten bis zum Inkareich*, Leipzig 2008, 139–155.

N. Rosenstein, »Phalanges in Rome?«, in: G.G. Fagan/M. Trundle (Hgg.), *New Perspectives on Ancient Warfare*, Leiden/Boston 2010, 289–303.

J.P. Roth, *The Logistics of the Roman Army at War (264 BC-AD 235)*, Leiden 1999.

J.P. Roth, »War. The Hellenistic World and Roman Republic«, in: P. Sabin/H. Van Wees/M. Whitby (Hgg.), *The Cambridge History of Greek and Roman Warfare*, Bd. 1: *Greece, the Hellenistic World and the Rise of Rome*, Cambridge 2007, 368–398.

J. Rüpke, *Domi Militiae. Die religiöse Konstruktion des Krieges in Rom*, Stuttgart 1990.

J. Rüpke, »Krieg«, *HrwG* 3 (1993), 449–460.

K. Ruffing, *Wirtschaft in der griechisch-römischen Antike* (Geschichte Kompakt), Darmstadt 2012.

F. Runkel, *Die Schlacht bei Adrianopel*, Diss. Berlin 1903.

P. Sabin, »The Mechanics of Battle in the Second Punic War«, in: T.J. Cornell/B. Rankov/P. Sabin (Hgg.), *The Second Punic War. A Reappraisal* (BICS Supplement 67), London 1996, 59–79.

P. Sabin, »The Face of Roman Battle«, *JRS* 90 (2000), 1–17.

P. Sabin, »Battle. A. Land Battles. The Hellenistic World and Roman Republic«, in: P. Sabin/H. Van Wees/M. Whitby (Hgg.), *The Cambridge History of Greek and Roman Warfare*, Bd. 1: *Greece, the Hellenistic World and the Rise of Rome*, Cambridge 2007, 399–433.

P. Sabin, *Lost Battles. Reconstructing the Great Clashes of the Ancient World*, London 2007, Pb 2009.

D.B. Saddington, *The Development of the Roman Auxiliary Forces from Caesar to Vespasian (49 B.C.–A.D. 79)*, Harare 1982.

D.B. Saddington, »Classes. The Evolution of the Roman Imperial Fleets«, in: P. Erdkamp (Hg.), *A Companion to the Roman Army*, Oxford 2007, 201–217.

S. Said, »Guerre, intelligence et courage dans les histoires d'Hérodote«, *AncSoc* 11/12 (1980/1981), 83–117.

E.T. Salmon, »The Roman Army and the Desintegration of the Roman Empire«, *TransRSocCan* 52 (1958), 43–57.

J.B. Salmon, *Wealthy Corinth. A History of the City to 338 BC*, Oxford 1984.

G.S. Sampson, *The Defeat of Rome: Crassus, Carrhae and the Invasion of the East*, Barnsley 2008.

G.S. Sampson, *The Crisis of Rome: The Jugurthine and Northern Wars and the Rise of Marius*, Barnsley 2010.

M. Samuels, »The Reality of Cannae«, *Militärgeschichtliche Mitteilungen* 47 (1990), 7–29.
E. Sander, »Die Reform des römischen Heerwesens durch Julius Caesar«, *HZ* 179 (1955), 225–254.
P. Sänger, »Augustus – Herr über 28 Legionen. Das militärische Erbe der Republik und die kaiserliche Armee«, in: G. Mandl/I. Steffelbauer (Hgg.), *Krieg in der antiken Welt*, Essen 2007, 64–84.
R. Saxer, *Untersuchungen zu den Vexillationen des römischen Kaiserheeres von Augustus bis Diocletianus*, Köln 1967.
A. Schäfer, *Rom und Germanen bei Salvian*, Diss. Breslau 1930.
H. Schäfer, »Xanthippos«, RE 33 (1967), 1348–1351.
K. Schäferdiek, »Germanenmission«, *RAC* 10 (1978), 492–548.
E. Schallmayer, *Der Limes. Geschichte einer Grenze*, München 2006.
R. Scharf, »Der spanische Kaiser Maximus und die Ansiedlung der Westgoten in Aquitanien«, *Historia* 41 (1992), 374–384.
R. Scharf, *Spätrömische Studien. Prosopographische und quellenkundliche Untersuchungen zur Geschichte des 5. Jahrhunderts nach Christus*, Mannheim 1996.
R. Scharf, *Foederati. Von der völkerrechtlichen Kategorie zur byzantinischen Truppengattung*, Wien 2001.
R. Scharf, *Der Dux Mogontiacensis und die Notitia Dignitatum. Eine Studie zur spätantiken Grenzverteidigung* (RGA Ergänzungsband 50), Berlin u. a. 2005.
G. Scheibelreiter, *Die barbarische Gesellschaft. Mentalitätsgeschichte der europäischen Achsenzeit 5.–8. Jahrhundert*, Darmstadt 1999.
W. Scheidel, »Progress and Problems in Roman Demography«, in: ders. (Hg.), *Debating Roman Demography*, London/Boston/Köln 2001, 1–81.
Th. Schelling, *The Strategy of Conflict*, Cambridge 1998.
H. Schlange-Schöningen, *Augustus* (Geschichte Kompakt), Darmstadt 2005.
T. Schmidts, »Germanen im spätrömischen Reich«, in: L. Wamser (Hg.), *Die Römer zwischen Alpen und Nordmeer*, München 2010, 219–225.
H. H. Schmitt, *Rom und Rhodos. Geschichte ihrer politischen Beziehungen seit der ersten Berührung bis zum Aufgehen des Inselstaates im römischen Weltreich*, München 1957.
M. T. Schmitt, *Die römische Außenpolitik des 2. Jahrhunderts n. Chr., Friedenssicherung oder Expansion?*, Stuttgart 1997.
O. Schmitt, »Die Bucellarii. Eine Studie zum militärischen Gefolgschaftswesen in der Spätantike«, *Tyche* 9 (1994), 147–174.
W. Schmitz, »Die Opfer des Krieges. Xenophon und die Wahrnehmung des Krieges in der griechischen Historiographie«, in: M. Rathmann (Hg.), *Studien zur antiken Geschichtsschreibung*, Bonn 2009, 55–84.
H. Schneider, »Militärtechnik, III. Klassische Antike«, *DNP* 8 (2000), 188–191.

M. Schottky, »Parther- und Perserkriege«, *DNP* 9 (2000), 376–377.
J.H. Schreiner, *Two Battles and Two Bills: Marathon and the Athenian Fleet* (Monographs from the Norwegian Institute at Athens 3), Oslo 2004.
K. Schreiner, *Märtyrer, Schlachtenhelfer, Friedensstifter. Krieg und Frieden im Spiegel mittelalterlicher und frühneuzeitlicher Heiligenverehrung*, Opladen 2000.
C. Schubert, »Vom Areopag zur Agora: Die Entstehung der Demokratie«, in: K. Brodersen (Hg.), *Höhepunkte der Antike*, Darmstadt 2006, 39–55.
R. Schubert, »Die Porosschlacht«, *RhM* 56 (1901), 543–562.
R. Schulz, »Roms Griff nach dem Meer«, in: T. Hantos/G.A. Lehmann (Hgg.), *Althistorisches Kolloquium aus Anlass des 70. Geburtstages von Jochen Bleicken, 29.–30. November 1996 in Göttingen*, Stuttgart 1998, 121–134.
R. Schulz, »Militärische Revolution und politischer Wandel. Das Schicksal Griechenlands im 4. Jahrhundert v.Chr.«, *HZ* 268 (1999), 281–310.
R. Schulz, »Caesar und das Meer«, *HZ* 271 (2000), 281–309.
R. Schulz, »Caesars Statthalterschaft in Spanien. Ein vergessenes Kapitel römischer Herrschaftspolitik in der späten Republik«, in: J. Spielvogel (Hg.), *Res Publica Reperta. Zur Verfassung und Gesellschaft der Römischen Republik und des Frühen Prinzipats*. FS Jochen Bleicken, Stuttgart 2002, 263–278.
R. Schulz, »Der weite Weg gen Westen. Maritime Expansion und geographische Horizonterweiterung in der Antike und die Möglichkeiten eines Vergleichs mit der frühneuzeitlichen Expansion«, in: T. Beck u.a. (Hgg.), *Barrieren und Zugänge. Die Geschichte der europäischen Expansion*. FS E. Schmitt, Wiesbaden 2004, 51–62.
R. Schulz, *Die Antike und das Meer*, Darmstadt 2005.
R. Schulz, »Roms Kampf gegen die mediterrane Piraterie – ein Beispiel für einen asymmetrischen Krieg in der Antike?«, *Geschichte, Politik und ihre Didaktik* 34 (2006), 76–84.
R. Schulz, »Augustinus und der Krieg«, *Millennium* 4 (2008), 93–110.
R. Schulz, *Athen und Sparta*, 4. Auflage, Darmstadt 2011. (= Schulz 2011 a)
R. Schulz, *Kleine Geschichte des antiken Griechenland*, TB Stuttgart 2011. (= Schulz 2011 b)
A. Schwarcz, »Die gotischen Seezüge des 3. Jahrhunderts«, in: R. Pillinger/A. Pülz/H. Vetters (Hgg.), *Die Schwarzmeerküste in der Spätantike und im frühen Mittelalter* (Schriften der Balkan-Kommission der ÖAW 18), Wien 1992, 47–57.
A. Schwartz, *Reinstating the Hoplite. Arms, Armour and Phalanx Fighting in Archaic and Classical Greece* (Historia Einzelschriften 207), Stuttgart 2009.
L. Scott, »Were There Polis Navies in Archaic Greece?«, in: G.J. Oliver u.a. (Hgg.), *The Sea in Antiquity*, Oxford 2000, 93–115.
H.H. Scullard, *The Elephant in the Greek and Roman World*, New York 1974.

S. Scully, »Reading the Shield of Achilles: Terror, Anger, Delight«, *Harvard Studies in Classical Philology* 101 (2003), 29–47.

R. Seager, »Perceptions of Eastern Frontier Policy in Ammianus, Libanios, and Julian (337–363)«, *CQ* 47 (1997), 253–268.

J. Seibert, *Hannibal*, Darmstadt 1993.

N. Sekunda, *The Persian Army 560–330 BC*, London 1992.

N. Sekunda, »Military Forces. A. Land Forces. The Hellenistic World and Roman Republic«, in: P. Sabin/H. Van Wees/M. Whitby (Hgg.), *The Cambridge History of Greek and Roman Warfare*, Bd. 1: *Greece, the Hellenistic World and the Rise of Rome*, Cambridge 2007, 325–357.

N. Sekunda, »Das Großreich der Perser«, in: P. De Souza (Hg.), *Die Kriege des Altertums. Von Ägypten bis zum Inkareich*, Düsseldorf 2008, 67–86.

J. Serrati, »Warfare and the State. The Hellenistic World and Roman Republic«, in: P. Sabin/H. Van Wees/M. Whitby (Hgg.), *The Cambridge History of Greek and Roman Warfare*, Bd. 1: *Greece, the Hellenistic World and the Rise of Rome*, Cambridge 2007, 461–497.

A. S. Shahbazi, »Army«, *Encyclopaedia Iranica* 2 (1987), 496–499.

B. D. Shaw, »War and Violence«, in: G. Bowersock u. a. (Hgg.), *Interpreting Late Antiquity*, Cambridge 2001, 130–169.

J. F. Shean, Hannibal's Mules: »The Logistical Limitations of Hannibal's Army and the battle of Cannae, 216 BC«, *Historia* 45 (1996), 159–187.

R. Sheppard, *Alexander der Große und seine Feldzüge*, Stuttgart 2009.

N. Sherman, *Stoic Warriors. The Ancient Philosophy Behind the Military Mind*, Oxford 2005.

H. Sidebottom, *Der Krieg in der antiken Welt*, Stuttgart 2008.

R. Simek, *Die Germanen*, Stuttgart 2006.

G. Simon, »Die Reform der Reiterei unter Kaiser Gallien«, in: W. Eck/H. Galsterer/H. Wolff (Hgg.), *Studien zur antiken Sozialgeschichte*, FS F. Vittinghoff, Köln 1980, 435–448.

H. Simon, *Roms Kriege in Spanien 154–133 v. Chr.*, Frankfurt a. M. 1962.

R. H. Simpson, »Leonidas' Decision«, *Phoenix* 26 (1972), 1–11.

F. Smith, »Die Schlacht von Carrhae«, *HZ* 115 (1916), 235–262.

M. Sommer, »Krieg im Altertum als soziales Handeln«, *Militärgeschichtliche Zeitschrift* 59 (2000), 297–322.

M. Sommer, *Die Soldatenkaiser* (Geschichte Kompakt), Darmstadt 2004.

M. Sommer, *Römische Geschichte II. Rom und sein Imperium in der Kaiserzeit*, Stuttgart 2009.

P. Southern, K. R. Dixon, *The Late Roman Army*, New Haven/London 1996.

P. Southern, *The Roman Empire From Severus to Constantine*, London 2001.

A. Spawforth, »Symbol of Unity? The Persian-Wars Tradition in the Roman

Empire«, in: S. Hornblower (Hg.), *Greek Historiography*, Oxford 1994, 233–247.

M. A. Speidel, »The Captor of Decebalus«, *JRS* 60 (1970), 142–153.

M. A. Speidel, »The Rise of the Ethnic Units in the Imperial Roman Army«, *ANRW* 2.3 (1975), 202–231.

M. A. Speidel, »Cataphractii, Clibanarii and the Rise of the Later Mailed Cavalry«, *EA* 4 (1984), 151–156.

M. A. Speidel, »Maxentius and His Equites Singulares in the Battle of the Milvian Bridge«, *ClAnt* 5 (1986), 253–262.

M. A. Speidel, »Sebastian's Strike Force at Adrianople«, *Klio* 78 (1996), 434–437.

M. A. Speidel, »Die thebäische Legion und das spätrömische Heer«, in: O. Wermelinger/Ph. Bruggisser/B. Näf/J.M. Roessli (Hgg.), *Mauritius und die Thebäische Legion = Saint Maurice et la Légion Thébaine.* Actes du colloque, 17–20 Sept. 2003, Fribourg/Saint-Maurice/Martigny 2005, 37–46 (= Speidel 2005 a).

M. A. Speidel, »Halbmond und Halbwahrheit. Cannae, 2. August 216 v. Chr.«, in: S. Förster/M. Pöhlmann/D. Walter (Hgg.), *Schlachten der Weltgeschichte. Von Salamis bis Sinai*, 3. Auflage München 2005, 48–62 (= Speidel 2005 b).

M. A. Speidel, »Das Heer«, in: K.-P. Johne (Hg.), *Die Zeit der Soldatenkaiser. Krise und Transformation des Römischen Reiches im 3. Jahrhundert n. Chr. (235–284)*, Bd. 1, Berlin 2008, 673–690.

I. G. Spence, *The Cavalry of Classical Greece. A Social and Military History*, Oxford 1992, ND 1994.

N. Spiegel, *War and Peace in Classical Greek Literature*, Jerusalem 1990.

M. Springer, »Die angebliche Heeresreform des Kaisers Gallienus«, in: *Krise – Krisenbewusstsein – Krisenbewältigung. Ideologie und geistige Kultur im Imperium Romanum während des 3. Jahrhunderts*, Halle 1988, 97–100.

P. A. Stadter, »The Ars Tactica of Arrian: Tradition and Originality«, *CPh* 73 (1978), 117–128.

J. Stäcker, *Princeps und miles. Studien zum Bindungs- und Naheverhältnis von Kaiser und Soldat im 1. und 2. Jahrhundert n.Chr.* (Spudasmata 91), Hildesheim 2003.

Ch. G. Starr, *The Influence of Sea Power on Ancient History*, Oxford 1989.

I. Steffelbauer, »Die Ökonomie des Krieges. Oikos – Polis – Großreich«, in: G. Mandl/I. Steffelbauer (Hgg.), *Krieg in der antiken Welt*, Essen 2007, 377–400.

E. Stein, *Geschichte des spätrömischen Reiches*, Bd. 1: *Vom römischen zum byzantinischen Staate (284–476 n. Chr.)*, Wien 1928.

M. Stemmler, »Die römische Manipularaufstellung und der Funktionswandel der Centurien«, *Klio* 82 (2000), 107–125.

H. Steuer, »Kriegerbanden und Heerkönige - Krieg als Auslöser der Entwicklung zum Stamm und Staat im ersten Jahrtausend n. Chr. in Mitteleuropa. Überlegungen zu einem theoretischen Modell«, in: W. Heizmann/A. van Nahl (Hgg.), *Runica - Germanica - Mediaevalia* (RGA Ergänzungsband 37), Berlin/New York 2003, 824-853.

A. Stewart, *Art, Desire, and the Body in Ancient Greece*, Cambridge 1997.

T. Stickler, *Aëtius. Gestaltungsspielräume eines Heermeisters im ausgehenden Weströmischen Reich*, München 2002.

T. Stickler, »The *Foederati*«, in: P. Erdkamp (Hg.), *A Companion to the Roman Army*, Oxford 2007, 495-514 (= Stickler 2007a).

T. Stickler, *Die Hunnen*, München 2007 (= Stickler 2007b).

T. Stickler, *Korinth und seine Kolonien. Die Stadt am Isthmus im Mächtegefüge des klassischen Griechenland* (Klio Beihefte 15), Berlin 2010.

O. Stoll, »Heeresdisziplin. Vom Einfluss Roms auf die Germanen«, in: ders., *Römisches Heer und Gesellschaft. Gesammelte Beiträge 1991-1999* (Mavors 13), Stuttgart 2001, 269-279.

F. Stolz (Hg.), *Religion zu Krieg und Frieden*, Zürich 1986.

B. Strauss, »Democracy, Kimon, and the Evolution of Athenian Naval Tactics in the Fifth Century B.C.«, in: P. Flensted-Jense/T.H.L.R. Nielsen (Hgg.), *Polis and Politics*, Kopenhagen 2000, 315-326.

B. Strauss, »Alexander: The Military Campaign«, in: J. Roisman (Hg.), *Brill's Companion to Alexander the Great*, Leiden/Boston 2003, 133-157.

B. Strauss, *The Battle of Salamis. The Naval Encounter That Saved Greece - and Western Civilization*, New York u.a. 2005.

B. Strauss/J. Ober, *The Anatomy of Error: Ancient Military Desasters and Their Lessons for Modern Strategists*, New York 1990.

K. Strobel, »Die Markomannenkriege und die neuen Provinzen Mark Aurels: Ein Modellfall für die Verflechtung von Innen- und Außenpolitik des römischen Reiches«, in: F.W. Leitner (Hg.), *Carinthia Romana und die römische Welt* (Aus Forschung und Kunst 34), FS G. Piccottini, Klagenfurt 2001, 103-124.

K. Strobel, »Strategy and Army Structure between Septimius Severus and Constantine the Great«, in: P. Erdkamp (Hg.), *A Companion to the Roman Army*, Malden u.a. 2007, 267-286.

K. Strobel, *Kaiser Traian. Eine Epoche der Weltgeschichte*, Regensburg 2010.

M. Sunner, *Die römische Armee. Bewaffnung und Ausrüstung*, Stuttgart 2007.

L.J. Swift, »St. Ambrose on Violence and War«, *TAPhA* 101 (1970), 533-543.

L.J. Swift, »Early Christian Views on Violence, War, and Peace«, in: K. Raaflaub (Hg.), *War and Peace in the Ancient World*, Oxford u.a. 2007, 279-296.

G.J. Szemler/W.J. Cherf/J.C. Kraft, *Thermopylai. Myth and Reality in 480 B.C.*, Chicago 1996.

U. Täckholm, »Aëtius and the Battle on the Catalaunian Fields«, *ORom* 7 (1969), 259–276.

N. Tallis, »Kriegswesen der Parther und Sassaniden«, in: P. De Souza (Hg.), *Die Kriege des Altertums. Von Ägypten bis zum Inkareich*, Leipzig 2008, 173–181.

W. W. Tarn, »The Fleet of Xerxes«, *JHS* 28 (1908), 202–233.

W. W. Tarn, *Hellenistic Military and Naval Developments*, Cambridge 1930.

K. Tausend, »Hunnische Poliorketik«, *GB* 12/13 (1985–1986), 265–281.

K. Tausend, »Caesars germanische Reiter«, *Historia* 37 (1988), 491–497.

K. Tausend, »Zur Historizität der Schlacht von Hysiai«, *RSA* 19 (1989), 138–146.

O. Tentea, »Participation of Auxiliary Troops from Moesia Superior in Trajan's Dacian Wars«, *Dacia* 50 (2006), 127–140.

E.A. Thompson, *The Huns.* Revised and with an afterword by P. Heather, Oxford 1996, Pb 1999.

J. A. Thorne, »Battle, Tactics, and the Emergence of the Limites in the West«, in: P. Erdkamp (Hg.), *A Companion to the Roman Army*, Oxford 2007, 218–234.

D. Timpe, »Die Bedeutung der Schlacht von Carrhae«, *MH* 19 (1962), 104–129.

D. Timpe, »Die Siedlungsverhältnisse Mittelfrankens in caesarisch-augusteischer Zeit nach den literarischen Quellen«, in: Ch. Pescheck (Hg.), *Germanische Bodenfunde der römischen Kaiserzeit in Mainfranken*, München 1978, 119–129.

D. Timpe, »Religiöse und sakrale Aspekte des Krieges im Altertum«, in: P. Herrmann (Hg.), *Glaubenskriege in Vergangenheit und Gegenwart*, Göttingen 1996, 49–61.

D. Timpe, »Tacitus und der Bataveraufstand«, in: T. Schmitt/W. Schmitz/A. Winterling (Hgg.), *Gegenwärtige Antike – antike Gegenwarten. Kolloqium zum 60. Geburtstag von R. Rillinger*, München 2005, 151–178.

D. Timpe, *Römisch-Germanische Begegnung in der späten Republik und frühen Kaiserzeit. Voraussetzungen – Konfrontationen – Wirkungen,* München/Leipzig 2006.

D. Timpe, »Rom und die Barbaren des Nordens«, in: ders., *Römisch-germanische Begegnung in der späten Republik und frühen Kaiserzeit. Voraussetzungen – Konfrontationen – Wirkungen*, München/Leipzig 2006, 42–62 (= Timpe 2006a).

D. Timpe, »Kimberntradition und Kimbernmythos«, in: ders., *Römisch-germanische Begegnung in der späten Republik und frühen Kaiserzeit. Voraussetzungen – Konfrontationen – Wirkungen*, München/Leipzig 2006, 63–113 (= Timpe 2006b).

D. Timpe, »Wegeverhältnisse und römische Okkupation Germaniens«, in: ders., *Römisch-germanische Begegnung in der späten Republik und frühen Kaiser-*

zeit. Voraussetzungen – Konfrontationen – Wirkungen, München/Leipzig 2006, 114–146 (= Timpe 2006c).

D. Timpe, »Zur Geschichte der Rheingrenze zwischen Caesar und Drusus«, in: ders., *Römisch-germanische Begegnung in der späten Republik und frühen Kaiserzeit. Voraussetzungen – Konfrontationen – Wirkungen*, München/Leipzig 2006, 147–170 (= Timpe 2006d).

D. Timpe, »Zur Geschichte und Überlieferung der Okkupation Germaniens unter Augustus«, in: ders., *Römisch-germanische Begegnung in der späten Republik und frühen Kaiserzeit. Voraussetzungen – Konfrontationen – Wirkungen*, München/Leipzig 2006, 190–215 (= Timpe 2006e).

D. Timpe, »Neue Gedanken zur Arminius-Geschichte«, in: ders., *Römisch-germanische Begegnung in der späten Republik und frühen Kaiserzeit. Voraussetzungen – Konfrontationen – Wirkungen*, München/Leipzig 2006, 216–241 (= Timpe 2006f).

D. Timpe, »Der römische Verzicht auf die Okkupation Germaniens«, in: ders., *Römisch-germanische Begegnung in der späten Republik und frühen Kaiserzeit. Voraussetzungen – Konfrontationen – Wirkungen*, München/Leipzig 2006, 242–264 (= Timpe 2006g).

D. Timpe, »Römische Geostrategie im Germanien der Okkupationszeit«, in: ders., *Römisch-germanische Begegnung in der späten Republik und frühen Kaiserzeit. Voraussetzungen – Konfrontationen – Wirkungen*, München/Leipzig 2006, 265–317 (= Timpe 2006h).

G.K. Tipps, »The Battle of Ecnomus«, *Historia* 34 (1985), 432–465.

M. Todd, *Die Germanen. Von den frühen Stammesverbänden zu den Erben des Weströmischen Reiches*, Darmstadt 2000.

R.S.O. Tomlin, »The Army of the Late Empire«, in: J. Wacher (Hg.), *The Roman World*, Bd. 1, London 1987, 107–133.

R.S.O. Tomlin, »Christianity and the Late Roman Army«, in: S.N.C. Lieu/D. Montserrat (Hgg.), *Constantine: History, Historiography, and Legend*, London 1998, 21–51.

G. Traina, »Imperial Views on the Battle of Carrhae«, in: M. Formisano/H. Böhme (Hgg.), *War in Words. Transformations of War from Antiquity to Clausewitz* (Transformationen der Antike 19), Berlin/New York 2011, 209–217.

W. Treadgold, *Byzantium and Its Army. 281–1081*, Stanford 1995.

O. Treitinger, *Die oströmische Kaiser- und Reichsidee nach ihrer Gestaltung im höfischen Zeremoniell*, ND Darmstadt 1956.

L.A. Tritle, *From Melos to My Lai. War and Survival*, London/New York 2000.

L.A. Tritle, »Xenophon's Portrait of Clearchus: A Study in Post-Traumatic Stress Disorder«, in: C. Tuplin (Hg.), *Xenophon and His World* (Historia Einzelschriften 172), Stuttgart 2004, 325–339.

L. A. Tritle, *A New History of the Peloponnesian War*, Oxford 2010.

M. Trundle, »The Spartan Revolution: Hoplite Warfare in the Late Archaic Period«, *War and Society* 19 (2001), 1-17.

M. Trundle, *Greek Mercenaries. From the Late Archaic Period to Alexander*, London/New York 2004.

C. Tuplin, »Xenophon and His World. An Introductory Review«, in: ders. (Hg.), *Xenophon and His World* (Historia Einzelschriften 172), Stuttgart 2004, 13-31.

C. Tuplin, »All the King's Horse: In Search of Achaimenid Persian Cavalry«, in: G. G. Fagan/M. Trundle (Hgg.), *New Perspectives on Ancient Warfare*, Leiden/Boston 2010, 101-182.

C. Ulf, *Die homerische Gesellschaft* (Vestigia 43), München 1990.

R. Urban, »Zur inneren und äußeren Gefährdung griechischer Städte bei Aeneas Tacticus«, in: H. Kalcyk/B. Gullath/A. Graeber (Hgg.), *Studien zur Alten Geschichte*, FS S. Lauffer, Bd. 3, Rom 1986, 991-1002.

M. Vannesse, *La défense de l'occident romain pendant l'antiquité tardive* (Collection Latomus 326), Brüssel 2010.

H. Van Wees, »Heroes, Knights and Nutters. Warrior Mentality in Homer«, in: A. B. Lloyd (Hg.), *Battle in Antiquity*, London 1996, 1-86.

H. Van Wees, »Homeric Warfare«, in: I. Morris (Hg.), *A New Companion to Homer*, Leiden 1997, 668-693.

H. Van Wees, »The Development of the Hoplite Phalanx: Iconography and Reality in the Seventh Century«, in: H. Van Wees (Hg.), *War and Violence in Ancient Greece*, London 2000, 125-166.

H. Van Wees, »Conquerors and Serfs«, in: S. Alcock/N. Luraghi (Hgg.), *Helots and their Masters*, Cambridge/London 2004, 29-76.

H. Van Wees, *Greek Warfare. Myths and Realities*, London 2005.

H. Van Wees, »›Diejenigen, die segeln, sollen Sold erhalten‹«, in: F. Burrer/H. Müller (Hgg.), *Kriegskosten und Kriegsfinanzierung in der Antike*, Darmstadt 2008, 128-150.

G. Veith, »Der Kavalleriekampf in der Schlacht am Hydaspes«, *Klio* 8 (1908), 131-153.

G. Velho, »Les déserteurs des armées civiques en Grèce ancienne ou la négation du modèle du citoyen-soldat«, *LEC* 70 (2002), 239-256.

C. C. Vermeule, »Hellenistic and Roman Cuirassed Statues. The Evidence of Paintings and Reliefs in the Chronological Development of Cuirass Types«, *Berytus* 13 (1959), 1-22.

P. Vernant, »La belle mort et le cadaver outrage«, in ders. (Hg.), *La mort, les morts dans les sociétés anciennes*, Cambridge 1982, 45-76.

P. Vidal-Naquet, *The Black Hunter. Forms of Thought and Forms of Society in the Greek World*, Baltimore/London 1986.

K. Völkl, »Zum taktischen Verlauf der Schlacht von Vercellae (101 v. Chr.)«, *RhM* 97 (1952), 82–88.

A. von Domaszewski, *Die Fahnen im römischen Heer*, Wien 1885.

A. von Harnack, *Militia Christi. Die christliche Religion und der Soldatenstand in den ersten drei Jahrhunderten*, Darmstadt 1963.

S. von Reeden, Wirtschaftliches Wachstum und institutioneller Wandel, in: G. Weber (Hg.), *Kulturgeschichte des Hellenismus. Von Alexander dem Großen bis Kleopatra*, Stuttgart 2007, 177–201.

T. von Trotha, »Formen des Krieges. Zur Typologie kriegerischer Aktionsmacht«, in: S. Neckel/M. Schwapp-Trapp (Hgg.), *Ordnungen der Gewalt. Beiträge zu einer politischen Soziologie der Gewalt und des Krieges*, Opladen 1999, 71–95.

M. Waas, *Germanen im römischen Dienst im 4. Jh. n. Chr.*, 2. Auflage, Bonn 1971.

F. W. Walbank, »Monarchies and Monarchic Ideas«, *CAH*² 7 (1984), 62–100.

H. T. Wallinga, »The Ancient Persian Navy and Its Predecessors«, in: H. Sancisi-Weerdenburg (Hg.), *Archaimenid History I*, Leiden 1987, 47–84.

H. T. Wallinga, *Ships and Sea-Power Before the Great Persian War: The Ancestry of the Ancient Trireme* (Mnemosyne Supplement 121), Leiden/Brill 1993.

H. T. Wallinga, *Xerxes' Greek Adventure. The Naval Perspective*, Leiden/Boston 2005.

U. Walter, *An der Polis teilhaben. Bürgerstaat und Zugehörigkeit im archaischen Griechenland* (Historia Einzelschriften 82), Stuttgart 1993.

U. Walter, »Herodot und die Ursachen des Ionischen Aufstandes«, *Historia* 42,4 (1993), 257–278.

U. Walter, »›Schöne Wunde, verachteter Tod‹. Zur Funktion der Gladiatorenspiele in der Römischen Kaiserzeit«, *GWU* 53 (2004), 513–520.

U. Walter, »Aristokratische Existenz in der Antike und der Frühen Neuzeit – einige unabgeschlossene Überlegungen«, in: H. Beck/P. Scholz/U. Walter (Hgg.), *Die Macht der Wenigen. Aristokratische Herrschaftspraxis, Kommunikation und ›edler‹ Lebensstil in Antike und Früher Neuzeit*, München 2008, 367–394.

U. Walter, »›Caesar macht Geschichte‹. Memorialpolitik und Historiographie zwischen Konvention und Innovation«, in: G. Urso (Hg.), *Cesare: Precursore o visionario?*, Pisa 2009, 159–173.

U. Wanke, *Die Gotenkriege des Valens. Studien zu Topographie und Chronologie im unteren Donauraum von 366–378 n. Chr.*, Frankfurt a. M. u. a. 1990.

A. E. Wardman, »Tactics and Traditions of the Persian Wars«, *Historia* 8 (1959), 49–60.

A. E. Wardman, »Usurpers and Internal Conflicts in the 4th Century A.D.«, *Historia* 33 (1984), 220–237.

G. Weber, »Der Troianische Krieg: Historische Realität oder poetische Fiktion«, in: A. Rengakos/B.Zimmermann (Hgg.), *Homer-Handbuch. Leben – Werk – Wirkung,* Stuttgart/Weimar 2011, 228–256.

G. Webster, *The Roman Imperial Army*, 3. Auflage, London 1985.

R.G.A. Weir, »The Lost Archaic Wall Around Athens«, *Phoenix* 49 (1995), 247–258.

K.-W. Welwei, »Polisbildung, Hetairos-Gruppen und Hetairien«, *Gymnasium* 99 (1992), 481–500.

K.-W. Welwei, *Athen. Vom neolithischen Siedlungsplatz zur archaischen Großpolis,* Darmstadt 1992.

K.-W. Welwei, *Das Klassische Athen. Demokratie und Machtpolitik im 5. und 4. Jahrhundert*, Darmstadt 1999.

K.-W. Welwei/M. Meier, »Charietto – ein germanischer Krieger des 4. Jhs. n. Chr.«, *Gymnasium* 110 (2003), 41–56.

K.-W. Welwei, *Sparta. Aufstieg und Niedergang einer antiken Großmacht*, Stuttgart 2004.

H.D. Westlake, »Seaborne Raids in Periclean Strategy«, *CQ* 39 (1945), 75–84.

E.L. Wheeler, »The Legion as Phalanx«, *Chiron* 9 (1979), 303–318.

E.L. Wheeler/B. Strauss, »Battle«, in: P. Sabin/H. Van Wees/M. Whitby (Hgg.), *The Cambridge History of Greek and Roman Warfare*, Bd. 1: *Greece, the Hellenistic World and the Rise of Rome*, Cambridge 2007, 186–246.

M. Whitby, »*Deus Nobiscum*. Christianity, Warfare and Morale in Antiquity«, in: M. Austin/J. Harries/C. Smith (Hgg.), *Modus Operandi*, FS G. Rickman, London 1998, 191–208.

M. Whitby, »The Army ca. 420–602«, *CAH* 14 (2000), 286–314.

M. Whitby, *Rome at War AD 293–696*, Oxford 2002.

M. Whitby, »Reconstruction Ancient Warfare«, in: P. Sabin/H. Van Wees/M. Whitby (Hgg.), *The Cambridge History of Greek and Roman Warfare*, Bd. 1: *Greece, the Hellenistic World and the Rise of Rome*, Cambridge 2007, 54–81 (= Whitby 2007a).

M. Whitby, »War. The Later Roman Empire«, in: P. Sabin/H. Van Wees/M. Whitby (Hgg.), *The Cambridge History of Greek and Roman Warfare*, Bd. 2: *Rome from the Late Republic to the Late Empire*, Cambridge 2007, 310–341 (= Whitby 2007b).

M. Whitby, »Army and Society in the Late Roman World: A Context for Decline«, in: P. Erdkamp (Hg.), *A Companion to the Roman Army*, Oxford 2007, 515–531 (= Whitby 2007c).

I. Whitehead, »The Periplous«, in: *G&R* 34,2 (1987), 178–185.

H. U. Wiemer, *Krieg, Handel und Piraterie. Untersuchungen zur Geschichte des hellenistischen Rhodos*, Berlin 2003.

L. Wierschowski, »Heeresversorgung«, in: *DNP* 5 (1998), 222–225.

L. Wierschowski, »Das römische Heer und die ökonomische Entwicklung Germaniens in den ersten Jahrzehnten des 1. Jahrhunderts«, in: P. Erdkamp (Hg.), *The Roman Army and the Economy*, Amsterdam 2002, 264–292.

J. Wiesehöfer, *Das antike Persien. Von 550 v. Chr. bis 650 n. Chr.*, Düsseldorf/Zürich 1998.

J. Wiesehöfer, *Das frühe Persien. Geschichte eines antiken Weltreiches*, 3. Auflage, München 2006.

J. Wiesehöfer, »Das Reich der Sasaniden«, in: K.-P. Johne (Hg.), *Die Zeit der Soldatenkaiser. Krise und Transformation des Römischen Reiches im 3. Jahrhundert n. Chr. (235–284)*, Bd. 1, Berlin 2008, 531–569.

J. Wiesehöfer, »The Achaimenid Empire«, in: I. Morris/W. Scheidel (Hgg.), *The Dynamics of Ancient Empires. State Power from Assyria to Byzantium*, Oxford 2009, 66–98.

U. Wilcken, *Alexander der Große*, Leipzig 1931.

W. Will, *Caesar*, Darmstadt 2009.

W. Will, *Die Perserkriege*, München 2010.

M. Willing, »Ökonomische Aspekte des 1. Römisch-Karthagischen Krieges«, in: P. Kneissl/V. Losemann (Hgg.), *Imperium Romanum. Studien zu Geschichte und Rezeption*. FS Karl Christ, Stuttgart 1998, 784–804.

E. Winter/B. Dignas, *Rom und das Perserreich. Zwei Weltmächte zwischen Konfrontation und Koexistenz*, Berlin 2001.

G. Wirth, »Julians Perserkrieg. Kriterien einer Katastrophe«, in: R. Klein (Hg.), *Julian Apostata* (Wege der Forschung 509), Darmstadt 1978, 455–507.

M. Witzel, *Das Alte Indien*, München 2003.

A. Wokalek, *Griechische Stadtbefestigungen. Studien zur Geschichte der frühgriechischen Befestigungsanlagen*, Bonn 1973.

C. Wolff, *Déserteurs et transfuges dans l'armée romaine à l'époque républicaine*, Neapel 2009.

H. Wolff, »Ein Konsular und hoher Reichsbeamter im Mönchsgewand?«, *ObGM* 25 (1983), 298–318.

H. Wolfram, *Die Goten. Von den Anfängen bis zur Mitte des sechsten Jahrhunderts*, 3. Auflage, München 1990 (= Goten).

H. Wolfram, *Das Reich und die Germanen. Zwischen Antike und Mittelalter*, Berlin 1990 (= Reich).

H. Wolfram, *Die Germanen*, 3. Auflage, München 2004.

L. J. Worley, *Hippeis: The Cavalry of Ancient Greece*, Boulder/Oxford 1994.

S. Yoshitake, »Areté and the Achievements of the War Dead: The Logic of Praise in the Athenian Funeral Oration«, in: D. M. Pritchard (Hg.), *War, Democracy and Culture in Classical Athens*, Cambridge 2010, 359–377.

T. C. Young, »480/479 B.C. – A Persian Perspective«, *Studia Antiqua* 15 (1980), 213–239.

M. Zahrnt, »Der Mardoniuszug des Jahres 492 v. Chr. und seine historische Einordnung«, *Chiron* 22 (1992), 237-279.

P. Zanker, »Die Barbaren, der Kaiser und die Arena«, in: R.P. Sieferle/H. Breuninger (Hgg.), *Kulturen der Gewalt. Ritualisierung und Symbolisierung von Gewalt in der Geschichte*, Frankfurt a.M./New York 1998, 53-86.

P. Zanker, »Die Frauen und Kinder der Barbaren auf der Markussäule«, in: J. Scheid/V. Huet (Hgg.), *La colonne Aurélienne. Autour de la colonne Aurélienne. Geste et image sur la colonne de Marc Aurèle à Rome*, Turnhout 2000, 163-174.

A. Zhmodikov, »Roman Republican Heavy Infantrymen in Battle (IV-II Centuries BC)«, *Historia* 49 (2000), 67-78.

K. Zimmermann, *Rom und Karthago* (Geschichte Kompakt), Darmstadt 2005.

O. Zwierlein, »Der Fall Roms im Spiegel der Kirchenväter«, *ZPE* 39 (1978), 45-80.

BILDNACHWEIS

Tafelteil:
akg-images: S. 6 (alle)
akg-images / De Agostini Pict. Lib.: S. 1 oben
akg-images / Peter Conolly: S. 3 unten, 4 unten, 5 unten
akg-images / Erich Lessing: S. 1 unten, 4 oben, 5 oben, 8
akg-images / John Hios: 3 oben
akg-images / Andrea Jemolo: S. 2 oben, 7 unten
akg-images / Pirozzi: S. 7 oben
DAI Athen: S. 2 unten (Neg. Nr. 1976/5558; Foto: Hellner)

Karten:
S. 26 – 27 und S. 34 – 35 aus: Karl-Wilhelm Welwei, Sparta. Aufstieg und Niedergang einer antiken Großmacht, Stuttgart 2004 (Gertrud Seidensticker)
S. 328, 370, 396 und 404: © ml design (Martin Lubikowski)
S. 348 aus: Klaus Rosen, Julian. Kaiser, Gott und Christenhasser, Stuttgart 2006 (Gertrud Seidensticker).

Alle übrigen Karten: © Klett-Cotta (R. Hungreder)

PERSONENREGISTER

Römische Personen sind in der Regel unter ihrem Gentilnamen eingeordnet, Prominente Persönlichkeiten, wie z.B. Caesar, Cicero und Sulla, unter dem bekannten Cognomen.

A

Achäer 217, 218
Achaier 19, 22, 24, 25, 28, 149
Achaimeniden 153, 332
Achilles 19, 21, 25, 28, 30, 149, 462
Aelius Gallus 293
Aemilius Paullus, L. (Kons. 182) 219, 220
Aëtius 405, 407, 408, 409, 410, 411, 414, 462
Agamemnon 19, 21
Agathokles 201
Agesilaos 137
Agricola, Cn. Iulius 310, 312
Agrippa, M. Vipsanius 271 f.
Ägypter 21
Ahura-Mazdha 59
Aias 39
Aiginaten 79, 117
Aischylos 77, 81, 92, 93, 94, 102
Alamannen 323, 324, 339, 342, 345, 357, 440
Alanen 315, 316, 341, 342, 408
Alarich 329, 389, 390, 394, 395, 397, 398, 399, 400, 401, 402, 410, 411
Alatheus 375, 376, 377
Alavivus 371
Alexander der Große 47, 94, 147 ff., 150–167, 170 f., 173 ff., 178, 184, 190, 197, 207, 220, 222, 251, 255 f., 258, 264, 280, 292, 297 f., 313, 332, 364, 452 f., 456
Alexander IV. 166
Alexander, König von Epirus 148
Alexander Severus (Kaiser) 338
Alkaios 30
Alkibiades 125 f., 128, 131
Alkmeoniden 98
Alypius 442
Amazonen 96
Ambronen 233, 238
Ambrosius (Bischof von Mailand) 424 f., 432, 438, 443
Ameinokles 54
Ammian 371
Amun 442
Anastasius (Kaiser) 434
Anatolius (Soldat) 419
Anaxandridas 52
Aniadas 53
Antigoniden 171
Antigonos (Monophthalmos) 166 f., 170, 171
Antiochos I. (Soter) 176
Antiochos III. 216, 221, 226
Antipater 148, 166
Antipatros, *s.* Antipater
Antonius, M. 270 f., 272, 273, 275, 276, 282, 294
Apollon 95
Appian 248, 274
Araber 445
Arbogast (Heermeister) 380, 394, 443

Arcadius (Kaiser) 437
Archidamos III. (König von Sparta) 134, 446
Archilochos 30, 39, 53
Archimedes 212
Ardasir 331
Ardavan IV. (Artabanos) 331
Ares 53
Argeaden 166
Argiver 36, 40, 41
Ariovist 258, 300, 302, 304
Aristagoras 61
Aristeides 96
Aristonikos 227
Aristoteles 15, 49
Arkader 42
Arminius 302–307, 326
Arrian 316
Artabazos 86, 139
Artaxerxes II. 132
Artaxerxes III. 139
Aspar 419, 437
Assyrer 20, 21, 24, 25, 29, 445
Athanasius 442
Athaulf 400
Athenaios 452
Athene 94, 109
Athener 62, 63, 65, 66, 67, 68, 70, 71, 73, 74, 75, 77, 79, 81, 84, 85, 88, 90, 91, 93, 94, 95, 96, 97, 98, 100, 102, 103, 105, 107, 108, 109, 110, 111, 112, 113, 114, 115, 116, 117, 119, 120, 121, 124, 125, 126, 127, 128, 130, 134, 138, 139, 201
Atilius, M. Regulus (Kons. suff. 256) 200, 202, 449
Ätoler 214, 217, 218, 221
Atossa 92
Attalos (Feldherr Makedoniens) 148
Attalos III. (König von Pergamon) 227
Attila 402, 405, 406, 407, 408, 409, 410, 441, 443, 460, 462
Augustinus 388, 420, 425, 426, 427, 428, 429, 442
Aurelian (Kaiser) 344, 345
Aureolus (Reitergeneral) 342

B

Babylonier 56, 57
Barkiden 205, 206, 207, 213, 448
Basileios (Bischof von Caesarea) 442
Basiliskos 415, 416
Bastarner 323
Bataver 285, 309, 315
Batavi (Truppeneinheit) 357, 376, 377
Bato 302
Bibulus, M. Calpurnius (Kons. 59) 267
Bion 95
Bleda 405
Bocchus 233
Bonifatius (comes Africae) 388, 411, 412, 420, 429, 442
Böoter 75, 99, 218
Boreas 95
Brasidas 124, 125, 127, 128, 135, 136
Britannier 259
Bruttier 192
Brutus, M. Junius 269, 270
Byzantiner 435

C

Caesar, C. Julius (Kons. 59) 240, 243, 257–269, 273, 274, 277, 278, 280, 290, 292–294, 296–298, 300, 311, 325, 337
Calgacus 310
Calpurnius Bestia, L. (Kons. 111) 229

Canninefaten 303
Cassius, C. Longinus 257, 269, 270
Cassius Dio 198, 253, 324
Cato, M. Porcius (pr. 54) 257
Catulus, Q. Lutatius (Kons. 102) 239
Cerialis 310
Chalkidier 43, 99
Chares 139, 149, 154
Charidemos 155
Chatten 308, 322
Chauken 322
Cherusker 303
Childerich 441
Chosroes I. 334
Cicero, M. Tullius 266, 423, 428
Claudius Caecus, Ap. (Cen. 312) 191
Claudius Caudex, Ap. (Kons. 264) 195
Claudius II. (Gothicus/Kaiser) 345
Claudius (Kaiser) 309, 310, 318, 319
Coelias 374
Constantinus (Usurpator) 395
Constantius Chlorus (Kaiser) 346, 347, 360
Constantius (Heermeister und Kaiser) 400, 402, 411, 417
Constantius II. (Kaiser) 360, 366, 367, 435, 438
Corippus 439
Cornelius (Centurio) 276
Cortés 259
Crassus, M. Licinius (Kons. 70) 257, 263, 264, 294, 296
Crocus 383
Curius Dentatus, M. (Kons. 290) 192

D

Dainomeniden 90
Daker 320
Damos 37
Daniel (Stylites) 419, 443
Dardaner 217
Dareios (I.) 60-63, 68
Dareios (III.) 152, 153, 155, 158, 164
Datis 63, 67
David 31, 429, 431
Decebalus 313, 314
Decius (Kaiser) 327, 329
Deinomenes 95
Delbrück, H. 9, 70
Demetrios (Poliorketes) 166, 167, 170, 172, 173, 176
Demosthenes 124
Derkylidas 137
Diadochen 167, 169, 170
Diodor 77, 82
Diokletian (Kaiser) 338, 346, 347, 350, 351, 358, 359, 362
Dionysios von Syrakus 133, 134, 136
Domitian (Kaiser) 308, 314
Dorieus 52, 53
Droysen, J. G. 153
Drusus, Claudius Nero 273, 297, 299, 301, 318
Duilius, C. (Kons. 260) 199

E

Eleier 28
Epaminondas 141, 142, 147
Ephialtes 98, 101, 107, 109
Ephoros 66
Ermanarich 373
Etrusker 53, 78, 89, 90, 455
Eucherius 397
Eugenius 380, 389, 394, 433, 438
Eumenes 166
Eumenes II. 222

Eurich 441
Euripides 46, 103
Eusebios 424, 430, 431, 432, 435
Eutropius 392

F
Fabius Maximus Cunctator, Q. (Kons. 233) 212
Faustos (Diakon) 441
Flamininus, T. Quinctius (Kons. 198) 217, 218, 219
Flavius Valerius Severus 360
Franken 323, 324, 330, 339
Friesen 303, 310
Fritigern 329, 371, 374, 375, 377, 389, 443
Fronto 332

G
Gabriel 438
Gainas 392, 395, 437, 442
Galerius (Kaiser) 345, 346, 347, 350, 359, 367
Galla Placidia 400
Gallienus (Kaiser) 339–345
Ganschow, Th. 10
Gehrke, H.-J. 165
Geiserich 400, 406, 411–415, 461
Gelon 88, 90, 95
Genoveva 441, 442
Germania 320
Germanicus (Sohn des Drusus) 307, 318
Gordian III. (Kaiser) 331, 344
Goten 327, 329, 330, 332, 341 f., 345, 380, 385 f., 388 f., 390, 392, 395, 398 f., 400–402, 407–410, 417, 426, 436 f., 445, 461 f.
Gracchus, Tib. Sempronius 229, 245
Gratian (Kaiser) 372, 375
Gregor von Nazianz 17, 442
Greutungen 390
Gylippos 127, 135, 136, 201

H
Hadrian (Kaiser) 316, 319
Häduer 258
Hamilkar Barkas 205
Hamilkar (karth. Feldherr d. 5. Jhs.) 87, 88
Hannibal 174, 187, 189, 201, 204–216, 218, 229, 235, 290, 292
Hanno, der Rhodier 202
Haruden 233
Hasdrubal 211, 213, 215
Hasdrubal (Schwiegersohn des Hamilkar Barkas) 205, 206
Heather, P. 326
Hektor 25, 28, 30
Helena, Mutter Konstantins 431
Helios 149
Hellenen 92, 96
Heloten 33, 36, 40, 98
Helvetier 258
Helvius Pertinax 337
Herakles 134
Hermunduren 299, 322
Herodot 65, 66, 67, 69, 73, 74, 77, 79, 81, 94
Heruler 342, 344, 345
Heuß, A. 206, 227
Hieron I. von Syrakus 88, 89, 90, 94
Hieron II. von Syrakus 194, 195, 198, 202
Himeraier 88
Hippias 63, 66, 67
Hirtius L. 273
Homer 19, 20, 21, 22, 23, 24, 25, 39, 47, 48, 449
Honorius (Kaiser) 394, 395, 397, 398, 400, 402, 434, 437

Hunerich 413
Hunnen 14, 336, 373, 402, 403, 404, 405, 406, 407, 409, 410, 417, 448, 450, 460, 462

I
Ianus 204
Iazygen 315
Iberer 207, 211, 214, 232, 234, 246
Ionier 65
Iordanes 389, 409
Iphikrates 133, 138, 143, 145, 448
Isaak (Mönch) 443
Italiker 246, 248
Iugurtha 229, 232, 233, 277, 303, 304
Iulius Civilis 302, 303, 306, 310
Iupiter 182, 280
Iuthungen 315, 344
Iuturna 204

J
Jahwe 423
Jason v. Pherai 143, 144, 145
Jesus 421, 422, 425, 431, 432, 434, 435, 444
Johannes der Täufer 421
Johannes (Feldherr) 438, 439
Johannes von Lykopolis 433
Josephus, Fl. 312 f.
Jovian (Kaiser) 368
Juden 312
Julia 264
Julian (Kaiser) 332, 357, 363, 366, 367, 368, 371, 375, 377, 378, 379, 384, 391
Justinian (Kaiser) 417, 418, 462

K
Kalas 149
Kaledonier 310
Kallimachos 67
Kambyses 60, 68
Karthager 8, 52, 53, 78, 87, 88, 90, 95, 194, 195, 197, 198, 200, 201, 202, 203, 207, 212, 215, 216, 261, 415, 451, 457, 461
Kassandros 166, 167
Kelten 16, 176, 188, 205, 207, 208, 209, 211, 214, 223, 227, 229, 232, 456
Keltiberer 207, 228, 232
Kerkyräer 53, 116, 451
Kimbern 233, 234, 238, 240, 247, 258, 296, 322, 327, 378
Kimon 97, 98, 101, 108, 114
Klearchos 131, 132, 137, 446
Kleinasiatische Griechen 25, 94, 96
Kleisthenes 41, 42, 64, 75, 98, 99
Kleisthenes von Sikyon 91
Kleitos 170
Kleombrotos 142
Kleomenes (I.) 52
Kleon 125
Kleopatra 272
Kleopatra, Tochter von Philipp II. 148
Kniva (Cniva) 327, 329
Konon 154, 317
Konstantin (Kaiser) 346 f., 349, 350, 351, 358, 359, 360, 364, 365, 366, 383, 414, 430, 431, 432, 433, 434, 435, 436, 438, 448
Korinther 53, 79, 82, 117, 119, 451
Kostoboken 323
Krateros 165
Kreter 39
Kroisos 56
Kyreer 137
Kyros (II.) 56, 57, 58, 59, 60, 87, 94
Kyros (pers. Thronprätendent) 128, 131, 132, 154, 155, 156, 159

L

Labienus, Q. (General in parthischen Diensten) 274
Laelius, C. 215
Lakedaimonier 75, 118
Laktanz 435
Langobarden 299
Leo I. (Kaiser) 393, 415, 419, 434, 443
Leonidas 68, 71, 72, 73, 74, 75, 76
Leo (Papst) 410, 443
Leotychidas 86
Licinius (Kaiser) 349, 360, 364, 414, 431
Link, St. 38
Livius 228
Lokrer 72
Lollius, M. 298
Lucullus, L. Licinius (Kons. 74) 241, 251, 255
Lukaner 192
Lukas 422
Lusitaner 228
Lusius Quietus 318
Lyder 56, 57
Lykurg 37
Lysander 128
Lysias 105
Lysimachos 166, 167

M

Macrinus (Kaiser) 344
Magnentius (Usurpator) 360, 461
Magnus Maximus 380, 414
Mago 192
Maiorian (Kaiser) 420
Makedonen 145, 147, 160, 219, 445, 453, 459
Mallobaudes 383
Marbod 299, 300, 301, 302, 304, 305, 306, 307, 314, 326
Marcellus, M. Claudius 212
Mardonios 63, 84, 86
Marianer 251
Marius, C. 232, 233, 234, 235, 236, 237, 238, 239, 240, 241, 242, 243, 244, 246, 247, 248, 249, 260, 263, 268, 277, 289, 448
Mark Aurel 295, 322, 323, 324, 325, 337, 340, 343, 344, 420
Markian (Kaiser) 410
Markomannen 299, 315, 322
Mars 444
Mars Ultor 281
Martin von Tours 420, 441, 442
Masistios 85
Massageten 58
Massinissa 214, 215, 218
Mauren 341, 411
Maussolos 139
Maxentius (Kaiser) 360, 430, 433
Maximianus (Kaiser) 346, 347, 359, 360
Maximinus Daia (Kaiser) 360
Maximinus Thrax (Kaiser) 341, 344
Maximus (Bischof von Turin) 442
Meder 56, 90
Memnon 149, 150, 151, 154, 155, 317
Menelaos 29
Menodoros 271
Mentor 154, 317
Messenier 32, 33, 36, 40, 52, 455
Metellus Celer, Q. Caccilius (Kons. 60) 257
Metellus, Q. Caecilius (Kons. 109) 232
Miltiades 63, 64, 67, 72, 97, 99
Mithridates VI. Eupator von Pontos 241, 245, 246, 247, 248, 251, 252, 253, 255, 256
Modares 442

Mongolen 14
Moses 424, 430, 431

N
Naxier 61
Nearchos 165
Nebukadnezar 31
Neodamoden 135, 136
Nero (Kaiser) 284, 302, 318
Nestor 28
Nikanor 219
Nike 95
Nikias 122, 125
Nilus 442
Numider 207, 209, 210, 211, 214, 232, 233, 246

O
Octavian/Augustus 269–277, 278 f., 284, 287, 291, 293–297, 301–303, 307, 314 f., 349, 358, 430, 458
Odysseus 28–30, 39, 53, 243, 446
Onomarchos 143
Origenes 422, 424
Orosius 432

P
Pan 95
Pannonier 299, 302
Paris 19
Parmenion 148, 149, 151, 153, 159, 160
Parther 14, 263, 264, 274, 294, 296, 331–334, 450, 454, 459
Patroklos 25
Paulinus von Nola 439
Paulus 422
Pausanias, König von Sparta 128
Pausanias, spart. Feldherr 85, 91, 96
Pelopidas 141
Perdikkas 166
Periander 54
Perikles 98, 100, 101, 103–106, 108–113, 117, 124, 126
Perser 17, 47, 56 f., 60–74, 77, 80–87, 90–97, 99, 100 f., 108, 112, 114, 129, 139, 144, 148 f., 151, 153–158, 173 f., 290, 317, 445, 454–459, 461
Perser, *s.* Sasaniden 331, 332, 368, 378, 443
Perseus von Makedonien 219
Pharaonen 8
Pharnabazos 131
Philipp II. von Makedonien 143, 145, 147, 148, 154, 157, 159, 217, 237, 448, 452, 456
Philippus Arabs (Kaiser) 331
Philipp V. von Makedonien 174, 216, 217, 218, 219
Philomelos 143
Phokaier 53, 87
Phöniker 13, 52, 53, 62, 78, 114, 134, 152, 154
Phormion 119, 121
Phrynichos 92, 95
Picten 369
Pindar 90
Pizarro 259
Plataier 65, 66
Platon 49, 445
Plutarch 77, 100, 126, 259
Polybios 179, 189, 197, 198, 199, 200, 211, 222
Polyeides 143, 145
Polykrates 54
Pompeius Magnus, Cn. (Kons. 70) 240, 243, 251, 254–258, 264–271, 273, 293, 414
Pompeius, Sext. 271, 274
Poros 164, 165
Poseidon 149

Postumus, M. Cassianus Latinius 339
Poteidaier 117
Priamos 149
Primani (Truppeneinheit) 357
Psammetichos 112
Ptolemäer 174f., 194, 216, 221, 453
Ptolemaios (I.) 166, 167
Pyrrhos 177–179, 189–195, 197, 201, 205, 211f., 221, 229, 263, 448, 457

Q
Quaden 315, 322, 371

R
Radagaisus 394, 395, 407
Rhodier 154, 172
Romulus Augustulus (Kaiser) 417
Roxolanen 315
Rufinus 433
Ruga 407
Rugier 440
Rutilius Rufus, P. (Kons. 105) 236

S
Sacharja 434
Safrax 375, 376, 377
Sallust 232, 241
Salvian von Marseille 427
Samier 53, 54, 62
Samniten 184, 188, 192, 456
Sarmaten 316, 327, 354
Sasaniden 14, 331ff., 339, 342, 354, 368f., 371, 403, 448, 450, 459
Saturninus (Heermeister) 443
Saturninus, L. Appuleius 244
Schiller 75
Scipio Africanus maior, P. Cornelius (Kons. 205) 213ff., 235
Scoten 369
Seleukiden 174ff., 216
Seleukos 166f., 176
Semnonen 299
Septimius Odaenathus 334, 339
Septimius Severus (Kaiser) 283, 337, 340f., 343
Sequaner 258
Serena 394
Servilius Caepio, Q. (Kons. 106) 229
Servilius Glaucia, C. 244
Severinus 440–443
Severus, Fl. Valerius (Kaiser) 360
Shapur I. 331, 333f., 344
Shapur II. 367ff.
Sidebottom, H. 11
Sidonius 441
Simonides 75, 90
Skordisker 228
Skythen 58
Sokrates 104
Sosylos 195
Sozomenos 431, 438
Spartaner 33, 36f., 41f., 68, 70, 71, 73ff., 85, 97, 118ff., 127, 129, 136f., 142
Spartiaten 135, 136, 137, 142
Stilicho 384, 394f., 397ff., 405, 407, 409, 410, 414
Strabon 311
Sueben 234, 299
Sueridus 374
Sugamber 298
Sulla, L. Cornelius (Kons. 88) 233, 240, 241, 243, 246ff., 251, 254, 268
Sulpicius Rufus, P. 247
Synesios von Kyrene 441
Syrakusaner 90, 95, 126f., 133, 195

T
Tacfarinas 304
Tacitus 302, 304, 310, 386

Taifalen 374
Tenagino Probus 345
Tenkterer 259
Tertullian 422
Terwingen 324, 371 ff., 375, 389, 390
Teuta, Königin 205
Teutonen 233, 238, 247, 258, 297, 322, 327, 378, 385
Thebaner 72, 74, 141
Themistios 432
Themistokles 72, 75, 76, 77, 79, 81, 82, 83, 90, 94, 99 f., 266
Theoderich (I.) 400, 407
Theodoret 434
Theodosius I. (Kaiser) 378, 380 f., 383, 389, 391, 393 f., 414, 424, 432 f., 436, 438, 440, 462
Theodosius II. (Kaiser) 431, 438
Theron von Akragas 88, 90
Thespier 72, 74
Thessaler 107, 145
Theten 98 f., 101, 111, 242
Thibron 137
Thomas 441
Thrasybulos 128
Thukydides 53, 54, 67, 100, 103, 118, 122, 123, 126, 451
Tiberius, Nero Claudius 273, 294, 297, 299, 304, 307, 308, 314, 318
Tigranes I. von Armenien 251, 255, 256
Timaios von Tauromenion 194
Titus (Kaiser) 312, 313, 316
Titus (Soldat) 419, 420, 441
Tolmides 107
Trajan (Kaiser) 314, 315, 316, 318, 319, 320
Tribigild 388, 389, 392, 395
Troianer 22, 25, 28, 47
Tyrtaios 36, 37, 38, 39, 40, 41, 47

U
Ubier 285, 303
Uldin 394, 407
Usipeter 259

V
Valens (Kaiser) 365, 369, 371, 372, 375, 377, 378, 380, 391, 394
Valentinian (Kaiser) 351, 369, 377, 380
Valentinian II. (Kaiser) 372
Valentinian III. (Kaiser) 405, 412
Valerian (Kaiser) 331, 334, 340
Vallia 400
Vandalen 411, 412, 413, 415, 461, 462
Varus, P. Quinetilius 302
Vegetius 316
Velleius Paterculus 259, 302
Veneter 259
Vercingetorix 261, 262
Vergil 280
Verus, L. 322, 332
Vespasian (Kaiser) 284, 303, 309, 312, 319
Victor (Heermeister) 443
Victoria 281, 320
Vitellius 284

W
Weber, M. 423
Whitby, M. 392
Wilcken, U. 160

X
Xanthippos 201, 202, 206, 207, 448
Xenophon 131, 132, 134
Xerxes 59, 68, 70, 72, 76, 81, 86, 87, 92, 94, 95, 96, 149, 164

Z
Zeus 91

ORTSREGISTER

A
Abritus 327
Achaia 109, 244
Achaimenidenreich 148
Actium 270, 272, 282, 451
Adria 116, 206, 216, 271
Adrianopel 358, 360, 369, 375, 376, 378, 379, 381, 382, 385, 391, 409, 443
Africa (Provinz) 227, 232, 244, 350
Afrika 14, 200, 201, 203, 212, 213, 214, 229, 232, 233, 234, 246, 253, 303, 323, 359, 369, 400, 401, 406, 411, 412, 413, 415, 416, 417
Ägäis 86, 87, 94, 100, 102, 108, 110f., 113f., 117, 124, 127, 129, 136, 138f., 149, 152, 175, 217, 254, 329f., 344f.
Ägusa (Favignana) 203
Ägypten 14, 29f., 40, 49, 53, 57, 60, 64, 68, 78, 112ff., 152ff., 166, 204, 217, 254, 290, 292
Aiasinsel, *s.* Salamis 81
Aigina 63, 67, 72, 79, 107
Aigospotamoi 128
Aitna 89
Akragas 88, 90, 95, 192, 195
Akropolis 149
Alalia 53, 87
Albaner Berge 342
Aleria 53
Alesia 261, 262
Alexandria 152, 194, 268
Alpen 208, 292, 440
Ambelaki, Bucht von 80, 83
Ambrakia 290
Amorgos 170, 171
Amphipolis 110, 111, 125
Amyklai 41
Anopeia 73
Antiochia 347, 371, 373, 438
Aphrodisias 319
Apulien 191
Aquae Sextiae 238, 242
Aquileia 322, 380
Aquitania II 400
Aquitanien 411
Arabien 13, 293, 294
Arachosien 165
Arausio (Orange) 233, 235
Argolischer Golf 36
Argos, Argolis 36, 40–42, 52, 64, 71, 107, 122, 455
Ariminum 198
Arkadien 43, 140, 143
Ärmelkanal 258, 259
Armenien 251, 255, 293f., 322, 333
Artemision 70, 74, 76, 79, 94f.
Arvernerland 441
Asia (Provinz) 227, 248, 253, 255
Asien 14, 94, 153, 156, 161, 450, 453
Asopos 85
Aspis 200
Astakos 110
Athen 24, 41, 42, 43, 54, 60ff., 65ff.,

69, 71 f., 74 ff., 79, 81, 84, 85, 87, 89 ff., 100 ff., 105, 107 ff., 111 ff., 121 ff., 137 ff., 146, 147, 148, 172, 194, 242, 248, 452
Äthiopien 294
Athos 63
Atlantik 13, 258, 259, 273, 330, 450
Attika 68, 79, 84, 85, 108, 110, 112, 120, 121, 128, 130, 323, 330
Aufidus 210, 211
Aurelianis (Orléans) 407
Ausculum 191, 192

B

Babylon 56, 57, 58, 166, 170
Babylonien 166, 176
Baktra 164
Baktrien 57
Balearen 87, 286, 413
Balkan 248, 342, 403, 405, 415
Beas 165
Benevent 193
Bithynien 240, 254
Boghazkoy/Hattusa 56
Böhmen 299, 301
Böotien 43, 71, 72, 75, 84, 85, 99, 108, 125, 140, 143
Bordeaux 400
Bosporos 136, 146, 216, 253, 329, 330, 345
Brea 110, 111
Britannien 259, 310, 311, 319, 339, 347, 350, 351, 353, 395, 400, 411
Brundisium 191, 251
Bulgarien 371
Byzacena (Provinz) 412
Byzanz 139

C

Caesarea 430, 442
Cales 197
Cannae 209, 210, 211, 212, 213, 214, 218, 220, 233, 360, 378
Capua 191, 211, 213
Carrhae 263, 281, 294, 296, 333, 336
Chaironeia 147, 248
Chalkidike 111, 130, 140, 143, 146, 330
Chalkis 43, 99, 107, 109
Châlons-sur-Marne 408
Champagne 407
Chersonnes 110, 111
China 336, 381, 454, 462
Chios 139
Chrysopolis 360
Cirta 233

D

Dakien 296, 314, 315, 327
Dalmatien 302
Damaskus 151
DDR 285
Dekeleia 120
Delion 141
Delos 97, 109
Delphi 95, 143
Donau 291, 297, 298, 307, 308, 313, 314 f., 322 f., 327, 345, 347, 351, 369, 371 ff., 379, 389, 392, 402 f., 405, 410 f., 414, 440
Drangiana 165
Drau (Pannonien) 360
Drepanum 201, 202
Durazzo *s.* Dyrrhachium
Durostorum 371
Durrës 116
Dyrrachium 116, 267

E

Ebro 206
Edessa 331, 333

Eion 97, 111
Ekbatana 56, 57, 161
Eknomos 200
Elbe 299, 306
Eleia 28
Eleusis 323
Elis 122
Elsass 258
Emesa 334
England 369
Ephesos 62
Epidamnos 116
Epirus 148, 167, 178, 189, 190, 194, 267
Eretria 54, 62, 63, 92, 109
Etrurien 249
Euböa 32, 69, 70, 97, 108, 109, 146
Euphrat 60, 132, 264, 291, 293, 294, 334, 367
Europa 13, 14, 15, 94, 95, 149, 259, 300, 395
Eurotas 33, 71
Eurymedon 97

F
Faesulae 394
Forum Romanum 281
Fossa Mariana 237
Frigidus 380, 382

G
Gallia Cisalpina (Provinz) 257
Gallia Narbonensis (Provinz) 233, 257, 258
Gallien 154, 234, 257, 258, 259, 260, 262, 263, 264, 266, 267, 268, 277, 290, 292, 297, 298, 300, 306, 311, 322, 339, 342, 347, 350, 363, 395, 397, 400, 401, 406, 407, 411, 412, 417, 419, 461
Gaugamela 153, 158, 164
Gedrosische Wüste 165, 292
Gela 102
Gergovia 261
Germania Magna 297, 298, 307, 308
Germanien 284, 296, 298, 299, 301, 302, 304, 305, 306, 307, 308, 310, 312, 320
Gibraltar, Straße von 330, 411
Golf von Ambrakia 116
Golf von Korinth 107, 121
Granikos 150, 155, 157, 158
Griechenland 14, 16, 20, 25, 42, 43, 44, 50, 62, 65, 66, 68, 69, 76, 78, 83, 84, 87, 90, 91, 92, 93, 94, 106, 114, 115, 118, 120, 130, 132, 142, 144, 145, 146, 148, 149, 156, 164, 166, 175, 178, 188, 218, 221, 227, 228, 241, 247, 266, 269, 272, 323, 389, 455, 459
Gytheion 107

H
Haemusgebirge 327
Haiderabad 165
Halikarnassos 151, 152
Halys 56
Hatra 333
Hellas 75, 90
Hellespont 68, 86, 94, 110, 111, 112, 148, 149, 157, 364
Herakleia 190, 192
Hessen 308
Hierapolis 367
Himera 88, 90, 95
Hippo Regius 412
Hisarlak 327
Hispania Ulterior (Provinz) 232
Hydaspes 164, 165
Hyphasis 165

I
Iberische Halbinsel, *s.* Spanien
Ilion, *s.* Troia
Illyricum (Provinz) 257, 345, 350, 372, 374
Illyrien 272, 395
Imperium Romanum 331, 333, 334, 339, 348, 359, 390, 402, 403, 426 f., 429, 431, 442, 446, 452, 458, 459, 460, 462
Indien 160, 161, 164, 173, 335
Indischer Ozean 60, 163
Indus 164, 165, 293
Indusdelta 165
Ionien 127
Iotapata 312
Ipsos 174, 176
Iran 58
Isaurien 350
Israel 422
Issos 151, 152, 157, 158
Isthmos von Korinth 71, 85, 108
Italien 52, 89, 119, 126, 177, 178, 179, 181, 190, 191, 192, 194, 195, 202, 204, 205, 208, 209, 211, 212, 213, 229, 244, 245, 246, 253, 257, 265, 266, 267, 269, 271, 272, 280, 283, 299, 322, 342, 349, 350, 353, 369, 390, 395, 407, 410, 413, 416, 417, 448, 455, 457
Ithome 124

J
Jemen 293
Jerusalem 312, 316, 431
Judäa 314, 319

K
Kamatero-Halbinsel 80
Kampanien 190
Kap Bon 415
Kapharnaum 421
Kapitol 182
Kap Kynosura 80
Kappadokien 56, 166, 316, 333
Kap Sunion 67
Karien 62, 319
Karmanien 165
Kärnten 233
Karthago 8, 52, 53, 78, 87, 95, 126, 129, 133, 170, 172, 173, 177, 178, 192, 194, 195, 197, 198, 199, 200, 201, 202, 204, 206, 213, 215, 216, 217, 227, 245, 290, 330, 412, 413, 415, 419, 449, 451, 457, 461
Karystos 97
Kasachstan 373
Katalaunische Felder 391, 402, 408, 409
Katane 89
Kaukasus 58, 255
Kephallenia 107
Kerkyra 53, 116, 117, 120, 125, 451
Kilikien 151
Kithairon 85, 90
Kition 108
Kleinasien 14, 19, 24, 25, 29, 43, 64, 67, 78, 86, 91, 94, 96, 127, 128, 129, 131, 136, 137, 139, 149, 150, 151, 152, 155, 156, 157, 173, 174, 175, 216, 221, 241, 274, 285, 315, 330
Knidos 136
Konstantinopel 347, 350, 369, 371, 392, 395, 405, 410, 414, 416, 419, 431, 437, 441, 443, 462
Korinth 42, 53, 54, 79, 81, 82, 107, 116, 117, 118, 119, 121, 127, 128, 129, 130, 133, 138, 147, 227, 451
Koroneia 108
Korsika 53, 87, 205, 244, 413
Kreta 29, 33, 39, 43, 243, 254, 286, 330

Kroton 91
Ktesiphon 322, 334, 367, 369
Kunaxa 132, 155, 159
Kykladen 63
Kyme (Cumae) 89, 211
Kynoskephalai 174, 219, 220
Kyrenaika 254, 330
Kyrene 441

L
Lade 70
Lahntal 299
Lahore 165
Lakonien, *s.* Sparta
Laureion 72, 99, 120
Lechaion 54
Lelantische Ebene 32, 36
Leontinoi 125, 192
Lesbos 151
Leuke Kome 293
Leuktra 140, 141, 147
Levante 152, 170, 174
Libyen 52
Lilybaion 173, 192, 202
Limes 308, 310, 311
Liparische Inseln 199, 201
Lukanien 190
Lyderreich 56, 57
Lykopolis 433

M
Mäander 86
Magna Graecia 89, 194
Magnesia 221, 226
Mähren 301
Mailand 342, 345, 347, 369
Makedonien 60, 68, 111, 119, 129, 145, 146, 148, 149, 154, 159, 166, 167, 174, 176, 178, 195, 216, 217, 219, 227, 232, 237, 244, 445, 448, 453, 456, 459
Maleventum 192, 193
Malischer Golf 108
Malta 87
Mantineia 122, 123, 142
Marathon 63, 65, 66, 68, 69, 70, 71, 73, 74, 75, 77, 85, 86, 94, 95, 99
Marcianopolis 373
Marcomannia (Provinz) 322
Marsala *s.* Lilybaion
Marseille, *s.* Massalia 427
Marsfeld 281
Massalia 205, 266, 427
Mauretania Sitifensis (Provinz) 412
Mauretanien 253
Medien 56
Megara 82, 107, 108, 117, 118
Memphis 60, 152
Mesiche 331
Mesopotamien 153, 165, 297, 336, 392
Messana 194, 195, 205, 253
Messene 107
Messenien 32, 33, 34, 36, 37, 40, 52, 455
Mexiko 259
Milet 54, 60f., 68, 91, 95, 149, 150, 151
Milvische Brücke 347, 360, 366
Misenum 286
Mittelmeer 13, 14, 60, 62, 78, 152, 156, 160, 200, 207, 215, 230, 262, 265f., 270, 273, 286, 290, 330, 336, 340, 353, 364, 389, 450, 457
Mons Graupius 310, 312
Mösien 327
Mursa 360, 366, 379
Mykale 86
Mykene 21, 50
Mylai 199
Mytilene 151

N

Naissus (Niš) 345, 369
Narbonensis I (Provinz) 400
Narbonne 400
Naulochos 271
Naupaktos 107
Navarino, Bucht von 124
Naxos 61 ff., 92, 97
Nazianz 442
Neapel 211
Nedao 410
Neukarthago (Carthago Nova, Cartagena) 207, 213
Nikaia 375
Nikomedia 347
Nil 60, 108, 152, 291
Nildelta 112
Nisaia 107 ff.
Nisibis 333, 367 f.
Nola 247, 439
Nordafrika 232, 234
Nordanatolien 166
Noreia 235
Noricum/Norikum 233, 299, 440, 441
Novempopulana 400
Numantia 232, 261
Numidia (Provinz) 412
Numidien 290, 412

O

Oikumene 166, 294
Oinophyta 108
Olymp 69
Olympia 90
Olynth 141
Opitergium 322
Orchomenos 248
Orléans 408
Osrhoene 341
Ostia 197
Ostreich 402, 415, 418
Otranto, Straße von 227

P

Pagai 107, 108, 109
Pagaion 111
Pagasai 143
Palästina 57, 318
Palatin 182
Palmyra 334
Paloukia, Bucht von 79, 81
Pamisosebene 33
Pamphylien 97
Pandschab 164
Pangaion 125, 145
Panion 221
Pannonien 302, 407
Panormos (Palermo) 88, 202 f.
Paphlagonien 166
Paros 67, 72
Parsa (Persis) 56
Pattala 165
Pella 149
Pellene 91
Peloponnes 33, 34, 52, 68, 71 ff., 75, 107 ff., 119, 120 ff., 125, 136, 330
Pelusion 60
Pergamon 216, 217, 218, 227
Persepolis 114
Perserreich 17, 68, 148, 149, 151, 153, 154, 313, 445, 457, 461
Persien 67, 97, 108, 129, 136, 139, 147, 148, 153, 317, 333, 458
Persischer Golf 62, 165
Persis, *s.* Parsa 56
Peru 259
Phaleron 67, 84
Pharmakussa 82, 83
Pharsalos 267, 269
Pherai 143, 144
Philippi 269, 270

Phokaia 53
Phokis 73, 108, 140, 143
Phrygien 388
Piräus 97, 112, 113, 120, 128, 129
Plataiai 63, 79, 84, 85, 86, 91, 95, 129
Po 410
Poetovio 380
Pontos 245, 246, 251
Poteidaia 117
Primaporta 281
Proconsularis (Provinz) 412
Propontis 110
Psyttaleia-Insel 81, 84
Pydna 219, 223
Pylos 124

R

Raetien 299, 339
Raphia 174, 221
Ravenna 286, 369, 394, 397, 398, 403, 410, 413, 437, 444, 445, 462
Rhegion 194
Rhein 258, 291, 297, 298, 299, 300, 307, 308, 347, 351, 367, 369, 371, 395, 406, 409, 411, 414
Rhodos 139, 172, 173, 195, 204, 216, 217, 218, 330
Rhône 237, 291
Rom 44, 89, 153, 172, 177, 178, 179, 180, 181, 186, 187, 189, 190, 191, 192, 194, 195, 197, 198, 200, 201, 202, 204, 206, 209, 211, 212, 213, 215, 216, 217, 226, 234, 236, 237, 241, 242, 243, 245, 246, 248, 256, 257, 258, 262, 263, 265, 266, 273, 278, 280, 283, 286, 295, 297, 301, 304, 306, 314, 317, 319, 324, 326, 332, 334, 339, 340, 342, 347, 360, 369, 378, 398, 401, 406, 410, 412, 413, 414, 420, 424, 426, 427, 428, 429, 430, 449, 457, 458, 460
Römisches Reich 331, 348, 359, 409, 426, 427, 430, 452, 459 *s.* auch Imperium Romanum
Rotes Meer 60

S

Sagunt 206
Salamis 59, 76, 78, 79, 80, 81, 82, 83, 84, 85, 90, 92, 94, 100, 114, 119, 127, 129, 242
Salamis (Zypern) 108, 167
Samos 33, 53, 54, 114
Sardeis 56, 58, 62, 86, 87, 99, 129
Sardinien 87, 205, 290, 413, 415
Sarmatia (Provinz) 322
Saronischer Golf 67, 76, 107, 108, 119, 120
Sasan 331
Sasanidenreich *s.* Sasaniden
Schlesien 299
Schwarzes Meer 111, 112, 132, 152, 156, 329, 345, 373, s. auch Pontos
Segesta 125
Seleukia 364
Selinus 202
Sidon 78
Sikyon 118
Silawald 195
Silistra 371
Sinope 110
Sippar 57
Siris 190
Siscia 380
Sizilien 29, 52, 87, 88, 90, 95, 112, 119, 120, 121, 125, 126, 127, 130, 136, 192, 194, 195, 197, 199, 200, 202, 203, 204, 205, 206, 212, 244, 253, 273, 274, 290, 330, 415, 416, 457
Skyros 97
Spanien 154, 205, 206, 207, 212, 213,

214, 228, 232, 233, 234, 235, 236, 253, 259, 267, 304, 323, 339, 350, 395, 399, 400, 401, 406, 412, 413, 417, 445, 448
Sparta 32, 33, 34, 36, 37, 40, 41, 42, 43, 52, 63, 64, 68, 70, 73, 74, 75, 85, 90, 95, 96, 97, 98, 99, 100, 102, 103, 108, 113, 117, 118, 119, 120, 122, 123, 124, 125, 126, 127, 128, 129, 130, 131, 133, 135, 136, 137, 138, 139, 140, 141, 142, 147, 156, 201, 455
Sphakteria 124, 130
Straßburg 357, 366, 367, 368, 375, 378
Straße von Messana 194
Strymon 110
Sudan 294
Suez 60
Susa 92
Sybaris 91
Syrakus 87, 88, 89, 95, 117, 125, 126, 127, 130, 132, 133, 134, 142, 143, 170, 192, 194, 198, 201, 212, 213, 448, 453
Syrien 151, 175, 176, 254, 284, 286, 333

T

Tanagra 108
Tarent 178, 194, 195, 205, 213
Tarifa 411
Tartessos 53
Tauromenion 194
Taygetos 33
Thasos 97, 98
Theben 42, 128, 129, 133, 140, 141, 142, 147, 148
Thermopylen 68, 69, 70, 71, 72, 73, 76, 221, 226
Thermopylenpass 69, 70, 73
Thespia 72, 74
Thessalien 25, 43, 107, 125, 140, 142, 143, 144, 145, 146, 290
Thessalonike 347
Thrakien 25, 43, 60, 68, 97, 110, 111, 119, 125, 130, 146, 166, 220, 323, 389, 406, 441
Thyreatis-Ebene 36
Tiber 192, 301
Tigris 60, 153, 291, 333, 367, 368, 369
Tolosa (Toulouse) 258, 400, 401, 417
Tours 420, 441
Transoxania 336
Trebia 209, 210
Trier 347, 350, 369
Tripolitanien 412, 415, 416
Troia 19, 20, 21, 25, 28, 30, 47, 149
Troizen 109
Tunesien 227
Tunis 87, 330
Turin 442
Tyros 78, 87, 152, 171, 173
Tyrrhenische Inseln 205, 216
Tyrrhenisches Meer 271, 413

U

Ukraine 373
Ungarn 405
Unteritalien 192
Utica 290, 415

V

Varna 66
Vercellae 238, 242, 248
vorderasiatische Königreiche 8, 13
Vorderer Orient 312, 450

W

Walachei 405
Waldgirmes 299
Weser 299

Westreich 372, 379, 385, 409, 416, 417, 418, 460–462
Westsizilien 87

Z
Zakynthos 108
Zama/Narragara in Nordafrika 214, 218
Zweistromland 336, 369 *s.* auch Mesopotamien
Zypern 62, 108, 114, 152, 254, 330